守心觉行

王守觉院士百年华诞记怀

中国科学院半导体研究所　编

科 学 出 版 社
北 京

内 容 简 介

本书梳理和总结了中国科学院院士、半导体器件与电子学家、信息科学家王守觉在半导体器件与微电子技术、人工神经网络与多维空间仿生信息学等领域的科研活动、科研成果和学术思想。主要包括王守觉院士生活和工作的珍贵照片、科研历程、亲朋好友的回忆文章以及在国内外高水平期刊、会议等发表的具有代表性的论文等内容。

本书可供半导体科学、信息科学等相关专业的科研和管理人员参考，也适合想要学习和感受科学家精神的社会大众阅读。

图书在版编目（CIP）数据

守心觉新 ：王守觉院士百年华诞记怀 / 中国科学院半导体研究所编. -- 北京 ：科学出版社，2025. 6. --ISBN 978-7-03-081612-2

Ⅰ. K826.16

中国国家版本馆 CIP 数据核字第 2025YB3175 号

责任编辑：余　丁 / 责任校对：胡小洁
责任印制：师艳茹 / 封面设计：蓝　正

科学出版社 出版
北京东黄城根北街 16 号
邮政编码：100717
http://www.sciencep.com

北京汇瑞嘉合文化发展有限公司印刷
科学出版社发行　各地新华书店经销

*

2025 年 6 月第　一　版　开本：787×1092　1/16
2025 年 6 月第一次印刷　印张：44 1/2　彩插：32 页
字数：1147 000

定价：498.00 元

（如有印装质量问题，我社负责调换）

王守觉 院士

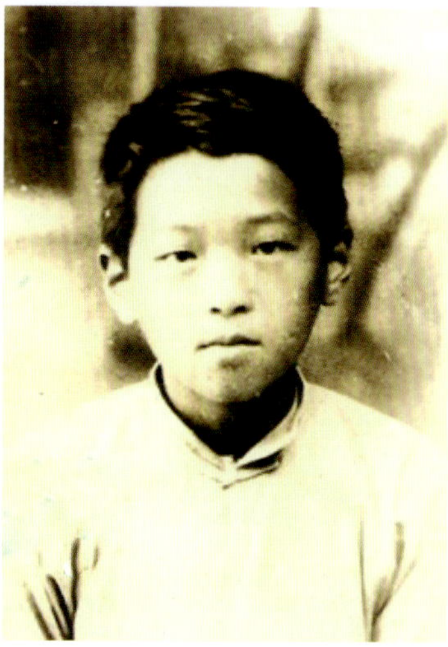

小学时期证件照

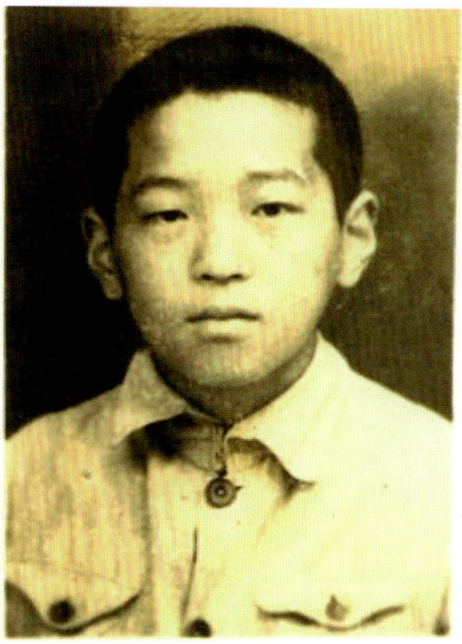

中学时期证件照

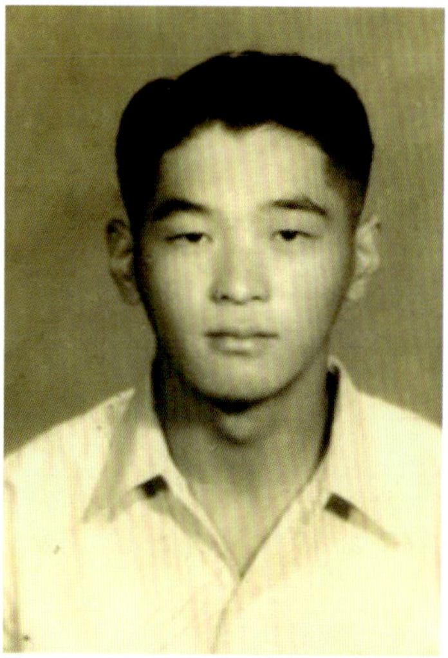

大学毕业证件照

参加工作之初证件照

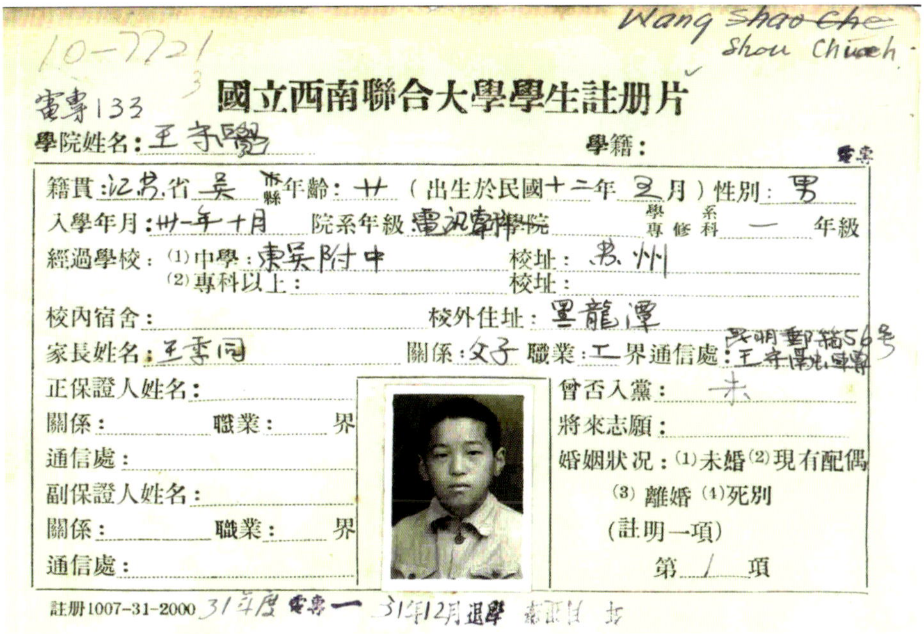
10-7721
電專133
國立西南聯合大學學生註册片
學院姓名：王守覺　學籍：

籍貫：江蘇省吴市縣　年齡：廿（出生於民國十二年三月）性別：男
入學年月：卅一年十月　院系年級：電訊專修科　學系專修科　一　年級
經過學校：(1)中學：東吴附中　校址：蘇州
(2)專科以上：　校址：
校內宿舍：　校外住址：黑龍潭
家長姓名：王季同　關係：父子　職業：工　界　通信處：昆明郵箱56号王守覺
正保證人姓名：　曾否入黨：未
關係：　職業：　界　將來志願：
通信處：　婚姻狀況：(1)未婚(2)現有配偶(3)離婚(4)死別
副保證人姓名：　(註明一項)
關係：　職業：　界　第 1 項
通信處：
註册1007-31-2000　31年度　電專一　31年12月退學

西南联合大学学生注册单

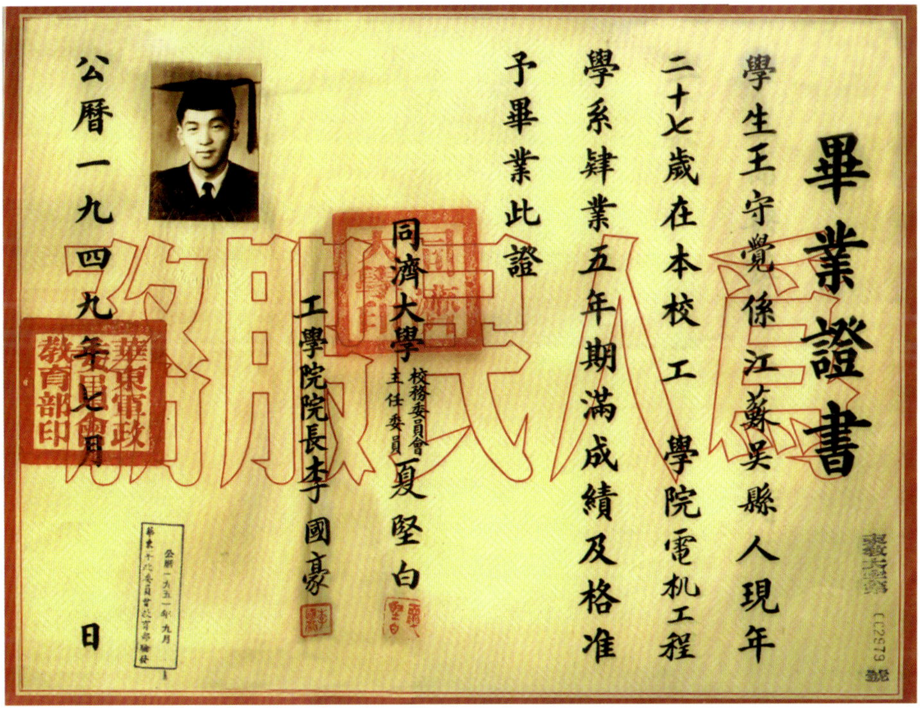
畢業證書
學生王守覺係江蘇吴縣人現年
二十七歲在本校工學院電机工程
學系肄業五年期滿成績及格准
予畢業此證
同濟大學校務委員會主任委員夏堅白
工學院院長李國豪
公曆一九四九年七月　日

同济大学毕业证书

1955 年被评为劳模时
留影

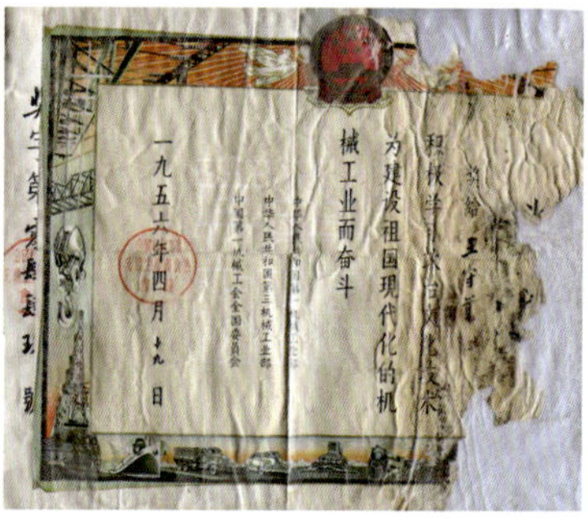

1956 年上海市劳动模范证书

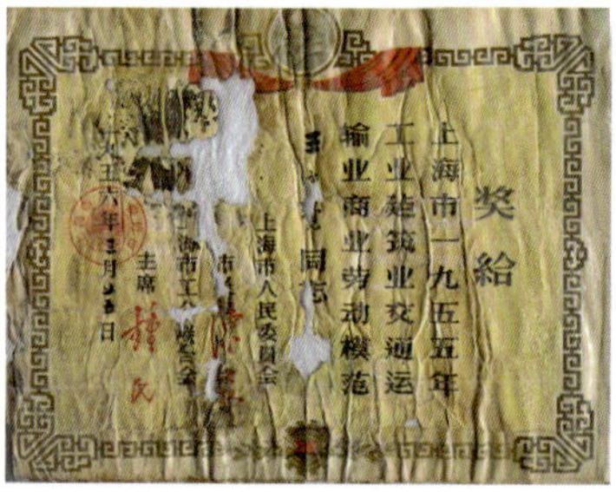

1956 年全国先进工作者证书

院士照片

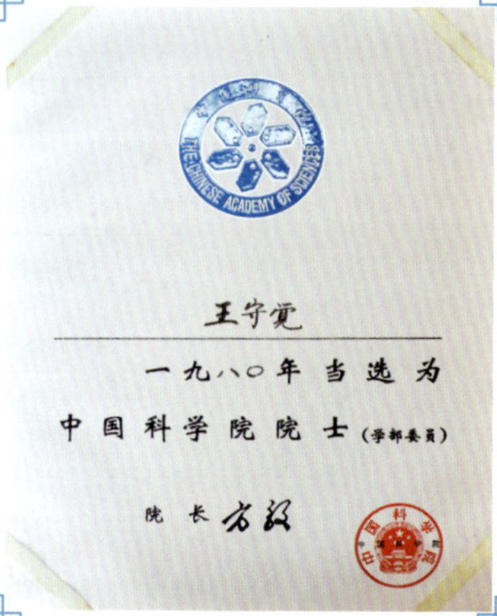

院士证书

1946年王守觉父母王季同、管尚孝合影

1931 年元旦王守觉大哥王守竞新婚回苏州时王家合影
（中间为王谢长达；前排左起：何泽诚、王守武、王守觉、何泽源、何泽瑛、何泽庆、王守融、王守元、何泽勇；后排左起：何泽慧、王季常、何怡贞、管尚孝、王守瓅、费令宜；后排右起：何泽明、何澄、王季同、王守竞、王寄山、王季玉）

1991 年王守武（右）与王守觉（左）在青岛黄岛开发区合影

1995 年王守武（左）、王守觉（中）和王明贞（右）姐弟三人合影

1988 年王守觉（左）与儿子在深圳合影

1981 年王守觉（中）与儿媳孙女合影

1953 年 3 月 23 日王守觉在新成电器总厂与参加基本建设的同志合影
（左起：徐心泉、薛念祖、王守觉）

1953 年王守觉进一机部第二设计分局学习时的照片
（后排右二为王守觉）

1957 年王守觉在列宁格勒

1973 年王守觉（左四）在法国巴黎

1959年王守觉（前排中）与中国科学院物理研究所
半导体室同事在鹫峰露营

1964年王守觉与同事和学生在长城合影
（前排：左一为宋振华、左二为仇玉林、左三为林雨、右一为王守觉）

1975 年王守觉（前排中）接待日本早川正男教授（前排左一）

1980 年暑期王守觉（前排左二）在近代物理与应用讲习班讲学时与巴基斯坦学生合影

王守觉在调试集成电路

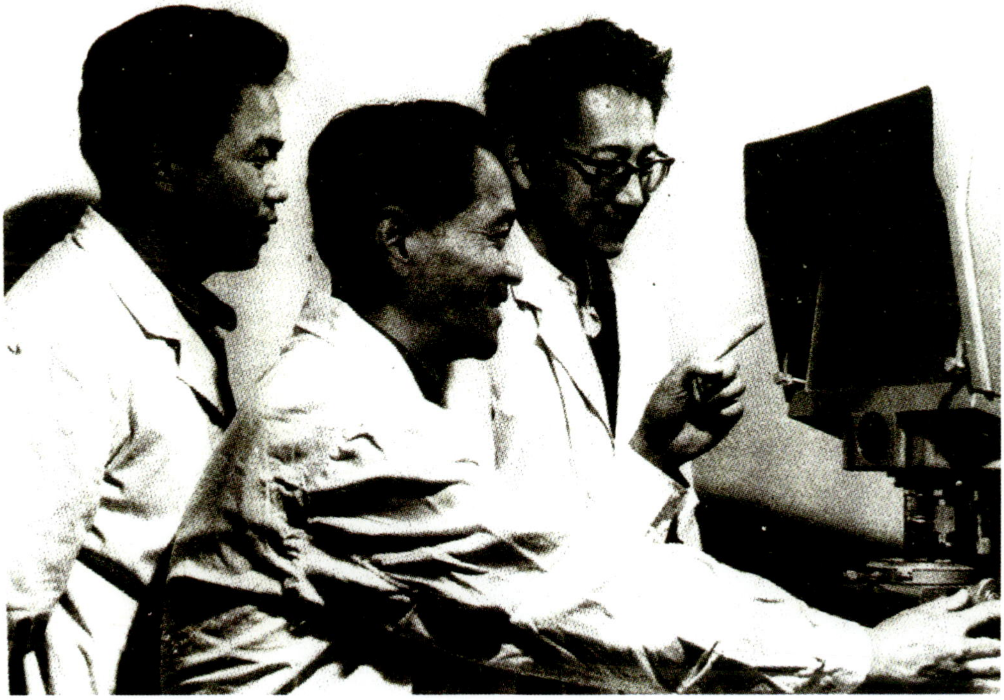

王守觉带领科研人员做图形发生器的版图设计
（左起：田肇雪、王守觉、杨柳林）

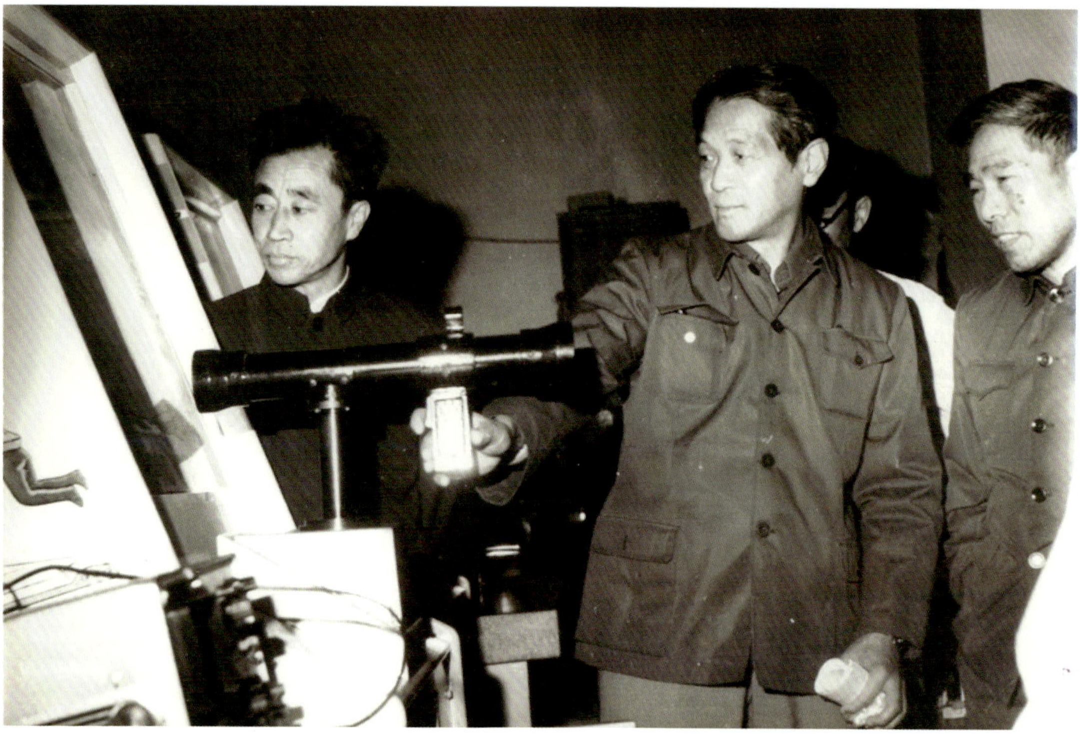

王守觉（中）利用发明的DYL电路研制出的国内第一台大型电子游艺机

王守觉调试多元逻辑高速电路
（左起：王守觉、李志洁、龚丽明）

中国科学院半导体研究所迁建工程签字仪式
（前排左：王守觉）

王守觉摄于中国科学院半导体研究所

1984 年赴美讲学时与哥伦比亚大学留学生合影

王守觉（中）与来访中国科学院半导体研究所的外宾合影

王守觉随方毅访日期间照片

1983 年王守觉（左一）在日本

“七五”国家重点科技攻关项目鉴定会
（左起：朱荣华、曹秀兰、赵泉沐、王守觉、石寅、侯静媛）

1990 年 DYL 高速乘法器鉴定会合影
（前排：中间为王守觉、左三为王阳元、左四为李志坚）

1990 年王守觉（前排右三）参加电子学报编委会会议合影

1993 年王守觉参加第八届中国电子学会学术年会合影
（左三为王守觉、右三为林兰英）

1995 年 DYL 多元逻辑八位高速视频 D/A 转换器鉴定会合影
（前排：左四为毕可奎、左五为李衍达、左六为王守觉、右二为熊和生、右三为杨芙清、右五为孙俊人）

“九五”国家重点科技攻关项目成果鉴定暨专题验收会
（前排：左二为陈星弼、左三为王守觉、左四为王阳元、右二为张拔；后排：左五为涂序彦、左六为钱佩信、左七为郝跃）

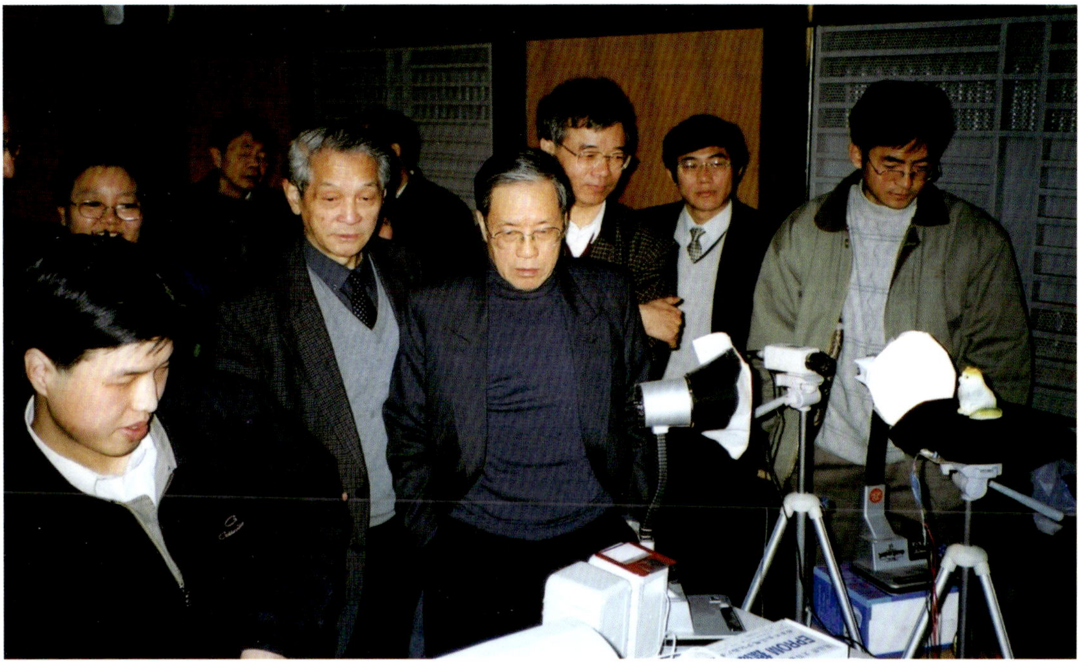

王守觉（左二）参加“九五”国家重点科技攻关项目
“高速 HOPFIELD 网络神经计算机”成果鉴定暨专题验收会

1994 年王守觉（前排左三）参加砷化镓重点实验室评估会合影

王守觉（中）参加神经网络与计算智能专委会会议照片

2009 年中国科学院苏州纳米技术与纳米仿生研究所院士科学论坛合影
（左四为周旭东，左五为许居衍，左六为王守觉，左七为刘盛刚，
右一为杨辉，右五为吴培亨）

王守觉（中）、林兰英（左）、浙江大学章婉珍（右）参观茶叶博物馆

王守觉（中）与李云岗（左）、林雨（右）
在中国科学院半导体研究所主楼前合影

王守觉指导学生科研工作
（左起：陈咏梅、王丽艳、王守觉、鲁华祥）

王守觉与学生在实验室
（左起：鲁华祥、王丽艳、魏允、王守觉、石寅、陈咏梅、李世祖）

王守觉在实验室调试设备
（左起：王向东、魏允、王守觉、鲁华祥）

王守觉参加学生李卫军答辩会合影
（前排左起：王守觉、张拔；后排左起：石寅、仇玉林、李卫军、阎平凡、林雨）

王守觉（右一）与郑厚植（右二）、王启明（左二）、于金中（左一）合影

王守觉与鲁华祥在办公室的工作照

沉浸在科研工作中

沉浸在业余爱好中——修理精密机械表

在神经计算机研制的科研一线

在计算生物学交叉学科中积极开拓

王守觉（中）与学生们在一起

1985 年王守觉登华山留影

王守觉在漓江留影

王守觉 77 岁登泰山

王守觉 80 寿诞合影
（左起：陈树堂、夏建白、陈良惠、梁骏吾、王守觉、王占国、
王圩、俞育德、谢维信）

王守觉 80 寿诞与老职工合影

王守觉 80 寿诞合影

（左起：孔繁亮、石寅、林雨、郭懋沁、王守觉、仇玉林、夏永伟、鲁华祥）

王守觉（中）寿诞 80 周年暨从事科研工作 56 周年座谈会与学生合影

王守觉在院士创新创业之路座谈研讨会上讲话

王守觉（中）在苏州东山参加希望奖学金颁奖大会

1955 年上海市劳动奖章

1978 年全国科学大会奖状

1978 年中国科学院重大科技成果奖状

1980 年中国科学院科技成果奖一等奖奖状

1986 年中国科学院科学技术进步奖三等奖奖状

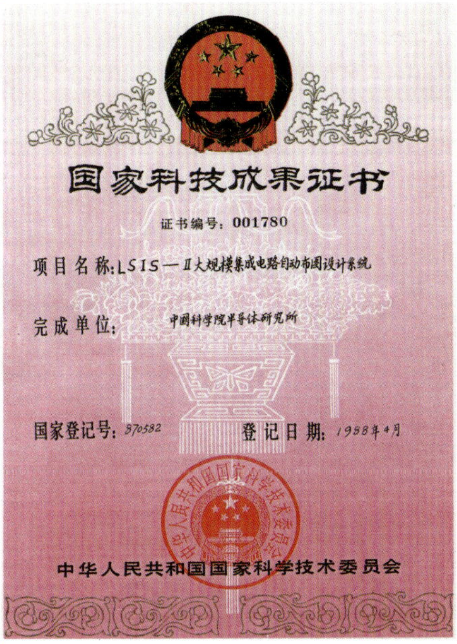

国家科技成果证书

证书编号：001780

项目名称：LSIS—Ⅱ大规模集成电路自动布图设计系统

完成单位：中国科学院半导体研究所

国家登记号：870582　　登记日期：1988年4月

中华人民共和国国家科学技术委员会

1988 年国家科技成果证书

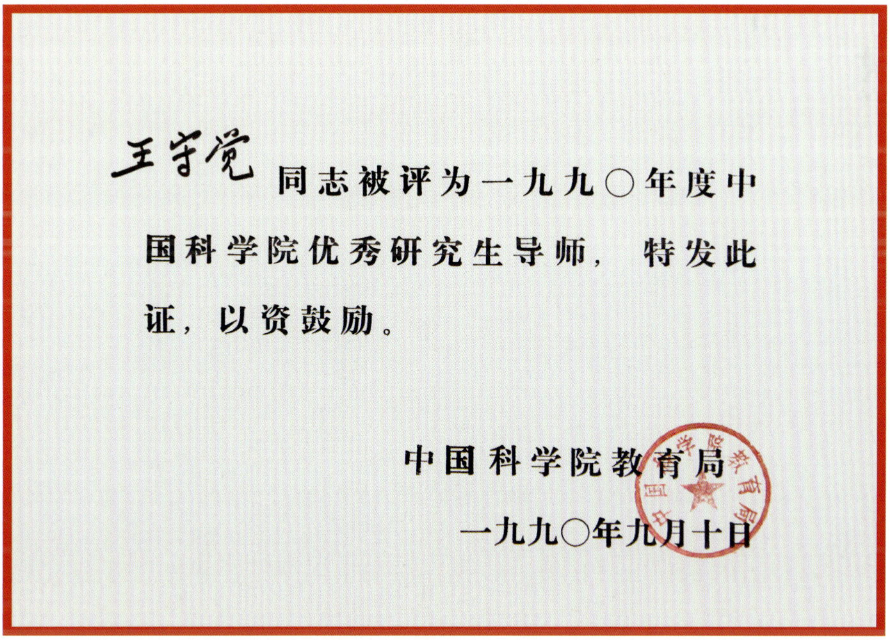

王守觉同志被评为一九九〇年度中国科学院优秀研究生导师，特发此证，以资鼓励。

中国科学院教育局

一九九〇年九月十日

1990 年中国科学院教育局优秀研究生导师荣誉证书

1989 年中国科学院荣誉章

1991 年“七五”科技攻关荣誉证书

1992 年中国科学院科学技术进步奖二等奖奖状

1996 年北京市科学技术协会先进工作者证书

1996 年中国科学院科学技术进步奖二等奖奖状

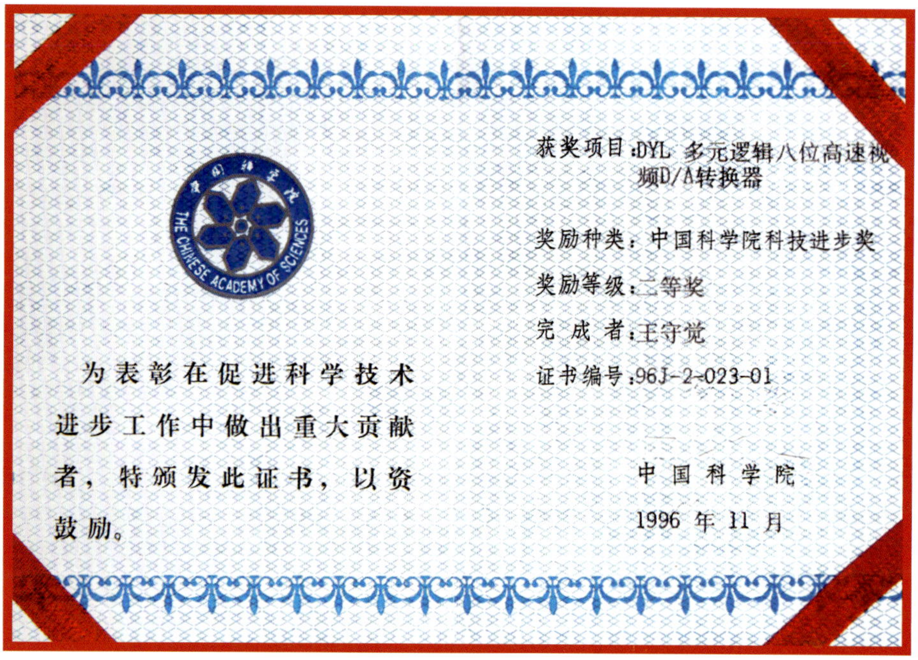

1996 年中国科学院科技进步奖二等奖证书

发明证书

为表彰在技术发明创造方面作出重大贡献者，特颁发国家技术发明奖证书，以资鼓励。

项目名称：一种电路新结构新原理多元逻辑（DYL）及其实用化

获奖单位：中国科学院半导体研究所

奖励等级：三等奖

奖励时间：一九九六年十二月

证 书 号：01-3-001-01

中华人民共和国
国家科学技术委员会主任 宋健

1996 年国家技术发明奖三等奖证书

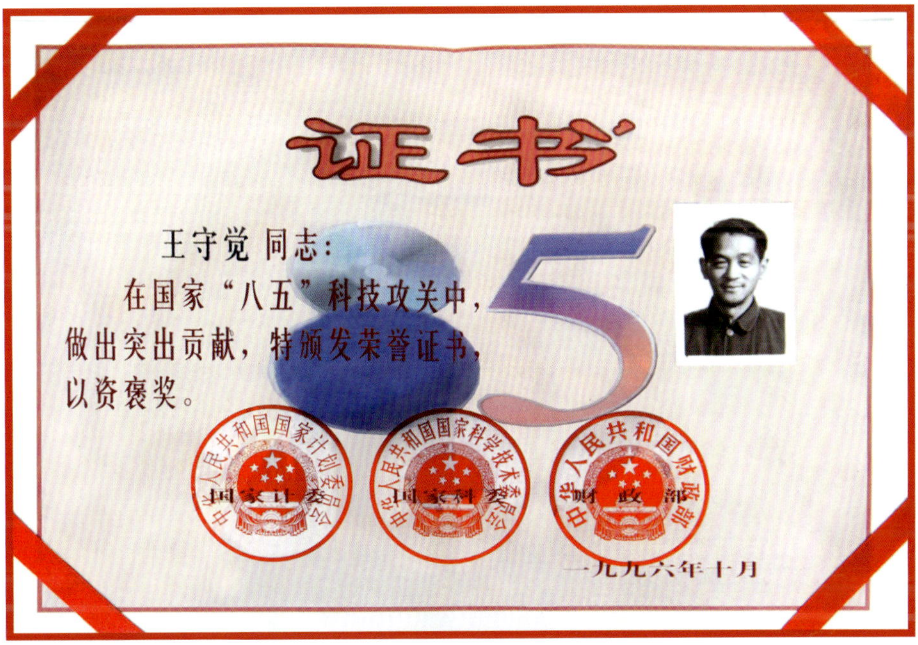

证书

王守觉 同志：

在国家“八五”科技攻关中，做出突出贡献，特颁发荣誉证书，以资褒奖。

中华人民共和国国家计划委员会 国家计委

中华人民共和国国家科学技术委员会 国家科委

中华人民共和国财政部 财政部

一九九六年十月

1996 年国家“八五”科技攻关突出贡献证书

“八五”科技攻关先进个人奖章

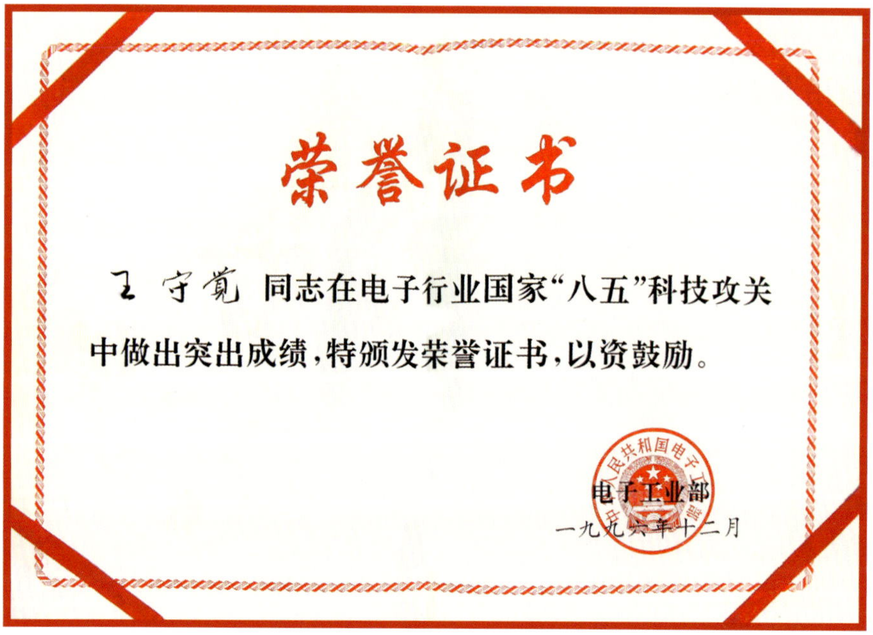

荣誉证书

王守觉 同志在电子行业国家“八五”科技攻关中做出突出成绩，特颁发荣誉证书，以资鼓励。

电子工业部

一九九六年十二月

1996 年电子行业国家“八五”科技攻关荣誉证书

2001 年"九五"国家重点科技攻关计划先进个人奖牌

2001 年北京市科学技术进步奖一等奖证书

2001 年何梁何利基金科学与技术进步奖奖牌

2001 年“九五”国家重点科技攻关计划先进个人荣誉证书

获奖证书

王守觉同志：

您的论文《仿生模式识别（拓扑模式识别）——一种模式识别新模型的理论与应用》，经专家评审委员会评审，荣获第一届中国科协期刊优秀学术论文奖。特发此证，予以表彰。

中国科学技术协会

二○○三年十月十四日

2003年第一届中国科协期刊优秀学术论文奖证书

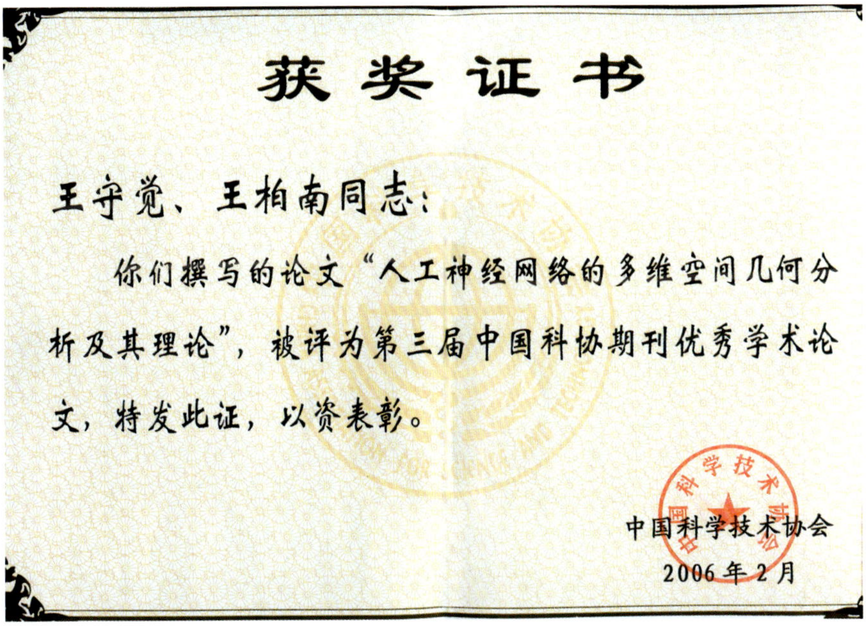

获奖证书

王守觉、王柏南同志：

你们撰写的论文“人工神经网络的多维空间几何分析及其理论”，被评为第三届中国科协期刊优秀学术论文，特发此证，以资表彰。

中国科学技术协会

2006年2月

2006年第三届中国科协期刊优秀学术论文奖证书

荣誉证书

兹授予　王守觉　“杰出贡献教师”荣誉称号，

特颁此证，以示表彰。

中国科学院研究生院

二OO八年五月十日

2008年中国科学院研究生院“杰出贡献教师”荣誉证书

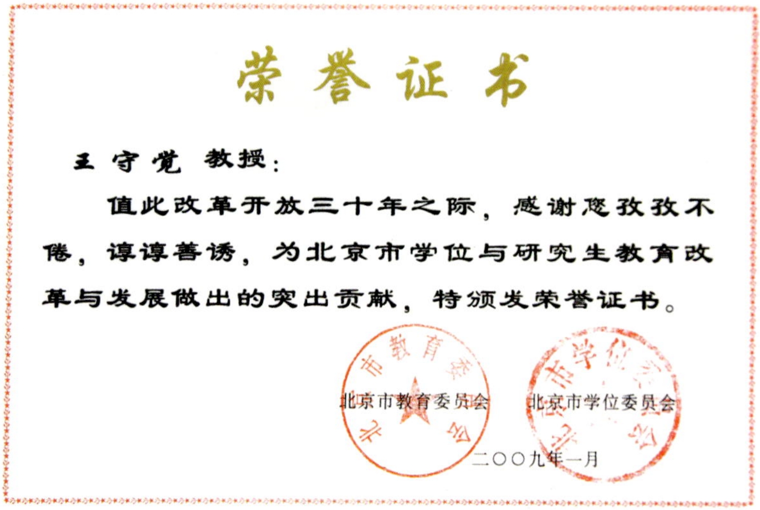
荣誉证书

王守觉 教授：

值此改革开放三十年之际，感谢您孜孜不倦，谆谆善诱，为北京市学位与研究生教育改革与发展做出的突出贡献，特颁发荣誉证书。

北京市教育委员会　北京市学位委员会

二○○九年一月

2009年北京市学位与研究生教育突出贡献荣誉证书

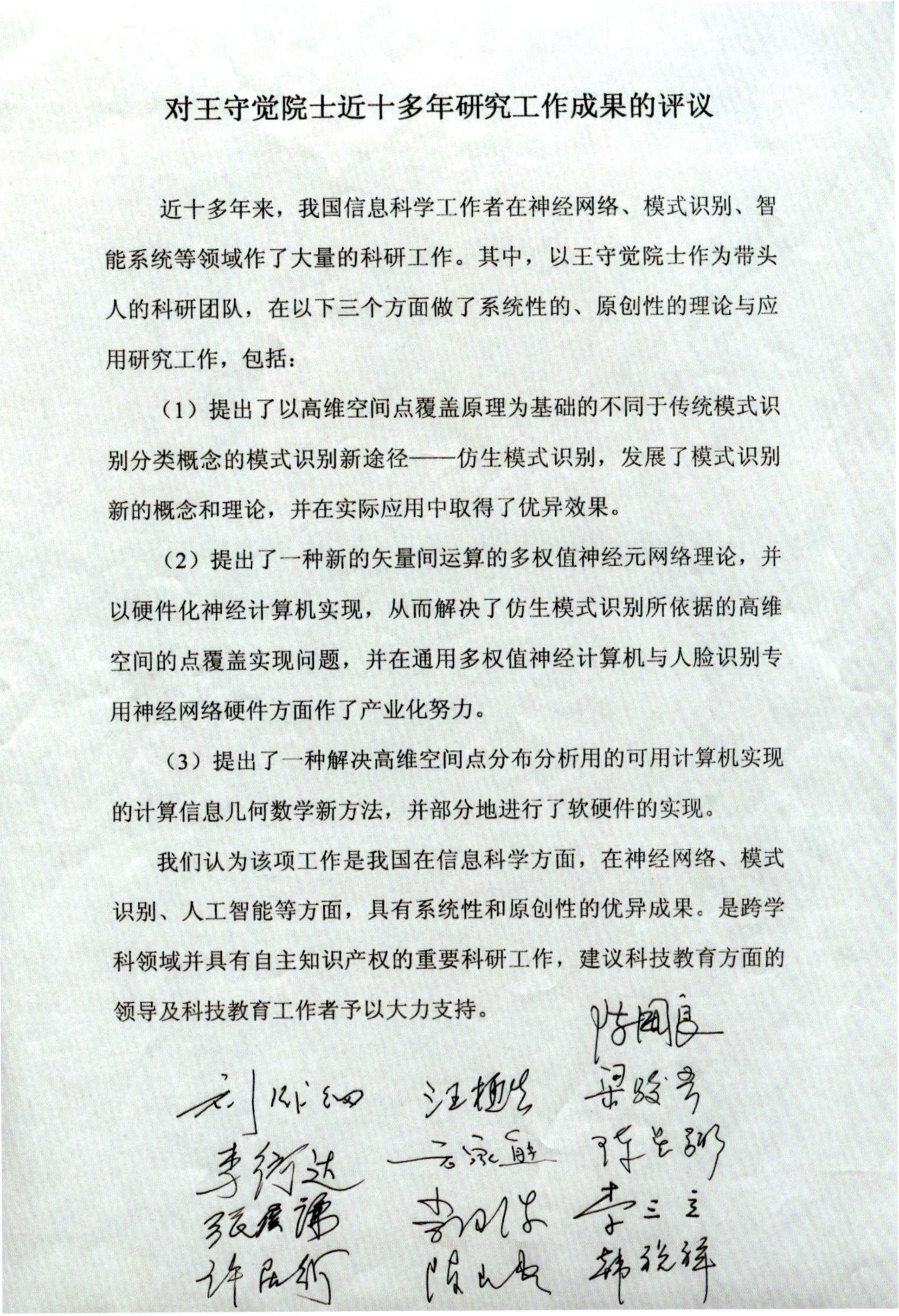

对王守觉院士近十多年研究工作成果的评议

近十多年来，我国信息科学工作者在神经网络、模式识别、智能系统等领域作了大量的科研工作。其中，以王守觉院士作为带头人的科研团队，在以下三个方面做了系统性的、原创性的理论与应用研究工作，包括：

（1）提出了以高维空间点覆盖原理为基础的不同于传统模式识别分类概念的模式识别新途径——仿生模式识别，发展了模式识别新的概念和理论，并在实际应用中取得了优异效果。

（2）提出了一种新的矢量间运算的多权值神经元网络理论，并以硬件化神经计算机实现，从而解决了仿生模式识别所依据的高维空间的点覆盖实现问题，并在通用多权值神经计算机与人脸识别专用神经网络硬件方面作了产业化努力。

（3）提出了一种解决高维空间点分布分析用的可用计算机实现的计算信息几何数学新方法，并部分地进行了软硬件的实现。

我们认为该项工作是我国在信息科学方面，在神经网络、模式识别、人工智能等方面，具有系统性和原创性的优异成果。是跨学科领域并具有自主知识产权的重要科研工作，建议科技教育方面的领导及科技教育工作者予以大力支持。

十三位院士对王守觉研究工作成果的评议

SCIENCE TIMES 科学时报

■网址：http://www.sciencetimes.com.cn

■中国科学院主办 ■中国工程院、中国社会科学院共办 ■科学时报社出版 ■国内统一刊号：CN11—0084 ■邮发代号：1—82 ■1999年5月6日 星期四 ■今日八版 ■总第1532期

请历史记住他们

——关于中国科学院与“两弹一星”的回忆

□张劲夫

张劲夫

编者按：原中顾委常委、国务委员张劲夫同志，1956年至1967年担任中国科学院党组书记、副院长，主持中国科学院的日常工作。在周恩来总理、聂荣臻元帅的领导下，张劲夫同志组织中国科学院的科学家和广大科技人员参与“两弹一星”（即原子弹、导弹和人造卫星）的研制工作，为中华民族赢得国际地位做出了重要贡献。过去，由于事关国家机密，张劲夫同志一直守口如瓶。最近，这位86岁的科技战线的杰出领导人接受《科学时报》记者刘振坤的采访，郑重地将这段历史公之于世。在他的这篇回忆中，有鲜为人知的史料，有党和国家领导人运筹帷幄的历史场景，有中国科学家的英雄群像，他们是中华儿女的杰出代表。请历史永远记住他们！

务外，很多重要任务还要由科学院的各研究所来承担。当然，二机部也找中央各部来承担一些任务。不过，那时中央各部的研究机构刚刚建立不久，科技力量不强，有的能承担，有的承担不了，任务还是落在科学院肩上。原子能所整建制转到二机部后，骨干力量还不够，还要科学院支持，我们又从其他所调给他们一批科技骨干。

宋大哥光顾寒舍，就是要来谈

中国科学院与原子弹

钱三强

只是争取援助，而不是搞合作、不搞共有。也就是说，搞原子弹的科研单位、工厂、各种设备与技术都是中国自己的。你来援助我可以，我欢迎你、感谢你，但是，你不能与我共同拥有，共同使用。这是维护我们国家主权的大问题。所以，提出自力更生为主，争取外援为辅，你不要和我一起来共同管这个单位，管这个事情。我理解这就是中央当时搞原子弹的方针，是毛主席高瞻远瞩确立的积极防御的战略方针。

□科学院接受党中央下达的任务

中央决定以自力更生为主研制原子弹，这件事太重要了。后来又决定自力更生为主研制导弹和自行研制人造卫星，统称“两弹一星”。

□毛泽东确立积极防御战略

1956……在中国科……长。早在……毛泽东主……的决策。……泽东主席……针。毛主……也要搞原……人，但不……御。这就……们，我们要……主席一贯的……原子弹轰炸我们，我们也要有办法回击他。所以，中央决定我们也要研制原子弹。当时，总的方针是自力更生为主，争取外援为辅。要靠

王守觉两兄弟，是他们做的工作。第二代计算机，每秒数十万次，为氢弹的研制做了贡献。所以，三强一见面，就感谢科学院的计算机。

三强去世后我写了一篇文章纪念他，特别怀念他做了许多学术组织工作，比如说要科学院各个所来配合承担任务，你选什么任务，他能提出题目来，请你承担，他懂，他在法国跟着约里奥·居里做研究工作，发现过原子核三分裂现象，组织能力也比较强。但是正如前边所说，

中国科学院与导弹

钱学森

圳罗湖桥接他，请他到科学院工作。我们成立力学所，请他当所长，后来我是他的入党介绍人。他参加了12年科学规划工作，担任综合组组长，作过一个很精彩的关于核聚变问题的学术报告，为科学规划的制定出了许多好主意，特别是他亲自起草和制定的关于火箭喷气技术的建立，实际就是导弹技术的发展计划，我看了很受鼓舞。郭沫若院长看后更是诗兴大发，欣然挥毫，题诗一首：“赠钱学森——大火无心天外流，望楼几见月当头。太平洋上风涛险，西子湖畔数风流。冲破藩篱归故国，参加规划献宏猷。从兹十二年间事，跨箭相期天际游。”

钱学森任科学院新成立的力学所所长以后，迅速聚集了好多优秀科学家。我们在中关村建起了力学所大楼。因为空气动力学要搞风洞实验，中央拨出500吨钢板供力学所建风洞。这个风洞虽然不大，但已经可以进行科研试验了。

当时，陈赓大将担任哈尔滨军工学院院长，专门向钱学森请教关于导弹问题。钱学森说：“我是要建议我们国家搞导弹，这是很重要的军事武器，将来一定要大发展！”1945年美国在日本的长崎、广岛丢了两颗原子弹。那是用空中堡垒飞机投的。将来不要飞机，用弹道导弹运送原子弹，打击远程目标很有前途。因为原子弹已

□钱学森为国献宏猷

钱学森是世界气体力学大师冯·卡门最好的学生，还有郭永怀、林家翘都是冯·卡门最优秀的学生。他曾经自豪地说过，匈牙利和中华民族是世界上最聪明的民族。我国火箭喷气技术即导弹技术的建……是钱学森先生首先提出来的。……受到美国迫害，经过奋斗，于……年回国的。科学院派人到深

郭永怀　王守觉　王守武

《科学时报》等关于“两弹一星”科学家的报道

SCIENCE SUPPLEMENT

Breathtaking discovery on artificial intelligence

Expert captures essence of recognition

By CHEN BIN

The discovery of biomimetic intelligence (BI) of learning and biomimetic pattern recognition (BPR) is expected to affect the next generation of intelligent consumer electronics endowed with a degree of Machine Intelligence Quotient (MIQ), according to specialists.

The discovery by Wang Shoujue, academician of the Chinese Academy of Sciences (CAS), captures the essence of how a child — and so will the machine — recognizes objects, for instance a dog, without being confused by other objects, for instance a tank, that they have never seen before.

Theory

This is the fact that a child does not follow the sophisticated mathematics to separate all the different objects by grouping the nearest neighbourhood. But rather the child forms a connected impression of all perspective viewpoints of the dog.

This connection has nothing to do with the existence of other objects, since the child's parents never provide all different objects in order for him to tell them apart.

Therefore the major attribute of BI recognition, which does not involve classification separation, might not force the automatic target recognition (ATR) system to miss-classify the unknown as one that is nearest known.

This discovery has already resulted in a Chinese patent and if further substantiated in more experiments, will contribute to the quality of knowledge (QoK) concept of artificial intelligence (AI), in order to help define the Machine Intelligence Quotient (MIQ) for next generations of consumer electronics as well as anti-terrorism.

Attending ceremony: Professor Lu Huaxiang (first from right) from Institute of Semiconductors under the Chinese Academy of Sciences, Academician Wang Shoujue (second from right), Professor Feng Hao (first from left) from Zhejiang University and Doctor Szu (second from left) from the United States attend the ceremony that marked the establishment of the Neutral Networks Expert Committee in 2002.

Wang has solved an important measure of QoK that an AI machine following BI learning should know, when it does not know, without confusion with what it has learnt.

This answers the hitherto unmet challenge in the ATR library approach implemented by the brain-style neural networks architecture.

Thus, BI can capture the honest characteristics of human knowledge in recognizing the positively trained objects without confusion with the negative or not-yet trained objects, which is crucial in cases of missile targeting wrongly on a miss-classified civilian target.

Wang's discovery is based on the fact that a child does not learn things by statistical separation of the infinite domain of all collection of dogs and cats and so on, but rather by building a finite library one class at a time. Wang made the hypothesis that a class-by-class built a scale up recognition solution in the higher dimensional space.

It begins by all the exemplars of one class, but its full perspective viewpoint variations are topological covered by connecting "beads of similarity" in a necklace form called a hyper-sausage in the hyperspace.

For example, a necklace form hyper-sausage is for the class of a dog, another hyper-sausage for the class of a cat, and no hyper-sausage exists for any none seen classes, so that all these cover sets are sparse in the higher dimensional space and their intersection should seldom happen for any recognition confusion.

In the BI learning for ATR, Wang creates a single-class of variations covered by the hyper-sausage geometry connectivity in the hyperspace, which represents a single class of dog and all its possible perspective viewpoints; as opposed to the hyperspheres by means of the radial basis function (RBF) algorithm or the hyper-planes by the back error propagation (BEP) algorithm, used in the traditional artificial neural networks and Support Vector Machines (SVM) for separating the same dog from other classes in learning, such as cats and vehicles.

Wang is one of the founder of science & technology of semiconductor devices & ICs in China. He has made considerable contributions to some national key projects and became an academician of CAS in 1980.

He served as the Director of the Institute of Semiconductors, CAS in 1980s, and paid his main attention to AI and Artificial Neural Networks since 1990.

He established the first Neutral Networks Expert Committee under the China Artificial Intelligence Society, and the Research Institute of Intelligent Systems at the Zhejiang University of Technology in Hangzhou in 2002.

Professor Wang Shoujue

《China Daily》报道王守觉院士人工智能科研进展

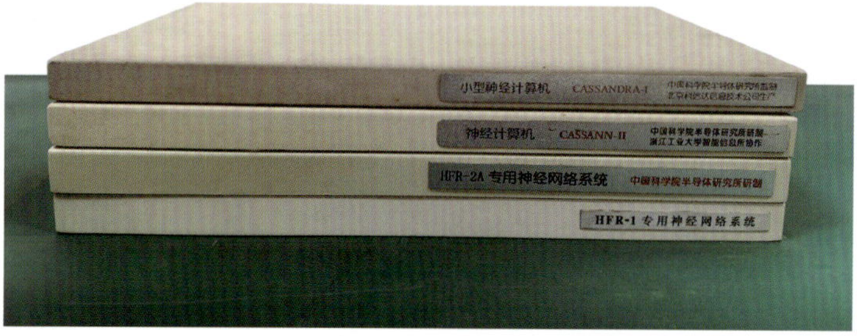

系列小型化神经计算机

数模混合小型神经计算机：预言神一号

王守觉著作

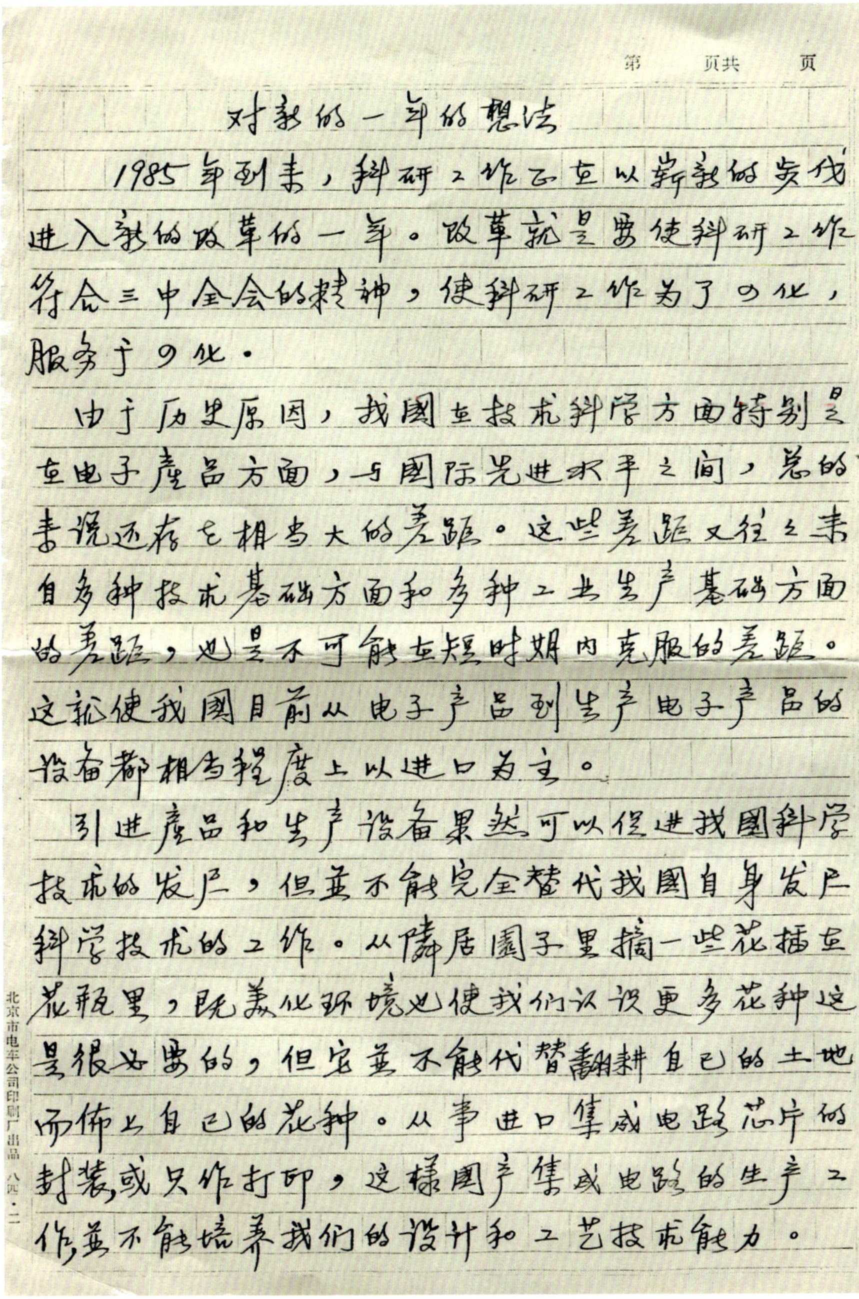
第　页共　页

对新的一年的想法

1985年到来，科研工作正在以崭新的姿態进入新的改革的一年。改革就是要使科研工作符合三中全会的精神，使科研工作为了四化，服务于四化。

由于历史原因，我国在技术科学方面特别是在电子產品方面，与国际先进水平之间，总的来说还存在相当大的差距。这些差距又往往来自多种技术基础方面和多种工业生产基础方面的差距，也是不可能在短时期内克服的差距。这就使我国目前从电子产品到生产电子产品的设备都相当程度上以进口为主。

引进產品和生产设备果然可以促进我国科学技术的发展，但並不能完全替代我国自身发展科学技术的工作。从隣居園子里摘一些花插在花瓶里，既美化环境也使我们认识更多花种这是很必要的，但它並不能代替翻耕自己的土地而佈上自己的花种。从事进口集成电路芯片的封装或只作打印，这樣国产集成电路的生产工作並不能培养我们的设计和工艺技术能力。

北京市电车公司印刷厂出品　八四·二

王守觉手书《对新的一年的想法》

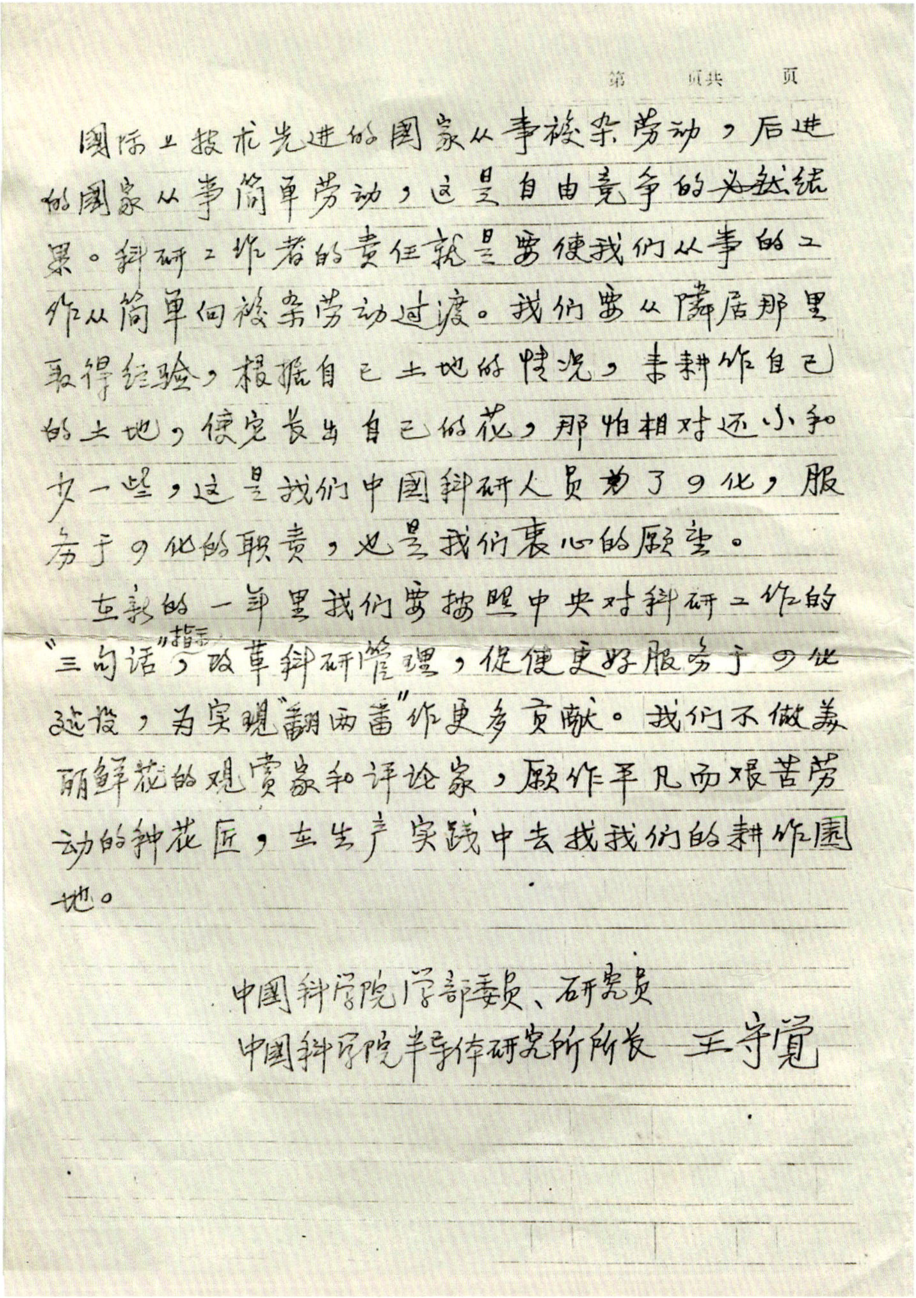
第　页共　页

国际上技术先进的国家从事複杂劳动，后进的国家从事简单劳动，这是自由竞争的必然結果。科研工作者的责任就是要使我们从事的工作从简单向複杂劳动过渡。我们要从隣居那里取得经验，根据自己土地的情况，来耕作自己的土地，使它长出自己的花，那怕相对还小和少一些，这是我们中国科研人员为了四化，服务于四化的职责，也是我们衷心的愿望。

在新的一年里我们要按照中央对科研工作的"三句话"指示，改革科研管理，促使更好服务于四化建设，为实现"翻两番"作更多贡献。我们不做美丽鲜花的观赏家和评论家，愿作平凡而艰苦劳动的种花匠，在生产实践中去找我们的耕作园地。

中国科学院学部委员、研究员

中国科学院半导体研究所所长　王守觉

王守觉手书《对新的一年的想法》

边緣科学往往是科学發展长河中新的生長點它爲具有跨學科淵博知識的人敞開了創新的大門

王守觉

一九九二年十二月十五日

王守觉的治学格言

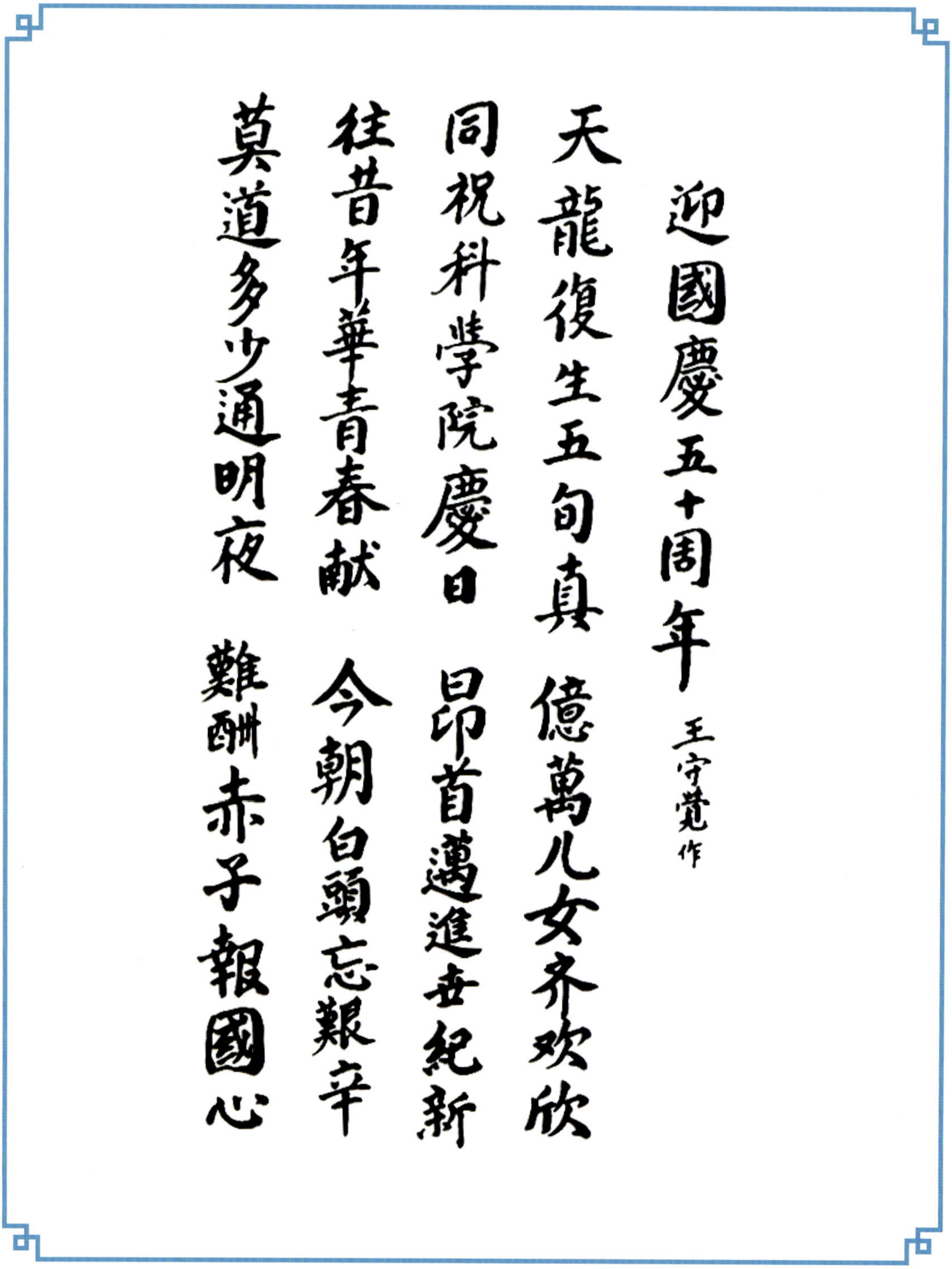

王守觉题诗：迎国庆五十周年

半导体研究所成所四十周年

四大紧急措施半导体硕果丰昌

十亿炎黄子孙半卋纪宏图辉煌

王守覺 二〇〇〇年九月

王守觉为半导体研究所建所四十周年题词

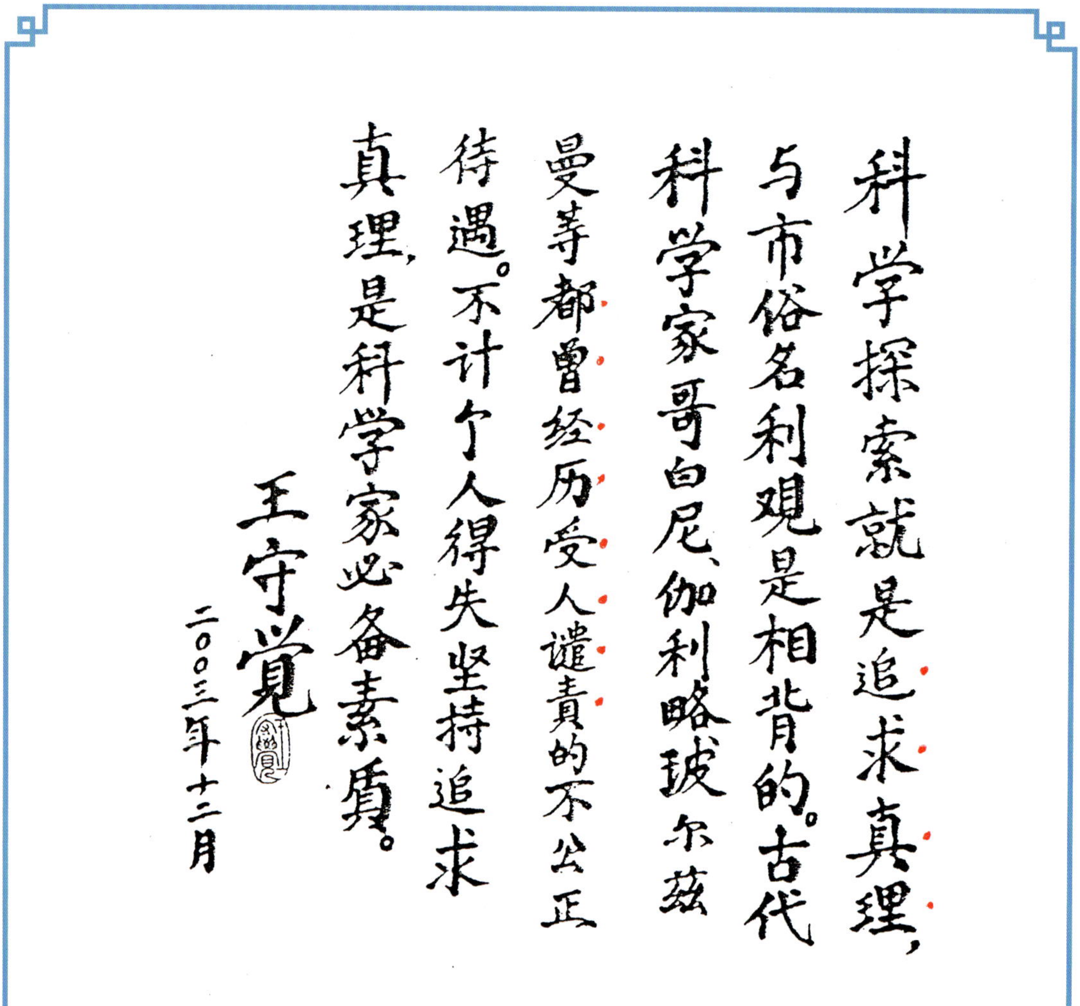
科学探索就是追求真理，
与市俗名利观是相背的。古代
科学家哥白尼、伽利略玻尔兹
曼等都曾经历受人谴責的不公正
待遇。不计个人得失坚持追求
真理，是科学家必备素質。
王守觉
二〇〇三年十二月

王守觉的治学格言

西江月

古有四大发明
今乏技术创新
追根究底求其因
尚欠科学精神

近效实非独俏
积累创新更要
莫待百年儿孙笑
只传引进一招

王守觉作并书
二〇〇六年十一月

王守觉题诗：西江月

西江月·赠胞兄王守武院士七十五寿辰

自幼同窗共读，长成胜似师尊。
历经坎坷七十春，谁比手足情深。
几番风风雨雨，一身浮浮沉沉。
待酬壮志度此生，敢幸今朝年轻。

1994 年 3 月 15 日 作

满江红·忆往事

堂堂炎黄，曾几时，历经沧桑。且牢记，鸦片之祸，甲午战憾。强寇铁蹄遍江山，亲人不如洋家犬。沈崇案，怒气冲霄汉，恨消难。

乾坤转，硝烟散；旧日梦，今朝迁。铠舰换笑脸，方寸已变！切莫忘耻呈奴颜，待得拼搏上百年。展壮志，重振故河山，改天历。

1994 年 5 月 13 日 作

虞美人·愿国企兴旺发达，重占市场主流

巍巍国萃几何了，市上曾多少。难抵遍野劲西风，那堪故友家居幽闲中。

昨夜隆隆机声在，今朝肤色改。诸君切莫空悲愁，待得团结奋进复中流。

1997 年 1 月 18 日 作

满江红·盼祖国统一

波涛千丈

怎摧得亲情似钢

忆往昔 郑森围赤 洋督败降

三十八年殖民梦 岂动我丝毫心愿

甲午战 半世纪蒙难 恨未咽

天地转 众道变 炎黄孙 震宇间

假长臂 拥诉胸怀眷恋

海峡百里枝茂盛

两岸万家树同根

待共庆祖国归一统 中华魂

2003 年 作

庆国庆 我也与共和国同龄*

生逢战乱，少小离家乡
八年抗战流离滇黔川
十八寒窗经历工农兵学商
忆当年，万民歌舞盼解放
迎来了红旗招展国运大昌
三个甲午曾几时，醒狮一声天地转
不怕那威震全球洋老虎
照样是收起爪牙，相谈板门店
原子弹咱也玩，卫星导弹齐升天
再不是东亚病夫散沙般
想当初，也曾是六十五年中国梦
壮志凌云夜夜灯火报国忙
庆国庆六十五大寿
看自身六十五年奋斗
回归故乡已是白发苍苍，剩把老骨头
喜的是春风不厌白头老
笑呵呵乐淘淘幸福生活我也凑一脚

2014 年 10 月 作

*王守觉于 1949 年参加工作，工作时间与共和国同龄

Preface

序

为纪念王守觉院士诞辰 100 周年，深切缅怀王守觉院士为我国半导体电子学事业和发展做出的卓越贡献，传承与发展王守觉院士的科学精神和学术思想，中国科学院半导体研究所编撰出版了《守心觉新：王守觉院士百年华诞记怀》一书，我有幸作序，谨在此向王守觉院士表达崇高的敬意和深切的仰慕之情。

王守觉院士是我国著名的半导体电子学家，我国半导体器件与微电子技术的奠基人之一，半导体人工神经网络和多维空间仿生信息学的开拓者，为我国半导体学科建设、技术创新、产业振兴以及人才培养做出了创新性和系统性贡献。

王守觉院士潜心钻研、砥砺创新、成就卓著，在半导体电子学、人工智能及信息科学领域取得了一系列重要科研成果。解决了“两弹一星”所需计算机的基础器件问题，研制成功中国首只锗合金扩散高频晶体管；研制成功用于战略导弹的中国第一批硅平面管并创建硅平面工艺；研制成功中国第一块固体组件*，为导弹专用微型机的研制创造了条件；在我国半导体器件工艺、电路的集成与应用等方面做出了重要贡献；开创了利用神经网络对多变量控制生产系统进行总结经验全局优化的方法，并在神经网络模式识别新理论新技术方面取得了突破性进展；提出了“仿生模式识别”新理论新方法，首创了信息处理新理论——“高维形象几何仿生信息学”，为解决维数高、自变量数多、计算复杂度大的计算问题提供了新思路。先后获得全国工业新产品奖一等奖、国家科学技术委员会首次颁发的创造发明奖一等奖、全国科学大会奖、国家“八五”科技攻关重大成果奖、中国科学院重大科技成果奖一等奖、北京市科技进步奖一等奖、何梁何利科技奖和台湾潘文渊文教基金杰出科研奖等，相继两次被评为国家“八五”、“九五”科技攻关先进个人。1980 年当选为中国科学院院士（学部委员）。

王守觉院士甘为人梯、提携后进，培养和造就了一大批优秀科技人才，对我国半导体电子学事业的发展和该领域人才的培养做出了重要贡献。他以超前的思维和卓越的创新能力，不断拓展新的研究领域，谱写了一个又一个新篇章，达到了一个又一个新高度，

---

* 编辑注：20 世纪 60 年代后，国际上将“固体组件、固体电路”统称为“集成电路”。

创造了半导体电子学领域的多个“第一”。他敢为人先、追求卓越的创新精神和爱国奉献、淡泊名利的高尚品德，更是广大科技工作者和师生学习的榜样。

该书收录了王守觉院士生活和工作的珍贵照片、具有代表性的论文以及纪念文章等，见证了王守觉院士的成长历程，体现了他不懈奋斗、求索不止的治学态度和学术风格，是王守觉院士多年来致力于前瞻性、开创性科研学术活动的一个例证，也是他教书育人、奉献祖国半导体电子学事业的生动记录。

该书在王守觉院士 100 年华诞之际出版，是对王守觉院士科研成果和学术思想的总结，也是对他治学之术和为人之道的传承。同时，也为从事半导体电子学事业的中青年科技工作者提供了一份学习和参考的珍贵资料。

最后，希望我们传承和弘扬王守觉院士勇于开拓的科学精神，正如他所说的“我们要做外国人还没有做好的事情，走出一条我们中国人自己的科学道路”，为实现我国半导体科技自立自强和建设科技强国贡献积极力量！

中国科学院院士
中国科学院原党组成员、副院长
中国科学院大学原党委书记、校长
中国科学院半导体研究所原党委书记、所长
2025 年 6 月

Contents

目 录

序

王守觉学术成就

缅 怀 篇

实 干 创 新

桃 李 芳 菲

继往开来

学术篇

科研感悟

科研论文：高速集成电路

科研论文：人工智能理论

科研论文：人工智能系统

科研论文：科研成果应用

附 录

后 记

王守觉学术成就

作为我国集成电路与半导体、人工神经网络（人工智能）领域的开拓者和奠基者，王守觉院士用毕生心血在科技长卷上镌刻出璀璨的印记：研制成功我国第一只锗合金扩散高频晶体管；创立硅平面工艺并研制成功我国第一只硅平面型晶体管；研制成功我国第一块集成电路；前瞻布局人工智能研究，率先研制出系列半导体神经网络计算机；开创仿生模式识别理论体系……。为我国在半导体器件、集成电路与人工智能等领域的开拓与发展做出了重要贡献。

王守觉

王守觉（1925～2016年），江苏苏州人。半导体与电子、信息科学专家，ICCAD与神经元计算机领域专家，中国半导体器件与微电子学、神经网络模式识别的开拓者与奠基人之一。中国科学院院士。中国第一只锗高频合金扩散晶体管、第一只硅平面晶体管和第一块集成电路的研制者，连续逻辑电路的创造者，是神经网络与计算机形象思维、仿生模式识别与高维空间形象几何算法的开拓者。在研究与开发中国半导体器件及集成电路方面做出了重要贡献，培养了大批半导体技术与微电子学专家。获中国科学院科技成果奖、中国科学院与国家级科技进步奖多项。

国家重点图书出版规划项目《20世纪中国知名科学家学术成就概览》，以纪传文体记述中国20世纪在各学术专业领域取得突出成就的科学家，展示他们的求学经历、学术成就、治学方略和价值观念，彰显他们为促进中国和世界科技发展、经济和社会进步所做出的贡献。夏建白院士和何春藩同志2015年为《20世纪中国知名科学家学术成就概览》撰写了王守觉先生的科学成就一文，以下将《20世纪中国知名科学家学术成就概览·信息科学与技术卷》第三分册中关于记述王守觉先生的传记做了稍微改动。

一、生 平 简 介

王守觉，原名王守平，1925 年 6 月 27 日生于上海，原籍江苏苏州。出生的时候，父亲王季同已经 51 岁了。那时，曾留学英国的父亲，为了与他人合股办厂，辞去镇江电灯公司工程师职务，于 1923 年携全家自苏州迁往上海，故王守觉在上海出生。后来，父亲王季同因遭合伙人陷害而致工厂倒闭后，被捕入狱，经亲友凑钱才将他从狱中救出。作为知名数学家和机电专家的父亲，出狱后不再经商办厂，于 1928 年进入中央研究院工学研究所任研究员，直至 1934 年退休。退休后，因留恋故乡小桥水港的美景，全家人为遂他的心愿，只得从上海再迁回苏州。

王守觉自幼聪慧，能干，加之是家中最小的孩子，故深得父母与哥姐们的宠爱。在他 11 岁时，进入苏州东吴大学附中读初一。一年后，1937 年日本侵华战争全面爆发，故乡不得安宁，全家不得不辗转逃难，王守觉也因逃难而辍学，不久又因疟疾在家休养。辍学后的几年里，王守觉干过许多工作，先是自己在家里修旧表去卖，后来由于当时中国工业很落后，家用的门锁质量都很差，他用低熔点合金做原料，铸造了很漂亮的门锁，一时销路不错。他还去修建飞机场的工地做过测量员，也在家里的茅屋里养过猪。坎坷的经历对他是一个很好的锻炼。

1939 年，一家人最终在昆明安定下来。王守觉在离开学校两年之后，插班进入昆明天南中学读初三，扎实的底子让他顺利地升入高中。但是，升入高中不久，王守觉又再一次病倒了。王守觉自小身体不好，常犯病，据说是因为父母两人都信奉佛教吃素，母亲怀王守觉的时候也吃素没能保证营养，所以王守觉身体底子不好。身体底子不好，再加上两年的颠沛流离，这一病就是好几个月。待王守觉病好后再去学校，校方执意要让他留一级，重读高一，王守觉不愿意，争辩半天也没用，于是一气之下不读了，辍学回家，于 1941 年入昆明裕庆建筑公司当练习生。

1942 年年初的一天，王守觉在昆明街头，撞见了一位高中同学。同学行色匆匆，说还有半年就要考大学了，得抓紧时间准备。王守觉也因此产生了考大学的念头。虽然王守觉因病缺课过多，但他自觉努力，靠勤奋自学，终于在 1942 年以同等学力（因无高中毕业文凭）考入西南联合大学大专班。之后考入了已内迁四川李庄的同济大学，转至同济大学电机工程系电讯专业学习。

1944 年，侵华日军临近同济大学所在地的川南。王守觉便应召入伍，在驻四川泸州的重庆国民政府青年军 203 师的通讯营中，当上了一名报务员及机务员。一年后，日本战败投降，抗战胜利，同济大学又逐步迁回上海。1946 年，王守觉复员后，仍回上海同济大学继续学习。他因成绩优异，曾在学校获得过当时由政府设置的学业优异奖学金，是全校仅两名获奖者之一。

1949 年春，王守觉大学毕业后进入了北平研究院上海镭学研究所工作，主要从事氧化亚铜固态整流器的研究。1949 年 11 月 1 日，中国科学院（以下简称中科院）成立，该所随后改名为中国科学院应用物理研究所结晶学研究室。1950 年 12 月，该所迁往北京并入中科院，王守觉因儿子刚满一岁，不便抽身，则留在上海负责研究所的迁京工作。后来，他便向所长严济慈递交了辞呈，进入上海新成电器厂任工程师，继续从事氧化亚铜整流器的研究。后来他经过多方努力，把固态整流器产品化，并在中国最早建成的集中控制自动闭塞火车站——衡阳火车站应用成功。

1953 年，中国第一个五年计划的 156 项重大工程开始，王守觉被调往新成立的第一机械工业部第二设计分局。两年之内，他由新手开始，逐渐熟悉业务，担任了主任设计师兼弱电组组长，并亲手解决了工业企业安全系统专用设备及提高信息系统设计效率的模块化问题，被评为 1955 年上海市工业劳动模范，1956 年作为全国先进工作者代表，应邀赴北京参加了全国群英大会。

1956 年，当我国制定十二年科学技术发展远景规划和周总理号召向科学进军时，王守觉奉调到北京即将成立的中科院计算技术研究所筹备组报到，结果到了发现筹备组所有成员都已去苏联学习。王守觉只能去中科院找人事局，在路上正好碰到当年上海镭学研究所的副所长陆学善，他当时已是中科院北京应用物理研究所的业务所长。在陆学善的建议下，王守觉进入应用物理研究所的半导体研究室工作。

王守觉在半导体研究室任高频晶体管课题组组长，定职为副研究员。1957 年 9 月，被派往苏联科学院列宁格勒列别捷夫研究所做短期工作。这期间，他刻苦自学，夜以继日地工作，圆满完成了任务。在研制锗扩散型三极管中，做出了很好的成绩，并研制成功一种具有 N 型负阻特性的半导体器件，给苏联同事留下了深刻印象，受到赴苏实习团领导的一致好评。1958 年 4 月回国后，在半导体研究室与后来的中科院半导体研究所（以下简称半导体所）从事半导体器件和微电子学的研究，成为中国半导体器件研究的开拓者和奠基人之一。他长期从事半导体器件、半导体电路设计及器件的研究，对中国半导体器件工艺的成型、电路的集成与应用等方面做出了重要贡献。自 20 世纪 70 年代末期起，主要从事新型电路的探讨及其应用方式的研究，创造了连续逻辑电路。自 1991 年起，全身心地致力于以新的电路结构实现人工神经网络的探究，研究发展半导体神经网络技术及其在国民经济与国防科技中的应用。他提出并发展了神经网络模式识别新方法和新手段，研制成了中国唯一产品化的半导体神经网络硬件系列，使神经网络对实物对象的识别能力达到了前所未有的新水平。

自中国科学院半导体研究所于 1960 年 9 月成立以来，王守觉相继担任过半导体器件研究室主任（1960～1966 年）、半导体研究所副所长（1977～1982 年）及所长（1983～1985 年）等职务。1978 年 3 月，他被提职为研究员。1980 年 11 月，当选为中国科学院技术科学部学部委员（院士）。他是中国第一批博士生导师，曾多年担任国务院学位委员会学科评议组和国家科技进步奖学科评议组成员。自 1980 年起，他曾历任中国电子学会副理事长，《电子学报》编委会主任，《Chinese Journal of Electronics》编委会主任。曾任浙江工业大学智能信息所所长，上海同济大学信息工程学院名誉院长及半导体与信息技术研究所所长。他曾担任中科院半导体研究所神经网络与形象思维实验室负责人，兼任中国计算机学会多值与模糊逻辑委员会名誉主任，中国计算机学会 CAD 与图形学委员会名誉主任，中国人工智能学会神经网络与计算智能委员会名誉主任。在他的科研生涯中，培养了多名研究生，发表论文 200 余篇。跟他父亲一样，因老来留恋故土，晚年王守觉回到苏州，在中国科学院苏州纳米技术与纳米仿生研究所指导工作，在老家颐养天年。

二、学术生涯与科学成就

（一）研制成功我国第一只锗合金扩散高频晶体管

1956 年，国家在制定十二年科学技术发展远景规划时，把“半导体”列为与原子能、计算机、自动化、电子学并提的五大紧急措施之一。开展我国半导体材料及其器件的研究，是半导体科技工作者当时面临的重要课题。

刚过而立之年的王守觉，壮志满怀地参与并主持了锗高频晶体管的开创性研制工作。他依靠平素积累的知识和在苏联工作期间获得的经验，果断地采用以双合金扩散为突破口的研制方案。凭借他于 1949 年前后研制氧化亚铜整流器的实践经验，解决了热处理过程中的精确控制、多元金属均匀性与配比控制，以及优化组分等关键问题。从而在不到半年的时间里，即 1958 年 9 月，研制成功了我国第一只锗合金扩散高频晶体管。它的截止频率比当时国内研制的锗合金结晶体管提高了 100 倍以上，即由原来的 2MHz 提高到

200MHz。在这一科研成果的基础上，也在国家对研制高速电子计算机急需高频晶体管的推动下，旋即由王守觉率领生产队伍，并亲自传授技术，进行小批量试制，从而解决了中科院计算技术研究所研制我国发展核工业急需的首台晶体管化高速计算机——109 乙机的半导体器件的燃眉之急。由当时这个试制组发展起来的中科院 109 工厂，也因该计算机代号“109”而命名。

（二）创立硅平面工艺并研制成功我国第一只硅平面型晶体管

1960 年初，美国同行又传来了研制成功硅平面型晶体管的消息。具有敏锐观察力且处事果断的王守觉，于 1961 年任半导体研究所器件研究室主任后不久，毅然舍弃了正在研制并已取得一定成果的硅台面工艺，立即组织研究室力量，转而投入对硅平面工艺的探索研究，并从工艺设备的设计与建立着手，开展了硅平面 PN 结的研究。当时，第七机械工业部某研究分院（国防部门），正需要多种高性能的硅器件，王守觉借此机遇，即以正在研究的硅平面工艺为基础，承接了这些硅器件的研制任务。在不到半年的时间里，就首先研制成功了一种结构最简单的硅平面型低反向电流二极管，电参数全部达到了要求，重复性较好，成品率也较高。随着一系列新暴露出来的关键工艺问题的解决，到 1962 年下半年，一批批性能合格的各种硅平面型晶体管，也都相继研制成功。到 1963 年底，全部完成了国防部门 5 种硅平面器件的研制任务。为了缩小器件体积并减轻重量，根据硅平面器件相对地较为稳定的特点，王守觉当即率领化学专业人员，研究并解决了硅平面管的软包封技术，发展了体积与重量均减小一个数量级的微小型晶体管（俗称“芝麻管”），受到用户的赞扬。

在王守觉的领导和亲自参与下，依据军工需要而研制成功的 5 种硅平面型器件，即低反向电流二极管、P-N-P-N 高灵敏开关器件、高速开关晶体管和两种高频晶体管，均于 1964 年 4 月通过鉴定验收，并在同年举办的全国新产品展览会上，在国家科委、国家计委、国家经委、国防科委、国防工办联合组织的评奖中，获国家颁发的新产品奖一等奖，次年还获国家科学技术委员会首次颁发的创造发明奖一等奖。这些器件的研制成功，同时为我国在“两弹一星”研究工作中做出重大贡献的计算机——09 丙机提供了器件基础。

硅平面工艺在我国开发成功的重要意义还在于，为我国发展集成电路、并进而发展微电子技术奠定了基础。

以王守觉为主的科研班子，在这一阶段的研制成果还包括：自动控温的高温扩散炉、真空蒸发设备、金丝热压焊机、简易型光刻曝光机、照相制版设备等我国自行设计的第一代硅平面工艺设备。这些工艺设备、硅平面工艺和几种硅平面器件，在当时就广泛被国内有关单位所采用。

（三）研制成功第一块微小型半导体固体电路

虽然有微小型晶体管的出现，但电子线路的小型化仍然受到阻容元件和连接线的限制。在需求的推动下，20世纪60年代初，国际上出现了把阻容元件及元件间的互连线，同晶体管一起制作在硅片上的半导体固体电路。待这种样品传到王守觉手中后，他便在已掌握的硅平面工艺基础上，开始了半导体固体电路的研制，并于1965年4月，首次研制成功了中国最早的固体组件。把制作在硅片上的具有6个晶体管、7个电阻和6个电容的电子线路，封装在不到指甲盖大小的管壳里。这种半导体固体组件（或称固体电路）称为第三代电子计算机所普遍采用的“阻容耦合门电路”。他先后研制成的国内最早的4种固体组件，为后来研制弹上用微型计算机打下了基础。这一集成电路新品种的研制成功，立即受到国家科委的高度重视，并拨出100万元人民币，在半导体研究所内建起了新的实验楼——固体楼。国内对固体电路（后来统称为集成电路）的研究随之高潮迭起。但后来的“文化大革命”使这一研究工作跌入低谷，陷于停顿。

（四）研制成功积木式自动图形发生器，实现大规模集成电路计算机辅助自动制版技术

随着集成电路的发展，光刻掩模版的图形日益复杂化，源自刻红胶膜照相制版的传统方法，限制了电路面积与器件尺寸精度的发展，已越来越难以满足制作复杂图形模版的需要。早在1965年，王守觉首先提出了用拼图的产生方式，来直接产生复杂图形的掩模版主张，并和他的助手们一起，用一台大型工具显微镜，改装成了可以把图形库里的多个基本图形，直接用传感光拼合方法，来产生复杂图形的拼合设备。并在1966年初，成功地试作了一块小规模集成电路的掩模版，取得了初步成果。这比国际上最早用拼图方式产生版图及其图形的发生器早3年。但是，在“文化大革命”中，被批判为“好高骛远”、“标新立异”、“不务正业”、“浪费国家财产”等，王守觉被作为所内第三号打倒对象而停职劳动。1969年，王守觉恢复工作，被安排在制版组做具体的制版工艺，无法施展其才干。1970年，他看到了当时国外同行发表用拼图感光方式产生版图的图形发生器论文，证实了他早在1965年提出的设想并在1966年初见成效的制版途径的正确性。王守觉遂义无反顾地向当时的军管人员提出，希望重新开展图形发生器和自动制版技术

的研究。这一建议意外地得到了军管人员的支持，并立即组成了以他为主持人的研究小组。在他亲自试验、设计、制作、调试的情况下，工作进展顺利，仅花了半年时间，于1971年就把一台一般通用的光栅定位数字式工具显微镜，成功地改造成了我国第一台能自动制版的积木式图形发生器。为使自动制版技术能配套应用，王守觉又率领全组人员，投入到计算机硬件和自动制版软件的研制工作中，于1973年投入使用。在解决了实际制版工艺问题的基础上，1974年又在我国首次成功地应用计算机辅助自动制版技术，制成了大规模集成电路掩模版，为基于计算机与图形发生器的自动制版法代替传统的刻图照相制版方式开辟了道路，使大规模集成电路的复杂性不再受制于刻图尺寸与精度。这一研究成果于1978年获得科学大会奖。

王守觉在研究自动制版的同时，还进一步研究了计算机自动布线问题，并提出了一种从总体分析出发进行布线的计算机损益分析的新颖计算方法。他的这一基本思想，被他当时的助手庄文君后来以计算机软件来实现。在此软件辅助下作出的平面布线，其布通率比国际上流行的一些方法高得多。因此一次获中国科学院成果奖二等奖，两次获中国科学院成果奖三等奖。

（五）发明多元逻辑电路，应用成果迭出

1976年10月，打倒了“四人帮”，迎来了科学的春天，也为王守觉解下了束缚其创新思维的“紧箍咒”。当年初冬，他全面分析了当时各种双极型集成逻辑电路的性能优缺点以后，发现各类集成逻辑电路的工作速度都受到一个共同的制约因素的影响。速度愈快者，这个制约因素的影响愈突出。这是由于进入电路的信号，总是要进行一次或多次的倒相。这意味着电路中器件的结电容和许多分布电容都要以2倍于逻辑摆幅的电压变化进行充放电。这个充放电所需时间，往往成为高速逻辑电路延迟时间的主要组成部分。他针对这个固有的缺陷，大胆地提出了一种新的逻辑电路结构，让逻辑电平连续变化，具有既可实现逻辑运算功能又可同时输入模拟信号的特点。逻辑运算速度可比当时流行的TTL电路快数倍。并特别适合用于数-模转换器（DAC）作数字量与模拟量间的转换。1977年，这种逻辑电平连续变化的集成“与”、“或”门器件，在实验室内试制成功。每级门的延迟时间小于1ns，比当时工艺条件下门电路最高速度高3倍以上。在1978年发表这项研究成果的论文时，他把这种电路起名为多元逻辑电路，简称DYL电路，这是在国际上最早提出并实现的逻辑电平连续变化的集成电路。它的逻辑功能与国外在20世纪80年代发布的模糊逻辑电路相同，因此亦可称之为模糊逻辑电路或连续逻辑电路。这种

模糊逻辑电路的 MIN 门和 MAX 门，当时被称为线性“与”、“或”门。

为了验证把这种电路作为高速二值逻辑电路应用于计算机的可行性，王守觉和他的助手们，随即又开展了将这种电路应用于高速小型计算机的研制工作。在一年时间里，他们研制了十多个品种的多元逻辑电路，并装置成功了一台指令系统与当时流行的 NOVA 小型计算机（即 DJS-130 机）完全相同、而速度更高的小型计算机，取名为 DYL-1300 机。通过拷机后证明，该机稳定可靠。1979 年，这种新的高速逻辑电路通过了院级鉴定，并获 1980 年中国科学院重大成果奖一等奖。

为了扩大这一成果的应用领域，王守觉同他的助手们，随之开展了进一步的探索。一是尽量发挥其逻辑电平连续可变的特点，探讨把它用作多值逻辑和直接把模拟信号输入这种电路的应用方式；二是在设计上精益求精，使其电源电压和逻辑电平与通用的 TTL 和 CMOS 电路兼容，并进一步提高 DYL 电路的速度。

在推广应用方面，1980～1982 年间，王守觉与桂林市电子工业公司合作，从发展新品种 DYL 电路开始，全部应用 DYL 电路研制成功了我国第一台大型电子智能游艺机。这也是迄今为止唯一全部应用国产集成电路的大型电子游艺机。当时生产了四台，很受用户的欢迎。但在大量进口国外生产的游艺机机芯的冲击下，这种自主创新的新产品，因形不成规模经济，工厂也不得不转而改用进口机芯组装游艺机。尽管如此，这一研究工作对我国大型电子游艺机工业的起步，毕竟起到了奠基的作用。1990 年，王守觉被视为我国大型电子智能游艺机的奠基人，受到中国游艺机游乐园协会的表彰。

这种新型电路，还在万能函数发生器和时分制三用电话小系统中得到推广应用。前者曾由生产厂家生产销售出 20 余台，后因工厂改行，转做引进彩电装配线而停产。后者作为电话指挥系统，被应用于新建的舰艇上。将这些新电路推广应用于整机的研制项目，两次获中国科学院技术进步奖二等奖，一次获中国科学院技术进步奖三等奖。

在进一步提高 DYL 电路的二值逻辑速度方面，王守觉和他的助手们研究了 DYL 电路的有源馈电方式，不仅从电源到逻辑电平上解决了它与 TTL 和 CMOS 电路的兼容问题，还使 DYL 电路每级门延迟时间降到 0.3ns 以下。

在“七五”攻关任务中，有一项 12 × 12 位的高速数码乘法器电路研制计划。它要求 12 × 12 位二进制数字的乘法时间应在 25ns 以下。而当时国外的此类产品，速度最高的是工艺已成熟的 ECL 乘法器，其乘法运算时间为 40ns。同类电路的运算速度与集成电路工艺的精细度密切相关。国内的工艺条件无法与国外相比，因此，王守觉决心以 DYL 新电路在原理上和运算速度上的优越性，克服国内工艺落后的不利条件，将其用于高速数码乘法器的研究。到1990年，在“七五”攻关任务完成时，他用互联线宽为5μm的落后工艺，制备出的以中规模集成电路连接成的DYL12×12位高速数码乘法器，其乘法运算时间降到了11ns，比1990年国际最高水平的12×12位乘法器产品的速度（21ns）高出近一倍。此项研究成果通过中科院鉴定后，受到了有关部门的重视，并获得中国科学院科技进步奖二等奖。

1985年，年满花甲的王守觉，从半导体研究所所长行政岗位上退了下来。对科研壮心不已的他，在设法提高DYL电路运算速度的同时，开展了把连续逻辑直接用于模拟信号处理的研究课题。在助手们的帮助下，他先后实现了模拟信号时间轴坐标变换线路、数字控制时间的模拟信号延迟线路、频率灵敏控制线路、模糊自动控制器线路、模拟量与数字量高速乘法线路，以及对模拟信号直接进行傅里叶变换线路等。他从中概括出的《连续逻辑为电子线路与系统提供的新手段》论文，受到电子学界专家们的高度评价。

此后，王守觉还提出了应用连续逻辑与数字逻辑相结合，实现模拟信号动态随机存储器的途径。他的研究生在他的指导下，据以实现的这种多值与准模拟信息动态存贮器线路，获得了国家发明专利。

（六）研制成功多元逻辑8位高速数-模转换器

长期以来，国内高速数-模转换器（DAC）产品的水平，由于工艺条件差，即使采取仿制方式，与国外相比差距仍然不小，以致精度在8位以上、建立时间小于30ns的高速视频DAC，迄至20世纪90年代前期仍然只能依赖进口。而迅速发展的高速数字信号处理和多媒体应用，却要求国内自供这种器件。1991年，经王守觉倡议和在国防科工委有关主管部门的组织与支持下，中科院半导体研究所与电子工业部第47所，共同承担起了这一项目的预研任务。半导体研究所以王守觉为首的预研组，负责全部线路与版图的研究和设计，47所承担电路芯片的工程研制。王守觉首创的DYL高速线性门，被作为基本单元用于线路与版图设计之中。利用这种线性门来“求大”“求小”的逻辑运算功能，取代传统DAC中的电流开关去实现数模转换，便构成了一种与国外同类产品完全不同且结构新颖的低内阻电压型DAC。它不仅具有很高的转换速度，而且还能和通用的CMOS及TTL数字电路兼容。1995年3月，在北京由中科院军工办和电子部军工预研局联合组织的鉴定表明，这一成果的电学性能已全部达到，并在部分参数上超过国际先进产品的水平。鉴定会还认为，这种国内自主产品，其电路结构属国际首创。

（七）半导体神经网络的兴起与发展

1990 年，正当国际上人工神经网络的研究掀起高潮之际，以王守觉为核心的半导体神经网络的研究小组，承担了“人工神经网络硬件化实现”这一“八五”攻关课题，以及“模式识别用神经网络理论研究”的国防预研基金课题，致力于神经网络模式识别等机器形象思维的基础理论与实际应用基础研究。王守觉领导的研究组经过 4 年的努力，在模拟与数字混合处理与纳秒高速神经突触等方面的攻关指标已经实现，并在 1995 年完成半导体人工神经元的基础上，研制成了一台模拟 2000 万次神经联接的小型神经计算机 CASSANDRA-I（预言神一号），该机被电子部评为我国“95‘电子十大科技成果’”之一，并获国家计委、国家科委、财政部颁发的“国家‘八五’科技攻关重大成果奖”，为以后成功研制神经计算机系列奠定了基础。在神经网络模型与计算方法等理论研究方面，王守觉提出了多值和多阈值神经元网络的新结构理论和树状前馈网络模型及其自学习的新算法。这种新模型与新算法，与国际上通用的 BP 网络与自学习算法相比，可大大简化网络结构，并缩短自学习过程。

此后，以王守觉为核心的研究组，在国家“九五”科技攻关支持下，以 CASSANDRA-I 小型神经计算机为基础，进行了小型化、实用化与产品化的研究工作，并在专项电子预研基金支持下，对神经计算机应用于各类模式识别的问题，进行了建立模型、推导算法与理论研究，获得了如下一些主要创新成果：

第一，提出了一种模式识别用网络模型与新学习算法——排序学习前向掩蔽（SLAM）模型，使模式识别神经网络的有样本训练时间比传统 BP 模型缩短了一个数量级。

第二，提出了模式识别用神经网络中的多阈值神经元（MTN）和方向基函数（DBF）神经元网络和优先度排序神经网络（PONN）等，使实物识别用神经网络的训练时间比 SLAM 模型再提高了一个量级。以 CASSANDRA-I 神经计算机为基础配以上述优先度排序方向基函数神经网络与算法的实物识别系统以 6 件实物作识别对象，从不同方向采集 130 多样本后，训练时间只需 6.4s，熟练后对这 6 件实物的正确识别率达 96%，这套实物识别系统已提供给 6 所高校作教学应用。并发表创造性论文十多篇。

第三，提出了神经网络样本去噪声建模优化法，创造性地把神经网络方法应用于半导体工业大生产的控制参数优化中；用于华晶电子集团公司的工业大生产中，成品率平均值相对提高了原基数的 11.2%，经鉴定认为属国际首创，达到国际先进水平。

第四，进一步研制“九五”攻关任务高阶高精度神经计算机 CASSANDRA-Ⅱ，并在理论算法上作进一步研究。

第五，提出并从硬件上实现了双权值神经元网络硬件，改变了传统神经网络中每个联接只存在一个权值的概念，使神经计算机的应用途径获得了极大的拓展，也为神经网络新的进一步发展提供了有利的硬件手段。

第六，走向信息科学中的仿生，开创高维仿生信息技术新方向。

2000 年 12 月，在“九五”攻关项目“CASSANDRA-Ⅱ神经计算机”的鉴定会上，研制人员用实物模型进行现场识别，以其识别结果作为鉴定会测试组的实测结果。结果表明正确识别率高达 99%。这一结果，还促成了后来的《仿生模式识别》与《高维空间几何分析方法》的诞生（与之相关的两篇学术论文相继被评为首届与第三届中国科协期刊优秀学术论文），并开创了信息科学中的仿生新方向——高维仿生信息技术。在 2008 年，出版了该方向的第一本书《多维空间仿生信息学入门》。高维仿生信息技术，已经通过中科院领导同意，作为苏州纳米技术与纳米仿生研究所在仿生方面的科研方向之一。这项工作也被中科院京区党委列入了 2003 年出版的《科技创新案例》一书中。

王守觉还开创了用神经网络对多变量控制生产系统进行总结经验、全局优化的方法。在神经网络模式识别新理论新技术方面取得了突破性进展，提出了“仿生模式识别”和“高维形象几何仿生信息学” 新理论新方法。他将高维空间点分布几何分析方法用于模糊照片的清晰化处理中，取得了十分优异的实际效果，验证了这种新分析方法的有效性，为机器形象思维提供了一种新可能。这种新理论新方法使平面上全方位实物模型的识别率达到前所未有的高度。以 ORL 人脸库做人脸识别效果比较，识别效果远优于国际上新发展并被公认处于优势地位的支撑向量机（SVM）。他致力于研究发展半导体神经网络技术及其在国民经济与国防科技中的应用。他研制成我国唯一产品化的半导体神经网络硬件系列，提出并发展了一种高维空间复杂几何形状覆盖的神经网络模式识别新方法和新手段，使神经网络对实物对象的识别能力达到了前所未见的高度。他开创了用神经网络对多变量控制生产系统进行总结经验、全局优化的新方法，用于一个 20 个变量控制，已大量生产的微电子产品生产过程优化中，进行总结经验、全局优化，在生产条件不变的情况下，优化后合格产品增加超过了 10%。王守觉在半导体神经网络技术及其应用方面取得了不菲的成绩，作为第一完成人，获 2001 年北京市科技进步奖一等奖。

神经网络的研究工作犹如进入一块新大陆，大有用武之地。在理论、在模式识别、在用于工业优化等各方面都已经看到宽广的发展前途，神经网络的发展方兴未艾。

王守觉的科研生涯，自强不息，永无止境。他以高度的责任感、敏锐的洞察力，立足国情，不断开拓创新。他高标准、严要求，坚持自力更生，勤于实践，追求理论和实践的完美结合。他从业 50 余年，成果迭出，建树甚丰：国家发明奖 1 项（1964 年），国家新产品奖一等奖 1 项（1964 年），中科院一等奖 1 项（1980 年），中科院二等奖 3 项（1983 年、1992 年、1996 年），中科院三等奖 1 项（1986 年），国家发明奖三等奖 1 项（1996 年），北京市科技进步奖一等奖 1 项（2001 年），何梁何利基金科学与技术进步奖 1 项（2001 年）和台湾潘文渊文教基金杰出科研奖 1 项（2002 年）。

对于青年学子，王守觉言传身教，悉心培养，并以严谨求实、探索不倦的学风，拼搏不止的品格，率领、引导他们一起攀登科学高峰，从而深得年轻科研人员的敬重与爱戴。他坚定执行我国实施的“科教兴国”、“人才强国”的方针政策。他说：“现在我们要不断完善现有的教育体系，使它更符合中国国情，以适应国家的发展。”

王守觉具有强烈的爱国之情，他把自己全部的精力都奉献给了祖国的科教事业，那份对事业的执着、不懈追求和探索的精神、追求卓越的使命感，将继续鼓舞后辈为我国半导体与信息科学事业的飞速发展而努力奋斗。

三、王守觉主要论著

王守觉. 1962. N 型负阻三极管. 无线电与电子学(苏联), 7(8): 1404-1408.

王守觉. 1962. 关于晶体管最高振荡频率有关因素的测量分析. 物理学报, 18(4): 194-205.

王守觉, 孙祥义, 王润梅. 1978. 一种新的高速集成逻辑电路——多元逻辑电路 (DYL). 电子学报, 6(2): 43-51.

王守觉, 夏永伟, 孔令坤, 等. 1986. 一种无隔离区的 DYL MOS 混合集成新电路. 电子学报, 14(1): 16-20.

王守觉. 1986. 连续逻辑为电子线路与系统提供的新手段. 电子学报, 14(5): 1-11.

王守觉. 1996. 多值和多阈值神经元及其网络组合与应用. 电子学报, 24(5): 1-6.

王守觉, 鲁华祥, 陈向东, 等. 1997. 人工神经网络硬件化途径与神经计算机研究. 深圳大学学报, 14(1): 8-13.

王守觉, 陈向东, 曾玉娟, 等. 1998. 通用前馈网络及排序学习前向掩蔽模型在模式识别中的应用. 电子学报, 26(8): 1-6.

王守觉. 1999. 人工神经网络与神经计算机及其实用化. 测控技术, 18(8): 1-5.

Wang S J. 1999. Priority ordered neural networks with better similarity to human knowledge representation. Chinese Journal of Electronics, 8(1): 1-4.

Wang S J, Shi J P, et al. 1999. Direction-Basis-Function neural networks.// Proceedings of the International Joint Conference on Neural Networks, ICNN99: 1251-1254.

王守觉, 李兆洲, 王柏南, 等. 2000. 用前馈神经网络进行带噪声信号的去噪声建模. 电路与系统学报, 5(4): 21-26.

王守觉, 李兆洲, 陈向东, 等. 2001. 通用神经网络硬件中神经元基本数学模型的讨论. 电子学报, 29(5): 577-580.

王守觉, 王柏南. 2002. 人工神经网络的多维空间几何分析及其理论. 电子学报, 30(1): 1-4.

王守觉. 2002. 仿生模式识别(拓扑模式识别)——一种模式识别新模型的理论与应用. 电子学报, 30(10): 1417-1420.

王守觉, 徐健, 王宪保, 等. 2003. 基于仿生模式识别的多镜头人脸身份确认系统研究. 电子学报, 31(1): 1-3.

Wang S J. 2003. A new development on ANN in China-Biomimetic pattern recognition theory and its application(Lecture notes). Computer Science, Rough Sets, Fuzzy Sets, Data Mining, and Granular Computing, 2639: 35-43.

Wang S J, Chen X. 2003. Biomimetic (topological) pattern recognition—A new model of pattern recognition theory and its application. //Proceedings of the 2003 International Joint Conference on Neural Networks. IEEE, 3: 2258-2262.

王守觉, 曲延锋, 李卫军, 等. 2004. 基于仿生模式识别与传统模式识别的人脸识别效果比较研究. 电子学报, 32(7): 1057-1061.

王守觉, 李卫军, 陈旭. 2004. 单节拍浮点运算神经元的组合逻辑设计. 半导体学报, 25(11): 1505-1509.

Wang S J, Zhao X T. 2004. Biomimetic pattern recognition theory and its applications. Chinese Journal of Electronics, 13 (3): 373-377.

王守觉, 等. 2008. 多维空间仿生信息学入门. 北京: 国防工业出版社.

主要参考文献

何春藩. 1998. 王守觉. //中国科学技术协会. 中国科学技术专家传略 ·工程技术编 · 电子通讯计算机卷 1. 北京: 电子工业出版社: 500-514.

范兴川, 郑华坤. 2004-08-17. 计算机形象思维创新之路——访著名半导体与信息科学家王守觉院士. 科技日报, 第 10 版(名家访谈).

林雨, 石寅, 鲁华祥, 等. 2005. 王守觉院士的坎坷历程与创新人生. 浙江工业大学智能信息系统研究所印.

撰 写 者

何春藩（1937～2019 年），中国科学院半导体研究所高级工程师，曾任党委办公室主任、宣传科科长。
夏建白（1939～），中国科学院半导体研究所研究员，中国科学院院士。

缅怀篇

深深爱国意，悠悠岁月情。昔人虽远去，但音容笑貌仍深深根植于友人和学生的记忆中。纪念文章有对其爱国爱民不断奉献的崇敬之情、有对其高瞻远瞩勇于创新的倾佩之情、有对其谆谆教诲倾囊相授的师生之情……，情真意切、感人至深。纪念不仅是一种回忆，更是一种情感的寄托与精神的传承，这些跨越时空的记忆，将凝成永不消退的精神坐标，指引后来者在“科学报国”的道路上砥砺前行。

实干创新

怀念敬爱的导师——王守觉先生

——纪念王守觉先生100周年诞辰

吴德馨

（中国科学院院士，原中国科学院微电子中心主任）

王守觉先生是我国硅平面型晶体管和集成电路的开拓者。他坚持自力更生、勇于创新的精神是我们学习的榜样。

我有幸毕业后在他的直接指导下工作了5年。1962年开始，他组织领导了十二年科学技术发展远景规划的重点任务“硅平面型晶体管的研究”，包括高频晶体管、高速开关晶体管和低反向电流二极管等。他指导用手摇计算机模拟硼和磷在硅中不同温度和时间等条件下双扩散晶体管基区的杂质分布，自主研发成功全套晶体管制作工艺流程，在此期间展现了他的聪明才智，以及发明创造和组织攻关的能力。该项目于1965年完成，通过国家鉴定，开创了我国硅平面晶体管和集成电路工艺的新篇章，获得了国家新产品奖一等奖，并推广到109厂和电子部第13研究所，为我国“两弹一星”用的109乙型计算机做出了贡献。

与此同时，他又投入了集成电路的研究。1964 年，他将各种元器件组装在单个封装内，实现了我国第一块固体电路，并在1964年的电子设备小型化会议上做了报告。之后又研制成功介质隔离和PN结隔离的单片集成电路，为我国的国防和国家的重要需求做出了贡献。

在一无资料，二无图纸的困难条件下，他首先独创了手工光刻。后来又发明了用两台显微镜加上掩模版和曝光灯搭成的光刻机。随后他又带领年轻的科技人员独创了图形发生器，解决了集成电路制备的关键工艺设备问题。他十分重视和大力倡导国产半导体工艺设备的研发和生产。室里成立了工艺设备设计小组，自制了急需的工艺设备，如扩散炉、蒸发台、压焊台以及后来先进的光刻机等，并推广到全国。

他十分重视年轻科技工作者的培养。在亲自考核后，放手让刚毕业两三年的研究实习员承担课题的负责人，启发他们的独立思考能力，严格地要求他们，并耐心地给予指导。

他平易近人，和年轻人打成一片。在联欢会上可以听到他洪亮的歌声，在运动场上也能看到他的身影，在闲暇时他和同志们互相猜智力测验的答案……他是年轻科技人员的良师益友。

王守觉先生，我们永远怀念您！

创新无止境，育才勤耕耘

——深切缅怀王守觉先生

郝　跃
（中国科学院院士，原西安电子科技大学副校长）

今年是王守觉先生诞辰 100 周年。王守觉先生，我们尊称他为小王先生，是我国电子学科的泰斗，半导体器件、半导体集成电路的奠基人，他崇高的科学精神和道德风范永远值得我们学习和敬仰！

创新发展永无止境。王守觉先生的一生都充满了创新的“奇思妙想”。他淡泊名利，爱国勤勉，把全部的才华和毕生的精力奉献给了我国的半导体器件和电子学事业，不断激励和鞭策着我们为国家科技和教育事业不懈奋斗。

我与小王先生认识是在 20 世纪 80 年代中，他有一次来西安电子科技大学讲授模糊逻辑和多值逻辑。1978 年，他在国际上最先发表了一种集成高速模糊逻辑电路——多元逻辑电路（DYL），并研究出 DYL 在精确信号线路与系统中的应用。这项研究最大的收获是在高速数模（D/A）转换电路中的创新，其使我国 8 位 D/A 集成转换器的转换时间由 80ns 缩短至 4ns 以下。可以讲，在高速 D/A 转换器领域，该结构迄今为止仍是我国独创的一种电路架构。

20 世纪 90 年代以后，王守觉先生就一直任《电子学报》的编委会主任。这个阶段与小王先生见面次数就开始多了。每次在办公室见到他，他总是在不停地忙碌着，但十分愿意听年轻人（我当时还算年轻）给他讲述自己的研究进展和创新思路，他总是勉励我们多学习毛泽东主席的哲学思想，用哲学和辩证的方法论去指导我们的学术研究。

正因如此，他经常改变创新的思路和方向，选择具有挑战又体现国家需求的课题开展研究。1990 年起，他就致力于神经网络模式识别等机器形象思维的基础理论与实际应用研究，成功研制我国当时唯一能产品化的半导体神经网络硬件系列。有一次在他的办公室，小王先生亲自演示他研制的那台神经网络计算机，演示图形图像识别功能，并且讲到了未来的发展方向和科学难题。

尤其值得敬佩的是，小王先生在80岁高龄时转换研究方向，开始做“仿生模式识别”新理论新方法的研究，首创了高维形象几何仿生信息学的新方向。为解决高维、高计算复杂度的计算难题提供了新思路。

小王先生为人才培养而辛勤耕耘。王守觉先生在六十余年里倾注了大量心血和汗水培养人才。他注重学生的理论基础，着重培养学生实践和实验动手能力，勉励他们不断创新。

他对学生既要求严格，又十分关心他们的成长成才。记得一次，课题组的一个学生博士论文答辩（我是答辩委员会成员之一），快到答辩结束时，小王先生问了该学生一个问题：“这种电路结构最适合应用的场景是什么？”该同学认为平时与小王先生很熟悉，就笑着对先生讲：“王先生您就别为难我了。”这次，小王先生一反常态，非常严厉地批评了这个同学：“这是为难吗，这是论文答辩！”这次经历对我也是一次深刻的教育，尤其对如何教书育人有了更深的理解。

如今，王守觉先生的这些学生已是桃李满园，他为国家造就了一批德才兼备的专业人才。

还有一件事，就是在实验动手能力方面，小王先生是很突出的。他告诉我，从年轻时就擅长修钟表，无论国内国外的古旧钟表在他手里都变成了“宝贝”。一次他来西安开会，我陪他到旧货市场上去“淘”旧钟表，他对各式的古旧钟表如数家珍。对“维修”这些钟表十分感兴趣，长期保持动手动脑的习惯。

确实，王守觉先生一生富有远见卓识和开创精神，以国家的重大需求为目标，为我国的半导体事业做出了重大贡献。我记得2015年，在小王先生九十岁生日之际，半导体所在苏州举办了一个简朴而隆重的研讨会。他将毕生收藏的大量书籍送给了相关的大学和学生。他的风范使在场的每一个人都十分感动。

生命有限，精神永存。王守觉院士一生不懈攀登科学高峰的奋斗精神，一生不懈追求事业创新的探索精神，一生面向祖国重大需求的奉献精神，一生致力科学实践的执着精神，为我们树立了难得的学习榜样，值得我们长期缅怀和不断学习。

站在科学最前沿

——纪念王守觉先生100周年诞辰

谢维信

（原深圳大学校长）

1985年夏天，我到昆明参加一个全国性的学术会议，适逢王守觉先生应邀在会议上做关于多值逻辑电路的特邀报告，我因此有幸聆听了王先生开创性的理论工作成果的介绍。王先生学术思路非常明晰，会后我专门向王先生请教了一些学术上的前沿问题，得到了很大的收获。

会后我回到当时任教的西安电子科技大学，向时任校长的保铮教授和时任系主任的丁鹭飞教授汇报了会议情况。保铮校长和丁鹭飞主任都对王守觉先生的工作很感兴趣，特向王守觉先生发出了邀请，请他在当年9月到西安电子科技大学讲学。

1985年9月，王守觉先生到西安电子科技大学进行讲学，他的讲座吸引了大批听众。王先生报告后，很多师生都向他请教问题，而且有些研究生当场向王先生表示，希望能跟随他攻读博士学位。

王先生做完学术报告，在回学校招待所的路上，正好路过体育教研室。王先生看到体育教研室前面有一副举重杠铃。他走到杠铃前活动了一下身体，然后一个马步举起了60公斤重的杠铃。当时王先生已年届六十，大家对于他的身体素质如此之好，都纷纷称奇。

王守觉先生是我国最早开展人工智能研究的科学家之一。在1991年，王先生在中科院半导体所成立了半导体神经网络实验室。我当时也正在开展神经网络方向的研究，所以我多次到王先生的实验室参观学习。王先生和他的学生在国际上率先用硬件实现了神经网络的加权算法。后来，他又发展出一种多权值突触的神经元构造方法，该方法解决了不同神经元之间的通用性和灵活性问题。

为了适应人工智能科学的发展，在1992年，王守觉先生将中国计算机学会多值逻辑专业委员会（王先生时任主任委员）进行了扩充，更名为中国计算机学会多值逻辑与模糊逻辑专业委员会。现在，在王先生早年工作的基础上，中国人工智能学会人工智能逻辑专业委员会建立，有力地推动了我国人工智能中逻辑推理理论和应用的发展。

在 2002 年，王守觉先生组建了中国人工智能学会神经网络与计算智能专业委员会，他出任了首届专业委员会主任委员，促进了我国神经网络研究的发展。

在 2002 年，王守觉先生提出了以高维空间点覆盖原理为基础的“仿生模式识别”理论和概念，这是一种原创性的新的模式识别理论和概念。为了解决仿生模式识别依据的高维空间点覆盖实现问题，王先生又提出了一种新的矢量间运算的多权值神经元网络理论，并以硬件化神经计算机实现。

王守觉先生十分重视将理论成果应用于解决实际问题。他多次和我提起，现在的银行取款机经常会引发犯罪问题，这个问题需要用人脸识别来解决。为此，王先生与深圳的企业家合作，共同研发具有人脸识别功能的仿生银行卡，并在 2005 年 4 月研制成功。这项工作是王先生提出的高维空间点公布分析方法应用于模式识别取得的开创性成果，也是国内最先实现人脸识别的应用典范。此外，王先生提出的基于高维空间点覆盖理论的神经网络方法，在连续语音识别和图像处理中均取得了很好的效果。

中国科学院院士刘盛纲、李衍达和中国工程院院士张履谦、许居衍等众多科学家都对王守觉先生的工作给予了高度评价。他们一致认为，王先生在以高维空间点覆盖原理为基础的仿生模式识别理论和概念，矢量间运算多权值神经元网络理论及硬件化神经计算机实现，以及解决高维空间点分布分析问题用的计算信息几何代数方法等方面，都做了原创性科学工作，取得了优异成果。

我在 1985 年有幸结识王守觉先生，相识、相知、相交三十余年。在此期间王先生虽然已是高龄，但他无论是身体和思维，总是充满了青春的活力。他一直站在科学的最前沿进行原创性的科学工作。

王守觉先生是我永远的良师益友，是我终身的榜样，我深切怀念王守觉先生。

有教无类，陶熔鼓铸

——学习王守觉院士的教育思想和育人方法

陈治明

（原西安理工大学校长）

王守觉院士是世界所公认的成就斐然的半导体电子学家和人工智能及其硬件实现的先行者。从半导体技术与微电子学领域初级阶段的晶体管和平面工艺，到现代人工智能领域的多维空间仿生信息学理论和神经网络计算机，半个多世纪的中国科技前沿总能见到他活跃的身影。这是不争的事实。他的科学家、微电子专家形象早已深入人心，但鲜有人关注过他在人才培养方面的杰出贡献。王守觉院士自 1978 年招收硕士、博士研究生以来，不但直接为科研机构和高等学校培养输送了上百名高端优秀人才，还在多所高校和研究机构担任兼职教授，以讲座等形式传授、推广他的新理论和新成就。他在这些活动中表现出来的有教无类、因材施教、注重实践、强调探索和创新的教育思想和育人方法，比一般专职教育工作者更具有系统性和职业高度。

王守觉院士出身名门望族，是书香世家也是教育世家。其祖父不仅做官清廉、为人耿介，还讲求实学，选拔人才不拘旧制。他作为会试主考，慧眼识珠，给了试卷不合八股规制，但引经据典、知识渊博、文采飞扬的蔡元培先生一次难得的殿试机会。这样，本已自觉无缘殿试的蔡元培先生才得以考取进士，并被点为翰林院庶吉士（见《蔡元培年谱》），北京大学也才会有这样一位敢于聘请共产主义者陈独秀、李大钊为教授并委以重任的蔡元培校长。王守觉院士的祖母和姑母更是身体力行有教无类教育思想的典范。她们在清末民初创办的苏州振华女校，被教育家陶行知赞誉为“振兴女子教育最早的先锋”。受长辈的影响，抑或是基因遗传，王守觉院士甄选学生，乃至与人交往，不大看重出身，不像现在一些用人单位，喜欢以出身“211”“985”高校为招聘门槛，名为保证用人质量，实为炫示自家的身份地位。他更看重学生个人的品质和能力，尤其是创新思维和实践的能力。在 1978 年恢复研究生学制的招生考试中，全国统考后参加半导体所复试与面试的考生是录取指标的两倍，大多数具有名校老五届学历，工农兵大学生很少，而他却择优录取了三名工农兵大学生，一时传为佳话。王守觉院士精挑细选的这几位高足后来的成长经历，也返回来证明了他的伯乐之才、跟其祖父一样的识珠慧眼。

王守觉院士有教无类的教育思想和陶熔鼓铸的育人方法也体现在他的众多社会活动中，他指导和扶持西安理工大学半导体与微电子学学科发展的历程就是很好的一例。西安理工大学原名陕西机械学院（1972～1993 年），由整体搬迁到陕西的北京机械学院与陕西工业大学的部分教学单位、后勤单位合并而成，隶属国家第一机械工业部。其半导体材料与器件专业是 1972 年并校时才成立的新专业。西安理工大学（陕西机械学院）虽是我国恢复学位制时的首批博士学位授予单位之一，但其电子类专业的师资力量比较薄弱。1986 年笔者自中科院半导体所调回陕西机械学院时，半导体专业只有学士学位授予权，不能招研究生。1989 年初春，为筹备将于 5 月 1 日召开的校庆 40 周年大会，学校派我到半导体所拜会王守觉和林兰英两位院士，邀请他们莅临指导，并转达拟聘请他们做兼职教授的意向。对林院士，因为陕西机械学院工厂独家生产各种单晶炉的关系，她又是我的导师，我对完成领导交给的这项任务没有一点担心。但对王院士就不一样了。虽然事前已请同窗好友石寅兄向他呈报过来意，但我还是有点自惭形秽。以王守觉院士的学术身份和地位，已在多所名校兼职，能屈就于陕西机械学院这样一所二流院校吗？然而，见面之后我便疑虑顿消。拜见过程中我感觉他对学校的名气地位并不在意，更多垂询的是学校的专业特色，对半导体专业的课程设置，尤其是对实践环节的比重特别关心。结果自然是我圆满完成了学校交给的任务，王守觉院士应邀出席了陕西机械学院校庆 40 周年大会，是为数不多的院士嘉宾之一。此前，他接受了沈福三院长的特聘证书，并为自动控制系师生做了一场启迪思想的多元逻辑学术报告。

几十年后再看到这张王守觉院士做学术报告时的照片，感激、感动、惭愧，多种情绪齐集于心。如此简陋的条件，如此高深的学问，汇集于一人，斯人该有多么宽阔的心胸，多么深邃的思想，多么悲悯的情怀啊！

王守觉院士对陕西机械学院的这次访问期间，还重点了解了半导体专业的教学和科研情况。当了解到该专业由于学校行政归属专业面较窄，教学科研都侧重于电力电子器件的时候，他敏锐又不失高瞻远瞩地指出：从长远看是要逐步扩大专业面，但电力电子器件是国内其他高校较少涉及的领域，是你们的特色，学科建设可以此为突破点。这真是一语道破天机！自此，陕西机械学院电子电工类的学科建设有了更加明确的思路和方向。

图 1　1989 年 5 月王守觉先生在陕西机械学院做多元逻辑报告

以电力电子器件为第一科研方向，陕西机械学院于 1990 年获得半导体物理与器件二级学科硕士学位授予权。1993 年同样以电力电子器件为第一科研方向申报电力电子与电气传动二级学科博士学位授予权，获得批准，实现了电工电子类博士点零的突破，为学校整体学科建设补足了一个重要的支撑点。随后，学校于 2000 年获得微电子学与固体电子学二级学科博士学位授予权，2011 年获得电子科学与技术一级学科博士学位授予权。所有这些进展，都一直得到王守觉院士的指导、扶持和关怀。在他身体出现状况之前的二十多年里，他几乎隔一两年就会到西安来一次，有时以西安电子科大为重点，有时以西安理工大学为重点。印象最深刻的一次，是他在接近八十岁高龄时，还带着弟子，背了神经网络计算机样机到西安几所高校巡回展示并进行理论讲解。他这种奋斗不息、创新不止的治学精神感动了无数的同辈和后辈；他不甘心在科技上老跟随西方，坚信中国人也完全可能引领世界科技，并且为实现这一伟大抱负而不懈的亲力亲为。陶熔鼓铸的不仅是他一茬又一茬的亲传弟子，还有那些通过各种方式受教于他的人。我们永远怀念他，向他学习！

缅怀小王先生

石林初
（1964～1983 年中国科学院半导体研究所研究人员，
无锡中国华晶电子集团公司高级工程师）

小王先生在苏州东山购置了房子，准备在家乡安度晚年了。一切安排妥当以后，曾在一个“深夜”打电话给我。我在深夜两字加引号是有道理的：我退休后，一直坚持早睡早起，每晚十点肯定熄灯；而他打进电话已十点半之后了，在我看来已是深夜，在他看来可能只算傍晚。他在电话里十分兴奋地告诉我：“我这部‘老爷车’快到终点站了，所有的事情都交代完了，到故乡东山来养老了。东山可是个好地方，春季有绿茶碧螺春，初夏有枇杷杨梅，秋天有橘子，现采现吃。你们无锡人爱吃螺蛳，这里的螺蛳又肥又嫩，出名的鲜美。你可以带了王若瑜一道来，我这里有房间供你们住的，十天半个月都行。”他把我妻子的名字也随口说出来了，足见他真心诚意邀请我们去做客。我是 1964 年从中科大技术物理系毕业的时候认识小王先生的。我的毕业论文是在校内系里的教研室完成的，指导老师姓谭，原先也在半导体所工作。答辩之前，他特别告诉我，小王先生是答辩委员会的主任，为人直来直去，对年轻人要求严极了，他对你的提问会很多，很难，很刁钻，你要有充分的思想准备。凡是你答不上来的问题，不要急，由我兜底，我替你回答。

我的答辩过程证实了谭老师话是对的。小王先生在听完我论文的简单介绍之后，接二连三提了很多问题，大概有 12 个问题吧，一个比一个难。他什么都问，但凡跟我这个题目有一丁点儿关联的，他都要问：有关此课题的理论最近进展如何？理论上的难点在哪里？你是怎样解决的？实验是怎样做的？仪器是现成的，还是自己搭建的？数据可靠吗？跟国外同类实验比较一下，水平怎么样？……他像连发机关枪一样向我提问。我都实事求是一一回答。我也不慌乱，有谭老师兜底，我什么都不害怕！

我们半导体专业同学的毕业论文大多是在半导体所的各个研究室完成的，分别由几个学部委员指定指导老师。我也不知道他为什么对我的论文提了那么多的问题。直到几十年之后，我才明白他为什么这么做。这是后话，容我以后再叙。

20 世纪 60 年代，大学生毕业以后，不是马上到就业单位去工作的，而是要到农村或者农场去锻炼一年，我也不例外。随着中科院院部和半导体所两个单位组成的工作组，我到了安徽寿县，去搞"四清"运动。我所在大队"四清"工作组的领队，就是院部人事局的局长，他是个工作经验丰富、人情练达的老干部，对政策把握得很准、很稳，性格诙谐幽默，且极具人情味。我在安徽搞"四清"运动并没有满一年。我们是 1964 年秋季到安徽去的，过了元旦之后不久，半导体所的党委书记跟院部的一位领导到安徽来看望"四清"工作队员，回北京的时候提出要把石林初也带回去。在回京的路上，半导体所党委书记才跟我说明原因：半导体所接到了海军司令部的一项重要国防任务，所党委研究决定，把这项任务交给小王先生，他提出能不能要一个正在搞"四清"运动的小伙子回来协助他工作，党委同意了。回到北京的第二天，我就跟着小王先生一道到哈军工去接受任务了。从此以后，我就基本上一直都在小王先生的指导下从事研究工作了。

在哈军工的一周多时间里，我们充分进行了学术交流和技术交流，这是两个不同领域的学术思想的交流，一个是计算机领域，一个是集成电路领域，我们要在短短的七八天时间内，把双方的学术思想在应用技术的层面上互相融合，协调地成为一体，形成切实可行的整体设计方案。第一天是请小王先生介绍集成电路，起先，哈军工只来了教研室的几个技术骨干，听了几分钟以后，他们向小王先生提出来，能不能扩大一点范围，有更多的听众，小王先生同意了，其实小王先生事先也没有准备讲多少内容，他都是想到哪儿讲到哪儿，两个多小时讲下来，听讲的学生和老师都很佩服，觉得收获很大。我也没想到小王先生在没有任何书面准备的情况下，能滔滔不绝地讲了两个多小时，足见他脑子里的干货很多。至今我还记得他讲的一些内容，例如，传统电子线路大量使用电阻电容电感，而在半导体集成电路中，却要多用晶体管，少用这三样元件。接下来是由哈军工介绍计算机方面的基本知识，听众就我和小王先生两个人，对方问，我们怎么讲啊？小王先生回答说，你就当我们两个啥也不懂，是个小学生，脑子一片空白，你爱讲什么就讲什么，我们就负责听，对方果然这样做了。从电子计算机最基础的波尔代码开始给我们讲，我们两个很认真地听，对我说来，简直就是一堂完整的基础教育课。但有一些内容，我相信对小王先生而言，他已经是理解和知晓的，但是他依然像个小学生一样，孜孜不倦，还在笔记上记下一些准备提问的内容。就这样一周下来，我从对电子计算机一窍不通到能够跟他们一道共同讨论，从对集成电路一窍不通，到逐渐能领会小王先生所讲的专业知识了。我当然知道，我对这两方面的知识还是很不够的，但我知道该怎么补上了：那就是像小王先生一样，像个小学生，老老实实，认认真真，从头学起。国防军工任务都是有代号的，我们跟哈军工合作的任务也有个代号，叫 901，由三个单位合作完成，哈军工负责整体方案设计，半导体所负责关键器件集成电路的研制，国防科委另一个整机单位负责整机安装调试。“文革”期间任务的进展虽然受了一点影响，但由于上级抓得很紧，所军管会也不敢懈怠，我们实际干活的几个人也很务实，在小王先生的指导下，大家通力合作，901 任务圆满完成了。半导体所作为一个合作单位，受到了海军司令部的嘉奖。我参与了 901 军工任务的全过程，这对我而言，无疑是一个极好的锻炼机会。

在小王先生领导下，我还参与了 156 工程和 696 项目，分给我的任务都是版图设计。在 20 世纪六七十年代，版图设计是很辛苦的一件事，要在方格纸上，把集成电路的版图画出来，放大 200～1000 倍，然后再把红膜蒙在透光的平台上，用刀片刻划，用针尖剥离，做成掩模原图，再经过初缩照相，分步重复精缩照相，制成掩模母版，再用母版复印出工作版，就可给光刻工序使用了。

负责版图设计的人压力很大。有一次，我室的另一位同事设计版图，在初缩照相的时候，不小心把接触孔那一层上的一块 2mm×2mm 的红膜弄丢了，这相当于光刻的时候，发射区接触孔没有引出导线来，当然，投片全部报废。为此，军代表还找几个懂行的同事逐一询问。军代表问到我的时候，我实事求是地说，他家里祖宗三代都是工人阶级，就是天气太干燥了，一小块红膜掉下来，最多就是工作不太细心，是很难避免的事情。我讲的都是实事求是的话。我以后自己在工作中怎样避免这种差错呢？我动了很多脑筋，我也找过小王先生，他说只有“仔细仔细再仔细，认真认真再认真”。这 14 个字，我记了一辈子，也照着做了一辈子。我还想了不少具体的措施来防止各类差错的发生，提高设计成功率。小王先生还跟我说，除版图设计的时候要认真仔细以外，他还在构思一种设备：在电脑上进行版图设计，经数据处理之后直接制成初缩版，这就是他后来做的图形发生器的项目。从他身上我看到一个忠于党热爱祖国的知识分子的赤诚之心和开阔的胸怀。

“文革”结束以后，改革开放了。所里举办了几届英语口语训练班，我有幸成为第一期训练班的学员。我也不知道我为什么被选中进了口语班。有一次在所大门口，偶然遇到小王先生，他问我，在英语口语班学习是真的吗，我点点头。我问他，是你推荐我去的吗？他摇摇头，说道："我哪里有那个本事？想去的人多得要挤破脑袋了！听说是黄所长叫人事处逐一查档案，挑选在大学时成绩优秀，英语有较好基础的，且当前工作允许短暂离开的，才能进口语班。"接着他又说："廊坊工厂有个叫王义菽的工人，是我的长子，年龄大了，耽误上大学了，他在自学英语，你能不能帮帮他。"我答应了，但不知道怎么个帮法，他说那你们自己去商量吧。周六晚上我回到廊坊就去找义菽。他告诉我说：来了很久了，但是父亲交代我，在廊坊做人要低调，不要让人家都知道我父亲就是王守觉。义菽很聪明，他已经背了大量的单词，之后每次我回家的时候，他来我们家一道听"Follow me"。我还把我学习英语的经验告诉他，除了背诵大量的词汇以外，最重要的，考试中百分之六七十的题目都跟不规则动词有关系，所以一定要把常用的不规则动词的四种形式（不定式、过去式、过去分词、现在分词）背到滚瓜烂熟。没隔多久，义菽就通过了托福英语考试，出国去了，从此就再也没见过面。那时"文革"刚结束，小王先生没有把义菽弄进口语班里来，足见他办事路归路，桥归桥，是非常讲原则的。

我和小王先生之间亲密的师生关系，从来没有间断过。即使我离开了半导体所，仍有紧密交往。我是 1983 年从半导体所调到无锡的，在中国华晶电子集团公司做版图设计。他在科研工作上取得了进展，有机会总是会到我们公司来演示推广一下，向我公司的工程师介绍他的最新成果。他还邀请我去北京，担任他的博士生毕业论文的质辩人。有一年，他的三个博士生的毕业论文涉及神经网络理论导出的结论，需要工业大生产数据来验证，我与三个博士生一道，录入了几百批次流片的工艺数据，再经过神经网络拟合运算，得到了对工艺控制有指导意义的结论，双方都有收获。由于理论与实际结合得较好，此项目得到了北京市科技进步奖一等奖。

20 世纪末，我曾经主持了一个国家自然科学基金项目的研究工作，历时三年，取得了比较好的结果。到了最后的鉴定阶段，我函请小王先生做鉴定委员会的主任，他欣然允诺了。项目鉴定进行得很顺利，除中科院半导体所和上海技物所外，我还邀请了复旦大学、东南大学、浙江大学、中科大和电子部 24 所的有关专家，项目鉴定一天就完成了。当天晚上我跟小王先生在宾馆里聊天，我们什么都聊，聊他的研究课题，聊我调到无锡以后的工作情况，他还特别夸奖他的孙女（义菽的女儿）特别聪明，肯定是遗传了他的基因的缘故。聊着聊着，我忽然问他："小王先生，我毕业论文答辩的时候，你为什么要接二连三提了那么多的问题，我甚至觉得你要把我问倒了才善罢甘休，您才开心？最好连谭老师也答不上，您就更开心了？”他问我都提了哪些问题，我就把他提过的问题一一告诉他。听罢他哈哈大笑，说道：“这就对了，我这个人，就喜欢刨根问底，我有兴趣的问题，要刨根问底，对我手下的研究生和博士生，也希望他们能刨根问底，搞科研工作就是要刨根问底，穷追不舍。你大学毕业的时候在论文答辩时被我刨根问底，那就说明我对你有一丁点儿好感。其实这些是我们科研人员应该具备的基本素质。当你开展一个新的课题的时候，你首先要调查国内外进展情况怎么样？我有没有条件来做这个研究？我做这一项研究工作的优势在哪儿？劣势在哪儿？有的时候会卡在一些设备条件上，那你就要动脑筋，这个设备我能不能自己搭起来。这就是有条件要上，没有条件创造条件也要上的具体措施，我一直就是这么干的。我提那么多问题，说明那时我对你已经有一些好感，觉得孺子可教，仅此而已。怎么反而让你耿耿于怀，记了我仇，还记仇记了几十年，这算怎么回事儿？”说罢我们俩都大笑起来。我们好久没有这么开怀畅谈了，谈得很投缘，也很开心。可是我万万没有想到，那天晚上的分别，竟是我们最后的一次诀别，从那以后我再也没有见到过小王先生。我退休后，他曾经打电话给我，邀请我到苏州的某大学去任教。我考虑家中实在离不开人，就没有去成。本文开头讲到的那天深夜，他从苏州东山打电话告诉我，邀请我们到他家里去小住十天半月。我接电话的时候，我跟妻子王若瑜都住在医院里，那一年我们俩同时都遭遇了车祸，正在医院接受治疗。我只能告诉他，很遗憾，我们俩遭遇了车祸，正在医院里，王若瑜的手术还没有做。在医院住了四个月，我们从医院康复出来以后，行动受到了很大的限制，基本上就没有离开过无锡。苏州跟无锡虽然近在咫尺，但始终没有成行。在他高龄寂寞之际，没能去苏州看望他，成了我内心永远的遗憾和痛楚。小王先生逝世的消息是我自己在网上查询的时候才知道的，那时半导体所已经为他开过了追思会了。由于我没有见到过小王先生生前的最后二十多年是什么模样，所以我记忆中的小王先生，始终是充满朝气，活力四射，不知疲倦，爱开玩笑，爱刨根问底的小王先生。他笑起来最好看，两眼眯成一线，阳光灿烂……

学习王守觉先生从事科研创新不屈不挠的奋斗精神

杨柳林，郑洁
（1964～1983 年中国科学院半导体研究所研究人员）

我认识王守觉先生是在 1963 年。这是机缘巧合下才能发生的故事。一是有幸毕业分配分到了中科院半导体所，二是我读研的黄敞老师给我写了一封介绍信，告诉我，你可以去找一位很好的导师继续你的学习成长。我到了半导体所，又分到了二室，见到了王先生，交了黄敞老师的亲笔介绍信。王先生在会见我们这批分到二室的应届毕业生时，特别强调了要到实验室动手做各种各样的看起来不起眼的实验工作，努力学习分析问题的方法，在工作中成长。我就被分配到制作晶体管的小组了，用黑胶在显微镜下画各种事先设计好的图案。这是一件有难度的、骤看起来也和科研与学术扯不上关系的工作，但居然在这样缺乏设备和条件的情况下，我们做出了在卫星上播放《东方红》歌曲的晶体管。随后，由于集成电路制作中急需光掩模的设备，他急国家之所急，开展了制作集成电路光刻掩模图形发生器的研究。他知识广博、动手能力极强，整个团队在他的带领之下，夜以继日地奋斗，分析出掩模制作中的瓶颈问题是元件、电路的可靠性的问题，针对性地做出了不懈的努力，终于用构思精巧的图形发生器精准拼接成了大规模集成电路的一整套光刻掩模。并在这个基础之上，为后来生产线制作出 1024 位的 MOS 存储器奠定了重要的基础。这些科研成果充分体现了他自力更生、就地取材的科研作风和开创精神，也让我体会到了他的从实践中发现问题、思考问题的学习方法。王守觉先生一生有许多让人称道的科研成果，如多元逻辑电路、神经网络……无不体现了他科研创新的精神和扎实努力的工作作风。我们二室的成员都受到他这个榜样力量的启发，希望能和他一起工作，得到他的指导。整个研究室在当时缺乏条件的情况下，能够屡屡做出成绩，多次得到国家级别的褒奖，都是他的带领和具体指导的结果。

开创性的科研工作无疑是要天才的，但任何天才不付出超乎寻常人的努力，也是不会成功的。王先生完美的人生对此作出了完美的演绎。王先生已逝去多年，每每想起过往和他一起工作时振奋的精神状态和快乐时光，我就对他怀念不已！

写到最后，我爱人郑洁告诉我，怀念王先生，不可不浓墨重彩地提出王先生的另一个重要功绩：他为祖国培养了一批半导体的技术骨干人才，对国家的半导体行业日后的发展有深远的影响。除带了许多本科生、研究生、博士生之外，他以谆谆善诱、深入浅出、风趣比喻的方法讲解深奥难懂的技术原理，让许多在他的团队工作的非本科的大学生、当时的工农兵学员认识、热爱半导体事业并努力为之奋斗。以我爱人郑洁为例，1975年她刚调入半导体所二室时，只不过是个1970年清华大学土建系的毕业生（也就是“文化大革命”中最后一届的毕业生），在沙城机械厂当了5年工人和技术人员，对半导体专业知识一窍不通。在王先生孜孜不倦的教导和点拨下，成长神速。王先生更大胆破格提拔她到研制多元逻辑电路元部件和以此部件组装小型计算机的重要岗位上，给予她充分发挥才能的机会，使她能与二室的同事们一起较出色地完成科研任务，还被王先生称赞为当时遇见的业务上手最快的学生，最后晋升为半导体所的助理研究员。我爱人每每回忆起这段经历，从心底里深深感激王先生的培育之恩！王先生教导的逻辑思维方法和实干精神，令我们终生受用！

悼念我敬爱的老师王守觉先生

庄文君
（中国科学院半导体研究所研究员，原浪潮集团首席科学家）

我的老师王守觉先生于 2016 年 6 月 3 日凌晨离开了我们。王守觉先生既是我的老师，也是父辈的长者，对我而言是一次双倍痛楚的经历。

想起那年春节与老师通电话时，老师的声音比以前有力，情绪也好，还一再讲从北京回到苏州是他晚年最正确的决定之一，我也很为老师能够康复而高兴。电话里约定 4～5 月天气转好时我去苏州看望他，然天公不作美，4～5 月间我心脏病、肾病发作，卧床养病而未能成行，终成憾事。

我虽从未正式当过王守觉先生的研究生，但自 1971 年以来跟随王先生连续完成了四五个重大项目的研发，因而被老师视为“入室弟子”而忝列门墙。当年老师用 3 个月的时间亲授“器件物理”“器件工艺”的情景至今仍历历在目，这也是我作为一个计算机专业的学生后来从事集成电路辅助设计的基础之一。

1971 年，王先生当时处于“文革”后期的半打倒状态，但仍心心念念于国家的科研攻关。他指名调我作为他的助手从事图形发生器（集成电路自动制版关键设备）的研制工作。王先生带学生的主要方法是带着学生做项目，他做学生看。记得与王先生一起研发图形发生器时，我开始主要协助做一些数据测试、记录分析的工作。由于对一些设计中的问题不甚明白，对王先生在调试中采取的解决方法也就看不明白。有时我就在大家都离开实验室后，将白天发生的故障再恢复，琢磨王先生的解决方案以及可能的其他解决途径。终于有一天王先生发现了我的“秘密”，而我极其担心会受到的严厉批评并没有发生，老师反而帮我分析我的方案的合理处和为什么不成功的原因。那时候，正是有老师一席话胜读十年书的感觉。

我的个性有些偏执，容易坚持自己的看法直至真正弄清对错为止，在研究工作中也往往如此。因此在技术方案上发生过多次与老师意见不合之处，而老师的包容和放手都给我很深的印象。老师从来没有坚持我们必须遵循老师的想法而不可做任何修改，反而为我们能有自己的独立见解并且坚持探索而由衷地高兴。

王先生也是我的围棋棋友。常常是实验室最后就剩下我们一“老”一“少”时，也会再手谈一局。我的围棋的水平其实很有限，但王先生几乎每局都会有他自己的新招数，我们常常也能乐在其中以至于忘了时间。记得那时北京大取灯胡同半导体所的门卫看到我们半夜才离开，还以为我们整天不休息一直在工作，岂知我们实际上也“玩”了好几个小时了。

1972 年，王先生又推荐我担任了布线计算机的主设计师。我们完成了计算机的研制及基本的操作系统的开发，在此基础上研制成功了我国第一套计算机辅助制版系统 ZBCX741，完成了国内第一块 4096 动态存贮器的掩模生成，为国内集成电路的发展做出了关键性的贡献。“文革”结束后获得了全国科学大会奖。

20 世纪 80 年代，我在王先生提出的“平面布线损益分析法”的基础上，发展应用于当时集成电路的通道布线，并获得了当时世界上最好的结果。然后，又以此为基础研发完成了中国第一套集成电路自动布图系统，被学科权威、美国加州理工大学伯克利分校葛守仁教授评价为国际先进水平，并在香港投入工业化应用。后来这些项目分别获得了国家科技奖一等奖，中科院一等奖、二等奖。

王先生一生研究成果累累，但更让我受教的是他时时关心着研究成果的实际应用。记得 20 世纪 80 年代他当半导体所所长时，我一方面协助老师指导博士研究生，还曾多次陪同他去吉林、辽宁、山东、云南的工厂、企业生产第一线从事技术难点的攻关和新产品的研发。他自己腿脚不便，还开玩笑说要给我发深入生产第一线的特别奖（当然，实际上我从来没有从他那里领过任何奖金）。这些工作如今虽然可能没有被列入他的主要工作成就之中，但在我心目中，却永远是他科学家精神的亮点。

不少人曾经多次问我，为什么我 90 年代出国讲学，从事研究十几年回国后又去企业工作了 11 年？因为我是我老师的学生。

老师曾对我们寄予厚望。这也是我们无论在国外还是国内工作时力争有所贡献的动力之一，一直希望无愧于先生的教导和期望。而即使我在国外工作的十几年里，老师也给予我多次重要的帮助和支持。

回国后老师也曾希望我去上海某著名大学协助他工作，而知道我最后决定去企业时还是给与了充分的理解和支持，而且以后甚至以我在企业工作为荣。值得告慰于老师的是，现在我所工作的企业已成为中国五百强企业之一。

老师已经离开了我们，但老师的音容笑貌，真正科学家的风范永存于世。

回忆与王守觉先生一起工作的日子

史静朴
（美国 Elevence Health Inc.，AI 主任工程师）

王守觉先生是中国著名的半导体事业的奠基人，中科院院士，也是人工智能领域的开拓者之一。我自己非常有幸能在 1996～2001 年期间，在王先生的实验室工作。虽然一转眼二十多年过去了，但和王先生一起工作的情景还历历在目。在这纪念王先生 100 周年诞辰之际，我回忆整理了和王先生一起工作时的二三事，来纪念王先生的诞辰。

王先生生前一直工作在科研的第一线。我在 1996 年的时候进到王先生所带领的中国科学院半导体研究所人工神经网络与高速电路实验室工作。那时王先生已经是 70 岁的高龄了，拥有中国科学院院士、《电子学报》主编等多个头衔。但他还是和学生、年轻人一起工作。那时候我的主要工作就是和王先生一起合作开发神经网络计算机的应用算法。还记得很多时候我们两个一起坐在计算机前面讨论算法，讨论到一个段落，我就开始做算法的编程实现，王先生就在我旁边等。算法开发完毕，运行出结果后，我们会一起分析结果，然后再对算法进行改进。这个场景其实是王先生工作方式的一个缩影：他不单单是学术方向的带头人，自己也和学生讨论非常细致的算法与实现。

王先生的聪明和才智令人佩服。这些不单单反映在他所取得的科研成就、所发表的论文上面，也体现在生活的点点滴滴中。我还记得王先生的心算能力，比起任何人来都不逊色。记得有一次，王先生和他的很多学生去吃饭，我也在其中，至少有七八个人吧。当时是晚上，环境很嘈杂。吃完饭后，服务员把账单拿来，告诉我们总的价钱。王先生说，你把每一道菜多少钱报一下吧。于是服务员很快地把每道菜和菜的价格都报了一遍，中间没有停顿。报完后，王先生说，你多收了几块钱。我还记得当时的反应，觉得肯定是王先生错了，毕竟这么短的时间，又这么嘈杂的环境，不可能算得比人家准。服务员看王先生这么肯定，就只能说，那我回去核实一下吧。过一会儿出来，说果然算错了，正确的数字和王先生讲的是一样的。我记得当时真的非常佩服，王先生的心算能力是我们任何一个年轻人都比不了的。

王先生很多方面的教导对我都有影响，但影响最大就是他的“老头专家”的教导了。王先生在很多场合都这样教导过，我们做科研的，不要做“老头专家”：不要觉得“老”了就以老自居，觉得要退休了，不做工作了；不要觉得自己是学术带头人，就以“头”自居，不做具体事情了；不要觉得自己是“专”家，然后就被某个领域限制住，就不学新知识了；不要觉得自己有“家”了，就被家所束缚，不思进取了。我当时还很年轻，对这些教导体会不深。但慢慢随着年龄、资历的增长，开始回想起这些教导来，觉得非常对，也常常用这些教导来自我警戒，不要做“老头专家”，而是要什么时候都保持对知识、对工作的进取心、好奇心。王先生自己就是身体力行地实践这些原则，他的这些教导也一直激励着我，对我之后的职业生涯帮助很大。

王先生的这些点点滴滴的事情，虽然小，但从另外一个方面反映了王先生作为一个科学巨匠的才智，对学术事业的追求，以及他一贯严谨的作风。虽然王先生已经不在我们身边了，但是他的教导，对科学的执着的精神，他的影响力和感染力，会像他的学术成就一样影响一代又一代的人。

仿生拟脑冠吴下，制器凝芯闻九州

董　军

（中国科学院苏州纳米技术与纳米仿生研究所研究员）

王守觉先生晚年以半导体领域权威而转入模式识别研究，并构建高维仿生信息学，直到身体有恙不得不止，仅此就令人钦佩不已。他的生活目标是清晰的，生命价值是显然的，生活意义是丰富的。

因思维模拟问题，我曾冒昧去电话请益，王先生非常热情，认真作了交流，并约有机会面叙。大概是我到中科院苏州纳米所工作一年多前的深秋，到北京时与王先生联系，王先生说在办公室。我进中科院半导体所（迄今为止唯一一次）到大楼下，王先生已安排助手等候，我颇觉意外。给我的第一印象，除腿略有不便外，王先生精神矍铄、思路清晰，问后知老人已 80 多，我甚为惊讶。我汇报了计算机书法创作模拟、计算机辅助心血管疾病诊断方面的设想与初步工作，并探讨是否可能用其理论尝试。很快到了午间，我请王先生到外面一起午餐，王先生说不了，他带餐。

大概半年后，突然接到王先生电话，清亮的声音还在耳边："董教授……"他客气地问我是否有兴趣一起到苏州做点事情，他知道我出生在苏州，而他祖上是苏州东山明代大学士王鏊。若干年前我曾在东山陆巷王氏家族介绍中见此信息，仅王先生一代就有众多出类拔萃者。尽管出生在上海，王先生对苏州有特别的感情。王先生作为前辈和名家对我一普通晚生亲自垂询，我又一次感到意外，而我并未"恋乡"，当时没法具体回答，只是表示很愿意。我后来申请中科院"百人计划"岗位，这是我很多年前听得此说后未想过的事情。又过了约半年入职，大概两三个月后才见到王先生，当时他未必每天到办公室，中间还有春节假期。

王先生非常强调理论联系实际，他的思想已经在人脸识别系统中获得应用。他强调研究工作不能流于空洞、脱离实际，我在企业工作过多年，于此同感良多，后来我们没有共事，王先生有次提及，不过我未明其意。由于王先生的提议，我有了在工业界、高等学校之外的研究所工作经验。人在不知不觉中"消费"一天又一天、一年又一年，所历的多样可增加人生的内涵，由衷感谢王先生！（生命可贵，时刻都是去而无返，因此“消费”似比“走过”之类确切，人生是特殊的大代价消费。）

高庆狮院士在《中国计算机事业的拓荒史》中说，王先生早在 1965 年就开始研制从逻辑图到掩模版的自动形成系统，该项研究比美国还早。由于“文革”中断三年，1971 年研制成功，反而比美国晚了一年多。

王先生是我所读的高中——苏州第十中学的前身即振华女中创始人王谢长达女士之孙，后其女即王先生的姑姑——留美归国的王季玉女士接替主持校务，担任校长。在那里念书时，何泽慧的名字就由一块刻着其手书的石碑进入我的记忆。原来她外婆即王先生祖母，何先生和王先生同年被选为当时的中科院学部委员。

到纳米所后的第三年，我按约定时间去王先生寓所拜访，一直想去，拖了好久，心中愧疚。王先生坐在轮椅上，气色颇佳。

王先生认为我们不能老跟着外国人走，也完全可能走在前面，可以让外国人跟我们走。

记得诸多前辈科学家，如最高科学技术奖得主吴文俊先生也表达过这样的观点。在六十多年的科研工作中，他总想着是否有可能在科学上出现更多中国人提出的方法，其晚年的思想是又一种尝试，由实践体会而来。人工智能更需要这种“自下而上”的工作。我强调经验在人工智能中的作用，王先生认可。像王先生那样一直挂念科研的前辈想来不少，始终考虑创新者难得。

王先生指出，当下不少人和事情，就像剪下来的鲜花插在瓶里，看上去不错，长久不了。在中国，还是中科院研究所的科研工作实一些，我说中科院和高校的工作有重叠、挺浪费。他说路院长的眼光较为长远。中国需要像原来美国贝尔实验室一样的机构，我说美国科学院院士王晓东先生领导的北京生命科学研究所当时比较成功，就是类似的机构。我与王先生也聊到钱老（钱学森）。我接触过的院士对钱老都敬重，当然他们都是钱老的晚辈。潘云鹤院士曾对我说起他年轻时就形象思维问题给钱老写信、钱老热情回复的情况；何积丰院士“资深”*前几年曾就国家科研项目部署对我说，现在没有钱老那样（声望和影响）的人了。钱老说过一事，据王守觉院士观察的速算者，其脑子里记住了一些具体的数值计算结果，有个很大存储库。出了题目以后，他就用那个存储库里已有的东西凑凑就解决了。凑不上，再稍微改一下，这样计算，工作量就小多了。我想到过就钱老倡导的思维科学请王先生专门谈点看法，惜乎再无机会。

---

* 编辑注：对年满 80 周岁的中国科学院院士或中国工程院院士，授予“中国科学院资深院士”或“中国工程院资深院士”称号。

约一个半小时，只有个别情况我需重复话语，也许是我的语声轻了。我觉得不该打扰王先生过多，意犹未尽而起身告辞，王先生说不送了。与很多前辈交流，能得到不少启发，本身也是享受。

有次王先生到所里参加研究生答辩会，他笑着说对别人问候的回答是“活着”，我觉得王先生说那话的背后是有信心的。2016年6月6日中午，我由科学网获悉王先生已于三天前仙逝，极为惊讶，即想到不久前遇到他的一位学生，还问过王先生情况，回答说比以前好；而我在所里从不去咖啡屋（喝了直接影响晚间入睡），因而一点都不知道消息。我立即给所办张主任打电话，回答说所里在统计参加遗体告别的人数。

在向遗体告别的那天上午，我询问同事王先生过世的原因，有的说摔跤，有的说不清楚。直到落葬后方知不是某一个原因，是肾、心等多种疾病所致，那几个月来回去医院几次，王先生不愿意多住医院。那几年他们住在东山，我一直以为是别墅（我听几个老师说是东山别墅），实际上是普通住宅。总以为王先生很正常，没去打扰，其实我也多次想着去看他。那位学生是否指期间王先生某次刚从医院出来，比以前好？总之，我感到十分痛惜。

参加告别仪式的据说有两百多人，参加安葬过程的有数十人。王先生的骨灰葬在东山华侨公墓莫厘峰墓区，地势挺开阔，墓碑上文字是“中国科学院院士王守觉之墓（一九二五～二零一六）”，非常简洁。

智慧与传承：纪念王守觉院士100周年诞辰

曹文明

（2006届中国科学院半导体研究所博士后，深圳大学教授）

2002年6月，我在浙江工业大学第一次聆听了王守觉院士的学术报告。在这次学术报告会上，他在高维形象几何概念的基础上，讲了一种“仿生模式识别”的新理论。传统的模式识别是以“模式分类”为目标，王院士讲的这一新的理论是基于“认识”事物而不是基于“区分”事物为目的，它是更接近于人类“认识”事物特性的认知方法。刚听到这一新的理论时，我就被他的开拓性深深震撼了。到2002年下半年，王守觉院士从高维空间分布分析出发，提出了以在特征空间中“认识”点分布形态予以覆盖的“仿生模式识别”新技术理论，从而有效取代了传统的模式识别方法，并在实际应用中取得了显著的成效。对于生物特征识别、语音识别等人类思维中难以用数学方程描述的形象思维问题，原有的模式理论和技术手段显得十分无能，而高维空间点分布分析方法和仿生模式识别理论可以很好地解决这些问题。在那次听了王院士精彩的学术报告后，我加入了王守觉院士的团队。2002～2006年期间，我在王守觉院士创建的半导体神经网络实验室担任王院士在浙江工业大学的研究助理，在这期间，王院士提出了基于高维空间点覆盖理论的神经网络方法，对连续语音实现了准确识别，然后利用仿生识别原理进行了建模正确性验证，能够达到很高的验证结果准确率。随后，王院士又提出了一种多权值突触的神经元构造方法，不仅解决了原有不同神经元之间的通用性问题，还增强了神经元的功能和灵活性。这个方法提出后，深圳大学的谢维信校长给出了极高的评价。2005～2007年期间，我继续在王院士的实验室做博士后研究，在王守觉院士的指导下，提出了以几何代数理论为工具，论述仿生模式识别与信号处理的研究方法，研究了几何代数在多色谱信息中的仿生信息处理理论。同时，通过局部坐标系中的特征映射关系来解决不同维数信号以及数据之间的特征关系，建立了对不同维数信号一致的Clifford非线性流形分析模型和方法。在2002～2007年这六年时间里，我深感自己很幸运能在王院士身边生活和工作，我有更多的时间聆听他的教诲，这对于我的一生都产生了深远的影响，使我受益匪浅。那时，王守觉院士虽已年过七旬，但他依旧精力充沛，思维敏锐，持续在科研领域发挥着积极的引领作用，是科研一线不可或缺的力量。王守觉院士是一位充满创新精神的学者，他提出并发展的高维空间仿生信息学理论，为信息与信号处理提供了新理论。从这个理论提出以后，被广泛应用于人脸识别、模糊识别和语音识别等领域。

20世纪40年代，侵华日军邻近同济大学所在地的川南，王守觉院士便应召入伍，在驻四川泸州的重庆国民政府青年军203师的通讯营中，当上了一名报务员及机务员。一年后，日本战败投降，抗战胜利，同济大学又逐步迁回上海。1946年，王守觉院士复员后，仍回上海同济大学继续学习。他因成绩优异，曾在学校获得过当时由政府设置的学业优异奖学金，是全校仅两名获奖者中之一。

王守觉院士大学毕业时，是1949年的春天，上海即将解放，他进了北平研究院上海镭学研究所工作，主要从事氧化亚铜固态整流器的研究。后来，他便向所长严济慈递交了辞呈，进入上海新成电器厂任工程师，继续从事氧化亚铜整流器的研究。他经过多方努力，把固态整流器产品化，并在我国最早建成的集中控制自动闭塞火车站——衡阳火车站应用成功。1956年，当我国制定十二年科学技术发展远景规划和周总理号召向科学进军时，王守觉院士进入了应用物理所的半导体研究室。

在半导体研究室工作期间，王守觉院士被派往苏联科学院列宁格勒列别捷夫研究所做短期工作。这期间，他刻苦自学，夜以继日地工作，圆满完成了任务。在研制锗扩散型三极管的过程中，做出了很好的成绩，并研制成功一种具有N型负阻特性的半导体器件，给苏联同事留下了深刻印象，受到赴苏实习团领导的一致好评。回国后，在半导体研究室与后来的半导体所中从事半导体器件和微电子学的研究，是我国半导体器件研究的开拓者和奠基人之一。他长期从事半导体器件、半导体电路设计及器件的研究，在我国半导体器件工艺的成型、电路的集成与应用等方面做出了重要贡献。自21世纪初期起，他开始研究神经网络，提出了“仿生模式识别”新理论新方法，首创了信息处理新理论——“高维形象几何仿生信息学”，为解决维数高、自变量数多、计算复杂度大的计算问题提供了新思路。王守觉院士还开创了用神经网络对多变量控制生产系统进行总结经验全局优化的方法。他将高维空间点分布几何分析方法用于模糊照片的清晰化处理中，取得了十分优异的实际效果，验证了这种新分析方法的有效性，为机器形象思维提供了一种新可能。这种新理论新方法使平面上全方位实物模型的识别率达到前所未有的高度。以ORL人脸库进行人脸识别效果比较，识别效果远优于国际上新发展并被公认处于优势地位的支撑向量机。他致力于研究发展半导体神经网络技术及其在国民经济与国防科技中的应用。他成功研制我国唯一产品化的半导体神经网络硬件系列，提出并发展了一种高维空间复杂几何形状覆盖的神经网络模式识别新方法和新手段，使神经网络对实物对象的识别能力达到了前所未见的高度。他开创了用神经网络对多变量控制生产系统进行总结经验、全局优化的新方法，用于一个 20 个变量控制、已大量生产的微电子产品生产过程优化中，进行总结经验、全局优化，在生产条件不变的情况下，优化后合格产品增加超过了 10%。神经网络的研究工作犹如进入一块新大陆，大有用武之地。在理论、模式识别、工业优化等各方面都已经看到宽广的发展前途。神经网络的发展方兴未艾。王守觉院士的科研生涯，自强不息，永无止境。他以高度的责任感和敏锐的洞察力，把握半导体学科发展的重大科研方向。他立足国情，不步他人后尘，走前人没有走过的路，自辟蹊径，不断开拓创新。

在王守觉院士百年诞辰之际，我们深切怀念这位伟大科学家的丰功伟绩。王院士不仅以不懈的努力和永不停歇的探索精神在科研道路上奋勇前行，更以高度的责任感和敏锐的洞察力，牢牢把握重大科研方向，勇于挑战前人未曾涉足的领域，为半导体学科的发展开辟了新道路，为科学界树立了崇高的典范。虽然王守觉院士已不在我们身边，但他留下的对科学执着探索和务实求真的宝贵精神将被后人永存于心。他创立的实验室将传承他的遗志继续前行，而他培养出来的科研队伍也将不懈地追求科学真理，不断创新突破。我们作为他的学生，将继承和发扬王院士的科研精神，秉承他对科学的热情和执着，不断攀登科学的高峰，以此告慰他的在天之灵，也为了实现他未竟的科研梦想而奋斗。

桃李芳菲

漫漫创新路，璀璨中华“星”

——纪念我的导师，中国第一块集成电路研制者，王守觉先生100周年诞辰

石　寅
（1986届中国科学院半导体研究所博士研究生）

1978年，中科院在全国率先恢复招收研究生，我有幸成为中科院半导体所王守觉先生招收的三名“小”学生之一。之后8年，我在先生指导下，开展研究生的课题探索，同时也参与一些实验室的研究工作，目睹先生在集成电路领域谋划着一个一个的创新目标，领导实验室一步一步前行，同时研究成果亦一个一个落地。我获得博士学位后，出国交流了两年。1990年，我回国完成了两项“七五”攻关项目，评上了高级职称。先生对我说，集成电路是国家亟须发展的重要领域，他快七十岁了，虽然脑子还可以，但身体各方面大不如从前，实验室发展集成电路的担子要让我来接替，他想做一些动脑筋、而不需要太多设备支撑的研究项目。1991年，依据先生的想法，我帮助先生写了开展人工神经网络研究的项目申请书，获得了国家“八五”科技攻关项目的支持。从此，先生带领新招收的年轻学生在全新的领域开始了他的创新之路；我也遵照先生的指引，带领课题组继续深耕在芯片研发领域，在高速数模混合电路领域开辟了自主研究方向。

2016年6月2日，先生因两个多月前不慎摔跤，造成右腿股骨颈骨折，躺在床上保守治疗太久而引发肾功能衰竭，虽经医院全力救治，但脚肿蔓延到了腿部。当日白天，我去医院看望先生，病痛使得先生低声呻吟，但他头脑清醒，知道此时病情的凶险。他没有太多地儿女情长谈论家事，倒是嘱托他晚年开辟的多维空间仿生信息学的研究方向要坚持下去，要把在读的研究生安排好，让他们顺利毕业。6月3日凌晨，先生不幸去世，我们悲痛万分。悲痛之余，我陷入沉思，脑中浮现出先生极不平凡的人生场景。他是我国科技领域的翘楚，一生笃行在电子信息科技领域漫漫而不断闪光

的创新之路上。

关于先生的传记书籍中记载，先生从小得益于鼓励自学、强调解决问题能力的名门家教，而令我们印象极其深刻是先生自身突出的天赋异禀的特质。先生理工知识见长，但他的文才也很突出，能吟诗作赋；他较少记笔记，这是因为，他记忆力超强，听过、看过就能记住，长久不忘；他过人的逻辑思维能力使得他的学习能力更是超群，新知识新技术，看看就明白，而且能把握住关键所在。他虽在学校读书时间不算多，但数理化基础扎实，概念从不混淆。而他又是一个继承王家传统的爱国学者，青年时期他就有一个愿望，为让外国人来学习中国的科技而奋斗，同时他信仰马克思主义。这些特质，造就了先生是一个知识面很宽且具有创新性的爱国学者。他身处不同环境，小到技术公司、研究所的实验室碰到技术难题，大到国家急需科研任务，他都想方设法拿出有效方案，解决问题。了不起的是，随后他还能提出向前发展的新课题，继续创造新成果。站在近 50 年电子信息技术发展史的维度，回顾先生的足迹就更能看清先生伟大之处。

解放初，先生只是一个二十多岁的热血青年，但他在上海的名声就已经很大了。他从事过多个完全不同的技术工作岗位，都取得了突出成果。1955 年，30 岁的他就被评为上海市的劳动模范，1956 年又被评为全国先进生产者代表。这些荣誉是常人难以企及的，说明了年少时先生就具有知识面宽、学习能力强、解决问题能力更强的特质。1956 年，先生调入北京中国科学院工作，承担了系列国家战略需求任务。他不仅较快突破了锗高频晶体管的制作技术，同时，率先在国内开展硅平面工艺研究。这项工作涉及的技术面广、难点多。首先要研发出十多道工艺所需的关键设备及相应配件，其次要开发出对应的制作工艺，确定工艺参数，还要在这个平台上验证制作各种各样的集成电路。随着先生及其团队的高性能晶体管与集成电路制作技术的突破，国防急需的 109 乙、109 丙型计算机的核心部件问题得以解决，从而为搭建成了国家的氢弹、导弹和核弹的研究平台贡献了一份力量。而硅平面工艺成果，又较大地推动了我国集成电路在一个正确的技术路线上快速发展。

之后先生意识到，这仅仅是突破了集成电路的精密加工制造技术，尚需要有以图形为主的芯片版图设计技术。1965 年底，先生提出了结合图形库利用光学拼图方式直接产生复杂图形掩模版的思想，比 1969 年国际上最早发表的图形发生器论文早了三年多。接着，先生又领导实验室在国内率先开发出计算机辅助自动制版系统，并于 1974 年提供了国内第一套计算机自动大规模集成电路光刻版，用于清华大学研制 1024 位移位寄存器集成电路。再接着，在大规模集成电路复杂的金属互连计算机布线中，先生又从总体分析出发，提出具有划时代意义的布线计算机损益分析方法，后由庄文君研究团队实现并进一步发展，获得了具有很大影响的成果。从上述20世纪60～70年代的创新之路，可见先生心系祖国，把国家的战略需求放在首位，成果卓著。项目完成后，以先生的判断力和敏锐性，一次又一次提出新课题，并付诸实现，充分体现了一位远见卓著的科学家的特质。

“文革”后，先生转向高速集成电路研究。他仔细研究了发射极耦合逻辑（emitter coupled logic，ECL）电路、发射极功能逻辑（emitter function logic，EFL）电路后，结合当时我国的国情，提出了创新的多元逻辑电路。为了确认这种新电路在数字逻辑设计中的先进性、有效性，先生带领团队潜心设计制作了多元逻辑中、大规模集成电路，组装成DYL1300小型通用计算机。通过连续10天的拷机工作，证明DYL 1300计算机稳定可靠。性能测试表明，综合指标高于商用的DJS1300小型通用计算机，获得圆满成功。发明多元逻辑电路至今已过去了46年，主流数字集成电路的发展也选择了功耗更低的CMOS电路结构，但从电子学角度来看，多元逻辑电路至今仍是一个了不起的创新成果。多元逻辑电路的核心是线性“与”“或”逻辑门，这应该是集成电子学中尚未有过的新器件。它在数字系统中，实现数字的“与”“或”逻辑运算。但这个器件可以输入连续变化的模拟信号，实现的是模拟信号间的线性“与”“或”逻辑运算，即模拟信号数值间的“大”“小”逻辑运算。这正是20世纪60年代美国加州大学伯克利分校扎德教授提出的模糊逻辑集的“求大”“求小”模糊逻辑核心运算功能所对应的电子器件，有着重要的应用。先生不仅重视模糊逻辑应用，他还从电子学的角度，萌生了更远大的创新想法。他从冯·诺依曼数字计算机架构出发，联想到多元逻辑电路的模拟信号逻辑运算功能，就产生了构成可程序化的模拟计算机的新思想。要实现这种思想就要解决模拟量的存、取的问题。他提出了相应电路方案，安排学生探索研究。实验证实了电路方案的正确性，申请了发明专利；但由于模拟量存储器要求高精度、高速度、高集成度、低功耗，而当时的制作工艺连双层布线工艺都不具备，集成制作模拟量存储器不现实，使得可程序化的模拟计算机的研究无法开展。但先生还是依据多元逻辑电路的特点，成功开发多项原创性的应用，获得多个中科院科技进步奖。其中，他利用多元逻辑线性“与”“或”门的高速性和直接处理模拟量的特点，构成了高速数字与模拟量乘法运算，实现的模拟信号高速傅里叶变换装置最为亮眼。20世纪80年代初，多位数的阵列式高速数码乘法器电路尚是芯片中昂贵的奢侈品，数字信号处理多为书本知识，而模拟信号的高速傅里叶变换的出现，就是一个惊人的创新成果。值得注意的是二十多年后，具有模拟量存储功能的“忆阻器”新器件在国际上有了突破，尽管性能还不完善，但可程序化的模拟量乘算一体化的模拟计算机架构被电子信息界热捧。大家畅想着利用这种高效、低能耗的模拟计算机，不用复杂的模拟/数字转换装置就可以直接处理自然界的信号。这不正是先生在 20 世纪 80 年代初提出可程序化的模拟计算机创新思想所要看到的结果吗？这也证实了先生的超前创新思维。

20 世纪 90 年代初，先生已经快七十岁了，他发现计算机在解决人的逻辑思维上已经很成功，但解决人的形象思维上远不如人脑。他认为发展尚是空白的人工神经网络“智能产业”是个重要的研究方向。在国家“八五”攻关计划支持下，他开展了人工神经网络模式识别机器形象思维的研究与应用课题。立项两三年后，课题就取得了惊人的成果。研发出的数模混合的人工神经计算机被评为 1996 年中国“电子十大科技成果”的首位，还获得“八五”科技攻关重大成果奖。先生用数模混合方式研发出的每秒 2000 万次模拟神经节运算的人工神经计算机，很快在工业生产工艺优化中得到了一些应用。在当时计算机算力很弱，人工神经网络、人工智能的应用价值无法体现，国际的研究热潮由此逐步消退的情况下，这些成果经媒体报道后在国际上十分亮眼。新加坡国立大学的几位教授前来北京拜见先生，现场看了人工神经计算机的实际性能的演示后，提出帮他们定制两台神经计算机的请求，用于教学研究；随后先生也安排开发几十台神经计算机供国内高校人工神经网络课程的教学实验用，收到了十分好的效果。更为重要的是，八十岁的先生，站在电子信息学和对应的基础数学的高度，提出了多维空间仿生信息学新思想，用了这种创新思想下的仿生模式识别方法，一个人脸特征只需 48 个字节就能记录下，这至今仍是国际上人脸特征数据量最少的一种方法。这种“仿生模式识别”新方法，受到了国内外的高度重视。国内多所大学邀请先生做特邀报告，并陆续加入参与联合研究。2006 年，国际上 8 个专业学术会议邀请王先生去做专题报告，表明了国外同行对高维空间仿生信息学这一创新思想的浓厚兴趣。2012 年后，由于芯片制作技术的突破，计算机的算力有了极大提高，国际上以人工神经网络为基础的人工智能再次兴起热潮，至今已成为当今最前沿、最热门的应用技术研究领域。遗憾的是，先生没能看到这个场景，但先生人生最后的二十多年，在人工智能中的创新成果、先驱作用，再次表明他是一生奋斗在电子信息科技前沿闪亮发光的著名科学家！

先生的一生走的是一条漫漫科技创新路，但实际成为了一颗闪耀的中华“星”。从源头来看，是先生数理化科技基础扎实，能站在时代步伐前沿实施创新课题，并获得成果。而超越世界，让外国人来学习中国的科技的信念给了他源源不断的动力。

先生接受高等教育时正值抗日战争时期，因此他没有像他哥哥、姐姐那样去国外留学的机会。战乱，逃难，使得他东奔西跑，读书也是断断续续，有不少知识完全是他自学的。正因为自学，他所学的知识反而扎实牢固，使他掌握了核心。

先生天生才思敏捷，心算及记忆能力超群，这种特性，使得他不仅在休闲生活中围棋水平在中科院赫赫有名，也使得他能将所学的数理基础知识融会贯通，十分扎实。平时，他喜欢出一些数学智力题目来考查年轻学生，每每出的题目大多不尽相同，这些题不是出自书本题库，而是从先生头脑里已经扎了根的数学知识中提取出的一些需要转弯思考的数学知识。在工作中，我们感觉到，每当先生想到一个新的想法时，他会想到对应数学工具的描述；当没有现存数学工具时，他会去思考有否更合适的数学表达方式。了不起的是，耄耋之年，先生看到人类的形象思维难以用机器来高效实现，人工神经网络用在模式识别中碰到了“瓶颈”。用什么数学方式来分析人工神经网络，成了解决这个困境的关键。他想到了神经元可以对应到高维几何空间，那么神经网络也应该可以对应到高维几何空间中进行分析研究。有了这个思路后，首先考虑怎样计算模式识别中的几何空间对应的分析数学中的距离，先生想到采用高维空间形象几何图解计算方法。在一次几百人参加的学术报告会上，他生动地用相同小球球面相切堆积，来分析随着小球数堆积增加，堆积中出现的空间距离变化。他采用经典的几何学方法，用笔和直尺一步一步将空间距离画出来，从三个小球二维堆积算起，一直推演到 17 维数的小球堆积，这个距离与小球的半径趋于一个方根 2 减去 1 的常数，后经中科院数学研究所相关的数学家证明这个结论是完全正确的。大家惊叹先生基础数学的扎实功底！为了科学、准确、系统地传播多维空间仿生信息学，先生带领学生历时几年，撰写出版了两本对应的学术专著，体现了伟大的科学精神。

先生的物理基础可用一个真实故事来说明。1980 年先生评上中科院学部委员后，经常会在全国性的学术会议上做报告。他的报告一直十分吸引人，原因是报告能抓住核心、深入浅出，大家一听就懂，自然听众就多。20 世纪 90 年代中期，先生从事人工神经网络研究后不久，在当年有大几百人参加的全国半导体与集成电路学术年会上做了人工神经网络的特邀报告。报告期间，我偶遇一个中科院与我同是 78 级从事物理研究的同学，他考研录取后不久，又考上了李政道先生的 CUSPEA 计划，去了美国读博，读完回国后在一所大学工作。那天他听完先生的报告对我说，这位老先生了不得，把人工神经网络这么不好理解的理论阐述得那么清楚，绝对是高人。我说，王先生是我的研究生导师。他马上说，有机会让我认识一下。过了几天，他来半导体所找我，说他在半导体工艺实验中碰到一些问题想请教王先生。我帮忙联系了先生，先生在办公室接见了他。那位同学提了一个半导体工艺实验中没有搞清楚的比较复杂的热力学问题。先生听后稍加思索，就进行了解释。那位同学觉得似乎没有那么简单。先生说，要理解就要用到热力学中的一些基本概念，你回去结合那些基本概念，仔细想想就会想明白。果然，两天后，那位同学打电话给我，说王先生说的是正确的，他想明白了。并说王先生真是大科学家，了不起，热力学中的概念记得那么清楚，我这个学物理的却搞混了，真让我汗颜。这虽是一个真实的小故事，但不得不说，碰到这种没有准备而突然被提问一个冷僻物理问题的情况，如果之前概念不是很清楚的话，是很难马上做出正确回答的。先生在很短的时间内做出了正确回答，他基础物理知识的扎实性可见一斑。

2025 年是先生 100 周年诞辰，我们追思先生闪光的一生，更感受到一位立志超越世界、不断追求创新的科学家的伟大。当今，中华民族正行进在科技强国的征途中，我们要不断学习、弘扬先生永不止步的科技创新精神，为加快祖国的强国进程而奋斗！

我们永远怀念敬爱的王守觉老师！

一个学生眼中的王守觉先生

鲁华祥
（1993 届中国科学院半导体研究所博士研究生）

2025 年是我的导师王守觉先生 100 周年诞辰，王先生离开我们快 9 年了，但他的音容笑貌犹在眼前，谆谆教诲一句也没敢忘记。

我 1985 年进入半导体所，除第一年在中国科学院研究生院学习外，就一直在王先生带领下工作。2016 年临近春节我去东山镇看王先生，王先生还跟我聊了两个多小时的工作，非常关心实验室的发展。从 1986 年起，到 2016 年王先生仙逝，正好 30 年，在这 30 年中，我看到的王先生一直在科研之路上不停地努力、创新、开拓。

20 世纪 90 年代，人工神经网络研究在国际上处于高峰期，从探讨微电子可能的新应用方向出发，王先生也进入了这一新领域。在花了两年时间带领我们做了大量跟踪性工作以后，王先生发现国际上人工神经网络虽然在模式识别、最优化求解等领域应用很多，但发展缓慢。此时，国际上的研究热度也很快降了下来，国内外不少曾热衷于人工神经网络研究的学者，也有相当一部分纷纷退出了这一研究领域。但王先生在认真分析了人工神经网络这一研究方向的发展情况后，认为现行计算机系统在解决逻辑思维问题方面具有极为高超的本领，但在解决形象思维问题方面的能力却很差，远远不如一个小孩子，甚至不如一只小动物。因此，从长远来看，人工神经网络的研究方向是很重要的，有很广阔的前景和很大的实用意义。但要突破神经网络发展中的障碍，必须在两个方面有突破：一是要发展一种分析复杂神经网络行之有效的理论工具和思考方法；二是要创造一种能方便高效地模拟神经网络的神经计算机硬件，作为神经网络新理论、新模型、新算法的载体。王先生的分析给了我们信心，我们沿着王先生给出的两个方向坚持神经网络技术研究，在王先生的带领下，后来的部分工作获得了 2001 年北京市科技进步奖一等奖、国家“八五”科技攻关重大科技成果、95 电子科技十大成果等奖励。

王先生在 20 世纪 90 年代的这些创新思想，我们一直在受用。现在我们在国家重大项目支持下做的类脑神经计算技术研究工作，是在王先生 20 世纪 90 年代创新工作基础上的继续，这些工作都受到了项目出资方的好评，解决了他们的实际问题，这说明王先生在 20 世纪 90 年代的这些创新到现在还是非常先进的，还在发挥积极的作用，由此可见王先生创新思想的生命力。现在国际上神经网络研究经历了一段时间的低谷后，又重新受到重视，从中也可以看到王先生当初的远见。

王先生天资很高，一生强调创新，但他的创新是建立在大量勤奋工作的基础上的。记得 1995 年那年，我 30 岁，王先生 70 岁，“九五”攻关行将结束，我们曾一起连续几天通宵加班，靠咖啡、西洋参等提神。如今王先生离我们而去，但往事历历在目，仿如昨日之事。

王先生走了，但他的思想、精神永远留下了，留在我的心中。

躬行出真知

——追忆我们敬爱的导师王守觉先生

李卫军，徐健，覃鸿
（2004 届，2003 届，2010 届中国科学院半导体研究所博士研究生）

王守觉先生是我们走向科研之路的启蒙导师和引路人。作为中国信息技术领域的奠基人之一，老师的一生几乎是中国信息科学发展的一个缩影，他亲历了我国从半导体晶体管到第一块集成电路的跨越，深入开展了神经网络、模式识别等机器形象思维的基础理论与实际应用基础研究，开创了多维空间仿生信息学方向，他博大精深的学问、高山仰止的远见卓识，至今都让我们受益匪浅，宛如前行道路上的明灯，指引着我们求索的方向。

老师的一生是不断创新的一生，他坚持不懈的创新精神时时刻刻激励着我们。老师的研究领域，从高频晶体管到高速电路、高性能计算机系统、图形发生器、半导体人工神经网络，直至晚年开创的仿生模式识别、高维仿生信息学，实现了一个个学科方向的创新跨越，而且在每一个新的领域都取得了辉煌的研究成果，惊讶了世人，折服了学界。老师时刻提醒我们创新精神的重要，曾赋一首《西江月》与科研人员共勉："古有四大发明，今乏技术创新，追根究底求起因，尚欠科学精神。近效实非独俏，积累创新更要，莫待百年儿孙笑，只传引进一招。"老师对于坚持创新的告诫如警钟长鸣，言犹在耳。我们晚生后辈们深刻铭记老师的教诲，将他老人家的创新精神一代一代传承发扬光大。早在 20 世纪 90 年代，老师就洞察到了人工神经网络的巨大发展潜力，并意识到国内在半导体人工神经网络研究领域的空白，于是毅然投身其中，研制出我国第一台神经网络计算机，创新提出多权值神经元模型和树状前馈网络新结构及其自学习算法，与当时国际上主流的 BP 网络相比，显著简化了网络结构并缩短了学习过程，在国际学术界产生了重要影响。还记得那时，人工神经网络的发展陷入低谷，许多研究者和资金都转向了其他看似更有前途的研究领域。但老师没有随波逐流，他坚持认为人工神经网络将是解决复杂问题、提高计算机形象思维能力的关键。在老师看来，每一项技术的发展都有其必经的低潮期，而这正是深耕细作、布局未来的关键时刻。我们常常惊叹于老师学术思想的创新性和前瞻性，今天全球步入人工智能时代，人工神经网络已成为人工智能发展中不可或缺的核心技术，网络规模的持续扩大使得算力和能源成为新的瓶颈。秉承老师坚持原始创新的精神，我们提出发展“自主神经网络模型”的新思路，旨在探索出一条激活函数和网络结构均可自学习的神经网络自主演进新路径，使得模型设计不再需要人工经验和原始架构，而是根据任务自适应演进生长。在全球聚焦大模型技术之际，我们期望这一新思路能为我国人工智能发展提供新的技术思路，并在老师创新精神的激励下，取得突破性成果。

“实践出真知”是老师的口头禅，他坚信脱离科研一线是做不好学问的。因此，即便在八十五岁高龄，老师也依然亲临实验室，天天与年轻人一起动手设计实验、研究算法、分析数据，而不仅仅是听听汇报、提提建议。尽管年岁已高，但老师的思维依旧敏锐，对每一件事情都要追根溯源，而且总能在一大堆杂乱无章的数字当中发现隐藏的规律。曾经那些令人难忘的画面总是历历在目：老师和学生并肩坐在电脑显示屏前，一行一行地阅读程序代码，一个数字一个数字地分析实验结果，一定要搞清楚实验程序每一条语句的含义，通过严谨细致的分析来判断算法逻辑是否正确；学生画电路图的时候，老师会在一旁指导，如果联调电路板没有得到预期的信号，他也跟学生们围坐在一起看示波器，排查问题直到找到原因；在 2003 年非典期间，老师刚出差回来就亲自连夜搜集各种信息加以整理分析，并把大家召集在一起，从 SARS 的病原学、临床表现、可能的传染途径、实用的预防手段等方面向大家进行了详细讲解，让我们这些年轻人很快从恐慌中冷静下来，恢复了正常的工作和生活秩序……老师通过自己的行动教会我们如何以严谨的态度对待每一项研究，如何在日复一日看似枯燥的数据分析中坚持寻找真理的勇气，以及如何将科研与应用相结合让科学为社会服务。在那些难忘的时光里，老师的身影总是那么坚定而鼓舞人心，是我们科研生活中最温暖的部分。

“生命不息，奋斗不止”是老师最贴切的人生写照，他永不停息的奋斗精神给我们留下了不可磨灭的记忆。大概在老师八十岁高龄的时候，课题组与企业开展合作研究与技术转化工作，时间紧任务重，老师常常和我们年轻人一起，连续几天熬夜加班，饿了吃盒饭，困了喝杯咖啡提提神就继续埋头工作。有时候奋战到凌晨两三点，老师回家休息四五个小时，第二天依然精神抖擞地按时上班。即便到了九十高龄，老师仍对当今科技领域的发展动态和核心问题洞察秋毫，兴致极高地为课题组的发展深谋远虑，指点方向。老师这种永不停息的奋斗激情一直延续到他生命的最后时刻。记得 2016 年春节刚过，我们得知老师想将他多年来经过深入理论研究和实践验证的高维空间几何分析新方法编著成书，为人工智能的发展提供系统化的新思路，于是专程赶到苏州东山与老师讨论书的内容。讨论时的场景仿佛就在昨日，老师半倚在床上，满面光彩地叙述他构思的新书，精神矍铄，声音洪亮，兴致勃勃，第一句话就是“书的重点在新的思想方法”。我们全神贯注地听着，并将老师对书的规划做了详细记录。眼看夜色已深，考虑到老师的身体疲惫，我们依依不舍地告别，约定了下次再继续深谈。未曾想，那竟是我们最后一次聆听老师的教诲。再次见到老师时，他已因摔伤卧床而导致身体机能退化，静卧在医院的病床上，无法言语。不久后，便传来了老师离世的悲痛消息，那本老师未竟的新书成为了我们心底的遗憾。老师常教导我们：“对一个人来说，钢铁般的意志比智慧和博学更重要。”老师正是凭着这种奋斗不止的精神和意志，攻克了科研路上的种种难关，活出了人生最极致的精彩。我们深知，最好的悼念方式不是泪水和哀悼，而是沿着老师指引的方向继续前进。随着人工智能技术的快速发展和广泛应用，我们越来越多地看到深度神经网络在各种任务中的超凡表现，也越来越清晰地认识到其“黑盒”属性带来的种种局限。老师曾发文探讨连接主义与符号主义的异同，提出“一个理想的智能系统及其表现出来的智能行为应该是二者有机结合的结果”。在老师的指引下，我们尝试将人工神经网络与传统数学建模方法相结合，研究数据与知识融合驱动的高维复杂系统“白盒”建模新理论、新方法——深度符号回归，将复杂系统的数学建模过程看作一个优化问题，利用“深度学习”强大的非线性优化能力，以“拟合优度”和“模型最简”为优化目标，反复迭代与优化直至收敛，神经网络的最终输出结果可以表示为直观、可解释、可泛化的符号表达式，以利于人们对于复杂系统内部运行机制进行数学分析与解释，为突破神经网络黑盒建模局限提供了有效方法，为人工神经网络的可持续发展探索了新的方向。这既是我们对老师在人工神经网络领域研究的继承，也是我们对其研究方向的深化与拓展，将老师对科学的热爱、对技术进步的追求和不懈奋斗的精神延续下去，让这份宝贵的遗产不断丰富和发展。

在生活中，老师是个安静的人，温文尔雅，生活简朴。中午，他经常从家里带来盒饭，自己热热吃，这习惯坚持了好多年。老师生活规律，爱惜身体，即便年逾八旬仍思维活跃，对学术研究保持着浓厚的兴趣和不懈的探索精神，他常教导我们："科研不是高高在上的象牙塔，在其中要不断求索，才能发现未知的奥秘。"在科学严谨的同时，老师还有童稚般爱玩的一面。记得，曾经流行一款推箱子的益智游戏，实验室里的年轻人在老师的鼓励下争先恐后地破关攻卡，这类小插曲为我们紧张的学习生涯留下了开心快乐、友爱互助的美好时光。有一次实验室团建活动，老师演唱了一首《城里的月光》，当他温暖的歌声响起，仿佛一个历经了人生百味的智者，在娓娓抒发自己的胸怀，那份沉着、深情、美好，让我们瞬间就被老师"圈粉"了！老师还有一首曲目《康定情歌》："跑马溜溜的山上，一朵溜溜的云哟……"在我们惊叹其中气十足的歌声时，他微笑着告诉我们，他从不觉得自己是个老人，他喜欢跟年轻人在一起，喜欢被年轻人活力感染，尽管抵不过身体衰老，但他要永远保持一颗年轻的心。是的，老师拥有一颗年轻的心，他常常跟学生聊时事、聊科学的发展、聊未来的方向，在他和蔼可亲谈话中，在润物无声的教诲中，培养了一届又一届学生成为国家的栋梁。如今，老师桃李满天下，在老师的言传身教下，我们不仅学会做科研，也学会了热爱生活。

老师不仅始终保持着年轻的心态，还有一套自己的养生之道，使得他能够在九十岁高龄时也能投入忙碌的工作中，一直保持良好的健康状态和充沛的精力。老师认为人的身体是一个复杂动态系统，各种医学检测只能反映这个系统很小的一个方面，个体存在较大差异，所以最了解这个系统的就是自己本人。同时，他深信人体系统具有超强的自我调节能力，这种能力同样存在个体差异，需要通过不断的体验、分析、总结，从而了解洞察自己的身体。在生活中，老师一直坚持顺应自己的身体状态，保护身体自我调节的能力和灵敏度，避免滥用药物、手术等外力导致系统失衡乃至机能的退化。老师年轻时受伤的右腿到了晚年肌肉萎缩，两只腿的力量不平衡，但是他坚持尽量不拄拐、不坐轮椅，使自身人体机能得到更多的锻炼，避免对外部力量产生依赖而退化。还有一件事情令我们记忆深刻，老师八十五岁高龄时听力逐渐下降，后来发展到有些妨碍交流，但他基本不用助听器，顶多就在学术讨论时偶尔佩戴。反而是经常看他拿一块机械表贴在耳边听，这样的情况差不多持续了一个月，有一天上午，老师像小孩一样开心地告诉大家"能听到了、能听到了"，原来他是在尝试用机械表针微小的"滴答"声不断刺激听觉系统，激发听觉系统的自我调节和修复能力，最终成功听到了微弱的声音，听力得到一定程度的恢复。在老师办公室的书堆旁边有一对哑铃，直到他九十岁高龄时，还坚持每天握举哑铃来锻炼上肢肌肉力量。老师常开玩笑地说："其实我研究的一个重要方向就是健康长寿，我要八十三岁当三十八岁过，我有一套养生之道的，还准备写本养生的书，哈哈……”秉承老师科学养生的理念，近年来我们积极尝试将人工智能技术应用于人体数字建模、运动康复、中医手法康复、中医经络调理机器人、物理因子刺激治疗等人工智能数字健康领域，系统研究非药物治疗技术与设备，期望作为药物疗法的补充，为以“治病为中心”向以“人民健康为中心”转变的国家重大需求提供新的技术和手段。

与老师共同度过的每一刻，都是我们人生旅途中最宝贵的记忆。老师的身上具备太多闪光的品质。他老人家博闻强记、语言质朴、化繁为简、耐人寻味，特别注意方法引导；他一生勤奋好学、孜孜不倦、与时俱进、勇于创新，始终站在科学最前沿；他胸怀宽广、豁达乐观、不计个人得失，积极面对人生；他学识渊博、才思敏捷、兴趣广泛，始终保持一颗年轻的心。“躬行出真知”，老师用自己的行动向我们展示了什么是真正的学者精神，那就是无论年纪多大，都要保持对世界的好奇心，通过亲身实践来获得真正的知识和智慧，不断学习，不断探索，永远在路上。

老师的一生，就像一部厚重的教科书，每一页都充满智慧。尽管他的身影已然远去，但他的精神和意志将在我们心中永远熠熠生辉，激励着我们不断前进。

不羁的灵魂

王丽艳
（1996届中国科学院半导体研究所博士研究生）

1993年9月，我考入中国科学院半导体研究所，成为王守觉先生的博士研究生，有幸跟随老师学习三年。

不像之前的师兄师姐大多都是跟半导体专业沾边的，我是学计算机的。当年王老师受邀到学校讲学时，请学校推荐计算机专业的研究生，学校就推荐了我。王老师先面试通过后才能报名参加中科院的统一考试。

读博士期间，天天在实验室和老师一起做项目，更多的是感受到老师敏锐的观察力、高度的概括力、发散的思考力和卓越的引导力。老师正在研究神经网络模式识别的新方法，不断尝试新的算法，需要快速编程验证。验证之前需要搞懂算法的逻辑，为了能跟上老师的思维，我不得不自学很多数学知识。往往是一本书没看完，老师已经提出更完善的方法。当时正是神经网络风起云涌、方兴未艾之时，老师的跨学科的洞察力非常强，在模式识别方面取得了很大的突破。

除了工作，王老师还是一个特别可爱的老人。我上学那会儿，老师担心所里食堂伙食不够好，经常请我们去家里吃饭，记忆最深的是王氏海派炒面，而且是王老师亲自下厨做。

毕业后，逢年过节我都会去老师家里看看。王老师就会像孩子般，兴奋地告诉我他又有新的理论方法，识别率怎么高，一讲就是半天。记忆中，老师很少抱怨，都是鼓励我们努力工作。前些年工作压力特别大，听老师讲讲神经网络和数学模型，特别放松，也特别感动。

老师的豁达和执着让我钦佩，他不图名不图利，就为了做出中国人自己的产品。要在有生之年，把头脑里的思想都留给世人。他最担心的是哪天走了，把思想就都带走了。记得老师的实验室曾有一段时间留不下学生，缺人手，他和我感叹："你们都去挣钱了！"我见老师伤感就说："这么多年专业我都忘了，否则我就回去帮您干了。"老师高兴地说："你要回来那太好了！"停一下又说："可是我给不了你那么多钱啊，怎么办？"我说："我不要您钱行吗？咱不是有学生女婿（我爱人）嘛，让他给我钱。"我们一起大笑，老师像孩子般开心。老师非常关心软件国产化，每次去都会询问我爱人开发情况，希望中国人的命运掌握在自己的手中。

有一次跟老师聊天，当老师听到我打算把女儿送出国读书时，老师说："你都把依依送出国了，我们国家怎么办？怎么给外国人培养人才？！"在老师眼里，我是国之栋梁，我们都把孩子送出国，国家就没有未来了。老师虽然年纪大了，但是胸怀国家发展。面对老师的忧国忧民，我真是汗颜。老一辈的科学家眼里都是国家和未来。现在可以告慰老师，我女儿哥伦比亚大学毕业后已回国工作了，也有很多和她一样的留学生归来了。

老师曾说想活到 120 岁，每天的时间都不够用。想多看看国家的发展和变化，把自己的聪明才智都贡献出来。

王老师求新不羁的精神一直都影响着我，感谢在所里学习的那三年，给我积累下深厚的底蕴，迎接未来人生路上的磨练。

风范长存

——纪念王守觉院士100周年诞辰

邢藏菊

（2001届中国科学院半导体研究所博士研究生）

王先生离开我们已8年多了，但在弟子们的心中，他音容宛在，风范长存。

先生出身于书香世家，但他的青少年时代正处于我国内忧外患时期，因为常年战乱，学业被迫多次中断。辗转逃难、求学、务工、参军抗战的成长过程，坚定了他的家国情怀，树立了他科技兴邦、科教兴国的宏图大志。少年时的磨砺养成了他积极乐观的生活态度和开拓进取大无畏的科学精神，在半个多世纪为我国半导体事业奋斗的历程中，在与同事、学生日常相处的过程中，展现了他伟大的人格魅力。

第一次见王先生是在他堆满文件袋的办公室里，那时候他已经七十有余了，但精神矍铄，看上去年轻很多。我从北邮骑自行车到半导体所，之前先生在电话里说，报他的博士需要先见面聊一下。我下午两点到了所里，先生给我留下那道著名的 12 个银圆问题就出去开会了，大概一个小时后回来。他思维敏捷，仔细询问了每一个步骤的各种可能情况，然后说，我招学生可不是只看你学过哪些课程，也不是只考查智力，还要看思想是不是合拍，世界观是不是一致，能不能愉快地共事等各个方面。简单了解我的情况后，王先生话锋一转问道："你对解放初期国家进行社会主义改造，现在改革开放，私营企业又发展起来了是什么看法？"这个问题实在出乎我的预期，只简单说了一些粗浅的想法。接着，王先生谈了他的很多经历和思考，并结合他的经历谈起了个人发展和国家命运的关系，以及科技工作者的担当等等。一直到晚上七点多，王先生说，回去准备考试吧，你如果不考了，要告诉我一下，如果考，我希望能去参加你的毕业答辩。这次面试给我留下了特别深刻的印象，回去后和很多同学讲了我的面试过程，后来我自己也成为老师后，还和很多学生讲过。

风声雨声读书声声声入耳，王先生时时关心国家民族前途，处处展现他以天下为己任的胸怀和抱负。在我读书期间，发生了驻南联盟大使馆被炸事件、南海撞机事件。事件发生时，先生和学生们进行坦率交流，讨论国家当前的形势，引导大家正确地思考问题。

在科学上，先生是我国半导体事业的重要奠基人，其人格魅力同样是令我们仰望的高山。曾听大师兄林雨老师谈到早年他和先生一起做实验时，坩埚出现了意外，王先生临危不乱，抱起着火的坩埚扔到了窗外，避免了更大的损失，先生在医院醒来，说的第一句话是询问大师兄怎么样了。

我读书时王先生是《电子学报》的主编，当时有一件关于论文抄袭的事投诉到了他这里。那时候还都是纸质刊物，有人把一篇比较偏门的物理学英文刊物上的文章思想改头换面发到《电子学报》。关于这件事，王先生很严肃地跟我们讲，在学风方面，不能存在一点侥幸心理，一定要严格遵守学术道德规范。他强调，学术上的问题错了，还有改正的机会，学风上的错误没有机会改正，决不能犯。人的一生最开始比的是身体，后来比的是智力，再后来你能走多远，拼的是人格。

王先生是个热爱生活的人。他喜欢唱卡拉 OK，歌声嘹亮。姜文甫老师和王先生年龄相仿，跟先生一起工作多年，我上学的时候他还在实验室帮忙，每当谈起先生年轻时候的事，钦佩之情都溢于言表。王先生不仅思维活跃，工作上创新点子层出不穷，遇到困难从不退缩，而且各种业余活动也样样精通。经常和同事们切磋棋艺，甚至还和同事们比腕力。刚开始比掰手腕赢不了，就回去苦练，终于赢了所有人。

王先生始终保持着敏锐的科学思维。有一次，王柏南师弟正在计算机上下象棋玩，王先生推门进来了。我们当时都想这下估计得挨批了，事情的发展却出乎我们所有人的意料，两个人竟然热烈地讨论起了“深蓝”，王先生顺便给我们上了一课。前一年，IBM 公司制造的“深蓝”计算机战胜了世界顶级国际象棋大师卡斯帕罗夫，这一胜利展示了人工智能在计算能力和策略规划上的巨大进步，引发了全球对人工智能技术的广泛关注和讨论。

王先生的勇气、胆识和探索精神体现在日常的点点滴滴。记得有一次王先生谈到如何攻破科学问题，教导大家要站得高，看得远，坚定信心，勇往直前。他说，首先要认识到这项工作的意义，有坚定的信念和决心，还要有勇气和胆识，有追求自我突破的勇往直前的精神。然后突然认真地说，哪天咱们组织去蹦极吧，以后不敢蹦的不让毕业，吓得我担心了很长一段时间。

先生是我国半导体事业的重要奠基人，一直到耄耋之年，他仍奋战在科研一线，亲自指导学生，关心国家大事，关注科技发展。始终保持着敏锐的科学思维，在古稀之年将研究方向从半导体器件转到人工智能领域，他的三年成专家理论对我产生了深刻的影响，在后来的工作中一直激励着我。在读研期间，多次听先生说过，之所以这么大年龄还在亲自带学生，是希望他的学生中有人能传承他的学术思想和育人理念，这就等于他为这个社会做了更多的事。先生的很多话都成为我从事科研工作、指导学生的准则。

斯人已逝，风范长存。谨以此文献给恩师王守觉院士 100 周年诞辰。

领先数十年，人生不遗憾

——王守觉先生的追忆与感悟

曹　宇

（2002 届中国科学院半导体研究所硕士研究生）

今年是恩师王守觉院士百年诞辰，在人工智能浪潮席卷全球的今天，心中更感自豪。如果老师在今天还能继续带领我们开展人工智能的研究，他一定会更加兴奋和充满斗志，也能够将中国的人工智能研究提升到更高的层次。老师是中国人工智能领域的先驱之一，我有幸曾追随他学习，开启了我探索人工智能世界的旅程，让我也成为了一个喜欢探索科技前沿的人。

老师是一位杰出的科学家，熟悉他的人喜欢称呼他为王先生，以示尊敬。不仅仅因为他德高望重，一生致力于前沿科技研究并取得了丰硕的成果，还因为他总是高瞻远瞩，能从思想到行动上，引领人们走在时代的前沿。他早在 20 世纪 60 年代就研制出了中国第一只平面型晶体管，并提出了多元逻辑电路理论，为现代集成电路的发展奠定了基础。90 年代，他更是敏锐地洞察到人工智能的巨大潜力，率先开展了相关研究，取得了开创性的成果。半导体、芯片、人工智能，直到今天依然是全世界都关注的核心技术领域。

我师从王先生之时，人工智能尚处于起步阶段，远未像今天这般普及应用。但王先生始终坚信人工智能的未来，并鼓励我们大胆探索、勇于创新。在他的悉心指导下，我逐渐掌握了人工智能的基本理论和技术，并对这个领域产生了浓厚的兴趣。

20 世纪末，我见证了 CASSANDRA（预言神）人工智能计算机的诞生，并参与了部分研发工作。这台计算机是王先生原创性科技发明之一，在当时具有划时代的意义。尽管由于技术限制，CASSANDRA 只能模拟少量神经元，但它代表了人工智能硬件发展方向的前瞻性。

在我 2002 年毕业的时候，人工智能还处于早期阶段，还没有太多实际可用的产业。我选择转向互联网方向，等到了 2015 年，深度学习模型结合图形处理器（graphics processing unit，GPU）进行大数据训练，人工智能才真正开始成熟，将我们的世界逐渐转变为一个未来的世界，即机器人时代。2016 年初，我和几个朋友合作成立了一家人工智能公司，应用人脸识别技术，向金融机构和通信运营商提供反欺诈服务和身份认证服务。我没想到自己竟然是这个时代的先行者之一，更是这个伟大时代的见证者。

王先生不仅是一位卓越的科学家，更是一位充满智慧和人格魅力的长者。他治学严谨，为人谦逊，对学生关怀备至。他总是鼓励我们保持好奇心，敢于挑战未知，并为我们树立了终身学习的榜样。

2016 年，王先生不幸辞世，享年 91 岁。他的离去，是人工智能领域的重大损失，也是我个人的巨大悲痛。但我永远不会忘记他的谆谆教诲和殷切期望，并将继续沿着他的道路砥砺前行。

王先生的远见卓识和不懈探索，让我深受启发。他用毕生精力致力于前沿科技研究，为人工智能领域的发展做出了巨大贡献。他的故事也告诉我，一个人只要拥有梦想、敢于拼搏，就能够取得非凡的成就。

现在想来，王先生总是走在世界的最前沿。他在 1963 年成功研制了中国第一只平面型晶体管，用一台简陋的电动计算机计算了双扩散基区杂质分布。他用两台显微镜再加上一个紫外曝光灯搭建了一个早期版本的光刻机。1976 年，王先生提出了多元逻辑电路理论，这就是我们现在熟悉的高速集成电路的思路。从 1990 年开始，王先生再次致力于人工神经网络和模式识别研究，比起今天大多数人已经开始接触和了解的人工智能，早了 30 多年。1990 年，王先生当时 65 岁，在我们认识的大多数人里，65 岁已经是一个可以享受天伦之乐的年纪，他却从头开始了一番崭新的事业。王先生多次转型，从未放弃对未知的探索。谁能不向他致敬和学习呢？学习他的人生理念，学习他的奋斗精神。

更没有想到的是，老师当年主要推行的两个研究方向，都成为了当今人工智能的科技硬核。CASSANDRA 是老师推出的人工智能计算机，这正是今天人们通过英伟达的 GPU 去实现的，通过大规模采购 GPU 去实现高性能并行计算达成目标。虽然当时（2001 年前后）因计算能力不足，CASSANDRA 只能模拟少量神经元，却也代表了人工智能技术的硬件发展方向。老师的另外一大成就，是提出了“高维空间仿生信息学”，如果我们把今天 ChatGPT 的横空问世归功于 Google 研究员们发明的 Transformer 大模型，我不清楚，他们是否有人曾经受到过该理论的影响和启发，但也证明了老师的研究方向确实领先世界许多年。想到这里，我不禁感慨，其实中国领先于世界的研究人员应该不少，但真正将研究成果转化为产品的却相对较少，可能不是研究水平不够，而可能是缺乏它们成长的土壤。Google 投入巨资研发人工智能算法和硬件，他们的研究人员推出了 Transformer 大模型理论，Elon Musk 接力，掏出 5000 万美元成立 OpenAI 人工智能开放实验室，英伟达的黄仁勋用他们最新最强大的 GPU 专门开发了一台专用的神经网络计算机，然后亲自交给 Elon Musk 和 OpenAI，微软借给了 OpenAI 10 亿～100 亿美元，继续加大算力平台搭建力度去研究大模型，他们在数千个最强大的 GPU 并行计算平台上，通过上千亿个参数，模拟了上百亿个神经元的活动，直到 ChatGPT 横空出世，大力出奇迹，代表了人工智能的新的开端。如果王先生的神经网络计算机能够持续发展，高维空间信息学能够得到更多的支持，我想中国的人工智能在原创性方面应该可以与欧美国家并驾齐驱。

不遗憾，不抱怨，向前走，坚持干，不追求一时的成就，不停探索和发现才是我们应有的人生。

致敬王守觉先生！

缅怀恩师王守觉先生

王宪保
（2003届浙江工业大学硕士研究生）

突然接到北京李师兄的通知，说2025年是恩师100周年诞辰，准备举办一个纪念活动，让我写点东西出来。这才记起，恩师已经离去近10年了，好多事情好像去年刚发生的一样。

记得硕士研究生刚入学时，学校通知说今年中科院王院士准备在本校（浙江工业大学）带几个学生，大家回去复习一下，明天有个面试。当时心中忐忑得不行，不知道这个大科学家要面试些什么内容，各种书籍翻了一晚上。等第二天面试时，才发现是几个小游戏。印象最深的一个是，有12小球，已知其中一个是次品，外观看不出，只知道和其他小球质量不同，请用一个无砝码的天平，用最少的次数称量出来，且给出该小球是重的还是轻的。对于这样的题目，既惊奇又意外，感叹科学家考查的内容就是不一样，也从此对研究生阶段充满了期待。

恩师不仅看重学生的逻辑思维能力，还特别注重对数学物理公式与几何概念的理解。记得在一次关于语音识别算法的讨论时，恩师讲到了奈奎斯特采样定理，一位同学不屑地说，这么简单的理论就不要讨论了，大家都知道的。恩师立刻严肃地说："那你讲一下，这个定理在高维空间里怎么解释？"这位同学立刻涨红了脸，半天说不出话来。恩师后来才说，我们学习知识，不是要死记硬背地记住它，而是要明白它深刻的物理含义，只有这样，我们才能灵活地运用。所以他总是能把抽象的数学公式转换为显而易见的几何图形、众所周知的物理概念，让人轻松地接受他提出的崭新理论。

恩师对知识的深刻理解赋予了他敏锐的洞察力，至今影响着我，也影响着我的学生们。记得有次做人脸识别的实验，反复验证了半天，结果总是不理想，心中抑郁。在旁边打盹的恩师悠悠地说，数据拿来我看看。过了一会，告诉我，你程序里公式写错了，减号写成了加号。我心中充满怀疑，我检查了好几遍都没查出来的错误，恩师您能从"毫无规律"的数字堆中看出来？带着疑问再次检查，竟然真的如此，恩师真是惊为天人！恩师总是能从复杂的数据中观察到事物的潜在规律，把实验数据上升到理论的高

图 1 2003 年 7 月 19 日浙江工业大学校园内毕业留影
(左起：王宪保，徐兆涵，王守觉，朱夏君，朱君波)

图 2 2005 年 8 月 17 日王守觉先生在浙江工业大学办公室讲授高维空间几何学相关理论
(左起：王守觉，庄德文，彭宏，王宪保)

度。恩师从来不会教我们怎样做科研，但我们从他的工作态度中，从他坐在我们身边分析数据的方法上，真正学到了怎样做科研。

恩师的知识是渊博的，但从来不会因为我们提出不合时宜的问题而批评我们。记得刚接触高维空间理论时，我一直对“两个二维平面相交于一点”理解不了，恩师也一时没办法向我解释清楚，只是微笑着告诉我："我考虑一下，下次给你解释。"大约一个月后，在我差不多忘记了这件事的时候，恩师特意把我叫到办公室，图文并茂地给我讲解了这一几何现象，使我豁然开朗，也使我对高维几何信息学这一理论产生了浓厚的兴趣。我知道，为了我这个小硕士的小问题，恩师肯定琢磨了不少时间，以让我彻底理解这个问题。

恩师是个严谨的科学家，生活中却是一个老顽童，开朗豁达。他信医不唯医，面对长长的化验单和医生嘱托，总是泰然处之。通过主动关注健康、调整生活习惯、提升疾病预防意识，在维护自身健康中发挥主动作用，根据自身情况来调整身体状况，做到了"自己是最好的医生"。他喜欢吃午餐肉，喜欢唱歌，《三套车》《莫斯科郊外的晚上》等传统歌曲是他的拿手曲目。

当时只道是寻常，现在唤起记忆的仍旧是他老人家温暖的话语、和蔼的容貌以及偶尔萦绕在耳边的高亢旋律。

归去，也无风雨也无晴

——深切怀念我的老师王守觉先生

安　冬

（2005 届中国科学院半导体研究所博士研究生）

王守觉院士是对我一生影响最大的老师，我和他的相遇很偶然。大概 2001 年，我当时在四川大学自动化系读硕士，闲暇去西南交通大学找男友玩，一起去听了老师的学术报告，他讲的仿生模式识别一下子就把我吸引住了。报告结束，我向老师简单请教后要了名片，当时老师风度翩翩，儒雅可亲。2002 年我决定报考老师的博士，老师让我去北京找他面谈，我们大约谈了 3 个小时，老师详细了解了我的家庭、学习情况，也给我介绍了他的学术思想和价值观，我幸运地被老师看中了。但是后面的博士生入学考试的加试题把我难住了，竟然是一道类似小学奥数题的题目，我至今记忆犹新，这点上出身清华的李新宇同学确实比我水平高，很快做完了。现在我也当老师快二十年了，从选拔人方面来看，老师的水平确实很高，我的师兄师弟们都非常聪明能干。

入学后第一课，老师结合自己辉煌学术生涯中的不断突破与转型，给我们讲了一段话："一个合格的博士毕业生应该不害怕转行，如果转行应该做到一年内行，两年专家，三年脱颖而出。"当然这个一年、两年、三年不是定数，是指一段时间。意思是一个合格的博士毕业生应该具有强大的学习能力，在一年内快速掌握新领域的基础知识成为内行；在两年内，会高水平应用现有知识成为专家；在三年内能够对该领域有自己的思考、找到痛点并尝试解决，脱颖而出。我的学术生涯偏偏被老师说中，一直在随着外境不断变化。这段话对我影响很大，可以说是我应对变化的法宝，感谢老师教给我不怕变化的勇气和方法。

老师不只讲学术，还教做人。我读博士期间老师只召开过一次全室学生会议，这个会议的缘起是石寅师兄的学生因当时所里进行基建，环境太差，所以在 BBS 上发帖说所里像个大垃圾场干脆炸了算了，该学生遭到所里的严肃批评。所里承接很多军工保密项目，按照规定这种言论都够上报公安局了。于是老师紧急召开了大会，从自己的人生经历出发，语重心长地告诉我们，话绝不可以乱说，事绝不可以乱做，分寸要在心中。当时我很惊讶，对老师的话记住但并不十分理解，历史总在重复，多年后我成为老师也发生了类似的一件事。我有一天接到通知说北京市安全局的同志要找我了解情况，原来在安全局的监控录像中出现了我的一个学生，最后经调查核实这个学生是因好奇参加了不该参加的活动。这是十分优秀的一个学生，幸而此事对他未有什么不良影响，相信他也接受了深刻教训。至此我彻底明白了老师的话，在任何情况下都要保持清醒头脑，说话做事要有分寸。

老师在生活上也十分关心我们，老师生日时会请我们吃饭，一般为了照顾男生们太馋都是肉菜，基本没有素菜。我第一次单独出差去杭州时，老师担心我的安全，甚至还去车站亲自接我。现在想起这些，十分怀念当初在老师身边读书的日子。

老师这一生有无数显赫头衔，但我想他最喜欢的是科学工作者和老师这两个。是这个操着吴侬软语却脾气火爆的人教会我做科学研究的方法，给了我不怕一切困难的勇气。

纪念王院士100周年诞辰

陈　阳

（2010届中国科学院半导体研究所博士研究生）

在学术探索的旅途中，导师不仅是知识的传授者，更是我们人生航程中的灯塔。他们以独特的视角和方法，塑造我们的思维方式和价值观。2025年就是博士生导师王院士100周年诞辰，李卫军师兄联系我，让我写一篇回忆性文章，纪念王院士。王院士在我内心是一位很特别的导师，多年来，他的智慧、热情、乐观和独树一帜，一直深深感染着我，他对学术研究的热情、脱离舒适圈探索研究新领域的精神，深深影响了我。

我读王院士研究生的时候，王院士刚过完80大寿。第一次见王院士的情景，我印象特别深刻，他直接说："智商比单纯的专业知识更为重要，我们做创新研究，一定要思维活跃，不能追随模仿，所以我招学生首要条件就是智商得高，面试的时候就是做智力题，其他我不考，智力测试过关，那你就来我这吧。"当时我对王院士实验室的研究还是懵懵懂懂，脑子里只是记住了"神经网络""模式识别""人工智能"这几个词，具体做什么，也不清楚，就觉得做个智力面试挺有意思，而且我想他年纪这么大，估计录取后也是他实验室学生带我，就和王院士约好面试时间。

后续不用多说，我肯定通过了王院士的智力测试，在王院士门下开始硕博五年研究生生涯。一进实验室，我真没想到王院士是亲自带我们研究。那会人工智能处于低谷，没有像今天这么火爆，甚至当时业界对人工智能很悲观。但是王院士一直探索研究神经网络算法在不同领域的创新，而且他独创多维空间仿生信息技术，类似人脑分析问题方法去解决图像识别、语音识别、基因识别等科学问题。他经常会坐到电脑旁边，告诉我们怎么去提取特征、分析特征。尽管他年事已高，但是思维却异常清晰，他能够迅速抓住问题关键，提出独到的见解，提炼简单可行的方法去解决复杂问题。

王院士经常和我们说的一句话是：放下包袱干革命。他说人人都有包袱，我作为院士有专家包袱，你作为学生有胆怯的包袱，我们做研究的时候，就要把这些包袱都放下，深入到科研中，大胆尝试，错误也是一种答案。我想也正是因为这种精神，王院士才敢于在 70 岁高龄脱离舒适圈，开始跨界研究，从硬件神经网络计算机到软件信息科学神经网络算法，开展跨学科的创新研究。这种跨学科的创新能力，为我们树立了一个典范。在他的悉心指导下，我不仅学到了宝贵的知识，更学会了如何面对挑战，如何解决问题，如何进行创新性思考。

学术研究以外，王院士爱好中医与养生。经常与我们分享中医的智慧和养生的秘诀。导师认为，中医不仅是一种医学，更是一种生活哲学。他鼓励我们学习中医的平衡理念，将这些理念应用到日常生活中，以达到身心的和谐。导师本人也是养生的实践者。他倡导健康的生活方式，注重饮食和运动的平衡。在他的影响下，我们也开始关注自身的健康，学习如何通过合理的饮食和适度的运动来保持身心的活力。有一次他和我说："陈阳，等我 150 岁的时候，你帮我写一本养生书籍吧。"当时我回答："王院士，那我得努力活到 90 岁啊，而且我那会脑子还得像您一样清晰，挑战不小啊！"

说到运动养生，王院士将唱歌视为一种锻炼身体的方式，尤其钟爱流行音乐。每次我们一起去 KTV，他必唱 SHE 的"Super Star"这首歌，他的歌声不仅让我们感受到音乐的魅力，更让我们看到了一位学者、老者对生活的热爱和享受。这些歌曲成为了我们共同的记忆，每当听到 SHE 的旋律，就会想起导师那充满活力的身影。

王院士以其独特的智慧、生活态度和热情，深深地影响了我们每一个人。他不仅教会了我们知识，更教会了我们如何生活，如何面对挑战。我还记得有一次他说起自己在"文革"时期被安排去劳动的时候，他对自己说，猪狗鸡这些动物生活环境多恶劣，都能生存下来，那我们作为人，在任何逆境下，都应该努力生存，好好活着。

在纪念这位导师的同时，我也在心中默默地感谢他，感谢他给予我的一切。他的智慧和热情，将会永远激励我前行。

不畏浮云的科学家

赵　锐
（2014届同济大学博士研究生）

我曾经遇过很多老师，但是王守觉院士对我而言，是最重要的那一位。2008年我报考了同济大学电信学院博士研究生，希望有机会成为王院士的门生。我暗下决心，要全力以赴抓住这次机会。

在上海冬日的一个早上，晴空万里，我左手拿着文件袋，里面装着各种证明材料，心情忐忑地走进了同济大学嘉定校区，一方面因为要参加面试而感到紧张，一方面又很期待见到王院士，院士长什么样？是仙风道骨还是一脸严肃……进入面试现场，名导名师云集，十多位赫赫有名的导师坐在会议桌两侧，导师们的尽头是空着的座位，我猜测那里应该是王院士的位置，我在另一端，见到这阵势，额头不觉渗出了汗水。同时，脑袋里飞速加载着线性代数、复变函数、各种工程数学知识、模式识别的各类算法……等待中，忽然一位女老师叫我，说院士要单独跟我谈谈。我的脑袋嗡嗡响，顶尖的科学家单独面试我一个人，这下子我完蛋了，肯定会被问住的。

我走进王先生办公室，见到一位笑容可掬、身材偏瘦的老先生，穿着黑白相间的竖格子衬衫，戴着棒球帽，看上去一点架子也没有，那种束缚感瞬间消失了。我们从图像处理、视频编解码，到模式识别理论及工程问题，滔滔不绝地聊了两个小时。王先生还和我聊到我的职业规划，对我提出要求：学成以后要留在国内建设国家，我如沐春风地结束了人生中最重要的一场面试，然后如愿以偿地成为了王先生的学生。只是那时还没想到我竟然是王先生亲手带到毕业的最后一名博士生，不由得让我想到“叶落归根”，王先生的母校是同济大学，而王先生亲手指导毕业的最小辈的学生也恰巧是在他的母校。

回首5年的博士学习，王先生的科研高度、创新勇气、坚持到底的科学精神，时刻鞭策着我努力学习。博士在读期间，起初我沿用硕士的学习方法每天查阅国外的各种算法理论，但是当我在开展基于视频的目标人心理分析的工程项目研究时却遇到了很多无法解决的问题。2009 年的模式识别理论还停留在"非黑即白"模式，人脸及器官都有曲面，无法简单用二维算法进行精准识别。我向王先生请教这个问题，王先生提出了基于人脸图像的特征区结合表情区进行识别的思路，并建议我延续之前提出的同源连续性的算法路径。我采用这种方法，经过近 10 个月的攻关，在视频的心理分析方面取得了技术突破，同源连续性思路尤其适用于瞳孔的高精准快速跟踪，相关产品在南京警用技术展会中亮相，被中央电视台报道，被称为智能审讯领域的"黑科技"。国外技术应用与调优工作难度远低于原始创新，原始创新非常费力且经常受到质疑，王先生提出的模式识别方法，是一种利用几何知识在高维空间进行分析的全新模式识别理论。当时计算机大多对代数建模支持很好，几乎不支持几何建模。王先生从 2002 年开始联合公司研发神经计算机，并在 2006 年将其应用于人脸识别等领域，2002 年的神经网络技术处于低谷，工程化的产品几乎没有。当时王先生就高瞻远瞩地提到了神经网络工程化大规模学习的想法。在人脸识别领域提出的 24 字节人脸识别方法，至今仍是全球最少人脸表征算法，未来在网络或虚拟空间中将有非常广阔的应用。今天，生成式、多模态几乎成了 AI 的代名词，要说起相关的技术和软件，王先生早在 2006 年就在该领域取得了非常先进的成果。我记得 2009 年上课时，王先生利用特征平面和参数小球的方法演示了人脸随年龄变化的图片生成过程，以及可爱女生如何通过特征变换生成各种表情的过程，领先国外技术十几年。

2014 年春天，我顺利完成了博士学位论文，博士毕业了！那时的我意气风发，脑袋里总有无数的想法。王院士就对我说："你小子有种，就给我到企业去！去把学到的东西用到工程实际中去，做点真正创新的事。"回想王先生的话，这不就是要我服务国家科技强国，做自主创新的事吗？我虽然一直没能到企业，但我一直牢记导师的话，贯彻到我所从事的公安科技工作中。

2016 年春天，王先生的身体状况越来越让人担忧。5 月中旬，王先生的身体日渐好转，可以自己吃大饼和馄饨，我们都很高兴，我带着我爱人小卫一起到苏州东山看望王先生。王先生躺在床上，虽然有些咳，但是很精神，思路清晰。王先生开门见山地和我们说要写一本书，把仿生模式识别技术发扬光大。我们担心记不全王先生的想法，小卫开启了手机录音，把王先生的想法完整地记录下来了。然而，让人出乎意料的是，10 天后，我突然接到师兄的电话："王先生走了！"我一时间无法接受，不是说好了要写书吗？怎么说走就走了？我把 10 天前的录音听了一遍又一遍，心情无比沉重！

这之后的好长一段时间，我依然经常去苏州东山，回忆和王先生在一起的点点滴滴。

一个阳光明媚的早上，王先生像以前一样笑呵呵看着我，坐在一块大石头上，穿着大短裤，露着结实的腿。我惊奇地说："王先生，您的腿好了。"醒来发现原来是一场梦。

在我人生最有干劲的时光中，我有幸跟随王先生学习，度过了最快乐最有价值的 8 年。在那期间，我最开心的事就是每个月跑到苏州当面向老师请教问题，王先生总是能帮我指明方向。

创新，是一件需要眼界、勇气与毅力的工作。王先生的一生不断为创新而努力工作，虽然并非一帆风顺，但他矢志不渝。他的精神永远激励着我。

继往开来

自力更生，“从0到1”：中国第一块集成电路诞生记*

赵广立
（《中国科学报》记者）

王守觉12岁那年，抗日战争全面爆发。他目睹盘旋在苏州上空的日本飞机飞得很低，用机枪向下扫射。由于当时制造技术落后，我方高射炮极度短缺，也没有飞机，只能干着急。

那是他第一次真切体会到“落后就要挨打”的滋味。

“产业报国、自力更生！”从小萌发的志向，让王守觉在我国集成电路事业的初创期披荆斩棘，成为中国半导体器件与微电子技术研究的开拓者之一。

20世纪60年代，在刚刚起步的中国科学院半导体研究所（以下简称半导体所），王守觉和他的哥哥王守武等带领团队制成中国第一只（批）硅平面型晶体管和中国第一块（批）集成电路，直接支撑了服务“两弹一星”功勋计算机“109丙机”的研制。

顺着这具有历史性意义的一步回望，可以清楚地看到，中国科学家从一开始就为祖国事业发展注入了自立自强的基因。

那是一段“风霜雪雨搏激流”的峥嵘岁月。

一、中国半导体科学技术的“原始积累”

1950年，刚成立不久的新中国，百业待兴。此时，我国在半导体科学技术领域的积累几乎为零。

这一年，25岁的王守觉没有跟随暂设上海的研究单位迁回北京，开始找工作。而大他6岁的三哥、刚刚在美国普渡大学获得博士学位并留校任教的王守武，携妻带女搭乘“威尔逊总统号”邮轮，从旧金山出发经香港回到祖国。

1950年底，王守武受聘于中国科学院应用物理研究所（以下简称应用物理所，后改名为中国科学院物理研究所），并从一次偶然的修理氧化亚铜整流器开始，逐渐进入半

* 注：本文发表于《中国科学报》2024-03-14第4版专题。

导体研究领域。

在王守武之后，黄昆、汤定元、洪朝生、谢希德、成众志、高鼎三、林兰英、黄敞、吴锡九……一大批海外科学家陆续回国。正是他们的接续奉献，奏响了我国半导体器件与微电子技术事业自力更生的序曲。

他们之中，黄昆、王守武、汤定元、洪朝生四人回国时间较早且时间接近，都在 1950～1951 年。他们也是最早关注并身体力行从事半导体科学技术研究的科学家。

自 1953 年起，四人在半导体研究方面的讨论逐渐多了起来。当时，国外的半导体研究有了较快发展。1954 年商品晶体管出现，而当时以“巴黎统筹委员会”成员为首的西方国家对我国严密封锁，我们无法直接进口这些产品或相应的材料。

在四人看来，如果不改变这种局面，就很可能耽误我国半导体事业的发展。1954 年下半年，黄昆、王守武、汤定元、洪朝生每周抽出一个下午的时间，专门研讨如何发展我国的半导体科学技术。因王守武、汤定元、洪朝生三人都在中国科学院，当时在北京大学的黄昆每次都得骑着自行车从中关村到东皇城根。

他们一起合作翻译了苏联半导体权威学者约飞的《近代物理学中的半导体》一书，并于 1955 年由科学出版社出版。1955 年上半年，北京大学物理系开设“半导体物理学”课程，由他们四人合作讲课。

为了引起国内对半导体的重视，他们还筹划召开一次“全国半导体物理学讨论会”。出于各种原因，这次会议直到 1956 年 1 月 30 日～2 月 4 日才在北京举行。没想到，会期推迟也为此次会议产生更为重大的影响埋下了伏笔。

二、“四项紧急措施”之一

1956 年，新中国吹响了“向科学进军”的号角。

“要在第三个五年计划期末，使我国最急需的科学部门接近世界先进水平。”当年 1 月，周恩来总理在做《关于知识分子问题的报告》时这样疾呼。烈火中淬炼出的新中国，第一次如此迫切地拥抱前沿科学。

不到 3 个月的时间里，全国上千位科学家在北京集结，共同制定 1956～1967 年国家十二年科学技术发展远景规划（以下简称十二年远景规划）。8 月，《1956～1967 年科学技术发展远景规划纲要（修正草案）》编定，提出“发展计算技术、半导体技术、无线电电子学、自动学和远距离操纵技术的紧急措施方案”，这“四大紧急措施”的具体任务均由中国科学院承担。

中国科学院经过和有关部门协商，决定筹建专门的研究机构，分别开展四个新科学技术领域的研究，其中包括在应用物理所成立半导体研究室（半导体所的前身）。

筹建计划上报一周后，时任国务院副总理的陈毅就做出批示：“同意办。”

“向科学进军”的号召发出后，全国上下对半导体事业的发展倍加重视和关注。王守武等发起的“全国半导体物理学讨论会”，吸引了产业界代表、高校学者以及无线电和电子学等方面的科学工作者，影响远远超出预期。

来自不同领域的专家学者通过广泛接触，建立了联系、交流了想法，为日后的合作创造了条件。

在这次会上，王守武做了题为《半导体整流器》的报告。会议筹备期间，两位旅美科学家——高鼎三和成众志回国。他们在美国从事半导体相关研究，对半导体科学技术的应用更是洞若观火。他们在大会上报告了半导体相关器件和技术在海外的研究及应用情况，这对于刚刚起步、正在摸索中的中国半导体科学研究来说十分宝贵。

“这次半导体物理学讨论会的召开是甚为及时的。”时任中国物理学会理事长的周培源在会议报告的《序言》中写道，“半导体物理学讨论会的举行，正好为制定这项任务（指十二年远景规划中有关半导体技术的建立的任务）的规划做好准备工作。”

1956 年 8 月，我国第一个专门的半导体研究机构——应用物理所半导体研究室成立，负责人是王守武。

图 1　应用物理所半导体研究室一角

三、不可或缺的一块“拼图”

1956 年底，中国科学院派出以严济慈为团长的赴苏考察团，前往苏联考察学习半导体方面的工作。苏联的半导体研究工作始于 1930 年左右，当时已在多个方面处于世界领先地位。

此次考察十分顺利。王守武、洪朝生、成众志等九人分成四个小组，深入各部学习，收获颇丰。他们不仅有了对半导体材料和器件制作的初步认识，还在我国发展半导体科学技术方面形成了切实的计划。

在考察中，大家虽然看到了苏联在半导体科学技术各方面的成果，但并没有转向完全依赖苏联的技术支持，并否决了苏联专家提出的“中国可以不必做半导体材料”“不要把硅材料和器件的研制列入规划”等建议。

王守觉没有参加这次考察。1956 年，他刚刚从上海一机部第二设计分局调回中国科学院，来到应用物理所半导体研究室。

基于以往的工作经历和成绩，应用物理所给他定职高级工程师，级别与副研究员相当。

1949～1956 年间，王守觉从同济大学毕业后的几年里两易工作，从做研究到在生产单位做设计，已然成长为一个视野开阔、经验丰富的杰出工程技术人员。他先后被评为上海市劳动模范和全国先进工作者。

多次工作调动的经历，对王守觉来说并非坏事。

“每次工作调动过程中，我都付出极大努力适应新工作的需要。这些努力是否都白白浪费了呢？不，几次调动在知识面广度上打下的基础，都为我深入后来的研究工作创造了非常有利的条件。”在他看来，对一个科学问题深入研究，涉及的知识面往往越来越广，而科学知识面的广度往往是保证深度的必要条件。

实践证明了他的观点。王守觉正是凭借广阔的知识面与注重独立思考和创新、注重动手实践的特点，在中国第一块集成电路上刻下了自己的名字，成为了我国半导体器件与微电子技术发展事业中“一块不可或缺的拼图”。

四、在“学科带任务”中大放异彩

被调入应用物理所半导体研究室的王守觉，在中国科学院对半导体技术“原始积累”的基础之上，逐步“武装”自己。

不久后，王守觉加入半导体器件研制的主攻方向中，任半导体高频晶体管课题组组长。那时的他，只有 31 岁。

王守觉有其过人之处。半导体器件物理学家陈星弼曾在半导体研究室进修，当时就在王守觉手下工作。据他回忆，王守觉的实验经验、动手能力“不是一般人能想象的”。

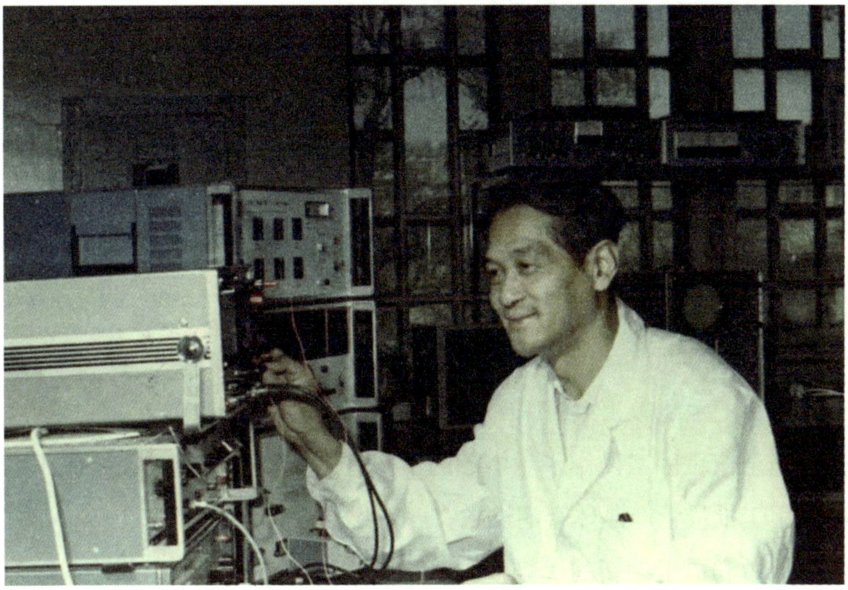

图 2　王守觉在调试设备

他还记得，当时办公室的门打开后总是关不好，王守觉一出手就关好了；一块锡，王守觉用牙“嘎巴”一咬，听声音就能判断是不是纯锡。

在王守觉的学生石寅眼中，老师“超级睿智，有极强的学习能力、超强的记忆力和极强的自信心”，而且“比常人要聪明得多，很多知识是王先生自学的，王先生较少记笔记，听过看过就记住了”。

1957 年 9 月，王守觉接到赴苏联科学院学习的任务。在赴苏的短短半年里，他辗转位于不同城市的四个研究所，白天虚心请教，晚上消化吸收，很快就对半导体电子学器件的设计、制作和性能测试有了深刻认识。其间，他还因提出关键性建议被列为一篇论文的第二作者。

结束学习回国后，有了一定半导体知识积累的王守觉，逐渐在研究室“学科带任务”的科研工作中大放异彩。

1958 年，一项与我国第二代电子计算机息息相关的重要任务落在了王守觉肩上。

当时，半导体研究室已在王守武等的组织下，成功拉制出我国首根锗单晶、成功制备我国第一只（批）锗合金结晶体管。但这种晶体管的性能，还不能满足当时国家研制晶体管化电子计算机的需要。

王守觉受命研制“合金扩散晶体管”，这是一款比合金结晶体管优越得多的半导体器件，截止频率比后者提高 100 倍，能够满足当时国家研制晶体管化电子计算机“109

乙机”的急需。

仅用不到半年时间，王守觉就带领团队破解了新型锗晶体管制备热处理过程中的精确调控、多元金属均匀性与配比控制等一系列难题，并于 1958 年 9 月成功研制出我国第一只锗合金扩散高频晶体管。

然而，更难的是这类晶体管的批量生产。为了配合“109 乙机”的研制需要，应用物理所于当年组建了“109 厂”（“109 厂”是中国科学院微电子研究所的前身），专门生产“109 机”所需的晶体管。但在建厂初期，技术工人很少、批量生产设备缺乏。王守觉就带领研究人员手把手地教工人每一个生产环节的工艺，在“109 厂”试产。

由于初期完全依靠手工操作，晶体管的生产进度缓慢。王守觉在带领工人试产的过程中，研制出用于批量生产晶体管的设备，解了燃眉之急。

他的动手能力和勇于创新的优势，在这套设备的研制中得到充分体现。与王守觉在半导体研究室共事过的吴锡九在《回归》一书中写道：“在当时国内技术基础十分薄弱的状况下，能够研制出设备，保证高效能晶体管的生产，确实是非常不易和甚为及时的。在这方面，是王守觉带领着团队，为‘109 机’的研制作出了重大贡献。”

1965 年，“109 乙机”通过国家鉴定，成为我国第一台全部采用国产元件的大型晶体管通用数字计算机，为我国国防事业发展提供了有力的计算工具。

五、在封锁和禁运中，用双手创造一切

1960 年初，美国研制出“硅平面型晶体管”的消息传来。

在此之前，半导体材料科学家、“宾夕法尼亚大学第一位女博士”林兰英于 1957 年 4 月冲破阻挠回国并加入中国科学院，我国硅单晶拉制的研究工作大大加快。1958 年国庆前夜，中国第一根硅单晶在应用物理所拉制成功。后来在中国科学院的安排下，半导体研究室扩建为半导体研究所，并将硅工艺的研究与硅晶体管的试制作为新的攻关方向。

在这个节骨眼上，国际形势风云突变，我国科技、经济等多个领域同时陷入中苏交恶与西方禁运的双重封锁和冲击之中。

彼时，我国科技人员只能从公开发表的学术论文中了解国际上在开展哪些研究，至于相关研究达到了什么水平、具体工艺如何则不得而知。

自力更生、艰苦创业，成为我国半导体和电子科学事业开拓者们唯一的道路。

美国在硅晶体管方面的进展很快引起了王守觉的关注。此刻他已从锗器件研制转入硅工艺研究，但他领导的小组还是沿袭过去研究锗工艺的方案，采用“双扩散台面工艺方案”

研制硅器件。然而，这种工艺的固有缺陷，导致小组苦战一年未能取得实质性突破。

“要立即集中研究室力量投入对硅平面工艺的探索！”有着敏锐观察力的王守觉果断舍弃已取得一定成果的硅台面工艺，带领团队转攻硅平面工艺，向高性能、小型化的硅器件发起“冲锋”。

此时，我国相关单位正因研制“两弹一星”所需的计算机，希望能寻找到更高性能的半导体元器件。

王守觉深感，这正是团队要啃下的“硬骨头”，他毅然向这项重大任务发起了挑战。

“当时是签了合同的。半导体所必须按照人家给定的要求，研制各类硅器件。”石寅觉得，在那种“必须成功”的情况下敢于“揭榜挂帅”，需要超出十分的胆气和担当，但王守觉就是这样的人。

硅平面型晶体管的研制，成了半导体所的“一号任务”。当时主抓全所业务的副所长王守武也经常深入研究一线，遇到技术难关时，大家常会看到“大王小王齐上阵”“全组上下一起干”的场面。

1961～1962 年，国家给半导体所二室分配了四十多名留学生和国内高校毕业生，补充新鲜血液。在王守觉等的组织下，他们建立了横向、纵向结合的研究队伍，横向小组主攻工艺问题、纵向小组主攻器件设计。

后来证明，这种纵横交叉、密切配合的组织形式十分有效。

“当时全体同志在王守觉先生的领导下日夜团结奋战的情景，至今历历在目，记忆犹新。”吴德馨是清华大学第一批半导体专业高材生，毕业后被分配至半导体所，跟随王守觉从事高速开关晶体管研制。

尽管已经过去半个多世纪，但每每回忆起那段时光，她总是感慨万千。

她说：“当年，我们一无资料，二无图纸，实验设备也是一穷二白，国家物资供应极度匮乏，但人们的精神却非常充实。”

在她的记忆中，面对重重难关，王守觉都能以他的勇气和智慧创造性地攻克，带领大家披荆斩棘、一步步走向成功。例如，在攻克“光刻”这一难关时，当时国内根本没有光刻机，王守觉因陋就简，巧妙地用两台显微镜再加上一个紫外曝光灯，搭建了一台“土光刻机”。

就这样闯过一个又一个难关，1963 年底，研究团队研制出第一批超小型硅平面高速开关管和高频晶体管的样管，体积只有火柴头那么大。1964 年进一步改进后，其更是小如芝麻，俗称“芝麻管”。

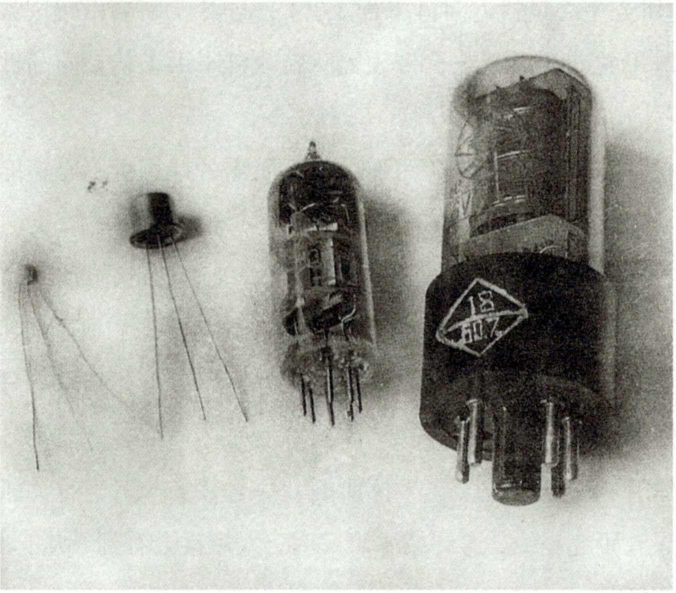

图 3　半导体研究室早期研制的硅平面晶体管（芝麻管，左一），右一为普通电子管

中国人自己的硅平面工艺晶体管，研制成功了。

硅平面晶体管的成功振奋了国内产业界。国产光刻胶、器件封装材料、扩散炉、光刻机、压焊机、真空镀膜设备、晶体管测量仪等材料设备如雨后春笋般涌现出来，为硅产业服务的材料和设备制造业随之兴起。

1964 年 4 月，半导体所提交的五种硅平面器件通过鉴定顺利验收。1967 年 7 月，已调整为半导体所下属机构的“109 厂”完成了“两弹一星”任务功勋计算机“109 丙机”（由中国科学院计算技术研究所设计）所需所有硅晶体管的生产任务。

时任中国科学院党组书记的张劲夫后来在《请历史记住他们》的文章中写道：“第二代计算机出来了，晶体管的，科学院半导体所搞的。从美国回来搞半导体材料的林兰英和科学家王守武、工程师王守觉两兄弟，是他们做的工作。第二代计算机，每秒数十万次，为氢弹的研制作了贡献。”

黄昆、王守武、林兰英、成众志等后来撰写文章认为，硅平面晶体管的研制成功是“我国电子工业真正大发展和半导体事业发展的转机”“为我国半导体器件从小型化进入集成化铺平了道路”。

六、补上集成电路“临门一脚”

硅平面晶体管技术实现突破后，集成电路只差“临门一脚”。

据参与“109 机”研制的吴锡九回忆，在研制“109 机”的过程中，调试计算机的运算器、存储器时，总会遇到可靠性和稳定性问题。

原来，在组装计算机时，需要把大量晶体管、电阻、电容等元器件装在插件板上，之后再将一个个插件板组成运算器和存储器。而经常出现的情况是，单个组件检测没什么问题，但组装成机后却不一定能调试成功，即便调试成功也不稳定。

大家想，如果能用先进的工艺把浩繁的部件集成为一个整体，就能既减少接点，又缩小体积，计算机也能在获得更高的可靠性和稳定性的同时提高性能。

这正是“集成电路”的思路。只是，更早起步的美国捷足先登了。

1958 年 9 月，美国德州仪器公司研究人员杰克·基尔比将五个元器件组成的振荡电路焊接在一块微晶体基板上，制成世界上第一块集成电路。数月后，美国仙童半导体公司制成集硅晶体管、硅电阻、硅电容于一体的单片硅集成电路。

集成电路的发明是革命性的。很快，国内也掀起了研究的热潮。

当硅集成电路样品传到王守觉手中时，他便在已掌握的硅平面工艺的基础上，进行半导体集成电路的研制。

1964 年 11 月 9 日，一封不对外公开的“研究工作简报”被送至中国科学院。这份材料显示，半导体所在研制出超小型硅平面晶体管的基础上，于 1964 年 11 月制成一块具有 6 只晶体管、7 个电阻、6 个电容共 19 个元件的固体电路样品，大小“比最小的西瓜子还小”，集成规模超过国际上第一块集成电路，与当时的主流商用集成电路相当，并验证了技术可靠性。

不久后，上海冶金所（中国科学院上海微系统与信息技术研究所的前身）和电子部第 13 研究所等单位也相继在硅集成电路的研制上取得突破。

只是，上述内部材料直到 2005 年 1 月 13 日才予以公开。这也意味着，王守觉等的我国第一块集成电路的发明人身份，时隔四十余年才公之于众。

据半导体所一些科学家回忆，隔年，也就是 1965 年，王守武、王守觉等的集成电路研究成果受到国家科委高度重视，后者拨款 100 万元人民币在半导体所修建实验楼（即后来的“固体楼”），并增配 200 人开展后续的技术研发。

集成电路的出现是划时代的，其技术发展到今天，已经深入生产生活的方方面面。

而我国硅平面晶体管和集成电路的研制成功，使得国产电子计算机采用集成电路的时间仅比国外晚了两年。

“落后就要挨打”的教训，让王守武、王守觉这一代有志科学家勇于穿越战火、隐姓埋名，担负起强国的责任和使命。

王守觉常说，中国是发展中国家，只有自力更生才能发展自己、强大祖国。“我们聪明智慧的中华民族，为什么科学上总是在学外国的东西？我的梦想就是什么时候能翻身，什么时候能让外国中小学生念中国人写的书。我觉得到那个时候，中国的科学就可以和发达国家平起平坐了。”

图 4　1991 年王守武（左）和王守觉（右）合影

王守觉院士推动半导体产业化之路

——传承王先生理论结合实际的认知思想，利用芯片的产业化成果来加快社会发展

石　寅

（1986届中国科学院半导体研究所博士研究生）

王守觉先生是一个十分注重理论结合实际的科学家。1978年10月，我在中科院研究生院学习一年基础课程后，回到半导体所开展研究生课题调研及论文研究，在王先生身边几年，对王先生注重理论结合实际的印象颇深。1977年，王先生在深入分析国际上的ECL、EFL等高速逻辑集成电路的基础上，创造性地提出了一种结构创新的高速电路——多元逻辑电路，不仅速度更快，而且核心电路的制作工艺也相对简单。获得这个成果后，王先生没有停留在写篇文章后束之高阁，想到了应该将这个创新集成电路用于当时被国外芯片及国外整机制造厂商垄断的DJS1300小型计算机上，以证明新电路应用的普适性。王先生组织研究团队，亲自勾画架构、设计芯片，不到两年，由自主架构和自主制造出的芯片构成的DYL1300实验计算机研发成功，性能优于国外同类DJS1300计算机。此后，王先生没有停步，用多元逻辑集成电路接连研发出国内第一台商用的大型电子智能游艺机（游戏机）、DYL电路时分式小型三用电话系统、多元电路万能函数发生器等电子装置。了不起的是，这几项应用成果均变成产品，进入产业化应用市场。这种理论结合实际的思想让我们学生受教很深。

1983年，王先生担任中国科学院半导体研究所所长，他不仅延续前所长黄昆先生重视基础理论的办所理念，同时，他还提出理论结合实际应用，研究所要为国民经济发展服务的办所新理念。

在王先生思想的影响和直接指导下，我在硕士与博士阶段研究出的高速芯片成果，也没有停留在纸面上，而是与中电集团相关研究所合作开发出应用芯片，加强国防建设。同时更关注用一些电路创新技术来开发自主高性能芯片，服务国家需求。90年代后，我们做了如下工作：

① 利用当时比较初级的制造工艺，开发出了创新结构的两步法高速A/D转换器；

② 在国内率先开发出采用时间交织技术的高速、高精度 A/D 转换器；

③ 开发出国内首款 D 类数字放大器芯片；

④ 开发出国内首款免修正的高速、高精度的 D/A 转换器，并以此为基础，进而用 0.35μm CMOS 工艺开发出 2G 时钟频率的直接数字频率合成芯片。

在 2000 年后不久，我们将这些成果总结成论文，作为中国大陆该领域首篇研究论文在 IEEE VLSI 年会上发表，获得最佳论文的荣誉。

我们的芯片研发方向一直在高速数模集成电路领域。2000 年后，国际上无线通信芯片技术发展很快，从芯片实现的角度来看，实际上是将高速数模集成电路转变为超高频集成芯片的一种技术拓展。2003 年，我们在中科院知识创新方向性项目的支持下，开展了国际上起步不久的无线宽带局域网 Wi-Fi 通信芯片的研发，经过团队两年的潜心努力，取得了无线宽带通信芯片设计中多项核心技术的突破。

2005 年，江苏省苏州市政府科技局获知我们的芯片成果后，科技局领导专程来到中科院半导体研究所洽谈到苏州进行成果转化，实现产业化。半导体所领导及相关部门到苏州现场多次考察交流，解决了成果转化中的许多具体问题。2006 年 9 月，苏州中科半导体集成技术研发中心有限公司在苏州工业园区注册成立，经场地改造装修，同年 11 月底，我们团队 20 人到达苏州工业园区国际科技园开始了成果转化的产品产业化之路。

我们苏州研发中心聚焦的产业化方向是无线宽带局域网 Wi-Fi 通信芯片。当时这个芯片的研发工作在国际上也是 2000 年左右起步的，还未定型大量应用。我们原计划跟随国际上射频芯片与基带芯片分离制造的方式，发挥我们的特长，专注开发高性能 Wi-Fi 射频芯片，实现产业化。2008 年，我们的 Wi-Fi 射频芯片研发成功后，在 e-MEX 电博会上进行 Wi-Fi 芯片中核心的 64QAN 正交频分复用性能现场测试演示，引起了国内外参会嘉宾的高度关注，苏州市市长以及国内芯片著名专家到电博会测试现场驻足观看。而芯片技术发展太快，不久国际上开始将 Wi-Fi 射频芯片与对应的数字基带芯片一体集成为单芯片，降低了应用成本，也便于使用。数字基带的核心是实现数字通信中的调制与解调功能，技术基础依赖于数字通信原理。苏州研发中心紧跟发展趋势，迅速招收具有通信基础的人才来组建基带研发团队。在江苏省成果转化专项资金及国家科技重大专项 01 专项项目的支持下，苏州研发中心较快开发出了中国第一款经过国际 Wi-Fi 联盟认证的射频基带一体化的 Wi-Fi 芯片，并进入实际应用系统验证。2012 年，工信部有关部门组织“中国芯”评比，我们研发中心的 Wi-Fi 芯片获“中国芯”唯一的“最具潜质奖”。

图 1 e-MEX 电博会上展示芯片性能

图 2 引起了国内外参会嘉宾的高度关注

图 3 郝跃、严晓浪等著名专家参观测试现场

图 4 荣获 2012 年度第七届“中国芯”最具潜质奖

与此同时，2007 年起，研发中心还接连开发出：

① 中国第一款 GPS 射频芯片，福建厦新公司用这款 GPS 芯片开发了中国第一款采

用国产芯片的导航仪，接连销售了数千台；

② 研发中心还依据中国移动电视 CMMB 标准，开发出射频接收芯片，经广电相关测试部门确认，这是中国第一款达到 CMMB 标准的射频芯片，后福建万利达公司采用这款 CMMB 芯片开发出 4 英寸液晶屏幕手掌式移动电视终端，销售了上万台，由于各地 CMMB 标准的电视发射台建设太少，市场做起不来，芯片无法大量生产；

③ 在得知国家卫星电视“村村通”项目需要相应的卫星电视信号接收射频芯片后，研发中心很快组织力量开发出相应的射频芯片，并在几十万台“村村通”的机顶盒中获得了应用；

④ 由于有了之前成功研发出 GPS 射频芯片并已成功产业化应用的历史，苏州研发中心获得了国家北斗导航芯片重大专项的支持，完成了北斗 1、北斗 2 射频芯片的研发。之后研发中心很快开发出民用的 GPS 与北斗双模导航芯片，率先在长途货运汽车、共享单车运动及停放位置的跟踪监控上获得了大量应用。

如上所说，苏州研发中心产业化的核心产品是 Wi-Fi 芯片，我们的芯片性能获得了客户的认可，直至今日仍在不断出货应用于相关整机中，量产总数超亿片。但每年的国内市场需求就有上亿片，由于我国没有相应芯片制造产业的支持，我们的芯片产能只能由芯片制造商提供的加工数量来决定，意味着芯片制造商就能控制市场份额。这是当时“中国芯”在发展过程中碰到的一种“无奈”，是国内芯片产业链不平衡的问题，也是当下国家以举国之力在努力解决的“卡脖子”的一个重大问题。

苏州研发中心成立后，王守觉先生亲自到中心指导，时任中科院院长的路甬祥来苏州时，专门抽时间听取汇报，观看了我们的产品，给了我们很大的鼓舞和前进动力。20 世纪 90 年代至今，我们不仅开发了多款原创性的高性能高频芯片，同时结合国际前沿和

图 5　王先生在座谈会上

图 6　参观研发中心高频测试设备

图 7　参观研发中心微波探针台

图 8　与核心团队合影

应用需求，培养了包括工程硕士在内七十多名芯片领域的研究生。这些芯片人才中，现在有的成了国际著名芯片公司技术骨干，有的在国外自主创新开发芯片成功创业，大部分芯片人才成了国内芯片科技公司的资深工程师和高校及研究机构的核心骨干。虽然各自工作的内容不同，但他们基本上都植入了王先生理论结合实际应用的基因，在具备条件的情况下研发成果将会沿着王先生指引的方向实现产业化。

在王守觉先生 100 周年诞辰之际，我们要传承王先生理论结合实际的认知思想，用芯片产业化的成果来加快社会发展。

王守觉院士在人工智能领域的创新之路

鲁华祥，李卫军，曹晓东，覃鸿，于丽娜
（中国科学院半导体研究所研究人员）

今天，全球人工智能技术创新浪潮迭起，已成为公认的尖端科技领域和创新前沿。在这场科技变革中，不乏先驱者和开拓者们，而王守觉先生无疑是其中的杰出代表之一。他的名字与人工智能领域的数个重大创新紧密相连，不仅促进了人工智能技术的突破性发展，也为其研究方向和应用实践创新提供了重要指引。

1990 年的一天，王守觉先生通过分析他的“模糊逻辑电路”在十多年后才得到重视这一事例，得出了两个结论。

第一个结论是，在相对落后的中国，要想做出让国际社会承认的成就，不能满足于在国际上技术已经相对成熟的领域做跟踪和改进的研究，他举例说：“譬如电灯泡，已经很成熟，大家都会造，你造一个好的出来是没有人理睬的。所以，我们必须要找国际上没有成熟的领域去做，才能做出大的成就。”

第二个结论是，中国和发达国家在科技领域中的差距并不小，如果按部就班地去争，可能没有一样能走到前面，所以必须依照田忌赛马的规则，“以我中驷敌彼下驷”，甚至“以我上驷敌彼下驷”。于是他通过调研，发现当时电子计算机在人工智能方面碰到了很大困难，最突出的问题就是形象思维方面。计算机虽然在科学技术计算中本领很大，但在形象思维问题上却远远不及人脑，甚至还不及一只小动物。原因是人类智能包含逻辑思维和形象思维两种模式，形象思维不像计算机那样按数学步骤一步一步进行，这正是十多年来计算机智能化方向发展缓慢和国际上对人工神经网络寄予很大希望的主要原因。传统的冯·诺依曼体系计算机在人工智能和形象思维等领域中存在着明显不足，理论上难以解决形象思维问题，所以需要发展人工神经网络，人们逐渐重视这一方向，并视之为解决高水平“智能”产业难题的主要途径。

王守觉先生正是预见到人工神经网络有着巨大的发展空间，并看到国内半导体人工神经网络研究的空白，遂毅然投身其中。1991 年，先生在中国科学院半导体研究所原“新器件、新电路”研究室的基础上成立了“高速电路与神经网络研究室”（现“人工智能与高速电路实验室”），致力于神经网络模式识别等机器形象思维的基础理论与实际应用基础研究。

1991～1995 年，王守觉先生承担了“八五”国家重点科技项目攻关计划“人工神经网络的硬件化实现”项目，以及国防预研基金“模式识别用神经网络理论研究”课题。先生带队，经过近四年的努力，采用自主创新的高速模糊逻辑电路实现的模拟量与数字量相乘的混合乘法器作为神经网络的基本运算器件，以通用大规模集成高速静态随机存储器来实现大量权值与神经元状态量和样本输入量以及各种可变的网络参数、模型拓扑参数的存储，成功研制出我国第一台神经计算机 CASSANDRA-Ⅰ（预言神一号），数字模拟混合乘法器延迟时间仅 5ns，五个输入端的连续逻辑神经元延迟时间小于 100ns，模拟神经网络前向运算速度为每秒 2000 万次连接，一次模拟网络规模为 256 个神经元 × 128 组样本，每个神经元有 512 个突触，输入空间为 256 维。网络模型拓扑结构、各神经元函数曲线与阈值均随时可变，适用于任意前馈或反馈网络的模拟计算。该机可以应用于“在线”模式识别，只要规模在设计范围内，计算一次仅 7ms，而且具有体积小、可以放在微机显示屏下使用的特点。其还有一个用途是用神经网络来完成高速自动控制，而且还能自适应，可随着结果调整结构，若同时控制 128 路，控制时间约 1s。1995 年 5 月，先生在《电子学报》上发表了《一种通用神经网络处理机设计及其 VLSI 集成化讨论》的文章，讨论了通用神经网络处理机的性能要求以及全模拟量处理、全数字量处理和数字模拟混合处理等各种处理方式的优缺点，设计了一种数字模拟混合处理的通用神经网络处理机结构，这种结构在当时的超大规模集成电路（very large scale integration circuit，VLSI）集成工艺条件下，具有较高的性能价格比。

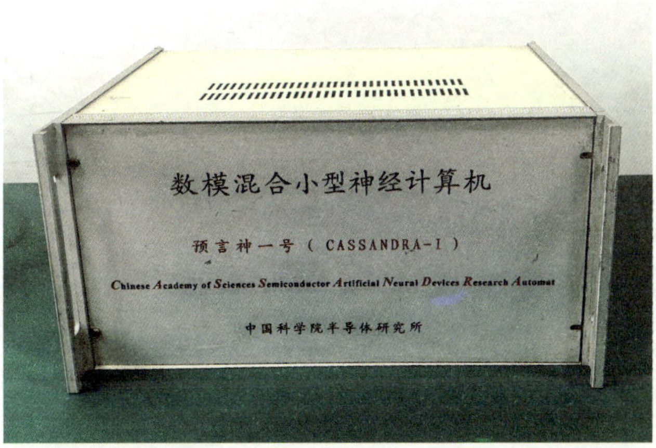

图 1　数模混合小型神经计算机预言神一号（CASSANDRA-Ⅰ）

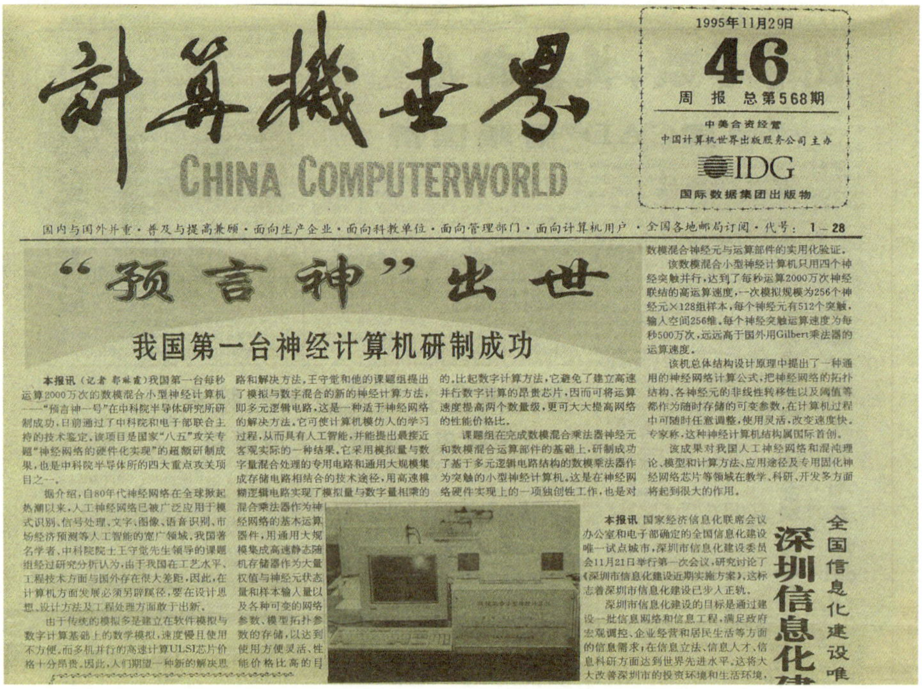

计算机世界

CHINA COMPUTERWORLD

1995年11月29日

46

周报　总第568期

中美合资经营

中国计算机世界出版服务公司主办

IDG

国际数据集团出版物

国内与国外并重·普及与提高兼顾·面向生产企业·面向科教单位·面向管理部门·面向计算机用户·全国各地邮局订阅·代号：1－28

“预言神”出世

我国第一台神经计算机研制成功

本报讯（记者 郭琳霞）我国第一台每秒运算2000万次的数模混合小型神经计算机——“预言神一号”在中科院半导体研究所研制成功，日前通过了中科院和电子部联合主持的技术鉴定。该项目是国家“八五”攻关专题“神经网络的硬件化实现”的超额研制成果，也是中科院半导体所的四大重点攻关项目之一。

据介绍，自80年代神经网络在全球掀起热潮以来，人工神经网络已被广泛应用于模式识别、信号处理、文字、图像、语音识别、市场经济预测等人工智能的宽广领域。我国著名学者、中科院院士王守觉先生领导的课题组经过研究分析认为，由于我国在工艺水平、工程技术方面与国外存在很大差距，因此，在计算机方面发展必须另辟蹊径，要在设计思想、设计方法及工程处理方面敢于出新。

由于传统的模拟多是建立在软件模拟与数字计算基础上的数学模拟，速度慢且使用不方便。而多机并行的高速计算ULSI芯片价格十分昂贵。因此，人们期望一种新的解决思路和解决方法。王守觉和他的课题组提出了模拟与数字混合的新的神经计算方法，即多元逻辑电路，这是一种适于神经网络的解决方法。它可使计算机模仿人的学习过程，从而具有人工智能，并能提出最接近客观实际的一种结果。它采用模拟量与数字量混合处理的专用电路和通用大规模集成存储电路相结合的技术途径，用高速模糊逻辑电路实现了模拟量与数字量相乘的混合乘法器作为神经网络的基本运算器件，用通用大规模集成高速静态随机存储器作为大量权值与神经元状态量和样本输入量以及各种可变的网络参数、模型拓扑参数的存储，以达到使用方便灵活、性能价格比高的目的。比起数字计算方法，它避免了建立高速并行数字计算的昂贵芯片，因而可将运算速度提高两个数量级，更可大大提高网络的性能价格比。

课题组在完成数模混合乘法器神经元和数模混合运算部件的基础上，研制成功了基于多元逻辑电路结构的数模乘法器作为突触的小型神经计算机。这是在神经网络硬件实现上的一项独创性工作，也是对数模混合神经元与运算部件的实用化验证。

该数模混合小型神经计算机只用四个神经突触并行，达到了每秒运算2000万次神经联结的高运算速度，一次模拟规模为256个神经元×128组样本，每个神经元有512个突触，输入空间256维。每个神经突触运算速度为每秒500万次，远远高于国外用Gilbert乘法器的运算速度。

该机总体结构设计原理中提出了一种通用的神经网络计算公式，把神经网络的拓扑结构、各神经元的非线性转移性以及阈值等都作为随时存储的可变参数，在计算机过程中可随时任意调整，使用灵活，改变速度快。专家称，这种神经计算机结构属国际首创。

该成果对我国人工神经网络和混沌理论、模型和计算方法、应用途径及专用固化神经网络芯片等领域在教学、科研、开发多方面将起到很大的作用。

全国信息化建设唯

深圳信息化建

本报讯 国家经济信息化联席会议办公室和电子部确定的全国信息化建设唯一试点城市，深圳市信息化建设委员会11月21日举行第一次会议，研究讨论了《深圳市信息化建设近期实施方案》，这标志着深圳市信息化建设已步入正轨。

深圳市信息化建设的目标是通过建设一批信息网络和信息工程，满足政府宏观调控、企业经营和居民生活等方面的信息需求；在信息立法、信息人才、信息科研方面达到世界先进水平。这将大大改善深圳市的投资环境和生活环境，

图2　1995年11月29日《计算机世界》报道

第二版　1995年12月19日

计算机·通信

“预言神”，在他们手中诞生

——访我国首台数模混合神经计算机研制者王守觉院士

本报记者　金羽中

1995年9月13日，我国自行研制的第一台每秒运算2000万次的数模混合小型神经计算机“预言神一号”在中科院半导体研究所“呱呱坠地”了。

11月14日，由电子部和中科院主持，13名专家教授组成的鉴定委员会一致认为：“预言神一号”“是在神经网络硬件实现上的一项独创性工作”，“其高灵活性的数模混合结构属国际首创”。

看过科幻影片《终结者》的人一定还记得，影星施瓦辛格在片中扮演了一位本领高强的机器人“终结者”，“终结者”有着与人类同样的情感和智力，其核心结构是一块具有思维功能的计算机芯片。

但是，目前普遍使用的计算机（即冯·诺依曼机）却很难实现这种思维功能。冯·诺依曼机以串行处理为特征，是指令程序式计算机或算法计算机，要求把需解决的问题用数学逻辑表达出来，再编程序。而对于那些难以用数学表达的问题，如自然语言、图像的识别，就很不理想了。可见，这种数字式计算机还只是人脑思维一个方面的再现，而在独立思维方面，就与人脑相去甚远了。根据脑细胞活动能力推算，在思维上，人脑相当于10^{10}台486微机。

为加速计算机智能化，从80年代中期开始，用电路模拟人脑的神经元和神经活动的人工神经网络研究在世界范围内掀起热潮，各国都投入了大量人力、物力进行研究，但发展至今仍不成熟。而由我国著名学者、中科院院士王守觉先生领导的神经网络课题组却另辟蹊径，并初步获得成功。记者慕名走访了王守觉院士。

王院士精神矍铄，言谈举止中流露出一派谦和、儒雅的学者风度。王院士出身于科学世家，父亲是王氏代数的创始人，大哥王守竞是国际上量子力学领域的著名科学家，二哥王守武是我国知名学者、科学院院士，而两位姐姐也都不同凡响。受家庭影响，这位40年代同济大学无线电系的高材生，毕业后便投身于我国的科学事业。

沧海桑田，70年来，王院士获得的荣誉已数不胜数。仅是填补国内空白、创立新型理论体系就有好几项。60年代中期，固体电路、硅平面管、半导体锗高频管的研制成功，使他成为我国半导体技术的奠基人之一；70年代初的图形发生器、1974年的大规模集成电路模板都为国内首创，而在1972年提出的CAD总体分析法理论，由其学生继承和发扬，已成为国际CAD领域的一项重要成果。值得一提的是，1977年王院士创立的模糊逻辑基本单元代替电压/电流模拟开关理论，大大缩短了转换器的响应时间，直至18年后的今天，仍属国际先进理论。人工神经网络则是他近年来进行的一项新研究。

就记者对于神经网络的疑问，王院士作了详细的介绍。人工神经网络是用大量的简单的计算—处理单元（即神经元）互联而成的自适应非线性系统。它具有大规模并行处理、分布式存储、自学习过程等特点，能够自身适应环境、总结规律、完成某种运算、识别或过程控制。由此构成的神经网络计算机就是一种非程序化的信息处理器，能够模拟大脑思维方式，具有自学习功能。因此在模式识别、信号处理、文字、图像、语音识别等形象思维及市场经济预测等人工智能领域有着广阔的应用前景。

当谈到“预言神一号”时，王老掩饰不住内心的兴奋。他说，目前国际上通用的人工神经网络多是建立在软件模拟与数字计算的基础上，在一个芯片上高度集成几十个CPU，造价昂贵。而我国在财力、工程技术等方面存在着差距，因此必须在理论上敢于出新。“预言神一号”就是采用一种全新的模糊逻辑（多元逻辑电路）构成的混合乘法器作为神经元，整机采用模拟量与数字量混合处理的方式。与国际上的模拟量人工神经网络相比，“预言神一号”具有使用灵活、计算速度快、网络结构变更速度快等特点；与数字量神经计算机比，该机又具有电路成本低、性能价格比高的优势。

说着，在年仅30岁的鲁华祥副研究员的协助下，王院士操作“预言神一号”表演了识别阅读手写数字。数字由扫描仪扫入，经过一台486机解压，再由“预言神一号”读出。“预言神一号”先是谦虚地表示由于自己刚诞生不久，学的东西很少，怕会认错，随后它用清晰的声音读出每个手写数字，“1、3、8……”，64个数字读完，准确率为100%。

惊讶之余，记者看到，王院士和他的助手们的脸上洋溢着微笑，这笑容中融入了课题组15位成员对“预言神一号”的深厚感情，是呀，1500多个日日夜夜，数不清的问题，无数次的攻克难关，他们倾注的心血难以言表。但当记者问及课题组如何克服各种困难时，王院士却只是说：“问题很多，但我们的课题组非常团结，遇到问题就一步步解决”。随后话锋一转，又回到那说不完的主题：“预言神一号”一次可模拟256个神经元。在模拟人工神经网络方面，“预言神一号”的速度是486微机的100倍，而造价却与其不相上下。

当谈及神经网络计算机的应用方向时，他说，将数字式计算机与神经网络计算机结合起来，利用数字机的高运算速度及其丰富的应用软件，配合神经机的模拟人脑能力，计算机的智能化程度将大大提高。这样发展下去，也许电脑真有一天会成为人脑的“化身”。

采访即将结束了。通过王院士和他助手们的介绍，记者对于人工神经网络技术和“预言神一号”有了初步的了解。但遗憾的是，这些赋予“预言神”以“生命”的人对于他们自己，却说得太少了。困难也罢，成绩也好，在他们看来，都已成为过去，他们着眼的是未来的研究。

王院士对记者透露了今后的打算。“‘预言神一号’还很初步，性能有待继续提高。‘预言神’要改进，人工神经网络技术要发展，关键在于神经网络模型和计算方法的不断完善。目前我们在这方面有所起步，今后将做进一步研究”。

是的，对于许许多多象王守觉院士这样的人来讲，科学，已经融入他们的生命；科学，也在他们的手中孕育着新生。

图3　1995年12月19日《中国电子报》报道

1995年11月14日，中国科学院和电子工业部联合组织召开了“《神经网络的硬件化实现》——数模混合小型神经计算机预言神一号（CASSANDRA-Ⅰ）”成果鉴定会，鉴定委员会（主任：李衍达，委员：吴佑寿、李志坚、金怡廉、吴德馨、许居衍、王阳

元、张敏、王鼎兴、涂序彦、郑君里、汪庆宝，测试组长：郭懋沁）一致认为：“（1）中国科学院半导体所在完成 85-701-04-01/02 专题数模混合乘法器神经元和数模混合运算部件的基础上，研制成功了基于多元逻辑电路结构的数模乘法器以及以此作为突触的小型神经计算机。这是在神经网络硬件实现上的一项独创性工作，也是对数模混合神经元与运算部件的实用化验证，具有良好的实用价值。（2）该数模混合小型神经计算机只用四个神经突触并行，达到了每秒运算二千万次神经联结的高运算速度，其中每个神经突触运算速度为每秒五百万次，远高于国外用传统 Gilbert 乘法器的运算速度。（3）该机总体结构设计原理中提出了一种通用的神经网络计算公式，把神经网络的拓扑结构、各神经元的非线性转移特性以及阈值等都作为随时存储的可变参数，在计算过程中可随时任意调整，使用灵活、改变速度快。此种神经计算机结构属国际首创。”

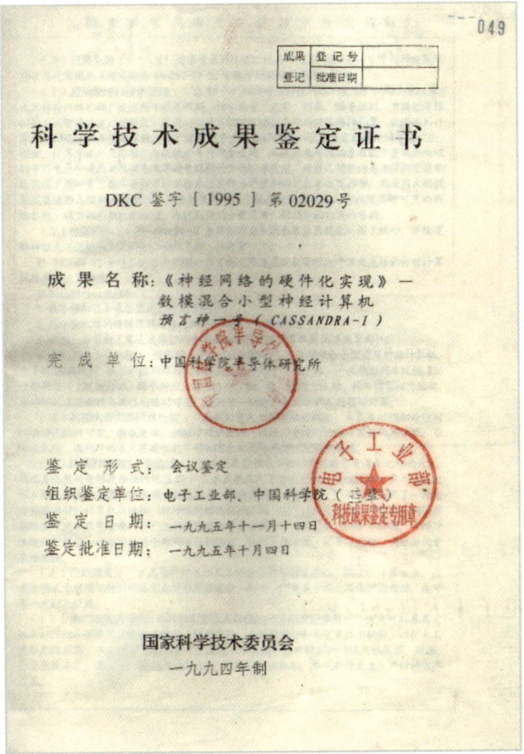

049

成果登记	登记号	
	批准日期	

科学技术成果鉴定证书

DKC 鉴字［1995］第 02029 号

成果名称：《神经网络的硬件化实现》—数模混合小型神经计算机预言神一号（CASSANDRA-I）

完成单位：中国科学院半导体研究所

鉴定形式：会议鉴定

组织鉴定单位：电子工业部、中国科学院（盖章）

鉴定日期：一九九五年十一月十四日

鉴定批准日期：一九九五年十月四日

国家科学技术委员会

一九九四年制

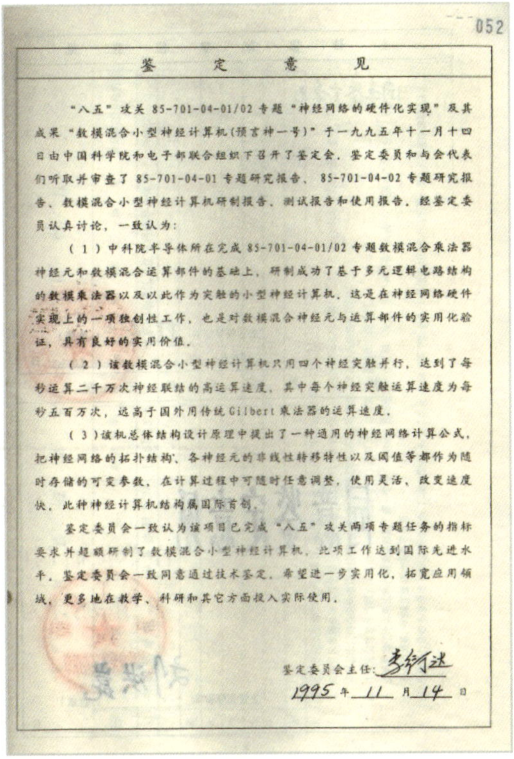

052

鉴　定　意　见

“八五”攻关 85-701-04-01/02 专题“神经网络的硬件化实现”及其成果“数模混合小型神经计算机(预言神一号)”于一九九五年十一月十四日由中国科学院和电子部联合组织下召开了鉴定会。鉴定委员和与会代表们听取并审查了 85-701-04-01 专题研究报告、85-701-04-02 专题研究报告、数模混合小型神经计算机研制报告、测试报告和使用报告。经鉴定委员认真讨论，一致认为：

（1）中科院半导体所在完成 85-701-04-01/02 专题数模混合乘法器神经元和数模混合运算部件的基础上，研制成功了基于多元逻辑电路结构的数模乘法器以及以此作为突触的小型神经计算机。这是在神经网络硬件实现上的一项独创性工作，也是对数模混合神经元与运算部件的实用化验证，具有良好的实用价值。

（2）该数模混合小型神经计算机只用四个神经突触并行，达到了每秒运算二千万次神经联结的高运算速度，其中每个神经突触运算速度为每秒五百万次，远高于国外用传统 Gilbert 乘法器的运算速度。

（3）该机总体结构设计原理中提出了一种通用的神经网络计算公式，把神经网络的拓扑结构、各神经元的非线性转移特性以及阈值等都作为随时存储的可变参数，在计算过程中可随时任意调整，使用灵活、改变速度快。此种神经计算机结构属国际首创。

鉴定委员会一致认为该项目已完成“八五”攻关两项专题任务的指标要求并超额研制了数模混合小型神经计算机，此项工作达到国际先进水平。鉴定委员会一致同意通过技术鉴定。希望进一步实用化，拓宽应用领域，更多地在教学、科研和其它方面投入实际使用。

鉴定委员会主任：李衍达

1995 年 11 月 14 日

图 4　“《神经网络的硬件化实现》——数模混合小型神经计算机预言神一号（CASSANDRA-Ⅰ）”成果鉴定意见

1996 年，王守觉先生主持完成的“神经网络的硬件化实现——数模混合小型神经计算机预言神一号”被国家计委、国家科委、财政部评为国家“八五”科技攻关重大科技成果，获得电子工业部颁发的“电子行业国家‘八五’科技攻关重大成果奖”，并被电子工业部科技与质量监督司、中国电子学报评为“95‘电子十大科技成果’”。在当时，神经计算机在理论上、模型结构上、自学习方法上以及应用上都还属于发展中的新兴阶段。开拓者得到的回报与付出的努力相比简直微乎其微，一些原来预期过高的研究者开始退却，而先生却充满信心地说：“一哄而上未必是好事，搞的人减少了未必是坏事，‘吹尽黄沙始见金’嘛，留下来的人才是真正有志于从事人工神经网络研究的人。‘预言神一号’的自学习功能和形象思维方面的特殊优越性，将会推动计算机向智能化方向长足前进。可以预计，未来的理想的智能计算机系统，可能是现行的计算机与神经计算机相结合的一种兼而有之的新的计算机系统。到那时，电脑与人脑的竞争将会出现怎样的局面是可以想象的。”

证书
国家“八五”
科技攻关重大科技成果
成果名称：
完成单位：
一九九六年十月

图 5　国家“八五”科技攻关重大科技成果奖

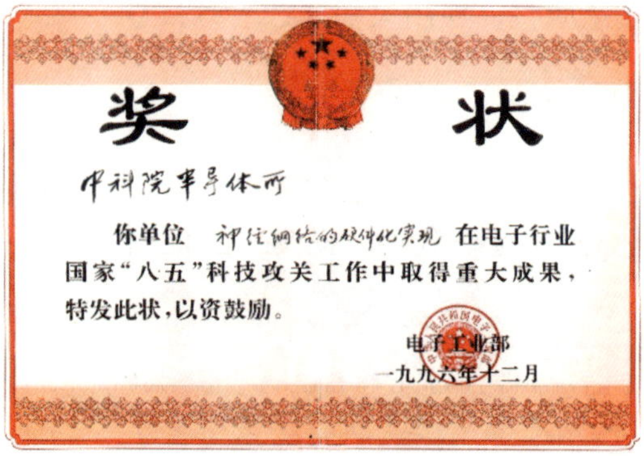
奖　状
中科院半导体所
你单位　神经网络的硬件化实现　在电子行业国家“八五”科技攻关工作中取得重大成果，特发此状，以资鼓励。
电子工业部
一九九六年十二月

图 6　电子行业国家“八五”科技攻关重大成果奖

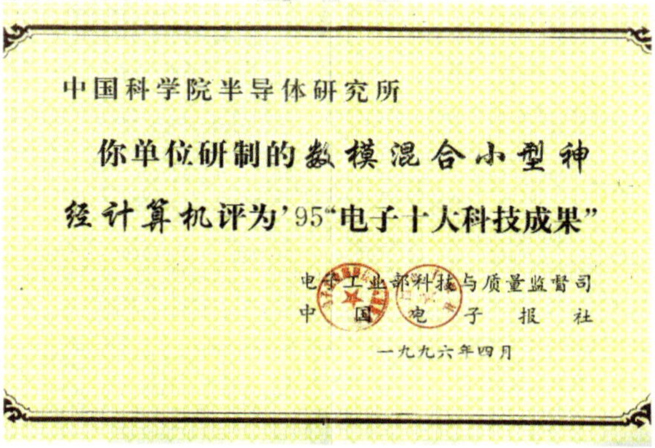
中国科学院半导体研究所
你单位研制的数模混合小型神经计算机评为’95“电子十大科技成果”
电子工业部科技与质量监督司
中国电子报社
一九九六年四月

图 7　95“电子十大科技成果”奖

1996 年 5 月，王守觉先生在《电子学报》上发表了《多值和多阈值神经元及其网络组合与应用》的文章。这篇文章源于先生对已有人工神经元结构的分析，他发现神经元与高维空间几何形体之间存在潜在的对应关系，这种对应关系揭示了神经元在特征空间中能够发挥分类作用的本质原因。进而，他提出了输出特性具有多值和多阈值特性的神经元。这种新神经元的功能在于它用多个阈值把输入空间划分成多个超平带，并可把各个超平带按需求归类或赋以不同的输出值作为标号。他以这类神经元为基础讨论了其在解决奇偶校验问题和实现特定逻辑功能方面的优越性，理论上只需一个神经元就能实现任意位的奇偶校验或任意的逻辑功能，因此特别适合在模式识别和分类中应用。同以往传统人工神经元进行的实验比较表明，多值和多阈值神经元表现出了更突出的精确性和适用性，优化了人工神经网络的逻辑功能，降低了人工神经网络的复杂性。论文还研究了多阈值神经元的组合问题，发现两个多阈值神经元的特定组合可以发生阈值数量的倍增现象，这为复杂多值神经元的模拟计算与硬件实现提供了方便途径。这项工作也进一步引发了先生对高维形象几何问题的深入思考。

1998 年 3 月 13 日，北京市科协在人民大会堂召开首都科技界学习邓小平科技思想座谈会，王守觉先生应邀出席座谈，并做了“树立全民族的创新意识”的发言，提出：“四个现代化，特别是作为关键的科学技术现代化的实现，光靠钱是买不来的，必须靠我们自身的努力，靠我们全民族的创新精神的发挥。树立创新意识，建立创新体系，增强创新能力，需要全民族对创新重要意义的深刻认识与团结不懈的努力。”

树立全民族的创新意识

王守觉：（中科院研究员、中科院院士）

学习邓小平科技思想更体会到江总书记所讲“要树立全民族的创新意识，建立国家的创新体系，增强企业的创新能力……”的重要意义。

江总书记指出：“创新是一个民族进步的灵魂，是一个国家兴旺发达的不竭动力。没有科技创新，总是步人后尘，经济就只能永远受制于人，更不可能缩短差距。当今世界的竞争，归根到底是综合国力的竞争，实质则是知识总量，人才素质和科技实力的竞争”江总书记的讲话指出了一个真理，就是：四个现代化，特别是作为关键的科学技术现代化的实现，光靠钱是买不来的，必须靠我们自身的努力，靠我们全民族的创新精神的发挥。

树立创新意识，建立创新体系，增强创新能力，需要全民族对创新重要意义的深刻认识与团结不懈的努力。

图 8　王守觉先生在首都科技界学习邓小平科技思想座谈会上的发言

1998 年 8 月，王守觉先生在《电子学报》上发表了《通用前馈网络及排序学习前向掩蔽模型在模式识别中的应用》的文章，讨论了不分层的通用前馈网络，并提出了一种作为模式分类器的排序学习前向掩蔽（SLAM）模型及其算法。实验结果表明，这种网络作为模式分类器时，学习时间远小于各种改进的 BP 网络而且所需的神经元数量也显著减少，并具有不断扩展与改善的能力。SLAM 模型在应用双阈值神经元时，可进一步减少神经元数量。该模式分类器模型在 CASSANDRA-Ⅰ小型神经计算机上实现的实验结果表明，对于 256 维输入空间 1024 个随机样本的分类问题，学习时间约 3h 20min，判别时间为 0.007s。

基于多值和多阈值神经元以及排序学习前向掩蔽数学模型的发现，为了使其适用于更多更复杂的问题，1999 年，王守觉先生总结了这二者之间的共性，发表了一篇十分重要的论文《通用神经网络硬件中神经元基本数学模型的讨论》，文章中提出了通用神经网络硬件中神经元的基本数学模型，并紧接着在以后的研究工作中，系统地进行了人工神经网络的多维空间几何分析及其理论研究。至此，可以认为，高维形象几何概念、理论和分析方法被正式地提出。高维形象几何，同欧氏几何一样，以其独特而且直观的分析方法以及简单易懂的分析技巧区别于数学其他分支。高维形象几何分析理论将图像、语音等高维信息映射为高维空间中的样本点，通过高维空间中的几何计算、变换、点与点（或点集）之间的关系分析等，实现高维信息处理、模式学习与分类等，在信息科学的发展中具有重要的推动作用。

1999 年 6 月，王守觉先生主持完成了国家自然科学基金重点项目“半导体工业生产优化问题的人工神经网络模型、算法与应用”。该项目包括两个方面的内容。

第一方面的工作是研究把人工神经网络应用于解决半导体工业生产过程控制参数的优化问题，以达到提高生产成品率的目的。与国内外不少研究机构将人工神经网络用于半导体工艺制造过程中某一特定工序的建模、优化及监控不同，在这项工作中，王守觉先生以集成电路芯片生产的整个流片过程为研究对象，以芯片加工中的众多可调工艺参数作为优化对象，以芯片制造最终成品率直接作为优化目标。在他的带领下，针对我国自主企业中当时集成电路工业生产量最大的中国华晶电子集团公司双极总厂生产的电话机话音网络电路 CSC34018CS 芯片的生产，基于不同时期收集的原始工艺统计资料，建立并动态滚动训练神经网络模型，采用逐步调整人工神经网络规模和结构的新方法，排除了工艺记录中不可避免的随机因素，从而使人工神经网络对不可控因素较多的生产过程的优化控制问题具有了一定的适应能力，并建立了一套搜寻芯片成品率优化敏感因素的计算方法，从而找出优化方向。实际应用结果表明：将得到的优化参数提供给华晶双极总厂，以此调整参数控制工艺过程后，生产了 26 批芯片，这些芯片的平均成品率由原来的 51.7%提高到 57.5%。

第二方面的工作是针对大容量掩模只读存储器（MASK ROM）在生产过程中往往由于存在个别的存储功能缺陷而被淘汰，使成品率降得很低的现状，研究用人工神经网络智能化地对缺陷的影响做一个量化评价，在测试过程中可以按不同的评价度进行等级归类，用以指导存储器的分类应用，从而可以大大提高大容量 MASK ROM 的利用率。研究这种方法并研制成一套神经网络 MASK ROM 智能化测试装置，可供大容量 MASK

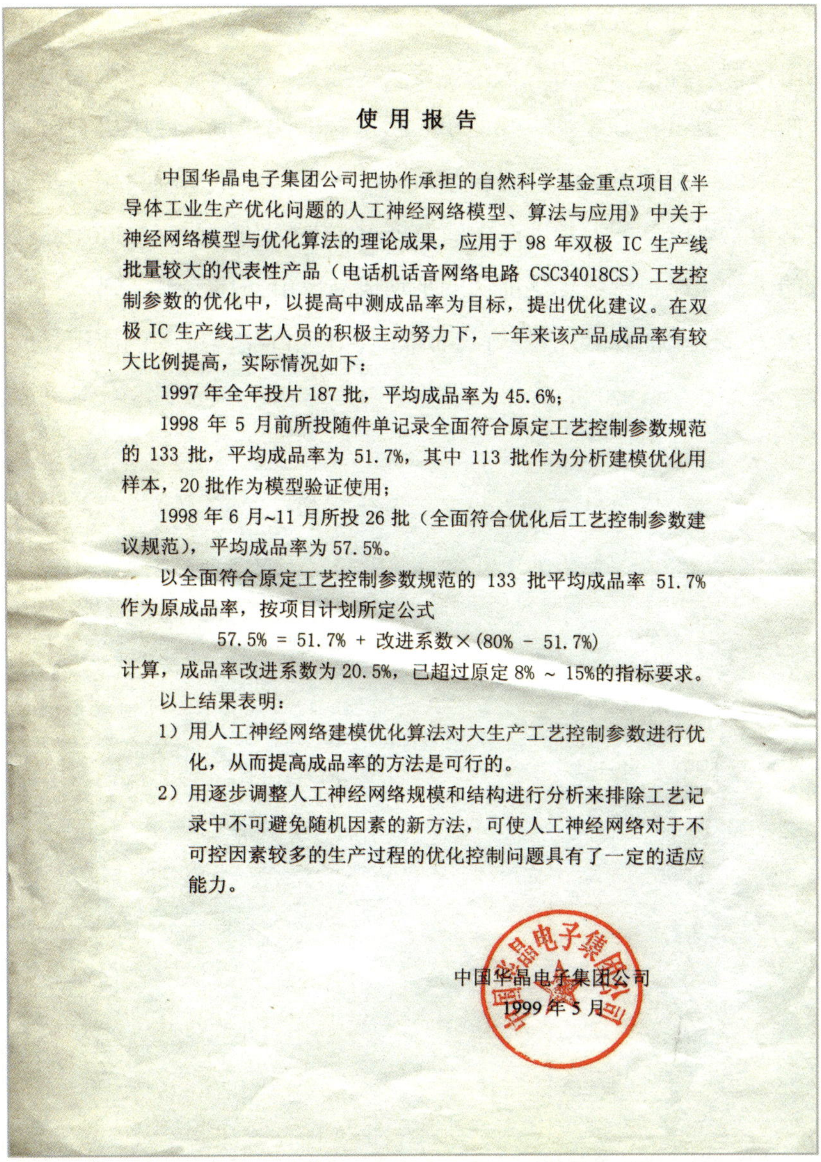

使 用 报 告

中国华晶电子集团公司把协作承担的自然科学基金重点项目《半导体工业生产优化问题的人工神经网络模型、算法与应用》中关于神经网络模型与优化算法的理论成果，应用于 98 年双极 IC 生产线批量较大的代表性产品（电话机话音网络电路 CSC34018CS）工艺控制参数的优化中，以提高中测成品率为目标，提出优化建议。在双极 IC 生产线工艺人员的积极主动努力下，一年来该产品成品率有较大比例提高，实际情况如下：

1997 年全年投片 187 批，平均成品率为 45.6%；

1998 年 5 月前所投随件单记录全面符合原定工艺控制参数规范的 133 批，平均成品率为 51.7%，其中 113 批作为分析建模优化用样本，20 批作为模型验证使用；

1998 年 6 月~11 月所投 26 批（全面符合优化后工艺控制参数建议规范），平均成品率为 57.5%。

以全面符合原定工艺控制参数规范的 133 批平均成品率 51.7% 作为原成品率，按项目计划所定公式

57.5% = 51.7% + 改进系数×(80% − 51.7%)

计算，成品率改进系数为 20.5%，已超过原定 8% ~ 15%的指标要求。

以上结果表明：

1）用人工神经网络建模优化算法对大生产工艺控制参数进行优化，从而提高成品率的方法是可行的。

2）用逐步调整人工神经网络规模和结构进行分析来排除工艺记录中不可避免随机因素的新方法，可使人工神经网络对于不可控因素较多的生产过程的优化控制问题具有了一定的适应能力。

中国华晶电子集团公司

1999 年 5 月

图 9　中国华晶电子集团公司关于人工神经网络的使用报告

ROM 生产工厂使用。在这项工作中，王守觉先生带队研究了用神经网络测定 MASK ROM“偏离理想标准的评价度”的原理、神经网络建模以及智能化测试装置硬件和控制软件的实现，完成的神经网络 MASK ROM 智能化测试装置，可对 512KB～4MB 的 MASK ROM 进行智能化测试，按偏离理想标准评价度分类。对 4MB MASK ROM 的智能化测量分级时间仅为 0.21s。经中国华晶电子集团公司试用后认为其适用于公司计划开发的 4MB MASK ROM 成品测试中。

1999 年 6 月 15 日，中国科学院组织召开了由中国科学院半导体研究所和中国华晶电子集团公司合作下共同完成的国家自然科学基金重点项目“半导体工业生产优化问题的人工神经网络模型、算法与应用”成果鉴定会，鉴定委员会（主任：王阳元，副主任：陈秉义、钱佩信，成员：陈星弼、郑君里、仇玉林、沈光地、戚康男、白丁，测试组组长：郭懋沁，测试组成员：郝跃、刘和益）一致认为：“1. 本项目用神经网络抗噪建模优化新算法对华晶双极总厂大量生产中的双极 IC 代表性产品 CSC34018CS 的生产进行了控制参数的优化，控制参数优化前后的平均成品率由 51.7%提高到 57.5%，相当于成品数量增加了 11.2%。说明此方法是行之有效的，在实际生产线上的应用是成功的。2. 本

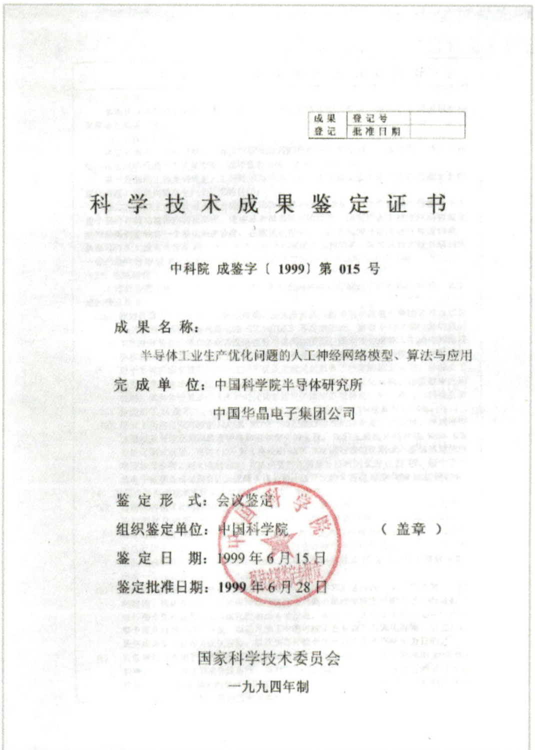

成果	登记号	
登记	批准日期	

科学技术成果鉴定证书

中科院 成鉴字〔1999〕第 015 号

成果名称：

半导体工业生产优化问题的人工神经网络模型、算法与应用

完成单位：中国科学院半导体研究所

中国华晶电子集团公司

鉴定形式：会议鉴定

组织鉴定单位：中国科学院　　（盖章）

鉴定日期：1999 年 6 月 15 日

鉴定批准日期：1999 年 6 月 28 日

国家科学技术委员会

一九九四年制

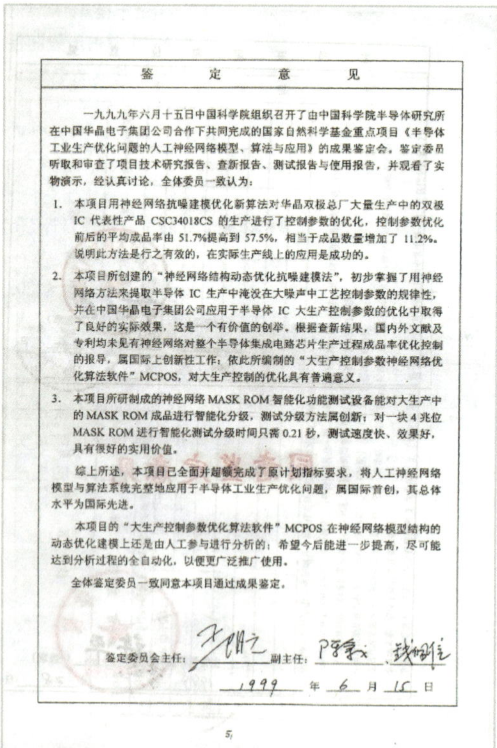

鉴　定　意　见

一九九九年六月十五日中国科学院组织召开了由中国科学院半导体研究所在中国华晶电子集团公司合作下共同完成的国家自然科学基金重点项目《半导体工业生产优化问题的人工神经网络模型、算法与应用》的成果鉴定会。鉴定委员听取和审查了项目技术研究报告、查新报告、测试报告与使用报告，并观看了实物演示，经认真讨论，全体委员一致认为：

1. 本项目用神经网络抗噪建模优化新算法对华晶双极总厂大量生产中的双极 IC 代表性产品 CSC34018CS 的生产进行了控制参数的优化，控制参数优化前后的平均成品率由 51.7%提高到 57.5%，相当于成品数量增加了 11.2%。说明此方法是行之有效的，在实际生产线上的应用是成功的。
2. 本项目所创建的“神经网络结构动态优化抗噪建模法”，初步掌握了用神经网络方法来提取半导体 IC 生产中淹没在大噪声中工艺控制参数的规律性，并在中国华晶电子集团公司应用于半导体 IC 大生产控制参数的优化中取得了良好的实际效果，这是一个有价值的创举。根据查新结果，国内外文献及专利均未见有神经网络对整个半导体集成电路芯片生产过程成品率优化控制的报导，属国际上创新性工作；依此所编制的“大生产控制参数神经网络优化算法软件”MCPOS，对大生产控制的优化具有普遍意义。
3. 本项目所研制成的神经网络 MASK ROM 智能化功能测试设备能对大生产中的 MASK ROM 成品进行智能化分级，测试分级方法属创新；对一块 4 兆位 MASK ROM 进行智能化测试分级时间只需 0.21 秒，测试速度快、效果好，具有很好的实用价值。

综上所述，本项目已全面并超额完成了原计划指标要求，将人工神经网络模型与算法系统完整地应用于半导体工业生产优化问题，属国际首创，其总体水平为国际先进。

本项目的“大生产控制参数优化算法软件”MCPOS 在神经网络模型结构的动态优化建模上还是由人工参与进行分析的；希望今后能进一步提高，尽可能达到分析过程的全自动化，以便更广泛推广使用。

全体鉴定委员一致同意本项目通过成果鉴定。

鉴定委员会主任：（签名）　副主任：（签名）、（签名）

1999 年 6 月 15 日

5

图 10　“半导体工业生产优化问题的人工神经网络模型、算法与应用”成果鉴定意见

项目所创建的“神经网络结构动态优化抗噪建模法”，初步掌握了用神经网络方法来提取半导体 IC 生产中淹没在大噪声中工艺控制参数的规律性，并在中国华晶电子集团公司应用于半导体 IC 大生产控制参数的优化中取得了良好的实际效果，这是一个有价值的创举。根据查新结果，国内外文献及专利均未见有神经网络对整个半导体集成电路芯片生产过程成品率优化控制的报道，属国际上创新性工作；依此所编制的“大生产控制参数神经网络优化算法软件”MCPOS，对大生产控制的优化具有普遍意义。3. 本项目所研制成的神经网络 MASK ROM 智能化功能测试设备能对大生产中的 MASK ROM 成品进行智能化分级，测试分级方法属创新；对一块 4 兆位 MASK ROM 进行智能化测试分级时间只需 0.21 秒，测试速度快、效果好，具有很好的实用价值。综上所述，本项目已全面并超额完成了原计划指标要求，将人工神经网络模型与算法系统完整地应用于半导体工业生产优化问题，属国际首创，其总体水平为国际先进。本项目的“大生产控制参数优化算法软件”MCPOS 在神经网络模型结构的动态优化建模上还是由人工参与进行分析的；希望今后能进一步提高，尽可能达到分析过程的全自动化，以便更广泛推广使用。”

2000 年，王守觉团队在“九五”国家重点科技项目攻关计划“半导体神经网络技术及其应用研究”项目的支持下，成功研制了高速二值 Hopfield 网络神经计算机和高精度双权值突触神经元计算机——CASSANN-Ⅱ。

高速二值 Hopfield 网络神经计算机采用动态自调整阈值的创新硬件结构，使 Hopfield 网络能在迭代过程中动态自动调整阈值，以保证网络优良的收敛性。硬件采用专用电路和通用大规模集成存储电路相结合的技术途径，用通用大规模集成高速静态随机存取存储器（SRAM）来实现大量权值与神经元状态量参数的存储，以达到方便灵活、性能价格比高的目的。该机内含 8 个并行运算的神经突触，每个突触每秒运算 1500 万次神经联接，整机每秒运算 1.28 亿次神经联接，网络规模为 1024 个神经元，权值精度为包括 1 位符号位在内的定点 16 位，神经元状态为激活（表示为“1”）和不激活（表示为“0”）两种。它的突出特点在于具有全联接反馈网络迭代过程中的动态自调阈值功能，提高收敛性，同时还具有集成度高、体积小、界面友好等特点。

双权值神经元计算机“预言神二号”（CASSANN-Ⅱ）是一种在每个联结突触都具有两个权值的“双权值突触神经元”的基础上组成的高精度高阶浮点神经计算机，在神经元计算机中采用双权值突触的方法，实现了既可模拟传统的仿射基函数神经元构成的 BP 网络功能，也可模拟径向基函数神经元网络、二者兼有的混合网络以及加权径向基函数等多种神经元网络功能。CASSANN-Ⅱ在单节拍高精度浮点运算的硬件实现上的创新，使其能在一个节拍实现神经元突触计算，而且可通过两个参数的设置实现神经元激活函数的灵活多变。同时，采用专用电路和通用大规模集成存储电路相结合的技术途径，用通用大规模集成高速静态随机存储器来实现大量权值与神经元状态量和样本输入量以及各种可变的网络参数、模型拓扑参数的存储，达到了方便灵活、性能价格比高的目的。该神经计算机的神经元权值和输出均达到16位浮点精度，一次模拟神经网络最大规模为1024个神经元，每个神经元最多突触数量为512个，一次计算最大样本数为63/127个，是在创新的“双权值突触神经元”的基础上采用16位浮点运算的新型神经网络计算机，对我国人工神经网络和混沌理论、模型和算法、模式识别技术等领域产生了重要的促进作用。

2000年12月27日，中国科学院组织召开了“高速二值Hopfield网络神经计算机”成果鉴定会，鉴定委员会（主任：王阳元，副主任：张钹，成员：许居衍、陈星弼、张履谦、涂序彦、钱佩信、侯朝桢、郝跃、严晓浪、郭懋沁、赵雁南）一致认为：“1. 实现了计算Hopfield全联接反馈网络高速多次迭代的专用硬件，每秒计算一亿二千八百万次神经元联接，具有较高的神经网络权值精度（16位定点）；2. 提出并实现了具有动态自调整神经元阈值的方法，可以三种不同工作模式进行调整，仿真结果表明改善了Hopfield神经

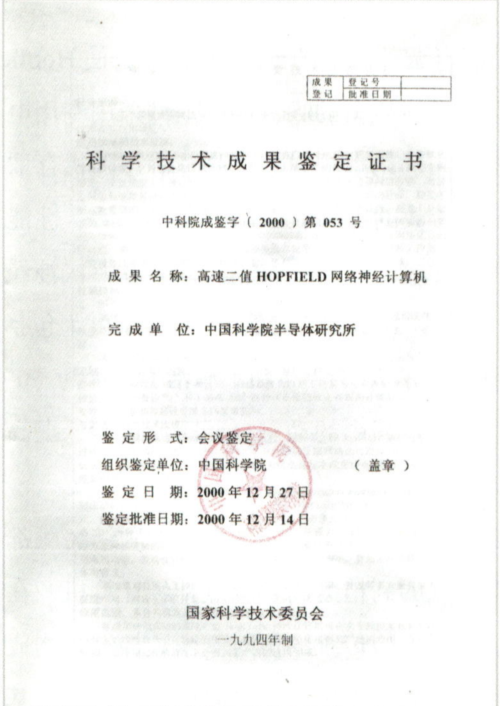

成果登记	登记号	
	批准日期	

科 学 技 术 成 果 鉴 定 证 书

中科院成鉴字（2000）第053号

成果名称：高速二值HOPFIELD网络神经计算机

完成单位：中国科学院半导体研究所

鉴定形式：会议鉴定

组织鉴定单位：中国科学院　　（盖章）

鉴定日期：2000年12月27日

鉴定批准日期：2000年12月14日

国家科学技术委员会

一九九四年制

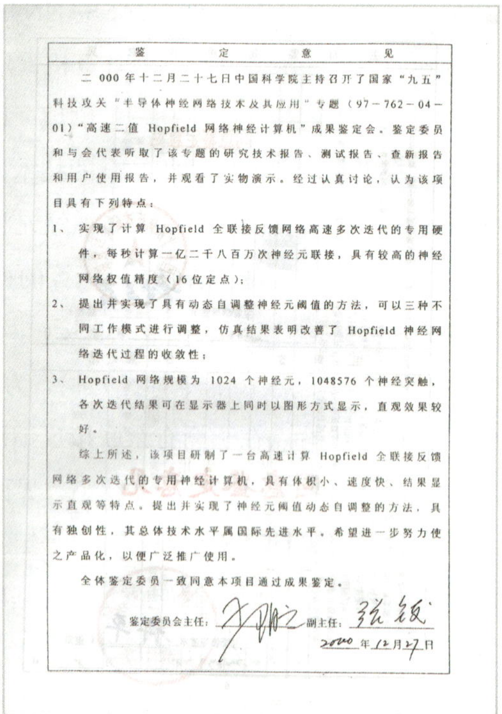

鉴　定　意　见

二000年十二月二十七日中国科学院主持召开了国家“九五”科技攻关“半导体神经网络技术及其应用”专题（97－762－04－01）“高速二值Hopfield网络神经计算机”成果鉴定会。鉴定委员和与会代表听取了该专题的研究技术报告、测试报告、查新报告和用户使用报告，并观看了实物演示。经过认真讨论，认为该项目具有下列特点：

1、实现了计算Hopfield全联接反馈网络高速多次迭代的专用硬件，每秒计算一亿二千八百万次神经元联接，具有较高的神经网络权值精度（16位定点）；

2、提出并实现了具有动态自调整神经元阈值的方法，可以三种不同工作模式进行调整，仿真结果表明改善了Hopfield神经网络迭代过程的收敛性；

3、Hopfield网络规模为1024个神经元，1048576个神经突触，各次迭代结果可在显示器上同时以图形方式显示，直观效果较好。

综上所述，该项目研制了一台高速计算Hopfield全联接反馈网络多次迭代的专用神经计算机，具有体积小、速度快、结果显示直观等特点。提出并实现了神经元阈值动态自调整的方法，具有独创性，其总体技术水平属国际先进水平。希望进一步努力使之产品化，以便广泛推广使用。

全体鉴定委员一致同意本项目通过成果鉴定。

鉴定委员会主任：王阳元　副主任：张钹

2000年12月27日

图11　“高速二值Hopfield网络神经计算机”成果鉴定意见

网络迭代过程的收敛性；3. Hopfield 网络规模为 1024 个神经元，1048576 个神经突触，各次迭代结果可在显示器上同时以图形方式显示，直观效果较好。综上所述，该项目研制了一台高速计算 Hopfield 全联接反馈网络多次迭代的专用神经计算机，具有体积小、速度快、结果显示直观等特点。提出并实现了神经元阈值动态自调整的方法，具有独创性，其总体技术水平属国际先进水平。希望进一步努力使之产品化，以便广泛推广使用。”

同期，召开了“高精度双权值突触神经元计算机——CASSANN-Ⅱ”成果鉴定会，鉴定委员会（主任：王阳元，副主任：张钹，成员：许居衍、陈星弼、张履谦、涂序彦、钱佩信、侯朝桢、郝跃、严晓浪、郭懋沁、赵雁南）一致认为：“1. 以双权值突触神经元硬件方式实现了一种通用性很强的神经元计算装置，它既可实现传统 ABF 神经元 BP 网络，也可实现径向基函数 RBF 等复杂的神经元网络；既可用于计算欧氏距离也可用于计算马氏距离等；并能用作多维空间的各种坐标变换；适用于模式识别、数字信号处理和优化处理等方面；2. 内部计算全部采用了十六位浮点数，在神经网络硬件中具有较高的精度和很大的动态范围，以扩大神经网络硬件在信号处理、人工智能、自动控制等方面的适用范围；3. 具有单节拍完成浮点运算的特点，单节拍运算时间为 200ns。综上所述，该项目是以双权值突触为基础的 16 位浮点神经计算机，在一次运算中可实现具有

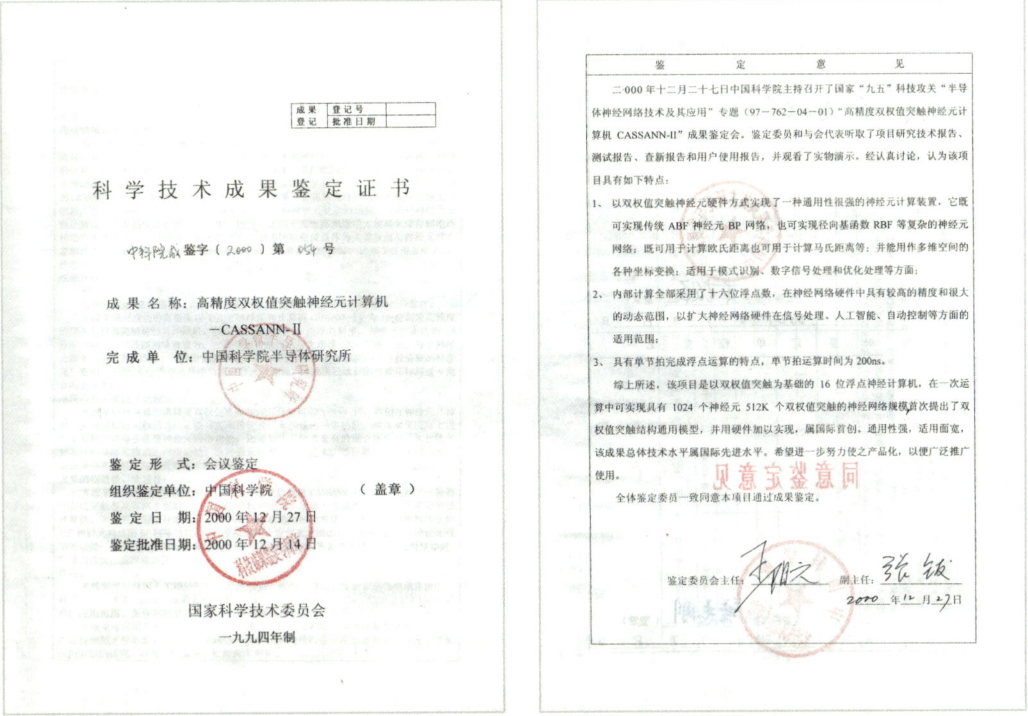

成果	登记号	
登记	批准日期	

科 学 技 术 成 果 鉴 定 证 书

中科院成鉴字（2000）第 054 号

成 果 名 称：高精度双权值突触神经元计算机
—CASSANN-Ⅱ
完 成 单 位：中国科学院半导体研究所

鉴 定 形 式：会议鉴定
组织鉴定单位：中国科学院 （盖章）
鉴 定 日 期：2000 年 12 月 27 日
鉴定批准日期：2000 年 12 月 14 日

国家科学技术委员会
一九九四年制

鉴 定 意 见

二○○○年十二月二十七日中国科学院主持召开了国家“九五”科技攻关“半导体神经网络技术及其应用”专题（97－762－04－01）“高精度双权值突触神经元计算机 CASSANN-II”成果鉴定会。鉴定委员和与会代表听取了项目研究技术报告、测试报告、查新报告和用户使用报告，并观看了实物演示。经认真讨论，认为该项目具有如下特点：

1、 以双权值突触神经元硬件方式实现了一种通用性很强的神经元计算装置，它既可实现传统 ABF 神经元 BP 网络，也可实现径向基函数 RBF 等复杂的神经元网络；既可用于计算欧氏距离也可用于计算马氏距离等；并能用作多维空间的各种坐标变换；适用于模式识别、数字信号处理和优化处理等方面；

2、 内部计算全部采用了十六位浮点数，在神经网络硬件中具有较高的精度和很大的动态范围，以扩大神经网络硬件在信号处理、人工智能、自动控制等方面的适用范围；

3、 具有单节拍完成浮点运算的特点，单节拍运算时间为 200ns。

综上所述，该项目是以双权值突触为基础的 16 位浮点神经计算机，在一次运算中可实现具有 1024 个神经元 512K 个双权值突触的神经网络规模，首次提出了双权值突触结构通用模型，并用硬件加以实现，属国际首创，通用性强，适用面宽，该成果总体技术水平属国际先进水平。希望进一步努力使之产品化，以便广泛推广使用。

全体鉴定委员一致同意本项目通过成果鉴定。

鉴定委员会主任： 副主任：
2000 年 12 月 27 日

图 12 “高精度双权值突触神经元计算机——CASSANN-Ⅱ”成果鉴定意见

1024 个神经元 512K 个双权值突触的神经网络规模，首次提出了双权值突触结构通用模型，并用硬件加以实现，属国际首创。通用性强，适用面宽，该成果总体技术水平属国际先进水平。希望进一步努力使之产品化，以便广泛推广使用。”

2001 年，王守觉先生主持完成的“半导体神经网络技术及其应用”项目成果荣获“九五”国家重点科技攻关计划优秀科技成果奖，同年被评为北京市科学技术进步奖一等奖。

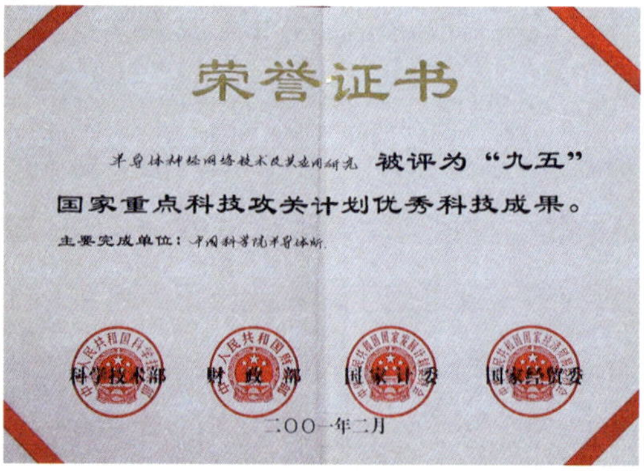
荣誉证书

半导体神经网络技术及其应用研究 被评为“九五”国家重点科技攻关计划优秀科技成果。

主要完成单位：中国科学院半导体所

科学技术部　财政部　国家计委　国家经贸委

二〇〇一年二月

图 13　“九五”国家重点科技攻关计划优秀科技成果奖

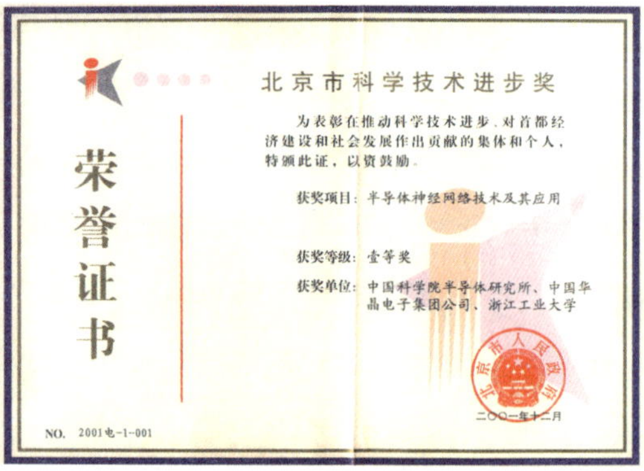
北京市科学技术进步奖

荣誉证书

为表彰在推动科学技术进步、对首都经济建设和社会发展作出贡献的集体和个人，特颁此证，以资鼓励。

获奖项目：半导体神经网络技术及其应用

获奖等级：壹等奖

获奖单位：中国科学院半导体研究所、中国华晶电子集团公司、浙江工业大学

二〇〇一年十二月

NO. 2001电-1-001

图 14　北京市科学技术进步奖一等奖

随后，王守觉先生带领团队陆续研制出 CASSANN-Ⅲ、CASSANN-Ⅳ、HFR-Ⅰ、HFR-Ⅱ等系列神经计算机，在半导体人工神经网络领域产生了重要影响。

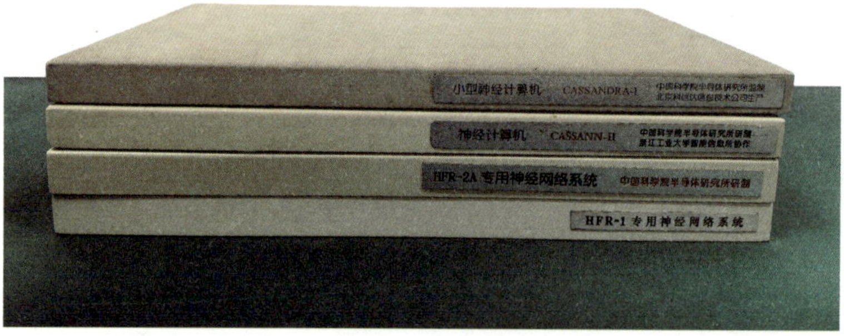

图 15　系列小型化神经计算机

在 20 世纪 90 年代后期，人工神经网络的发展陷入寒冬期，发展缓慢，国际上研究热度也降了下来，尤其是金融危机令原本就走入低潮阶段的人工神经网络研究雪上加霜。此时，国内外不少曾热衷于人工神经网络的研究者中，有相当一部分人纷纷退出了这一研究领域。王守觉先生在神经网络研究最低潮时期，对影响世界的科技方向具有自己独

立和深邃的认知，勇于带头挑大梁，正如他本人所说的甘于坐冷板凳，秉持务实、严谨、科学的学术科研作风，一直投入最大的热情和研究力量，他的科学精神激励并鼓舞了一批坚持人工神经网络研究的科研工作者，对我国人工神经网络在关键时期的发展起到了重要的带动作用。

基于多年对人工神经网络的研究及发展情况的分析，王守觉先生深入思考，希望能够寻找到更有效的理论和解决方法。他认为建立在执行一条条指令基础上的冯·诺依曼式计算机系统，在解决逻辑思维问题方面，具有极为高超的本领，但在解决形象思维问题方面的能力却很差，往往不如一个小孩子，甚至不如一只小动物。因此，从长远观点看，人工神经网络的研究方向是很重要的，有很广阔的前景和很大的实用意义。但是当时人工神经网络的研究也存在着很多未能解决的问题，要突破神经网络发展中的障碍，必须在两个方面突破：一是要发展一种分析复杂神经网络行之有效的理论工具和思考方法；二是要创造一种能方便高效地模拟神经网络的神经计算机硬件，作为神经网络新理论、新模型、新算法的载体。从已经应用最多的神经网络模式识别的基本问题出发，先生发现，当时的神经网络模式识别理论的出发点都是从特征空间中多类样本点的最佳划分出发的，也就是从“区分”不同类模式之间的“差别”出发的，而人类认识事物却不是这样。设想一个偏远山村中的孩子，能认识牛、羊、马、狗等日常事物，但却没见过汽车。如果有一辆汽车突然出现在他面前，试问他会怎样想呢？他会把汽车与以前见过的牛、羊、马、狗等一件件比较，看与哪件最相像吗（传统模式识别正是这样的）？不，他并不是这样想的，而是认为“我没见过这种东西”“我不认识这种东西”。这正是人类“认识”事物与传统模式识别“区分”事物的差别。人类侧重于“认识”，而传统模式识别则只强调“区别”，没有重视“认识”的概念。只重视“区别”的传统模式识别，必然带来两个缺点：一是首次遇到未学习过的新事物时，容易误认为其是某一种学习过的旧事物；二是在对未学过的新事物进行新的学习时，往往会打乱旧知识，即破坏对原来学习过的旧事物的识别。

自 2000 年开始，王守觉先生从人们对事物的“认识”概念出发，重新研究了模式识别问题（应该说是模式的“认识”问题），提出要从传统的、以统计学理论作基础的、强调“区别”的模式识别，改变为以“多维流形”的拓扑学理论作基础的、强调“认识”的模式识别。为此，他从几何直观的角度探索一种新的人工神经网络模型，并于 2002 年在高维形象几何概念的基础上，提出一种新的模式识别理论——仿生模式识别（也被称作“拓扑模式识别”），成为仿生信息学发展的重要一步。仿生模式识别理论的基本出发点是把被认识的一个个事物（如图像、语音、文字等）在数字化以后的一组组数（或称“矢量”）对应为某特定高维空间中的一个个点。然后用高维空间几何方法来分析和计算这些点的位置关系，并对同一类事物分布点加以高维复杂几何形体覆盖，从而发展了高维空间点分布分析方法和点集“最佳”覆盖识别的理论。高维空间点分布分析方法可以以简单的平面几何计算作为基本计算单元，推广到任意高维问题的计算，从而解决仿生识别中的高维计算问题。进一步地，仿生模式识别理论从高维空间点分布分析出发，提出了同族事物在高维空间中的同源连续性原则（principle of homology continuity）和这种连续性的维数推测原理（principle of dimension prediction），从而揭示了同族事物对应点分布的规律性，为研究用高维复杂几何形体对同族事物进行覆盖的“最佳”覆盖识别提供了基础。美国乔治·华盛顿大学教授、俄罗斯非线性科学院院士斯华龄教授对王守觉先生的仿生模式识别理论做出了高度评价，他认为：“中科院半导体研究所取得的研究成果——仿生模式识别理论开辟了模式识别与人工神经网络研究的新方向，其将未训练新对象的误识率降低为零，这将彻底避免导弹误伤民用飞机等问题。”因此，把仿生模式识别应用于提高全球反恐能力的新方向，将具有十分重要的科学意义。

在 2002 年 10 月召开的“中国人工智能学会神经网络与计算智能专业委员会会议”上，仿生模式识别得到了国内外学者的广泛关注，王守觉先生也被邀请在“2003 国际神经网络联合年会（International Joint Conference on Neural Networks，IJCNN）”上做引导报告。

为了验证仿生模式识别理论的实际应用效果，2000～2003 年，王守觉先生率队完成了多次全面的效果对比。

（1）对多种刚体实物模型为识别目标的全方位识别问题进行实际考核，以当时国际上新发展、被公认处优势地位的支持向量机识别方法作为比较对象，比较结果说明，在前处理方法完全相同的前提下，当 8 种实物目标采集 338 个训练样本时，支持向量机识别率为 99.72%，而仿生模式识别率达到 99.87%。而当采集训练样本总数下降至 169 个样本时，支持向量机识别率降低为 78.28%，而仿生识别仍保持了 98.22%的良好识别率，这充分说明了仿生识别在泛化能力方面远优于支持向量机等国际流行的传统方法。

（2）将仿生模式识别应用于人脸识别方面，以 ORL 人脸库中 35 个人、每人 3 张照片作为训练样本，以其余的每人 7 张照片作识别对象，结果仿生识别结果的误识率低于支持向量机的一半，低于传统近邻法的五分之一。

（3）将仿生模式识别应用于连续语音的识别，当时国际上在连续语音的识别方法中公认隐马尔可夫模型（HMM）为最佳途径。用仿生识别方法与隐马尔可夫模型做对比实验的结果显示，当训练样本较少时，仿生识别远比隐马尔可夫模型优越，而当训练样本数量不断上升时，两种效果的差距逐渐减少，但仿生识别的效果始终优于隐马尔可夫模型的效果。

（4）将高维空间点位置的几何分析应用于模糊图像的清晰化处理，根据高维空间点位置的移动，从一幅模糊图片对应的高维空间点出发，先使其更加模糊化的两个点以高维空间几何反推作曲线的方法得到清晰化的对应点，重复处理多次，得到较好的清晰化效果，说明了高维空间点位置分析方法对信息科学意义的普遍性。

（5）用高维空间几何概念与人工神经网络方法进行 IC 全面工艺过程的优化，达到提高成品率的效果。

（6）在深圳世宝科技有限公司的支持与合作下成功开发了能辨认人的 HFR 银行安全卡系统并成立产业化基地。此系统把能识别人脸的数据压缩到仅 48 字节，进而嵌入普通的银行磁卡中，可防止歹徒盗窃银行卡和密码后冒领储户存款。

王守觉先生提出的高维空间点分布分析方法和仿生模式识别理论，不仅识别效果优于支持向量机，还为解决机器形象思维问题提供了新途径。基于高维特征空间中以分析同类样本间连续关系为基础的仿生模式识别新方法，对未经学习训练的新类别样本只会拒识而不会误识。与此同时，它像人类一样对事物一件一件地认识，在学习认识一件新事物时不会打乱原已学到的旧知识，这正是传统模式识别难以做到的。对于生物特征识别、语音识别等人类思维中难以用数学方程描述的形象思维问题，原有的模式理论和技术手段显得无能为力，高维空间点分布分析方法和仿生模式识别理论可以很好地解决这些问题，为机器形象思维提供了新的可能。

在高维形象几何概念、理论和分析方法及仿生模式识别理论的基础上，王守觉先生建立了多维空间仿生信息学理论体系，提出和发展的“高维仿生信息技术”新理论、新方法，可实现对高维空间点分布的分析和研究，为解决维数高、自变量数多、计算复杂度大的计算问题提供了新思路，对于人类思维中难以用数学方程描述的形象思维问题提供了创建新算法、新模型的新思路。在数字化时代，其不仅为信息与信号处理提供了新理论，也为解决机器形象思维问题提出一个新的研究方向，相关论文获得 2003 年中国科学技术协会在电子信息技术方面唯一的期刊优秀论文奖，也被 2003 年《科技创新案例》一书收录。

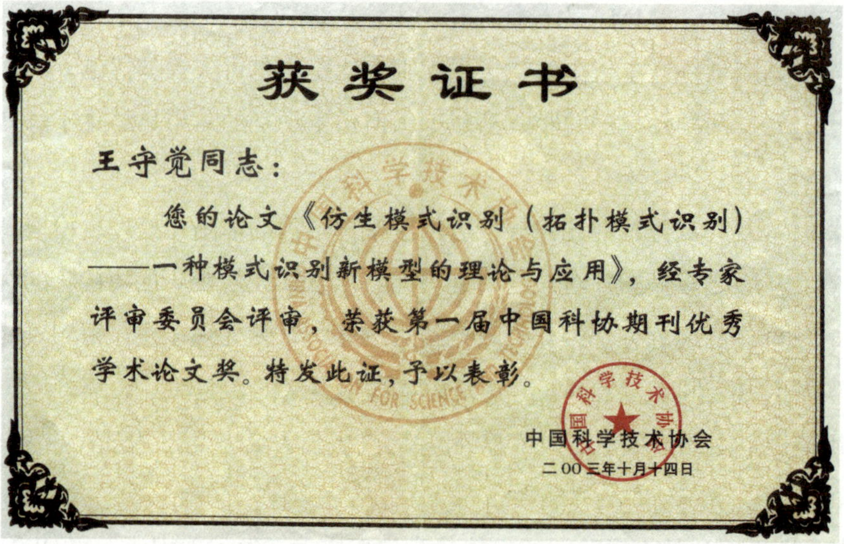

图 16　荣获第一届中国科协期刊优秀学术论文奖

王守觉先生在高维空间点分布分析方法和仿生模式理论的基础上，进一步提出了“多维空间”理论框架，具有以下四个基本特点。

（1）全部理论方法和计算过程都是从高维空间中几何图形概念出发，用垂直坐标计算来进行图像处理，从几何的图形概念出发，用几何的方法来计算，而不是用代数的方法来计算。

（2）高维空间中所有的子空间都利用空间中的点集来描述。现代信息不管是图片、照片还是语音在因特网上都用数字模式传输，高维仿生信息技术把每一个数字看成一个坐标值，一组数字就等于空间里的一个点。例如，在立体几何中，给出 X、Y、Z 三个坐标来确定一个点，所以一个点的位置就可以代表三个数字，如果在 100 维空间，一个点的位置就能代表 100 个数字。

（3）高维空间中任何复杂的计算过程都是用许许多多平面几何简单运算组合迭代而成的。高维仿生信息技术用空间几何代替了多个变量的方程式，更加直观、形象，减轻了人们的工作负担。

（4）这项技术实际是用立体几何的概念思考问题，这样思考问题的方法比较直观，易于理解，能够在技术上达到事半功倍的效果。

2004 年 12 月 27 日，中国神经网络委员会（China Neural Networks Council，CNNC）2004 学术年会委员会议选举王守觉先生为中国神经网络委员会主席。中国神经网络委员会创建于 1990 年，是由中国电子学会、中国计算机学会、中国自动化学会、中国人工智能学会、中国生物物理学会和中国心理学会等 15 个国家一级学会成立的联合体，挂靠在中国电子学会。中国神经网络委员会在国际神经网络界创立了很好的声誉，与本学术领域国际知名学者和主要国际学术组织（IEEE Computational Intelligence Society，原名称 IEEE Neural Networks Society）有密切的学术联系。在先生的主导下，2005 年 10 月 13～15 日，神经网络与脑国际会议（2005 International Conference on Neural Networks & Brain，ICNN&B'05）在北京召开，菲尔茨奖获得者 Smale 教授，欧洲神经网络学会主席、芬兰科学院院士 Oja 教授，日本 ATR 计算神经科学实验室主任 Kawato 教授等国际知名人物出席会议。先生分享了《Computational Information Geometry and its Applications》大会报告，在神经网络研究的最低潮时期，鼓舞了神经网络研究领域研究者的信心，激发了人工智能领域同行们的创新活力。

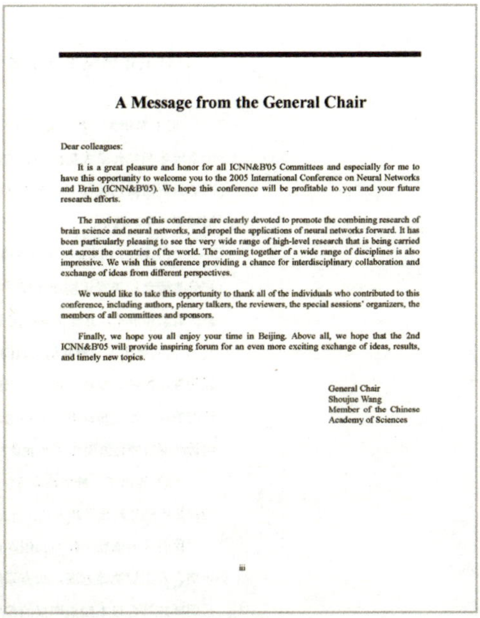

A Message from the General Chair

Dear colleagues:

It is a great pleasure and honor for all ICNN&B'05 Committees and especially for me to have this opportunity to welcome you to the 2005 International Conference on Neural Networks and Brain (ICNN&B'05). We hope this conference will be profitable to you and your future research efforts.

The motivations of this conference are clearly devoted to promote the combining research of brain science and neural networks, and propel the applications of neural networks forward. It has been particularly pleasing to see the very wide range of high-level research that is being carried out across the countries of the world. The coming together of a wide range of disciplines is also impressive. We wish this conference providing a chance for interdisciplinary collaboration and exchange of ideas from different perspectives.

We would like to take this opportunity to thank all of the individuals who contributed to this conference, including authors, plenary talkers, the reviewers, the special sessions' organizers, the members of all committees and sponsors.

Finally, we hope you all enjoy your time in Beijing. Above all, we hope that the 2nd ICNN&B'05 will provide inspiring forum for an even more exciting exchange of ideas, results, and timely new topics.

General Chair
Shoujue Wang
Member of the Chinese
Academy of Sciences

iii

图 17　神经网络与脑国际会议论文集封面及大会主席王守觉致辞

2005 年，王守觉先生领导创建人工智能学会神经网络与计算智能专业委员会（以下简称专委会），并担任首届专委会主任委员。专委会是全国大专院校、高新企业及科研单位中从事神经网络与计算智能研究的专业技术人员进行学术交流的专业性学术组织。20 年来，专委会在先生创新精神的引领下，积极在学科建设、社会应用及科普宣传等方面开展工作，成为神经网络与计算智能领域国内与国际、学术界与产业界、业内专家与广大科研人员交流合作的桥梁。

2005 年 9 月 28 日，十三位院士汇聚于上海同济大学迎宾馆，对以王守觉先生为带头人的科研团队十多年来的研究工作成果做了如下的评价：“近十多年来，我国信息科学工作者在神经网络、模式识别、智能系统等领域做了大量的科研工作。其中，以王守觉院上作为带头人的科研团队，在以下三个方面做了系统性的、原创性的理论与应用研究工作，包括：（1）提出了以高维空间点覆盖原理为基础的不同于传统模式识别分类概念的模式识别新途径——仿生模式识别，发展了模式识别新的概念和理论，并在实际应用中取得了优异效果。（2）提出了一种新的矢量间运算的多权值神经元网络理论，并以硬件化神经计算机实现，从而解决了仿生模式识别所依据的高维空间的点覆盖实现问题，并在通用多权值神经计算机与人脸识别专用神经网络硬件方面做了产业化努力。（3）提出了一种解决高维空间点分布分析用的可用计算机实现的计算信息几何数学新方法，并

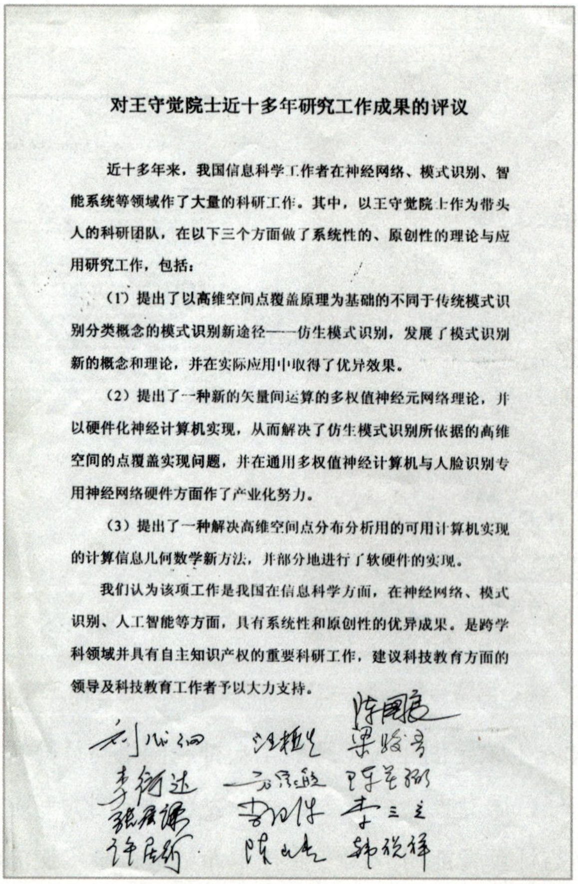

对王守觉院士近十多年研究工作成果的评议

近十多年来，我国信息科学工作者在神经网络、模式识别、智能系统等领域作了大量的科研工作。其中，以王守觉院上作为带头人的科研团队，在以下三个方面做了系统性的、原创性的理论与应用研究工作，包括：

（1）提出了以高维空间点覆盖原理为基础的不同于传统模式识别分类概念的模式识别新途径——仿生模式识别，发展了模式识别新的概念和理论，并在实际应用中取得了优异效果。

（2）提出了一种新的矢量间运算的多权值神经元网络理论，并以硬件化神经计算机实现，从而解决了仿生模式识别所依据的高维空间的点覆盖实现问题，并在通用多权值神经计算机与人脸识别专用神经网络硬件方面作了产业化努力。

（3）提出了一种解决高维空间点分布分析用的可用计算机实现的计算信息几何数学新方法，并部分地进行了软硬件的实现。

我们认为该项工作是我国在信息科学方面，在神经网络、模式识别、人工智能等方面，具有系统性和原创性的优异成果。是跨学科领域并具有自主知识产权的重要科研工作，建议科技教育方面的领导及科技教育工作者予以大力支持。

图 18　十三位院士对王守觉先生研究工作成果的评议

部分地进行了软硬件的实现。我们认为该项工作是我国在信息科学方面，在神经网络、模式识别、人工智能等方面，具有系统性和原创性的优异成果。是跨学科领域并具有自主知识产权的重要科研工作，建议科技教育方面的领导及科技教育工作者予以大力支持。”

2005 年，王守觉先生将近十年发表的论文整理成册，时任中国科学院院长的路甬祥这样评价：“这是您不懈创新求真的纪录。如您在首页所写的理念，值得倡导和青年科学家学习和继承。望共同努力为我国科技事业和自主创新能力的提高再做贡献。”

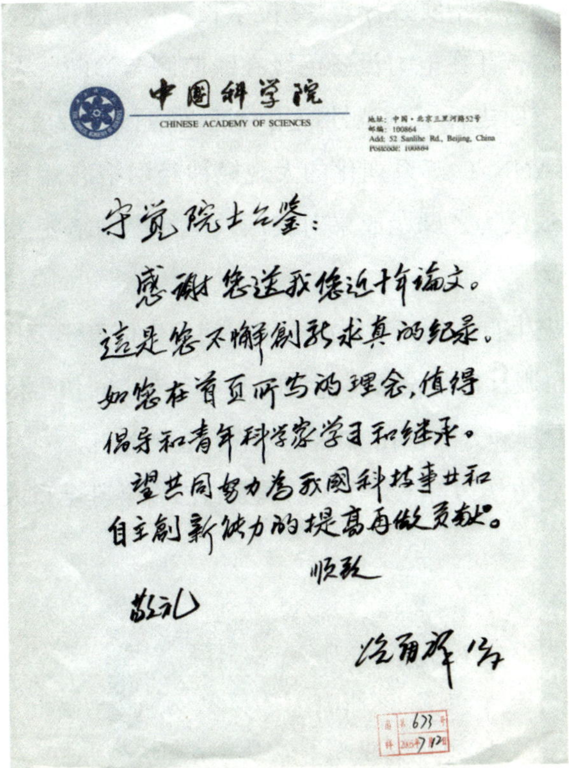
中国科学院
CHINESE ACADEMY OF SCIENCES
地址：中国·北京三里河路52号
邮编：100864
Add: 52 Sanlihe Rd., Beijing, China
Postcode: 100864

守觉院士台鉴：

感谢您送我您近十年论文。這是您不懈創新求真的紀錄。如您在首页所写的理念，值得倡导和青年科学家学习和继承。

望共同努力為我國科技事业和自主創新能力的提高再做貢献。

顺致

敬礼

路甬祥

图 19 时任中国科学院院长的路甬祥对王守觉先生论文集的评价

2006 年，有 8 个人工智能领域的国际会议都邀请王守觉先生去做报告，这说明国际开始关注高维空间仿生信息学这一研究领域。

同年，王守觉先生作为首席科学家的，李卫军主持的“基于高维仿生信息学的低数据量面像识别技术”课题以及鲁华祥主持的“半导体神经网络硬件及神经计算机研究”课题获得国家 863 计划信息技术领域“智能感知与先进计算技术”专题立项，并于 2009 年通过验收。“基于高维仿生信息学的低数据量面像识别技术”课题进行了高维形象几何分析方法、仿生模式识别方法、人脸检测与定位、创建人脸数据库等方面的研究工作，研制完成了一套低数据量人脸识别银行安全卡系统，系统由人脸识别专用神经计算机、专用人脸图像采集仪、磁卡读写器、PC 机组成。该课题完成的低数据量面像识别技术，能够将人脸特征表示为 48 个字节，从而使在磁卡、条形码等低容量的介质中存储人脸信息，具有一定的应用价值与社会价值。验收专家组一致认为“成果在图像特征表达方面具有新颖性”。“半导体神经网络硬件及神经计算机研究”课题提出了参数控制的多权值神经元结构，基于 FPGA 和 DSP 实现了神经网络硬件，研制了神经网络计算机原型，该原型实现浮点 32 位字长，网络规模大于 1024 个神经元，联结速度大于每秒 1 亿次，并在电力设备绝缘在线监测与诊断、人脸识别银行安全卡系统和密码分析研究等方面进行了示范性应用验证。课题成果为后续研制 CASSANN-V、CASSANN-X、CASSANN-T 等系列化的大规模神经网络芯片和计算系统奠定了技术基础。验收专家组一致认为“课题成果对我国人工神经网络相关理论、模型和算法的研究有积极促进作用”。

2008 年，王守觉先生自主创新发展的多维空间仿生信息学著作《多维空间仿生信息学入门》由国防工业出版社出版发行，详细阐述了多维空间仿生信息学以及仿生模式识别理论的相关概念、原理和方法，在国内外产生了重要影响。

2010 年，王守觉先生作为首席科学家的国家自然科学基金重大研究计划“基于高维

图 20　著作《多维空间仿生信息学入门》

形象几何分析方法的仿生人脸图像处理与识别方法研究”项目获批，李卫军任项目负责人。他们依托该项目发展并完善了高维形象几何仿生信息学理论，研究了多权值和多阈值神经元模型与应用技术，发展了高维空间复杂几何形体覆盖新方法，完成了人脸识别专用神经计算机（HFR-1）的专用化设计与实现工作；提出了一种二维空间点相对位置的描述新方法——三角形坐标系，并数学分析了其多种几何特性及其高维空间推广，可为提高人脸识别系统对姿态变化的鲁棒性提供技术手段；研究了人脸模式在高维空间中的同源连续性分布规律，提出了非线性距离映射的形象特征描述新方法，有效提高了单样本人脸识别的准确率，与其他方法相比具有更强的泛化能力和更高的应用价值。该项目于 2012 年 12 月执行期满后顺利通过国家自然科学基金委验收。

2012 年，王守觉先生等的全英文著作《仿生模式识别与多权值神经元（Biomimetic Pattern Recognition and Multi-weight Neuron）》由国防工业出版社出版发行，从统计模式识别、仿生模式识别、多权值神经元三个部分详细和系统地阐述了多维空间仿生信息学理论。

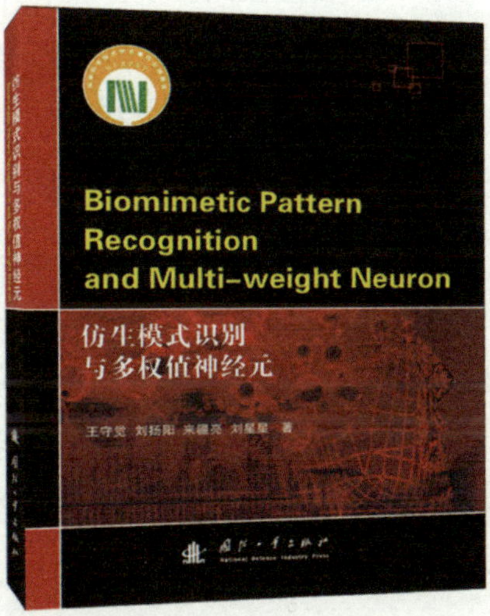

图 21 著作《仿生模式识别与多权值神经元》

王守觉先生深知多维空间仿生信息学是一门新学科，也是一项崭新的技术。前人没有做过，也没有国外的资料，没有现成的东西来证明这项技术是好是坏，只能通过产品来证明，只能依靠市场来证明。2013 年，在先生的推动下，中国科学院半导体研究所与深圳市威富集团联合成立了认知计算联合实验室，以高维形象几何仿生信息学理论和方

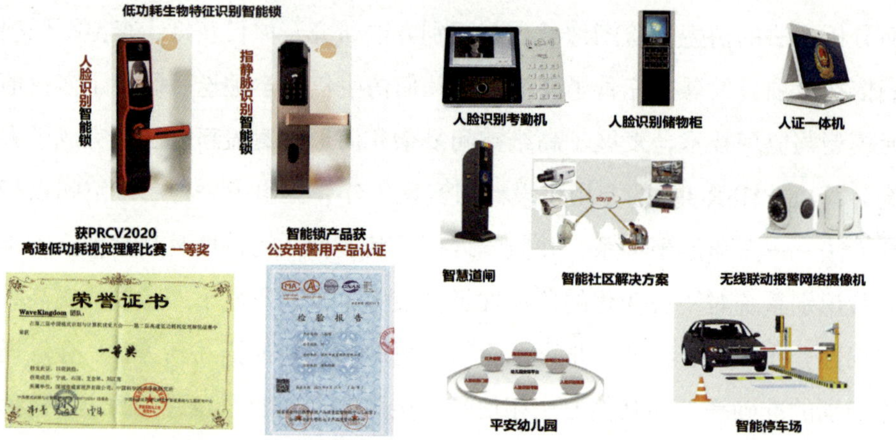

图 22　认知计算联合实验室代表性成果

法为基础，深入开展图像/视频处理与分析、人脸识别、指静脉识别、智能监控等形象认知计算应用领域的关键技术研发和产业化工作。在先生注重原始创新和产业化实践的精神指引下，认知计算联合实验室陆续开发出智能视频 AI 识别安全管理平台、智慧门禁系统、人脸识别考勤系统、智慧访客系统、外包人员一键报警系统、智慧电厂安全生成管理平台、矿山 AI 识别安全管理平台、智慧校园安全管理平台、智慧校园一键报警系统、智慧安防综合管理平台、智慧新警务监控平台、智慧水务安全管理平台、智慧工地安全管理平台、智慧停车系统等产品三十余款，在公安、军队、国防、电网、电力、核电、水务、矿山等多个领域得到应用，获得公安部认证、国内外人工智能竞赛奖、产品行业协会奖等荣誉三十余项。

2014 年，王守觉先生担任项目技术负责人的国家重大科学仪器设备开发专项“光栅型近红外分析仪及其共用模型开发与应用”项目启动。在该项目中，李卫军负责“基于高维形象几何分析的 NIR 技术研究与软件开发”任务，探索将高维形象几何分析方法应用于近红外光谱分析，从复杂、重叠和变动的光谱中提取并分析微弱信号，建立了多种基于高维形象几何分析的近红外光谱特征提取与定性分析新方法，并开展了近红外光谱分析在玉米单倍体籽粒识别、血糖含量检测等应用技术研究，研发了近红外光谱分析软件，为高维形象几何近红外光谱分析提供了有力技术支撑。该项目于 2021 年 3 月顺利通过科技部验收。

2014 年 6 月 27 日，《中国科学报》刊登了“王守觉：百转千回为求新”的文章，对王守觉先生的科研经历进行了报道。先生提出：“高科技探索领域的创新要从源头上做起，不要受传统的概念与基础的束缚，随时注意基本概念上的创新，才能使我国目前相对落后的技术领域，获得更快、更强劲的发展。”

2016 年 6 月，王守觉先生因病在苏州逝世。但是他的人工智能创新之路并未因此停止。

鲁华祥博士继承了王守觉先生开创的半导体神经网络学科方向，将先生提出的创新

10　2014 年 6 月 27 日　星期五　Tel:(010)62580716　印刻　中国科学报

‖“老科学家学术成长资料采集工程”系列报道34

王守觉(1925 年~)，原名王守平，祖籍江苏苏州，半导体器件及微电子学家、信息科学学家，中国半导体器件与微电子技术研究的开拓者之一，多维空间仿生信息学学科的创建者。历任中国科学院半导体研究所副研究员、研究员、室主任、副所长、所长。1980 年当选为中国科学院学部委员(院士)。曾兼任中国神经网络委员会主席、中国电子学会副理事长、《电子学报》编委会主任。获国家创造发明奖、科学大会奖、中国科学院科研成果奖、科技进步奖多项。

王守觉：百转千回为求新

■付淼 尹晓冬

正迎来九十大寿的王守觉院士长期从事半导体器件、半导体电路设计及器件制造工艺、模糊逻辑电路、新型高速逻辑电路及其应用途径的研究，对我国半导体器件工艺的成型，工艺设备的设计与定型生产，电路的集成与应用等方面作出了重要贡献。近年来他在信息科学领域独树一帜，开创我国半导体人工神经网络和多维空间仿生信息学领域的研究工作，为我国仿生模式识别的发展奠定了基础。

高科技探索领域的创新要从源头上做起，不要受传统的概念与基础的束缚，随时注意基本概念上的创新，才能使我国目前相对落后的技术领域，获得更快、更强劲的发展。

（作者付淼系首都师范大学物理系助教；尹晓冬系首都师范大学物理系副教授）

▲本世纪初王守觉与学生在一起。

◀1985 年王守觉去西安电子科技大学讲学时登华山。

▼20 世纪 70 年代王守觉指导科研人员工作。

‖延伸阅读

对新一年的想法

■王守觉

图 23　《中国科学报》对王守觉先生的报道

思想用于解决不精确、非完整信息的分析和决策领域，创新研制出超大规模类脑神经计算芯片 CASSANN-V、神经网络芯片 CASSANN-X、面向时序信号处理的动态可重构神经计算芯片 CASSANN-T 等系列半导体神经网络芯片。

CASSANN-V 芯片区别于当时广泛流行的深度学习加速器芯片，专注于复杂最优化问题的求解，是国内首款解决复杂离散最优化问题的类脑神经计算芯片。芯片采用 40nm CMOS 工艺，规模超过 1 亿只晶体管，主频超过 1GHz，内部集成 16 个神经元集群，每秒可以完成 358 亿次突触连接，并创新引入了概率计算策略，将复杂最优化问题的优化变量看作依概率分布的随机事件，将神经元的权值赋予不确定性，在目标优化过程中既保障算法的收敛性，又兼顾优化策略的多样性，最终实现复杂问题的全局最优化求解，同时基于自主设计的“多权值”神经元模型，以及局部子域、串并行协同的类神经形态芯片架构，大幅度提高了芯片的计算效能和容错性。基于该芯片的类脑神经计算单元，单板集成 16 颗 CASSANN-V 芯片，支持 16 颗芯片的全并行化工作，并进一步研制了神经计算单元的数据交互板，支持神经计算单元的大规模扩展，从而实现神经计算集群系统。经应用验证，对于离散域内超多变量复杂最优化求解这类 NP-hard 问题，芯片综合计算效能相较于传统的冯·诺依曼架构处理器提高了近 5 个数量级。该芯片的研制成功，对于长期受制于计算资源瓶颈的实际应用问题，如网络信息安全中的密码分析、移动通信中的信道编码盲识别、计算材料中的晶格结构预测、生命科学中的基因序列比对等，可提供全新的高效能解决方案。

CASSANN-X 芯片采用标准 28nm CMOS 工艺制造，主频为 1.0GHz，功耗为 2.0W，峰值算力为 1.02TOPS。芯片内部实现了 64bits 位宽的高速并行总线，用于在片内分发权重、偏置以及输入特征图等数据。该芯片是专门针对卷积多样性设计的一款深度卷积神经网络加速器，核心计算阵列在类脑神经元电路结构、类脑神经元之间的链路组织方面具备多种可重构方式，数据流控制能够高效映射不同卷积尺寸的计算，提高局部存储区数据复用性，减少数据重复传输，并可高效实现任意深度、任意卷积核尺寸的网络，以及连续变量域内的复杂最优化问题求解，可广泛应用于图像处理、目标跟踪识别等领域，面积小、功耗低，还可部署于终端设备。

CASSANN-T 芯片采用 12nm 工艺，峰值计算能力为 16TFlops，峰值功耗低于 16W，能效具有优势。芯片面向时序处理任务，在架构上融合了空间信息感知的卷积神经网络（convolutional neural network，CNN）和时间信息关联的循环神经网络

（recurrent neural network，RNN）/长短期记忆（long short-term memory，LSTM）网络，集成 8192 个 PE 单元，可同时支持 CNN、RNN、LSTM 等深度神经网络模型。典型应用场景包括视频流的目标检测、识别、分类任务和态势感知，以及高动态移动目标的辅助决策等。

李卫军博士继承了王守觉先生开创的多维空间仿生信息学理论与方法学科方向，开展了形象认知理论及其在计算机视觉、人工智能等多学科交叉领域的高技术基础性研究，在人工神经网络模型、视觉信息的认知计算、高维信息处理与分析等领域中取得了系列研究成果。他基于高维形象几何分析方法系统研究了高维空间中典型的几何计算及其组合方法、高维神经元模型及其构造方法、高维空间复杂几何覆盖新方法和新技术，提出了多种仿生视觉计算新模型，并进一步针对建模对象高维、动态、非线性等难点，提出了系列新型神经元模型和神经网络算法，构建了多种符号回归及非线性问题求解模型，创新发展了激活函数与神经网络均自学习的自主神经网络模型，在覆盖式神经元模型、拓扑积神经网络、深度符号回归、复杂模型求解等方面取得了原创成果，形成了一套智能建模理论和方法，推动多维空间仿生信息学理论与方法不断深入和发展，并根据国家需求和科技前沿衍生出新的学术方向和研究思路。

在王守觉先生倡导的理论要转化为实践应用的思想指导下，李卫军积极推动理论与技术成果在智能存储、智慧健康、智慧城市等领域的应用转化。相关技术应用于国产存储主控芯片及高性能企业级固态硬盘产品，建立了可计算存储主控芯片 SOC 技术体系，实现了智能化存储控制、数据管理与计算，打破国外垄断，服务于国家超算中心、银行、政务、医疗、大型企等国家核心数据存储；基于形象认知计算的人体三维建模与关键点检测技术应用于人工智能医疗器械创新任务揭榜产品，关键点定位精度从厘米级提升至毫米级，使中医非药物疗法数字化、智能化成为可能；开展 AI for Science 研究，将半导体材料与器件建模技术应用于材料能带预测、谐振腔建模仿真、高维泊松方程求解等任务，研发的半导体领域大模型为半导体研究范式变革提供了有力支撑。

回顾王守觉先生在人工智能领域的创新之路，自 1991 年至今，在他的带领下，中国科学院半导体研究所人工智能与高速电路实验室以半导体技术与计算机技术为手段，研究效仿人脑细胞网络活动的机理以及信息处理过程，为解决传统冯·诺依曼计算机难以解决的、无精确数学模型存在的复杂过程的经验总结、预测、决策问题，以及广泛不能按逻辑推理解决的形象思维问题，提供了创新的途径和硬件手段。经过长期的研究实践，已形成了一套具有独创性的涵盖类脑神经计算模型、算法、神经元电路及软硬件系统的完整技术体系，并积极推进相关技术成果的转移转化及产业化工作，为我国人工智能领域创新发展做出了积极贡献。

未来，中国科学院半导体研究所人工智能与高速电路实验室的科研工作者们将沿着王守觉先生开拓的方向继续前进，持续推动我国人工智能技术的进步和发展！

中国科学院半导体研究所举行“王守觉人工智能与芯片攻关突击队”授旗仪式

中国科学院半导体研究所党委办公室

2024年5月27日上午，中国科学院半导体研究所举行“王守觉人工智能与芯片攻关突击队”授旗仪式。党委书记、副所长冯仁国以及人工智能与高速电路实验室、半导体集成技术工程研究中心、光电系统实验室、半导体物理实验室、固态光电信息技术实验室相关突击队队员代表、党委办公室负责同志共计约50人参加授旗仪式。仪式由人工智能与高速电路党支部副书记宁欣主持。

图1　突击队授旗仪式现场

经所党委审批，突击队由人工智能与高速电路党支部牵头，联合所内人工智能领域相关科研团队组成。

首先，党委书记、副所长冯仁国同志为突击队授旗，激励突击队在弘扬科学家精神、开展科研任务攻关中发挥尖刀连和排头兵作用，为实现半导体科技自立自强贡献积极力量。

图 2　党委书记冯仁国向突击队授旗

会上，突击队队长、人工智能与高速电路实验室主任曹晓东同志进行表态发言，他表示将积极带领全体突击队队员继承和弘扬王守觉院士“躬行出真知”的求实创新精神，积极投身半导体科研事业，团结协作、集智攻关，加快抢占科技制高点，为我国半导体科技的发展和中华民族伟大复兴做出新的更大贡献。

图 3　突击队队长曹晓东作表态发言

冯仁国同志做动员讲话，他强调，成立突击队是半导体所政治生活的一件大事，期待突击队能够肩负起国家战略科技力量的责任担当，永争第一，开拓创新，扎实工作，为我国人工智能及相关领域做出贡献。希望用好突击队这样一种攻关组织模式，能够把半导体所内做人工智能的专家组织起来，打造出半导体所在人工智能领域的新优势。希望突击队不辜负王守觉院士的遗志，秉承他的科学家精神，主动融入国内主流的科技体系中，彰显出半导体所的优势和特色。

图4　党委书记冯仁国做动员讲话

与会成员集体观看了“王守觉：百转千回为求新”视频，深切感受了王守觉院士不畏艰难、奋斗不息，把全部的才华和毕生的精力无私地献给中国的半导体器件和电子学事业的光辉历程。另外，王院士的弟子还分享了王院士生活和工作中的点点滴滴，带领大家回顾王院士的生平和科研精神。鲁华祥研究员以王院士在人工神经网络理论工具、思考方法和神经计算机硬件等方面的“创新”思想勉励全体突击队队员在未来的长期发展中要做到团结协作、集智攻关、积极探索、凝聚科研创新力量。李卫军研究员谈到王院士深入人心的严师慈父形象，密切关注学生科研进展和个人成长，并以视频中王院士在八十多岁高龄仍战斗在科研一线等为例，勉励全体突击队队员继承和发扬“躬行、实干”的科研精神，严谨执着科学实践，不懈攀登科学高峰、面向祖国重大需求积极奉献。

图5　鲁华祥研究员分享王守觉院士科研精神

最后，曹晓东同志向全体参会人员颁发突击队成立纪念徽章并合影留念。

图 6　李卫军研究员分享王守觉院士科研精神

图 7　突击队纪念徽章

图 8　突击队合影

学　术　篇

王守觉院士科研工作时间跨度长、研究领域广、成果丰硕。本篇精心搜集整理了其在半导体器件、集成电路及人工智能等领域的代表性文章 56 篇，反映了王守觉院士在不同时期、不同领域取得的重要创新成果，展现了其非凡的科研历程，更映射出了其作为科学先行者前瞻性的科研视野和勇于探索的精神。这些文章来自不同时期的不同文献，为了体现本篇的史料价值，在内容上尽可能忠于原文，在编排上尽可能体现原文献的原貌。

科研感悟

北京自然辩证法座谈会上的发言*

《红旗》编辑部哲学组和中国科学院哲学研究所自然辩证法组，全国科协、北京市自然辩证法学会筹委会和中国科学院哲学研究所曾先后联合召开了几次自然辩证法座谈会，一部分科学技术工作者和哲学工作者应邀参加了座谈，讨论了在科学技术工作中如何自觉地运用唯物辩证法的问题。

王守觉：

现代科学技术工作综合性非常强，一项任务往往需要多方面工作的配合，在协作配合中各方面都以辩证的观点来认识和分析问题是搞好工作的关键。在我们的专业工作中时常有这样的情况：一项任务包括元件和线路二大部分工作，当任务有问题时，常常听到线路工作的人认为是元件质量不好，而元件工作的人却认为是线路不合适。同一个客观事实存在，为什么对不同工作的人往往会有不同的认识呢？这时常是因为双方都受自己局部工作的局限，而使认识问题时带有片面性，对自己的工作绝对化，缺乏一分为二的观点。克服这个片面性首先必须认识到一切事物都是永无止境地发展着的，我们任何一项工作只会完成一定阶段的要求，而永远不可能做到顶的。假若元件与线路工作，单个地说虽然完成了，但一配合起来还有问题，那么对线路工作来说至少在具体元件水平的情况下还不能满足要求，而对元件工作来说至少在具体线路设计水平的情况下也还不能满足要求。没有线路，元件就没有任何用途。没有元件，更无所谓线路。线路的完善能使元件的功能充分发挥。新的元件又促使新的线路的发展。线路和元件是相互依存、相互促进而又相互补偿的，任何认为只是线路有问题或只是元件有问题的绝对化看法都是不全面的。较小范围的工作来说，从一种器件的研究工作来看，器件工艺与器件设计分析的关系，器件工艺与材料制备的关系，这一项工艺与那一项工艺的关系，工艺操作与工艺设备设计的关系等等都有着同样性质的关系，经常存在于我们每个人的工作中。许

---

* 原载于：自然辩证法研究通讯，1965，（4）：9.

多矛盾当中必有一种是主要矛盾。在一个时期可能某项工艺问题是主要矛盾，而在另一时期可能线路设计问题或材料质量问题成为主要矛盾。但是要能客观地找到整个工作中的主要矛盾，首先必须肯定自己的局部工作也是有问题、有缺点的。把责任首先推向别人和碰到问题首先怪别人的工作，这种思想方法非常不利于工作的进展。要去除掉这迷糊眼睛的有色眼镜，才能客观地分析和抓住主要矛盾。这里既有世界观问题，又有方法论问题。必须认真学习毛主席著作，不断破除迷信（对文献的迷信和对自己的迷信），树立一分为二的辩证法的思想方法和实事求是的科学态度。

新型半导体传感器和材料的发展趋势*

王守觉
（中国科学院半导体研究所）

在众多的材料中，半导体材料对制作各种传感器有着天然的优越性，因它对光、热、压力、磁场、辐照、湿度、气体、离子等都很敏感，并能以电信号的形式输出。在各种技术中，半导体工艺技术在制作传感器上又有独到之处。目前，传感器正向着微型化、集成化、多功能化，表面界面化、精密化及大生产化的方向发展，而这些又正是已成熟的半导体工艺技术的长处，因此，半导体传感器在整个传感器领域中占有越来越重要的地位。目前大量在生产上应用的主要是物理传感器（光、声、压力、温度等），尤其是光学传感器，据统计占80%左右，但从研制的角度看，物理传感器的研究趋势已开始下降，化学传感器及生物、医学传感器（气敏、湿敏、离子敏、酶敏等）开始上升。

在半导体传感器中，场效应晶体管 FET 的应用是令人瞩目的，FET 是一种电压控制的器件，若在栅极上加一反向偏压，偏压的大小可控制漏极电流的大小。如果能用某种敏感材料将所要测定的参量能以偏压的方式加到栅极上，就可从漏极电流（或电压）的值来确定参量的大小，例如用 Al_2O_3 或 Si_3N_4 作为敏感膜，在不同酸度的溶液中，由于 H^+ 活度不同产生不同的电位，从而可测定溶液 pH 值，做成 pHFET，用对其它离子敏感的膜，则可做成离子敏 FET（ISFET）。如在栅上设法固定上含有酶的薄膜，就可制成酶 FET（EnFET）因此，FET 很容易系列化、集成化，现有品种已很多，还有压力 FET、温度 FET、湿度 FET、气敏 FET、辐射 FET 等等。但目前也还有一些问题没解决，如稳定性、一致性与寿命。其中封装是很困难的工作。

材料与器件有着密切关系，在敏感材料方面，近年来特别引人注意的是高分子材料及非晶材料，而材料的表面薄层化工艺十分重要。高分子材料有不少可在室温下用多种简单的方法成膜，其中，对能与半导体工艺相容的材料尤其受到重视，目前已有聚酰亚

---

* 原载于：传感器技术，1987，（Z1）：2～3.

胺、聚乙烯醇、聚乙烯等可用光刻工艺处理，高分子膜作为敏感材料已用于气敏、压敏、湿敏、离子敏、生物敏等各个方面。

非晶材料因价格便宜，易制成薄膜，有多种敏感性能，也日益受到重视，太阳能电池所用的a－Si ：H及气敏器件上用的非晶材料，无论在理论上、工艺上的研究都很活跃。

近年来各领域的科学技术的新成就，提供了研制尖端新传感器的基础，如分子束外延（MBE）MOCVD，LB膜等技术的发展，可人为地生长所期望的薄层材料，并使生长几十埃以至单分子层的超薄层材料成为现实，从而又发展出或将发展出一系列崭新的传感器件。又如生物科学中有关制备单抗体的技术，使大规模生产性能好的抗体成为可能，该技术最近获得诺贝尔奖；酶的固定化技术的发展，使生产酶传感器成为现实。去年底开始出现的高转化温度超导材料的研究高潮，也必将推动用超导材料制作传感器的探索。

下面举几个这方面传感器的例子。

超导体量子干涉器件SQUID（Superconductor Quantum Interference Devices）是一种基于约瑟夫逊（Johsephson）隧道效应的器件，可制成极高灵敏度的磁强针、能测10^{-11}G的磁场强度，特别适于研究人体的微弱磁信号，如心的磁信号约为10^{-8}G，胎儿的为10^{-7}G～10^{-8}G，脑为10^{-8}G。可见SQUID足以分辨这类信号的变化，现已用来测定人大脑的神经活动、心的功能、视觉听觉在脑中的反应及肝脏中铁含量的测定等，开辟了一个生物磁场研究的新领域，今年召开的国际传感器会议上，也对高温超导材料做SQUID的前景作了讨论。

超晶格量子阱器件。超晶格是指两种不同（组分不同或掺杂不同）的半导体单晶薄膜，以原周期若干倍周期性地交替叠合在一起的多层结构，当薄层的厚度小到电子的德布罗意波长以下，就可观察到载流子的量子尺寸效应。量子阱是指两种禁带隙不同的半导体形成的B-A-B-A型结构。在窄禁带半导体A中，电子和空穴将限于在某一宽度范围的“量子阱”中运动。量子阱的最基本的特征是量子阱宽度的限制，导致了Z方向运动的量子化，由此产生许多新的特点，可研制成量子阱激光器，量子阱霍耳器件、量子阱光探测器等。

抗体-酶免疫反应器件。生物中的抗体对相应的抗原有单一的识别能力，其选择性是其他材料远无法相比的，如将抗体做成薄膜，再与换能器件结合就可制成传感器，美国加州大学化学系将TNT抗体与荧光酶结合并固定于光纤端面，当有TNT时，抗体-酶结合体与之反应，产生荧光的强度与TNT的浓度有线性关系，可测到10^{-18}摩尔的TNT，已超过警犬的灵敏度。

集成电路的昨天、今天和明天
——纪念晶体管发明四十周年*

学部委员 王守觉　助理研究员 冯宏娟
（中国科学院半导体研究所）

一、引　　言

晶体管的发明使半导体电子技术在电子学领域,甚至在整个工业领域占领了重要地位，尤其是五十年代末集成电路（IC）出现后，这种地位取得了绝对优势，除大功率器件领域仍部分为电真空器件占有外，绝大部分都为以晶体管为基础的半导体器件所占有。从直流到高频；从模拟电路到数字电路；从空间技术、卫星通信到个人用收音机、计算器，到处都可看到半导体的踪迹。七十年代，尤其是八十年代以后，以 LSIC 和 VLSIC 为核心的微电子技术的迅猛发展，使电子工业和机械、光学、能源、冶金、交通、邮电等部门发生了深刻的变化，迅速向着高速度、高效率、高可靠、低消耗、信息化、智能化、系统化的方向发展。IC 的应用正向各个领域渗透和结合，为我们提供了巨大的信息传递、处理、检测和控制等功能，成为社会新的生产力，日益改变着国民经济、国防建设的面貌，引起了工业结构和人们日常生活的变化。所有生活在今天这个时代的人不能不为之所激动。

本文拟对 40 年来晶体管及其集成电路的发展对现代科学技术所产生的深刻影响，它的发展动向及今后的发展方向谈一些粗浅的看法。

二、IC 的发展对现代科学技术所产生的影响

（一）IC 的发展推动了半导体科学技术各个方面的进展

1）晶体管和 IC 的出现以及集成度和速度的提高在理论上是依赖于对材料和器件的

* 原载于：半导体情报，1988，（1）：1～6.

物理效应的不断深入研究。1947 年 12 月巴丁（John Bardeen）和布拉丁（W·H·Brattain）在研究半导体表面物理时，发现了晶体管效应，1948 年，肖克莱就建立了面接触晶体管理论，发明了晶体管。由于理论上说明了半导体的微观结构和宏观性质，把许多微观的量作为工程应用数据，因此硅平面工艺的突破，促使晶体管由分立元件时代进入集成电路时代，1958 年，J · Kilby 研制了第一块 IC，双极电路成了当时的主流。对 Si-SiO_2 界面物理的进一步阐明，导致了 MOSFET 的诞生，因而出现了各种 MOS 型 IC。在 IC 的发展过程中，许多新的课题又被提了出来，如表面物理的研究，当器件结构越来越接近器件表面时，表面对器件的影响越加显著，通过对表面所做的大量分析和验证，发现影响硅器件性能的一个重要原因是存在携带电荷的可动钠离子，于是便研究了一套有效控制钠离子的方法，使得 MOS 大规模集成电路突破了技术关而得以迅速发展。进入 VLSI 后，IC 的主要特点是芯片图形线条的最小宽度进入亚微米，这就涉及了一系列新的物理效应，其中最突出的是表面和界面影响的增强和出现小空间和短时间表征的电场，原有的微米级模型已无法使用，现已提出 Monte Carlo 粒子模型和弛豫时间近似值模型，这种模型还很粗糙，尚需进一步研究。

2）IC 的发展使得工艺和器件研究及微加工技术取得了很大进展。在工艺和器件方面，一个明显的特征是硅单晶直径越来越大，表 1 示出各个发展时期国际上使用的硅单晶直径情况，目前生产水平已达15cm 以上，而研究水平已达 20cm。伴随着线宽的不断缩小，电子束和 X 射线等新型曝光技术已逐步代替了紫外线曝光技术。1986 年，日本东芝公司还成功地开发了一种比电子束和 X 射线更为经济的称为“准分子激光”光刻新技术，利用这种新技术，硅片线宽可细到 0.35μm。当硅片的直径大于 20cm 时，Si 片过大将带来表面平整度及造价太高等问题，因此为了获得更细的线条，一方面要推广多层光刻胶技术，另一方面还要选择更理想的光源。另外，湿法刻蚀已逐步被干法刻蚀所取代，并开始了离子铣的研究。栅绝缘层厚度已达 27Å 以下，低压化学汽相淀积（LPCVD）薄膜技术已逐步代替了常压化学汽相淀积（APCVD），开始了等离子化学汽相淀积（PlasmCVD）薄膜技术的研究。全离子注入技术已逐步代替热扩散技术，硅金属化合物，多晶硅表面金属化合物以及难熔金属等新材料的研究正在进行，GaAs 材料的研究有了新进展，已成功研制了 16k GaAs RAM，美国明年还将推出 GaAs 32 位微处理器。多层布线技术和 SOI（绝缘层上再做硅）器件研究得到了迅速发展。超晶格器件有了新突破，日本富士通已制成“共鸣隧道效应晶体管”。为了实现 Å 级精度和原子级精度的超薄膜生长，提出了光外延技术和原子层外延技术。

表 1 国际上使用硅单晶情况

使用时期	直径（cm）	阶段
1960 年以前	1.25～2.5	分立阶段
1960～1965	2.5～5.0	SSIC
1966～1970	5.0～7.5	MSIC，LSIC
1971～1974	7.5～10.0	LSIC
1975～1979	10.0～12.5	LSIC，VLSIC
1980～1986	12.5～15.0	VLSIC
1987～	15.0cm 以上	VLSIC，ULSIC

（二）IC 的发展对计算机技术产生了深刻的影响

晶体管及其集成电路的发展深刻影响着计算机技术的发展。第一台电子管计算机于 1946 年问世不久，随着晶体管的诞生，很快就出现了以晶体管二值逻辑器件为基本元件的第二代计算机；集成电路的发展使得以集成逻辑电路为基础的第三代计算机得以问世，这是以 IBM 370 的出现为标志的，当时的存贮器还是磁芯存贮器。

集成电路的大发展基本上是从 70 年代开始的，这一方面是由于半导体科学技术本身的发展，另一方面，计算机技术的不断要求使 IC 的竞争愈加激烈，促使 IC 的迅速发展。日本的 LSI 是靠计算器发展起来的；而美国的 LSI 是靠存贮器发展起来的。日本从 1969 年起沿着计算器单片化的方向发展，所以计算器用的 MOS 型 LSI 也获得了迅速发展，美国是从 1970 年开始相继研制了动态存贮器和微处理器，随后开始急剧发展起来的。

半导体存贮器和微处理器是 LSIC 的典型产品。1971 年生产的 1k 位 MOS DRAM 和 1972 年上市的 2k 位浮栅雪崩注入 M0S 可编程序只读存贮器（FAMOS PROM）是划时代的产品。1973 年，IBM360 的出现标志着计算机进入了第三代，这时的逻辑集成电路为 MSIC，存贮器采用了半导体存贮器。另一方面，微处理器也得到了相应发展，1971 年研制出 4 位微处理器，后来又研制了 8 位、12 位微处理器，其性能一直在不断提高，1977 年，LSI 的水平已达 16kD RAM 和 16 位微处理器。但随着应用范围的扩大和微处理器的普及，使用方便和降低整个系统的成本已成为重要的问题。单片微型计算机的问世，采用 LSI 充实外围电路及扩大中央处理机用 LSI 的功能是为了解决这个问题。1979 年，IBM4300 系列机的问世标志着计算机进入了第四代。这时的 IC 水平已达 64k DRAM。进入 80 年代后，IC 的发展更快，集成度平均每年提高 2 倍，而价格平均每年下降1/2，性能（功耗×延迟时间）以指数形式改进，很快就进入了超大规模集成时代（VLSI），这时的集成度已达到在 1 平方厘米的芯片上集成 10 万只以上的晶体管。目前的生产水平已达到1M～4M DRAM 和以 Intel 80386 为代表的微处理器。

（三）LSI 及 VLSI 的发展革新了许多领域的基本思想

LSI 及 VLSI 的发展及大量生产所取得的成绩，使 IC 的价格大幅度下降，对通信领域的基本思想产生了重大影响。通信是由终端设备、传输回路和交换机三部分组成的，LSI 的发展正在使终端设备智能化，使传输回路由模拟式变成数字式，并使交换机降低成本提高性能，在某些情况下向分散处理式交换机发展。随着传输回路由模拟式向数字式转换，终端设备和交换机的数字化，使信号适合传输的数字信号处理技术和数字频带压缩技术、A / D 和 D / A 转换技术也不断向前发展。微型计算机和通信技术的普及和结合，使我们进入了信息时代。

IC 的集成化思想对半导体器件及其他领域也产生了深远的影响。不仅数字电路搞集成化，线性电路、微波电路甚至光电器件都在搞集成化，如数码管等；不仅硬件领域在高集成化，而且软件领域也正在出现软件集成的趋势，如各种集成软件。

（四）专用集成电路（ASIC）的出现和发展使 IC 的生产和发展达到了一个新的转折阶段

85 年和 86 年连续两年的半导体的箫条，使半导体生产的格局发生了变化，大力发展 ASIC 已作为新的研究方向被重视起来。大量低价的通用 IC 芯片被少数几个大企业垄断，同时众多的 ASIC 由分散的整机厂（用户）通过设计中心来完成的新格局使得 IC 在发展以缩小特征线宽和提高集成度为标志的通用 IC 的纵向水平的同时，注意了专用 IC 的横向发展，即在充分利用已达到的工艺技术水平下同时开发各种 ASIC。ASIC 相对通用，大量、低廉的 IC 产品（SSIC，MSIC，LSIC 和 VLSIC 中的 RAM，CPU 等），具有小批量、多品种、专用的特点，是面向用户的设计，如“用户电路”和“半用户电路”（custom and semicustom design），因而在一定限度内价格可以略高。只有 ASIC 才能充分发挥 IC 技术的高效益，同时也符合消费者对电子产品多样化的要求。目前，ASIC 多为“半用户电路”，在 ASIC 方面，日本目前处于领先地位。

ASIC 的应用范围已进入到民用消费领域，如电视机、钟表、电子玩具、照相机、电视和音响设备的选台系统、各种自动售货机、家用电器和汽车用的各种控制系统，在民用消领域，超小型电子产品很受欢迎。基于此，1977 年，日本松下电气公司推出了薄型收音机，它的主要部分是一种称为“无引线片状元件”的电子产品。无引线片状元件是一种大小只有几毫米的新一代超小型电子元件，用浸焊法或再流法固定在印制电路板上或陶瓷基片上。自 1977 年以后，在国际上掀起了片状元件研制和生产的兴旺局面，出现了一大批薄轻小的电子产品，推进了组装自动化，同时提高了生产产品的可靠性，降低了生产成本，从而使电子元件的产品结构发生了重大变化，大大动摇了传统的组装概念，在国外誉称为“组装革命”。

（五）逻辑集成电路的发展给机械的电子化和机器人的发展产生了巨大影响

从分立元件到 SSIC，LSIC 及 VLSIC，几乎都是伴随着逻辑功能的电路化和集成化而发展的。而且逻辑电路的集成化是先于存贮器和其他电路的。由于布尔代数与开关网络理论简单明了，而且晶体管硅器件又非常适合在“通导”与“截止”两种状态之间“开”与“关”，因此晶体管硅器件自然地成了二值逻辑电路，许多场合取代了机械开关，从而便于实现自动化。随着对逻辑功能的进一步要求以及对非冯·诺依曼体系的研究，多值逻辑电路的集成问题也就成了人们感兴趣的课题，从七十年代开始先后发表了 I^2L 和 CMOS 三值逻辑电路，以及 CCD 多值逻辑器件，但十多年来，多值逻辑电路一直不能大量生产，其主要原因是这些电路是否适合多值逻辑处理还是个问题。据最新报道，日本已于 87 年 12 月制成了世界上第一个光多值元件——光三值逻辑元件，它是由双条式半导体激光（由砷化镓和砷化镓铝组合成的激光器件），p－i－n，光电二极管和晶体管所组成，器件的心脏部分是双条式半导体激光，其上部装有二根宽 2μm，长 250 μm 的细长电极，光沿着其长度方向前进，同时得到放大。据称这种半导体激光具有“双重非线性特性”，能构成三值逻辑器件，有关这方面的进展我们正拭目以待。

然而与多值逻辑电路相反，二值逻辑经历了 SSI，MSI，LSI 及 VLSI 的发展过程，工艺和技术水平都已相当完善，在电子器件领域中取得了主导地位。随着对机器人与专家系统的开放，对人脑思维的不断探索，提出了用机器对人脑思维的仿生问题。1965 年，L. A. Zadeh 提出了“模糊集”的概念，1978 年，他又提出了“可能性分布”概念，指出人脑思维本质上是可能性决策过程，从而奠定了模糊数学和模糊推理逻辑。虽然人脑的思维机制尚未充分认清，但至少可以得出人脑思维具有两大特点：大量并行及模糊功能运算推理。利用模糊数学、借助于计算机，许多专家系统的研究取得了惊人的成功。因此自然提出了模糊逻辑硬化的问题。1978 年，我们发表了电压型多元逻（DYL）的“线性与/或门”，这是最早发表的具有模糊逻辑“与（min）”和“或（max）”运算功能的集成电路，这种电路速度很快，当时只是将重点放在高速运算上，后来又将它们用于信号处理与模糊控制等领域，获得了很好效果。国外有系统的研制模糊逻辑器件始于 1980 年，日本山川烈等研制了“max”，“min”，“补”，“有界差”、“有界和”及“绝对差”等逻辑功能，1984 年以后，他认为用“有界差”实现模糊逻辑最适合集成化，1985 年他提出了用 CMOS 电流型“有界差”电路实现 9 种模逻辑的方法。据 1985 年底 Electronics 杂志报道，美国 AT&T 贝尔实验室正在进行大规模集成的模糊逻辑电路的研究。他们利用 2.5μm 线宽工艺在 $6\times6mm^2$ 的 CMOS 芯片上制作了能处理 16 种模糊逻辑功能电路，每秒钟可完成 8 万次推理，比用传统芯片（实现相当的逻辑功能）快 10 万倍，并提出用1.25μm 的工艺设计可制作 128 种模糊推理规则，比目前的一些专家系统实现的模糊逻辑规则数还要多。他们围绕着该种芯片组建成一块板，以便能把它插入 PC 机中控制机器人的动作，这无疑给机器人的开发带来了福音。

三、集成电路的发展动向及展望

集成电路的今后发展仍将是围绕着提高集成度、速度及逻辑功能，降低功耗而进行的。

（一）CMOSLSI 及 VLSI 仍将是今后几年的发展方向

在 MOS 工艺中，NMOS E/D 和 CMOS 最适宜于 LSI 和 VLSI，在 70 年代末以前，NMOS 作了很大的贡献，其集成度以平均每年一翻的速度发展，而成本每年下降 28%。但随着 VLSI 对速度和集成度的要求大幅度提高，功耗问题成了设计上的难题，因而减慢了 NMOS 的发展速度。与此相反，从 80 年代开始，CMOS 却一直迅速发展，其原因是 CMOS 走了一条捷径，充分利用了按比例缩小，尺寸细微化，离子注入等高性能 NMOS 的成果，在充分发扬功耗低、噪声容限大、工作电压和温度范围宽、驱动能力强等固有优点的情况下，又克服了本身工艺复杂、芯片面积大、速度低等缺点。即使过去一直为双极工艺垄断的领域，CMOS 也正在争取一席之地。例如，过去 EPROM 大多采用双极型技术来获得高性能，然而现在已研制出能赶上双极器件性能的等效 CMOS 器件，如 Cypress 半导体公司已研制出一种 25ns 的16K 位 CMOS EPROM，其性能已超过相应的双极器件，这是采用 n 沟道1.2μm CMOS 工艺制成的，Cypress 消除了限制 CMOS EPROM 速度的两个主要因素：单管单元的慢速度和速度与密度、可编程性的相互牵制。

IC 技术的纵向发展目前已达到1～1.25μm 和1～4M DRAM 的生产水平，正在开发 16M 甚至更大容量的 DRAM。1986 年松下电器公司宣告他们利用软件模拟成功地开发了 16M DRAM 芯片的计划；1987 年底，Intel 公司宣称它的下一代微处理器 80486 已经定型。16MDRAM 和 80486 微处理器的成功开发对电子工业和计算机技术将具有划时代的意义。预期到 90 年代，IC 将达到亚微米线宽和甚大规模集成时代（ULSI）。

（二）双极型电路技术将保持迅猛发展

相对于 MOS 技术，双极型技术将以高速、高集成度及高驱动能力在未来十年仍保持迅猛发展的趋势，在硅集成电路中占主导作用。为了保持其高速优点，相应地需要开发适合双极型的加工技术和测试技术。日本松下电气公司最近推出一种称作 SDD-1（自调整双扩散法）的多晶硅加工新技术，可用来制造超高速双极型大规模集成电路或截止频率高于 10GHz 的帧隔离自调整晶体管。据称，利用这种新技术制造 VLSIC，在离子注入和光刻工序中可以完全避免废品，并且还能够获得超高速的效果，利用这种新技术可以制成厚仅100nm 的超薄型基体；此外该公司还利用独特的化学汽相淀积氧化物薄膜技术，成功地研制了超微型发射极的晶体管，其工作速度和存贮密度都有所提高，电路线宽只有 0.4μm，利用这种新技术可生产最高截止频率14GHz 的晶体管，而最高门发射延迟时间仅为 72ps，且其发射极耦合有逻辑元件。另外，对超高速脉冲的测试技术也有了新的进展。1987 年，IBM 的科学家利用他们发明的一种激光方法，成功地实现了在超薄线路上对超高速脉冲的测量。据报道，这种新方法是利用激光束作测试探头对金属线上的电压信号实现“非接触”测量。所测试的金属线条最小宽度可小于1μm。该技术的开发将有利于 VLSI 电路的超高速测量。

值得提出的是，在提高速度的同时，要注意功耗的问题，因此在发展超高速器件时，要注意最佳热设计问题。深槽介质隔离及多晶对准技术改善了双极型 VLSIC 的性能，进一步的发展可达 50ps，0.5μm ECL 和具有 BPJ 能耗的 0.25μm I^2L / MTL。

（三）发展混合 IC 技术及超微细加工技术

随着 VLSI 的进一步发展，而单靠单片 IC 来提高集成度是有限的，所以必须发展多层布线，二次集成等技术；同时电子设备生产的机械化和自动化，要求电子部件标准化、模块化，也必须发展混合 IC 技术。据统计表明，利用三层布线，集成度可比单片 IC 提高 4 倍。双层 SOI 器件预计在 VLSI 中将占相当大的比例。三维 SOI 器件的研究取得了很快进展，已经探讨了利用深注入氧到硅衬底，深注入氮到硅衬底，二氧化硅上多晶硅激光退火，二氧化硅上多晶硅石墨条加热再结晶，多孔性硅的氧化，横向外延生长等形成的 SOI 结构。三层以上的布线技术目前看来不会有多少进展，这一方面是因为多层布线的采用，并不仅仅是为了提高集成度，同时也是为了增加电路的有效功能；另一方面是三层以上的 SOI 效果也不一定好，当层数越多，出现的新问题也越多。除非在半导体结构和应用上有一个大的飞跃，多层（三层以上）SOI 才会有显著发展。

VLSI 的发展已经出现了毫微米加工和原子级加工技术的前景。因此发展超微细加工技术是一很重要的问题。90 年代，IC 进入亚微米水平已是无疑的了，为此更高分辨率和高效的亚微米刻蚀技术，低温和快速热处理技术，新的制膜技术等仍需进一步发展，器件的优化及基于二、三维模拟程序的可靠性设计、浅结、特定分布杂质注入、高速退火技术及容错技术也需进一步发展。

（四）研究以新材料和新原理为基础的新器件和新电路

虽然目前甚至本世纪末，硅仍然是半导体器件和集成电路的主要材料，但是随着集成度和速度的不断提高，到 21 世纪，以硅为衬底的器件和 IC，其集成度和速度的提高将日趋缓慢，最后达到极限，因此需要集中力量研究以新材料和新原理为基础的新器件、新电路。新材料的领域非常广，其中元素半导体非常有限，化合物半导体材料却非常多，如Ⅱ-Ⅴ族，Ⅰ-Ⅵ族及其固溶体、多元化合物、玻璃及有机半导体等。目前的研究对象已从主要是高掺杂多晶硅（Polysi）转向硅金属化合物（Mosiz，Tasiz，Wsiz)，多晶硅表面金属化合物以及难熔金属 (Mo,W)。随着原子级的超微细工技术的进展，吸取以往的器件制造技术来开发新型器件已成为可能。

国际上正在规划研究开发的新功能器件有超晶格器件、超导器件、三维（立体）集成电路（如 SIT 静电感应晶体管）和高环境性能集成电路等。开发超晶格器件过程中，要加强跃迁平均自由程中电子行径的研究，为研制新型器件寻求适当的结构。目前日本已提出了一种新的结构，称之为“chirp 超晶格结构”。

（五）继续开发 ASIC 及模糊功能集成电路并向 ASIS（专用集成系统）发展

随着 IC 的越来越广泛的应用，需要继续开发 ASIC。随着工艺技术不断向 ULSI 发展以及 ASIC 功能的不断增加，IC 将进入 IS（集成系统）阶段。一个完整的集成系统不仅在芯片上要包括数字处理器，必要数量的 RAM 和 ROM，还应有模拟电路，甚至包括采集数据的传感器，驱动功率能力的功率器件等。使系统的概念进入 VLSI 中。ASIS 要从系统一级优化芯片设计，把软件、最优算法固化，并集成在芯片中，产生芯片智能化的前景。为了实现 ASIS，需要发展数字和模拟电路兼容的工艺（如 BiCMOS)、CAD 技术，以及封装、测试和容错技术等。

第五代计算机用硬件除了以二值逻辑为基本内核外，还应当有许多面向智能以处理大量并行的模糊信息的模糊逻辑功能集成电路作为外壳，这些模糊功能 IC 对速度要求很高，而对精度要求不高，因此要继续开发模糊功能集成电路。

ASIS 和模糊功能集成电路无疑对智能计算机和机器人的发展会起很大作用，最终导致第五代计算机的真正出现。

四、结 束 语

40 年代晶体管及其集成电路的迅速发展，为我们提供了许多经验和教训，目前国际 VLSI 的水平已经很高，因此我们要认准发展方向，吸取国外最先进的技术经验，在工艺设备方面要尽快引进代表最先进的工艺水平的设备，在发展 IC 的纵向水平的同时，大力加强 IC 的横向发展，着眼于提高器件的逻辑功能，走一条自己的路，从而使我国的 IC 的技术迅速赶上世界水平。（参考文献从略）

发展我国微电子产业应走自力更生之路*

To Develop Microelectron Industry by Relying on Our Own Efforts

王守觉
（中国科学院半导体研究所研究员，学部委员）

编者按 本文是根据作者在本刊编辑部组织的一次座谈会上的讲话整理的，经作者审定并同意在本刊刊登。

当今世界，微电子技术已经渗透到了国民经济的各个领域。我国微电子产业发展的现状，已很难满足各行各业对微电子技术的要求。只有认清微电子产业的特殊性和我国发展微电子产业的优劣条件，才是解决我国微电子产业面临问题，改变我国微电子产业落后面貌的根本出路。

一、微电子产业的特点

（一）微电子产业是建筑在各行各业最新成就基础之上的一门新兴产业

生产大规模、超大规模集成电路所需的微细加工要求最精密的精密机械。普通机械加工的精度要求是 0.01 毫米，而大规模、超大规模集成电路的加工精度已达 0.1 微米，比一般机械加工的精度要求高得多。再比如，虽然其他行业如航空工业、机械工业也需要净化技术，但超大规模集成电路的净化要求又远在其他行业之上。一般机械加工净化要求 100 级就已相当高了，100 级的定义是每立方英尺只允许有 100 颗灰尘（粒径不小于 0.5 微米的微粒才算灰尘），而超大规模集成电路的净化要求控制在 1 级，1 级的定义是每立方英尺只允许有 1 颗灰尘（粒径不小于 0.2 微米的微粒就算灰尘）。由此可见，只

* 原载于：科技导报，1992，(5)：39～41.

有在其他行业达到相当高的水平之后，微电子产业才能以较快的速度发展。

（二）微电子产业的生产规模越来越大

国际上微电子产业的厂家原来很多，现在则越来越集中在几家大企业之中，微电子产业必须大规模生产，才能降低成本，产量越大，产品卖价才越便宜，产品才有生命力。微电子产业产量的阈值很大，即小于这个产量就没有竞争能力。这不仅要求一个国家具有很高的技术水平，更要求它经济上有相当强的国际竞争力，这一点是和当年搞两弹一星不完全相同的。

（三）微电子产业的投资强度非常大

微电子产业的工艺设备既然是各行各业最尖端的新技术，那么其成本就非常昂贵。一台电子束光刻机大约就需 300 万美元，而其他行业一台加工设备需要 300 万美元的很少，一个在国际市场上真正具有竞争力的超大规模集成电路工厂，其投资至少需要 5～10 亿美元。因此，有人称微电子产业为“吞金业”。

（四）微电子产业必须有一个非常大的市场，才能具有强大的生命力

过去我们往往认为既然我国有 11 亿人口，那么国内市场应当很大。但只要仔细分析一下国内的微电子市场就会发现，我们的市场条件并非那么优越。目前国内一年要 4 亿块集成电路，其中国产的大约只有 1 亿块，表面看起来还有 3 亿块集成电路的市场，但问题是这 3 亿多块集成电路有几千个品种，其中大规模、超大规模集成电路的品种更是多种多样，即每一品种的销量并不很大，平均只有几万块，即使有上百万块的销量，对大量生产的微电子产业来说，也是一个非常小的数字。80 年代初国际上一个大规模集成电路的车间的年产量已达 1 亿块，现在产量当然就更高了。我们的市场与国际上相比要落后很多年，如果国内目前真有了一条产量很大的生产线，还须建立起一个很大的市场，才能支撑这样一个产业。因此，还不能说国内市场很大，没有问题。

（五）微电子产业本身的利润并不是非常高，但竞争却相当激烈

国际上微电子产业本身的收人与利润不一定很高，但由于微电子技术的影响已渗透到了国民经济的各个领域，因此微电子产业是一个相当敏感的高技术产业，竞争相当激烈，成功的机会有限。不能指望在如此激烈的国际竞争中，别人会主动放弃自己的市场，拱手赠送自己的技术，而让给我们。

二、我国发展微电子产业需要解决的问题

（一）投资强度问题

前已言及，微电子产业是一种“吞金业”，要求投资数比较大，国家必须下决心投巨资加以扶植，否则是不可能顺利发展的。但这在目前国力尚弱的条件下，是非常困难的，国家已经下了很大的决心，拿出数十亿元人民币搞一项工程，其中超大规模集成电路生产线需 20 多亿元（相当于 3 亿多美元）。这 3 亿多美元在超大规模集成电路的投资中并不算是很强的，与国际比较，只是小弟弟，但其经济效益究竟怎样，目前还是未知数。投资强度低，竞争力就小。

（二）发展我国的微电子产业必须走自力更生的道路

微电子技术是一项非常敏感的高技术，不能指望花钱从国外引进，就是有钱，人家也不可能卖给我们最高最新的技术，充其量卖给我们设备，还不是最好的。只引进设备，不注重提高自己的科学技术水平，由于人家的技术提高得很快，靠买来的设备生产的产品，很快就会失去市场，过几年就没有生命力了，又要重新引进。如此反复引引进设备，还不如直接买产品合算。因此，真正要发展我们自己的微电子产业，使之能够自己生根、发芽，必须走自力更生为主，引进技术为辅的道路。

（三）微电子产业必须建立在国内各行各业的尖端技术基础之上

如果国内其他行业都落后，仅希望微电子技术上去，把微电子产业的发展建立在国外尖端技术上，那是绝对不可能的，应当从战略上把微电子产业的发展建立在国内各行各业尖端技术的基础上。这些技术包括精密光学、精密机械、超纯的化学试剂、净化技术等。也就是说我们微电子产业的发展是个系统工程，困扰我国微电子产业发展的难点也正在这里。

三、发展我国微电子产业应采取的对策

（一）对微电子产业要采取倾斜政策

从微电子产业的市场看，目前国内市场的特点是品种多、数量少。国际市场上的需求量虽然很大，但是如果把国内的产品放到国际市场上去竞争，就要挤别国的市场，人

家当然不会轻易放弃自己的市场让我们挤进去。由于人家的产品竞争力比我们的强，成本比我们的低，价格会降得更低，我国产品很难打入国际市场。我们在努力开拓国际市场的同时，要立足于国内，逐步扩大国内市场，这就必须采取两方面的措施。首先，国家一定要有政策保护，对微电子产业采取倾斜政策。因为国内的微电子产业不可能有与国外相当的巨额投资，不可能有强大的各方面的工业基础的支撑，所以尚不具备与发达国家相竞争的能力。因此，政策上必须倾斜，这种倾斜政策包括足够的投资数量、银行的低息贷款，以及控制集成电路的进口，增加进口税收保护，采取必要措施坚决禁止走私等等。其次，为了使微电子产业保持持久的发展后劲，就必须重视微电子技术和微电子科学的发展。日前，基础科学研究和攻关任务都有自己较稳定的经费渠道，而对于像微电子有关的基础性研究，这类介于基础科学和攻关任务之间的应用科学技术，往往要求其本身能够取得经济效益，这对微电子技术来说是不可能的。微电子技术作为应用技术基础实际上是我们技术的后盾，为了使我们的经济发展真正建立在自己的科学技术基础之上，就必须对近期的、远期的科学技术有相当的投入，这一点国家政策的倾斜也是至关重要的。

（二）慎重选择微电子产业的产品

要想发展我国的微电子产业，就必须选准产品。因为我国的微电子产业的基础相当薄弱，一时还无法在国际市场上硬碰硬地和别国竞争，国内市场又有限，因此必须选择国内具有相对优势的产品，而像随机存储器这类国际上大量生产的产品就不应考虑。随机存储器连美国都竞争不过日本，美国的市场越来越被日本占领了，我们去跟日本人竞争是相当困难的。我认为应该选择生产适用于各行各业的专用集成电路，比如电子设备里的印刷电路板应尽量用专用集成电路逐步取代。这就要求电子行业内各方面都来设计专用集成电路。各个行业专用集成电路的应用面越来越大，那么我们专用集成电路的生产自然就可以站得住脚。发展专用集成电路还有一个有利条件是由于通用集成电路设计好了之后是要大量生产的，其设计费分摊到每一块集成电路上就很少，专用集成电路的产量较小，每块的设计费用自然就大，即专用集成电路设计费所占成本的比重比通用集成电路要高，而目前国内的 CAD 人员水平还是相当不错的。专用集成电路的设计费低，即每块专用集成电路的成本较低，因而国内的专用集成电路在设计方面是有竞争力的。我们甚至可以先发展设计，后发展工艺，先拿到国外去加工。

（三）要重视发展各种规模的集成电路

国内目前集成电路年产量已达 1 亿块。我们应着眼于怎样从这 1 亿块发展到 2 亿块、3 亿块。至于集成度有多高，不要盲目与国际上最高水平攀比，不要怕产品落后，先从生产低水平的产品开始，把产业规模发展起来。要在战略上着眼于高水平，同时重视低水平的产品。不要一谈微电子产业就只看到超大规模集成电路，一定要重视发展我们自己的大中小各种规模的集成电路产业，要从政策上进行保护和扶植。最重要的是把微电子产业扎扎实实地发展起来，这样才有可能带动国内的化学试剂，净化技术，工艺设备等行业的发展。超纯的化学试剂并非国内不能生产，而是因为微电子产业的规模太小，大量生产以后卖不出去，所以只能少量从国外进口。不发展我国相应的基础产品，我们的微电子产业还是建筑在别人的基础上。

总之，发展微电子产业是个大系统工程。不要把问题看得太容易、太简单。目前社会各界都希望微电子行业的发展再快一点，但我国微电子产业的现状，就好像是一个未成年儿童，你就是拿鞭子抽他，他也不可能像一个成年人跑得那样快，唯一的办法是喂他以丰富的营养，让他尽快长大。这就需要大家都来关心微电子技术，对微电子产业，包括微电子科学和微电子技术，采取倾斜政策。那种认为只要引进一套设备，就什么问题都解决了的想法是不切实际的，最后往往还是落空。我们微电子产业的发展比较缓慢，我们应该从基础上找差距。由于基础不一样，国内科学技术的整体水平低，因此就不能说中国与美、日等发达国家在微电子技术方面的起跑线是一样的，大家同时起步，现在差距却越来越大，这种看法是片面的。比如微电子技术哪一样不是国外先发明了，已经发展起来了，我们再拿过来的？人家工业革命几百年了，我们的工业才发展几十年，人家的工业是在自己的科学技术基础之上发展起来的，而我们是从人家那儿学，从人家那儿搬来的。这种内在的差距是十分严重的。将来出现了更新的领域，同样会出现这个问题。因此，我们既不要对微电子产业在经济效益上寄多大希望，也不要过分醉心于在国外引进的某些基础上追求一二项高指标。我们应该做扎扎实实的工作，把微电子产业的有关技术发展上去，把微电子技术的支撑产业，包括工艺设备、净化技术、化学试剂等方面逐步发展上去。提高我们科学技术的整体水平和工业基础，真正把我国的微电子产业及技术的发展建立在我们自己的科学技术和工业基础之上，这才是发展我国微电子产业的唯一出路。

神经计算机：真正的电脑*

王守觉
（中国科学院半导体研究所）

人们往往把冯·诺曼计算机（即现行的电子计算机）称作电脑，因为它在许多方面可以替代甚至超过人大脑的功能，许多非常复杂的计算问题都可用计算机快速完成计算。从工业生产中的设计与生产、控制与经营管理，到办公自动化等，都可用计算机来解决问题。计算机在很多方面延伸了大脑的功能，被称为电脑确实是当之无愧的。但是，计算机的工作方式却与人脑大不相同，它是把所有要解决的问题首先化成一个数学能描述的问题，再编成程序一步步进行计算。而人脑虽然在解决一些科学技术问题时也往往是按同样过程进行的；但对人类思考中占绝大部分的大量形象思维问题，却完全是另一种思维方式。试想一个未曾上过学的文盲，虽然没有学过数学，但在社会生活中可能也还是很精明强干的。一个初生几个月的婴儿连一二三四都不会数，但却能认识自己的母亲或家人，当一个陌生人去抱他时就会拒绝。而要用计算机认识人，却是一件很不容易的事。以上事实说明了两点：

（1）人们的大量思维过程并不像计算机那样是按数学步骤一步步进行的。

（2）计算机虽然在科学技术计算中本领很大，但在形象思维问题上却远远不及人脑，甚至还不及一只小动物。

这正是 10 多年来计算机智能化方向发展缓慢和人们对人工神经网络寄以很大希望的主要原因。

一、脑细胞模型与人工神经网络

生物学研究认为，大脑活动是由大脑许多脑神经细胞的活动构成的。每个神经细胞都具有许多神经突触用以接收信息，而这些突触接收到的信息汇总后，又决定了这个神经细胞的状态是“激活”还是“抑制”。用简单的数学语言来说，一次乘法和累加就相当

* 原载于：科学，1996，48（2）：45～46.

于一个神经突触接受一次信息的活动。许许多多简单的乘法和累加计算，就形成了决定脑细胞是激活状态还是抑制状态的简单数学模型。从这种模型出发，任何复杂的大量的脑神经细胞活动也只是大量乘法、累加和判别（是否达到激活值）的简单运算的并行与重复而已。因此用这种大量并行的简单运算就可以来模拟大脑的活动，这就是人工神经网络。人工神经网络和小孩子学认东西、学说话的过程相仿佛，用不断的自学习自完善的过程取代了计算机需要预先编排的程序。它给人们带来了一种完全不同的计算、解决形象思维问题的途径与方向，从而受到人们极大的重视。

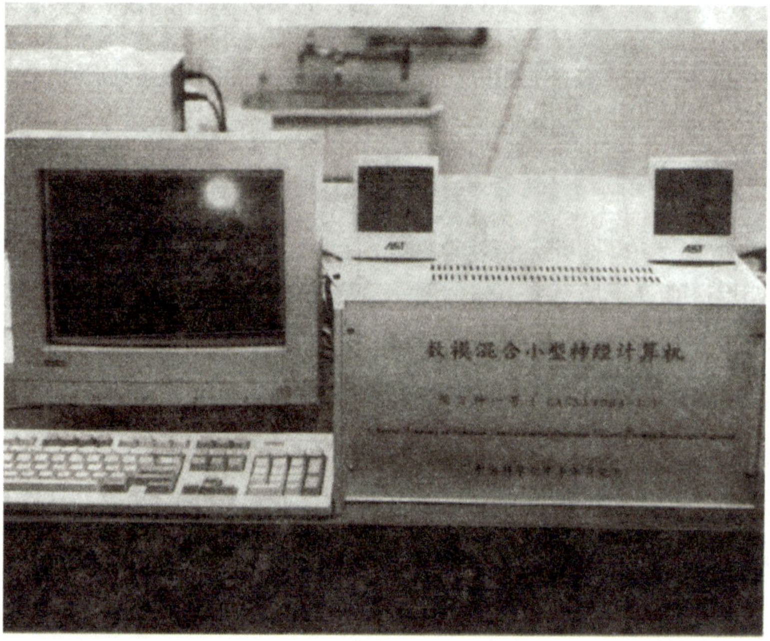

图 1　数模混合小型神经计算机——“预言神 1 号”外型

二、一种真正的电脑

既然脑神经细胞的活动可以简单地用乘法、累加和判别来进行仿真，当然就可以用计算机以专门的程序来进行模拟。但是，人脑的神经细胞数量很多很多，大致有 100 多亿个，而每个神经细胞又有成千上万个突触接受其他神经细胞的信息。如果用计算机来模拟神经细胞的活动，在某一瞬间一台计算机只能模拟一个神经细胞中一个神经突触的作用。因此，一台微机的模拟速度与人脑 100 多亿个神经细胞同时活动的能力相比，只及后者的一百亿分之一。显然，用一台普通计算机来专门模拟简单重复的乘法与加法，既太慢又很不经济。因此，人们设法用电子计算的方法作成专门模拟神经细胞活动的电子计算装置。这种电子计算装置采用的计算方式称神经计算方式。

现代的年轻人都喜欢照相。两个人一起拍的彩色照片，如果中间剪一刀就会把两个人像分开。然而，假若你观看过全息照相就大不一样。把一张全息照相剪成两个半张，每个半张看进去还是与原来全张相同的景色。这和从一扇窗外往房里看相仿。如果把一个窗隔成两个半扇，则从每个半扇窗往里看看到的仍然都是原来的景色。这是因为全息照相把全部图像的光波信息分布地记录在整张全息照片上。而不是像普通彩色照片那样，照片的某一部分都分别记录图像的某一部分。因而剪掉一部分彩照，就会把所记录的图像也丢失一部分。

神经计算方式与普通计算机的计算方式的差异同全息照相方式与普通彩色照片的差异很相似。神经计算方式是把所计算问题的内容分布在许多次神经联结计算中，因而它的各次运算并不与计算结果有一一对应的关系，这就使它与全息照相有共同的优点。即计算过程中如果有部分计算错误，并不会影响计算结果，这是神经计算方式具有很好容错性的原因。另外，对于所要解决的问题，神经计算方式并不需要预先编排出计算程序来计算，而只要告诉它若干实例和所要求的结果，它就可以通过自学习来完成。这是神经计算方式的另一特点。这就像婴儿认识母亲的本领，正是从许多次看到母亲的形象“自学习”得来的，并不是按照任何认识步骤的计算过程来认识的。还有，一个原来熟识的人，经过许多年不见面，记忆中的形象可能会慢慢变得模糊，但却不会先忘掉眼睛形状，再忘掉鼻子形状，这样一部分一部分地把形象丢失掉。神经计算方式也具有这样的特点。

因此，神经计算方式更接近于人脑的形象思维活动。人们把这种神经计算方式称为人工神经网络。专门进行这种神经计算的装置就叫神经计算机，它按用户设定的神经网络模型结构与神经元的性能，自动按照神经网络的计算规则进行运算，无须像普通计算机那样，按需解决的问题先编好程序再作计算。

三、数模混合小型神经计算机

已通过电子部和中科院联合鉴定的“预言神 1 号”是在国家“八五”科技攻关微电子课题支持下由中科院半导体所研制成功的一种小型神经计算机。它采用了我国创新的一种高速模糊逻辑电路——多元逻辑电路（DYL）构成的数字模拟乘法器作为神经突触基本运算的核心器件。数字量和模拟量相乘时间只需 5 纳秒。使每个神经突触每秒可运算乘加各 500 万次，也就是每个神经突触每秒可模拟神经联结 500 万次。全机每秒模拟神经联结运算 2000 万次。一次模拟神经网络规模为 256 个神经细胞；每个神经细胞具有 512 个突触；每次同时模拟网络状态 128 种。该机采用了一种灵活性强使用方便的创新结构，使在计算过程中，可随时灵活地改变所模拟神经网络的模型结构和神经细胞的特性参数。在演示用于手写数字识别中，初步显示了神经计算的优越性。

人工神经网络虽然是一种模拟人类大脑神经细胞活动的计算方法，目前从理论上、模型结构上、自学习方法上以及应用上都还属于正在发展尚不成熟的新兴阶段。但是神经计算机的自学习功能和在形象思维方面的特殊优越性，必将会导致计算机向智能化方向的长足前进。可以预计，未来理想智能计算机系统将可能是现行的冯 · 诺曼计算机与神经计算机相结合的一种崭新的计算机系统。那时，电脑与人脑的竞争将会出现怎样的局面确实是难以想象的。

科研感悟

半导体人工神经网络的研究与发展*

鲁华祥　王守觉
（中国科学院半导体研究所）

摘　要

本文论述了发展半导体神经网络研究的重要性，讨论了半导体神经网络研究的内容和重点发展方向，比较了全模拟量处理、全数字量处理和数字量模拟量混合处理方式实现通用神经网络处理机的优缺点，提出了现阶段我国通用神经网络处理机研究的一些思路。

关键词： 神经网络　半导体　处理机　大规模集成电路

一、人工神经网络概述

人工神经网络是在生物、电子、计算机、数学和物理等学科基础上发展起来的交叉学科。它在与人工智能和形象思维等传统冯·诺曼体系计算机感到明显不足的相关领域受到人们重视，被认为是解决高水平"智能"产业难题的主要途径。人工神经网络是采用大量的、比较简单的人工神经元作为基本单元，依靠单元之间复杂繁多的连接关系构成具有良好功能的网络，它是一种动态非线性系统，以分布式存贮和广泛并行协同处理为特征，具有容错、联想记忆、自学习进化等特性。

人工神经网络的应用已遍及诸多领域，研究发展了许多实用网络模型和算法，它们主要有三大类：前馈型人工神经网络，反馈型人工神经网络，自组织竞争人工神经网络。随着人工神经网络研究的发展，在此基础上每年仍将有许多改进型的网络模型和算法问世。

二、研究发展半导体人工神经网络的意义和必要性

人工神经网络的实现，目前有两种方法：一是在现有冯·诺曼体系结构的数字计算

* 原载于：电子科技导报，1996，（9）：10～12.

机上编制程序用软件来模拟实现。另一种方法是借助于微电子、光或光电技术用硬件直接实现。用软件模拟实现神经网络功能的方法，具有成本低、使用方便、灵活性强等优点，但由于在某一瞬间计算机只能模拟一个神经元的连接运算，因此把神经网络大量的并行运算又通过串行的方法来加以实现，使其从根本上失去了神经网络广泛并行处理信息的基本特征，在处理速度上远远不能满足研究和使用的要求。随着研究的网络规模和网络行为复杂性的迅速增加，可用硬件手段直接实现高速人工神经网络功能，对人工神经网络的研究、发展与实际应用都具有十分重要的意义。

用硬件直接实现人工神经网络有三种方法：（1）用电子学方法实现[1,2]；（2）用光电方法实现[3]；（3）用光学方法实现。

用光学方法实现的光学神经网络，虽然具有高速平行处理、高密度互连等优点，但是光学元件零散、笨重，固定和校正都十分困难。尽管在元件的超小型化方面进行了多年研究，许多光学元件如透镜、光纤在小型化方面都有很多进展，但要在一个网络中包含大量的光学元件仍是非常困难的。

经过几年来从理论、结构到技术等各方面的研究发展，用微电子技术或光电集成技术实现神经网络已显示出其旺盛的生命力，成为实现人工神经网络最现实和实用的途径。

三、半导体人工神经网络研究发展方向分析

半导体人工神经网络研究中，神经元之间复杂的互连关系，以及通用神经网络处理机所需要的网络结构快速、灵活之可变性，联结权重的快速可修改、可存贮等问题，使得大规模神经网络硬件化实现成为十分复杂和困难的问题，在实现过程中需要在灵活性、网络规模和网络速度等多方面作适当的选择平衡，这使得许多实现方法和结构思想各有特色。现就三个方面进行比较。

（一）通用神经网络处理机和专用神经网络固化芯片的比较

用半导体技术实现神经网络专用硬件具有相辅相成的二大类。第一类是网络结构灵活、易于修改权重、具有自学习功能的通用神经网络处理机。另一类则是把已经经过计算机模拟得到确定权值和固定网络模型的一个具有特定用途的神经网络固化在大规模集成芯片上。前者是神经网络研究与发展以及产品开发的手段，后者是某些已成熟的特定神经网络固化投产广泛使用的基础。

通用神经网络处理机是半导体神经网络的重要研究内容，目前其所用 ASIC 芯片存在三种实现方式：

（1）全部以模拟量进行运算。这种结构每个神经元的乘法、求和、非线性化处理等运算电路非常简单，易于集成，但权重的存贮和修改十分困难，自学习功能与灵活性很差。宜于全并行处理，只适合于实现小规模的神经网络。

（2）全部以数字量进行运算。这种结构的神经网络处理机具有精度高、灵活性强，易于通用微机联接，易于实现串并行处理系统模拟大规模神经网络等优点，但其线路复杂，集成难度很大，成本很高。

（3）模拟量与数字量混合运算。这种结构容易解决大批量权值的快速存贮和修改问题，使之可以具有全数字量运算方式的灵活性和自学习功能，同时又兼具有全模拟量运算方式乘加电路简单、易于集成的特点，是一种较理想实现通用神经网络处理机的途径。

（二）半导体电子神经网络和半导体光电神经网络的比较

半导体电子神经网络研究能够以成熟的大规模、超大规模集成电路技术为基础，使得较之于半导体光电神经网络在近期内更易于设计和实现。目前已经实用化的神经网络芯片、神经网络计算机也几乎都是用半导体电子学方法实现的。用这种方法实现神经网络所面临的问题是连接困难，当网络规模较大时，神经元之前的全部连接数将按单元数的二次方增加，系统集成在技术上极难实现。近几年来的研究从系统结构设计方面提出了许多新的思想和方法，部分克服或局部缓和了这一问题。在半导体神经网络研究领域内，半导体电子神经网络研究是研究得最多、发展得最快的，也是一段时期内能实现较大规模神经网络硬件的最有效手段。

半导体光电神经网络由于采用激光传输信号，解决了网络的高密度互连问题，但同时由于光束本身很难表示信号的正负，因此一般需要采用双层结构，各层分别代表正信号和负信号，这使原来就很复杂的系统更趋复杂。光电神经网络虽然利用可变灵敏度光探测器等器件逐步实现了学习功能，但与半导体电子神经网络相比，在联结权的快速修改和存贮方面仍要困难得多，在其他一些问题，如神经元输出非线性函数灵活性、网络可变结构灵活性实现方面，也都相对比较困难。从另一个方面看，半导体光电神经网络所用元件，如半导体激光器、半导体可变光探测器等，其体积都相对较大，在结构设计和工艺实现上都更困难。因此半导体光电神经网络虽然能兼有半导体电子神经网络的固体化和集成化等诸多优点，又能保持光学神经网络快速、高密度互连等优异性能，是个富有前景的研究方向，但在现阶段要实现能实用化的较大规模神经网络还有一定的困难。

（三）半导体神经网络的全并行实现系统和串并行实现系统的比较

在一个半导体神经网络系统中，每个神经元和它所连接的权可以用一个实际的电路单元或光电混合单元来实现，这使得网络模型中的神经元都一一对应于系统中的一个实体单元，这种系统就是半导体全硬件实现的全并行处理系统。它具有很高的联结速度，然而面临着十分复杂的连接问题，因而用这种方式只适合于实现较小规模的神经网络。

在一个半导体神经网络系统中，如果使用比较小量的实际处理单元，在系统控制器作用下，分时地去模拟一个较大规模网络中的各个神经元，从而实现神经网络功能，这种系统就是半导体神经网络的串并行处理系统。与全并行系统相比，串并行系统以牺牲一定的网络联结速度获得对较大规模神经网络功能的模拟，这是目前实现较大规模半导体神经网络最有效、实用的方法，现有的半导体通用神经网络处理机大都采用这种工作方式。

四、国内通用神经网络处理机研究现状和发展方向探讨

中科院半导体研究所神经网络组研究发展了一种适合于我国神经网络研究需要的通用神经网络处理机。它以通用微机作为宿主机，大量采用高速 SRAM 作为权植和神经元状态存贮器，是以模拟量和数字量混合处理方法实现的串并行处理系统。在我国通用神经网络处理机的研究中，应该着重强调以下几点：

（1）通用神经网络处理机是一种潜在应用面相当宽的硬件，拥有很强的灵活性，能适合于各种网络模型、自学习权值修改方法和神经元输出非线性函数等。

（2）应有较好的性价比，研究发展以数字量和模拟量混合处理方法实现串并行处理系统。

（3）大规模的神经网络具有极大量的权值，但要把大容量的权值存贮器全部集成在处理器芯片上，离目前工艺上的可能性还很远，而经济上的合理性就离得更远，因此需要研究合理使用经济实惠的大容量 RAM 作为权值和神经元状态存贮器的处理机结构。

五、结 束 语

半导体神经网络研究特别是通用神经网络处理机研究受到越来越多的重视，其发展

将使神经网络研究走向深入和实用的最有效途径。

参考文献

[1] 魏允, 王守觉, 王丽艳, 鲁华祥, 一种数字模拟混合处理的通用神经网络处理机设计及其 VLSI 集成化考虑. 电子学报, 1995, 23(5): 69-73.

[2] 王守觉, 魏允, 鲁华祥, 王丽艳. 通用神经网络计算机设计及实验人工神经网络学术探讨, 神经网络理论及其应用——'94 最新进展, 华中理工大学出版社, 1994: 643-650.

[3] 夏永伟, 林世鸣. 半导体光电/光子神经芯片的进展. 神经网络理论及其应用——'94 最新进展, 华中理工大学出版社, 1994: 206-210.

[4] M. DeYong, et al. The Design, Fabrication, and Test of a New VLSI Hybrid Analog-Digital Neural Processing Element. IEEE Trans. on Neural Networks, 1992, 3(3): 363-373.

[5] H. Harrer, et al. An Analog Implementation of Discrete-Time Cellular Neural Networks. IEEE Trans. on Neural Networks, 1992, 3(3): 466-475.

科研感悟

开发半导体人工神经网络，孕育新型智能计算机*

中国科学院半导体研究所研究员　鲁华祥
中国科学院院士、中国科学院半导体研究所研究员　王守觉

一、人工神经网络简介

人工神经网络是在生物、电子、计算机、数学和物理等学科基础上发展起来的交叉边缘学科。它是因为在与人工智能和形象思维等相关领域方面传统冯·诺曼体系计算机的能力明显不足而受到人们重视，已被认为是解决高水平“智能”产业难题的主要途径。

人工神经网络从名词上看显然是指用人工方法来模拟大脑神经网络的功能。它用许多简单运算单元（即人工神经元）并行地同时进行某种简单规则的运算，来模仿许多神经细胞间的相互作用，与数字计算机不同，它不是靠编制程序一步一步地按逻辑推理方式来进行计算。人工神经网络采用这种大量的、比较简单的人工神经元作为基本单元，依靠单元之间复杂繁多的连接关系构成具有良好功能的网络，它是一种动态非线性系统，以分布式存贮和广泛并行协同处理为特征，具有容错、联想记忆、自学习进化等特性。

人工神经网络虽然是用人工方法来模拟大脑神经网络，但从生物学观点来看，实际上与大脑结构相差悬殊，几乎难找共同之处。然而从工程科学角度看，则不管与大脑相似不相似，只要能解决实际问题就会被人们所关注。近年来人工神经网络的应用已遍及许多领域，它正在各方面被广泛使用就是由于它比其他方法能更好地解决实际问题。

二、研究发展半导体人工神经网络的意义和必要性

用一台以 Intel Pentium Ⅲ为 CPU、每秒计算上亿次的微机计算一个科学问题，可能比人计算快千万倍，但要它学会认识一个人的本领，却往往还不及一个一岁的婴儿，甚

* 原载于：世界电子元器件，1999，（12）：38～40.

至还不如一只小动物，这正是一种驱动力，导致了从仿生学角度来研究人工神经网络。人工神经网络这种由相对简单运算单元经大量相互联接后的并行处理网络如何实现，目前有两种方法。一是在现有冯·诺曼体系结构的数字计算机上编制程序，利用其高性能的数学运算功能或再加上各种硬件加速板的运算设备，用软件来模拟实现神经网络；另一种是借助于微电子、光或光电技术用硬件直接实现神经网络。用软件模拟实现人工神经网络功能的方法，由于在某一瞬间计算机只能模拟一个神经元的联接运算，因此神经网络大量的并行运算是通过串行的方法来加以实现的，其速度很慢。

对一个实际人工神经网络有两个指标可以体现网络的能力，一个是网络存贮的联接权数量，它体现了网络系统的规模，另一个是每秒能计算的联接权数量，它体现了网络信息处理的速度。与生物神经网络一样，一个人工神经网络存贮的联接权数量多，每秒钟能计算的联接权次数多，则网络"智能"就高，信息处理能力则强。以人脑为例，它可存贮的联接权数多达 10^{14} 个以上，每秒能计算 10^{15} 以上个联接权，这使人脑具有十分复杂和高级的信息处理能力。很显然，用软件模拟实现神经网络功能的方法，虽然具有成本低、使用方便、灵活性强等优点，但由于其从根本上失去了神经网络广泛并行处理信息的基本特性，在处理速度上远远不能满足研究和使用的要求。随着神经网络研究工作的深入，研究的网络规模和网络行为复杂性的迅速增加，这种用软件模拟实现网络功能的方法，越来越不能适合于研究发展的需要，因此用硬软件手段直接实现高速人工神经网络功能，对人工神经网络的研究发展与实际应用都具有十分重要的意义。

用硬件直接实现人工神经网络有三种方法：采用电子学方法，依靠微电子技术实现神经网络；采用光电方法，依靠半导体光电集成技术实现神经网络；采用光学方法实现神经网络。

采用光学方法实现的光学神经网络，虽然具有高速平行处理、高密度互连等优点，但是光学元件零散、笨重，固定和校正都十分困难，常需安装在平台上工作。尽管在元件的超小型化方面进行了多年研究，许多光学元件如透镜、光纤在小型化方面都有很多进展，但要在一个网络中包含大量的光学元件仍是极为困难的。很显然，要用光学方法实现实用的人工神经网络系统是很困难的。

用微电子技术或光电集成技术实现神经网络都是半导体人工神经网络研究的内容，它能以集成电路技术为基础，借助于现有数学计算机技术的帮助，虽然同样存在有许多技术和理论上的困难，但经过几年来从理论、结构到技术等各个方面的研究发展，已显示出其旺盛的生命力，成为实现人工神经网络最现实和最实用的途径。

三、半导体人工神经网络研究发展方向

半导体人工神经网络研究中，神经元之间复杂的互联关系，以及通用神经网络硬件所需要的网络结构快速、灵活的可变性，联结权重的快速可修改、可存贮等问题，使得大规模神经网络硬件化实现成为十分复杂和困难的问题，在实现过程中需要在灵活性、网络规模和网络速度等多方面作适当的选择平衡，这使得许多实现方法和结构思想各有特色，现就三个方面进行比较。

（一）通用神经网络硬件和专用神经网络固化芯片的比较

用半导体技术实现神经网络硬件，可以分成二大类。第一类是把已经经过计算模拟得到确定权值和固定网络模型的一个具有特定用途的人工神经网络固化在大规模集成芯片上，制成专用神经网络硬件，这种专用电路（ASIC）全固定神经网络芯片适用于需求量非常大的场合。有时根据使用要求用 EPROM 或 EEPROM 写入权值，制成半定制电路人工神经网络，它适用于中等需求量的场合。另一类是网络结构灵活、易于修改权重、具有自学习功能的通用神经网络硬件，它适用于人工神经网络的研究与开发。通用人工神经网络硬件亦称为神经计算机，它往往由能高速进行神经运算的芯片与随机存贮器等芯片组合而成，是一种专门模拟神经网络的单指令流多数据流并行运算的计算机，用以模拟神经网络时具有很高的性能价格比。专用人工神经网络硬件和通用人工神经网络硬件的发展是相辅助相成的，通用人工神经网络硬件是神经网络研究与发展以及产品开发的有力手段，而专用人工神经网络硬件是某些已成熟的特定神经网络固化投产、广泛使用的基础。

（二）半导体电子神经网络和半导体光电神经网络的比较

半导体电子神经网络研究能够以成熟的大规模、超大规模集成电路技术为基础，更兼以能够很好借用有几十年发展历史的数字计算机设计中的许多先进思想和具体结构，使得半导体电子神经网络较之于半导体光电神经网络在近期内更易于设计和实现。目前已经实用化的神经网络芯片、神经网络计算机也几乎都是用半导体电子学方法实现的。用这种方法实现神经网络所面临的问题是连接困难，当网络规模较大时，神经元之间的全部联接数将按单元数的二次方增加，系统集成在技术上极难实现。近几年来的研究从

系统结构设计方面提出了许多新的思想和方法，部分克服或局部缓和了这一问题。在半导体神经网络研究领域内，半导体电子神经网络仍是研究得最多、发展得最快的一个方向，也是一段时期内能实现较大规模神网络硬件的最有效手段。

半导体光电神经网络研究从发表 Hopfield 模型的光学实现以来，在结构上经历了从半导体芯片和其他器件混合使用的分立多片结构，省却光学元件实现两种半导体芯片混合集成的多片结构，到现在半导体单片集成结构三个阶段。在功能上从固定掩模、空间光调制器，发展至半导体可变灵敏度光探测器，逐步实现了学习功能。由于采用激光传输信号，半导体光电神经网络解决了网络的高密度互连问题，但同时由于光束本身很难表示信号的正负，因此一般需要采用双层结构，各层分别代表正信号和负信号，这使原来就很复杂的系统更趋复杂化。光电神经网络虽然利用可变灵敏度光探测器等器件实现了学习功能，但与半导体电子神经网络相比，在联结权的快速修改和存贮方面仍要困难得多，在其他一些问题如神经元输出非线性函数灵活性、网络可变结构灵活性实现方面，也都相对比较困难。从另一个方面看，半导体光电神经网络虽然解决了高密度互连问题，但其所用元件如半导体激光器、半导体可变光探测器等，其体积都相对较大，在结构设计和工艺实现上都更困难。因此半导体光电神经网络虽然能兼具有半导体电子神经网络的固体化和集成化等诸多优点，又能保持光学神经网络快速、高密度互连等优异性能，是个富有前景的研究方向，但在现阶段要实现实用化的较大规模神经网络还有一定的困难。

（三）半导体神经网络的全并行实现系统和串并行实现系统的比较

在一个半导神经网络系统中，每个神经元和它所联接的权可以用一个实际的电路单元或光电混合单元来实现，这使得网络模型中的神经元都一一对应于系统中的一个实体单元，这种系统就是半导体全硬件实现的全并行处理系统。它具有很高的联结速度，然而面临着十分复杂的联接问题，因而用这种方式实现大规模神经网络是不可能的，只适合于实现较小规模的神经网络。目前，一些专用网络固化芯片因其网络规模较小，大多采用这种结构。

在一个半导体神经网络系统中，如果使用比较少量的实际处理单元，在系统控制器作用下，分时地去模拟一个较大规模网络中的各个神经元，从而实现神经网络功能，这种系统就是半导体神经网络的串并行处理系统，又称半导体神经网络虚拟系统。实际处理单元完成神经元状态的计算、联接权重修改等运算，网络模型中每个神经元状态、神经元之间的联接权重，都以一定规律分散存贮于与系统各个实际处理单元相对应的存贮器中。在一个系统周期内，一个实际处理单元只能处理一个神经元，在一个或连续几个系统周期后，网络模型中的一个神经元得到一次完整模拟，这样经过若干个连续周期后，使整个神经网络获得一次完整模拟，然后系统可以再从第一个神经元开始，一次又一次地模拟神经网络运算。与全并行系统相比，串并行系统以牺牲一定的网络联结速度获得对较大规模神经网络功能的模拟，这是目前实现较大规模半导体神经网络最有效、最实用的方法，也是半导体神经网络重点研究发展的方向，现有的半导体通用神经网络计算机大都采用这种工作方式。

四、神经计算机研究发展概况及分析

神经网络计算机是研究发展人工神经网络的强有力手段，是半导体人工神经网络的重要研究内容。

神经计算机要求前向运算速度快，这意味着不仅要有较多的突触（synapse）进行并行处理，而且突触的有效运算速度要高，即要求突触的运算速度要快，同时供给突触进行运算的权值与神经元状态值必须有足够高的数据供应流速；神经计算机还要求有多方面的灵活性，它要求有网络模型即拓扑结构上的灵活性，神经元参数上的灵活性，计算方法和自学习修改权值过程的灵活性等；其次神经计算机还要求自学习能力强，要求权值的贮存必须修改快而方便，机内必需有为加速修改权值而设置的专用线路，使修改权值的计算尽可能达到高的速度，而且能适合于各种修改权值的计算方法。

神经计算机所用 ASIC 芯片有三种实现方式：（1）全部以模拟量进行运算，采用这种方式每个神经元的乘法、求和、非线性化处理等运算电路非常简单，易于集成，但权重的存贮和修改十分困难，因此一般固定权值的运算速度极快，但自学习功能与灵活性很差，宜于全并行处理，较难实现串并行处理系统。因此这种结构只适合于小规模而无法实现很大规模的神经网络。（2）全部以数字量进行运算，采用这种方式具有精度高、灵活性大，易于和通用微机联接，易于实现串并行处理系统以模拟大规模神经网络等优点，但其线路复杂，集成难度很大，成本很高。（3）模拟量与数字量混合运算，这种方式容易解决大批量权值的快速存贮和修改问题，使之可以具有全数字量运算方式的灵活性和自学习功能，同时又兼具有全模拟量运算方式乘法电路简单、易于集成的特点，是较理想的实现神经计算机的途径。

神经计算机也可以由通用的 DSP 芯片或 Transputer 等构成，至于哪一种结构性能价格比最高，则要看它结构设计的合理性和使用场合而定。我国多所高等院校和科研院所都曾对神经计算机和人工神经网络芯片作过各方面的研究，其中以进口 DSP 或 Transputer 芯片组装的神经计算机成本较高。获得国家“八五”科技攻关重大科技成果奖的小型神经计算机预言神一号（CASSANDRA-I），是中国科学院半导体研究所研制并推广生产的，经过小型化、完善化、产品化的工作，可能是目前我国唯一能提供产品的国产神经计算机机种。在我国神经计算机的研究中，应该着重强调以下几点：（1） 神经计算机是一种潜在应用面相当宽的硬件，应有很强的灵活性，能适合于各种网络模型、自学习权值修改方法和神经元输出非线性函数等功能。（2） 应有较好的性能价格比，应发展以数字量和模拟量混合处理方法实现的串并行处理系统。（3） 大规模的神经网络具有极大量的权值，目前还只有大容量数字存贮器才能解决高密度、高速度的信息存贮问题，但要把大容量的权值存贮器全部集成在神经网络芯片上，离目前工艺上的可能性还很远，而经济上的合理性就离得更远，因此需要研究合理使用经济实惠的大容量 RAM 作为权值和神经元状态存贮器的硬件结构。

五、结 束 语

人工神经网络与神经计算机以它自学习功能强、鲁棒性高、自适应能力强、智能化程度高等独特的优点，给工程技术许多方面提供了新的手段，半导体神经网络硬件速度快，简便易行，为神经网络实用于工程中更创造了有利条件。相信在二十一世纪人类走向智能化程度更高的信息时代中，人工神经网络与神经计算机将会发挥更大的作用。

科研感悟

从长远看微电子技术未来新市场的发展方向在哪里*

中国科学院院士　王守觉
中国科学院半导体研究所　覃鸿

一、五十年的伟大成就

自 1947 年发明晶体管以来，由于半导体、微电子、计算机技术的高速发展，信息科学发生了翻天覆地的变化。以电子器件的功耗、体积、集成度、速度以及计算机的速度、存储量作 50 年前后对比，如表一：

表一

	1950	2000	前后变化
电子器件尺寸	晶体管发明不久，尚无可靠产品，微小型电子管体积>0.6m³	VLSI 中每个器件平均体积<10^{-8}cm³	缩小 10^8 倍
电子器件功耗	>0.05W	<10^{-8}W	缩小 10^7 倍
集成度		>10^8 器件	>10^8 倍
门电路延迟时间	～μs	～0.1ns	加快数万倍
计算机速度	～10^2 次/秒	～10^{12} 次/秒	增加 10^{10} 倍

以当今的超级计算机计算速度和硬盘存储容量为例，已达到了惊人的水平：

（1）速度：每秒数万亿次运算速度约比人脑快 10^{12} 倍，相当于全世界人口计算速度的 100 倍。

（2）存储容量：一个 100G 硬盘的存储量相当于超过 10 万本书存书量的图书馆全部信息。

但这些惊人的数据并不代表现代计算机已能解决人们需要解决的所有问题，为什么？这就带来了一个值得思考的问题：

---

* 原载于：中国集成电路，2002，（12）：5～7+4.

进一步的发展方向哪里？

二、惊人的水平与可笑的智能

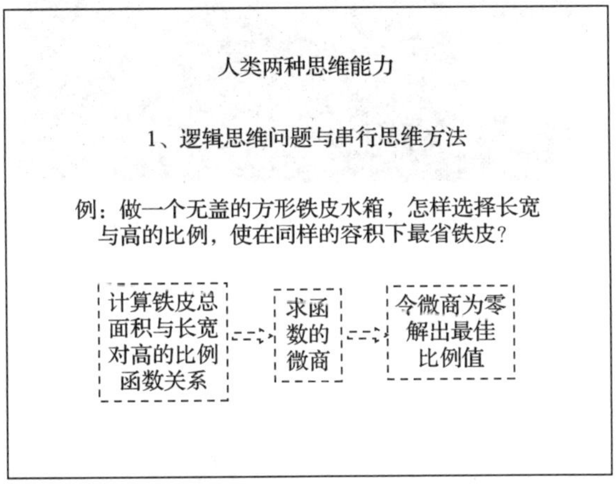

人类具有两种思维能力：

计算这类问题计算机比人快上亿倍，古代有位数学家花了毕生精力，计算出了 700 多位圆周率，但现在用计算机很快算出结果证明它后 300 多位是错的。

π=3.14159265358　？

whole life paid for π calculating

但另一类问题可大不相同：

2、形象思维问题和并行思维方法。

例：下图是什么动物？

这个问题，三岁的孩子都能很快回答，而计算机却很难得出可靠的结果，最典型的例子是：

不到一岁的孩子能认识他母亲，而他不会算 1+1 等于几。

一岁的孩子为什么能认识他母亲，而计算机却做不到?

一位日本微电子学专家在一次国际会议上作了 ULSI 工作的报告，但最后他却笑话似地说，一块 ULSI 芯片虽然功能很强，但却顶不上一只蚊虫的脑袋!

因而研究解决形象思维的计算方法问题是发展微电子技术未来市场的重要问题。

三、形象思维问题的两种计算方向

把形象思维问题用逻辑描述来解决虽然几十年来取得了极大的成绩，但它毕竟不是根本解决问题的方向，因为人类远不是这样做的；婴儿认辨它母亲时，决不是用一个计算眼睛长度、鼻子高度等的公式来解决的。因而基于人脑细胞间联接作基础的“联接主义计算”即人工神经网络方法是个迟早要突破的方向。

模式识别是典型的形象思维问题，它具有宽广的应用前景；为什么发展了几十年不能得到理想的结果呢? 二十世纪八十年代日本智能化计算机（即所谓第五代计算机）计划的失败，正说明要从根本上探讨新的途径。

解决形象思维问题的两种途径

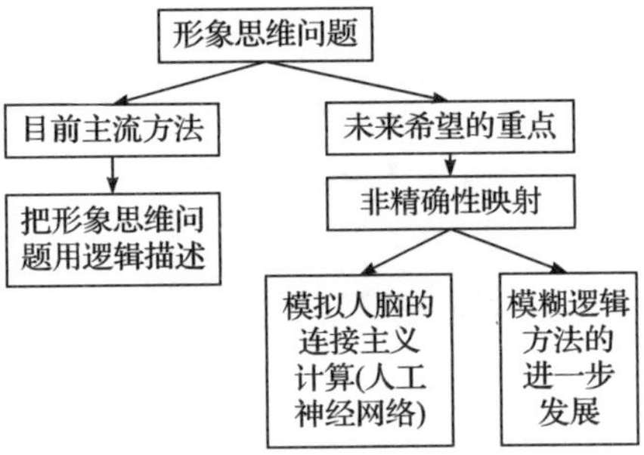

四、我们的探索工作

20世纪80年代末，当人工神经网络研究在国际上处于高峰时期，我们从探讨微电子可能的新应用方向出发，也进入了这一新领域。随后当我们做了大量跟踪性工作以后发现国际上人工神经网络虽然在模式识别及优化等领域应用甚多，但其发展缓慢。国际上研究热度几年后也很快降了下来。此时，国内外不少曾热衷于人工神经网络研究的人们，相当一部分纷纷退出了这一研究领域。我们当时分析了人工神经网络这一研究方向的发展情况，认为建筑在执行一条条指令基础上的现行计算机系统，在解决逻辑思维问题方面，具有极为高超的本领，但在解决形象思维问题方面的能力却很差，往往不如一个小孩，甚至不如一只小动物；因此，从长远观点看，我们认为人工神经网络的研究方向很重要，有很广阔的前景和很大的实用意义。要突破神经网络发展中的障碍，必须在两个方面突破：一是要发展一种分析复杂神经网络行之有效的理论工具和思考方法。二是要创造一种能方便高效地模拟神经网络的神经计算机硬件，作为神经网络新理论新模型新算法的载体。因而，我们首先从已经应用最多的神经网络模式识别的基本问题出发。我们认为现行的神经网络模式识别的基本理论出发点都是从特征空间中多类样本点的最佳划分出发的，也就是从非同类被识别对象的“差别”出发的。而人类认识事物却不是这样，设想农村中的一孩子，能认识牛、羊、马、狗、树木、房子等等农村中所有的一切，但没见过汽车；如果有一辆汽车突然出现在他面前时，试问他会怎样想呢？他会把汽车与以前见过的牛、羊、马、狗等一件件比较，看与哪件最相像吗（传统模式识别正是这样的）？不，他绝不是这样想的，而是认为“我没见过这种东西”“我不认识这种东西”。这正是人类“认识”事物与传统模式识别“区分”事物的差别。人类侧重于“认识”，而传统模式识别则只注意“区别”，没有重视“认识”的概念。因而我们提出了一种新的模式识别理论——仿生模式识别。下面是它对地平面目标全方位（360°）识别系统的实用效果与传统神经网络模式识别方法的对比：

识别目标和种类

未加训练，用以测试误识可能的实物

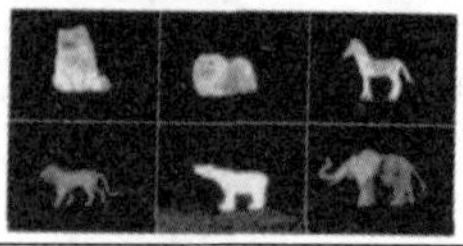

最近实验结果

训练样本总数338个(8类)

测试样本总数8800个，其中应识别样本6400个，正确识别6384个，拒识16个，正确识别率99.75%，拒识率0.25%

外加应拒识样本6类2400个，结果无一误识，误识率为0。

性能提高过程对比

传统的BP网络模式识别(1995)

已训练对象的正确识别率	80%
未训练对象的错误识别率	>50%
训练时间	40分

↓ ← 改进BP算法

改进的BP网络(1996)

已训练对象的正确识别率	80%～90%
未训练对象的错误识别率	>50%
训练时间	20分

↓

构造型神经网络(1997)

已训练对象的正确识别率	<90%
未训练对象的错误识别率	>50%
训练时间	5分

↓

优先度排序网络(1997)

已训练对象的正确识别率	<90%
未训练对象的错误识别率	>50%
训练时间	2分

↓

封闭超曲面网络(1998)(已提供高校的多套实物识别系统)

已训练对象的正确识别率	96%
未训练对象的错误识别率	20%
训练时间	7秒

↓

仿生模式识别CASSANN-Ⅱ(2000)

已训练对象的正确识别率	99%
未训练对象的错误识别率	<1%
训练时间	5秒

↓

仿生模式识别最近实验结果(2002)

已训练对象的正确识别率	99.7%
未训练对象的错误识别率	0
训练时间	5秒

以仿生模式识别的模型与算法理论为基础，在发展神经计算机硬件工具方面，也改变了传统神经网络中每个联接只存在一个权值的概念，提出并从硬件上实现了双权值神经元网络硬件，使神经计算机的应用途径获得了极大的拓展，也为神经网络新的进一步发展提供了有利的硬件手段。多权值神经元已被受理申请专利，申请号 02122638.5。

五、创新的机遇就是产业未来的机遇

我国进入 WTO 以后，步入了世界范围竞争的行列，知识产权问题日益显出它的重要性，没有创新的工作和产品在产品增值中高附加值部分往往都被发达国家拿走，而发展中国家实质上不管是什么高新技术产品，只要原始创新知识产权不属于自己，往往都是出卖廉价劳动力和出让市场的过程。这说明“创新”对我们来说越来越显示其重要性，正如江总书记在 2000 年两院院士大会上讲话中所指出的：“创新是一个民族的灵魂，是一个国家兴旺发达的不竭动力”，“有没有创新能力，能不能进行创新，是当今世界范围内经济和科技竞争的决定性因素”，“希望我国广大科技工作者，牢记自己的历史使命，坚持创新、创新、再创新！”

回顾十多年前步入神经网络时的认识，得到的深刻经验体会是“高技术探索领域的创新要从源头上做起”，不要受传统的概念与基础的束缚。随时注意基本概念上的创新，才能使我国目前相对落后的高技术领域，得到更快、有更大后劲的发展。

创新思维是人类社会发展的源动力*

王守觉

自然科学跟社会科学的联系结合是必然趋势，而且非常重要。自然科学的发展必须依靠哲学、社会科学。中国长时期处于封建社会，形成了两大束缚自然科学发展的根本性问题：一是信奉“天不变，道亦不变”，另外就是具有严格等级观念。现在，论资排辈已成为阻碍中国科学技术发展最大的问题，要克服它就必须依靠哲学、社会科学解放人的思想，如果没有社会科学的先导指引，自然科学很难发展。

中国的落后关键不在于具体科学，它可以通过几代人的努力很快赶上去，但思维方式的落后却是致命的，在科学发展方面它有一个突出表现就是，学科划分过细，划分依据一成不变。50年代，我被划分至物理学会，1962年国家成立电子学会后，我到了电子学会，后来又划出半导体专业，我就专门从事该专业。随着社会科学技术不断发展，半导体已基本属于技术科学问题，我在90年代转向信息科学，而且做出了一定成绩，但始终被认为是半导体专家，这种现象是不正常的。科学就是要不断突破权威理论，追求真理，这是一个艰辛的过程，需要人们不断转变思想，开拓创新。也正因如此，单凭自然科学的力量，很难实现科教兴国战略，它更需要社会科学启迪人的思想以作为基础。

物理学是非常重要但也非常古老的学科，它需要与时俱进，开拓创新，不断进入到新的领域。当今物理学的学科分类是几十年前甚至上百年前确定的，随着科学本身的不断发展，它需要不断加以完善。物理学是自然科学的核心，它研究物质、自然规律以及能源和能源转化。现在大家都很重视“信息科学”，但实际上重视的都是信息科学中有形的部分，如信息如何传递，移动通信，电子计算机的硬件、软件等等，对信息本身的研究却不够深入，开展得很慢。物理学应当开拓新的研究领域。

---

* 原载于：科学中国人，2005，（5）：26.

建设创新型国家的机遇与挑战*

王守觉

我 50 多岁的时候，1980 年选上院士，27 年了。搞了一辈子的半导体，到 65 岁我改行，不搞半导体，基本上把半导体交给学生继续干，我开始琢磨信息科学。为什么？田忌赛马大家都知道吧，我们中国要想跟发达国家，比如美国去竞赛，那么就要向田忌赛马学习，我们是次马，水平低，怎么和他们的马去竞争？就要找他的下马，他没有发展起来的学科就是他的下马，我自认我这个院士还是有点能力的，半导体发展，我自认为我是上马，去攻他的下马，他的信息研究得很差，所以我就 60 多岁改行。我大概总结出来，不管你搞什么，花四五年时间一心钻进去，就可以达到世界最高水平，这是我自己改了行之后的体会，包括模式识别，信号处理等等，我常说，什么叫水平，你能做的我也能做，我能做到的你做不到，那就是我们的水平差距，对不对？这样相比，我们比他们高。

研究信息有重要意义，因为信息是新的，国际上没有研究透，所以有很大的发展余地，特别对于我们建设创新型国家更是机遇，当然也是挑战，难度很大，大家要花力气。

接下来跟大家讲一下计算机的本领到底有多大？

在座可能有好多都是念计算机的，你们怎么来念计算机呢？可能就是看到计算机本领很大，到处都用计算机，而且 CAD（计算机辅助设计），CAM（计算机辅助生产），工业，管理都可以，好像本领很大，这个话说得对。但是还应该看到它发展上的弱点，我现在就来说说它的不足之处。1972 年有一个外国科学家，全球 63 位自动控制的专家之一。自动控制也是计算机应用的一部分，他在 37 位科学家中调查，内容是计算机什么时候能达到成年人的智力水平，调查结果有的说 5 年，10 年，20 年，30 年，都是 50 年以内的，剩下 26 位认为在 50 年以后，现在一晃 30 多年过去了，50 年也不远，我们计算机到底能达到什么样的智能水平？不要说一个成年人的智力水平，连一只未成年的狗的智能化水

* 来源于：2007 年 3 月 19 日，“同济心 母校情”百年校庆校友大讲坛第七讲讲座.

平还没有达到，不信养只小狗，它很多时候很聪明，认识路，认识主人，熟悉的人它都知道，所以不要迷信现代科学，也不要迷信现代科学家。现在科幻片说机器人和机器人打，这是幻想，差远了，机器人和狗打还不一定打得过，所以我要说明的问题是，一方面说计算机本领大，一方面它本领很小，一个 1 岁孩子能在会场里找妈妈，陌生叔叔抱会哭，为什么？他通过什么传递感情，连 1+1=2 都不知道，他怎么做？是另外一套思维方式，另外一套处理方式，计算机不知道。原因在于，计算机在解决形象思维方面十分欠缺，这与解决逻辑思维方式是不一样的，是不同时间不同空间力度上的问题。所以原来有的数学工具，计算方法已经不适用，有待发展新学科，创建新方法。我为什么要提这点，一方面可以看看我们的工作，一方面可以看到这是我们建设创新型国家的一个很好的机遇，我说过，机遇就是外国人没有做的，做得不好的，那是我们中国人的机遇。所以我们说，科学技术一切尚未解决的问题都是为发展中国家提供了机遇和挑战。这项工作可能将来是一个少数人的创新，多数人是拿外国的现成东西做做生产，引进专利，发展产品，我们有廉价劳动力可以出口，这个当然很重要。但如果我们能在技术上突破条条框框，开发了新技术，那我们生产成本更低，竞争力更强，科学上的创新就是我做得出来的你做不出来。这不是空想，我等一下儿会自卖自夸，我们做的东西外国就是做不出来，所以深圳的企业家和我们合作，他愿意投钱。所以胡锦涛主席说的，归根到底是人才，特别是创新型人才的竞争。

在座各位你们的责任重大，要树立自我培养的意识。培养不能光靠学校靠老师，要自我培养。所以接下来我想谈谈，青年学生学习的任务和目标就在自我培养，成为国家急需的创新型人才。

我们现在国家创新为什么是 28 位，是因为没有创新的人才。所以青年学生的任务和目标不在于考试，分数，当然分数是要的，不及格不行，但是照我的看法，你考试考得好不一定行，我招研究生不在乎你考试成绩好不好，有些人成绩好，解决问题能力差。我做了个实验，我在杭州工作，浙江省教改，中学教改，中学数学应用题，我用他们去考名牌大学，包括清华北大的毕业生，没有几个能做得出来。为什么一个大学毕业生解决高中应用题解决不了，因为应试教育，只会考试，考试会考，解决问题不会。所以我说要自我培养，怪学校，怪教育部不行，要怪自己，我们自己有这个责任要自我培养。

我的经历有点儿曲折。1937 年抗日战争，我初中一年级，只上了一年，到 1942 我进入同济大学，从 37 到 42 是 5 年，5 年内我只念了半年书，不是我不想念，是没有机会。抗战时期，我进入同济大学后功课非常好，我得过一个奖学金，全校只有两名，说明我当时功课是很好的。关键在于自我培养，念书必须自己有这个责任，我要学本领，不是为爹妈，不是为老师。青年学生学习的任务和目标在于自我培养成为国家急需的创新型人才。

那么怎样自我培养呢?

第一，从思想上培养科学思想方法和创新精神。科学思想方法和科学精神是两个不同的概念。背书只能背点科学知识，思想是需要慢慢培养的。胡锦涛主席在6月5号讲话中对创新型科学人才提出了6个要求，这6个要求当中有4个要求都是有关科学精神和思想方法方面的。报告讲得很好，但问题就是大家不考试这门课我就不去看，和考试没有关系的东西我就不去钻研。这就是一种实用主义。我们说科学精神和思想方法非常重要。第二，培养广泛深入思考问题的习惯是培养科学精神和科学思想方法的重要方面。对待同一个问题，如果光问怎么做或怎么回事，这是一种层次：如果理解层次更深刻一点，会思考到底起什么作用，为什么这样？所以我们一定要培养一种深入思考的习惯。第三，“放下包袱开动机器”，解除思想上常有的包袱，为培养创新思维创造条件。其实每个人都有思想包袱，我也有，我今年80多岁了，我为什么还要去干？这就是思想包袱。要说改行，我现在又在改行，改到生物学那里去，我创新的东西最好用在生物上，国际上没解决的问题。所以要放下包袱，不能想自己80多岁，要丢掉包袱。而包袱各人不同，对于年轻人来说，我认为要放下以下几个包袱：

克服崇洋媚外思想，破除对外国的迷信。不要认为外国人都行，其实中国人最聪明，只要我们放下包袱，我们比他们行得多。

(1)树立正确的读书方式，克服对书本权威的迷信思想。我们要读书，但是要站在批判的角度读书，我们看很多方面书，然后看他们的优缺点，不能迷信书本，要迷信，我们的脑子就死了，所以读书方式很重要，我经常和研究生说，你看书看文章要站在书的高处。苏东坡说过，不识庐山真面目，只缘身在此山中。在庐山里看不见其真面目，在书本里看不到真知识。要站在上头才能看清。

(2)从名利地位的思想枷锁下解放出来，树立科学的人生价值观。这很重要。大家想必看过卓别林的电影，他暴露的是资本主义初期人是机器奴隶的事实，没有自己的思考。这是过去，现在也有，名利地位，要升官就要说假话做什么，成为名利地位的奴隶。学生也有这个问题，追求钱。钱是要的，但不能只是为了钱，成为钱的奴隶，不可能自我培养出什么来。我们要挣钱，是为了搞工作，不是为了纯粹挣钱。相反，我们挣了钱才能使我们生活好，有好的身体，去搞工作。所以必须要丢掉追逐钱的欲望。美国人宣传拜金主义，希望发展中国家人人都是拜金主义者，因为世界财富集中在那里，所以拜金就是拜美国人。它是上帝，你是奴隶，所以他希望你拜金。国内媒体为什么宣传拜金主义，因为掌握媒体的人往往发大财。电视主持人，动不动比科技人员高两个数量级，他当然希望人们拜他学他，他是偶像。所以事实上也是这样，青年学生的偶像都是歌星，明星，主持人等等，有几个人真正想当科学家？科学家钱太少，所以这种事不利于创新型人才的成长。大家都迷信歌星明星主持人，13 亿人中到底有多少？其实很少，追星到头来浪费自己的时间，耽误前程。所以要去除这种思想枷锁，树立正确的科学的人生价值观，这一点很重要。

第二点，从技术上掌握科技创新的规律。第一，从科学技术发展历史认识科学技术创新过程的规律性与必然性。我国因为落后，什么东西都喜欢舶来品，好像创新与我们无关，创新是什么，从外国拿点知识来？这是片面的。我认为：

（1）要认识发展中国家科技创新的艰巨性与必要性。整个产品，比如计算机，先有半导体科学的发明，科学的创新，晶体管创新，电路的创新，计算机理论的创新，才有计算机。然后，新产品的设计开发，产品加工，上市，创新品牌。看一下世界创新产品链，中国怎样？没有前期的科学研究创新，技术研究创新，比如联想集团，芯片哪来？美国英特尔。计算机体系结构等都是外国抄来的，知识产权外来，我们只是新产品设计开发加工，上市销售，小半部分。看似产值很大，利润很小，钱给外国人挣去。要扩大这个范围难度很大，要慢慢来，这是必要性和艰巨性。

（2）交叉学科常常成为学科发展历史上的创新热点，从这一客观历史经验出发，认识科技知识深度与广度的辩证关系，同时重视深度与广度的提高，培养多方面思考问题的习惯。给同学们举个例子，一家自动生产香肥皂厂，包装香皂盒时往往有空盒子包装出来，这样卖出去砸了自己的牌子，不好，所以要解决这问题，请了博士，博士分析问题，设计了方案，用放射线在传送带上透视，图像识别的方法识别有没有肥皂。同时，另一家小厂遇到同样的问题，请了一名技师，工人出生，他在传送带两层之间安装上鼓风机，轻轻一吹，把空纸盒吹掉。所以为什么博士反而解决不了，因为他是一维思想，要解决的问题是空盒还是实盒，不是区别石子和肥皂。空盒和实盒主要是重量差别，很简单，吹一下即可。所以思考问题要换一种方法，死书念得越多，思考问题就越死。毛主席讲，书念得好者越念越笨。所以必须注意深度广度，多方面思考问题。下面说说我们的经验。1995 年 4 月 10 日人民日报刊登了一则题为“一个新构想的命运”的文章。这是我们创新思维，交叉学科发展出来的。文章讲了我们发展的高速 DA 转换器，达到了国际先进水平，其实我们18年前在实验室里已经做出来了，但是人们不相信，迷信外国，后来国防科工委让我们试试，用我们的理论，一个片子下去，速度提高了20倍。国防科工委写了证明材料（提高了20倍，缩小到4ns以下，超过了国际先进水平……）。花了十多年得到了承认。

（3）我的下一个发明在1980年得了中国科学院的一等奖，当时国家承认是1995年，所以我1996年得到国家发明奖，一个新东西经过16年，这都是一个笑话，所以说年轻人要有社会责任感来改变这种现象，否则100年以后中国还是落后。年轻的精英们责任重大!我们接下去的工作有我的80年代的一位博士生继续做下去，教授博士生导师，我改行做其他的，他继续作了10年，做DDS，超过了国际水平。所以国际顶级的大规模集成电路的会议，杂志要求我们去发表。他论文被下载数量最高，因为这是创新，是半导体和电路的交叉学科的创新。我们的理论是1978年提出，1978～1986年是实验论证和撰写论文，1995我们DA转换达到4ns，10年后，2005年，我们的DDS，做到超过国际水平一倍。2006年，我们做宽带局域网的芯片，做到当时最先进。经出科学时报刊登，芯片研发成功。国家给予重视，在苏州建立中心，我的学生就去那里继续办这件事情。所以从科学创新到技术创新到产品创新不是一个很短的周期，要有毅力才能发挥作用!

（4）从学习和认识近百年来电子信息科技发展对人类社会的重大贡献和艰辛历程出发，要培养坚韧不拔，踏踏实实，认真工作的精神，克服浮躁情绪，杜绝弄虚作假的不良倾向。这个问题目前在中国很严重，上海交大的花大钱去国外买了芯片，磨掉名字，盖了假的作为自己研制的。这是科技界的败类，但这种偷懒的思想在科技人员中是存在的。急于求成，浮躁，因此弄虚作假，不肯踏踏实实、认认真真工作，缺乏坚韧不拔的工作作风。所以我说钱是好的，但是钱太多了，就会有这些虚假的东西。中国科学院前任院长，做了调查，写了文章，说历来诺贝尔奖得奖人所在单位都是比较穷的单位。钱多了就不做学问了。所以钱不是唯一追求的东西。拼命宣传钱，我们的创新型科技就不可能实现，只能从外国拿来东西。美国硅谷的半导体技术的发展也不是一个简单的历程。从1955年开始发展，1957年到1972年成立了58家企业，到1980年，有31家倒闭或变卖。无论做什么，真正的企业家也需要一种拼搏精神，贪图安逸不能成功。

（5）创新与积累的依存关系，克服认为创新就是灵机一动自天而降的不切实际的想法。中国有部分人要不认为不需要创新，一切从国外拿来，要不认为创新是灵机一动得来的。实际上，创新是继承、积累、发展，是循环的上升。我们往往没有形成循环，不利于创新，所以要正确认识企业的创新发展和积累也是有很大关系。任何企业不仅是资余的积累，必须有人才、知识、技术、文化的积累，还有市场的积累。美国硅谷的企业非常重视人才的积累。

下面谈谈我们近十年来在继承、积累、发展方面的体会。看看这十年来我们信息科学做得如何。1990 年我们开始做半导体神经网络：1992 年，我们在调查研究的基础上，应邀作了国际上神经网络的中枢，看看神经网络到底发展的情况如何；1995 年我们研制成功第一台神经计算机，被电子部评为 95 电子十大科技成果之一；1996 年我们用神经计算机做模式识别，继承改进了模式识别用的网络；1997 年，我们提出了模式识别用的神经网络的新模型，比原来的网络提高了 2 个数量级，在 1998 年国际会议上发表时，引起人们广泛关注。我们提出了模式识别的不合理性，研究高维空间覆盖问题；1998 年，我们提出了适用高维覆盖的数学模型，发表论文；1999 年，我们把它用于生产工艺优化提高上来，成品率提高 112%；2000 年，我们完成了双权矢量硬件 CASSAN-Ⅱ，并用于实物模型的识别，达到很好的效果。同时，我们在高维空间子流形形状的几何图形分析法上取得进展，用几何方法解决了高维空间紧密球堆积间隙的几何计算。我们得出了从 N 维 N+1 维空间上的规律性。这是我们用几何思想发展的一个新的方法。这是我们新发展的学科，从 2001 到 2002 我们在高维基础上提出仿生模式识别的理论，并且开始在各方面应用，作全面比较研究。我们的工作，在 2006 年，被九个国际会议邀请去作大会报告，有的在美洲和欧洲，多数在香港和内地，所以国际上已然承认了。我们仿生模式识别方法的误识率比起国外先进水平还要下降一半。2005 年，我们提出了高维仿生信息学，用形象几何的方法解决信息技术中很多变量的计算，向计算机计算形象思维的方式作了努力，目的是计算机更聪明。我们的方法不是用方程式来确定计算，用几何图形概念确定；高维空间的子空间不是用方程式描述，用点描述；所有计算方法都是平面几何上简单的运算，多种组合和迭代达到的。看看它在图像处理的应用，模糊图片的图像增强。（例子略）外国人很重视，斯坦福大学重复了我们的研究。到 2005～2006 年，一方面我们被频繁邀请去世界各地做报告，一方面我们在企业家支持下开发了实用性产品——仿生银行安全卡系统。数据很小但成功确认率达到 90%以上。这个国外就没有做到，因为他们没有这个技术，他们做不到。

学习方法是决定自我培养成才效果的关键因素，单向式的听课学习会阻碍思想多向式的发展，特别是创新型思维的发展，所以我不提倡，听课要讨论。第二，学术上的讨论与争辩是创新型科技人才成长的必由之路。一个人封闭不利于自己的成才。第三，科学技术专业发展的历史过程是科学技术创新思维的源泉，有的东西即使是淘汰了，但你必须知道他的思路是如何，然后再发展起来，这个很重要。第四，遇到问题要多问为什么，不要只想知道是怎么做的，我们往往只想知道是怎么做的，能不能拿来用，这是实用主义，对于培养创新型思维很不利。人才成长主要靠自我培养，将此看作自己的重大职责，不是为分数，而是为学本领。一切为分数，为父母，为金钱，为前程读书都未必会有好结果，适得其反，要为了培养提高自己的本领，成才，尽社会责任来读书，追求真理来读书。给大家看两封信，一是中国科学院院长（路甬祥），我给了他一本我近年来的论文集，里面有论文一百四十多篇，论文集第一页写了我的座右铭，他给我的回信说，首页写的理念值得倡导，值得青年科学家学习和继承，所以我将这理念和大家分享一下——科学探索就是追求真理，与世俗的名利观相悖的，古代科学家哥白尼，伽利略，玻尔兹曼等都曾经经历受人谴责的不公正待遇，不计个人得失坚持追求真理是科学家必备素质。新学问受到谴责不足为奇，我以此来自勉。有些从外国拿来写东西的人称不上是科学家，我不同意这种人的做法，我要向真正的科学家努力。我国有人主张从产品引进，生产线引进，生产技术引进，专利技术引进，评价标准引进，到学问知识也是引进，只靠全盘引进，似乎引进就是发展的一切，因而中国的创新型人才缺乏成长的环境。所以我说科学技术所能引进的只是果实，种在他头脑里的根无法引进。十年树木百年树人，我们不能只知道引进，念外国的书，念完了考，没有想到自己的创新。所以我最后写了一首《西江月》跟各位精英们共勉。

古有四大发明
今乏技术创新
追根究底求其因
尚欠科学精神
近效实非独俏
积累创新更要
莫待百年儿孙笑
只传引进一招

希望精英们看到钱的重要意义以外还要看到科技创新的重要性！谢谢！

关于晶体管最高振荡频率有关因素的测量分析*

王守觉

提　要

本文讨论了晶体管最高振荡频率有关因素的一种测量分析方法。利用在基极和集电极回路中串入外加串联电阻后测量最高振荡频率的变动，可以同时获得晶体管共发射极短路电流放大零增益频率 f_T 、基极电阻 r_b 、集电极电容 C_c 以及本征的特性频率 f_{Td} ，讨论了当基极层厚度调制作用所致的集电极电导起作用时的分析方法。最后分析了漂移晶体管最高振荡频率与晶体管外部参数的关系，结果说明，上迹方法在考虑了适应于漂移晶体管的修正步骤后，除同样能得到 f_{Td}, r_b、c_c 等有关参数外，还可以分析得出漂移晶体管基极层中的漂移电场强度。

ON MEASUREMENT AND ANALYSIS OF FACTORS AFFECTING THE MAXIMUM FREQUENCY OF OSCILLATION OF TRANSISTORS

Wang Shou-Chio

Abstract

A simple method to measure and analyse the factors affecting the maximum frequency of oscillation of transistors is described. From the maximum frequencies of oscillation measured with certain external series resistances connected in the base and collector circuits, the frequency of zero db current gain f_T , base resistance r_b, collector capacitance C_c, and also the intrinsic characteristic frequency f_{Td} of the transistor can be deduced. The method of analysis is also discussed in the case when the collector conductance introduced by base width modulation plays

* 原载于：物理学报，1962，18（4），194～206.

an important role in limiting the maximum frequency of oscillation of the transistor. The connection between the maximum frequency of oscillation of drift transistor and its external parameters is discussed finally. It is concluded that when proper corrections are made for drift transistors, not only f_{Td}, r_b, and C_c, but also the magnitude of drift field in the base region of drift transistors can be deduced.

主要使用符号

h_{11} = 输出端短路时的输入阻抗

$\mathrm{Re}(h_{11}) = h_{11}$ 的实数部分

h_{22} = 输入端开路时的输出导纳

$\mathrm{Re}(h_{22}) = h_{22}$ 的实数部分

h_{12} = 反向的电压反馈系数

h_{21} = 正向的电流放大系数

Y_L = 负载的导纳

$G_L = Y_L$ 的实数部分

Z_g = 信号源的阻抗

$R_g = Z_g$ 的实数部分

K_p = 功率增益（倍数）

α_{d0} = 低频时本征的共基极短路电流放大系数

α_d = 本征的共基极短路电流放大系数

β_d = 本征的共发射极短路电流放大系数

β = 外测的共发射极短路电流放大系数

$\phi_\alpha = \alpha_d$ 的相角

$\phi_\beta = \beta_d$ 的相角

r_b = 基极电阻

r_{b0} = 外加基极串联电阻

r_c = 晶体管本身的集电极串联电阻

r_{c0} = 外加的集电极串联电阻

r_e = 发射结电阻

C_c = 集电极电容

C_e = 发射结电容

G_c = 由基极层厚度调制所造成的集电极电导

$f_{\alpha d} = \alpha_d$ 的绝对值下降至 $\frac{\alpha_{d0}}{\sqrt{2}}$ 时的频率

$f_{Td} = \beta_d$ 的绝对值下降至“1”时的频率

$f_T = \beta$ 的绝对值下降至“1”时的频率

f_m = 最高振荡频率（K_p 下降至“1”时的频率）

i_c = 集电极电流（交流）

i_b = 基极电流（交流）

K = 玻耳兹曼常数

T = 绝对温度

q = 电子电荷

一、引　言

晶体管在高频应用中反映频率特性最重要的参数是高频功率增益，高频功率增益与频率平方成反比，因此晶体管功率增益为“1”时的频率（即最高振荡频率）是代表高频功率放大性能的重要参数，也是晶体管用作功率放大和振荡时的极限频率[1,2]。

晶体管的最高振荡频率不仅取决于与基区载流子平均过渡时间直接相关的特征频率 f_{Td}（本征的共发射极短路电流放大零增益频率），而且还取决于基极电阻 r_b、集电极电容 C_c、集电极串联电阻 r_c 等外部参数，以及高频下的集电极电导 G_c。在提高晶体管最高振荡频率过程中这些参数相互间常存在矛盾，因此必须找出限制最高振荡频率的主要因素予以调整提高，本工作的目的在于探寻测量仪器简单的分析晶体管最高振荡频率有关因素的简易方法，作为提高晶体管最高振荡频率的分析工具。同时对漂移晶体管的最高振荡频率进行了分析，结果说明，从上述测量中可以得出漂移管基区中漂移电场强度。

二、测量方法的理论根据

四端网络应用 h 参数的功率增益为[3]

$$K_p = \frac{4R_g G_L |h_{21}|^2}{\left|(h_{11}+Z_g)(h_{22}+Y_L)-h_{12}h_{21}\right|^2}, \tag{1}$$

对于晶体管被中和的并匹配好的共发射极线路情况，可以考虑

$h_{12}=0, h_{11}$ 应为 $\mathrm{Re}^*(h_{11}), h_{22}$ 应为 $\mathrm{Re}(h_{22})$ 以及 $Z_g = R_g = \mathrm{Re}(h_{11}),\ Y_L = G_L = \mathrm{Re}(h_{22})$，由此可得最高功率增益为

$$K_p = \frac{|h_{21}|^2}{4\mathrm{Re}(h_{11})\mathrm{Re}(h_{22})}. \tag{2}$$

今考虑高频放大的情况。当工作电流足够大时，满足条件 $r_e = \dfrac{KT}{qI_E} \ll \dfrac{1}{2\pi f C_e}$ 和 $r_e \ll r_b$，故可忽略 C_e，r_e 的作用。先考虑 $r_c = 0$ 时，可得[4]

$$|h_{21}| \approx |\beta_d| = \frac{f_{Td}}{f}, \tag{3a}$$

$$\mathrm{Re}(h_{11}) \approx r_b, \tag{3b}$$

$$\mathrm{Re}(h_{22}) \approx 2\pi f_{Td} C_c. \tag{3c}$$

由（2）及（3）式可得在频率为 f 时的最大功率增益为

$$K_p = \frac{f_{Td}}{8\pi r_b C_c f^2}, \tag{4}$$

当 $K_p = 1$ 时 $f = f_m$，故得

$$f_m = \sqrt{\frac{f_{Td}}{8\pi r_b C_c}} . \tag{5}$$

今考虑$r_c > 0$的情况，则输出短路时的高频输出电流为

$$\left.\begin{aligned} |i_c| &= \left|\frac{\beta_d i_b}{1 + 2\pi f_{Td} C_c r_c + j2\pi f C_c r_c}\right|, \\ |\beta_d| &= \frac{f_{Td}}{f}. \end{aligned}\right\} \tag{6}$$

因此由于r_c的作用，而使高频时的共发射极短路电流放大系数下降为

$$|\beta| = \left|\frac{i_c}{i_b}\right| = \left|\frac{\beta_d}{1 + 2\pi f_{Td} C_c r_c + j2\pi f C_c r_c}\right| . \tag{7}$$

（7）式亦可写成

$$|\beta| f = f_{Td} \frac{1}{\sqrt{1 + 4\pi f_{Td} C_c r_c + (2\pi C_c r_c)^2 \left(f_{Td}^2 + f^2\right)}} . \tag{8}$$

（8）式说明了由于r_c的作用，将使应用高频下测βf的方法测得的f_T随测量频率略有影响，但当r_c不太大或测量频率不太高时，可近似为

$$f_T = |\beta| f \approx f_{Td} \left|\frac{1}{1 + 2\pi f_{Td} C_c r_c}\right|, \tag{9}$$

今用

$$|h_{21}| = |\beta| = \frac{f_{Td}}{f}\left|\frac{1}{1 + 2\pi f_{Td} C_c r_c + j2\pi f C_c r_c}\right|, \tag{10a}$$

$$\mathrm{Re}(h_{22}) = \frac{1}{r_c + 1/2\pi f_{Td} C_c} \tag{10b}$$

来代替（3）式中的$|h_{21}|$和$\mathrm{Re}(h_{22})$,可得到有r_c情况的最高振荡频率为

$$f_m = \sqrt{\frac{f_{Td}^2}{4B(1+A)}\left(1 - \frac{A^2}{8B(1+A)^3}\right)}, \tag{11a}$$

式中$A = 2\pi f_{Td} C_c r_c$，$B = 2\pi f_{Td} C_c r_b$，若r_b不太小而r_c不太大时（晶体管一般情况），可近似为（当$r_b \geqslant r_c$时或$B \geqslant 1$时最大误差均小于2%）

$$f_m \approx \sqrt{\frac{f_{Td}}{8\pi r_b C_c}} \sqrt{\frac{1}{1 + 2\pi f_{Td} C_c r_c}}, \tag{11b}$$

上式中右侧第二个根号值即由于r_c的作用而影响f_m的因数。

（11b）式可写成

$$\frac{1}{f_m^2}=16\pi^2 C_c^2 r_b\left(\frac{1}{2\pi f_{Td} C_c}+r_c\right). \tag{12}$$

如在测量最高振荡频率时，在集电极和基极外加接不同的外加串联电阻 r_{c0} 和 r_{b0}，则测得的最高振荡频率与 r_{b0} 和 r_{c0} 的关系应符合

$$\frac{1}{f_m^2}=16\pi^2 C_c^2 (r_b+r_{b0})\left(\frac{1}{2\pi f_{Td} C_c}+r_c+r_{c0}\right). \tag{13}$$

以（9）式代入（13）式可得

$$\frac{1}{f_m^2}=16\pi^2 C_c^2 (r_b+r_{b0})\left(\frac{1}{2\pi f_T C_c}+r_{c0}\right), \tag{14}$$

（14）式说明，若串入不同的基极外加串联电阻 r_{b0} 时，测得不同的 f_m，以 $\frac{1}{f_m^2}$ 对 r_{b0} 作图应得一直线，此直线延长与 r_{b0} 轴相交处应为 $-r_b$。若串入不同的集电极外加串联电阻 r_{c0} 时，测得不同的 f_m（测量时应保持 $r_b+r_{b0} \geqslant \frac{1}{2\pi f_{Td} C_c}$），则以 $\frac{1}{f_m^2}$ 对 r_{c0} 作图亦应得一直线，此直线延长与 r_{c0} 轴相交处应为 $-\frac{1}{2\pi f_T C_c}$。再根据（14）式可算得 C_c 和 f_T。

集电极串联电阻 r_c 可以用简单的低频或直流方法测得，再按（9）式可算得 f_{Td}。

三、测量结果举例

以实际测量的一个锗 $n-p-n$ 高频管为例，实测的 $\frac{1}{f_m^2}$ 对 r_{b0} 和 r_{c0} 的作图如图 1 及图 2。

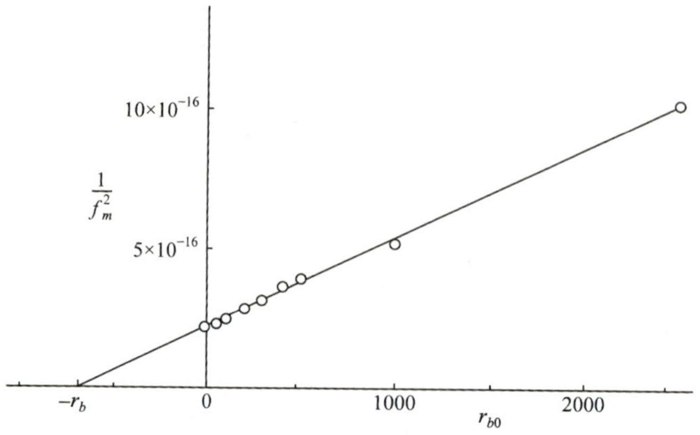

图 1

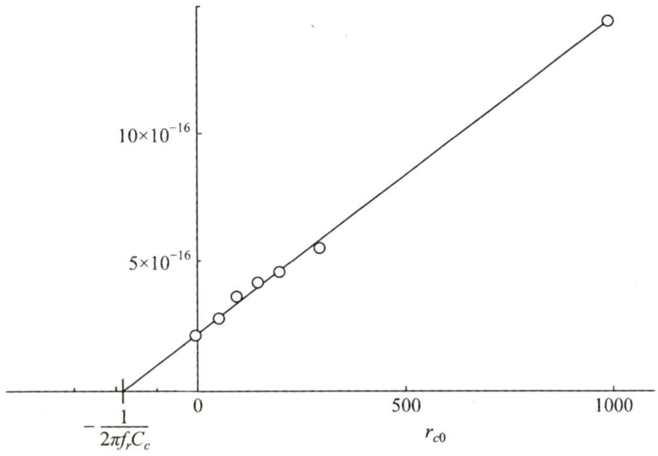

图 2

用得到的参数计算在不同的 r_{b0} 和 r_{c0} 情况下的 f_m 值，与实际测量值的比较列入表 1。

表 1　I 晶体管测量结果

测量结果 $f_T = 265mc$，$r_b = 720\Omega$，$c_c = 3.3pf$

r_{b0}	f_m（计算）	f_m（实测）
0Ω	66.7*mc*	67*mc*
50	64.4	64.8
100	62.5	62.7
200	59	59
300	56	56.3
400	53.4	52.5
500	51	50.5
1000	43.2	44
2500	32	31.5
r_{c0}	f_m（计算）	f_m（实测）
0	66.7	67
50	58.7	60
100	53.5	52.2
150	49.3	48.8
200	46	47
300	40.8	42.6
1000	26	26.5

用简单的直流特性描绘仪在饱和状态下测得 $r_c = 10\Omega$，根据（9）式算出 $f_{Td} = 281mc$。

用测量 f_T 的设备进行了测量比较。这个设备是测量高频共发射极电流放大系数 $|\beta|$，

用$|\beta|f$乘积来得到f_T的。它在集电极回路中的负载电阻是100Ω，因此它实际测到的$|\beta|$并不是真正短路电流放大系数，而是负载电阻为100Ω时的电流放大系数，若以$\beta_{100\Omega}$表之，则根据（9）式可得

$$\beta_{100\Omega}f=\frac{f_{Td}}{2\pi f_{Td}C_c\left(r_c+100\right)+1}.\tag{15}$$

以三个型式不同的晶体管，用得到的参数按（15）式计算得到的$\beta_{100\Omega}f$值与用上述测β设备实测结果的比较列入表2。

表 2

晶体管编号	Ⅰ	Ⅱ	Ⅲ
f_T	265*mc*	192*mc*	84*mc*
$\beta_{100\Omega}f$（计算）	170*mc*	108*mc*	71*mc*
$\beta_{100\Omega}f$（实测）	159*mc*	100*mc*	60*mc*

上述结果说明，$\beta_{100\Omega}f$用得到的参数计算得的值与实测值相差不多（实测值略低于计算值的原因可能由于实测线路中除100Ω负载电阻以外，还有串联的电容的电抗作用），此外还说明在测量高频β的线路中若不考虑负载电阻的影响而加以修正，就用有负载电阻时的βf作为f_T，则与真正f_T之间将有很大误差。

四、讨　　论

（1）基极层厚度调制（尔来效应）所形成的集电极电导的作用

由于基极层厚度调制作用造成晶体管一定的内部反馈和有限的集电极电阻[5-7]，对漂移晶体管来说，尤其是由基层厚度调制形成的集电极电导$G_c=\left(\frac{\partial i_c}{\partial V_c}\right)_{V_b}$随频率的平方上升[8]，因此在较高的频率须考虑可能G_c起作用的情况。

考虑G_c的情况（2）式中的$\mathrm{Re}\left(h_{22}\right)$和$\left|h_{21}\right|$应改为

$$\mathrm{Re}\left(h_{22}\right)=\frac{1}{r_c+1/\left(2\pi f_{Td}C_c+G_c\right)},\tag{16a}$$

$$\left|h_{21}\right|=\frac{f_{Td}}{f}\left|\frac{1}{\left(2\pi f_{Td}C_c+G_c\right)r_c+1+j2\pi fC_cr_c}\right|,\tag{16b}$$

代入（2）式得G_c起作用时的高频功率增益近似为

$$K_p \approx \frac{f_{Td}^2}{4r_b\left(2\pi f_{Td}C_c+G_c\right)\left(1+2\pi f_{Td}C_c r_c+G_c r_c\right)f^2}, \tag{17}$$

在 $f=f_m$ 时 $K_p=1$，再写成（12）式的形式，可得

$$\frac{1}{f_m^2}=16\pi^2C_c^2r_b\left(\frac{1}{2\pi f_{Td}C_c}+r_c\right)+\Delta\left(\frac{1}{f_m^2}\right), \tag{18a}$$

$$\Delta\left(\frac{1}{f_m^2}\right)=\frac{4r_bG_c}{f_T^2 d}\left(1+4\pi f_{Td}C_c r_c+G_c r_c\right). \tag{18b}$$

与（12）式比较，可知 $\Delta\left(\frac{1}{f_m^2}\right)$ 即由 G_c 的作用而使 $\frac{1}{f_m^2}$ 增加的值。

由于 G_c 随频率而上升，故在 G_c 起作用的情况 $\frac{1}{f_m^2}$ 与 r_{b0} 不再成直线关系，而在 r_{b0} 增加的方向向上弯曲。对这样的晶体管需按下述方法分离开 G_c 的影响。

从（16）式可得 G_c 被忽略不计的条件为

$$G_c \ll 2\pi f_{Td}C_c,$$

上式右侧数值 $2\pi f_{Td}C_c$ 不随频率改变，而 G_c 则随频率平方上升，因此降低测量时的频率可以减少 G_c 的作用。可以用在集电极和基极回路中同时串入外加串联电阻的方法来降低测量时的频率。先在集电极串入适当的固定外加串联电阻，使 f_m 降低到符合 $G_c \ll 2\pi f_{Td}C_c$ 的条件（可以从再串入 r_{b0} 测 $\frac{1}{f_m^2}$ 是否成直线关系来看），再在基极串入不同的外加串联电阻 r_{b0}，将测得的 f_m 以 $\frac{1}{f_m^2}$ 对 r_{b0} 作图（见图 3 中 a 线），从交点得 r_b 值。然后去掉固定的集电极串联电阻 r_{c0}，再测 f_m 随 r_{b0} 的变化，以 $\frac{1}{f_m^2}$ 对 r_{b0} 作图（见图 3 中 b 线），若没有 G_c 的作用则 b 线亦应成直线且延长与 a 线相交于 r_{b0} 轴同一点；若 b 线不成直线，则其与直线（图 3 虚线）间的垂直距离就是各该频率下（实线各点所对应的频率）G_c 所起的影响 $\Delta\left(\frac{1}{f_m^2}\right)$。再根据（18b）式可求得 G_c。（若以 $r_{b0}\neq 0$ 的各点来计算则（18b）式中的 r_b 应代以 r_b+r_{b0}）。

上面讨论了当 G_c 起作用时的分析方法，但在实际情况很少碰到 G_c 起相当大作用的。

（2）漂移晶体管情况的讨论

晶体管共发射极线路的高频输出导纳是由集电极电容 C_c 的作用，不难得到频率为 f 时 C_c 对输出导纳的贡献为

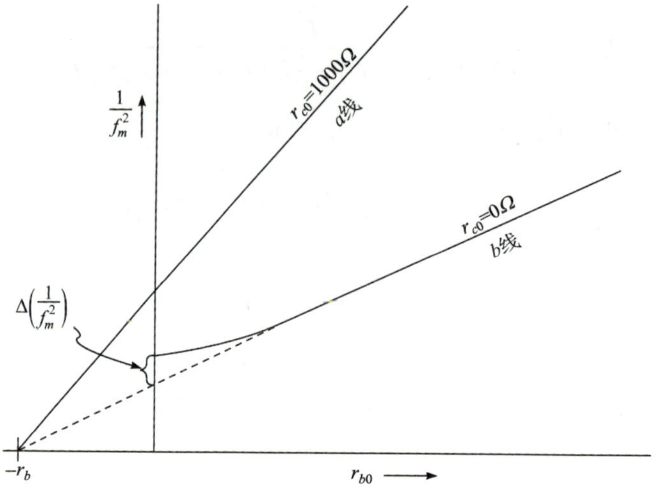

图 3

$$h_{22} = j(\beta_d + 1)2\pi f C_c, \tag{19}$$

以 ϕ_β 代表 β_d 的相角，则

$$\beta_d = \frac{f_{Td}}{f} e^{i\phi\beta}. \tag{20}$$

代入（19）式可得

$$h_{22} = 2\pi f_{Td} C_c e^{j\left(\frac{\pi}{2}+\phi_\beta\right)} + j2\pi f C_c, \tag{21}$$

$$\mathrm{Re}(h_{22}) = 2\pi f_{Td} C_c \sin(-\phi_\beta), \tag{22}$$

与（3c）式比较可知(3c)式的适用范围为 $\phi_\beta \approx -\frac{\pi}{2}$，这能适合于合金管或其他基区没有漂移电场的晶体管，对这类晶体管本征的共基极短路电流放大系数随频率的改变，可以用近似式[9]

$$\alpha_d \approx \frac{\alpha_{d0}}{1 + jf / f_{ad}}, \tag{23}$$

根据（23）式可得

$$\beta_d = \frac{\alpha_d}{1-\alpha_d} = \frac{\alpha_{d0}}{1-\alpha_{d0} + jf / f_{ad}}, \tag{24a}$$

$$\phi_\beta = -\mathrm{arctg}\left(\frac{f / f_{ad}}{1-\alpha_{d0}}\right). \tag{24b}$$

在一般晶体管 $\alpha_{d0} \approx 1$，f 不太低即 $\frac{f}{f_{ad}} \gg (1-\alpha_{d0})$ 时，故得 $\phi_\beta \approx -\frac{\pi}{2}$。

对漂移管来说，$\phi_\beta \neq -\frac{\pi}{2}$，因此决定最高振荡频率的（11b）式应加修正。

对漂移晶体管本征的共基极短路电流放大系数较精确的近似式为[10]

$$\alpha_d \approx \alpha_{d0}\frac{\exp\left(-jmf / f_{ad}\right)}{1+jf / f_{ad}}, \tag{25}$$

式中 m 为根据漂移管基区漂移电场强度而决定的系数，对锗的漂移管说 $m \leqslant 1$[10].

根据（25）式，当频率 f 比 f_{Td} 高不太多时，可得 $\sin\left(-\phi_\beta\right)$ 的近似值为（见附录）

$$\left.\begin{aligned} \sin\left(-\phi_\beta\right) &\approx 1-S\left(\frac{f}{f_{Td}}\right)^2, \\ S &= \frac{(3+m)m^2}{6(1+m)^3}, \end{aligned}\right\} \tag{26}$$

上式中 S 一项是为数不大的修正项，当 $m \leqslant 1$ 时 $S \leqslant 0.083$ 。

在考虑 $\sin\left(-\phi_\beta\right)$ 的修正后，有 r_c 情况下的最高振荡频率应为（见附录）

$$\left.\begin{aligned} f_m &\approx \sqrt{\frac{f_{Td}^2}{4B(1+A)-\dfrac{S}{1+A}}(1-H)}, \\ H &= \frac{A^2\left(1+2\sqrt{2S}\right)-2AS}{8B(1+A)^3}, \end{aligned}\right\} \tag{27}$$

式中 $A = 2\pi f_{Td}C_c r_c$，$B = 2\pi f_{Td}C_c r_b$

（27）式中若 $S=0$ ，则得到（11）式的结果。若 $r_c=0$（即 $A=0$)，则得到与 Rollett[11] 相同的结果。

（27）式中 H 的值当 $A \ll 1$ 或 $A \gg 1$ 时都趋近于零，故当 $A \ll 1$ 时，得

$$f_{m(A\ll 1)} \approx \sqrt{\frac{f_{Td}^2}{4B(1+A)-S/(1+A)}}, \tag{28}$$

当 $A \gg 1$ 时，得

$$f_{m(A\gg 1)} \approx \sqrt{\frac{f_{Td}^2}{4B(1+A)}}. \tag{29}$$

在晶体管没有外加串联电阻的情况，一般满足条件 $A \ll 1$，因此（28）式可以作为计算漂移管在考虑了集电极串联电阻影响后的最高振荡频率的近似公式。对一般 r_c 不太大的晶体管，若 $B > 0.1$ ，而 $A < 0.1$ 时，忽略 H 所产生的影响最大不超过千分之六。

把（28）式改写成

$$\frac{1}{f_m^2} = 16\pi^2 C_c^2 r_b\left(\frac{1}{2\pi f_{Td}C_c}+r_c\right)-\frac{S}{f_{Td}^2(1+A)}, \tag{30}$$

在有基极外加串联电阻 r_{b0} 的情况，则应写成

$$\frac{1}{f_m^2}=16\pi^2C_c^2\left(r_b+r_{b0}\right)\left(\frac{1}{2\pi f_{Td}C_c}+r_c\right)-\frac{S}{f_{Td}^2\left(1+A\right)},\tag{31}$$

（31）式说明了 $\frac{1}{f_m^2}$ 与 r_{b0} 将仍成直线关系，但是这直线延长与 r_{b0} 轴相交处已不再是 $(-r_b)$，而是 $(-r_b')$

$$-r_b'=-\left\{1-\frac{S}{8\pi f_{Td}C_cr_b\left(1+2\pi f_{Td}C_cr_c\right)^2}\right\}r_b.\tag{32}$$

若测量时在集电极外串入固定的足够大的电阻 r_{c0}，使 $2\pi f_{Td}C_c\left(r_c+r_{c0}\right)\gg 1$ 则将适用（29）式来代替（28）式，故测得的 $\frac{1}{f_m^2}$ 对 r_{b0} 作图所得直线在 r_{b0} 轴上的截距即 $(-r_b)$。

二次测得截距的差为

$$r_b-r_b'=\frac{S}{8\pi f_{Td}C_c\left(1+2\pi f_{Td}C_cr_c\right)^2},\tag{33}$$

由（30）及（33）式，可得

$$\frac{1}{f_m^2}\frac{r_b-r_b'}{r_b'}=\frac{S}{f_{Td}^2\left(1+A\right)},\tag{34}$$

根据（34）式可以从测得的 f_m、r_b 和 r_b' 算出漂移管的修正项 $\frac{S}{f_{Td}^2\left(1+A\right)}$，并可再根据考虑修正项后所得到的 f_{Td}、C_c 和 r_c 计算出对应于漂移管中基极层漂移电场强度的 S 和 m 值（见图 4）。（34）式中的 f_m 应该用没有外加串联电阻 $\left(r_{b0}=0,\ r_{c0}=0\right)$ 时的最高振荡频率。

在改变 r_{c0} 测 f_m 而求截距 $\left(-\frac{1}{2\pi f_{Td}C_c}+r_c\right)$ 的过程中，与前述适用于合金管的情况相同，但需在测量时串入固定的足够大的基极外加串联电阻 r_{b0}，使在全部 r_{c0} 的情况下保持满足 $\left(r_b+r_{b0}\right)\geqslant 1.5\left(r_c+r_{c0}\right)$ 和 $2\pi f_{Td}C_c\left(r_b+r_{b0}\right)\geqslant 1$ 条件，这样可使在（27）式中忽略 H 和 S 所造成的误差最大不超过 2%。

当漂移管的基极电阻极大时，$8\pi f_{Td}C_cr_b \ggg S$，则（32）式和（28）式中的 S 实际上已不起作用，这时与合金管情况相似，不必另加修正。上述 1 号晶体管的例子即属此种情况。对于这种漂移管上述求 S 的方法当然是不适用的了。

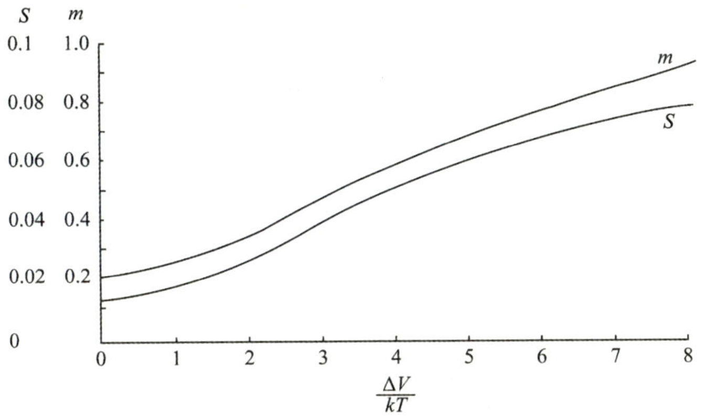

图 4

由于 S 值较小，从（34）式可以看到，r_b 与 r_b' 相差的百分比与 S 及 $\frac{f_m^2}{f_{Td}^2}$ 成正比，因此用上述方法计算漂移电场强度，对 $\frac{f_m^2}{f_{Td}^2}$ 较大的情况较为准确。一般可按下列四种情况考虑：

（a）$f_m > 2.5 f_{Td}$ 情况，这时近似式（25）的准确度下降，且（26）式对 $\sin(-\phi_\beta)$ 的近似解的准确度也下降。

（b）$2.5 f_{Td} > f_m \geqslant 1.4 f_{Td}$ 情况，这时 $\frac{r_b - r_b'}{r_b'} \geqslant 2S$，这种情况可以用上述方法求出 f_{Td}、r_b、C_c、r_c 以及对应于漂移电场的 S，求得的 S 有相当的准确性。

（c）$1.4 f_{Td} > f_m \geqslant 0.7 f_{Td}$ 情况，这时 $2S > \frac{r_b - r_b'}{r_b'} > 0.5S$，这种情况在求 f_{Td}, r_b、C_c 等参数时应该考虑 $\frac{S}{f_{Td}^2}$ 修正项，但求得的 S 值准确性不高。

（d）$0.7 f_{Td} > f_m$ 情况，这时 $\frac{r_b - r_b'}{r_b'} < 0.5S$，这种情况可以忽略 S 的作用，直接用前述适应合金管的方法处理，不必另加修正。

（3）发射极结电容的影响

在前面的考虑中假定了晶体管的工作电流是足够大的，以致可以忽略发射极结电容的作用。下面在不忽略发射极结电容的情况下，讨论它对结果的影响。

由于发射极结电容 C_e 的作用，使晶体管在没有 r_e、r_b 的情况下共基极短路电流放大系数也不再是 α_d，而是 $\frac{\alpha_d}{1 + j2\pi f C_e r_e}$。因此在考虑 C_e 作用时，只要把 $\frac{\alpha_d}{1 + j2\pi f C_e r_e}$ 来代替上面考虑时所用的 α_d 就可以了。

应用α_d的近似式（25），可得

$$\frac{\alpha_d}{1+j2\pi fC_e r_e}=\frac{\exp(-jmf/f_{\alpha d})}{(1+jf/f_{\alpha d})(1+j2\pi fC_e r_e)}$$
$$=\frac{\exp\left[-j(mf/f_{\alpha d}+2\pi fC_e r_e)\right]}{(1+jf/f_{\alpha d})(1+j2\pi fC_e r_e)\exp(-j2\pi fC_e r_e)}. \quad (35)$$

考虑到C_e的作用并不太大，即$2\pi fC_e r_e$比1小得多，可以忽略$2\pi fC_e r_e$的平方项，则（35）式右侧的分母近似等于$1+jf/f_{\alpha d}$，故得

$$\frac{\alpha_d}{1+j2\pi fC_e r_e}\approx\frac{\exp\left[-j(m+2\pi f_{\alpha d}C_e r_e)f/f_{\alpha d}\right]}{1+jf/f_{\alpha d}}, \quad (36)$$

从（36）式可看到C_e的作用对α绝对值的影响不大，而主要影响了α的相角。

将（36）式与（25）式比较，可知由于C_e的作用使我们实际测到的不是f_{Td}和m而是f'_{Td}和m'。它与f_{Td}和m的关系为

$$m'=m+2\pi f_{\alpha d}C_e r_e=m+2\pi f_{Td}C_e r_e(1+m), \quad (37)$$
$$f'_{Td}=\frac{f_{\alpha d}}{1+m'}=f_{Td}\frac{1}{1+2\pi f_{Td}C_e r_e},$$

亦即

$$\frac{1}{f'_{Td}}=\frac{1}{f_{Td}}+2\pi C_e r_e. \quad (38)$$

（37）和（38）式说明由于C_e的作用将使我们实测到的f'_{Td}值降低了，而实测到的m'值反而增高了。从两个不同工作电流（即不同的r_e）的测量结果的差别中可以来计算和消去C_e的作用。

（4）晶体管外部参数对最高振荡频率的最大限值

把（27）式中用$f_{Td}\to\infty$代入，得

$$f_{m(T_{Td}\to\infty)}=\frac{1}{4\pi C_c}\sqrt{\frac{1}{r_b r_c}} \quad (39)$$

这是受晶体管外部因素限制的最高振荡频率的最大限值。因此在考虑提高晶体管最高振荡频率时，可以先看f_m与这个最高限值相差多少。若相差不太远，则说明再从降低基极层载流子平均过滤时间（即减薄基区）已对提高f_m的作用不大，必须主要从改进外部参数来提高f_m。

（5）在测量最高振荡频率中的条件要求

上面讨论中，首先假定了是中和匹配的情况。这要求在测量最高振荡频率的线路中

能有足够的阻抗和相位调节范围，并要求在测量时需细致仔细地调节，以达到中和匹配，而测到最高的振荡频率，并需尽量减低振荡线路的各种损耗，使起振条件尽可能接近于 $K_p = 1$。

串联用的电阻需选用电感和电容小、电阻值稳定不随频率变化的电阻，使测量结果可靠。

由台式高频管结构所带来的、相当与联接在基极出线与集电极之间的并联电容[12] C_0 的作用，在 $r_{b0} = 0$，$r_{c0} = 0$ 时基本上是可以被中和掉的，因此在测 f_m 时没有影响。但当有外加串联电阻时，外部线路不能对 C_0 起全部中和作用，因此对 C_0 较大的晶体管需考虑保持满足 $(r_{b0} + r_{c0})^2 \ll \left(\frac{1}{2\pi f C_0}\right)^2$ 条件，否则最好在晶体管基极和集电极间并联一个可调的感抗，以达到中和 C_0 的目的。

此外还必须注意，在一个晶体管一次分析的各次 f_m 的测量中，必须保证工作点的一致，并使晶体管的温升也各次相近。

五、总　　结

所述测量分析方法需用仪器很简单，对晶体管最高振荡频率有关因素分析比较全面，适合于晶体管研究试制者作为分析的工具。

对漂移管最高振荡频率受外部参数的影响作了较详细计算，可作为研究提高漂移管最高振荡频率的参考。结果指出，上述测量分析方法在进行修正后同样适用于漂移管，且能从结果中分析得出漂移管基极层内部漂移电场的大小。

由于最高振荡频率测量中必须达到中和匹配条件，因此测量结果的准确性很大程度上取决于操作人员细致的调整过程。

附　　录

漂移管在考虑各种外部参数后的最高振荡频率。

晶体管本征共发射极短路电流放大系数 β_d 的相角，可化成共基极短路电流放大系数 α_d 的相角，可得

$$\sin(-\phi_\beta) = \frac{|\beta_d|}{|\alpha_d|}\sin(-\phi_\alpha), \tag{A1}$$

在求 $\sin(-\phi_\alpha)$ 时应用 α_d 的近似式：

$$\alpha_d \approx \alpha_{d0} \frac{\exp\left(-jmf / f_{\alpha d}\right)}{1 + if / f_{\alpha d}}, \tag{A2}$$

可得

$$\phi_\alpha = -\left[m\frac{f}{f_{\alpha d}} + \operatorname{arctg}\frac{f}{f_{\alpha d}} \right], \tag{A3}$$

$$\sin\left(-\phi_a\right) = \frac{f_{\alpha d}}{\sqrt{f^2 + f_{\alpha d}^2}} \sin\left(m\frac{f}{f_{\alpha d}} \right) + \frac{f}{\sqrt{f^2 + f_{\alpha d}^2}} \cos\left(m\frac{f}{f_{\alpha d}} \right), \tag{A4}$$

由（A2）式可得

$$\left|\alpha_d\right| = \frac{\alpha_{d0}}{\sqrt{1 + \left(\frac{f}{f_{\alpha d}}\right)^2}}, \tag{A5}$$

用（A4）式及（A5）式，并用

$$\left|\beta_d\right| = \frac{f_{Td}}{f}, \frac{f_{\alpha d}}{f_{Td}} = 1 + m,$$

代入（A1）式，得

$$\sin\left(-\phi_\beta\right) = \frac{1}{\alpha_{d0}}\left[\frac{f_{Td}}{f}\sin\left(\frac{m}{1+m}\frac{f}{f_{Td}} \right) + \frac{1}{1+m}\cos\left(\frac{m}{1+m}\frac{f}{f_{Td}} \right) \right]. \tag{A6}$$

用级数展开并整理得

$$\begin{aligned} \sin\left(-\phi_\beta\right) = \frac{1}{\alpha_{d0}}\Bigg[& 1 - \frac{(3+m)m^2}{3!(1+m)^3}\left(\frac{f}{f_{\alpha d}}\right)^2 + \frac{(5+m)m^4}{5!(1+m)^5}\left(\frac{f}{f_{\alpha d}}\right)^4 - \cdots \\ & + (-1)^n \frac{(2n+m+1)m^{2n}}{(2n+1)!(1+m)^{2n+1}}\left(\frac{f}{f_{\alpha d}}\right)^{2n} + \cdots \Bigg], \end{aligned} \tag{A7}$$

由于级数的各项系数 $\frac{(2n+m+1)m^{2n}}{(2n+1)!(1+m)^{2n+1}}$ 随 n 的上升而很快下降趋近于零，因此当 f 比 f_{Td} 高得不太多时，可以取前二项作为近似值。并考虑一般晶体管 $\alpha_{d0} \approx 1$ 故得

$$\left.\begin{aligned} \sin\left(-\phi_\beta\right) &\approx \left[1 - S\left(\frac{f}{f_{\alpha d}}\right)^2 \right], \\ S &= \frac{(3+m)m^2}{6(1+m)^3}. \end{aligned}\right\} \tag{A8}$$

考虑漂移管共发射极线路在有 r_c 的情况，可得

$$
\begin{aligned}
|h_{21}| &= \left| \frac{f_{Td}}{f} \frac{1}{1 + 2\pi f_{Td} C_c r_c \exp\left[j\left(\frac{\pi}{2} + \phi_\beta \right) \right] + j2\pi f C_c r_c} \right| \\
&= \frac{f_{Td}}{f} \frac{1}{\sqrt{1 + A^2 + 2A\sin\left(-\phi_\beta\right) + A^2 \frac{f^2}{f_{Td}^2} + 2A^2 \frac{f}{f_{Td}} \cos\phi_\beta}}
\end{aligned}
\qquad (A9)
$$

式中 $A = 2\pi f_{Td} C_c r_c$，$B = 2\pi f_{Td} C_c r_b$。并得

$$
\mathrm{Re}\left(h_{22}\right) = \frac{2\pi f_{Td} C_c \sin\left(-\phi_\beta\right)}{1 + 2\pi f_{Td} C_c r_c \sin\left(-\phi_\beta\right)}. \qquad (A10)
$$

以（A9）（A10）式以及

$$
\mathrm{Re}\left(h_{11}\right) = r_b, \sin\left(-\phi_\beta\right) = 1 - S\left(\frac{f}{f_{Td}} \right)^2,
$$

$$
\frac{1}{\sin'\left(-\phi_\beta\right)} \approx 1 + S\left(\frac{f}{f_{Td}} \right)^2, \cos\phi_\beta \approx \sqrt{2S} \frac{f}{f_{Td}}
$$

代入（2）式，得功率增益与频率的关系为

$$
K_p = \frac{1 + A + S\left(\frac{f}{f_{Td}} \right)^2}{4B\left(\frac{f}{f_{Td}} \right)^2 \left[(1 + A)^2 + \left(A^2 + 2A^2\sqrt{2S} - 2AS \right)\left(\frac{f}{f_{Td}} \right)^2 \right]}. \qquad (A11)
$$

考虑 $K_p = 1$ 时 $f = f_m$，并用 $F = \left(\frac{f_m}{f_{Td}} \right)^2$ 代入，则得决定 f_m 的方程为

$$
4B\left(A^2 + 2A^2\sqrt{2S} - 2AS \right)F^2 + \left[4B(1 + A)^2 - S \right]F - (1 + A) = 0. \qquad (A12)
$$

解（A12）式可得

$$
\left.
\begin{aligned}
F &\approx \frac{1}{4B(1 + A) - \frac{S}{1 + A}}(1 - 2H), \\
H &= \frac{A^2\left(1 + 2\sqrt{2S}\right) - 2AS}{8B(1 + A)^3},
\end{aligned}
\right\}
\qquad (A13)
$$

考虑 $H \ll 1$，故得

$$f_m \approx \sqrt{\frac{f_{Td}^2}{4B(1+A)-\frac{S}{1+A}}}(1-H). \tag{A14}$$

在锗和硅漂移管 $S \leqslant 0.1$，故在下列情况 H 均可忽略不计：

（a）$B \geqslant 1.5A, A$ 值任意。$|H| < 1.9\%$；

（b）$B > A,\ A < 0.24$ 或 $A > 2\ |H| < 1.7\%$；

（c）$B > 0.1,\ A < 0.1$（一般晶体管在没有外加串联电阻的情况），$|H| < 0.6\%$。

参考文献

[1] Pritchard, R. L., *Proc. I.R.E.*, **43** (1955), 1075.
[2] Захаров, В. Н., *ПолупроВодникоВые Приборы и их Применение*, **2** (1957), 205.
[3] Pritchard, R. L., *Elec. Engrg.*, **73** (1954), 903.
[4] Bagley, J. H., *Proc. I.E.E.* 106 Part B Sup. No. **17**(1959), 945.
[5] Early, J. M., *Proc. I. R. E.*, **40** (1952), 1401.
[6] Early, J. M., *Bell Sys. Tech. Jour.*, **32** (1953), 1271.
[7] Pritchard, R. L., *Proc. I.R.E.*, **42** (1954), 786.
[8] Kroemer, H., "Transistor I" (R.C.A. 1956), P 202
[9] Ryder, R. M., *Bell Sys. Tech. Jouur.*, **28** (1949), 370.
[10] Hyde,F. J., *Proc. I.E.E.* 106 Part B Sup. No.**17** (1959), 1046.
[11] Rollett, J. M., *Jour.* of *Elec. and Control*, **7** (1959), 193.
[12] Pritchard, R. L., *Proc. I.E.E.* 106 Part B Sup. No. **17** (1959), 1012.

关于晶体管饱和区直流特性的研究*

王守觉

提　要

本文从晶体管饱和状态下的载流子分布与外部电流的关系出发，分析了合金管饱和区的直流特性；结果说明，在同样的集电极与基极电流比值下，在大电流情况的饱和压降将比小电流情况大一倍以上，这说明了 Moll[1]的饱和压降表达式在大电流情况误差大至一倍的原因。分析的结果，不论在小电流或大电流情况均与实验测量结果符合很好。分析结果说明了 Miller[5]所提出的测量发射极串联电阻的方法所测得的结果，对合金管来说，实际上不是发射极串联电阻，而主要是基极层纵向电阻和少子与多子迁移率比值的乘积，还包括基极层横向电阻的影响。分析结果还说明，对合金管从降低饱和压降的观点来说，集电极面积的多余部分（即集电极与基极重叠部分），在保持足够的电流放大系数下，应尽可能地减小。

最后对台面类型的晶体管在饱和状态下的特性也进行了计算，并与实测结果作了比较。计算结果可以用来分析台面类型晶体管饱和压降各有关因素的贡献，同时也可用来准确地测量集电极串联电阻等有关参数。

一、引　言

晶体管在开关线路中的广泛使用，使饱和区域的特性日益重要，尤其饱和压降已经成为开关晶体管的一个重要参数。Moll 等[1-3]曾对晶体管的饱和压降进行了不同的分析。Moll[1]从等效线路出发，推算了晶体管的饱和压降，得到的结果在合金管小电流情况与实验符合较好。黄敞[2]对于对称合金管饱和状态载流子分布进行了计算。Rudenberg[3]说明了合金管在饱和状态下基区与集电区存在的对流电流。关于台面类型晶体管饱和压降的分

* 原载于：物理学报，1964，20（6）：550～567.

析工作还很少发表。本文的目的是从晶体管明显的物理概念出发，得到用易于测得的量来表达的饱和压降分析式，以便能方便地运用在分析和降低晶体管饱和压降的工作中。最后再推展到台面类型晶体管饱和状态下特性的分析。

二、合金管饱和区域的直流特性

对于合金管的情况，我们采取下列基本假定：

（a）基区内纵向电流（自发射结至集电结方向的电流）全部为少子电流，不考虑纵向多子电流。

（b）发射区和集电区的杂质密度很大，以致在饱和状态下，在发射区和集电区的少子密度仍远小于多子密度，同时发射区和集电区体内的电压降可以被忽略。

（c）基区内杂质是均匀的，基区杂质密度远大于半导体本征载流子密度，

（d）基区少子扩散长度远大于基区厚度。

为了符合一般习惯，我们用 p-n-p 的结构，实际上最后的结果与采取 p-n-p 或 n-p-n 结构是无关的。

本文应用的主要代表符号如下：

P_e 发射区平衡时空穴密度

P_c 集电区平衡时空穴密度

P_b 基区平衡时空穴密度（合金管）

P_0 基区靠发射结处（x=0）的空穴密度

P_w 基区靠集电结处（x=w）的空穴密度

n_b 基区平衡时的电子密度（合金管）

n_0 基区靠发射结处（x=0）的电子密度

n_w 基区靠集电结处（x=w）的电子密度

n_e 发射区平衡时的电子密度

n_{eo} 发射区靠基极处的电子密度

n_c 集电区平衡时的电子密度

n_{co} 集电区靠基极处的电子密度

P_{b0} 基区靠发射结处（x=0）平衡时的空穴密度（台面类型晶体管）

n_{b0} 基区靠发射结处（x=0）平衡时的电子密度（台面类型晶体管）

P_{bw} 基区靠集电结处（$x=w$）平衡时的空穴密度（台面类型晶体管）

n_{bw} 基区靠集电结处（$x=w$）平衡时的电子密度（台面类型晶体管）

W 基区厚度

τ_P 基区中空穴寿命（有效值）

L_P 基区中空穴扩散长度（有效值）

D_P 空穴扩散系数

D_n 电子扩散系数

τ_{nc} 集电区电子寿命

L_{nc} 集电区电子扩散长度

L_{nc} 发射区电子扩散长度

λ 集电区厚度（台面类型晶体管）

a_e 发射结面积

R_e 发射结半径

a_c 集电结面积

α 共基极直流短路电流放大系数

$\alpha_{cb}=\dfrac{\alpha}{1-\alpha}$ 共发射极短路电流放大系数

γ 注射效率

β 输运效率

I_e 发射极电流

I_c 集电极电流

$I_{b0}=\dfrac{I_c}{\alpha_{cb}}$ 在不饱和工作状态下集电极电流比基极开路时增加 I_c 时，所需要的基极电流（合金管）（在台面管情况，I_{b0} 定义为在发射极电流不变下，不饱和状态的基极电流）

P_0' 在不饱和工作状态下集电极电流比基极开路时增加 I_c 时，在基区靠发射结处的空穴密度（合金管）

I_b 在饱和状态下的基极电流

$S=\dfrac{I_b}{I_{b0}}$ 饱和度（合金管）

$A=\dfrac{P_0'}{n_b}$ 注入强度（合金管）

$Z=\frac{P_0}{n_b}$ 饱和时的注入强度（合金管）

α_I 倒向应用时的共基极电流放大系数 （合金管）

$\alpha_{cbI}=\frac{\alpha_I}{1-\alpha_I}$ 倒向应用时的共发射极电流放大系数（合金管）

σ_b 基区材料的电导率（合金管）

σ_c 集电区材料的电导率（台面类型晶体管）

q 电子电荷

$\mathcal{K}$ 玻耳兹曼常数

T 绝对温度

在合金管情况，可以忽略发射区和集电区的电压降，因此，在共发射极饱和状态下，晶体管的压降（即饱和压降）由三部分组成，即

$$V_{\text{ces}}=V_e+V_b+V_c \tag{1}$$

式中 V_e 为发射结的电压降；V_b 为基区的电压降；V_c 为集电结的电压降。

在忽略空间电荷层中准费米能级的倾斜，并考虑（b）和（c）的两个假定，可以把饱和状态下发射结和集电结的压降仍写成

$$V_e=\frac{\mathcal{K}T}{q}\ln\frac{P_0}{P_b}, \tag{2}$$

$$V_c=-\frac{\mathcal{K}T}{q}\ln\frac{P_w}{P_b}. \tag{3}$$

在假定（a）中考虑了纵向多子电流为零，故基区内电子的准费米能级是平的，因此基区的电压降可以由两侧的电子密度比来决定，即

$$V_b=\frac{\mathcal{K}T}{q}\ln\frac{n_0}{n_w}. \tag{4}$$

由此可得

$$V_{\text{ces}}=\frac{\mathcal{K}T}{q}\ln\frac{P_0n_0}{P_wn_w}. \tag{5}$$

由于基区电中性条件，并忽略平衡时的少子密度，故得饱和压降与基区少子密度的关系为

$$V_{\text{ces}}=\frac{\mathcal{K}T}{q}\ln\frac{P_0\left(P_0+n_b\right)}{P_w\left(P_w+n_b\right)}. \tag{6}$$

因此求饱和区域的直流特性或饱和压降，先需要求饱和状态下电流与基区少子密度

分布的关系。

（1）一维对称合金管

首先考虑一维对称合金管的情况，即发射区基区和集电区的面积都相同为 a_e，而且忽略基区横向的电压降。我们把集电极电流不改变，而减少基极电流到不饱和时的情况称为不饱和工作状态（严格来说，集电极电流还需增加基极开路时共发射极线路的集电极反向饱和电流）。在不饱和工作情况，基极电流 I_{b0} 由三部分组成，即

$$I_{b0} = I'_{bb} + I'_{en} + I'_{cn}\ , \tag{7}$$

式中 I'_{bb} 为基区复合电流；I'_{en} 为流经发射结的电子电流（发射区电子复合电流）；I'_{cn} 为流经集电结的电子电流（集电区电子复合电流）。以 $Q'n'_{e0}$ 和 n'_{c0} 分别表示在不饱和工作情况的 Qn_{e0} 和 n_{c0}（Q 为基区非平衡少子总量），则得

$$I'_{bb} = \frac{Q'q}{\tau_P}\ , \tag{8}$$

$$I'_{en} = D_n a_e q \frac{n'_{e0} - n_e}{L_{ne}}\ , \tag{9}$$

$$I'_{cn} = -D_n a_e q \frac{n_c - n'_{c0}}{L_{nc}}. \tag{10}$$

在不饱和的工作情况，集电结处于反向偏压，因此 $n'_{c0} \approx 0, I'_{cn}$ 即集电极反向饱和电流中的电子部分。由于集电区和发射区的杂质密度很大，故 I'_{cn} 可被忽略，同时（9）式中的 n_e 亦可略去，故得

$$I_{b0} = I'_{bb} + I'_{en}\ , \tag{11}$$

$$I'_{en} = D_n a_e q \frac{n'_{e0}}{L_{nc}}. \tag{12}$$

我们把不饱和工作状态的 I_c 定义为集电极电流与基极开路时的集电极电流之差，故

$$I_c = a_{cb} I_{b0} = \frac{\alpha}{1-\alpha} I_{b0}\ , \tag{13}$$

$$I'_{bb} = (1-\beta) I_c = \frac{1-\beta}{1-\alpha} I_{b0} \approx \left(1 - \frac{1-\gamma}{1-\alpha}\right) I_{b0}\ , \tag{14}$$

$$I'_{en} = (1-\gamma) I_e = \frac{1-\gamma}{1-\alpha} I_{b0}. \tag{15}$$

下面再讨论饱和状态下的情况。饱和状态下基极电流 I_b 亦由三部分组成（见图 1），即

$$I_b = I_{bb} + I_{en} + I_{cn}\ , \tag{16}$$

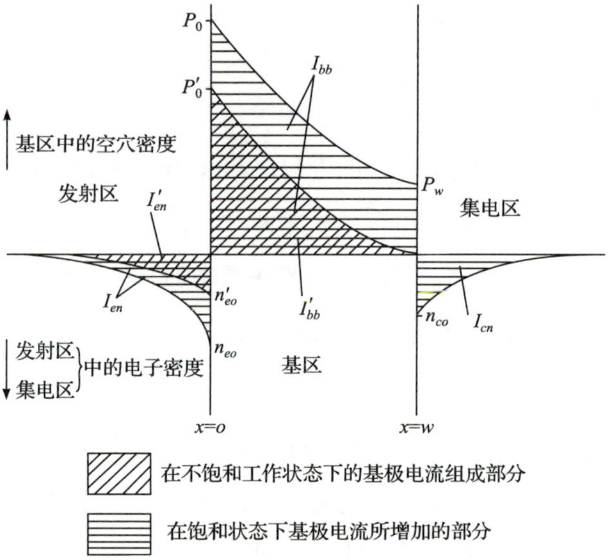

图 1　在工作状态和饱和状态下少数载流子分布情况和基区（复合）电流的组成部分

式中各项意义与（7）式相同，但在饱和状态下集电极处于正向，故得饱和状态时基极电流的各项组成部分与不饱和工作状态的基极电流的组成部分间的关系为

$$I_{bb}=\frac{Qq}{\tau_P}=I_{bb}'\frac{Q}{Q'}, \tag{17}$$

$$I_{en}=\frac{\alpha_e N_n a n_{e0}}{L_{nc}}=I_{en}'\frac{n_{e0}}{n_{e0}'}, \tag{18}$$

$$I_{cn}=\frac{\alpha_e N_n a n_{c0}}{L_{nc}}=I_{en}'\frac{L_{ne}n_{e0}}{L_{nc}n_{e0}'}. \tag{19}$$

根据发射结二侧载流子密度与发射结电压降的关系为

$$n_{e0}=n_0\exp\left[-\frac{q(\phi_e-V_e)}{KT}\right]=(n_b+P_0-P_b)\exp\left[-\frac{q(\phi_e-V_e)}{KT}\right], \tag{20}$$

$$P_0=P_e\exp\left[-\frac{q(\phi_e-V_e)}{KT}\right], \tag{21}$$

式中 ϕ_e 是平衡时发射结势垒高度。由此可得

$$n_{e0}=(n_b+P_0-P_b)\frac{P_0}{P_e}. \tag{22}$$

同理可得

$$n_{e0}'=(n_b+P_0'-P_b)\frac{P_0'}{P_e}, \tag{23}$$

$$n_{c0}=\left(n_b+P_w-P_b\right)\frac{P_w}{P_c}. \tag{24}$$

引入一个代表晶体管饱和程度的量S，我们称它为饱和度，它也直接决定于基极电流与集电极电流之比，即

$$S=\frac{I_b}{I_{b0}}=\frac{\alpha}{1-\alpha}\frac{I_b}{I_c}. \tag{25}$$

在不饱和工作情况，$S=1$，在饱和状态，$S>1$。由（17）至（25）式并考虑$P_eL_{nc}=P_cL_{nc}$，则得

$$S=\left(1-\frac{1-\gamma}{1-\alpha}\right)\frac{Q}{Q'}+\frac{1-\gamma}{1-\alpha}\frac{\left(n_b+P_0-P_b\right)P_0+\left(n_b+P_w-P_b\right)P_w}{\left(n_b+P_0'-P_b\right)P_0'}. \tag{26}$$

在晶体管的实际情况，$w\ll L_P$，基区少子分布可近似为直线，故不饱和工作情况的基区非平衡少子总量为

$$Q'=a_ew\left(\frac{P_0'}{2}-P_b\right). \tag{27}$$

饱和情况下为

$$Q=a_ew\left(\frac{P_0+P_w}{2}-P_b\right). \tag{28}$$

由于饱和情况与不饱和工作情况定义为有相同的集电极电流，因此两种情况的基区空穴密度梯度相等，即

$$P_0-P_w=P_0'. \tag{29}$$

引用注入强度$A=\dfrac{P_0'}{n_b},Z=\dfrac{P_0}{n_b}$，并忽略平衡时的少子密度，（26）式可写成

$$S=\frac{2Z-A}{A}+\frac{1-\gamma}{1-\alpha}\frac{2(Z-A)^2}{A(1+A)}. \tag{30}$$

同时将（6）式写成

$$V_{\text{ces}}=\frac{KT}{q}\ln\frac{Z(Z+1)}{(Z-A)(Z-A+1)}. \tag{31}$$

由（30），（31）式消去Z即得饱和压降V_{ces}与饱和度S和注入强度A的关系。下面分别考虑小注入和大注入两种极限情况。

小注入情况：由于$A\ll 1,Z\ll 1$，可得

$$V_{\text{ces}} \approx \frac{\mathcal{K}T}{q}\ln\frac{S+1}{S-1}. \tag{32}$$

显然在一维对称合金管 $a = a_I \approx 1$ 的条件下，（32）式与 Moll[1] 的结果是一致的。

在大注入情况下，由于注入效率降低而输运效率增加[4]，可以认为 γ 对 α 起主要的限制作用，即 $1-\gamma \approx 1-\alpha$ 。考虑大注入情况 $A \gg 1, Z \gg 1$ ，可得

$$V_{\text{ces}} \approx 2\frac{\mathcal{K}T}{q}\ln\frac{\sqrt{2S-1}+1}{\sqrt{2S-1}-1}. \tag{33}$$

在 S 接近于 1 时，$\sqrt{2S-1}-1 \approx S-1$ ，可以看到，在饱和度不大的情况，大注入情况的饱和压降比相同饱和度下小注入情况增加一倍；但随着饱和度的增加，大注入情况的饱和压降比小注入情况下降得缓慢一些。

从（32）与（33）式可以看到，不论在小注入或大注入情况，一维对称合金管的饱和压降是很小的。（在饱和度 $S = 2$ 时，饱和压降随电流的变化范围自 28.5 毫伏至 68.5 毫伏。）

（2）不对称合金管

实际应用的合金管并不是一维对称的。为了获得较大的 α 值，往往集电极面积比发射极面积要大一些。我们把它考虑成一个理想的一维对称合金管与一个二极管并联的情况（见图 2）。当饱和状态时，基极电流增加了二极管在正向偏压为 $|V_c|$ 时的正向电流 I_D ，故得

$$I_b = I_{bb} + I_{en} + I_{cn} + I_D. \tag{34}$$

为了能把 I_D 与晶体管的不饱和情况基极电流 I_{b0} 联系起来，我们考虑把不对称合金管倒

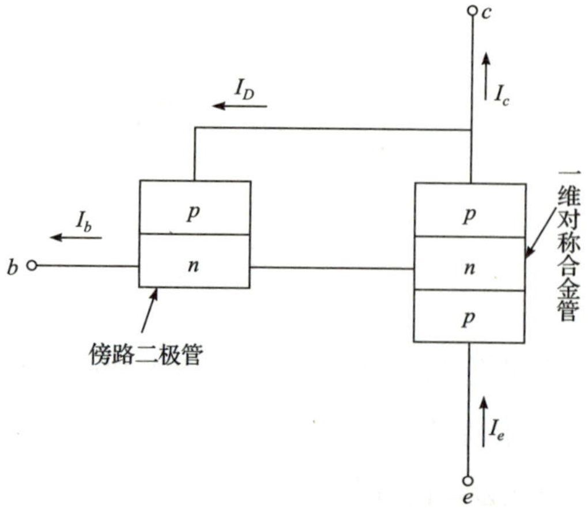

图 2　不对称合金管的等效线路

用的情况，即发射极当作集电极加以反向偏压，而集电极当作发射极加以正向偏压$|V_c|$。这时也有一部分电流I_D'通过傍路二极管而不达到集电极（原发射极），但是由于这种情况，集电极（原发射极）处于反向偏压，在发射极（原集电极）超出集电极（原发射极）以外的面积所注入的少子也有一部分被集电极（原发射极）所收集，也就是说发射极（原集电极）的有效发射面积比一维对称管的发射极（即原发射极）面积稍大。因此在这倒用情况发射极正向偏压为$|V_c|$时，有效注入电流将比I_eP_w/P_0'大些。今以$H_1(H_1>1)$代表倒用时的有效发射面积与原发射极面积的比值，则倒用时的有效注入电流应为

$$I_{\text{eff}} = H_1 I_e \frac{P_w}{P_0'}. \tag{35}$$

由于有效发射面积较原发射极大，因此倒用情况傍路二极管的有效面积也将相应减小；今用$H_2(H_2>1)$代表其比值即I_D/I_D'，可得在倒用情况下发射极（原集电极）电流I_{eI}与集电极（原发射极）电流I_{cI}为

$$I_{eI} = H_1 I_e \frac{P_w}{P_0'} + \frac{I_D}{H_2}. \tag{36}$$

$$I_{cI} = \alpha H_1 I_e \frac{P_w}{P_0'}. \tag{37}$$

（37）式中的α应该是图2等效线路中一维对称合金管的电流放大系数（倒向和正向是相同的），但因为不对称合金管在正向工作时傍路二极管不起作用，故（37）式中直接用不对称合金管的正向电流放大系数α。

因此倒用时的电流放大系数为

$$\alpha_I = \frac{I_{cI}}{I_{eI}} = \frac{\alpha H_1 I_e \dfrac{P_w}{P_0'}}{H_1 I_e \dfrac{P_w}{P_0'} + \dfrac{I_D}{H_2}}. \tag{38}$$

以$I_e = \dfrac{I_{b0}}{1-\alpha}$代入，并解出$I_D$，可得

$$I_D = H\left(\frac{\alpha}{\alpha_I} - 1\right)\frac{1}{1-\alpha}\frac{P_w}{P_0'} I_{b0}, \tag{39}$$

式中

$$H = H_1 H_2.$$

根据实验结果[用下面（44）式分析结果，选择H值使全面符合多种不同型号合金管的饱和区特性实验曲线]，一般合金管H为1.55左右。

由图 2 可以看到，傍路二极管的存在，将使对称合金管的集电极电流不再是 I_c 而是 $I_c + I_D$，因此（34）式中的 I_{bb}, I_{en}, I_{cn} 也需作相应的增加，故参考（30）式不难得到不对称合金管的饱和度为

$$\begin{aligned} S &= \frac{I_b}{I_{b0}} = \left[\frac{2Z-A}{A} + \frac{1-\gamma}{1-\alpha}\frac{2(Z-A)^2}{A(1+A)}\right]\frac{I_c+I_D}{I_c} + \frac{I_D}{I_{b0}} \\ &= \left[\frac{2Z-A}{A} + \frac{1-\gamma}{1-\alpha}\frac{2(Z-A)^2}{A(1+A)}\right]\left[1+(1-\alpha)M\frac{Z-A}{A}\right] + \alpha M\frac{Z-A}{A}, \end{aligned} \tag{40}$$

式中

$$M = H\left(\frac{1}{\alpha_I} - \frac{1}{\alpha}\right)\frac{1}{1-\alpha}. \tag{41}$$

将（40）式来代替（30）式，与（31）式消去 Z 即可得不对称合金管饱和压降与饱和度和注入强度的关系。

在极小注入的情况，$A \ll 1, Z \ll 1$。（40）式可简化为

$$S = 2M(1-\alpha)\left(\frac{Z-A}{A}\right)^2 + (M+2)\left(\frac{Z-A}{A}\right) + 1. \tag{42}$$

解出 Z 代入（31）式，即得不对称合金管极小注入情况饱和压降的精确表达式为

$$V_{\text{ces}} = \frac{KT}{q}\ln\left[1 + \frac{4M(1-\alpha)}{\sqrt{(M+2)^2 + 8M(1-\alpha)(S-1)} - (M+2)}\right]. \tag{43}$$

在一般合金管情况，$(1-\alpha) \ll 1, M \gg 1$。在饱和度不是太大时可考虑

$$\left[\frac{8M(1-\alpha)(S-1)}{(M+2)^2}\right]^3 \ll 1.$$

因此可以简化为

$$V_{\text{ces}} \approx \frac{KT}{q}\ln\frac{S+1+M}{S-1}. \tag{44}$$

与（32）式作比较可知，不对称合金管的表达式中多了一项 M，而 $M \gg 1$，因此不对称合金管的饱和压降比相同饱和度下一维对称合金管要大得多。在（44）式中虽然作了一些近似，但准确度还是很高的；图 3 所示是#1 合金管（小功率管）在小注入情况的饱和压降与基极电流（与饱和度成正比）关系的实验结果和（44）式的计算结果以及与 Moll[1] 的结果的比较。可以看到，（44）式与实验符合得很好的（各点误差均小于 1 毫伏）。

将（44）式写成

$$V_{ces} \approx \frac{\mathcal{K}T}{q}\ln\left[1+\frac{H\left(\dfrac{1}{\alpha_I}-\dfrac{1}{\alpha}\right)+2(1-\alpha)}{\left(1+\dfrac{I_b}{I_c}\right)\alpha-1}\right]. \tag{45}$$

可以看到，在倒向的电流放大系数 α_I 固定的情况，提高正向电流放大系数 α，可以无限地提高在一定的 I_c 与 I_b 的电流比下的饱和度，但并不无限地降低饱和压降；即使 $\alpha_{cb}\to\infty$，饱和压降有一个最低限值，这个最低限值随 α_I 而定，即

$$\underset{(\alpha_{cb}\to\infty)}{V_{ces}} = \frac{\mathcal{K}T}{q}\ln\left(1+\frac{I_c}{I_b}\frac{H}{\alpha_{cbI}}\right), \tag{46}$$

式中 α_{cbI} 为倒向使用时的共发射极电流放大系数。图 4 是在不同 α_I 情况 V_{ces} 的最低限值

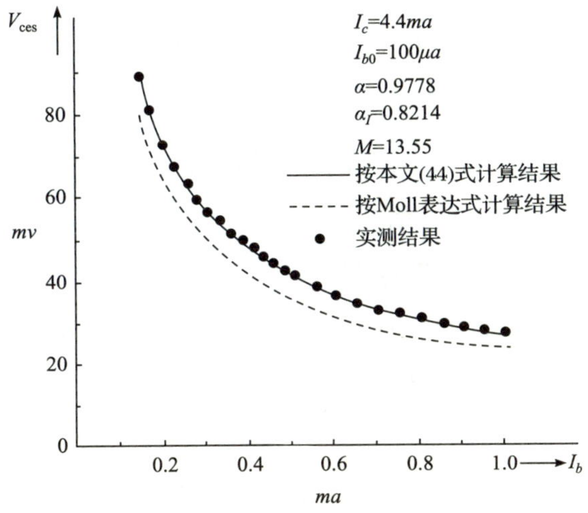

图 3　#1 合金管在小注入情况的饱和压降

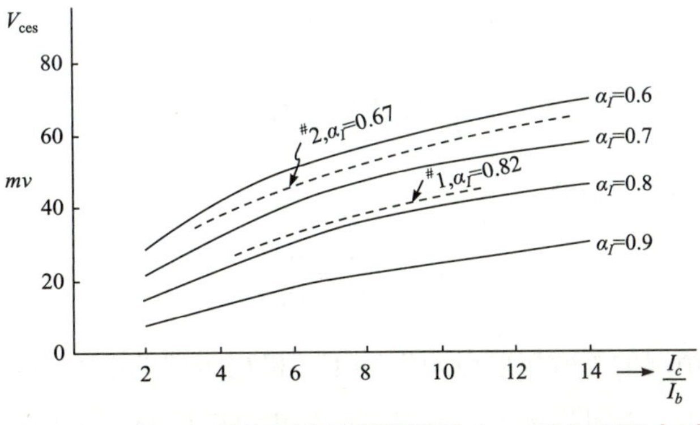

图 4　在一定 α_I 情况，饱和压降的最低限值（α_{cb} 达到无限大时）。图中虚线为两个不同 α_I 合金管的实测结果

与电流比 $\frac{I_c}{I_b}$ 的关系，图中虚线是二个不同 α_I 的实际合金管在小注入情况的 V_{ces} 与 $\frac{I_c}{I_b}$ 的实验曲线。可以看到，在实际合金管从降低饱和压降说来，减少多余的集电极面积提高反向电流放大系数 α_I 是最重要的因素。

下面来考虑在较大注入的情况。由于不对称合金管一般 $M \gg 1$，在饱和度不是太大时可考虑 $(M+2) \gg (S-1)$，参考（44）和（31）式可知，这时满足条件 $A \gg (Z-A)$，因此（40）式仍可简化为（42）式；但这时（31）式不能简化，必须写成

$$V_{\text{ces}} = \frac{\mathcal{K}T}{q}\left[\ln\frac{Z}{Z-A} + \ln\frac{Z+1}{Z-A+1}\right]. \tag{47}$$

上式中第二项在小注入情况是可以忽略的；由（44）式的结果可知，在大注入情况应为

$$V_{\text{ces}} \approx \frac{\mathcal{K}T}{q}\left[\ln\left(1+\frac{M+2}{S-1}\right) + \ln\left(1+\frac{M+2}{S-1+\frac{M+2}{A}}\right)\right]. \tag{48}$$

在极大注入情况 $A \to \infty$，其饱和压降为同样饱和度下小注入情况的二倍。如图 3 所示，本文小注入情况的结果与 Moll[1] 的结果很接近，因此这说明了在极大注入情况 Moll 的结果与实验结果将误差大至 100%[1]的原因。

在注入强度 A 较小时，即 $(M+2) \gg A(S-1)$ 时，（48）式可近似为

$$V_{\text{ces}} \approx \frac{\mathcal{K}T}{q}\ln\left(1+\frac{M+2}{S-1}\right) + \frac{\mathcal{K}T}{q}A. \tag{49}$$

从图 2 可以看到，不对称合金管在饱和状态下流过等效线路中一维对称合金管的集电极电流是 $I_c + I_D \approx I_e - I_{b0}$，因此，注入强度 A 可考虑是与发射极电流成正比的，因而（49）式说明第二项实际上起了一个等效串联电阻的作用，即

$$V_{\text{ces}} \approx \frac{\mathcal{K}T}{q}\ln\left(1+\frac{M+2}{S-1}\right) + r_{\text{eq}}I_e. \tag{50}$$

由注入强度 A 与 I_e 的关系可得

$$r_{\text{eq}} = \frac{w}{a_e\sigma_b}\frac{\mu_n}{\mu_P}. \tag{51}$$

这说明在注入较小情况的等效串联电阻即等于基极层级向的电阻乘以多子与少子迁移率的比值。显然等效串联电阻将远大于发射极层和集电极层的串联电阻。

图 5 所示是#2 合金管在注入强度较小（但又不能被忽略）的情况的饱和压降与（50）

式结果的比较，图上的虚线是等效串联电阻的作用。

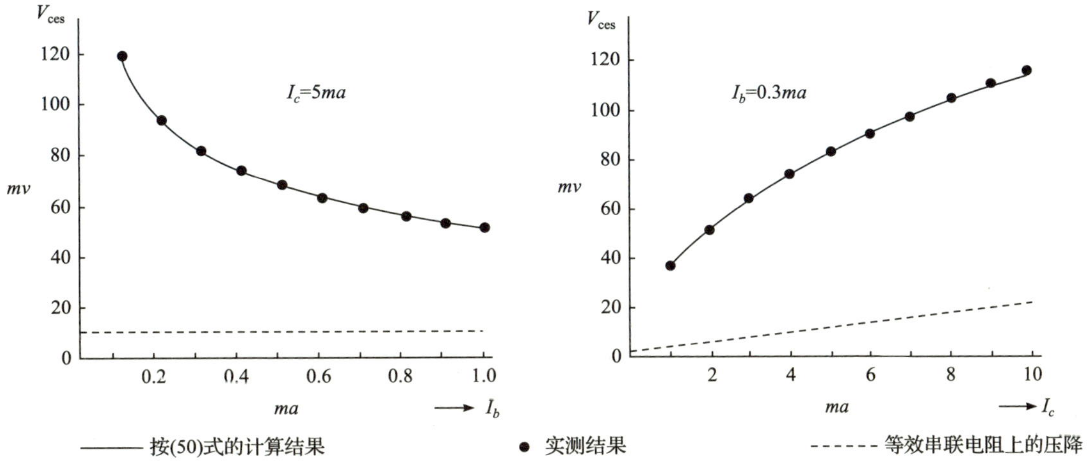

图 5 #2 合金管在中注入情况的饱和压降

Miller[5] 曾用在 $I_c=0$ 时测饱和压降随 I_e 改变的斜率来测量发射极串联电阻；但由（50）式可以看到，对合金管来说，用 Miller[5] 的方法所测得的实际上不是发射极串联电阻，而主要包括了 r_{eq}；不难想象还包括了基区横向电阻的作用（参考本文下面的分析）。

在基极电流或基极层横向电阻较大时，不能忽略基极电流在基极层中所形成横向压降的作用。这时图 2 中傍路二极管基极侧 $x=w$ 处的空穴密度不再等于 P_w，而是随离中心距离增加而上升；今以 V_D 代表傍路二极管上的平均正向电压；在基极层横向压降不太大时，可以考虑一个等效基极层电阻 r_B，而

$$V_D=V_c+\frac{1}{2}I_b r_B . \tag{52}$$

在饱和状态下，基极电流的很大部分是经傍路二极管流过，因此 r_B 主要是由集电极与基极重叠部分（即集电极比发射极多余的部分）所引起的基极电阻，显然它远小于合金管一般等效线路中的基极电阻，尤其在饱和状态下，由于集电极正向偏压所致的电导调制作用[6]，将使这个电阻更为减小。

这时傍路二极管通过的电流为

$$I_D=H\exp\left(\frac{qI_b r_B}{2KT}\right)\left(\frac{\alpha}{\alpha_I}-1\right)\frac{1}{1-\alpha}\frac{P_w}{P_0'}I_{b0}, \tag{53}$$

因此在考虑基极层横向电阻作用时，只需用 $M\exp\left(\frac{qI_b r_B}{2KT}\right)$ 来代替（48）式或（50）式中的 M 就行了。当饱和度不太大而 $M\gg(S+1)$ 时，亦可近似为一电阻项，即注入强度较

小时，

$$V_{\text{ces}} \approx \frac{KT}{q}\ln\left(1+\frac{M+2}{S-1}\right)+r_{\text{eq}}I_e+\frac{1}{2}r_B I_b ; \tag{54}$$

注入强度较大时，

$$V_{\text{ces}} \approx \frac{KT}{q}\left[\ln\left(1+\frac{M+2}{S-1}\right)+\ln\left(1+\frac{M+2}{S-1+\dfrac{M+2}{A}}\right)\right]+\frac{1}{2}r_B' I_b , \tag{55}$$

式中 r_B' 随注入强度 A 不同而在 r_B 至 $2r_B$ 之间的范围内变动：$A \to 0$ 时，$r_B' = r_B$；$A \to \infty$ 时，$r_B' \to 2r_B$。（54）和（55）式说明基极层横向电阻的作用将使饱和压降增加与基极电流成正比的一项。（55）式是不对称合金管适用于任何电流的饱和压降表达式。图 6 所示是#3 合金管（小管子）在大注入情况饱和压降的实验结果，与（55）式结果的比较，以及（55）式中的各项组成部分的作用；图中虚线 1 为（55）式中的第一项，即相当于同样饱和度下小注入情况的饱和压降；虚线 2 为（55）式中的第二项，即基极层二侧的压降；虚线 3 为（55）式中的第三项，即基极层横向电阻对饱和压降的影响。本来在一定 I_c 的情况，（55）式中 A 还随 I_b 而改变，但是在 A 值很大的情况，A 的小量变化实际上已不影响（55）式的结果，因此我们在计算中，为方便起见，用了不变的 A 值，这个 A 值显然是基极电流较小的情况的注入强度，因为在大注入情况，（55）式中第二项只有在饱和度较小的情况对 A 值的依赖才比较灵敏。（55）式还说明，在 I_c 不变时，逐渐增加 I_b，则开始 V_{ces} 下降，但到 I_b 很大时，V_{ces} 经最低点后将反而上升，这个现象在所测的合金管中也都观察到了。

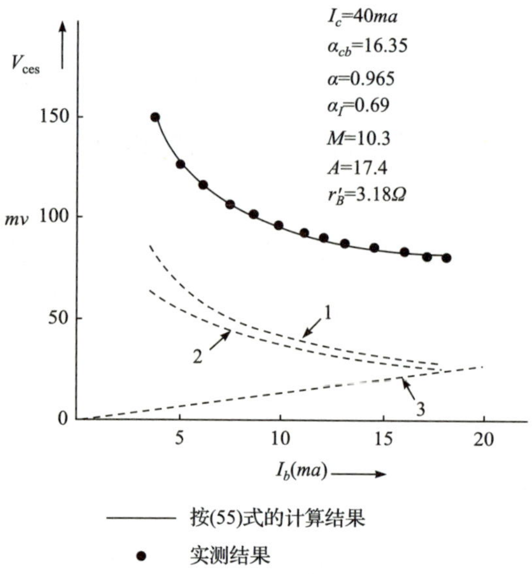

图 6　#3 合金管在大注入情况饱和压降的组成

从上面分析的结果可以看到，要减小合金管的饱和压降，对增加体寿命、减小表面复合速度（增加有效寿命）、减小基区厚度、增加发射极和集电极掺杂浓度、减小基极电阻等要求是单调的，但对于集电极面积与发射极面积的比值不能太小，也不宜太大，太大的集电极面积往往是使合金管饱和压降增大的重要原因。Gair[7] 等对合金管电流放大系数的数字计算说明，在一般的合金管情况，在固定发射极直径的条件下，集电极直径增加到发射极直径的 1.4 倍后，α_{cb} 就增加得很慢了，因此从降低饱和压降的要求出发，集电极与发射极直径的比应小于 1.4，当然最合适的比例还取决于其他几何尺寸、体寿命和表面复合速度。从上面#1 和#2 合金管饱和压降的实测结果也说明这一点，虽然#2 管的共发射极电流放大系数 α_{cb} 比#1 管高得多，但是即使在同样的 $\frac{I_c}{I_b}$ 电流比值下，#1 管的饱和压降反而比#2 管低得多。

三、台面类型晶体管饱和区的直流特性

我们把用原始材料作为集电区而以扩散层作基区的晶体管统称为台面类型晶体管，包括台面管、平面型管以及合金扩散管等。这类晶体管的特点是：

（1）集电区杂质密度较低；

（2）基区杂质密度较大；

（3）基区存在漂移电场；

（4）发射区杂质密度最大，而且很薄；

（5）集电结与发射结面积比值较大，集电结超出发射结的面积较多，而且整个基极层包括基极引线处都对着集电结。

因此在台面类型晶体管的情况，必须对合金管情况所采取的基本假定作如下的更改：

（1）集电区杂质密度较低，故必须考虑集电区体内的电压降；

（2）在饱和状态下不能忽视集电区少子密度改变的作用；

（3）基区杂质密度是不均匀的，基区有漂移电场存在，我们假定在饱和状态下，基区少子密度仍远低于多子密度，漂移电场依然存在。基区杂质密度假定是近于指数分布。

上述第三个假定说明，由于基区杂质密度较大，以致在饱和状态下，基区漂移电场基本上并不改变，实际上就是忽略了基区的纵向电压降，因此可以把饱和压降写成

$$V_{\text{ces}} \approx V_s + V_{\text{e}} + V_c = V_s + \frac{KT}{q}\ln\frac{P_0 n_{b0}}{P_w n_{bw}}, \qquad (56)$$

式中 V_s 为集电区体内的压降。

必须指出，在极大的电流密度下，由于基区少子密度达到或超过多子密度，因而基区漂移电场下降，这时基区纵向有电压降，但这电压降是负的；因此实际饱和压降要比（56）式稍低一些。

在台面管的情况，为了后面分析上的方便，我们把发射极电流不改变（与饱和状态发射极电流相同）而基极电流减少到不饱和时称为不饱和状态；这时的基极电流称为 I_{b0}。

今以 E 代表基区中的电场强度，则可写成

$$E = \frac{mKT}{qw},$$

其中 m 代表漂移电场强弱的无量纲系数。在忽略平衡时少子密度的情况下，可得基区少子的微分方程为

$$\frac{d^2P}{dx^2} - \frac{m}{w}\frac{dP}{dx} - \frac{P}{L_P^2} = 0. \tag{57}$$

它在边界条件为 $x=0$ 处 $P = P_0, x = w$ 处 $P = P_w$ 下的解为

$$P = \operatorname{csch}\frac{m'}{2}\left\{P_w e^{\frac{m}{2}\left(\frac{x}{w}-1\right)}\sinh\frac{m'x}{2w} + P_0 e^{\frac{mx}{2w}}\sinh\left[\frac{m'}{2}\left(1-\frac{x}{w}\right)\right]\right\}, \tag{58}$$

式中 $m' = \sqrt{m^2 + 4\left(\frac{w}{L_P}\right)^2}$.

用（58）式来求在 $x=0$ 处的空穴电流密度 I_{P0}，并解出 P_0 与 I_{P0} 和 P_w 的关系，可得

$$P_0 = \frac{\frac{2wI_{P0}}{qD_P} + P_w m' e^{-\frac{m}{2}}\operatorname{csch}\frac{m'}{2}}{m + m'\operatorname{ctnh}\frac{m'}{2}}. \tag{59}$$

在一般晶体管中，$L_P \gg \frac{w}{m}$，故 $m' \approx m$，并用 $\frac{I_e}{a_e}$ 代替 I_{P0}，可把（59）式写成

$$P_0 \approx \frac{wI_e}{mqD_P a_e}\left(1 - e^{-m}\right) + P_w e^{-m}. \tag{60}$$

（60）式说明，在有一定的漂移电场情况，由于 e^{-m} 的值很小（一般漂移管 $m \approx 5-8$，即 $e^{-m} \approx 0.0067 - 0.00034$），故 P_w 的改变对 P_0 的影响很小。前面分析不对称合金管的结果看到，由于傍路二极管的存在，将限制了集电极的正偏压值，这说明 P_w 值将很大，考虑 P_w 不远大于 P_0，则可认为 $P_w e^{-m} \ll P_0$，故在饱和或不饱和状态 P_0 基本上是相同的，因此发射结的压降也基本上相同，即

$$V_e \approx V_{e0} = \frac{KT}{q}\ln\frac{WI_e}{P_{b0} mqD_P a_e}. \tag{61}$$

在考虑基区复合的情况，由于 $m' > m$，故可得 $e^{-m'} < e^{-m} \ll 1$，（59）式中的双曲线函数可近似为

$$\operatorname{csch}\frac{m'}{2} \approx 2e^{-\frac{m'}{2}}.$$

$$\operatorname{ctnh}\frac{m'}{2} \approx 1.$$

可把（59）式近似为

$$P_0 \approx \frac{wIe}{m'' qD_P a_e} + \frac{m'}{m''} P_w e^{-m''}, \tag{62}$$

其中 $m'' = \dfrac{m+m'}{2}$，由于 $m'' > m$，故知当考虑基区复合后，P_w 对 P_0 的影响将更小一些。

在考虑台面管饱和及不饱和状态的基极电流时仍用（34）式及（11）式。但由于在饱和及不饱和情况向发射极注入的电子电流并不改变，参阅（34）式可写成

$$I_b = I_{b0} + \left(I_{bb} - I_{bb}'\right) + I_{cn} + I_D. \tag{63}$$

下面来分别考虑 $\left(I_{bb} - I_{bb}'\right), I_D$ 和 I_{cn}。$\left(I_{bb} - I_{bb}'\right)$ 是发射结对应的基区（即一维漂移晶体管的基区，不包括傍路二极管在内）内的复合电流在饱和与不饱和状态下的差；用 $m' \approx m$ 代入（58）式，可得基区空穴密度近似为

$$P \approx P_w \frac{e^{m\frac{x}{w}} - 1}{e^m - 1} + P_0 \frac{e^m - e^{m\frac{x}{w}}}{e^m - 1}. \tag{64}$$

因此基区复合电流之差为

$$\begin{aligned} I_{bb} - I_{bb}' &= \frac{a_e q}{\tau_P} \int_0^w P_w \frac{e^{m\frac{x}{w}} - 1}{e^m - 1} dx \\ &= \frac{a_e q P_w w}{\tau_P m}\left(1 - \frac{m}{e^m - 1}\right) \approx \frac{a_e q P_w w}{\tau_P m}. \end{aligned} \tag{65}$$

在考虑傍路二极管电流 I_D 时分成电子部分 I_{Dn} 和空穴部分 I_{DP}。I_{DP} 是傍路二极管基区的空穴复合电流，I_{Dn} 是傍路二极管集电区的电子复合电流。傍路二极管基区空穴密度分布仍符合（64）式，但用（60）式时必须用表面复合电流 $-sP_0q$ 来代替电流密度 $\dfrac{I_e}{a_e}$，其中 s 为傍路二极管 $x=0$ 表面的表面复合速度。因此解出 P_0 可得傍路二极管表面空穴密度为

$$P_0 = \frac{P_w e^{-m}}{1 + \dfrac{sw}{mD_P}\left(1 - e^{-m}\right)}. \tag{66}$$

（66）式说明，不论表面复合速度的大小，P_0 的最大值不超过 $P_w e^{-m}$，实际上就是说，由

于漂移电场的作用，空穴很少能达到表面。因此在计算 I_{DP} 时，可以忽略（64）式中 P_0 的一项和表面复合的影响，故得 I_{DP} 有(65)式 $\left(I_{bb}-I_{bb}^{'}\right)$ 相同的形式，只是其中面积需用傍路二极管的面积 $\left(a_c-a_e\right)$。因此得

$$I_{bb}-I_{bb}^{'}+I_{DP}=\frac{\alpha_c q P_w w}{\tau_P m}. \qquad (67)$$

考虑集电区的杂质密度是均匀的（在外延生长台面管的情况，由于衬底材料的杂质密度很高，因此不论电压降或少子复合作用，只需考虑外延生长层的作用），并考虑傍路二极管的电流密度不大，可以只计入扩散的作用，在集电区较厚的情况可得

$$I_{Dn}=\left(a_c-a_e\right)\frac{n_{c0}D_n q}{L_{nc}}=\left(a_c-a_e\right)\frac{P_w n_c D_n q}{P_{bw}L_{nc}}. \qquad (68)$$

由于发射结所对的部分集电结的电流密度较大，因此在计算 I_{cn} 时，我们考虑电场的存在。在集电区内，电子电流方向与集电极电流方向相反，因此 I_{cn} 需由空穴电流来补偿。由于电中性条件，可得空穴电流密度为

$$J_P=\frac{I_c+I_{cn}(x)}{a_e}=q\mu_p E\left(P_c+n\right)-qD_P\frac{dn}{dx}; \qquad (69)$$

电子电流密度为

$$J_n=-\frac{I_{cn}(x)}{a_e}=q\mu_n En+qD_n\frac{dn}{dx}; \qquad (70)$$

电子连续方程为

$$\frac{d}{dx}\left(\frac{I_{cn}(x)}{a_e}\right)=-\frac{qn}{\tau_{nc}}. \qquad (71)$$

由于在集电区中电子电流密度随 x 而改变，故用 $I_{cn}(x)$ 代表集电区中 x 处的电子电流，以便与（63）式中集电结处的电子电流 I_{cn} 相区别。

由（69）至（71）式可得

$$\frac{dE}{dx}+\frac{2}{P_c+2n}\frac{dn}{dx}E+\frac{KT}{q}\frac{b-1}{L_{nc}^2}\frac{n}{P_c+2n}=0, \qquad (72)$$

式中 $b=\dfrac{\mu_n}{\mu_p}$。上式在边界条件为 $x\to\infty$ 处，$n=0$，

$$E=E_c=\frac{I_c}{a_e P_c \mu_P q}$$

的解为

$$E = E_c \frac{P_c}{P_c + 2n} + \frac{KT}{q} \frac{b-1}{L_{nc}^2} \frac{1}{P_c + 2n} \int_x^{\infty} n dx . \tag{73}$$

用（73）式的 E 值代入（70）式可得饱和状态下集电区电子分布的微分方程，但它将是二阶非线性的，求解具有数学上的困难，因而需进行必要的近似。

假定在没有电场存在的情况，则电子按指数分布，即

$$n = n_{c0} e^{-\frac{x-w}{L_{nc}}} . \tag{74}$$

以这样的电子分布情况，则（73）式中第二项值最大时为（$x = w$ 处）

$$\frac{KT}{q} \frac{b-1}{L_{nc}^2} \frac{1}{P_c + 2n_{c0}} \int_w^{\infty} n dx = \frac{KT}{q} \frac{b-1}{L_{nc}} \frac{n_{c0}}{P_c + 2n_{c0}} . \tag{75}$$

在 $n_{c0} \ll P_c$ 时这个电场的作用比扩散作用小得多，可以被忽略。在有空穴电流形成电场时，由于电场方向是阻止电子向 x 方向移动，因此将使电子随 x 方向而下降得比（74）式更快，亦即（73）式第二项的作用将更小，更可以被忽略，故可以近似地考虑集电区内电场是不变的，即

$$E \approx E_c . \tag{76}$$

代入（70）式中解 n，则得

$$n = n_{c0} e^{-\frac{x-w}{L'}} , \tag{77}$$

$$L' = \frac{L_{nc}}{\frac{E_c q L_{nc}}{2KT} + \sqrt{1 + \left(\frac{E_c q L_{nc}}{2KT} \right)^2}} , \tag{78}$$

故得 I_{cn} 为

$$I_{cn} = \frac{a_e q}{\tau_{nc}} \int_w^{\infty} n_{c0} e^{-\frac{x-w}{L'}} dx = \frac{a_e P_w n_c D_n q L'}{P_{bw} L_{nc}^2} . \tag{79}$$

由上面求得的各项电流代入（63）式可得 P_w 与电流的关系为

$$I_b - I_{b0} \approx q P_w \left\{ \frac{a_c w}{\tau_P m} + \frac{n_c D_n \left[a_c - a_e \left(1 - \frac{L'}{L_{nc}} \right) \right]}{P_{bw} L_{nc}} \right\} . \tag{80}$$

总结上面的结果，可以得到台面管的饱和压降为

$$V_{\text{ces}} \approx V_s + \frac{KT}{q} \ln \frac{P_0 n_{b0}}{P_w n_{bw}} , \tag{81.1}$$

式中

$$P_0=\frac{I_e w}{a_e mqD_P}\,,\tag{81.2}$$

$$P_w=\frac{I_b-I_{b0}}{q}\left\{\frac{a_c w}{\tau_P m}+\frac{\left[a_c-a_e\left(1-\frac{L'}{L_{nc}}\right)\right]n_c D_n}{P_{bw}L_{nc}}\right\}^{-1}\,,\tag{81.3}$$

$$L'=L_{nc}\left\{\frac{I_c L_{nc}}{2a_e\mathcal{K}TP_c\mu_P}+\sqrt{1+\left(\frac{I_c L_{nc}}{2a_e\mathcal{K}TP_c\mu_P}\right)^2}\right\}^{-1}.\tag{81.4}$$

最后来考虑集电区压降V_s，这常常在台面管饱和压降中占相当重要的地位。我们把V_s写成集电极串联电阻的形式，即

$$V_s=I_c r_s\,.\tag{82}$$

再把集电极串联电阻r_s写成

$$r_s=\frac{\lambda'}{a_e\sigma_c}\,,\tag{83}$$

式中λ'为集电区的等效厚度。显然当集电区的厚度λ很薄时，λ'与λ相等。但当集电区厚度较厚时，则必须考虑集电区内电流的分布以求得分布电阻。

对于圆形发射极的台面管，用无限个镜像的方法，不难得到集电区等效厚度为

$$\left.\begin{aligned}&\lambda'=K_s R_e,\\&K_s\approx1+2\sum_{n=1}^{\infty}(-1)^n\tan\left[\frac{1}{2}\tan^{-1}\frac{R_e}{2n\lambda}\right],\end{aligned}\right\}\tag{84}$$

式中R_e为发射极半径。按照上式算得的K_s与$\dfrac{\lambda}{R_e}$的关系见图 7，可以看到，用减薄集电区来降低集电极串联电阻时，必须把集电区厚度减薄到发射极半径以下才有显著的作用。（84）式推导中假定了集电区欧姆接触远大于发射极面积。Kennedy[8] 曾作了普遍情况的计算。

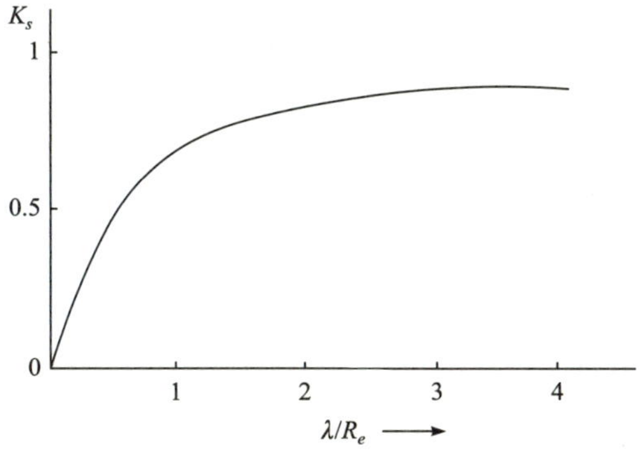

图 7　台面管集电极串联电阻系数 K_s 与集电区厚度及发射结半径之关系

设发射极是长条形的，当 $l_e > \lambda \gg b_e$ 时，可按下式[9]来近似计算：

$$\lambda' \approx \frac{b_e}{\pi}\left(1+\ln\frac{8\lambda}{\pi b_e}\right). \tag{85}$$

式中 l_e 为发射极长度；b_e 为发射极宽度。

必须说明，在饱和程度很大的时候，由于集电结正向电压较高，n_{c0} 的影响较大，(73)式中 n 的作用较大，使集电区产生电导调制现象，而将使集电极串联电阻略为降低。但另一方面，若在大电流的情况，由于发射极电流的不均匀而造成集电极电流的拥集现象[10]，则将使集电极串联电阻升高。

在一般实际台面管的情况，由于 $a_c \gg a_e$，虽然 $L' < L_{nc}$，但在（81.3）式中忽略 $a_e\left(1-\dfrac{L'}{L_{nc}}\right)$ 将不会导致很大的误差，即

$$P_w \approx \frac{I_b - I_{b0}}{qa_c}\left(\frac{w}{\tau_P m}+\frac{n_c D_n}{P_{bw} L_{nc}}\right)^{-1}. \tag{86}$$

不难看到，(86）式说明了将发射极开路而在集电结二侧通以正向电流 $I_b - I_{b0}$ 时，在 $x = w$ 处的空穴密度即等于 P_w，因而这时集电结的正向压降即等于 $-V_c$，由此可把饱和压降写成

$$V_{\mathrm{ces}} \approx I_c r_s + V_{e0} - V_{cf}, \tag{87}$$

式中 V_{e0} 为在同样发射极电流 I_e 但在不饱和工作状态下的发射结的压降，V_{cf} 为当在集电结通以正向电流 $I_b - I_{b0}$ 时，集电结的正向压降。

为了使能分析饱和压降中各项的贡献，需把（87）式中各项与实际可以测得的数值联系起来。设发射极电流为 I_e 而不饱和工作状态下所测得的发射极与基极间的电位差为 V_{be0}，则

$$V_{be0} \approx V_{e0} + I_{b0}\left(r_{bi} + r_{be}\right), \tag{88}$$

式中 r_{bi} 为基极电阻本征部分（发射极对应部分）；r_{be} 为基极电阻的外部部分（发射结以外部分）。

在集电极与基极间通以正向电流 $I_b - I_{b0}$ 时，在集电极与基极间测得的电位差 V_{cbf} 为

$$V_{cbf} \approx V_{cf} + \left(I_b - I_{b0}\right)\left(r_{bi} + \frac{r_{bc}}{2}\right). \tag{89}$$

由于 $a_c \gg a_e$，因此在测 V_{cbf} 时，集电区电阻远小于 r_s，可以忽略，故未计入（89）式中。

根据（89）和（88）式，并考虑基极电阻本征部分大于外部部分时，可近似为

$$\left.\begin{aligned} V_{\text{ces}} &\approx I_c r_s + V_{be0} - V_{cbf} + \left(I_b - 2I_{b0}\right) r_b, \\ r_b &= r_{bi} + \frac{r_{bc}}{2}. \end{aligned}\right\} \tag{90}$$

必须说明，虽然在推导中并没有考虑基极层横向电阻的影响，而由于基极层横向电阻的作用将使基区 $x = w$ 处的空穴密度并不全部是 P_w，但是在集电极与基极间通以正向电流 $I_b - I_{b0}$ 时，它在基区 $x = w$ 处的空穴密度也由于基极层横向电阻的影响而有近似的分布情况，因此（90）式的结果实际上已经把基极层横向电阻的影响包括在内了。在基极电阻大的情况，集电结通过正向电流 $I_b - I_{b0}$ 时，电流分布不均匀，V_{cbf} 增加不多，故 V_{cf} 减小使饱和压降增加。

（90）式中的 r_b 虽然也决定于基区层电阻，但由于测量 V_{cbf} 时集电结处于正向偏压（饱和状态下也处于正向偏压），因此由基区电导调制的影响，r_b 可以比工作状态下的基极电阻小些，此外，虽然 r_b 亦随工作时各个电流而略改变，但因为（90）式中 r_b 这项的比重不大，故看作不变误差不大。

图 8 所示是一个硅 $n-p-n$ 台面管饱和区特性的分析结果，（90）式中各项贡献以及总和与实测结果的比较，图中虚线①为测得的 $\left(V_{be0} - V_{cbf}\right)$，②为 $\left(I_b - 2I_{b0}\right) r_b$（在实际分析中，为计算方便起见，此项中的 I_{b0} 仍用了集电极电流不改变的定义，这样可使 I_{b0} 在一定的 I_c 情况不随 I_b 而改变，测量与计算将方便得多，而引入的误差将仍是可忽略的），③为 $I_c r_s$，实线为总和 V_{ces}，圆点为实测的 V_{ces}。其中 r_s 和 r_b 是以同时能符合这几条曲线为准来选择的。可以看到，这样分析得到的 r_s 是比较准的（图 8 所举管子用 $r_s = 13.7\Omega$，$r_b = 50\Omega$），r_s 和 r_b 值微小的变化都将不可能这样满意地同时符合这几条实验曲线。但同时也可以看到，当饱和度太小时，（90）式的误差将随之增加，一般适用于饱和度不低于 1.5 – 2 的情况。因此（90）式也可以用作精确测量台面管集电极串联电阻的方法，这个串

联电阻对台面管的频率特性也起着限制的作用[11]。

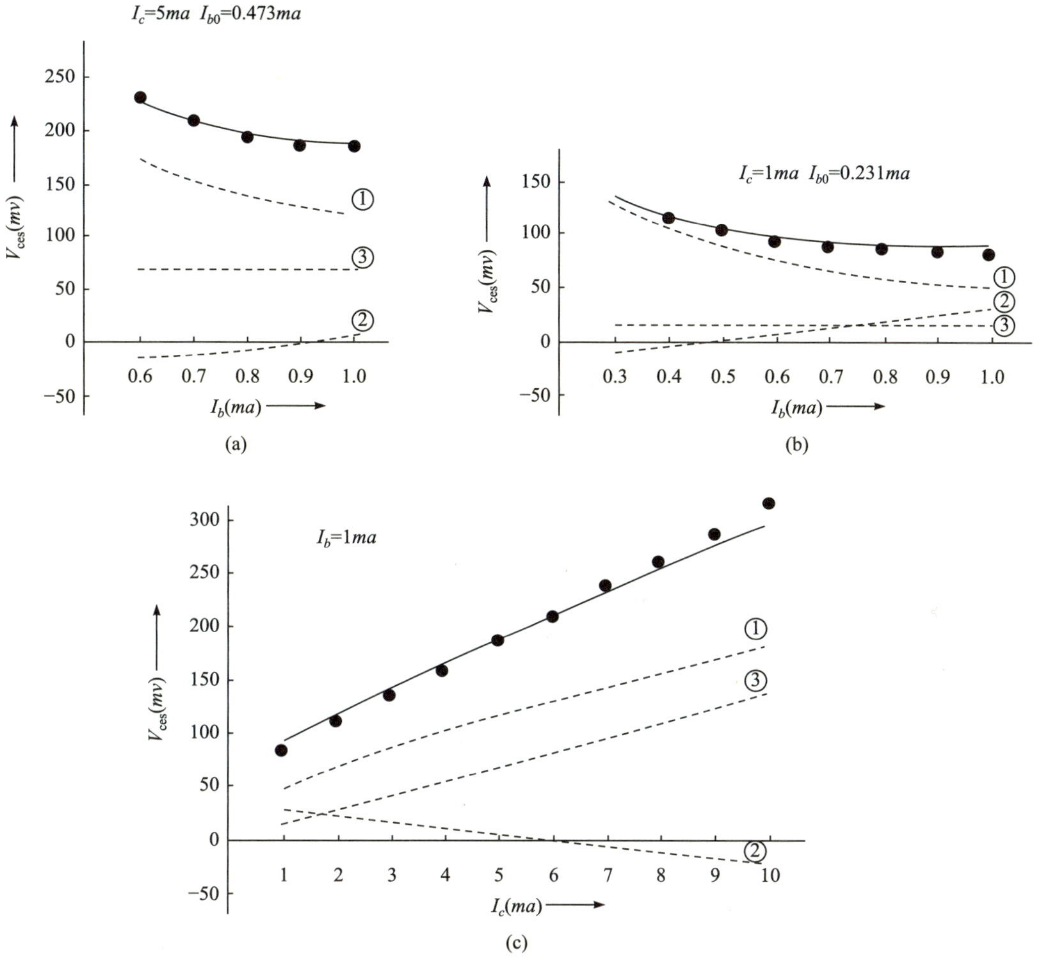

图 8　台面管饱和压降的组成

从上面的分析可以看到，要降低台面管饱和压降必须：

（1） 集电区材料电阻率应尽可能低（受集电极耐压和电容的限制）；

（2） 减薄集电区厚度可以降低饱和压降，但集电区厚度需减到小于发射被半径才有较明显的作用；

（3） 基区靠发射结处的杂质密度 n_{b0} 不宜太大；

（4） 基极电阻要小。

四、结 束 语

本文分析了合金管和台面管饱和区的直流特性，分析得到了与实验符合较好的表达式，并且可以用直接的测量来得到表达式中各项的贡献，这可以用来分析降低晶体管饱和压降的途径。分析过程中与晶体管结构的联系也可以用作晶体管设计的参考。

利用分析的结果还可以测量晶体管的集电极串联电阻、基极层电阻和合金管在一定电流下的注入强度。

对吴德馨同志在实验测量工作方面的帮助表示感谢。

参考文献

[1] Ebers, J. J., Moll, J. L., *Proc. IRE*, **42**(1954), 1761.
[2] 黄敞, *IRE Trans*., **ED-6**(1959), 154.
[3] Rudenberg, H. G., *Proc. IRE*, **46**(1958), 1304.
[4] Webster, W. M., *Proc. IRE*, **42**(1954), 914.
[5] Kulke, B., Miller, S.L., *Proc. IRE*, **45**(1957), 90.
[6] Osamu Nakahara, *J. Phys. Soc., Japan*, **16**(1961), 1260.
[7] Gair, F. C., et al., *Proc. IEE*, 106 Part B, Sup. No.**17**(1959)1038.
[8] Kennedy, D. P., J. *Appl. Phys*. **31**(1960), 1490.
[9] Kirk, C. T., *IRE Trans*., **ED-9**(1962), 164.
[10] Aschner, J. F., et al., *IRE Trans*., **ED-7**(1960), 251.
[11] 王守觉, 物理学报, **18**(1962), 194.

一种新的高速集成逻辑电路——多元逻辑电路（DYL）*

王守觉　孙祥义　王润梅

提　　要

介绍了一种新的高速集成逻辑电路。它不同于常用集成逻辑电路那样基于一种基本单元门电路，而是由几种基本单元组合而成所需的逻辑系统，因而并不要求每种基本单元都有阈值特性。其主要基本单元就是一种高速线性“与或”门，工艺很简单。用较粗尺寸工艺试作的四位全加器进位链样品，实测速度为每级进位上升边延迟 1 ns，下降边延迟更小。每门最大功耗 12.5 mW。文中还与几种原有的集成辑逻电路进行了分析比较。

A NEW HIGH SPEED INTEGRATED LOGIC
——MULTICELL-TYPE LOGIC（DYL）

Wang Shoujue, Sun Xiangyi, Wang Runmei

Abstract

A new high speed integrated logic has been described. Instead of a single type of cell gate which is used in most logic IC's, the new logic here described is based on several types of basic cells to synthesize a logic system. Therefore, the threshold characteristic will not be the common requirement for each type of cell gates. The main logic unit in DYL is a very high-speed linear AND-OR gate made with simple technology (without threshold). A four-bit full adder carry chain specimen has been developed with wide-line photolithography. It's time-delay measured for each

* 原载于：电子学报，1978，（2）：43～51.

carry stage is about 1 ns for the front edge of the signal and even much smaller for the trailing edge. The maximum power dissipation per gate is about 12.5 mW . This new logic has been analysed and compared with several conventional integrated logic circuits.

一、引　言

集成逻辑电路的速度、功耗与工艺、成本等通常是相互关联的。近几年，人们在多种矛盾因素之间寻找最佳答案，探讨了不少新的结构[1-9]。

常用的集成逻辑电路往往都是由一种基本单元门电路组合成复杂的逻辑功能。这对基本单元门电路有一些共同的基本要求，如阈值、输入输出高低电平的匹配以及具有一定的抗干扰能力等等。

如果改变这种方式，让复杂的逻辑电路不是由一种而是由几种基本单元组合而成，则上述要求，对于每一种单元将不再都是必需的了。本工作的目的就是想从这一点出发，探索一套用几种单元配套的新的逻辑电路，达到速度快和工艺成本低的目的。

我们用一种不需阈值而逻辑摆幅略有衰减和结构简单的高速逻辑单元，并使之与少数需要阈值并能升高逻辑摆幅和起整形作用的单元相结合，构成所需的逻辑系统。本文称这种系统为多元逻辑电路，并用汉语拼音的第一个字母简称为 DYL。

二、DYL 的主要逻辑单元——线性“与或”门

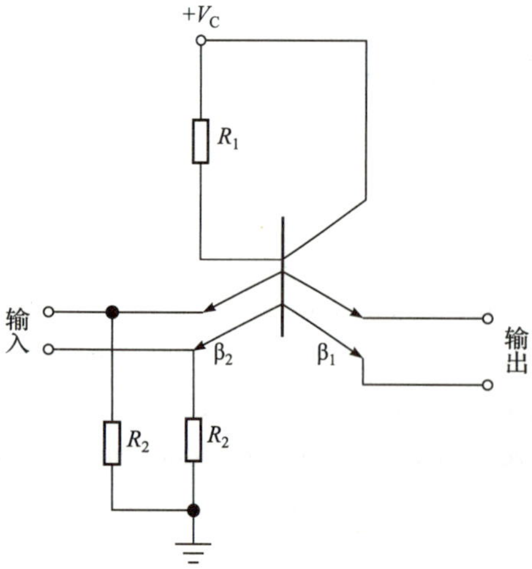

图 1　线性“与或”门的线路图

DYL 采用线性“与或”门作为主要的逻辑单元。

构成线性“与或”门的基本器件是一个特殊的多发射极晶体管，它具有两种电流放大系数不同的发射极。这两种发射极的 β 相差很大，这是由于基区的厚度不同和掺杂浓度不同，以致注入效率和输运系数都相差很多。这两种发射极下面的基区分别由两次硼扩散获得。图 1 上我们用基区两侧的发射极符号分别代表两种发射极。画在与集电极同一侧的是 β 大的发射极，

记为 β_1，其值就是正常晶体管的共发射极电流放大系数。画在另一侧的是 β 小的发射极，记为 β_2（小于 1）。线性“与或”门的电流放大作用就是 β_1 和 β_2 的值相差悬殊的结果。图 1 是线性“与或”门的线路图，除了多发射极晶体管外还有一个与基区连接的供电电阻，这个电阻在结构上直接由基区扩硼层延伸而成，省去了基区引线孔的面积。输入端的接地电阻通常由各个门的接地电阻合并而成。输出侧的多发射极用来完成“线或”功能。晶体管的集电极都是接电源正极。这种结构具有下列优点：

（1）集电极对交流全部接地，这就克服了一般集成逻辑电路存在的隔离岛电容影响速度的问题；

（2）全部是射极跟随的非饱和电路；

（3）在改变状态时集电结电容的充电电压仅等于逻辑摆幅本身而不是接近于它的两倍；

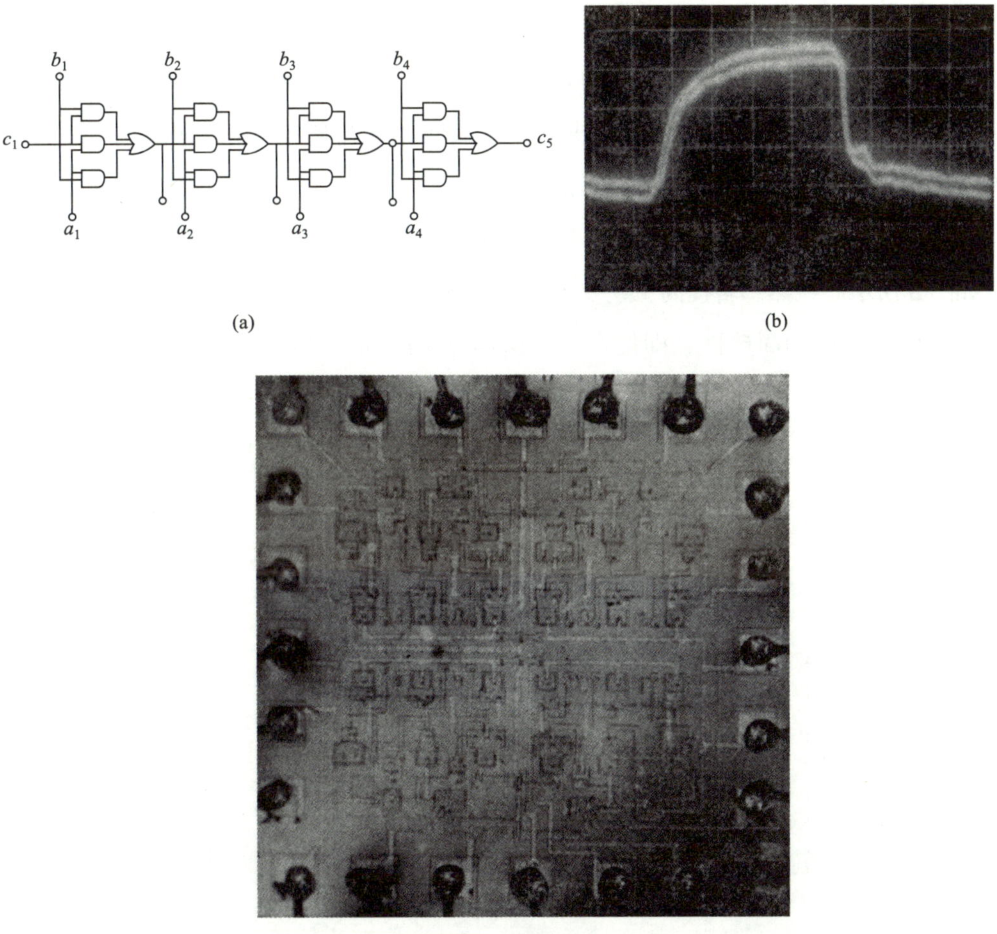

(a) (b)

(c)

图 2　四位进位链的四位全加器

（a）四位进位链部分的逻辑图；（b）图 a 逻辑单元的实测速度特性；（c）样品的显微照片。

（4）单独由这种“与或”门集成时，可以用很简单的工艺，不需要外延，不需要隔离。因此，它具有很高的速度，而且工艺简单。我们试作的样品是包括四位进位链的四位全加器（其中四个倒向器未做在内）。我们用来测定速度和考验工艺的就是这种样品。

图 2（a）是所作样品的四位进位链部分的逻辑图，图 2（b）是速度的实测结果。图中的两条波形是第 2 位与第 4 位的输出进位信号。使用后二位的原因是使它能更符合实际使用的情况。图中所示延迟时间是两级进位链的进位时间。横座标每大格 10 ns。纵座标每大格约 0.5 V。由图可见，两级进位链的延迟时间，上升边约 2 ns，下降边则更小。图 2（c）是该样品的显微照片。

样品的最大总功耗为 150mW，每门在最高功耗状态下的功耗为 12.5 mW。电源电压为 5V。

因线性“与或”门对逻辑摆幅的衰减，在通过 6～8 级以后，必须加入一个阈值单元或倒向单元（非门），以便进行脉冲整形或倒向和获得阈值功能。阈值单元和倒向单元的延迟时间与 EFL 门相似。显然，把这个延迟时间分摊在每一级上，其速度仍是极快的。必须说明，样品采用的是适于生产推广用的较粗的图案加工尺寸。其基区、发射区和引线孔尺寸如图 3 所示。显然，若提高工艺要求而把图案缩小，则必将使速度更高。

由于电路结构的简单性，即使在尺寸这样宽裕的加工条件下，集成密度亦可达每平方毫米 30 门以上。

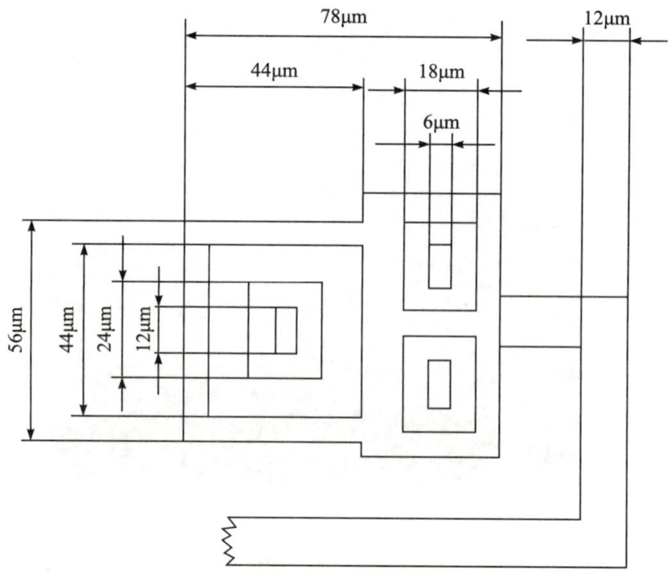

图 3　基区、发射区和引线孔尺寸

三、逻辑摆幅衰减的分析

显然，逻辑摆幅衰减的大小是决定线性“与或”单元实用价值的重要因素。

考虑单一输入端和满负载的情况（衰减量最大的情况）。在两种发射结都处于正向状态（两种发射结恒处于正向状态下工作时，逻辑摆幅衰减可降到很小。本文所用的“与或”单元就是在这种状态下工作的。）的电流电压关系式为

$$I_{e2}=\frac{V_1}{R_2}-I_1 \tag{1}$$

$$I_{R_1}=\frac{V_C-V_D-V_1}{R_1} \tag{2}$$

$$I_{R_1}=\frac{mI_i}{1+\beta_1}+\frac{I_{c2}}{1+\beta_2} \tag{3}$$

式中 V_i——输入端电压；

I_i——输入端流入电流（或下一级流入电流）；

I_{e2}——通过输入端发射结的电流；

I_{R_1}——通过电阻 R_1 的电流；

m——扇出系数；

V_C——电源电压；

V_D——输入端发射结正向压降。

若再引用等效电流放大系数β和等效电阻比 n，并令

$$1+\beta=\frac{1+\beta_1}{1+\beta_2}$$

$$n=\frac{1}{1+\beta_2}\frac{R_1}{R_2}$$

然后求解 I_i 与 I_{e_2}，则可得

$$I_i=\frac{1}{nR_2\left(1-\frac{m}{1+\beta}\right)}\left[V_i(1+n)-\left(V_C-V_D\right)\right] \tag{4}$$

$$I_{e_2}=\frac{1}{nR_2\left(1-\frac{m}{1+\beta}\right)}\left[\left(V_C-V_D\right)-V_i\left(1+\frac{nm}{1+\beta}\right)\right] \tag{5}$$

上述两式中的 V_D 随 V_i 的不同而略有变动。但在电流方程中，我们忽略了由于这种变动造成的二次效应而作为定值考虑。

若以 V_H 和 V_L 分别表示输入的高低电平，以 I_H 和 I_{eH} 表示输入高电平时的 I_i 和 I_{e2}，以 I_L 和 I_{eL} 表示输入低电平时的 I_i 和 I_{e2}，则可将式（4）、（5）改写成

$$I_H = \frac{1}{nR_2\left(1-\frac{m}{1+\beta}\right)}\left[V_H(1+n)-(V_C-V_D)\right] \tag{6}$$

$$I_L = \frac{1}{nR_2\left(1-\frac{m}{1+\beta}\right)}\left[V_L(1+n)-(V_C-V_D)\right] \tag{7}$$

$$I_{eH} = \frac{1}{nR_2\left(1-\frac{m}{1+\beta}\right)}\left[(V_C-V_D)-V_H\left(1+\frac{nm}{1+\beta}\right)\right] \tag{8}$$

$$I_{eL} = \frac{1}{nR_2\left(1-\frac{m}{1+\beta}\right)}\left[(V_C-V_D)-V_L\left(1+\frac{nm}{1+\beta}\right)\right] \tag{9}$$

今以 V_{be1} 表示在一定输出发射极电流 I_{e1} 下基极与输出发射极间的压降；以 V_{be2} 表示在一定输入发射极电流 I_{e2} 下基极与输入发射极间的压降，则每级门的逻辑摆幅衰减应为

$$\Delta V = V_{be_1[I_{e1}-mI_H]} - V_{be_1[I_{e1}-mI_L]} + V_{be_2[I_{e2}-I_{eL}]} - V_{be_2[I_{e2}-I_{eH}]} \tag{10}$$

因 I_{eH} 和 I_L 都远大于 p－n 结的反向饱和电流，并忽略掉发射极串联电阻，按晶体管理论，不难得到

$$\Delta V = \frac{m}{1+\beta_1}(I_H-I_L)\gamma_{b_1} + \frac{1}{1+\beta_2}(I_{eL}-I_{eH})\gamma_{b2} + \frac{kT}{q}\ln\frac{I_H I_{eL}}{I_L I_{eH}} \tag{11}$$

式中 γ_{b_1}、γ_{b_2}——两种发射极所对应的等效基极电阻；

k——波尔兹曼常数；

T——绝对温度；

q——电子电荷。

将式（6）～（9）代入式（11）得到

$$\Delta V = \frac{(1+n)\frac{m}{1+\beta}}{R_1\left(1-\frac{m}{1+\beta}\right)}(V_H-V_L)\gamma_{b1} + \frac{1-\frac{nm}{1+\beta}}{R_1\left(1-\frac{m}{1+\beta}\right)}(V_H-V_L)\gamma_{b2}$$
$$+\frac{kT}{q}\ln\frac{[V_H(1+n)-(V_C-V_D)]\left[(V_C-V_D)-V_L\left(1+\frac{nm}{1+\beta}\right)\right]}{[V_L(1+n)-(V_C-V_D)]\left[(V_C-V_D)-V_H\left(1+\frac{nm}{1+\beta}\right)\right]} \tag{12}$$

式中右侧第三项是当γ_{b_1}、γ_{b_2}均为零时的ΔV值，亦即ΔV的本征部分。

按样品的实际数值$n=2.3, m=3, \beta=25, V_C-V_D=4.2\text{V}$来计算式（12）右侧第三项中$\Delta V$的本征部分与逻辑摆幅$(V_H-V_L)$的关系，其结果示如图4的曲线。图中的标记“×”为样品的实测数据（计算与实测过程中，V_H统一用2.8 V，这时离输入发射结截止情况稍远一些，以保证正向电流始终存在）。图中实测数据与计算曲线符合得很好，可知（12）式右侧前两项等效基极电阻的影响在合理设计的情况下是可以忽略不计的。因而实际上可将（12）式简化为

$$\Delta V \approx \frac{kT}{q}\ln\frac{\left[V_H(1+n)-(V_C-V_D)\right]\left[(V_C-V_D)-V_L\left(1+\frac{nm}{1+\beta}\right)\right]}{\left[V_L(1+n)-(V_C-V_D)\right]\left[(V_C-V_D)-V_H\left(1+\frac{nm}{1+\beta}\right)\right]} \tag{13}$$

按图4逐级估算可知，当输入逻辑摆幅为1.5 V的情况，经过8级线性“与或”门以后，输出逻辑摆幅仍略大于一般 ECL 的逻辑摆幅（0.8 V）。

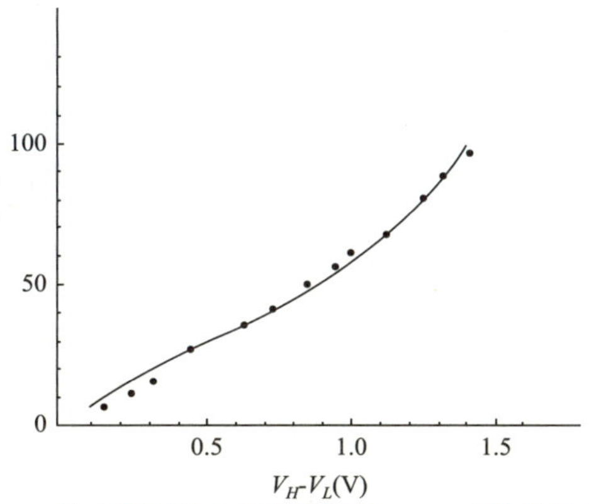

图4 ΔV的本征部分与逻辑摆幅(V_H-V_L)的关系曲线

若令负载能力$m=4$，并以β为变动参数，则按式（13）算得的ΔV曲线族如图5所示。由此可见，等效电流放大系数β的增大可使逻辑摆幅衰减ΔV值降低，但β达到足够大时，再增加β值对ΔV降低的贡献是不大了。

必须指出，要使线性“与或”门能维持较小的摆幅衰减，在于使两种发射极在工作过程中始终处于有一定正向电流的状态（在多个输出端的情况下，应有一个以上的输入发射极有正向电流）。因此，对于应用逻辑电平范围和等效阻值比n的选择，必须在考虑阈值单元和倒向单元时予以注意。

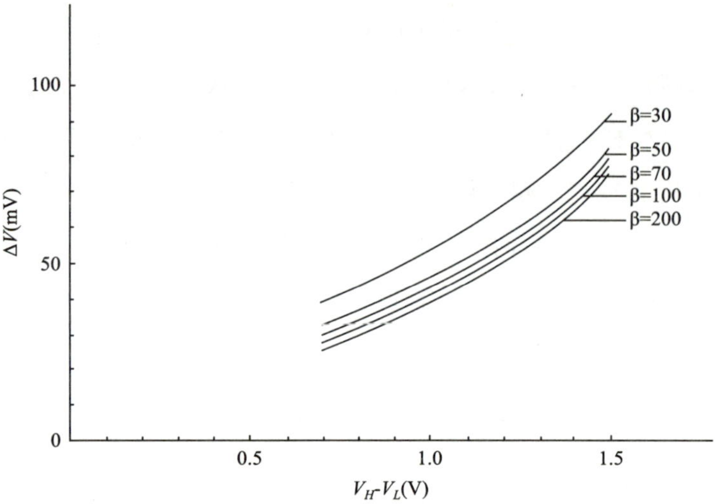

图 5　ΔV 的曲线族（β 为变动参数，$m=4$）

四、阈值单元、倒向单元和逻辑电平的选择

在 DYL 中，逻辑功能的完成以线性“与或”门为主。阈值单元与倒向单元的总和约只占全部门总数的10%～15%。但是，阈值和倒向单元起着脉冲整形和产生阈值特性的作用，它们决定着工作时的逻辑电平范围，因此必须与线性“与或”门电阻阻值的配合同时考虑。

线性“与或”门的基极供电电阻 R_1 与晶体管的集电结电容形成一个 RC 时间常数，这是线性“与或”门中决定速度的主要因素之一。因而在一定的工艺条件下（一定的集电结面积的情况，也即一定的集电结电容的情况），要有一定的速度，R_1 的值就有一定的限制。在 R_1 固定的情况下，R_2 阻值愈大，电路逻辑电平工作范围就愈小，即低电平愈高；而 R_2 阻值愈小时则电路功耗愈大。为了兼顾这两方面的情况，我们选择逻辑电平工作范围为 1.4 V 至 3.2 V。这就是对阈值与倒向单元输出高低电平的要求。这样，经过 6～8 级线性“与或”门后，仍能保持 1 V 以上的逻辑摆幅，以保持足够的抗干扰能力。

假若经过无数级线性“与或”门长链以后，电平将趋向一个特征电平，即输出电平等于输入电平。实际测量结果样品的特征电平在 3.1 V 左右。可见逻辑摆幅的逐级衰减对高电平下降很小，而对低电平的上升较多。因此，阈值单元和倒向单元的阈值电压应不在输出高低电平的中央。考虑阈值电压太高时对速度不利，我们选择在 2.4 V 左右。

阈值单元和倒向单元的线路如图 6 所示。参考电压 V_R 是由集成电路内部自己产生的，是从电源正极降压而得。当电源电压变动时，阈值电压与输出电平一样，均将随电源电压同时变动，这保证了在电源电压变动的情况下仍能稳定工作。

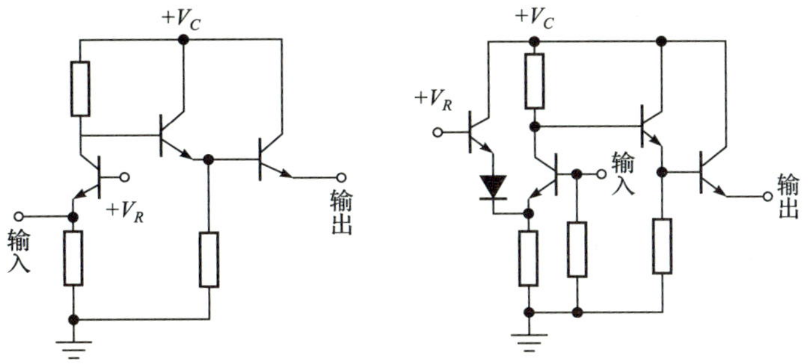

图 6　阈值单元和倒向单元的线路图

五、讨　论

从对电路内部作用的分析来看，在诸如 TTL、DTL、DECL 等常用集成逻辑电路中，基本单元门电路往往可以分成二或三个组成部分，即逻辑功能部分、电平匹配部分和倒向整形部分。图 7 画出了几种逻辑电路中几个部分的划分。从信息传输速度来说，逻辑功能部分传输速度往往很快，而主要延迟时间则在倒向整形部分。因此，如果各种逻辑电路具有相同的倒向整形速度，显然，逻辑功能部分的功能愈强，则可供实用的速度就愈快。图 7 所示的 TTL、DTL，其逻辑功能部分均属“与”功能（TTL 的“与或非”门中的“或”功能是由倒向整形部分的倒向管并联而得，会影响倒向整形部分的速度，故不是逻辑功能部分的功能增强）。而 Yuichiro Oya[10]等人曾把逻辑功能部分扩大为“与或”功能，配以 ECL 的倒向整形部分，得到了速度较高的 DECL。

本文所介绍的 DYL 实际上是在减小了线性“与或”门对摆幅的衰减的基础上，把原来门电路中的“逻辑功能部分”发展成能用若干级“与或”门叠联的庞大的随机逻辑功能系统。把原来影响速度最厉害的倒向整形部分的数量缩减到最低限度，这是使速度大为提高的基本原因。

线性“与或”门使用的特殊多发射极晶体管，其集电极全部都接电源正极，与其他非饱和电路相比，这可使电平摆动部分的电容对速度的影响大为降低。

为了比较级联后的电平分布情况，图 8 给出了几种集成逻辑电路的电平传输分布（图示为 7 级门级联的情况）。显然，不必要的多次倒向，不仅倒向整形部分本身的时间延迟将成为影响速度的主要因素，而且增加级间与级内相对电平的变化也将增加分布电容充放电对速度的影响因素。由图 8 可见，DYL 在相邻级间相对电平的变化最少。

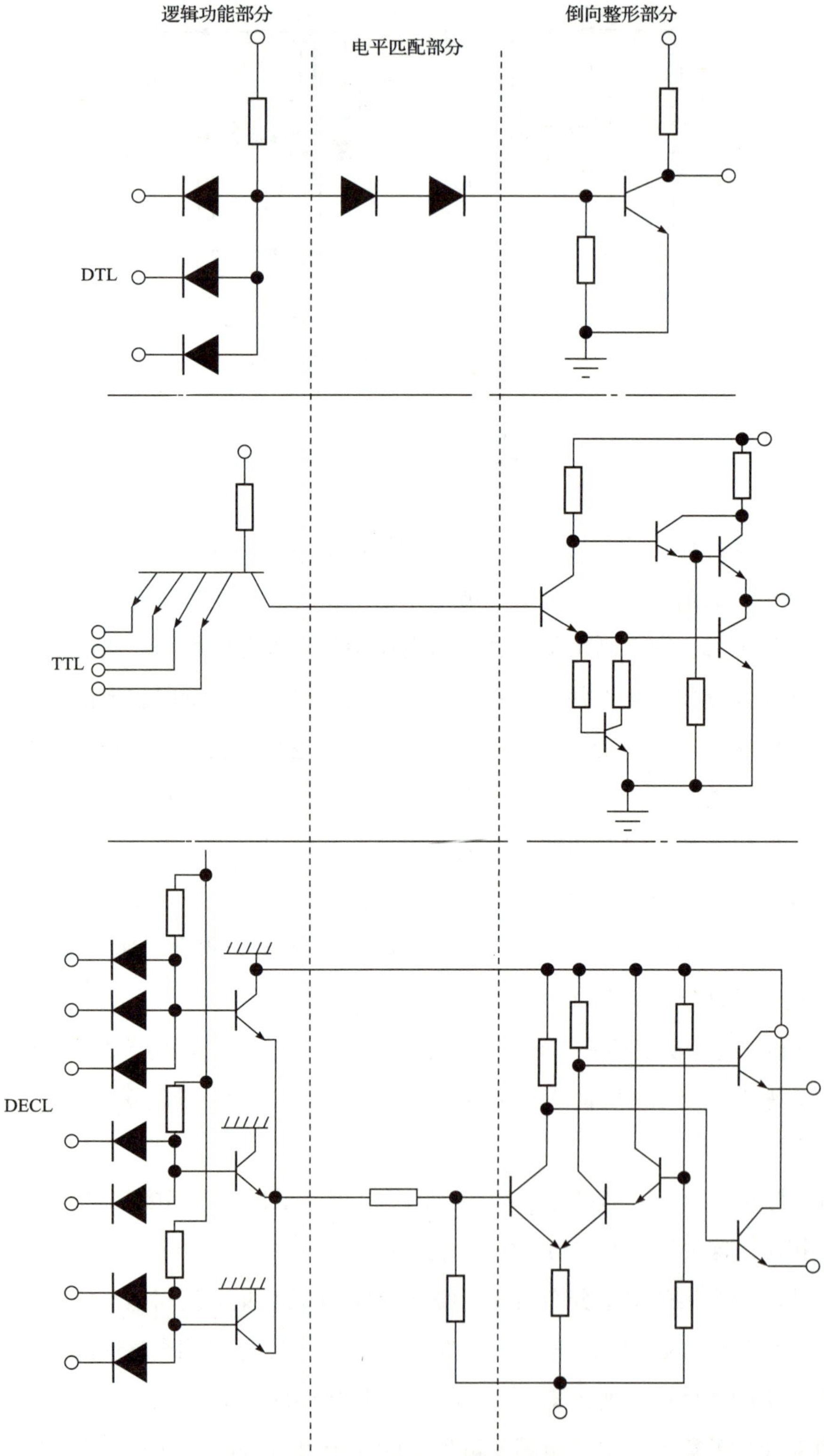

图 7　集成逻辑电路内部功能的划分

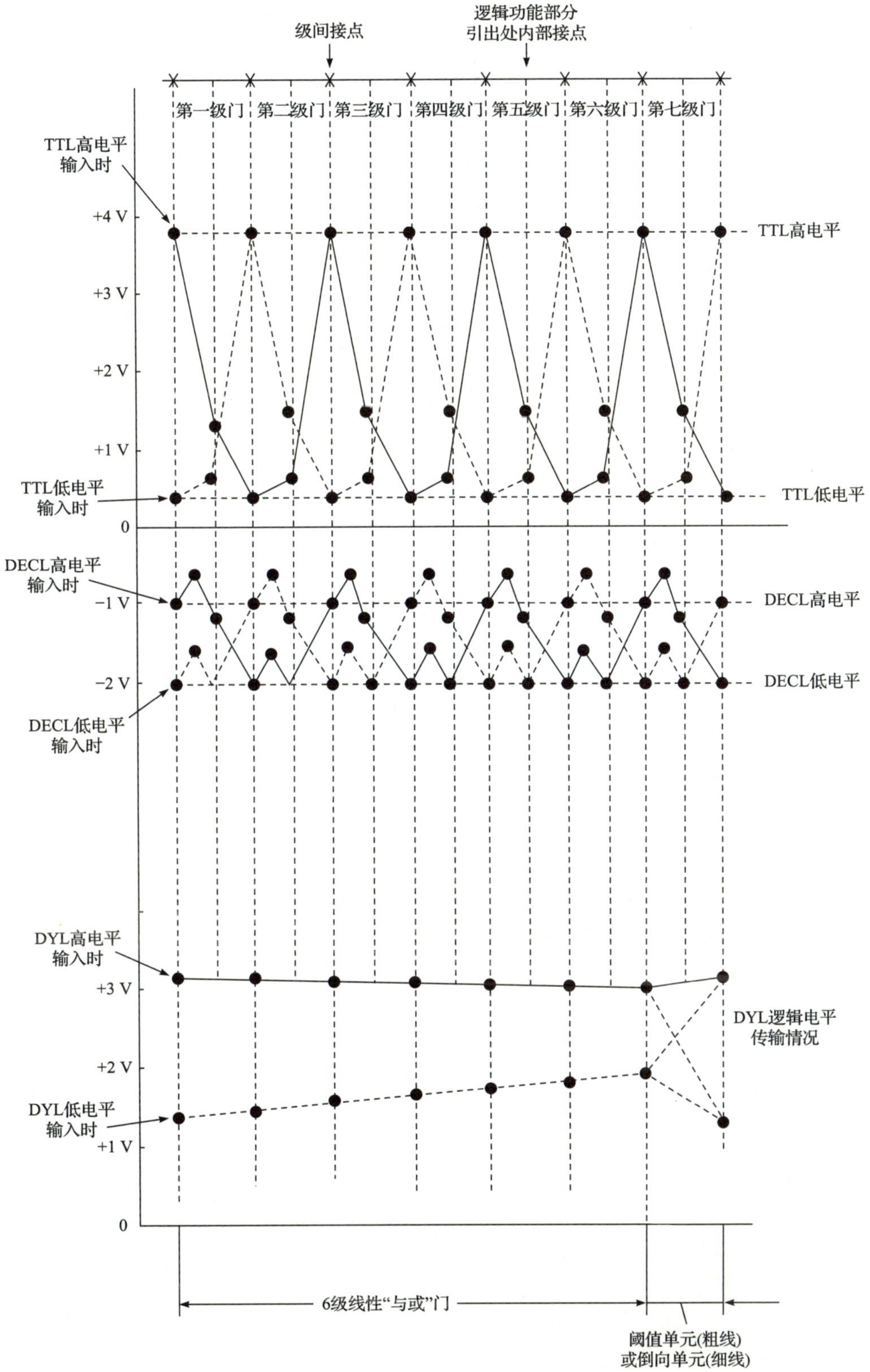

图 8　电平传输分布情况比较图

六、结　束　语

综上所述，多元逻辑电路的发展具有两重意义：

（1）多元逻辑电路是一种适合于大规模集成的高速电路。不难预期，若把多种单元电路一起大规模集成在一块电路上（应用与其他电路一样的隔离技术），定将可以达到极高的速度和获得比 ECL 高得多的集成密度。

（2）把线性“与或”门单独集成在一块电路上，不需要外延工艺和隔离技术，可以用极简单的工艺得到很高的速度和比一般电路高得多的集成密度。

本工作在线路试验、版图设计和测量等工作中得到了付淑桂、杨柳林、王祥贵、魏书铭、刘盘泉、姜爱华等同志的帮助。其工艺实践和制版工作是由中国科学院半导体研究所二室工艺线和制版组全体同志完成的。

参考文献

[1] C. Mulder, H. E. J. Wulms, IEEE J. Solid-State Circuits, Vol.SC-11, June 1976, pp. 379～385.
[2] F. Meyer, First European Solid State Circuits Conference, 1975, pp. 32～33.
[3] P.S.Walsh, V. Blatt, L. W. Kennedy, First European Solid State Circuits Conference, 1975, pp. 122～123.
[4] S. K. Wiedman, H. H. Berger, First European Solid State Circuits Conference, 1975, pp. 36～37.
[5] S. Murugesan, International Journal of Electronics, Vol. 42, No. 1, Januuary 1977, pp. 55～63.
[6] H.H.Berger, S.K. Wiedman, IEEE J. Solid State Circuits, Vol.SC-7, 1972, p. 340.
[7] T. Nakano, Y. Horiba, A. Yasuoka O. Tomisawa, K. Murakami, L. Kato, IEDM Technical Digest, 1975, p. 555.
[8] J. Nishizawa, B.M. Wilamowski, IEEE International Solid State Circuits Conference, 1977, pp. 222～223.
[9] J. H. Bennett, S. Hollock, P. J. Ward, First European Solid State Circuits Conference, 1975, pp. 34～35.
[10] Yuichiro Oya, et al., Proc. of The National Electronic Conference, on 9～11, Dec. 1968, p. 263.

多元逻辑电路 12 位高速进位发生器*

王守觉　魏书铭　郑　洁

提　要

本文介绍了一种新型结构多元逻辑高速大规模集成电路——DYL12 位高速进位发生器（DYL 12-HSCG）。它由 DYL 的基本单元“线性与或门”构成，具有工艺简单、速度快、工艺容差大、合格率高的特点。文中简要地通过与其他系列电路的先行进位发生器的比较，进而衬托出了 DYL 的优越性。经过随机逻辑功能测试仪对样品的全功能测试，和把它装入 DYL-1300 处理机的运算器中运转，证实了这种 DYL 12 位高速进位发生器工作可靠，性能稳定，速度快。

DYL 12 Bits High Speed Look Ahead Carry Generator

Wang Shou-jue　Wei Shu-ming　Zheng Jie

Abstract

A new LSI circuit, DYL 12 bits high speed look ahead carry generator, which is one of the series of DYL, is described. It consists of basic linear And-Or gates and is characterized by high speed and simple processing with high yield and low processing tolerance requirement. Many advantages are clearly shown as comparing its characteristics with other series products. After testing the whole function of the sample by random function testing equipment and operating it in CPU of DYL-1300 processor, it is confirmed that the sample has stable performance with high speed and high reliability.

* 原载于：电子学报，1980，（1）：1～8.

一、前　言

为了在高速新电路方面走出我们自己的路子，在 1978 年第二期《电子学报》上我们提出了一种新型的多元逻辑电路（简称 DYL）。一年来，我们经过深入研究，做了一些发展这种新结构系列电路的工作。

大家知道，机器中以“正与或”实现的逻辑很多，最有代表性的乃是先行进位产生逻辑。而此进位链的延迟又恰恰是影响中央处理单元（CPU）运算速度之关键。这就是我们设计一个高速进位发生器的基本出发点。

二、方案讨论

进位链第 n 位通项 c_n 可表达为

$$c_n = a_n b_n + (a_n + b_n) a_{n-1} b_{n-1} + (a_n + b_n)(a_{n-1} + b_{n-1}) a_{n-2} b_{n-2} + \cdots + (a_n + b_n)(a_{n-1} + b_{n-1}) \cdots (a_0 + b_0) c_i$$

式中，a_i 、b_i 为第 i 位输入数据，c_i 为外进位，$i = 0,1,2,\cdots,n$ 。

1. 一级门延迟的全并行方案（图 1）

理论上，我们可把 c_n 表达式展开，并以一级“与或门”构成，即可实现先行进位产生逻辑，其延迟仅有一级门。

我们可以简单证明出如下数据：

（1）所用门电路的个数 N_n 因为产生 c_n 所需的“与或门”为（ $2^{n+2}-1$ ）个，所以，由 $c_0 \sim c_n$ 这 $(n+1)$ 位共用“与或门”的个数为

$$N_n = \sum_{i=0}^{n}\left(2^{i+2}-1\right) = 2^{n+3} - n - 5$$

如 $n = 11$（即为 12 位的进位链），则 $N_{11} = 16368$ 个。

（2）单门的最多输入端子数量（ $n+2$ ）个。

（3）输入信号之最大负载将由 a_0 、b_0 承担，其值为 $2\left(2^{n+1}-1\right)$ 个。如 $n = 11$ ，则 a_0 、b_0 所承受的最大负载是 8190 个。

（4）第 n 位共有输入端子数

$$I_n = (2+n)2^{n+1} + \sum_{i=0}^{n}(2+i)2^i$$

如 $n=4$，则 $I_4 = 352$ 个。

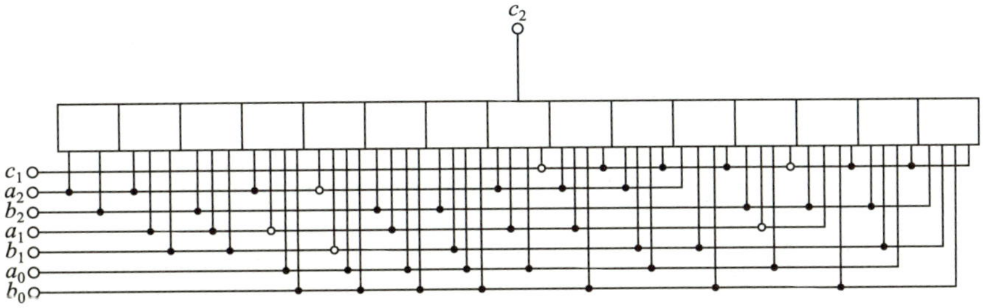

图 1　以 c_2 为例，示出一级门全并行进位方案

2. 二级门延迟的并行进位方案（图 2）

如令

$$P_i = a_i + b_i,\quad G_i = a_i b_i$$

则

$$c_n = G_n + P_n G_{n-1} + P_n P_{n-1} G_{n-2} + \cdots + P_n P_{n-1} \cdots P_0 c_i$$

由此可以导出：

（1）采用门电路个数

$$N_n = (n+1)\left(5 + \frac{n}{2}\right)$$

如 $n=11$，则 $N_{11} = 126$ 个。

（2）单门的最多输入端子数为（$n+2$）个。

（3）最大负载数 L_i 将由 P_i 承担，其值为

$$L_i = (i+1)(n+1-i)\text{ 个}$$

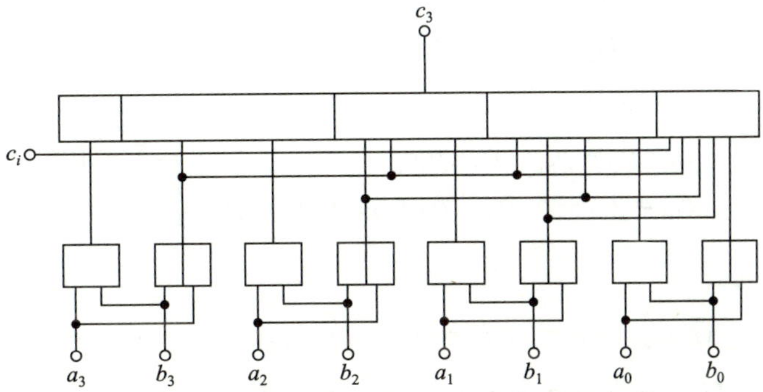

图 2　以 c_3 为例，示出二级门并行进位方案

式中，i为本位序号，n为整个进位链位数。当n为偶数时，$i=n/2, P_i=P_n/2$；当n为奇数时，$i=(n\pm1)/2, P_i=P(n\pm1)/2$。如$n=11$，则$P_5$、$P_6$承担最大负载42个。

（4）进位链输出门具有的输入端数因为c_n输出的“与或门”有$(n+2)(n+3)/2$个输入端，所以，从$c_0\sim c_n$输出的“与或门”共有输入端子数

$$\begin{aligned}I_n &= \sum_{i=0}^{n}(i+2)(i+3)/2 \\ &= n(n+1)(2n+1)/12+5n(n+1)/4+3(n+1)\end{aligned}$$

如$n=11$，则$I_{11}=454$个。

从以上分析可知，上述两种方案所用元件之多，负载之重，功耗之大，连线之繁，简直难以实现，不过对于设计并串型的先行进位发生器却有一定的指导意义。

3. DYL12-HSCG 方案

因为运算器中全加器总是以 4 的倍数出现，所以，我们沿用传统的分组方式，即每组四位。组内进位以并行输出，组间用进位传送P_i及进位产生G_i串并连接以处理每组末位进位的产生，从而简化了电路结构和连线，满足了负载条件，减少了级数。

下面我们通过逻辑关系式把示于图3的本方案阐述清楚。设：$c_0\sim c_3$为第一组，$c_4\sim c_7$为第二组，$c_8\sim c_{11}$为第三组，并令以下式中的$g_i=a_ib_i, p_i=a_i+b_i, i=0,1,\cdots,11$。

$$\left.\begin{aligned}c_0 &= g_1 + p_0c_i \\ c_1 &= g_1 + p_1g_0 + p_1p_0pc_i \\ c_2 &= g_2 + p_2g_1 + p_2p_1g_0 + p_2p_1p_0c_i \\ c_3 &= G_1 + P_1c_i\end{aligned}\right\}\text{第一组}$$

$$\left.\begin{aligned}c_4 &= g_4 + p_4c_3 \\ c_5 &= g_5 + p_5g_4 + p_5p_4c_3 \\ c_6 &= g_8 + p_6g_5 + p_6p_5g_4 + p_6p_5p_4c_3 \\ c_7 &= G_2 + P_2G_1 + P_2P_1c_i\end{aligned}\right\}\text{第二组}$$

$$\left.\begin{aligned}c_8 &= g_8 + p_8c_7 \\ c_9 &= g_9 + p_9g_8 + p_9p_8c_7 \\ c_{10} &= g_{10} + p_{10}g_9 + p_{10}p_9g_8 + p_{10}p_9p_8c_7\end{aligned}\right\}\text{第三组}$$

式中

$$G_1 = g_3 + p_3g_2 + p_3p_2g_1 + p_3p_2p_1g_0, P_1 = p_3p_2p_1p_0$$
$$G_2 = g_7 + p_7g_8 + p_7p_6g_5 + p_7p_6p_5g_4, P_2 = p_7p_6p_5p_4$$

本来可以立刻写出c_{11}以及$c_{12}\sim c_{15}$等位的表达式，但由于工艺中考虑到封装（包括管

脚、功耗）的限制，先只设计了一个 12 位的进位发生器。这样 c_{11} 并未引出，而是设置了总的进位传送 P_j 和总的进位产生 G_j 端，以备扩展进位链（至 24、36……位）之用。当扩展成 36 位进位发生器时，其最大延迟也只是六级。

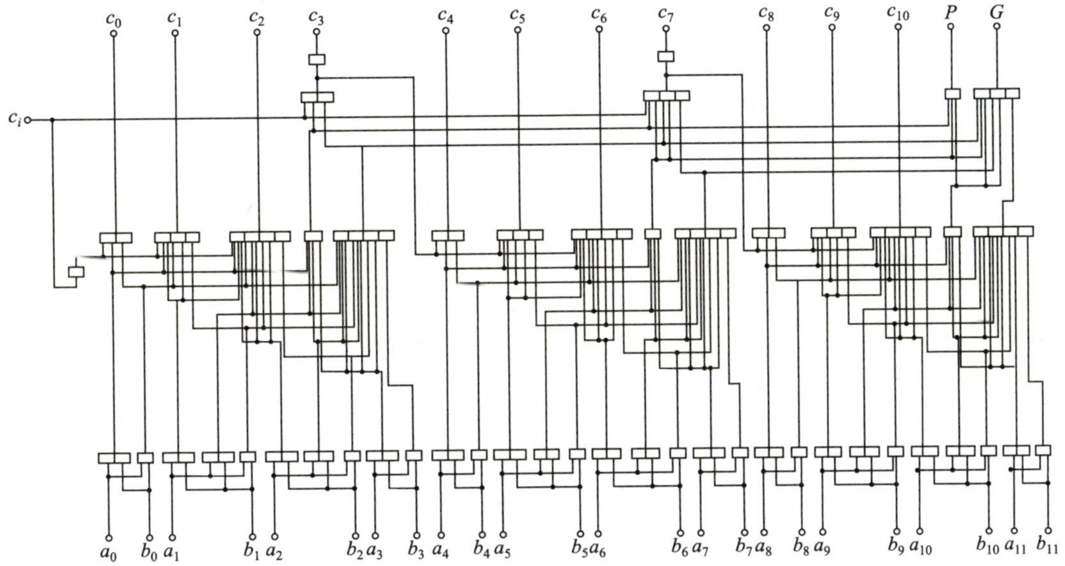

图 3　多元逻辑 12 位高速进位发生器逻辑图

单片内 P_j 、G_j 端的表达式为

$$P_j = P_3P_2P_1$$
$$G_j = G_3 + P_3G_2 + P_3P_2G_1$$

式中

$$G_3 = g_{11} + p_{11}g_{10} + p_{11}p_{10}g_9 + p_{11}p_{10}p_9g_8$$
$$P_3 = p_{11}p_{10}p_9p_8$$

如用“与或非门”搭成 DYL 12 位高速进位发生器这样的逻辑，仅从所用的门电路个数以及从数据输入到进位输出的延迟级数的对比（表 1），就可以看出本方案有明显的优点。

表 1　DYL 电路和“与或非门”电路的 12-HSCG 构成比较

	DYL12-HSCG	“与或非门”搭成
用门个数	102	130
单片级数	4	8
扩展后级数	6	12

显然，以 ECL 或 TTL 构成这样的逻辑是困难的，这就需要我们从逻辑设计上做出重

大的变化。但不管怎样，就所用元件数、功耗、速度及工艺的难易等方面来看，多元逻辑电路均有其独到之处。

三、DYL12 位高速进位发生器的应用

其应用可分为两大方面：一是作为全加器和并行计数器的进位发生器；一是作为数据比较，即随机逻辑的功能比较器。

在叙述它的应用时，我们首先介绍一下进位链的扩展，图 4 是它的逻辑框图。

如令 P'、G',P''、G'',P'''、G''' 分别为三个 DYL 12 位高速进位发生器的引出端，

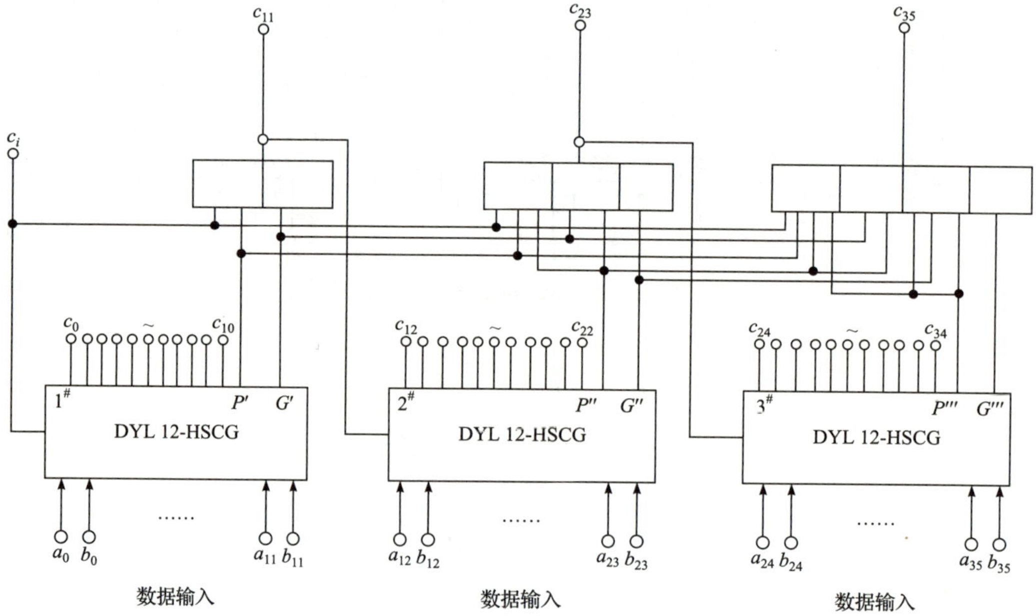

图 4　扩展进位发生器逻辑框图

当把进位链扩展到 36 位时，其逻辑表达式为

$$c_{11} = G' + P'c_i$$

$$c_{23} = G'' + P''G' + P''P'c_i$$

$$c_{35} = G''' + P'''G'' + P'''P''G' + P'''P''P'c_i$$

1. 构成全加器

由关系式

$$\Sigma_n = \overline{c}_n\left(a_n + b_n + c_{n-1}\right) + a_n b_n c_{n-1}$$

表明，DYL 12-HSCG 只要配上一些小规模集成的反相器、“与或门”，即可构成全加

器（见图 5）。图中的阈值元是为了恢复信号而设计的。

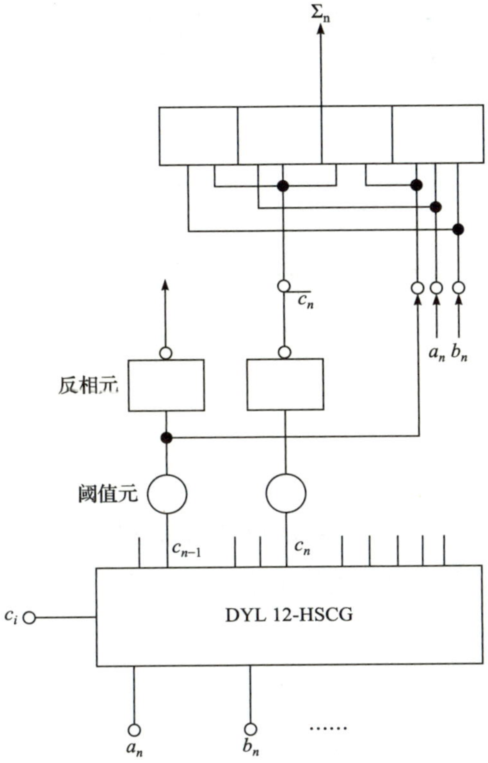

图 5　作为全加器的进位发生器连线图

2. 构成并行计数器

由关系式

$$cp_n = cpQ_0Q_1Q_2\cdots Q_{n-1}$$

其中，cp_n 为并行计数器中第 n 位的计数输入信号，Q 为计数器的输出。

而进位发生器的逻辑中，如令所有的 $b_i = 0$，则有

$$c_n = c_i a_0 a_1 a_2 \cdots a_n$$

上述两个表达式在形式上完全一致。因此，若把 cp 接于 c_i，Q_n 接于 a_n，所有的 $b_i = 0$，则进位输出 c_n 将是第 $(n+1)$ 个计数器的计数输入。一个 n 位的先行进位发生器可接成 $(n+1)$ 位的并行计数器，图 6 是其中的一个接线示例。

3. 构成比较器

为了减少篇幅，我们直接综合出使用 DYL 12-HSCG 做比较器的逻辑条件。假如我们规定，在测试脉冲作用下，当被测信号与标准信号的逻辑电平完全一致时，比较器输出

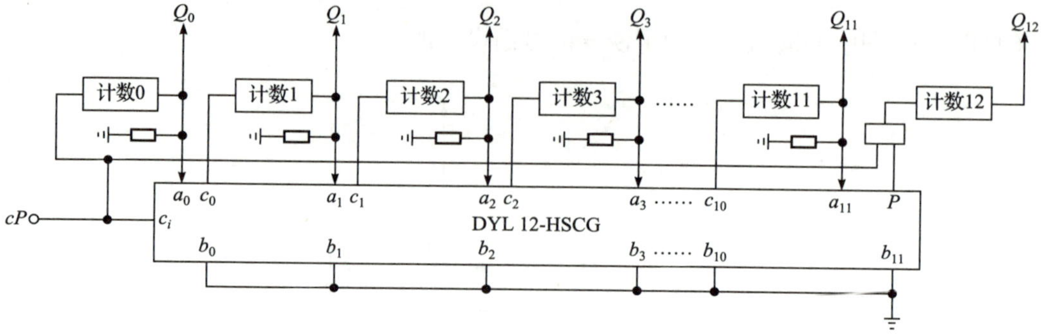

图 6　作为计数器的进位发生器接线图

为“0”，否则为“1”。若把标准信号分别接于 $a_0,a_1,\cdots,a_n$，被测信号经过非门分别接于 $b_0,b_1,\cdots,b_n$，根据关系式

$$c_n = G_n + P_nG_{n-1} + P_nP_{n-1}G_{n-2} + \cdots + P_nP_{n-1}\cdots P_0c_i = G + Pc_i$$

当 $c_i = 0$ 时，$c_n = G$。在正常情况下，$a_i \neq b_i, c_n = G = 0$，以此作为比较器的输出，正符合上面的规定。而只要有一个 $a_i = b_i$，即第 i 位被测信号与标准信号不符，则在随机测试条件下，必然会出现 $c_n = 1$。我们可以把这个错误信号记忆下来，指示失效。由此，可以得出如下关系式

$$Q_1 = \overline{c}_i c_n$$

式中，Q_1 为 $c_i = 0$ 时比较器的输出。而当 $c_i = 1$ 时，$c_n = G + P$，而 $P = \prod_{i=0}^{n}(a_i + b_i)$。正确的信号恰是 a_i 与 b_i 互补，使 $P = 1, c_n = 1$，为了符合比较器输出 $Q = 0$ 之规定，此时要取 $\overline{c}_n = \overline{G + P}$。同理，可以准确地确定被测信号是否正常。由此，又可以得出如下关系式

$$Q_2 = c_i \overline{c}_n$$

式中，Q_2 为 $c_i = 1$ 时比较器的输出。所以，比较器的输出 Q 可表达为

$$Q = Q_1 + Q_2 = \overline{c}_i c_n + c_i \overline{c}_n = c_i \oplus c_n$$

图 7 给出了一个 12 位比较器的连线图。

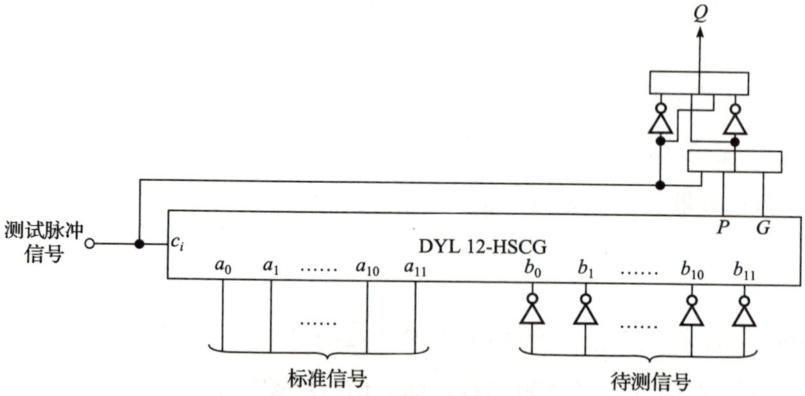

图 7　作为比较器用的连线图

四、工 艺 设 计

DYL 12 位高速进位发生器的基本单元是 DYL“线性与或门”，共计 102 个，其中 15 个是为满足负载条件（扇出为 4）而增添的，发射极 282 个，电阻 202 个。

1. 基本“线性与或门”单元

我们先确定对于大 β_1 和小 β_2 的要求。因为当两种发射结均处于正向导通时，逻辑摆幅的衰减可降至最小，且速度最快。根据图 8 所示的等效电路（单输入、满负载情况），可以写出如下两个不等式

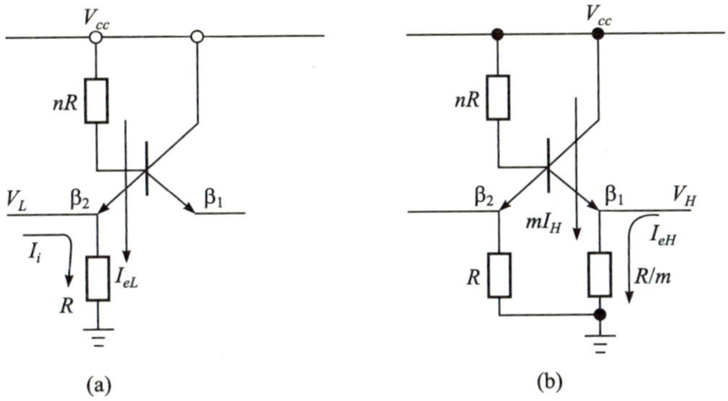

图 8　线性“与或门”的等效电路

$$\frac{V_{cc}-V_D}{1+\left[n/(1+\beta_2)\right]}<V_L,\quad \frac{V_{cc}-V_D}{1+\left[mn/(1+\beta_1)\right]}>V_H$$

即

$$\beta_2<\frac{nV_L}{V_{cc}-V_D-V_L}-1,\quad \beta_1>\frac{mnV_H}{V_{cc}-V_D-V_H}-1$$

其中，β_1 为大的电流放大系数，β_2 为小的电流放大系数，V_{cc} 为电源电压，V_D 为结压降，V_L 为输出低电平，V_H 为输出高电平，m 为负载扇出系数，n 为电路中电阻比值。代入如下具体数据：

$$m=4,\quad n=2.3,\quad V_{cc}=5\text{V},\quad V_D=0.8\text{V},\quad V_H=3.4\text{V},\quad V_L=1.5\text{V}$$

得出：$\beta_2<0.27,\beta_1>38$。

考虑到电源电压的拉偏，取值 $\beta_2<0.2,\beta_1>100$。据此研制的“线性与或门”单元逻辑电路的基本结构，1978 年第二期《电子学报》已做过报道。

2. 高阻工艺

考虑到封装管壳的功率容限及工艺参数的分散，我们取功耗的中心值为 300 mW。因此，单元电路中 $nR = 15\text{k}\Omega$。根据对工艺偏差、单位电阻条宽 W 所容许通过的电流及温度系数的综合分析，我们取电阻条宽 $W = 20\mu\text{m}, R_s = 3\text{k}\Omega/\square$，并以离子注入工艺制作高阻。

我们选择的工艺步骤是：在浓基区（制作小 β_2 管）扩散和淡基区（制作大 β_1 管）预淀积之后，刻出电阻窗口，进行离子注硼，然后一同再扩散，以保证注入层再分布具有一定的深度。

由于对注入深度 δ 没有具体要求，所以此工艺用 10^5V 的低能注入机即可完成。

由注入剂量公式

$$Q_s' = \frac{1}{q\bar{\mu}_p R_s}$$

其中，$q = 1.6\times10^{-19}\text{C}, \bar{\mu}_p = 150\text{cm}^2/\text{V}\cdot\text{s}, R_s = 3\text{k}\Omega/\square$。所以，$Q_s' = 1.4\times10^{13}/\text{cm}^2$。如 $\delta = 0.4\mu\text{m}$，扩散过程中杂质将以此作再分布，注入深度范围内的全部杂质被氧化层所固定，相当有半数的杂质对电导无贡献。由于再扩散是个较复杂的过程，我们大致取 $Q_s = 2Q_s' = 2.8\times10^{13}/\text{cm}^2$ 作为注入剂量的参考值。

3. 布局

DYL 12 位高速进位发生器，以不要外延工艺（无须隔离）即在单晶上制做，采用一次布线，最小发射区套刻为 $5\mu\text{m}$，最细铝条为 $12.5\mu\text{m}$，其最小间隔为 $10\mu\text{m}$，共有外引点 40 个，包括外引点在内的管芯尺寸约是 $2.4\times2.4\text{mm}^2$，以宜兴产 ST- 40 A 型管壳封装。

五、实验结果

在无超净条件下，试投了两批片子，单片管芯最高合格率为 10.7%。

典型工艺参数：原始材料为 n 型，电阻率为 $0.3\Omega\cdot\text{cm}$ 无位错单晶；浓硼基区电阻 $R_{s_2} = 8\sim10\Omega/\square$，结深 $x_{jc_2} \approx 2.5\mu\text{m}$，$\beta_2 = 0.1\sim0.3$；淡硼基区电阻 $R_{s_1} = 200\sim300\Omega/\square$，结深 $x_{jc_1} \approx 1.2\mu\text{m}$，$\beta_1 = 100\sim300$；离子注入电阻 $R_s = 2\sim4\text{k}\Omega/\square$；$V_{cc} = 5\text{V}$ 下的功耗约为 $200\sim400\text{mW}$。

我们通过随机逻辑测试仪对其进行了全功能测试，证明它工作正常，性能可靠、稳定。经过交流测试，测得 DYL 12-HSCG 每级门延时约为 2 ns。延时测试的原理图及波形图如图 9 所示。DYL12 位高速进位发生器的典型参数如表 2 所示。

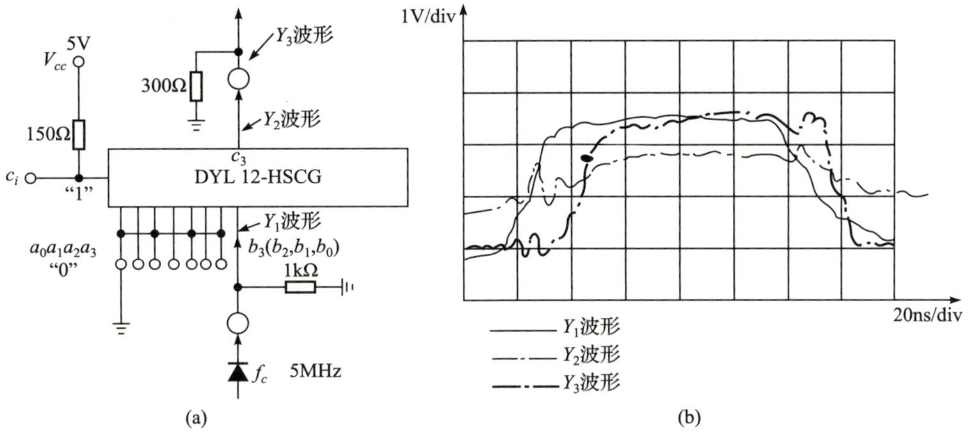

图 9　延时测试

（a）最大延时测试原理图；（b）延时测试波形图

表 2　DYL12 位高速进位发生器的典型参数

集成位数	12 位
最大电源电流（全部位数）	80mA
电源电压	5V
最大延迟时间	20ns 以下（包括阈值门整形时间在内，本身延时为 8ns）
扩展成 48 位高速进位链所需数量	4 片加一块小规模门电路
扩展成 48 位高速进位链所需最大延时	略大于 20ns
扩展成 48 位高速进位链所需电源电流	320mA

六、结　　论

DYL 12 位高速进位发生器是多元逻辑电路中有代表性的高速大规模集成电路。以这种新结构“线性与或门”实现的尚有多路开关、移位器及可程序逻辑阵列（PLA）等。

实践证明，DYL 是富有生命力的新型高速逻辑电路。

本工作是由 DYL-1300 微处理机研制小组共同完成的，并得到有关同志的大力协助。

参考文献

[1] 王守觉、孙祥义、王润梅, 电子学报, 1978 年, 第二期, 第 43～51 页。

极高速多元逻辑电路（DYL）线性“与或”门的研究*

王守觉　李致洁　刘训春　朱荣华　卢希尧
（中国科学院半导体研究所）

提　要

本文对多元逻辑电路的主要基本单元线性“与或”门进行了进一步的分析和研究。提出了一种 JFET 偏置结构，推导了平均传播延迟的分析表达式，建立了晶体管增益与电路参数的关系方程，分析了电路在级联时低电平升高的物理原因。本研究工作采用泡发射极工艺。典型的平均级延迟为 0.3 ns，功耗延迟积为 2.1 pJ。实验结果表明，多元逻辑电路是一种有前途的极高速双极型电路。

A Study of Very High Speed Multicell-Type Logic（DYL）Linear AND-OR Gates

Abstract

The AND-OR gate, a main basic logic unit of the Multicell-Type Logic (DYL) which appeared in recent years, has further been studied and analysed. A JFET bias constructure has been developed. The mathematical expression of average propagation delay of an AND-OR gate is derived and the relation between transistor gain and circuit parameters is established. In addition, the physical factor causing the low level increase in cascade has been discussed.

The experiments have been made by using washing emitter technique. Typical average delay per gate is 0.3 ns and product of delay and power consumption is 2.1 pJ. The experimental results and theoretical analysis indicate that the Multicell-Type Logic circuits are quite promising in high speed bipolar logic circuits.

* 原载于：电子学报，1983，11（5）：9～16.

一、引　言

多元逻辑电路（DYL）是近几年新出现的一种双极型高速逻辑电路[1]，发表之后引起了国内外许多电子学工作者的兴趣和注意。近两年的深入研究和推广应用，如多元多值逻辑[2-4]、分时电话系统、智能电子游戏机、万能函数发生器等，表明了DYL电路有广阔的应用前景。

多元逻辑电路表现了一种新的电路结构思想，改变了逻辑电路只处理数字信号的传统概念，其主要基本单元——线性“与或”门兼有逻辑和线性双重功能，可同时输入模拟与数字信号。图1示出了多元逻辑电路的摆幅与其他几种典型的双极型逻辑电路的比较。DYL电路的摆幅介于ECL和TTL之间，很易与TTL电平匹配。DYL电路有较强的功能，可用较少的元件完成其他逻辑同样的功能[5]。线性“与或”门电路结构简单，工作在非饱和区，与开关元件分别使用，用常规工艺很易达到高速，门平均延迟小于1ns[6]。

本工作的目的在于深入研究线性“与或”门的性质，从器件结构和工艺上进行改进，以使线性“与或”门有更优良的直流和动态性能。

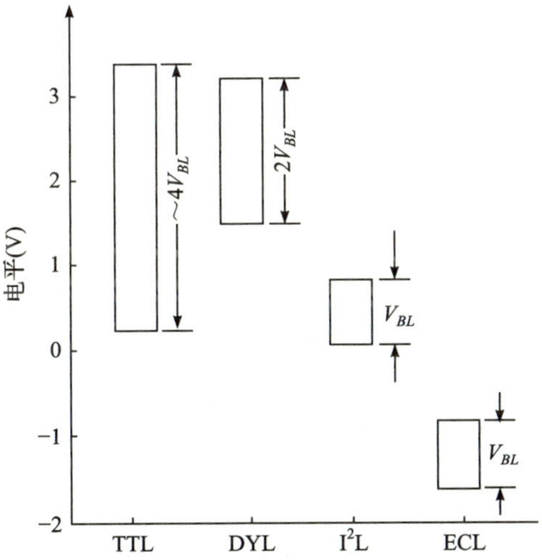

图1　DYL电路的逻辑电平与其它逻辑电路的比较

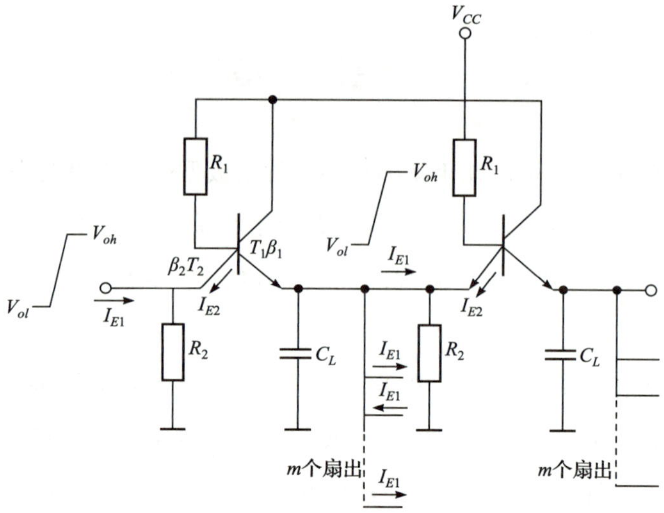

图 2　有 m 个扇出的两级线性“与或”门的级联

二、直 流 分 析

从图 2 所示的线性“与或”门的级联电路，可以得到其基本方程[1]：

$$I_{E1}+I_{E2}=V_i/R_2 \tag{1}$$

$$\frac{mI_{E1}}{1+\beta_1}+\frac{I_{E2}}{1+\beta_2}=\frac{V_{CC}-V_{BE2}-V_i}{R_1} \tag{2}$$

由于线性“与或”门总是工作在线性区，因此，很容易从上两式得出 β_2 的上限值：

$$\beta_2 \leqslant \left(n\frac{V_{il}}{V_{CC}-V_{BE2}-V_{il}}-1\right) \tag{3}$$

式中，$n=R_1/R_2, V_{il}$ 为输入低电平。当输入为高电平时，线性“与或”门输出较大的电流。由式（2）有：

$$\beta_1=\frac{mI_{E1}}{(V_{CC}-V_{BE1}-V_{Oh})/R_1-I_{E2}/(1+\beta_2)} \tag{4}$$

因此，在一定负载和一定高电平输出下，要求 β_1 有一相应的值。在本级的 I_{E2} 为 0 时出现其临界值。据此可求出扇出为 m 、输出高电平 V_{Oh} 时的 β_1 的下限值：

$$\beta_1 \geqslant m\cdot\left[n\cdot\frac{V_{Oh}}{V_{CC}-V_{BE1}-V_{Oh}}-(1+\beta_2)\right] \tag{5}$$

式（3）和式（5）是非常有用的两个表达式，它们给出了摆幅 (V_H-V_L) 、电路参数 n 与增益 β_1、β_2 之间的关系。在电路设计中，可根据式（3）和式（5）取一个合适的 n 的折中值，

n和摆幅确定后就可根据它们提出从工艺上控制β_1和β_2的范围的依据。

线性“与或”门在级联时，摆幅有衰减。当β_1满足式（5）时，衰减主要由低电平的升高引起。T_1和T_2的发射结正向压降差是造成这个现象的主要原因，T_1和T_2的增益的巨大差异又加重了衰减。图3给出了按 Sceptre 晶体管模型参数测试法[7]测得的复合管中两种不同类型发射结的伏安特性曲线。由于它们的基区掺杂分布的差异，在两者电流相同时，$V_{BE2}>V_{BE1}$；$V_{BE2}=V_{BE1}$时，电流大致相差一个数量级。在轻负载和输入为低电平的情况下，$I_{E1}<I_{E2}$，这可以从文献[1]中式（4）和（5）得出。在重负载时，I_{E1}虽有增加，但并不能弥补V_{BE2}和V_{BE1}之差。图4给出了摆幅衰减随级联变化的曲线。重负载（曲线C）下的衰减得到了改善，但不能完全消除。可以用不同的发射区面积比来改善，但十分有限。图4中的曲线B是发射区面积比$S_{e2}/S_{e1}=5.5$的情形，改善并不理想。为了减小摆幅的衰减，必须在电路结构上进行改进。关于这方面的工作将在另文讨论。

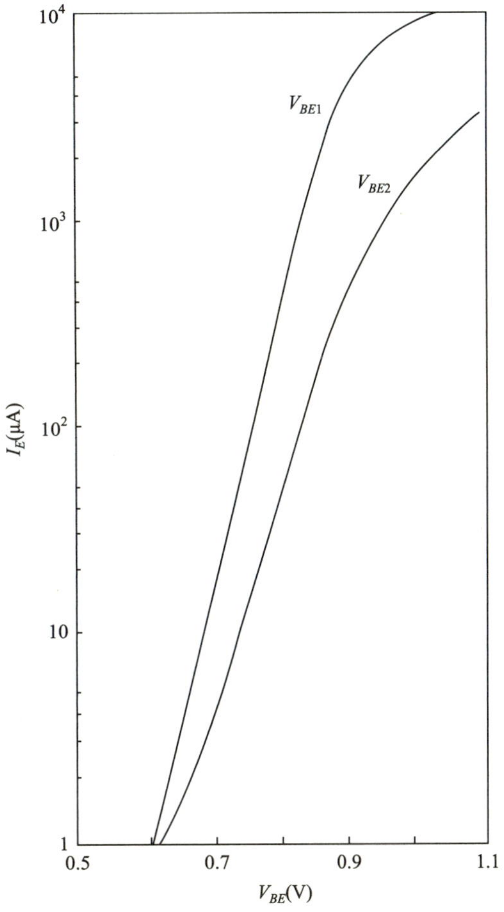

图3 复合管中两种不同性质的发射结伏安特性比较

电路输入端的浮空电平必须低于系统要求的低电平值。输入端的浮空电平为

$$V_{i0}=\left(V_{CC}-V_{BE2}-\frac{mI_{E1}}{1+\beta_1}\cdot R_1\right)\Big/\left(\frac{n}{1+\beta_2}+1\right) \tag{6}$$

最坏的情况是输出空载。图5示出了$n=2.31$情况下[1]的输入浮空电压与β_2的关系曲线。可见，若系统的低电平定为1.5V，则输入端的V_{i0}至少要低于1.45V，即要求$\beta_2\leqslant0.3$。这个结果与式（3）相一致。当$\beta_2<0.1$时，V_{i0}的降低已不明显。实际上，此时已开始进入二极管“与”门的工作状态。

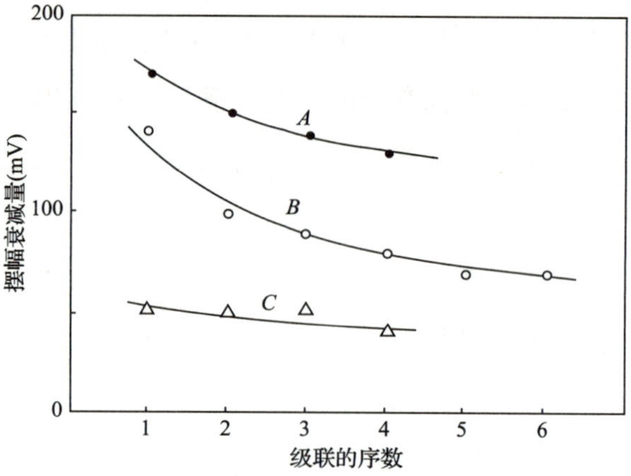

图 4　摆幅衰减随级联增加的减小

曲线 A：常规工艺，单负载，$S_{e2}/S_{e1}=1$

曲线 B：浅结泡发射极工艺，单负载，$S_{e2}/S_{e1}=5.5$

曲线 C：浅结泡发射极工艺，五负载，$S_{e2}/S_{e1}=1$

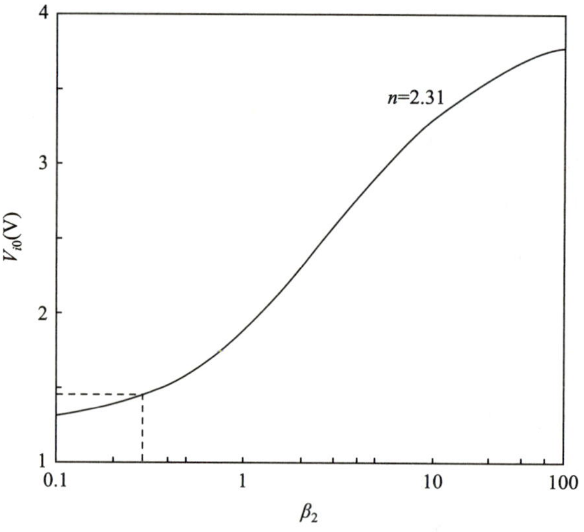

图 5　输入浮空电压与小增益 β_2 的关系

三、JFET 偏置结构

从式（3）、（5）可以看出，线性“与或”门的低电平状态要求较大的 n 值；高电平状态需较小的 n 值，但电路只能有一个 n 值，故对增益要求较严。为了改善这一情况，可用有源双扩散型 p 沟 JFET 来代替偏置电阻 R_1。其制造方法与线性“与或”门工艺相容，不需任何附加工步。图 6 示出了 JFET 偏置的电路原理。图 7 示出了 p 沟 JFET 栅源短接时的伏安特性曲线。当源漏电压 V_{DS} 小于器件的夹断电压 V_p 时，源漏间的非线性沟道电阻可以提供一个可变电阻偏置。根据电路工作状态，V_p 应满足下式：

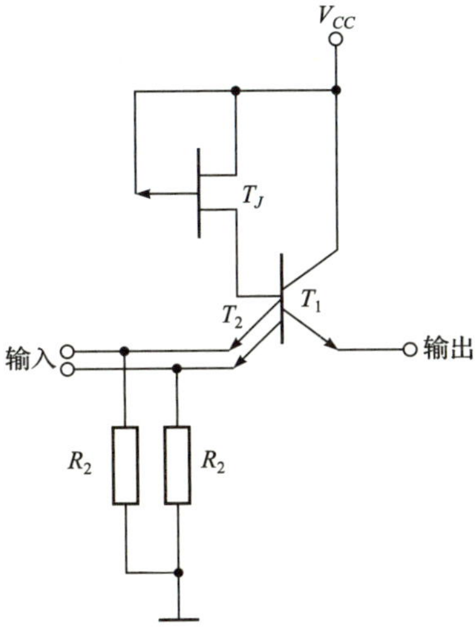

图 6　JFET 偏置线性“与或”门电路原理图

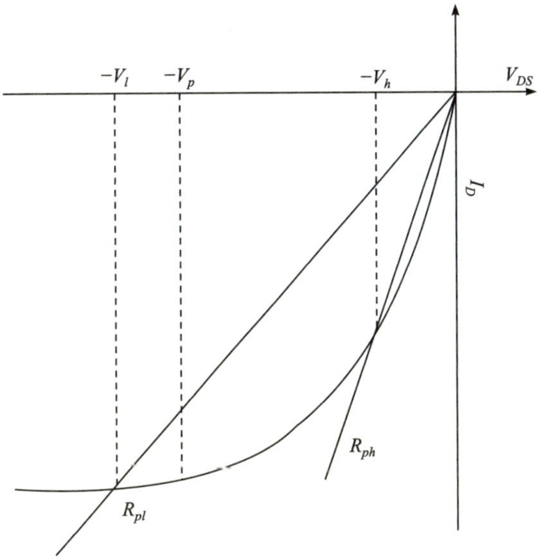

图 7　栅源短接时的源漏伏安特性曲线

$V_l = V_{CC} - (V_{il} + V_{BE2})$

$V_h = V_{CC} - (V_{ih} + V_{BE2})$

$$V_p \leqslant V_l = V_{CC} - (V_{il} + V_{BE2}) \tag{7}$$

式中，V_l 是电路处于低电平状态时 JFET 上所跨接的电压。在高、低二个电平状态下，沟道电阻有不同值。取比值 R_{pl} / R_{ph} 为 K，并以 R_{ph} / R_2 为电路 n 值，则在 JFET 偏置下的式（3）变为：

$$\beta_2 \leqslant \left(Kn \frac{V_{il}}{V_{CC} - V_{BE2} - V_{il}} - 1 \right) \tag{8}$$

显然，只要 $K > 1$，对 β_2 的要求就可放宽。当 $V_p \leqslant V_h$ 时，K 达极大值：

$$K_{\max} = \frac{V_l}{V_h} = \frac{V_{CC} - (V_{il} + V_{BE2})}{V_{CC} - (V_{ih} + V_{BE2})} \tag{9}$$

此时 JFET 工作在饱和区，相当于恒流源，是最理想的情况。当 $V_p \gg V_l$ 时，K 有极小值：

$$K_{\min} = 1 \tag{10}$$

此时，JFET 相当于普通的线性电阻，已失去使用 JFET 偏置的意义。在一般浅结工艺条件下，K 值可为 1.5 以上。调整工艺条件，K 值可达 3，但对 NPN 晶体管的性能可能会带来不良影响。对 β_2 要求的放宽有利于解决 T_2 发射结击穿特性与对 β_2 要求的矛盾[8]。

双扩散型 JFET 的模型复杂，不能用简单的解析式表征沟道电阻，但可借助 Irvin 曲线，根据所设计的工艺参数和掺杂分布来计算 $V_{DS} - I_D$ 曲线上原点附近的沟道电阻值[9]，或使用计算机集成电路工艺模拟程序[10]进行计算。

图 8 给出了 JFET 偏置的线性“与或”门的主要部分的布图设计。JFET 偏置比电阻偏置增加了一个 PN 结电容，似乎对速度不利。但实际上，在相同阻值的情况下，JFET 的面积仅为扩散电阻的1/3~1/5，总的寄生电容量并没有增加，不会影响线性“与或”门的优良的速度性能。

图 9 给出了采用图 8 所示的布图设计得到的栅-源短接时的伏安特性曲线。由于沟道电阻对工艺参数（沟道厚度和掺杂浓度）比较敏感，伏安特性比较分散。同一片上的 NPN 晶体管的增益较大时，JFET 有较大的沟道电阻值。设计电路时，如以成品率为出发点，则应采用沟道电阻的下限值（曲线 C ）作为依据。

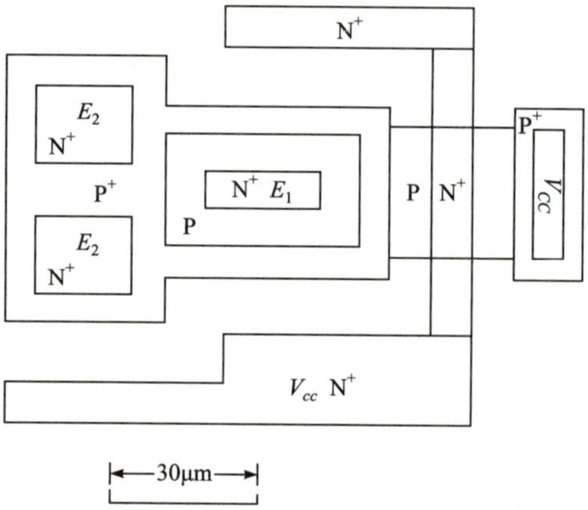

图 8 JFET 偏置的线性“与或”门的布图设计，沟道长宽比 $L/Z=8/26$

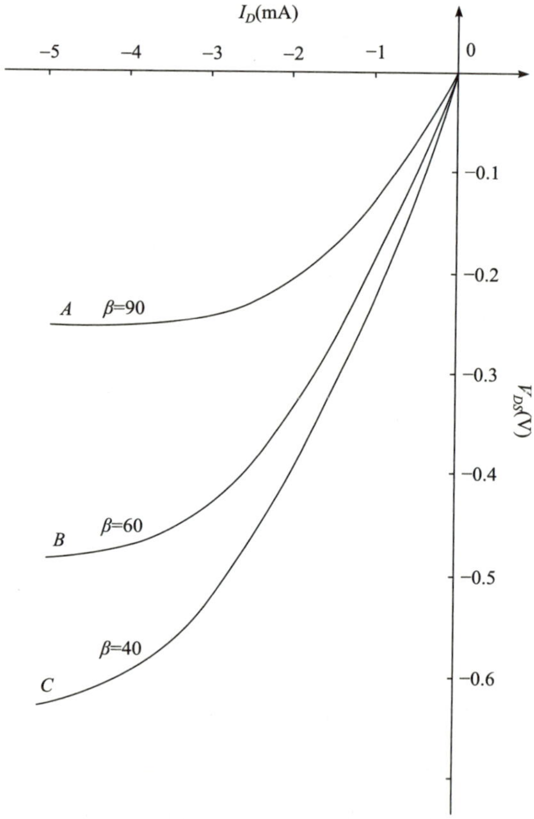

图 9 栅-源短接时的 JFET 的实测伏安特性曲线

四、瞬态分析

任何一个电路的时间延迟一般说来都包含三个部分：有源器件本身的固有延迟，无源元件的时间常数，寄生参量引起的延迟。在中等速度电路里第二项起主要作用[11]。改变电路参数可用来改变速度。在高速电路中，无源元件的时间常数已相当小，有源器件的固有延迟则不容忽视。线性“与或”门本身是一种高速电路结构，有源器件的固有延迟已经在总延迟中占相当比重。下面我们来讨论有 N 个扇入、m 个扇出的线性“与或”门的瞬态响应。

据对线性“与或”门模型的分析，可以认为在瞬态响应中有三种机构：（1）输入发射极响应；（2）基极响应，这反映了偏置电阻，复合晶体管的基区电阻和输入电容等对延迟的贡献；（3）输出发射极响应，这相当于一个射极跟随器，反映了跟随器和负载对延迟的贡献。下面简单分析这三种机构。

1. 输入发射极响应

设 N 个输入端中有 N_1 个处于高电平，N_0 个加一阶跃电压。当 N_0 个加信号端处于低输入电平时，N_1 个输入端的发射结处于反向偏置；当 N_0 个加信号端处于输入高电平时，所有 N 个发射结都微正向通导。可见，N_0 个加信号端始终处于通导状态。外加信号通过 N_0 个一直通导的发射结加到复合晶体管的基极上。因此，把 N_1 个处于“1”状态的发射结电容对瞬态响应的贡献放在基极响应里来处理，可以忽略掉 N_0 个加信号端的发射结电容的作用。

2. 基极响应

求出基极节点处的电容，列出节点的微分方程就可得出基极响应。用平均法求基极节点的平均电容

$$\overline{C}_B = N_1\overline{C}_{E2} + \overline{C}_{i1} + \overline{C}_{SB} \tag{11}$$

式中，$\overline{C}_{E2}$ 为 N_1 个处于“1”电平的发射结平均电容，$\overline{C}_{i1}$ 为 T_1 的输入电容，$\overline{C}_{SB}$ 为寄生电容。这种所谓平均电容，是指在两个固定的电位之间变动时，它所积累的电荷量与实际非线性电容在同样条件下积累的电荷量相等。节点的电位跳变等于逻辑摆幅，故有

$$\begin{aligned}\overline{C}_B \approx\ & 1.41C_{E20} + 0.59C_{C10} + 0.7C_{C20} \\ & + \frac{W_b^2}{2.43D_{np}\ln\left(N_B^{'}/N_{BC}^{'}\right)}\cdot\frac{q}{kT}\cdot mI_{E1} + 0.37lW_RC_{R0}\end{aligned} \tag{12}$$

式中，下标“1”和“2”分别表示晶体管 T_1 和 T_2，“0”表示零偏压；l 为扩散电阻 R_1 的长度；W_R 为宽度。根据电路的工作情况，基极节点的微分方程的解为：

$$\left(R_1+r_b\right)\bar{C}_B\frac{dV_b}{dt}+R_1\bar{C}_B\frac{d\left(V_{CC}-V_b\right)}{dt}+V_b=V_L+V_{BE2}+\left(V_H-V_L\right)u(t) \tag{13}$$

式中，V_b 为基极节点对地的电位，$u(t)$ 为单位阶跃函数，r_b 为基区电阻。假定基极节点的上升和下降延迟相等，则从式（13）可得出 50% 点的基极响应的延迟时间

$$\bar{t}_d^B\approx0.7r_b\bar{C}_B \tag{14}$$

3. 输出发射极响应

从基极节点向 T_1 看，是一个射极跟随器，其平均延迟为[12]：

$$\bar{t}_d^E\approx0.35\left[2r_b\bar{C}_B+\frac{\tau_{11}+\tau_{21}}{2}\right]+\frac{1}{2}\left[0.7\times\frac{R_1+r_b}{1+\beta_1}+\frac{R_2\left(V_H-V_L\right)}{m\left(V_H+V_L\right)}\right]\cdot\left(m\bar{C}_{in}+C_S\right) \tag{15}$$

式中，$\bar{C}_{in}$ 是线性“与或”门的输入电容的平均值；C_S 为杂散电容；τ_{11} 和 τ_{21} 是非线性晶体管模型中的时间常数，是特征频率的函数。当晶体管共基极电流放大系数 α_0 趋于 1 时，$\tau_{11}+\tau_{21}\approx1/2\pi f_T$。

4. 线性“与或”门的延迟

由式（14）、（15）可得到线性“与或”门的摆幅的 50% 点的平均传播延迟

$$\bar{t}_d\approx t_d^i+\frac{1}{2}\left[\frac{0.7R_1}{1+\beta_1}+\frac{R_2\left(V_H-V_L\right)}{m\left(V_H+V_L\right)}\right]\left(m\bar{C}_{in}+C_s\right) \tag{16}$$

式中

$$t_d^i\approx0.35\left[4r_b\bar{C}_B+\left(\tau_{11}+\tau_{21}\right)/2+r_b\left(m\bar{C}_{in}+C_S\right)/\left(1+\beta_1\right)\right] \tag{17}$$

式（16）中右边第一项 t_d^i 是复合晶体管中 T_1 部分（包括 T_2 的集电极）的负载电容和寄生参量引起的延迟，与电路的功耗无关；第二项是电路参数引起的延迟，是功耗的单调函数。线性“与或”门的平均功耗可近似表示为

$$P_w=\frac{V_H+V_L}{2R_2}\cdot V_{CC} \tag{18}$$

由式（16）～（18）可得到：

$$\left(\bar{t}_d-t_d^i\right)\propto1/P_w \tag{19}$$

即电路参数引起的非本征延迟与电路功耗成反比，与功耗的乘积为一常数。对于整个电路，非本征延迟起主导作用时，则服从这个规律；当本征延迟的贡献不能忽略时，功耗延迟积就会随着功耗的增加而增加。计算表明，常规工艺得到的 1ns 延迟[6]中的 60% 以上都是由 t_d^i 引起的，故提高线性“与或”门的速度必须减小其本征延迟 t_d^i。如果不考虑功

耗延迟积的大小并调整电路参数，t_d^i 就是可能达到的最小延迟的极限值。

五、实验与结果

我们用浅结泡发射极工艺对电阻偏置和 JFET 偏置两种电路进行了投片。为了减少集电极串联电阻以避免可能引起的寄生振荡和尽可能提高 f_T，单独加了一步深集电区扩散。经各步热处理后，n^+n 结深约为 5μm。深集电区环绕于复合晶体管基区四周。由于最先进行此步工艺，其上可通过互连金属而不影响成品率。

为了形成复合晶体管，采用了两步硼扩散和一步磷扩散方式。调整浓硼深扩散以控制小增益 β_2 值；调整磷的掺杂分布以控制大增益 β_1 值。浓硼的杂质浓度分布形状很重要，因为 β_2 的要求与硬的发射结击穿特性相矛盾[8]。图 10 给出了杂质分布的计算机工艺模拟[10]结果。可以看出，发射区扩散与浓基区扩散的补偿位置在浓硼杂质浓度分布的峰值的里侧，这就可以在获得小增益值的同时还有好的发射结反向特性。在浅结情况下，浓硼杂质浓度分布的峰值必须向深处移动，以避开磷扩散的补偿位置。根据电路工作状态，发射结反偏为 3V 时漏电在10μA 以下即可。

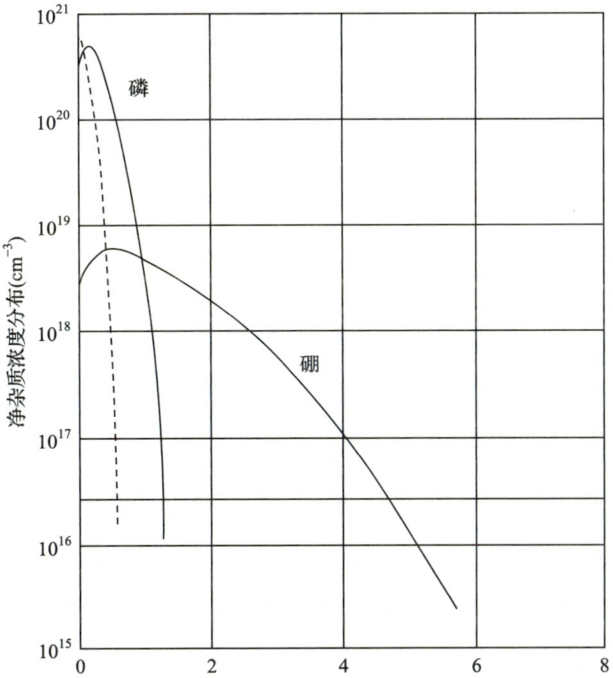

图 10　杂质浓度分布的计算机工艺模拟结果：实线为常规工艺情况；虚线为浅结工艺情况

表 1 列出了复合晶体管参数的典型值。两种发射结的正向压降已在图 3 中给出。T_1 和 T_2 的发射结电特性的差异是两种不同基区杂质浓度分布的结果。

表 1　复合晶体管参数简表

	T_1	T_2
BV_{CB0}(V)	35	50
BV_{CE0}(V)	7	4
h_{FE}	90	< 0.2
$f_{T\max}$(GHz)	1.3	—

对线性“与或”门的速度进行测试，得到了预期的结果。在等效五负载的情况下，电阻偏置电路的平均级延迟为 0.3ns，每门平均功耗为 7mW，功耗延迟积为 2.1pJ。示波器的测试波形照片见图 11。JFET 偏置电路也得到了预期的结果。在 $\beta_2 = 0.5$ 时，仍有相当低的输入浮空电平。

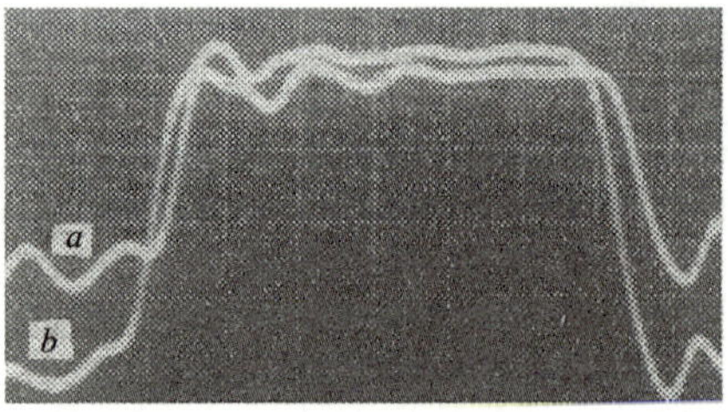

图 11　五级线性“与或”门级联的输入输出波形照片
（曲线 a 为输出波形，曲线 b 为输入波形，横轴 2ns/格）

六、结　　论

我们对多元逻辑线性“与或”门的进一步分析研究和实验表明：

1. 用 JFET 作为线性“与或”门的偏置源的方案是可行的，可以放宽对小增益 β_2 的控制，有利于工艺控制，提高成品率和集成密度。

2. 线性“与或”门的瞬态特性是优越的，有较好的延迟和功耗延迟积性能。我们在 DYL 反相器的研究中也得到了功耗为 35mV 时延迟为 0.8ns 的结果。从系统整体来看，DYL 是比较容易实现在亚毫微秒范围内工作的极高速双极型逻辑电路。因此，我们认为 DYL 在高速电路领域内是有前途的。

龚丽明、侯静媛、赵泉沐、曹秀兰、王润梅等同志参加了本课题的实验工作，本所计算站和二室工艺线对本研究工作给予了大力帮助，在此一并表示衷心感谢。

参考文献

[1] 王守觉, 孙祥义, 王润梅, 电子学报, Vol. 6, No. 2, pp. 43～51, 1978.

[2] 郑启伦, 黄贯光, 电子学报, Vol. 9, No. 6, pp. 23～32, 1981.

[3] 刘百勇等, 第二届全国半导体集成电路和硅材料学术会议论文集(摘要), p.66, 1981 年 12 月, 广州.

[4] 郑启伦等, 同上, pp. 162.

[5] 王守觉, 魏书铭, 郑洁, 电子学报, Vol. 8, No.1, pp.1-8, 1980.

[6] 曾保华, DYL 电路——高速线性“与或”门性能的测试分析, 中国科学院半导体研究所多元逻辑鉴定会资料, 1979.

[7] J. C. Bowers, S.R.Sedore, Sceptre: A Computer Program for Circuit and System Analysis, PrenticeMall Inc., 1971.

[8] 李远镜等, DYL-1300 机用集成电路的制备, 中国科学院半导体研究所多元逻辑鉴定会资料, 1979.

[9] D.J. Hamilton, W. G. Howard, Basic Integrated Circuit Engineering, Chapter 4, McGraw-Hill Inc. 1975.

[10] 夏武颖, 电子科学技术, No. 2, pp. 17～21, 1982.

[11] A.B. Glaser, C.E. Subak-sharpe, Integrated Circuit Engineering-Design, Fabrication and Applications, Chapter 14, Massachusetts Addison-Wesley Publishing Company, 1977.

[12] J. A. Narud, C.S. Meyer, Proc. IEEE, Vol. 52, No. 12, pp. 1551-1564, Dec.1964.

连续逻辑为电子线路与系统提供的新手段*

王守觉
（中国科学院半导体研究所）

提　要

本文研究了连续逻辑的性质和作为一种新手段在电子线路与系统中的作用。结果表明，连续逻辑的应用可能使传统用 A/D、D/A 连接数字部分与模拟部分的系统结构方式，会产生某些变化。从而实现直接对模拟信号进行高速“数字信号处理”的功能。文中阐述了模拟信号时间坐标比例的伸展或压缩，由数字控制的模拟信号延时电路，实时的模拟量表决（即中值滤波），模拟信号幅值间的任意函数关系 $S=F(X,Y,Z\cdots)$ 等各种功能的实现方式，以及时间、空间（即线间），幅值间的相互转换。本文还对连续逻辑的实际电路和用这种集成电路（DYL）实现的高速实时傅里叶变换装置进行了简单的介绍。这种傅里叶变换装置初步实验结果就达到 16 兆赫采样频率，32 个点变换周期 2 微秒。线路简单易行，速度潜力很大。

Continuous Logic(CL) as a New Tool in Electronic Circuits and Systems

Wang Shou-jue
(Institute of Semiconductors, Academia Sinica)

Abstract

The characteristics of the continuous logic (CL) and its applications are studied. The results show that the conventional architecture of systems, with A/D and D/A converters to link up the analogue parts with the digital parts, might be changed by using CL.

* 原载于：电子学报，1986，14（5）：1～11.

Thereafter the direct ultra high speed “digital processing” of the analogue signals could be realized.

The applications as spread or compression of the time axis of the analogue signals, the digital controlled analogue signal delay circuits, the real-time voting circuits for analogue signals, realization of arbitrary function $S = F(X, Y, Z, \cdots)$ of the analogue signals $X, Y, Z, \cdots$, the exchange this for that between time, space and amplitude axes etc, are discribed.

The real ICs of Continuous Logic applying to the high-speed realtime Fourier transformation are introduced. The results of the primary experimental set comes up to 16 MHz sampling frequency, and 2μs transform period for 32 points, with simple circuits and potentiality in much higher speed.

一、引　　言

近三十年来，电子技术的飞速发展使电子线路和系统发生了根本的变化，数字技术得到普遍应用。过去用电阻、电容、电感和有源器件组成线路，连续地处理模拟信号的方式，被使用采样后进行数字处理的方式所取代。这种方式不受处理过程复杂程度的限制，能方便地进行任何繁复的处理。因而大多数电子系统发展成由三方面组成，即数字电路、模拟电路和 A/D、D/A 转换电路，如图 1 所示。

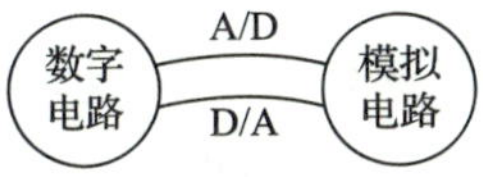

图 1　近代电子系统的一般结构

随着大规模集成电路的发展，从工作速度的限制和系统的价格看，A/D、D/A 转换成了主要的问题。如何超出这种结构方式，寻找别的形式把模拟量与数字量结合起来，实现对模拟信号快速的直接处理过程，这是本研究工作的最终目标。连续逻辑为此提供了可能性。实验结果初步说明了它在速度上的优越性和设计上的灵活性，将为电子线路和系统提供一种新的手段。

二、连续逻辑和它的一个有趣特性

——输入可以是数字量、也可以是模拟量

逻辑电路的大规模集成化是近代数字技术发展的基石。目前普遍采用的逻辑电路是二值。近年来，在计算机科学中多值逻辑日益受到重视。多值逻辑电路本质上仍然是一种数字电路，但它不是二进制而是 $R(R>2)$ 进制的数字电路。

若值数 R 大大增加而趋于无限大 $(R \to \infty)$，则各个值间将连续而成为连续逻辑。连续逻辑本质上与模糊数学中的模糊逻辑相同，但不是用来解决模糊数学中的问题，而是研究用它作为连续模拟信号的一种新的处理工具，故称为连续逻辑。

连续逻辑的基本逻辑单元可以是多种多样的。最简单的基本单元是“max”和“min”门，即在几个输入量间找其中最大的及最小的量。

下面把一个二输入的连续逻辑“min”门的逻辑功能同一个二输入的“与”门作一比较。连续逻辑“min”门的逻辑表达式为 $s = \min(a,b)$，式中 a、b 和 s 都是连续可变的任意值。

为与二值逻辑相比较并使它可与二值逻辑相匹配，把连续逻辑的值限于“0”与“1”之间的连续量。

表 1 示出了“min”门同“与”门的逻辑功能真值。其前四行表明，当输入为“0”或“1”二值量时，“min”门的逻辑功能 $s = \min(a,b)$ 和“与”门 $s = a \cdot b$ 完全相同。第五行说明，如果将“0”与“1”之间的某中间值 0.45 输入“与”门，则输出不确定。若将它输入“min”门，则输出为确定值。说明“min”门允许输入“0”与“1”之间的模拟量，而“与”门则不允许。第六行说明模拟信号通过“min”门，输出模拟信号而受另一输入调制。

表 1 “min”门同“与”门的逻辑功能真值表

“min”门			“与”门		
$s = \min(a,b)$			$s = a \cdot b$		
a	b	s	a	b	s
0	0	0	0	0	0
0	1	0	0	1	0
1	0	0	1	0	0
1	1	1	1	1	1
1	0.45	0.45	1	0.45	?
1	0 与 1 间的模拟信号	相同的模拟信号	1	0 与 1 间的模拟信号	?

连续逻辑所具有的模拟和数字信号均可输入的双重特性，使它成为模拟电路和数字电路之间的另一种功能的电路如图 2。

若将二值逻辑电路作为一端，模拟电路作为另一端，则介于二者之间的，靠二值逻辑电路一侧的应是多值逻辑电路，靠模拟电路一侧的即应是连续逻辑电路（见图 3）。

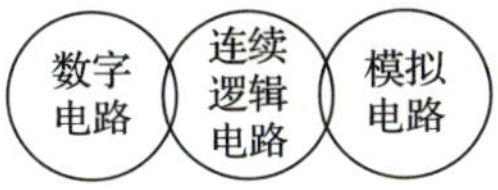

图 2　连续逻辑电路的作用

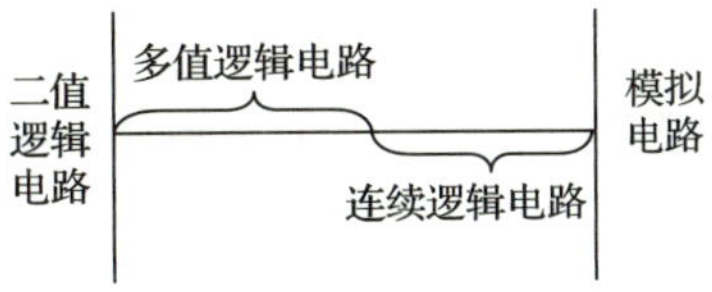

图 3　连续逻辑与多值逻辑电路的位置

三、连续逻辑的基本逻辑单元与完备性

连续逻辑除了“min”门和“max”门作为基本单元以外，还必须有其他的基本单元以达到逻辑上的完备性。

先考虑 R 为有限值的多值逻辑，除多值“max”门和“min”门以外，单输入逻辑单元常有下列各种：

$$X^a = X + a(\bmod R)$$

$$\bar{X} = R - 1 - X$$

$$X_a = \begin{cases} R-1 & \text{当 } X = a \\ 0 & \text{当 } X \neq a \end{cases}$$

$$X_{ab} = \begin{cases} R-1 & \text{当 } a \leqslant X \leqslant b \\ 0 & \text{其他情况} \end{cases}$$

$$X_a^+ = \begin{cases} R-1 & \text{当 } a \leqslant X \\ 0 & \text{当 } X < a \end{cases}$$

Post[1]指出，只要“max”和“min”中的任一种，加以 X^a 就可以实现任意的多值逻辑，成为完备的系统。然而，在实际应用中 X^a 是非常不方便的。

由 Shannon's theorem[2]不难得到任意多变量多值函数 $F(X,Y,Z,\cdots)$ 可以展开为[3]

$$F(X,Y,Z,\cdots) = \sum_{i,j,k,\cdots=0}^{R-1} X_i \cdot Y_j \cdot Z_k \cdots F(i,j,k,\cdots) \tag{1}$$

式中，用传统表示“求和”的符号代表“max”，求积的符号代表“min”。（以下均同）。式（1）说明，任何多变量多值逻辑功能都可以用 X_i（或称作 J 门）和“max”及“min”门来实现。因而这三种基本逻辑单元可以成为完备的系统。

当多值逻辑的值数 R 趋向于无限大时，即是连续逻辑。若将 X_a 以下述功能的 X_{ab} 来代替

$$X_{ab} = \begin{cases} 1 & \text{当 } a \leqslant X \leqslant b \\ 0 & \text{其他情况} \end{cases} \tag{2}$$

式中，b 和 a 都是任意设定的 0 与 1 之间的连续量，而 $b>a$（$b-a$ 可趋于无限小）。当 $X,Y,Z,\cdots$ 都是 0 与 1 之间的连续量时，连续逻辑的多变量任意函数 $F(X,Y,Z,\cdots)$ 可以写成

$$F(X,Y,Z,\cdots)=\lim_{R\to\infty}\sum_{i,j,k,\cdots=1}^{R} X_{a_{i-\frac{1}{2}}b_{i+\frac{1}{2}}}\cdot Y_{a_{j-\frac{1}{2}}b_{j+\frac{1}{2}}}\cdot Z_{a_{k-\frac{1}{2}}b_{k+\frac{1}{2}}}\ldots F\left(a_i,a_j,a_k,\ldots\right) \tag{3}$$

式中

$$\left.\begin{aligned}
&a_i=\frac{i}{R},\quad a_j=\frac{j}{R},\quad a_k=\frac{k}{R},\\
&a_{i-\frac{1}{2}}=\frac{i-\dfrac{1}{2}}{R},\quad a_{j-\frac{1}{2}}=-\frac{j-\dfrac{1}{2}}{R},\quad a_{k-\frac{1}{2}}=\frac{k-\dfrac{1}{2}}{R},\\
&b_{i+\frac{1}{2}}=\frac{i+\dfrac{1}{2}}{R},\quad b_{j+\frac{1}{2}}=\frac{j+\dfrac{1}{2}}{R},\quad b_{k+\frac{1}{2}}=\frac{k+\dfrac{1}{2}}{R}.
\end{aligned}\right\} \tag{4}$$

式（3）和（4）说明，任何连续逻辑函数都可以用“max”门“min”门，加以一种 a,b 可以任意设定的“X_{ab}”，这三种基本逻辑单元予以实现。这种式（2）所表示的，a,b 可任意设定的“X_{ab}”，我们称它为“可变窗口通用 J 门”。“可变窗口通用 J 门”、“max”门和“min”门三者将可组成连续逻辑的完备系统。（关于连续逻辑的简化问题将另文讨论）

四、连续逻辑在电子线路与系统中的应用方式

1. 作为模拟量的单向性高速多路模拟开关

把两个“min”门和一个“max”门连接如图 4（a），其通用简化形式如图 4（b）。输出 s 与输入的关系可以写成

$$s=\max[\min(a,b),\min(c,d)] \tag{5}$$

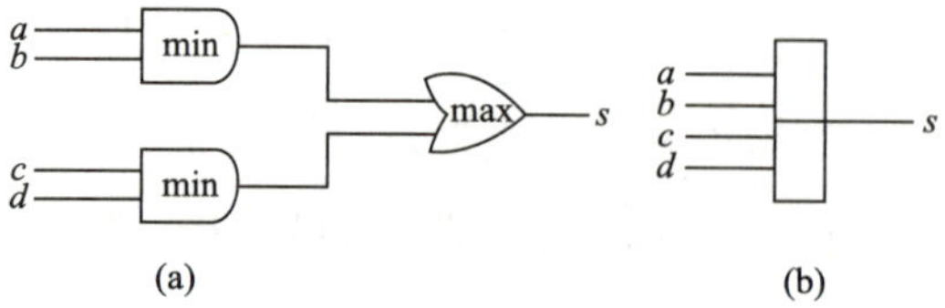

图 4　连续辑逻作单向性二路模拟开关

若在 a 和 c 输入开关量“0”或“1”，在 b 和 d 输入二个不同的，在“0”与“1”之间

的模拟信号，则不难得出输出 s 为

$$s=\begin{cases} b & \text{当 } a=1, c=0 \text{ 时} \\ d & \text{当 } a=0, c=1 \text{ 时} \end{cases} \tag{6}$$

这是一个单向性的二路模拟开关。它不同于一般 MOS 模拟开关等，因为式（6）中的 $s=b$ 或 $s=d$ 是逻辑上的相等而非线路上的连通，因而它是单向性的。s 端的负载将对 b 端或 d 端无影响。这是一个重要特点。

同理，可组成路数很多的单向性多路扫描模拟开关。一路进多路出，或多路进一路出。它的扫描位置由位置控制码控制，控制码是数字量（如图 5）。

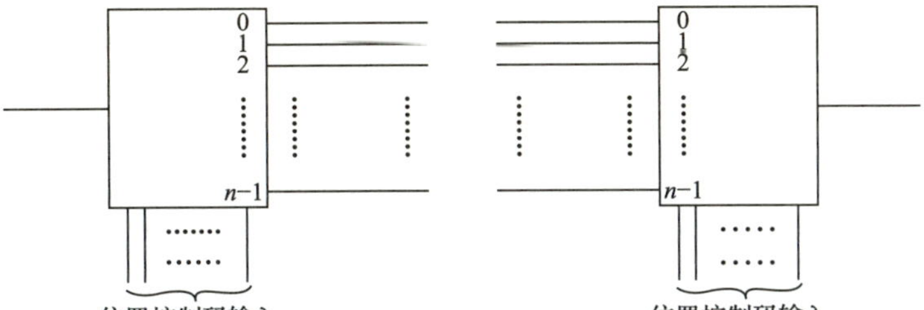

(a) 1→n路　　(b) n→1路

图 5　单向性多路模拟扫描开关

这种多路模拟扫描开关，延迟时间比二值逻辑电路小，因为它减小了上升边对延迟时间的影响。它是一种，既是单向性又是高速度的多路模拟开关。

2. 加进电容的作用

单向性多路模拟扫描开关配以电容，将产生多种新应用方式，分述于下：

（1）做时间可调的模拟信号延迟线路　若把 $1\to n$ 单向模拟扫描开关和 $n\to 1$ 单向模拟扫描开关连成如图 6 线路，其中 n 根中间连线分别用 n 个电容接至地线。则组成时间可调的模拟信号延迟线路，其延迟时间由输入的数字量 N 来控制。若 CP 脉冲周期为 T 则延迟时间 τ 为

$$\tau=N\cdot T \tag{7}$$

根据采样理论，信号频谱的高频极限应为

$$f_H=\frac{1}{2T} \tag{8}$$

CP 脉冲频率主要只受数字部分速度的限制。因而其信号频率极限高，延迟时间精确可变。

图 6 所示是逻辑原理图。本段和以下各段内容的实际使用详细线路，将待另文发表。

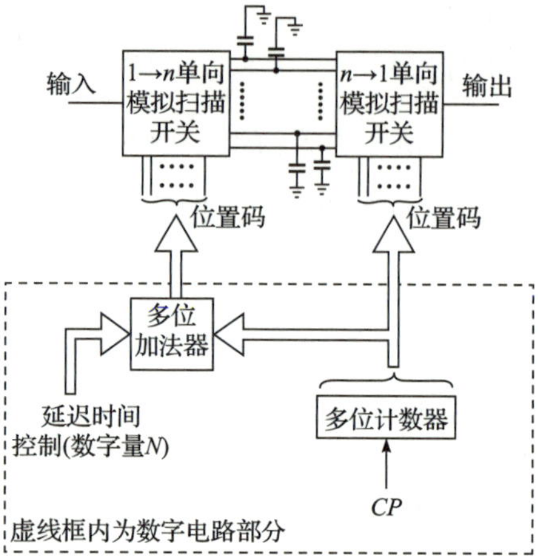

图 6　时间可变的模拟信号延迟线路

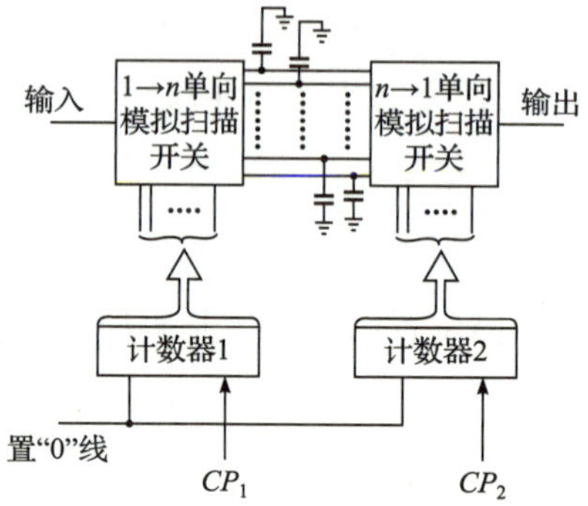

图 7　时间轴坐标的变换线路

（2）用作模拟信号时间坐标比例的变换　将图 6 虚线框内的数字电路部分稍作更改，使用两个时钟脉冲 CP_1 和 CP_2 如图 7 所示，即可起模拟信号时间坐标比例的伸展或压缩作用。其工作原理说明如下：当 CP_2 与 CP_1 周期相同时，输出波形即为输入波形的近似阶梯波形，其时间轴坐标比例相同。但若 CP_2 的周期与 CP_1 的周期不同，则输出波形的形状不变而时间轴坐标比例改变。在时间轴坐标比例的变换中必须注意时间上的衔接问题。

图 8 是只用一个 CP，快输入慢输出的 2^k 倍时间坐标变换线路。输入前一帧波形后将等待 $\left(2^k-1\right)$ 倍的时间，待全部输出后再输入另一帧。显然，这种线路适用于快速瞬态过程的分析、再现及记录。

（3）用作相关信号的提取　用电阻电容积分电路取代电容器而接成线路如图 9。若 cp 的周期为 T，则输入输出的帧频为

$$f_0=1/nT \tag{9}$$

信号频谱中属 f_0 整倍数的分量，而又不超过 $\frac{1}{2T}$ 的，将在输出端输出。而非 f_0 整倍数的分量，由于周期性地在各个积分回路巡回充电，被平均而没有输出。因而，信号频谱中能输出的频率分量为

$$f=m/nT \tag{10}$$

式中 m 为由 1 至 $n/2$ 之间的整数。

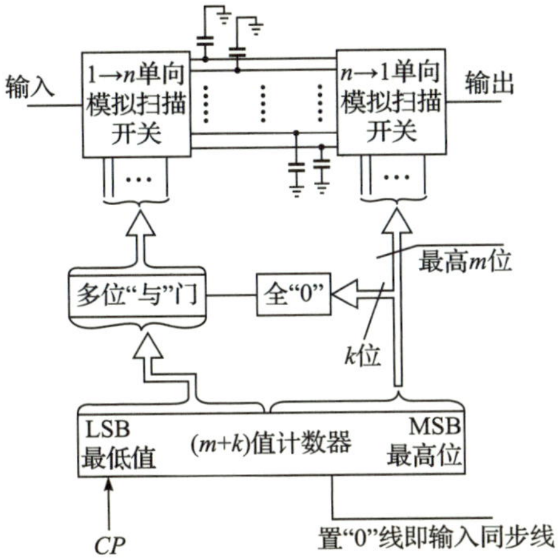

图 8　时间坐标 2^k 倍变换线路

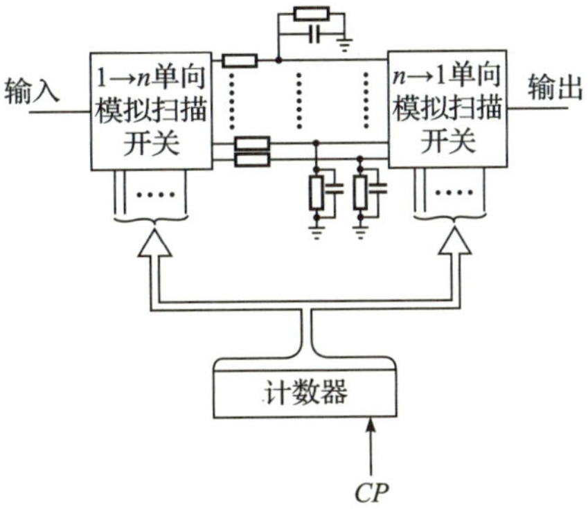

图 9　相关信号提取线路

（4）用作频率灵敏的控制线路　常常需要在同一个线路中使用很相近的几个频率信号来分别控制几个回路的通断。这种频率灵敏的控制线路当然可以用数字滤波器来实现，但用图 10 的线路可以简单得多。

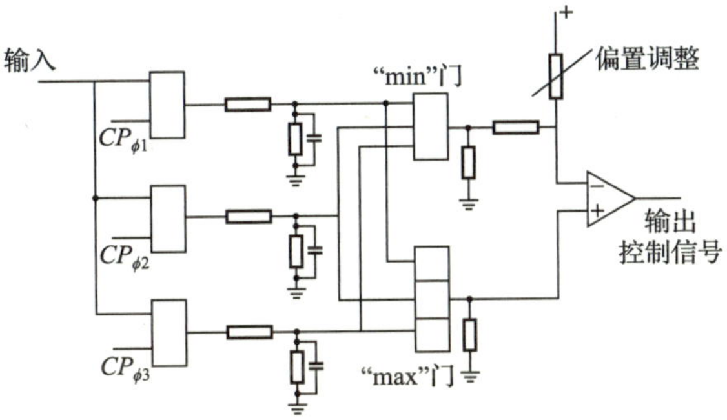

图 10　频率灵敏控制线路

图中 $CP_{\phi 1}, CP_{\phi 2}, CP_{\phi 3}$ 分别为相互相位差120°、240°左右的周期相同的 CP 脉冲。当 CP 脉冲的频率与输入信号频率不一致时，三个积分电路的电压经时间平均大致相同，放大器负端受预置偏压的作用，电位略高于正端，故输出端为低电平。而当输入信号频率与 CP 脉冲重复频率相同时，三个积分电路的电压必然有两个以上不一样。通过"max"和"min"门，使放大器正端电压高于负端，故输出高电平的控制信号。

3. 任意函数关系的实现

任意函数的实现可以用放大器与非线性元件（如二极管）组合并于以逐段近似的方法，也可以用计算机软件来实现。然而用连续逻辑来产生任意函数关系，在速度上与简化线路上都有更大的优越性。

上节曾讨论了式（3）的意义。式（3）左边就是 $X,Y,Z,\cdots$ 等的一个任意函数，右边是用“max”门、“min”门和“可变窗口通用 J 门”三者来实现任意函数的一个途径（虽然并不一定是最简化的途径）。

以任意函数 $W=\phi(x,y)$ 为例，这个途径是把 $\phi(x,y)$ 曲面用无限多个小平台来近似。每个小平台的面积是

$$\left(b_{i+\frac{1}{2}}-a_{i-\frac{1}{2}}\right)\times\left(b_{j+\frac{1}{2}}-a_{j-\frac{1}{2}}\right)=\frac{1}{R^2} \tag{11}$$

所用“min”门的数量将是 R^2 个。显然，若要实现真正连续的任意函数，“min”门的数量将是无限大。然而 $\phi(x,y)$ 若是任意的，就不可能都用有限的解析式子来表达。往往只能用数字表格的方式来描述这任意函数各点的值。但表格上的数字的数量也不可能是无限的。因而，能用数字表格描述的一个任意函数，也只能是用有限的数值点所近似的连续函数，也就是用有限个小平台所近似的任意曲面。表格中每一个数值就对应一个小平台的高度。用连续逻辑电路实现这任意函数时，每个小平台的高度，用一个“min”门实现。把这一小部分线路取出应如图 11 所示。实现一个用 $R\times R$ 个数值描述的任意函数 $\phi(x,y)$，共需 $R\times R$ 个“min”门的阵列，一个具有 R^2 个输入端的“max”门（在实际情况下，因连续逻辑电路“min”门输出可以“线或”，所以不需此门）和 2 R 个“可变窗口通用 J 门”，其线路如图 12。图中右侧箭头表示把 R^2 个小平台的高度，即 $\phi(x,y)$ 函数的

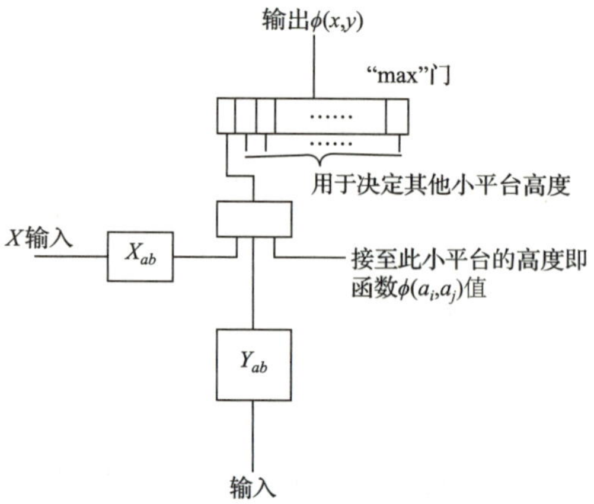

图 11　实现任意函数的基本单元原理图

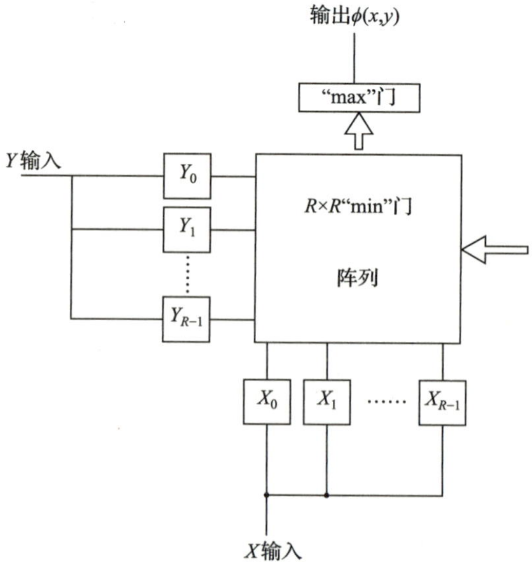

图 12　实现任意函数 $\phi(x,y)$ 的线路图

R^2 个数值，分别接至“min”门阵列的对应输入端。由于可变窗口通用 J 门的窗口宽度是可变的，因而这 $R\times R$ 个小平台的各个平台大小也可以是不相同的。在 $\phi(x,y)$ 比较平坦的部分，小平台面积可以用大些，即数值密度小一些，而在 $\phi(x,y)$ 变化急剧的部分，小平台面积可小些，即数值密度大些。

显然，图 12 线路就是在二维情况下式（3）所对应的线路。当输入 $X,Y,Z,\cdots$ 变量更多的情况，可以用同样方法实现任意函数 $W=\psi(X,Y,Z,\cdots)$。关于实现任意函数中的线路简化问题，将另文讨论。

4. D/A 变换和模拟量与数字量的高速乘法运算

显而易见，“min”门和“max”门可分别作上下限幅用。若将二进制数字量的各位，均加以上下限幅，接至电阻网络如图 13，则输出的模拟量电压为

$$V=(V_H-V_L)D+V_L \tag{12}$$

式中，D 为输入数字量，V_H 为限幅的上限，V_L 为限幅的下限。

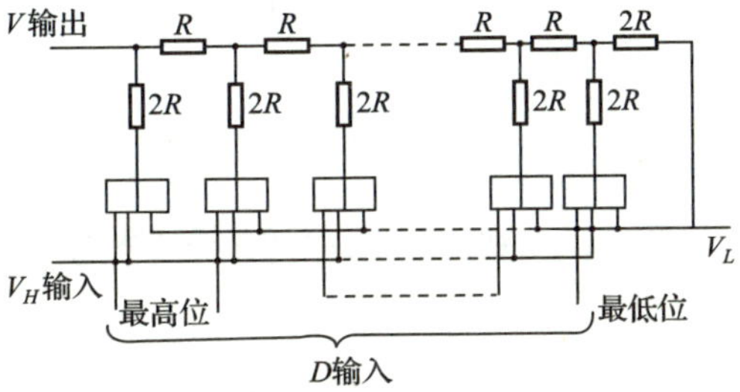

图 13　模拟量 V_H 与数字量 D 的乘法线路

若 V_L 为 0，输出电压 V 正比于 D，故此电路是 D/A 变换电路。但若 V_H 不是一个固定值，而是变动的模拟量，则此电路可作为模拟量 V_H 和数字量 D 的高速乘法电路，乘积为模拟量 V。其延迟时间只有一级“min”门和电阻网的延时，因而速度极快，可在数毫微秒以下。

5. 用作中值滤波即模拟量的表决以及其他按逻辑要求对模拟量的处理

图面上想把噪声引起的白点或黑点去掉，常需把邻近若干个点的灰度按大小排列后取其处于中间的这个值（并非平均值）。并行的几个模拟系统以少数服从多数的方式表决而取其多数的值，以克服由故障或随机因素导致的差错，以及噪声的影响。这些处理要求，都不是简单的代数和、差、积、商的运算，而是要随时把若干个输入模拟量按大小排队，再按一定的要求取其中的某一个或几个。用连续逻辑直接进行这类处理，线路简单速度极快。

用最简单的例子来说明。若需在三个随时间改变的模拟量 a,b,c 中，随时把处于中间

的值输出（当其中二个相等时即将此相等的量输出，而不受另一个是偏大或偏小的影响）。这是三输入的中值滤波或模拟量表决。

线路如图 14，其逻辑表达式应为

$$s=\max[\min(a,b),\min(b,c),\min(c,a)] \tag{13}$$

可见，当a,b,c中任意两个量相等时，s将与之相等而不受另一个量的影响。当三个量互不相等时，s等于处在中间的那个量。因而它起三输入模拟量表决或中值滤波的作用。若输入量的数量不只三个，而是n个，而要输出s等于n个输入量中大小排行第m个的量。则可在n个输入量中以全部不同的组合方式取其中m个量，每种组合输入一个“min”门，并将全部C_n^m个“min”门的输出接至一个“max”门求其最大值，即得所需输出s。因而，作为一个n个输入量（n为奇数）的模拟量表决器或中值滤波器，需用“min”门的总数为

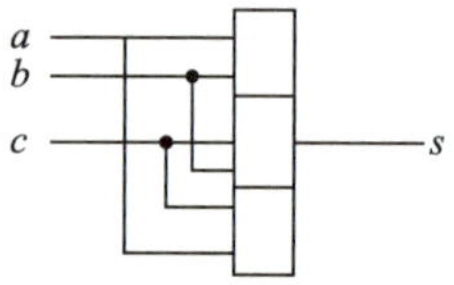

图 14　三输入模拟量表决线路

$$C_n^{(n+1)/2}=\frac{n!}{\left(\frac{n+1}{2}\right)!\left(\frac{n-1}{2}\right)!} \tag{14}$$

五、从时间、空间、幅值间的转换看连续逻辑的应用

信号在一段导线上传输，若信号频率周期比信号在这段导线上的延迟时间长得多，则可把这导线看作一个点。这信号反映了电压（或电流）幅值与时间的关系。若有一排导线，每根导线上各有一个信号，则可看作多了一个多根导线排列的方向，即时间、空间和幅值三者之间的关系，反映了这一组信号。其中“空间”即指一排导线排列的方向。从这个角度，总结上述各种应用方式，可以认为都是通过时间、空间与幅值间的转换来进行的。这里所说的时间概念是比导线和连续逻辑门的延迟时间长得多的时间，亦即忽略导线和连续逻辑门延迟的情况。

（A）时间与幅值不变，改变空间（简称转换 A）。

用连续逻辑门作为单向性模拟开关，把一根线上信号转输至另一根线。

（B）幅值不变，把不同的时间转换为不同的空间（简称转换 B）。

用$1\to n$模拟扫描开关，每个输出各接一电容如图 7 左边部分。当输入端输入一个随时间变化的模拟信号，而CP_1通过计数器 1 使模拟扫描开关按次序扫描逐个输出，输出电压在电容上充电并保持。扫描一周后，这扫描期间的输入波形将转换成空间的一个“波”，

呈现为 n 根导线上的不同电压幅值。完成了把不同的时间转换为不同的空间。其转换比例由时钟脉冲 CP_1 的周期决定。

（C）幅值不变，把不同空间转换为不同时间（简称转换 C）。

图 7 的右边部分是一个由 CP_2 通过计数器控制扫描的 $n\to 1$ 单向模拟开关，它可把分配在 n 个输入端上的不同电压，按扫描速度在输出端合成为一个电压随时间变化的波形。完成了把不同空间转换为不同时间的功能。其转换比例由时钟脉冲 CP_2 的周期决定。

（D）时间不变，把不同空间转换为不同幅值（简称转换 D）。

图 15 所示，L_1 至 L_n 为一排 n 根线即空间坐标，空间的位置以某根线为高电平“1”来代表，其他各线均为低电平“0”。V_1 至 V_n 为按要求设定的转换幅值。某空间位置 L_m 将转换成预定幅值 V_m。这是一维情况下空间转换成幅值。

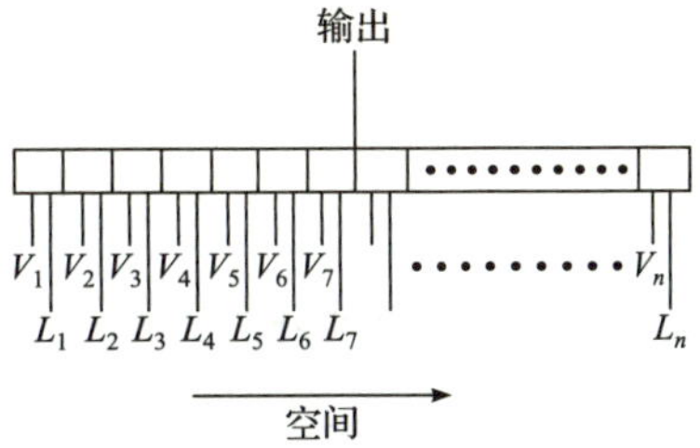

图 15　空间的改变转换成幅值的改变

图 12 中的 $R\times R$ “min”门阵列部分，即为二维情况下空间转换成预定的幅值。与此相同，三维以上亦可实现。

（E）时间不变，不同幅值转换成不同空间（简称转换 E）。

可变窗口通用 J 门就是专作这一转换的逻辑门。图12 X 和 Y 输入部分都是用一排通用 J 门完成把不同幅值转换为不同空间。通用 J 门的窗口是可变的，亦即转换规则是可以按需要任意设定的。

以上 A、B、C、D、E 是五种基本转换或称基本操作。其他一切转换或操作，原则上都可由这五种组合而成，举例说明如下：

（1）产生任意形状的波形 $S=f(t)$，可用

$$CP\to\boxed{\text{计数}}\to\boxed{A}\to\boxed{D}\to S=f(t)$$

其中 A 与 D 两部分，合成 $n\to 1$ 单向模拟扫描开关如图 5（b）所示。

（2）产生任意函数关系 $S=f(x)$ 可用

$$x\to\boxed{E}\to\boxed{D}\to S=f(x).$$

（3）产生多变量的任意函数关系 $S=F(x,y,z,\cdots)$ 可用

$$\left.\begin{array}{l} x\to\boxed{E}\to \\ y\to\boxed{E}\to \\ \cdots\cdots\cdots\cdots \\ \cdots\cdots\cdots\cdots \end{array}\right|\to\boxed{D}\to S=F(x,y,z,\cdots).$$

（4）模拟延迟线路 $S=x(t-\tau)$ 可用

$$x(t)\to\boxed{B}\to\boxed{C}\to S=x(t-\tau).$$

（5）时间轴坐标变换 $S=x(kt)$ 可用

$$x(t)\to\boxed{B}\to\boxed{C}\to S=x(kt).$$

必须指出，（4）与（5）的变换顺序相同，但其变化规则（即所用的 $C\ P$ 情况）不同。

（6）任意规则的模数转换可用

$$\text{模拟量}\to\boxed{E}\to\boxed{A}\to\text{数字量}.$$

可以实现非线性的按任意要求规则的模→数的转换。

（7）任意规则的数模转换可用

$$\text{数字量}\to\boxed{A}\to\boxed{D}\to\text{模拟量}.$$

此中 A 与 D 即图 5(b) 所示 $n\to 1$ 单向模拟扫描开关。

（8）用模拟信号控制的模拟延迟线路

设有二个模拟信号 $x=x(t)$ 和 $y=y(t)$，今欲实现 $x(t)$ 的延迟，其延迟时间由 $y(t)$ 的幅值按一定的预定规则加以控制，即输出为

$$S=x(t-\tau),\tau=f(y),y=y(t). \tag{15}$$

式中 $f(y)$ 为预先设定的任意函数关系。其实现方式可用

$$\begin{array}{ccccccccc} x(t)\to\boxed{B}\to & \boxed{A} & \to\boxed{C}\to S=x(t-\tau) \\ & \uparrow & \qquad\qquad \tau=f(y) \\ y(t)\to & \boxed{E} & \end{array}$$

显然上述（1）至（8）各项仅是举些例子，用来说明各种要求都可以通过这五种基本转换来实现，但这并非唯一的转换途径，也并不一定是最佳途径。寻找最佳途径必须根据具体要求，和具体采用的连续逻辑电路系列来考虑。这些工作将在另文发表。

六、连续逻辑的电路实现与实际应用举例

以上几章论述了连续逻辑为电子设计提供的新手段。对于它的电路实现途径和实际应用，本文限于篇幅，只能简单介绍如下：

（1）多元逻辑电路（DYL）线性“与或”门[4]，实际上就是一种连续逻辑“min”和

“max”门。

（2）DYL 电路系列，现已投入工厂试生产*，并已在电话系统、电子仪器中实际应用。该系列中的代表性品种有如图 5(a) 和 (b) 所示的 $1\rightarrow8$ 和 $8\rightarrow1$ 单向性模拟扫描开关，图 12 中的 3×3“min”门阵列，以及像图 10 中的具有 5,3,2,2,2,2,2 个输入的独立的七个“min”门等。这些“min”门的输出如果几个接在一起可自动起到“max”门的作用。这些集成电路的规模并非受工艺的限制，而是受出腿数量的限制。因而对用户专用电路具有特别的方便性。

（3）系列中有五个集成在一起的“可变窗口通用 J 门”。

（4）信号通过 DYL 线性“与或”门，引起非线性失真度约在万分之二至千分之三之间[5]。

（5） DYL 线性“与或”门速度可以很高。在实验室条件下制备，每级门延迟可低达 0.3 毫微秒以下[6]。

（6）对模拟信号延迟线路、时间坐标比例变换和相关信号提取三个应用方式，要减低信号失真，所用连续逻辑门须具有特别高的均匀性和一致性。为此正在发展高均匀高一致性的连续逻辑电路品种。

（7）除了已投产的使用实例如时分制三用电话小系统和万能波形发生器等以外，模拟信号直接进行实时傅里叶变换的装置是个典型的应用实验例子。初步实验结果采样频率为 16 兆赫，32 个点的实时变换时间为 2 微秒，速度潜力还很大。图 16 是该实验装置的输出频域信号。（a）为输入正弦波情况。（b）为输入连续方脉冲的情况，上面是实部输出，下面是虚部输出。

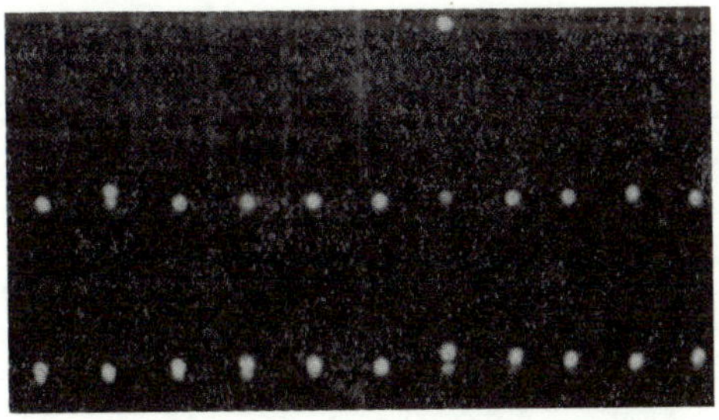

(a)

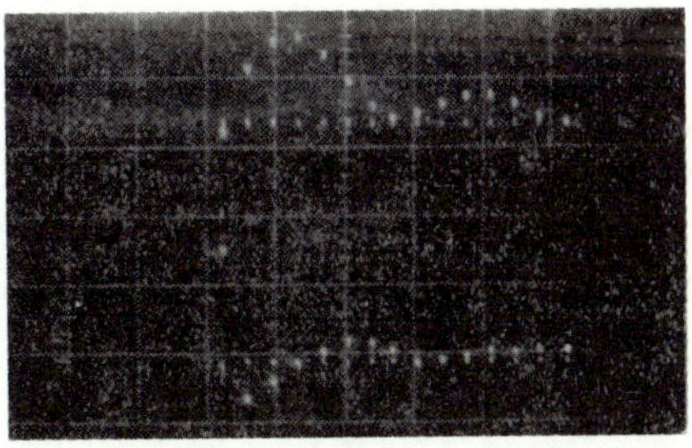

(b)

图 16 实验装置的输出频域信号

---

*河北邯郸半导体厂。

七、结　束　语

本文论述了连续逻辑作为模拟信号直接输入和处理的一种新工具和新手段，为电子线路与系统的设计和发展提供了新的方向。同时也为把原来难以做到的要求付诸实现开辟了新的途径。

在研究连续逻辑应用方式的过程中，1985 年，作者应西北电讯工程学院电子工程系、中国人民解放军通信工程学院、华东工学院四系、华南工学院、安徽大学等线路与整机专业的院系的邀请作短期讲学。作者在讲学讨论中得到不少启发。为此谨对上述各院系的同志们致谢。

参考文献

[1] E. L. Post: Amer. J. Math., Vol.43, pp.163～185, 1921.
[2] C. E. Shannon: Bell Syst. Tech.J., Vol. 28, pp.58～98, 1949.
[3] Edited by David C.Rine:Computer Science and Multiple Valued Logic, North Holland, 1984.
[4] 王守觉，孙祥义，王润梅：电子学报，No.2, pp. 43～51, 1978。
[5] 王玉富，冯宏娟，王守觉：多元逻辑电路(DYL)线性“与或”门 LAOG 的线性性的研究，待发表。
[6] 王守觉，李致洁等：电子学报，Vol.11, No.5, pp.9～16, 1983.

一种无隔离区的 DYL MOS 混合集成新电路*

王守觉　夏永伟　孔令坤　李远镜　何乃明
（中国科学院半导体研究所，北京）

提　　要

本文实现了一种无隔离区的 DYL MOS 混合集成的新电路。考虑到多元逻辑电路的主要基本单元线性“与或”门和 MOS 集成电路的自隔离特点，只要对它的工艺过程稍加调整，即可在同一芯片上制成了互相隔离的适合线性“与或”门需要的大、小 β 晶体管和 P 沟道 MOS 晶体管。用这种集成技术，在 N 型硅片上试作了由双极晶体管和 P 沟道 MOS 晶体管组成的反相单元。这种电路工艺简单，可与 DYL 线性“与或”门在工艺上兼容，具有输入阻抗高、输出阻抗小，并可和 DYL 电路与 TTL 电路相容等优点。

DYL MOS Integrated Circuits A New Hybrid Integrated Circuit without Isolation

Wang Shou-jue, Xia Yong-wei, Kong Ling-kun, Li Yuan-jing, He Nai-ming
(Institute of Semiconductor, Academia Sinica, Beijing)

Abstract

A new hybrid integrated circuit without isolation, DYL MOSIC, has been developed. By increasing and adjusting the technology, P channel MOS transistors and bipolar transistors with large β and small β value for the linear AND-OR gate in DYL are developed on the same wafer, based on the self-isolation characteristics among the linear AND-OR gates, the main logic unit in DYL, and MOSIC. Using the hybrid integrated technology, a inverter unit is constructured by bipolar and MOS transistors on the same N type silicon wafer. The benefits of DYL MOS

* 原载于：电子学报，1986，14（1）：16～20.

hybrid integrated circuits are: simple and compatible technology with the linear AND-OR gate in DYL, high input and low output impedance and compatible level with DYL and TTL circuits.

一、引　言

多元逻辑电路（DYL）是近几年出现的一种双极集成电路[1-4]。它是把线性逻辑门和开关门合用的新型集成电路，具有速度快、集成度高、成本低等优点。几年来，它在通讯、仪器、遥控遥测和工业自动控制等领域[5-7]已经显示出生命力。在多值逻辑系统或模糊逻辑系统中，线性“与或”门特别适于作“最大”和“最小”门应用。线性“与或”门既可处理数字信号，又可处理模拟信号，也可同时处理数字信号和模拟信号。在多元逻辑电路中，线性“与或”门作为主要基本单元，单独集成在一个芯片上。线性“与或”门没有反相功能，必须与其他电路片联合使用，才能功能完备。如果能在一个芯片内部自己产生反相波形，必能扩大多元逻辑电路的集成度，扩展功能，降低系统成本。

众所周知，MOS 集成电路是由表面沟道导电的器件形成的。单沟道 MOS 集成电路具有自隔离的特点，其功能完备，但速度比双极电路慢。近年来，出现了双极和互补 MOS 电路的混合集成[8]。它把双极电路和 MOS 电路的优点结合起来。本文介绍我们研制成功的一种新型多元逻辑和金属-氧化物-半导体混合集成电路（DYL MOS），分析了多元电路和 MOS 电路的结构特点和所采用的工艺技术，并介绍了该电路的优缺点及发展前景。

二、工艺结构和电路结构

多元逻辑电路的主要基本单元线性“与或”门电路结构如图 1 所示，除了多发射极晶体管外，还有一个与基区连接的供电电阻，它在结构上直接由基区扩硼层延伸而成。晶体管的收集极都是接电源的正极。它有两种掺杂浓度和厚度的基区，这相当于两个注入效率和输运系数都相差很大的 npn 晶体管，分别称之为大 β 和小 β 晶体管。这种基本电路结构的主要特点是：（1）收集极对交流全部接地，这就克服了一般集成逻辑电路存在的隔离岛电容影响速度的问题；（2）全部是射极跟随的非饱和电路；（3）在改变状态时，收集结电容的充电电压仅等于逻辑摆幅本身，而不是接近于它的两倍；（4）单独由这种“与或”门集成时，工艺简单，不需外延，不需隔离。因此它具有很高的速度，而且工艺简单。线性“与或”门的逻辑摆幅每经一级门有一定衰减，经过若干级线性“与或”门后，必须加入一个阈值单元或反相单元（非门）。从电路集成技术来看，线性“与或”门是共收集极结构的电路，其基极、发射极自动隔离。反相单元用双极电路来实现就不可能是全部晶体管共收集极，也就必须引进隔离岛。为简化工艺降低成本，往往把线性“与或”门这样不需隔离的电路与要隔离的电路分片来实现的。如前所述，这会带来使用不方便和增加电路块数因而增加系统成本的缺点。

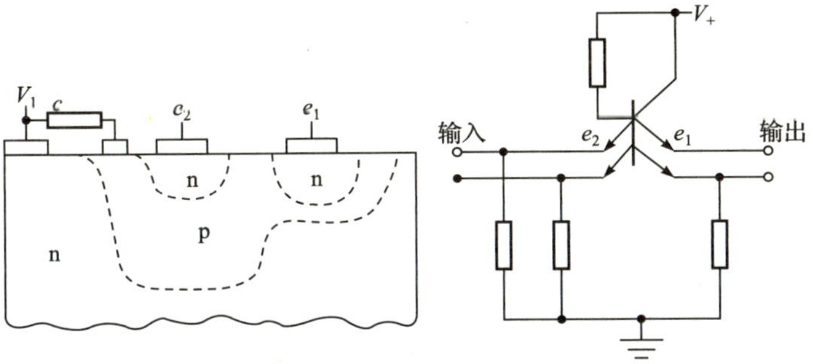

图 1 DYL 线性“与或”门基本电路

随着大规模集成电路的发展，MOS 集成电路在电路集成度和功耗方面明显优于双极集成电路。MOS 电路的速度，随着新工艺的不断发展，也在不断提高。单一沟道的 MOS 集成电路具有自隔离的特点（图 2），工艺相当简单。npn 双极集成电路采用 N 型硅材料作衬底，P 沟道 MOS 集成电路也采用 N 型硅材料作衬底。从图 1 和图 2 可以看到，DYL 电路晶体管的电流是在硅片体内流动的，沿着收集区（硅衬底）-基区-发射区基本上纵向流动，而 P 沟道 MOS 晶体管中的电流是在表面反型层中流动的，即从漏-沟道-源横向流动的。MOS 晶体管通过源-衬底，漏-衬底的 PN 结以及沟道-衬底的场感应结与衬底硅隔离，因此 npn 晶体管与 MOS 晶体管互不相干。只要通过硅衬底的电流引起的 MOS 晶体管源-衬底结的反偏压降不明显，它们之间的隔离就是像一般的 PN 结隔离。因此我们完全可以考虑，在同一硅片上混合集成两种电路，一方面可以用 MOS 电路实现反相功能，另一方面又可把 MOS 电路输入阻抗高，双极电路速度快、驱动能力强等优点结合起来。

下面讨论工艺兼容性问题。P 沟道铝栅 MOS 集成电路的栅区氧化工艺通常安排在最后，接着就光刻引线孔，蒸铝，以尽可能保证栅氧化层清洁。栅氧化层很薄，它已不能

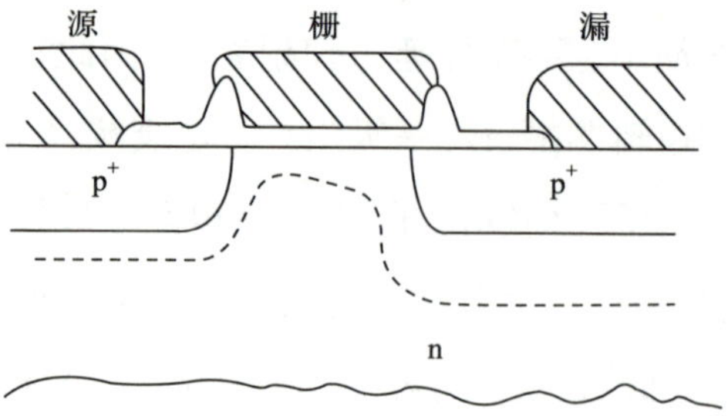

图 2　P 沟道 MOS 晶体管剖面结构，源和漏扩散区，沟道都与衬底自隔离

阻挡住杂质扩散。因此，在制作 DYL MOS 集成电路时，栅氧化工艺只能放在双极晶体管的发射区磷扩散之后。栅氧化通常是在1150°C 高温下进行的，先氧化 25 分钟，再吹氮 30 分钟。高温下这么长的时间，发射结和收集结的结位置都会向硅体内推移。这就会改变大、小 β 晶体管的性能，甚至使大 β 管基区完全穿通。因而，原来工艺条件必须作适当更动，才能保证大、小 β 双极晶体管在栅氧化后符合线性"与或"门的要求。我们采用计算机工艺模拟，先确定大体范围。再经过工艺实验，确定工艺条件为：基本上采用原来 DYL 线性"与或"门的工艺条件，改动的仅仅是在磷扩散之前，加一步高温处理，和多了一步光刻（栅区），即先在1150°C 干氮气氛下推进 40 分钟，使浓硼、淡硼基区向体内推进 0.3～0.6μm，然后再扩磷，通常控制大 β 管之 β 值在 2～8 之间。扩磷后淀积一层二氧化硅，刻出栅区。在1150°C 下，用6%HCl 氧化 25 分钟，吹氮 30 分钟（也可缩短一些时间）。再经过刻引线孔，蒸铝，刻铝和合金，形成管芯。

三、实验结果

采用上述工艺技术，我们在 3～5Ω－cmN 型硅片上制成了 P 沟道 MOS 晶体管，大、小 β 双极晶体管。图 3 给出大、小 β 双极晶体管的特性曲线，大 β 晶体管的 β 值为 30，小 β 晶体管的 β 值为 0.05。由于硅衬底材料电阻率高，收集极串联电阻大，因而晶体管的饱和压降比在低阻材料上制作的明显要大，见图 4。当收集极电流等于 5mA 时，前者约为 0.7V，后者仅为 0.2～0.3V。图 5 给出 MOS 晶体管特性曲线。阈电压由衬底材料电阻率及栅氧化层厚度决定。衬底电阻率不能太高，否则，会使饱和压降过大；栅氧化层太薄，也会影响 MOS 晶体管可靠性。因此阈电压必须从衬底电阻率和栅氧化层厚度来折中考虑。若以10μA 作为 MOS 晶体管的开启电流，那么 MOS 晶体管阈电压与其宽长比也有一定关系，见表 1。在设计电路时要注意到这一点。

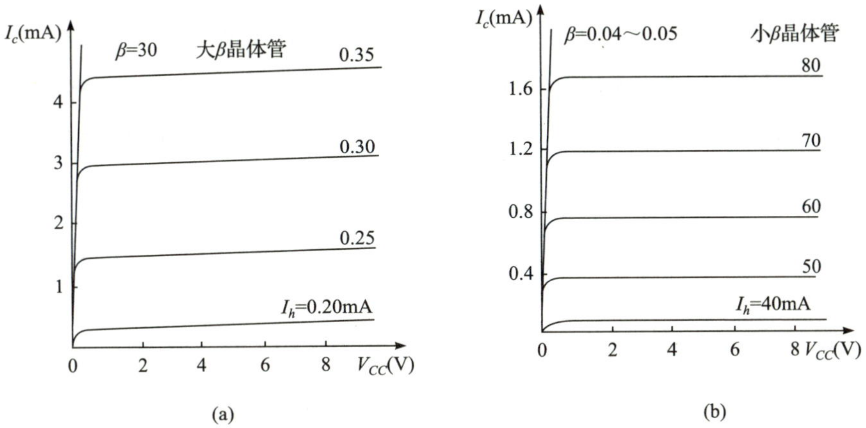

图 3　大、小β双极晶体管特性

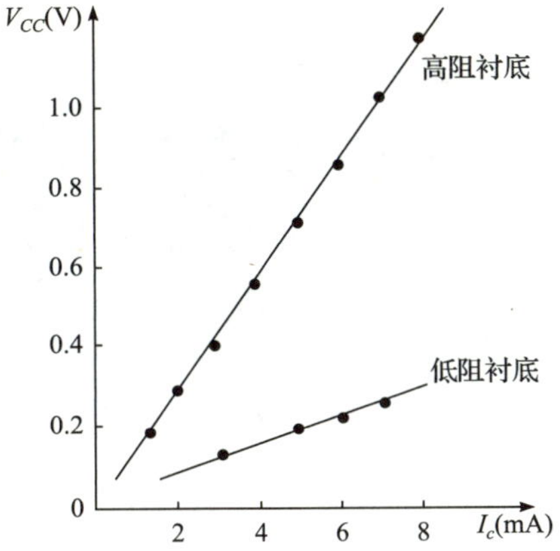

图 4　大β晶体管的饱和压降 ($I_b = 0.6$mA)

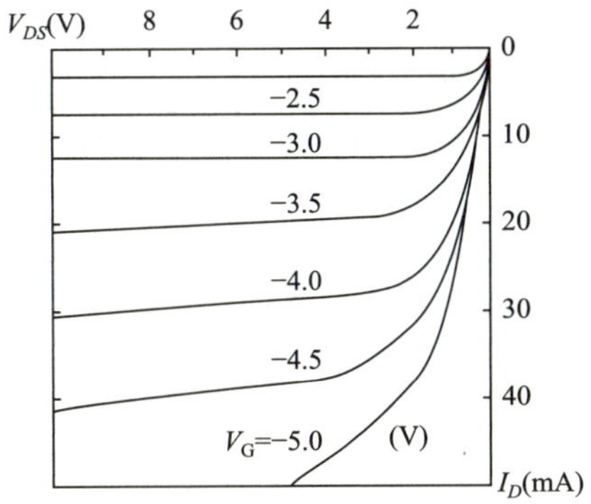

图 5　MOS 晶体管特性曲线

表 1

宽长比 W/L	1/6	1/3	3/1	5/1	10/1	20/1
阈电压 V_T(V)	4.5	4.0	2.2	2.0	1.9	1.7

作为一个实例，我们设计了可以与 DYL 线性“与或”门集成在一起的混合集成 DYL MOS 反相器电路，见图 6、7。在试制过程中，把其他的 DYL 线性“与或”门电路在同一硅片上制作完成，以验证它们在工艺上的兼容性。在这里，MOS 电路与 DYL 电路和其他双极电路（例如 TTL 电路）均采用正逻辑。为了提高开关速度，MOS 晶体管级采用电阻负载。电阻阻值先由计算机作电路模拟，确定其大致范围，然后与电路实验结果比较加以选定。每个 MOS 晶体管构成一个反相级。双极晶体管构成射极跟随器（或者说共收集极电路），射极电阻较小。采用上述工艺制成的 DYL MOS 反相器电路，其输入输出

波形见图 8（采用 V－1050F 型 100MHz 示波器和 XC－15A 型脉冲信号发生器）。这个反相器还有一个同相输出端。无论是同相输出还是反相输出，在工作电源+5V 时，传播延时均为 110ns。这比通常的 P 沟道铝栅 MOS 集成反相器至少要快 5 倍。反相器输出低电平小于 0.3V，高电平大于 3.2V。由于射极输出电阻较小，因而电路功耗较大，约为 25mW，相当于每门 12.5mW，这主要由双极输出级决定。在输入低电平不大于 1.1V，高电平不小于 2.6V 时，均能输出正常波形。这个反相器在电源 4.9～7.0V 范围内均能正常工作。反相器输入输出电平与 DYL 和 TTL 电路相容。我们还用 LZ3-304 型 $x-y$ 记录仪记录了输入输出转移特性曲线，见图 9。由此可以确定噪声容限。这种反相器的管芯，在不太严格的工艺条件下，其成品率均达 75%。

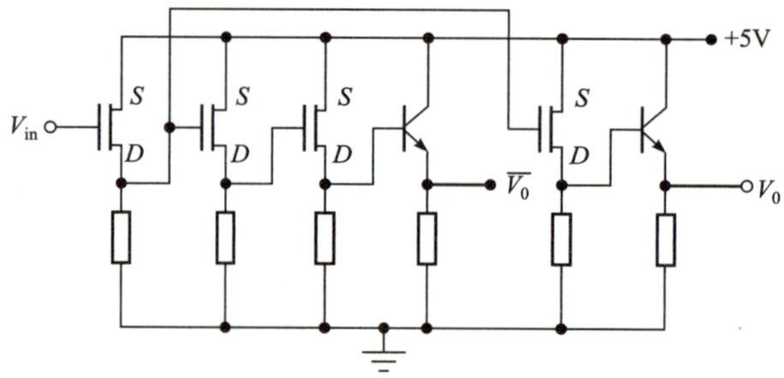

图 6　DYL MOS 反相器电路

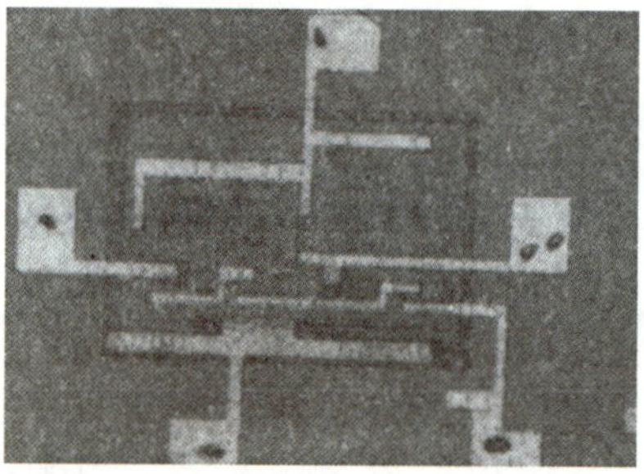

图 7　DYL MOS 反相器芯片照片

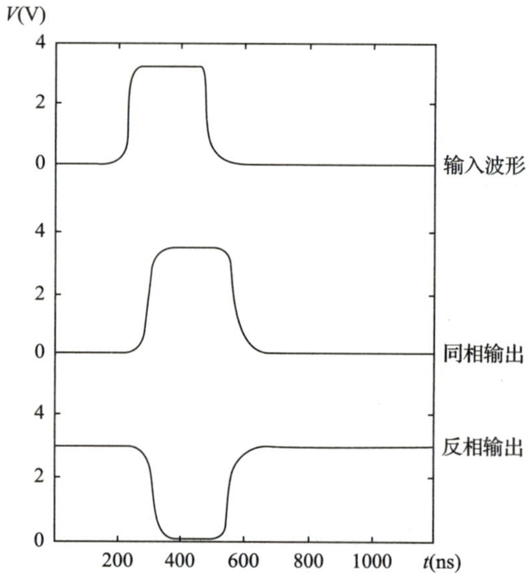

图 8　DYL MOS 反相器的输入输出波形

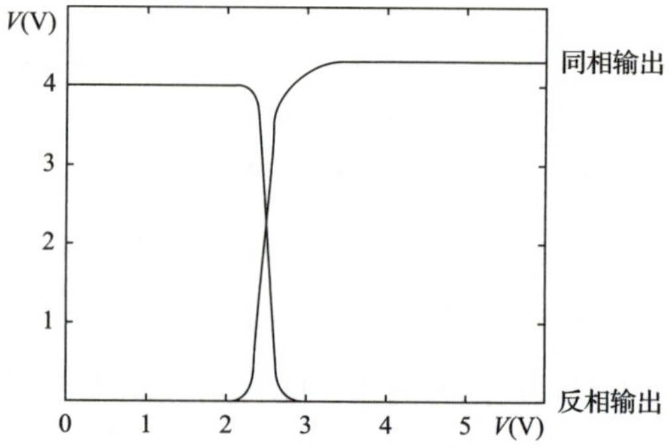

图 9　DYL MOS 反相器的输入输出转移特性曲线

四、结 束 语

本文介绍的 DYL MOS 混合集成电路，比通常的 DYL 电路仅多一步光刻和一步高温工艺，工艺是兼容的。总的来说，工艺简单，不用隔离区。

用 P 沟道 MOS 晶体管与大 β 管相容组成的正逻辑反相器，输入阻抗高，输出阻抗低，逻辑摆幅大，只需一个+5V 的电源。它采用了电阻负载，其传播延时比通常 P 沟道铝栅 MOS 集成电路至少快 5 倍，约为 110ns，最高工作频率可达 5MHz。在 MOS 电路中，限制速度的主要因素是 MOS 晶体管栅电容的充放电时间。栅电容包含栅区本身对衬底的电容以及栅极对源漏区的覆盖电容。在我们的电路中，沟道长度为 20μm，栅对源漏区的覆盖为每边 5μm。如果适当地缩短沟道长度，并采用硅栅自对准工艺，还能够减小栅区电容以及覆盖电容，使电路速度更快。

采用混合集成电路，能使多元逻辑电路某些品种减少管腿占用数，也能使以线性“与或”门为中心的电路功能完备，利于形成规模较大、功能较完整的组件或部件。

混合集成的反相器本身可以作为 MOS 电路和 TTL 电路的接口电路，同时也提供了一种新的逻辑门结构。只要把第一级 MOS 晶体管改成几个 MOS 晶体管并联或串联，就能形成“或非”门或“与非”门电路，它比通常的 P 沟道 MOS 逻辑门电路速度快，驱动能力强。

在研究过程中，孙祥义同志参加了意见，刘济民、时芝明和张冬萱同志也参加了部分工作。还得到胡景香、李大虹、杨亚丽、张书兰、黄瑞兰、刘永强、田国华等周志以及工艺线和制版人员的协助，在此一并表示感谢。

参考文献

[1] 王守觉、孙祥义、王润梅: 电子学报, No.2, pp. 43-51, 1978.
[2] 王守觉、魏书铭、郑洁: 电子学报, No.1, pp. 1-9, 1980.
[3] 王守觉、李致洁等: 电子学报, No.5, pp. 9-16, 1983.
[4] 郑启伦、黄贯光: 电子学报, No.6, pp.23-32,1981.
[5] 王守觉、尹元茂、景士平: 多元逻辑电路 DYL 时分式小型三用电话系统, 中国科学院半导体研究所研究报告.
[6] 郑启伦等: MDA-016 型电话系统研制报告, 华南工学院研究报告, 1984.
[7] 王守觉、王宏道、李秀贤: 多元逻辑电路万能函数发生器, 中国科学院半导体研究所研究报告.
[8] Lee Shi-chua: VLSI Design, Vol.5. pp. 98～100, 1980.

多元逻辑 12 位 × 12 位超高速乘法器*

王守觉　石　寅　朱荣华
（中国科学院半导体研究所）

提　要

本文以多元逻辑电路（DYL）中的线性与或门为“细胞”，构思了体现这种基本门逻辑结构特长的高速数码乘法器结构方案，获得了比目前国际上商品化的高速乘法器更高的运算速度。实验设计制作的 12 位×12 位乘法器实测结果表明：最大乘法时间在 10ns 左右，并能直接插入 TTL 电路系统使用。

文中分析了 DYL 线性与或门在二值逻辑系统中的逻辑结构、电路结构特点，提出了用这种基本门构成高速组合逻辑电路的综合方法，并讨论了实现这种基本门阵列高速的关键。

A Multicell-Type Logic (DYL) 12 bit × 12bit Super High Speed Multiplier

Wang Shoujue, Shi Yin, Zhu Ronghua
(Institute of Semiconductors, Academia Sinica)

Abstract

A high speed multiplier has been described by means of Multicell-Type Logic (DYL) Linear AND-OR gate, which reflects the logic speciality of the Linear AND-OR gate. Consequently, it achieves much higher speed than the multiplier of international market. The data by measuring a 12bit×12 bit multiplier specimen shows: maximal multipling time is about 10ns and its usage can be directly inserted in TTL system.

* 原载于：半导体学报，1987，8（5）：466～473+563～564. 科学基金资助课题.

The feature of the Linear AND-OR gate about both logic and circuit in binary logic is analysed. The synthesis for high speed combination logic with this basic gate is presented. The key of achieving high speed of the basic gate array is also discussed.

一、引　　言

数字乘法运算是数字信号处理和数字电子计算机在求解科学问题过程中的一种主要运算，研究提高数字乘法运算的速度将能较大地增加这类数字系统单位时间内处理的信息流量。为此，自五十年代初起直至今天，人们始终不断地以此为课题，进行研究，取得了很大进展[1-5]。

随着半导体集成技术的发展，这种研究的重点已由五六十年代时期集中在改进原始的时钟控制下的加法-移位算法方式逐步转移到采用独立硬件直接实现数字乘法运算的所谓硬件乘法器或称为阵列乘法器。迄今为止，硅材料的硬件乘法器在单元电路上仍局限于采用 TTL、ECL、MOS 等通用的或稍作变形的基本门，而在乘法器的结构方案上进行了许多改进，在制造技术上不断地采用先进加工工艺，以此来改善乘法器性能。与此不同，本工作是从选择高速的、结构简单的单元电路着手，采用了多元逻辑电路中的线性与或门[6]作为“细胞”，以此来构思能体现这种基本门逻辑结构特长的乘法器结构方案。实验结果表明：获得了比目前国际上商品化的高速乘法器高得多的运算速度，12 位×12 位最大乘法时间为 10ns 左右。

二、DYL 基本门逻辑结构特点及超高速乘法器的结构方案

1. DYL 基本门的逻辑结构特点

考虑图 1 所示的 DYL 基本门，当其输出端没有与其他逻辑门的输出端互连时，其输入输出的逻辑关系表达式为：

$$Y = f\left(x_1,x_2,\cdots,x_{n-1},x_n\right) = x_1 \wedge x_2 \wedge \cdots \wedge x_{n-1} \wedge x_n. \tag{1}$$

进行的是逻辑“与”运算。

当 k 个这样的基本门输出端互连时，总输出与各基本门的逻辑关系表达式为：

$$Y = G\left(f_1, f_2,\cdots, f_{k-1}, f_k\right) = f_1 \vee f_2 \vee \cdots \vee f_{k-1} \vee f_k. \tag{2}$$

式中每个 $f_i(i \in 1 \sim k)$，存在

$$f_i = x_{i_1} \wedge x_{i_2} \wedge \cdots \wedge x_{i_{n-1}} \wedge x_{i_n}.$$

所以整个组合电路进行的是逻辑“与或”运算。显然这是标准的布尔函数最小项之和表达式，由开关理论可知，任一开关函数都可用这种最小项之和来表示。

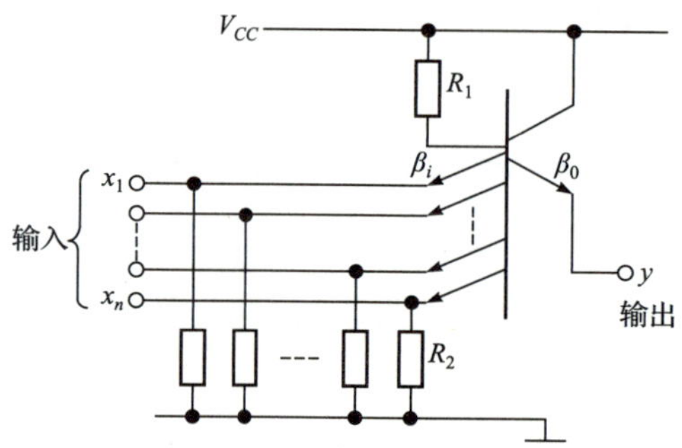

图 1　DYL 基本门

假如上述 k 个基本门的输出端不是象图 1 所示的只是一个，而是有多个，同时每个输出端又根据需要与其他门的输出端互连，此时就能实现属于这 k 个基本门的“与”逻辑运算范围内的 P 个逻辑函数。显然输出端取 2 的组合 P 值为最大：

$$P \leqslant \frac{A_k^2}{2} = \frac{k(k-1)(k-2)\cdots[k-(2-1)]}{2}. \tag{3}$$

这种情况下，该电路实现的逻辑函数 Y 应为：

$$Y = \{Y_1, Y_2, \cdots, Y_{P-1}, Y_P\}. \tag{4}$$

是个有限集合，其元素 $Y_i(i \in 1 \sim P)$

$$Y_i = G_i(f_1, f_2, \cdots, f_{k-1}, f_k).$$

这种用 k 个基本门来同时实现 P 个逻辑函数的方法，用途之一就是用作可编程序逻辑阵列，简称为“PLA”。需强调指出，用 DYL 基本门来实现这种结构，十分简单，只经过一级高速门的传播延迟，速度极快，这正是 DYL 基本门的逻辑结构特长。

DYL 基本门自身没有倒相功能，这是它的另一个逻辑结构特点。在以往的逻辑系统综合中通常采用在必要的地方插入少量倒相单元的方法。由于倒相单元速度通常要比 DYL 基本门慢，制造工艺也较为复杂，因此，在高速逻辑系统综合时，必须尽量减少倒相单元的数量。本文拟用了一种称作为全并行处理法，这种方法，除输入部分需要反码外，整个组合逻辑电路内部可不设倒相单元。其基本原理如下，考虑任一逻辑函数，例如：

$$f = (\bar{A}_1 \wedge A_2) \vee (A_2 \wedge \bar{A}_3) \vee (\bar{A}_1 \wedge \bar{A}_3). \tag{5}$$

容易求得其逻辑反函数为：

$$\bar{f} = (A_1 \wedge \bar{A}_2) \vee (\bar{A}_2 \wedge A_3) \vee (A_1 \wedge A_3). \tag{6}$$

这说明只要输入逻辑变量中同时存在正反码，就能同时产生正反任意逻辑函数。用 DYL

基本门来实现这种方法，本质上就相当于用几个高速的结构简单的 DYL 基本门代替了一个制造工艺复杂的速度较慢的倒相器，而且这时正反逻辑函数的产生只同时经过一级基本门的延迟，速度极快。

2. DYL 基本门超高速乘法器结构方案

硬件乘法器，在确定了所采用的基本单元电路和制造工艺条件后，提高乘法运算速度的着眼点主要是放在如何减少产生全部最终乘积所需经过的逻辑门的级数上。这中间包括如何来产生部分积项（以下简称“PPG”）和如何对部分积项进行求和（以下简称“PPA”）两大内容上，而 PPG 项的多少又将影响 PPA 级数的多少。

（a） PPG 的产生

常规方法：将每一位被乘数和每一位乘数作逻辑“与”运算，运算结果即产生一个 PPG 项。对于数码为 m 位的被乘数 A 和 n 位的乘数 B，需求和的 PPG 项 V 就有 $m\times n-1$ 个（被乘数和乘数的最低位相“与”已为最终乘积）。

本文利用 DYL 基本门的逻辑特长，采用基本门阵列方式构成高速 PLA 来实现低位数乘法器模块，其结果生成 PPG。

考虑被乘数 A 和乘数 B，各自用等间距分割，它们的数值 A_v 和 B_v 就可表示为：

$$\left.\begin{aligned} A_v &= \sum_{i=0}^{\frac{m}{k}-1} A_i 2^{ki} \\ B_v &= \sum_{j=0}^{\frac{n}{l}-1} B_j 2^{lj} \end{aligned}\right\}. \tag{7}$$

式中：k、l 分别为分割被乘数 A 和乘数 B 的间距；A_i、B_j 分别为被乘数的第 i 段、乘数的第 j 段的数码。

此时 $A\times B$ 的乘积 P，其数值 P_v 为：

$$\begin{aligned} P_v &= A_v \times B_v = \sum_{i=0}^{\frac{m}{k}-1} A_i 2^{ki} \cdot \sum_{j=0}^{\frac{n}{l}-1} B_j 2^{lj} \\ &= \sum_{i=0}^{\frac{m}{k}-1} \sum_{j=0}^{\frac{n}{l}-1} A_i B_j 2^{(ki+lj)}. \end{aligned} \tag{8}$$

式中对于脚标 $i\left(i\in 0\sim\dfrac{m}{k}-1\right)$ 和 $j\left(j\in 0\sim\dfrac{n}{k}-1\right)$ 的任意值的乘积项 $A_iB_j2^{(ki+lj)}$ 就是一个基本的 $k\times l$ 位的低位数乘法器模块。图 2 为采用这种方法构成的高位数乘法器的结构框图。

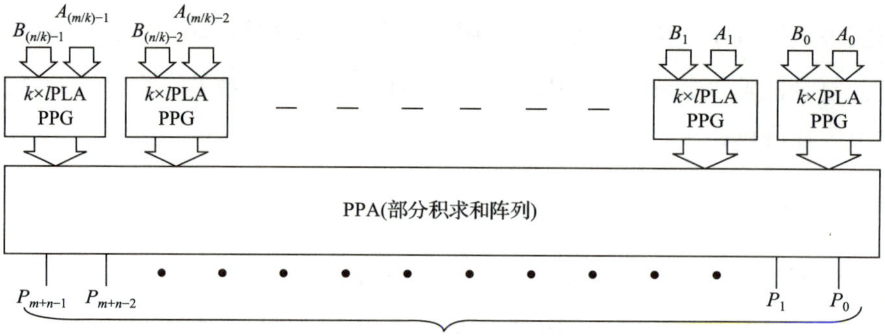

图 2　用低位数 PLA 乘法器模块构成高位数乘法器的结构框图

可以推导出，分割间距 k、l 变化时对应于所需求和的 PPG 项的关系：

$$V=\frac{m}{k}\times\frac{n}{l}\times(k+l)-\min(k,l). \tag{9}$$

式中 $\min(k,l)$ 为不需和其他 PPG 项求和的最终乘积。

对于 12 位×12 位实验对象，$m=n=12$，考虑分割间距相等，即 $k=l$ 的情况，可计算出不同 k 值时的 V 值，并与常规方案比较，结果如表 1 所示。

表 1

k	2	3	4	6
v	142	93	68	42
比常规方案少	1	50	75	101

若采用 ROM 方法来实现 $k\times l$ 位乘法器模块，所需的逻辑门数 G_{ROM} 为：

$$G_{\mathrm{ROM}}=2^k\times 2^l=2^{(k+l)}. \tag{10}$$

采用 PLA 方法来实现，可以化简。两数相乘，只要其中一个数为“0”，乘积必为“0”。由此可推导出用 PLA 方法所需的逻辑门数 G_{PLA} 为：

$$G_{\mathrm{PLA}}=2^{(k+l)}-2^k-2^l+3. \tag{11}$$

表 2 为等间距分割的 12×12 位实验对象，不同的 k 值时的 G_{PLA} 值，并与 G_{ROM} 值相比较。

表 2

k	2	3	4	6
G	11	51	227	3971
比 ROM 法少	5	13	29	125

由上可见，采用 PLA 法来生成 PPG，减少了需求和的部分积数，所需逻辑门亦比

ROM 法少。更值得注意的是，用 DYL 基本门来实现时，能在不增加门数的情况下，利用输出端不同的“线或”，同时形成输出信号的正反码，以致后面 PPA 中可不设任何倒相单元。

实验中选择 $k=l=3$ 。

（b）PPA 的构成

将 $m=n=12,k=l=3$ 代入（8）式，p_v 为：

$$p_v=\sum_{i=0}^{3}\sum_{j=0}^{3}A_iB_j2^{3(i+j)}. \tag{12}$$

由上式可算出每一位最终乘积在不考虑前一位进位数时的 PPG 项。将每一位最终乘积的 PPG 项求和并考虑前一位最终乘积的进位数，可以综合出 PPA 结构图。综合过程中，纵向末层以前的全加器采用 CAS 方式[7]，纵向末层全加器采用 CLA 技术[8]，16 位的快速进位链采用分 4 组，每组为 4 位带扩展的方式来实现。

由于 PPG 及 PPA 中正反码同时输出的全加器均只需经过一级 DYL 基本门的延迟，至此可以计算出整个12×12位乘法器所需经过的门级数。结果如表 3 所示，并与用其他电路来实现的情况相对照。

表 3

门级数	PPG 部分	PPA 部分	快速进位链部分	共
DYL	1	5	3	9
TTL	2	24	6	32
变形 ECL	1	12	3	16

三、DYL 基本门电路结构特点及其高速门阵列设计

从电路的角度来看，与常规逻辑集成电路不同，DYL 基本门是一种无阈值的线性逻辑门。可以推导出[9]它的电压传输特性中具有如下一个性质：

$$\begin{cases}\dfrac{d\Delta V_{BE}}{dV_i}=\dfrac{-\left[(1+\beta_0)+m\dfrac{R_1}{R_2}\right]r_{bi}}{\left[1+\beta_0-m(1+\beta_i)\right]R_1}-\dfrac{m\left(1+\beta_i+\dfrac{R_1}{R_2}\right)r_{b0}}{\left[1+\beta_0-(1+\beta_i)m\right]R_1}\\ \qquad+\dfrac{kT/q}{V_i-\dfrac{V_{cc}-V_{BEi}}{1+\dfrac{mR_1}{(1+\beta_0)R_2}}}-\dfrac{kT/q}{V_i-\dfrac{V_{cc}-V_{BEi}}{1+\dfrac{R_1}{(1+\beta_i)R_2}}}.\\ \Delta V_{BE}=V_{BEi}-V_{BE0}\end{cases} \tag{13}$$

式中：V_{BEi}、V_{BE0} 分别为门中输入、输出晶体管的发射结电压降，r_{bi}、r_{b0} 分别为输入、输出晶体管的基极串联电阻，β_i、β_0 分别为输入、输出晶体管的共发射极电流放大倍数，m 为扇出数，V_i 为输入电压值。

将电路中的实用参数代入，可知式中四项均为数值较小的负值。可见信号通过基本门传输后会出现一点摆幅衰减（每经一级门的衰减量为 0.1 伏左右）。在连续经过这种门传输级数较多的场合，必须设法减少每级门的衰损。此时，可以采用图 3 所示的有源馈电方式[10]基本门。同样可以推导出有源馈电方式的与（13）式相对应的表达式：

$$\frac{d\Delta V_{BE}}{dV_i}=\frac{-mr_{bi}}{\left[1+\beta_0-m\left(1+\beta_i\right)\right]R_2}-\frac{r_{b0}}{\left[1+\beta_0-\left(1+\beta_i\right)\right]R_2}+\frac{kT/q}{V_i-\dfrac{I_bR_2\left(1+\beta_0\right)}{m}}-\frac{kT/q}{V_i-I_bR_2\left(1+\beta_i\right)}. \tag{14}$$

式中：I_b 为恒流偏流，k、T、q 为通常定义。

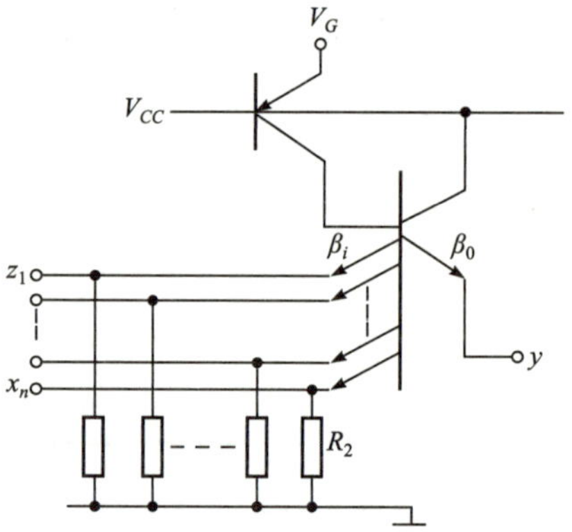

图 3　有源馈电 DYL 基本门

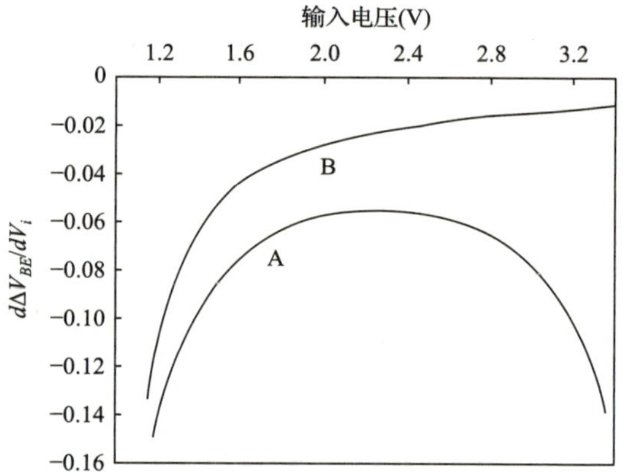

图 4　两种馈电方式基本门 $d\Delta V_{BE}/dV_1$ 随输入电压的变化

A：电阻馈电方式 B：有源馈电方式

图 4 为实用参数下的两种馈电方式的 $d\Delta V_{BE}/dV_i$ 随输入电压的变化曲线。图中曲线是将实用参数 $r_{bi}=r_{b0}=20\,\Omega$、$R_1=2\text{k}\Omega$、$R_1/R_2=4$、$\beta_0=60$、$\beta_i=0.2$、$m=3$、$I_b=\dfrac{V_{CC}-V_{BEi}}{1-\dfrac{R_1}{\left(1+\beta_i\right)R_2}}$ 代入（13）、（14）式后求得的。由图可见有源馈电方式的数值较小，即对信号衰减较小，有利于在多级门级联的情况下使用。

文献[6]指出，DYL 基本门在较粗的加工尺寸下，每门延迟小于 1ns。文献[11]指出，采用高速工艺后，已实现极高速。对基本门的动态过程进行分析可知，由于结构上的原因，正偏下的输入发射结的扩散电容较大，这对加速电路的动态过程起了十分重要的作用。图 5 是以有源馈电基本门作实验，用间接方法测得的不同 I_b 时，输入端加阶跃脉冲，输入发射结的瞬态响应。由图可见 I_b 大于 400μA 后，由于输入发射结扩散电容较大，信号可近似看作不产生延迟直接通过输入发射结，相反，当 I_b 较小时，输入发射结扩散电容较小，瞬时会出现发射结反偏，动态过程大大加长。

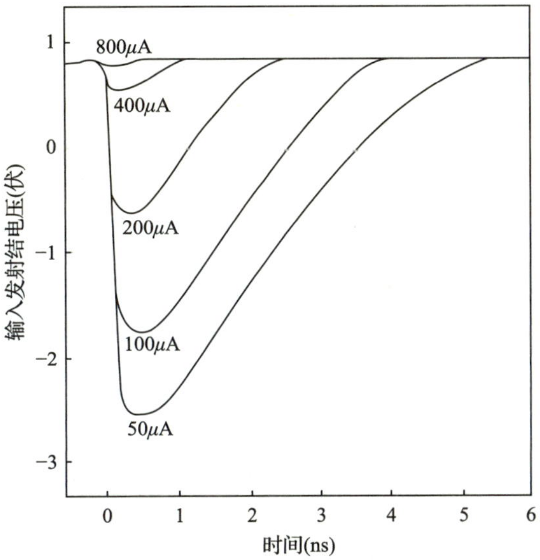

图 5 不同 I_b 时的输入发射结瞬态响应

在合理选择输入发射结电流的情况下，忽略信号通过输入发射结的延迟，采用比较接近实际情况的模型，可以推导出基本门的平均传输延迟时间 t_p^d 的表达式[9]：

电阻馈电方式：

$$t_p^d = \left[0.7 + \ln\frac{(r_i + r_s)c_i}{(r_i + r_s)c_i - (r_0 + r_s)c_0}\right]\tau_i \\ +0.35\left[(1-\alpha_0)(R_1 + r_0)mc_{c0} + R_2c_{c0}\right]. \tag{15}$$

有源馈电方式：

$$t_p^d = \left[0.7 + \ln\frac{(r_i + r_s)c_i}{(r_i + r_s)c_i - (r_0 + r_s)c_0}\right]\tau_i \\ +\left[0.7 + \frac{1}{2}\ln\frac{I_b(1+\beta_0) - V_{0L}}{V_{0H} - V_{0L}}\right]R_2c_{c0}. \tag{16}$$

式中：$(r_i + r_s)$ 、$(r_0 + r_s)$ 分别为输入、输出晶体管基极串联电阻，r_s 为两者的公共部分；

c_i 、c_0 分别为输入、输出晶体管的寄生电容；c_{c_0} 为下级门的输入电容；V_{0H}、V_{0L} 分别为基本门输出的高低电平值；τ_i 近似等于 $(r_i+r_s)c_i$ 。

根据 DYL 基本门制造工艺参数，考虑采用泡发射区工艺，发射结面积设为 $5\times5\ \mu m^2$ ，此时可以算得 c_i、c_0、c_{c_0} 的平均值分别为：

$$\left.\begin{aligned}\overline{c}_i &= (n-1)1.22 + n0.063 + 0.1 \quad &(\text{pF})\\ \overline{c}_0 &= k(0.214+0.047) \quad &(\text{pF})\\ \overline{c}_{c_0} &= 1.22+0.1 \quad &(\text{pF})\end{aligned}\right\}. \tag{17}$$

式中：n 为输入端数，k 为输出端数（由于 k 通常小于 n ，所以 $\overline{c}_i$ 总是远大于 $\overline{c}_0$ ）。

可以得出 DYL 门阵列实现高速的关键：1.要合理选择输入发射结电流，以保证有足够大的输入发射结电容使信号能不产生延迟地通过输入发射结。2.由（17）式可见，输入晶体管寄生电容 $\overline{c}_i$ 为最大，而 $\overline{c}_i$ 中，输入发射结电容又为主要成分，为此要设法减小输入发射结面积，以减小 $\overline{c}_i$ ；同时还要通过增加浓硼杂质浓度，适当加宽浓硼区宽度来降低 r_i 和 r_s ，从而来减小 τ_i 。3.采用浅结扩散工艺，提高输出晶体管的 f_T ，以减小（15）、（16）式第一项中的附加对数项。4.适当减小 R_2 ，用增加一点功耗来提高速度。

四、12 位 × 12 位超高速乘法器的设计制造及实际测试结果

根据前面讨论的结构方案，采用有源馈电方式基本门阵列进行设计制造。整个 12 位× 12 位乘法器采用四种芯片构成，它们的代号分别为：1.HSM-0，2.HSM-2，3.HSM-3，4.HSM-4。管芯照片如图 6 所示。

(a) HSM-0

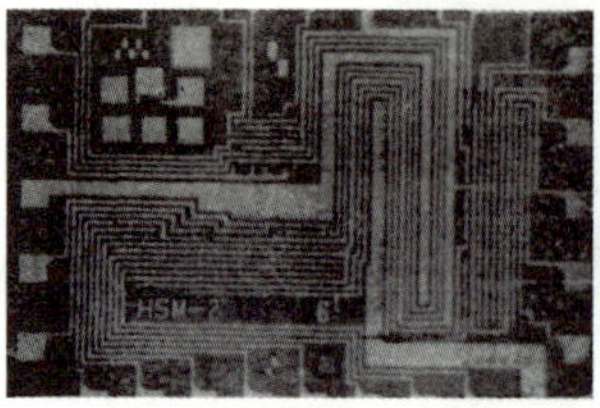

(b) HSM-2

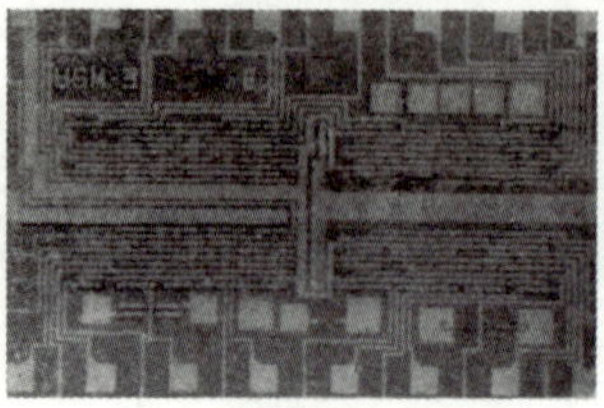

(c) HSM-3

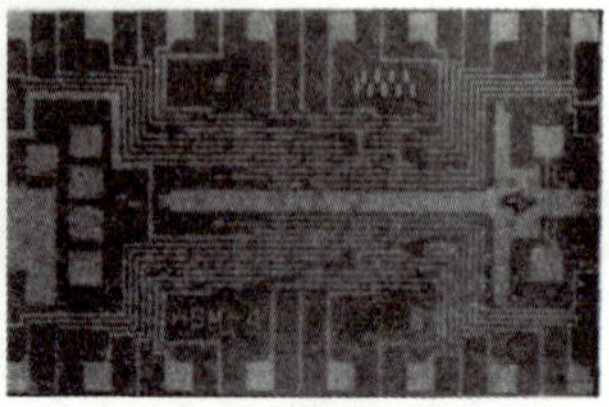

(d) HSM-4

图 6

图 7 为乘法器从数据输入，经乘法器中最长的传播延迟后产生最终乘积实测的某位波形。图中延迟时间，即为最大乘法时间，为 10ns 左右。为了便于测量，图中输出波形经示波器 Y 轴通道放大了 0.9 伏左右。图 8 为未经放大的输入输出信号实测波形照片，输出波形低电平抬升了 0.9 伏左右，经二极管电平移位后的实际逻辑电平足以能直接驱动 TTL 电路。图 9 为输出信号直接驱动二个 TTL 反相器的实测照片。

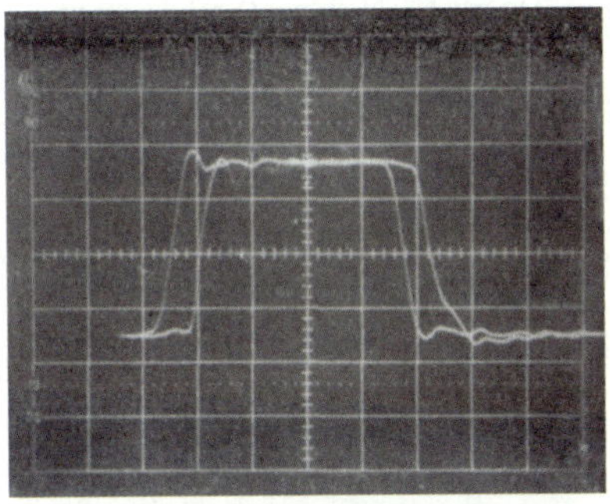

图 7

横坐标每格 20ns 纵坐标每格 1 伏

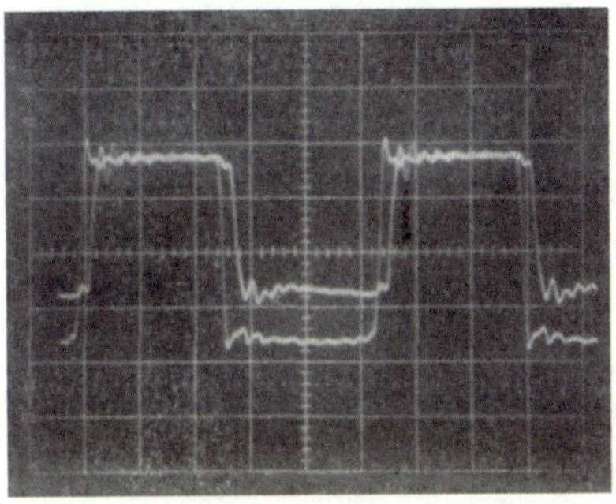

图 8

横坐标每格 50ns 纵坐标每格 1 伏

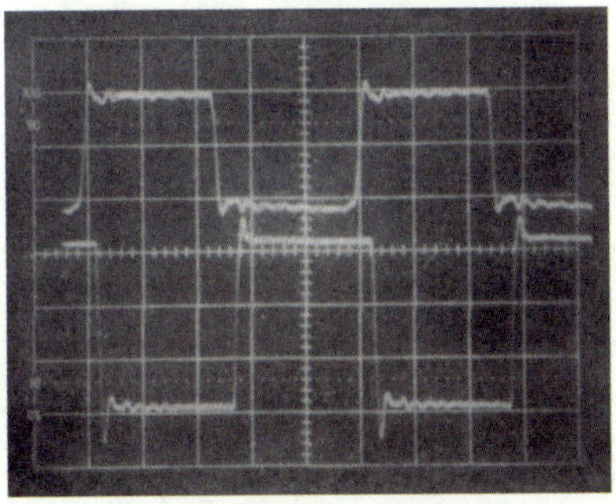

图 9

横坐标每格 50ns 纵坐标每格 1 伏

五、结　束　语

全部采用 DYL 基本门阵列构成的 12 位×12 位乘法器业已实现了超高速，最大乘法时间在 10ns 左右，并能直接插入 TTL 电路系统中使用。这证明了本文所采用的设计方法的可行性。可以推算，利用相同原理构成更高位数的乘法器，例如 16 位×16 位，乘法时间也将在 15ns 以内。这将为高速逻辑系统，尤其是超高速运算部件的研制提供可行的新途径。

赵泉沐、侯静媛、曹秀兰、李大虹参加了本实验乘法器管芯的试制工作，中国科学院半导体研究所二室全体同志给予了大力支持，在此表示感谢！

参考文献

[1] A. D., Booth., Quart. *J. Mech. Appl. Math*. 4, 236, (1951).
[2] J. E. Robertson., *IRE Trans*. EC-4, 118 (1955).
[3] C. S. Walluce., *IEEE Trans*. EC-13, 14 (1964).
[4] D. P. Agrawal, *IEEE* Computer Society 75C1017-3C, 208 (1975).
[5] H. Yamauchi, *IEEE Trans*, SC-18, 204 (1983).
[6] 王守觉、孙祥义、王润梅，电子学报,6,43(1983).
[7] O. L. Mactorley, *IRE*, 49, 67-91. Jan. (1961).
[8] G. W. Reitwiesner., *IRE. Trans*. EC-9. 35-38 (1960).
[9] 石寅，中国科学院半导体研究所研究生论文, (1986).
[10] 王玉富，中国科学院半导体研究所研究生论文, (1981).
[11] 王守觉、李致洁等，电子学报, 11, 9, (1983).

DYL 确定零点失调模拟开关 D/A 转换器*

石　寅　王守觉
（中国科学院半导体研究所）

提　要

本文提出了采用确定零点失调电子模拟开关构成数模转换器的结构方式。它克服了常规零失调误差电子模拟开关制造难度大以及随之带来的其他缺点。文中以多元逻辑电路中的线性与或门配置其他辅助元件实现了这种结构。核心部件电子开关制造容易、成本低、输出电阻可补偿、温度特性好、工作速度极快。实验八位线性与或门数模转换器结果表明：全量程、全温区的线性误差小于±0.5L.S.B，建立时间在 5ns 左右。文中对线性与或门确定零点失调电压模拟开关的输出电阻，实现零温度系数的条件以及工作精度进行了分析。

A D/A Convertor with DYL Unified Offset-Voltage at Zero Point Electronic Analog Switch

Shi Yin, Wang Shou-jue
(Institute of Semiconductors, Academia Sinica)

Abstract

A configuration about D/A convertor has been described by means of a unified offet-voltage at zero point electronic analog switch which is able to overcome the difficulties in manufacturing the ordinary non-offset-voltage at zero point electronic switch and other disadvantages. This paper offers a way to achieve the above-mentioned configuration by using the Multicell Type Logic (DYL) Linear AND-OR Gate and other additional devices. The electronic switch, a key

* 原载于：电子学报，1988，16（5）：48～55.

device, can be easily made at low cost. Its output resistance can be offset and its working speed can be very high. The experimental results of 8 -bit Linear AND-OR Gate D/A convertor show: Linear error＜±0.5 L. S. B. the setting time is about 5ns.The paper also analyses the output resistance of the DYL unified offsetvoltage at zero point electronic analog switch, the condition of making zero temperature coefficient and the work precision.

一、引　　言

至今电子数模转换器中的电子模拟开关在原理上仍局限于采用零失调误差结构[1-7]。在关态时，它意味着要求电压型模拟开关输出理想的“地”电平，要求电流型模拟开关输出理想的“零”电流，以实现转换器的零失调误差。这些要求，给电子开关部件的实际设计制造增加了难度；与此同时，也带来了新的矛盾，造成转换器的某些性能下降。如电压型转换器中的工作速度，电流型转换器中的温度特性等[8,9]。

如果改变这种方式，采用易于制造的确定零点失调的电子开关，而在转换器的输出端进行失调校正，同样实现了转换器输出零失调误差，带来的明显优点是降低了电子开关的制造难度，而又能改善由于制造零失调误差电子开关附加带来的新矛盾。

本文根据上述设想，采用多元逻辑电路[10]中的线性与或门构成一种确定零点失调电压模拟开关，以此为核心部件，配置其他元件，构成完整的数模转换器。由于直接采用常规工艺下制造的线性与或门作为电子开关，制作难度大为下降，且工作速度极快，外接无源电阻网络，由此构成的数模转换器可望获得较高的性能价格比。

二、线性与或门确定零点失调电压模拟开关及其数模转换器的结构原理

1. 线性与或门确定零点失调电压模拟开关

图 1 为线性与或门确定零点失调电压模拟开关线路原理。由文献[11]可知，它完成如下功能：

$$f_0 = \max\left[\dot{V}_1, \min\left(V_{ci}, \dot{V}_2\right)\right] \tag{1}$$

式中：$\dot{V}_1$、$\dot{V}_2$ 分别为参考电源 V_1、V_2 经模拟开关输出后的值，相比 V_1、V_2 数值上略有偏移。

V_{ci} 为模拟开关控制信号 C_i 的电平值。(为了防止控制信号对模拟开关输出的 $\dot{V}_1$ 、$\dot{V}_2$ 电平产生交叉影响，可以证明，关态控制信号的电平值应小于 V_1 电平值 0.2 伏，开态控制信号的电平值应大于 $\dot{V}_2$ 电平值 0.2 伏)。

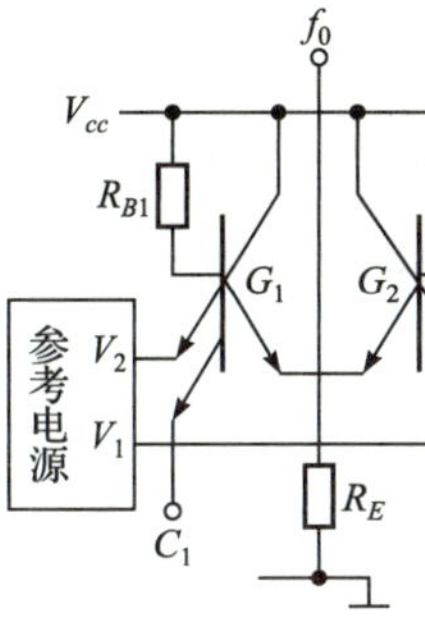

图 1

由式(1)可见，这种模拟开关的控制信号为关态时，输出一个确定的零点失调电压 $\dot{V}_1$，控制信号为开态时，输出 $\dot{V}_2$ 电平；即，控制信号的跳变，产生模拟开关输出 $\dot{V}_2-\dot{V}_1$ 的电平差。

2. 线性与或门数模转换器结构原理

显然，当图 1 中参考电源 V_2-V_1 为标准电源，模拟开关的输出电阻又满足远小于负载电阻，此时，模拟开关输出的 $\dot{V}_2-\dot{V}_1$ 值亦为标准电源。

图 2 是以 n 个这种结构的模拟开关为核心部件构成的 n 位数模转换器的原理框图。图中各位模拟开关后接对应的 $R-2R$ 电阻网络臂，电阻网络输出信号为经数模转换后的信号，但具有确定零点失调特性。为了消除失调误差，提高驱动能力，电阻网络后配接了失调校正暨输出缓冲电路。

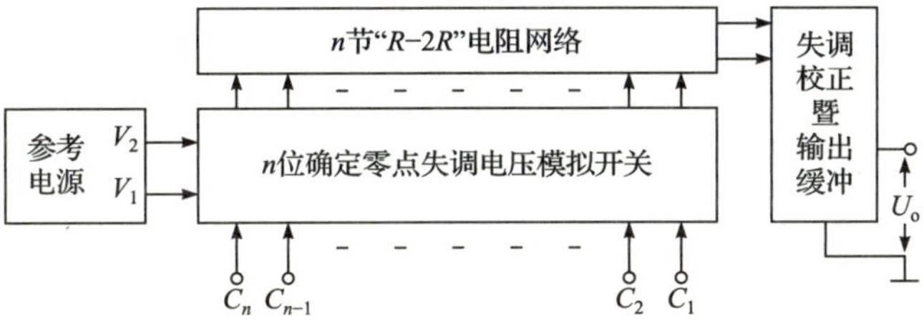

图 2

根据电路理论，容易求得这种数模转换器的输出电压 U_o 与各控制信号的传递函数关系：

$$U_o=\left(\dot{V}_2-\dot{V}_1\right)\sum_{i=1}^{n}\frac{C_i}{2^i}+\dot{V}_1 \tag{2}$$

式中：C_i 为第 i 位模拟开关的控制信号，关态和开态分别取值为“0”和“1”。

三、线性与或门确定零点失调模拟开关主要特性参数分析

1. 输出电阻

通常，电压型模拟开关的工作精度主要受限于它的输出电阻[8]。这里，线性与或门

电压模拟开关采用了确定零点失调方式，具体实现中分别由两个线性与或门输出两个具有确定输出电阻的不同电平。自然，这两个不同电平的输出电阻中的相等部分可以归并进电阻网络中的 $2R$ 阻值内加以补偿。容易看出，设法使这两个输出电平的输出电阻相等或相近，就能消除或基本消除这种模拟开关的输出电阻对工作精度的影响。

考虑图 3（a）所示的输入端接标准参考电源的线性与或门的输出电阻。在输出电阻值远小于 $R-2R$ 电阻网络的等效阻值前提下，可采用图 3（b）所示的小信号等效电路来分析。图中 r_{bei}、r_{beo} 分别为线性与或门中输入输出晶体管的基极输入电阻；g_{mi}、g_{mo} 为输入输出晶体管的跨导。由于参考电源为标准电源，内阻 R_{Vx} 很小，两电流源内阻很大，在阻抗计算中可以被忽略。容易求得此时的模拟开关的输出电阻 r_{out} 为：

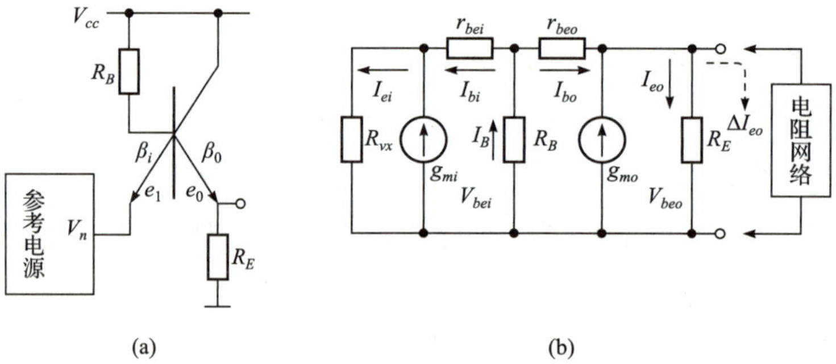

图 3

$$r_{out} = \frac{R_B // r_{bei} + r_{beo}}{\beta_0 + 1} // R_B \tag{3}$$

又由于存在如下关系：

$$r_{bei} = r_{bi} + (\beta_i + 1)\frac{kT}{qI_{ei}}, \quad r_{beo} = r_{eo} + (\beta_0 + 1)\frac{kT}{qI_{eo}}$$

式中：r_{bi}、r_{eo} 分别为输入输出晶体管的基极串联电阻；I_{ei}、I_{eo} 分别为输入输出晶体管的发射结电流；q、k、T 为通常定义。

可以求得 r_{out} 的完整表达式：

$$= r_{out} \frac{\left\{\dfrac{R_B\left[r_{bi} + (\beta_i + 1)kT / qI_{ei}\right]}{R_B + \left[r_{bi} + (\beta_i + 1)kT / qI_{ei}\right]} + r_{bo} + (\beta_0 + 1)\dfrac{kT}{qI_{eo}}\right\} R_E}{\left\{\dfrac{R_B\left[r_{bi} + (\beta_i + 1)kT / qI_{ei}\right]}{R_B + \left[r_{bi} + (\beta_i + 1)kT / qI_{ei}\right]} + r_{bo} + (\beta_0 + 1)\dfrac{kT}{qI_{eo}}\right\} + (\beta_0 + 1) R_E} \tag{4}$$

图 4 为代入实际工艺参数，分别调节 I_{ei}、I_{eo} 的输出电阻曲线，并附以实测数据。

由图可见，当 I_{ei} 大于 0.4mA 后，r_{out} 主要依赖于 I_{eo} 的大小变化。显然 I_{eo} 为恒流时，模拟开关输出任意电平的输出电阻均为恒值，按照前面所提及的将其归并进电阻网络的 $2R$ 阻值中，就能完全消除模拟开关的输出电阻对工作精度的影响。

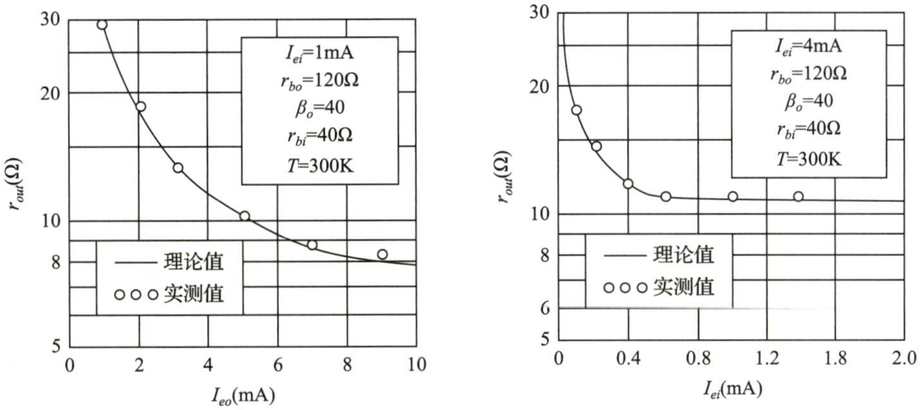

图 4

考虑到实际电路满足如下关系：

（1）$\begin{cases} R_B \gg \left[r_{bi} + (\beta_i + 1)kT / qI_{ei}\right] \\ R_E \gg \dfrac{R_B // \left[r_{bi} + (\beta_i + 1)kT / qI_{ei}\right] + r_{bo} + (\beta_0 + 1)kT / qI_{eo}}{\beta_0 + 1} \end{cases}$

（2）$\beta_0 \gg \beta_i$

并认为 β 值随温度变化是次要因素，可求得：

$$\partial r_{out} / \partial t = k / qI_{eo} \tag{5}$$

当 $I_{eo} = 1\text{mA}$ 时，r_{out} 的温度系数仅为 $8.62 \times 10^{-8} \Omega / \text{K}$，因此可以近似认为 r_{out} 不随温度变化。

2. 输出 $\dot{V}_2 - \dot{V}_1$ 的温度系数

设模拟开关输出 $\dot{V}_1$ 的温度系数为 $T_{c\dot{V}1}$，输出 $\dot{V}_2$ 的温度系数为 $T_{c\dot{V}2}$，则输出 $\dot{V}_2 - \dot{V}_1$ 的温度系数 T_c 为：

$$T_c = T_{c\dot{V}2} - T_{c\dot{V}1} \tag{6}$$

由线路结构可知,单个线性与或门的温度系数应为门中输入输出晶体管发射结的温度系数之差。根据晶体管原理，可以求得线性与或门输出某一电平 V 时的温度系数 T_{cV}[12]：

$$T_{cV}=\frac{\partial V_{BE(T)\text{入}V}}{\partial T}-\frac{\partial V_{BE(T)\text{出}V}}{\partial T}=\frac{\partial}{\partial T}\left(\frac{kT}{q}\ln\frac{I_{ES(T_A)\text{入}V}}{I_{ES(T)\text{入}V}}\right)+\frac{1}{T_A}V_{BE(T_A)\text{入}V}-\frac{\partial}{\partial T}\left(\frac{kT}{q}\ln\frac{I_{ES(T_A)\text{出}V}}{I_{ES(T)\text{出}V}}\right)-\frac{1}{T_A}V_{EB(T_A)\text{出}V} \tag{7}$$

式中：脚标T、T_A分别表示温度为T、T_A；脚标入、出分别表示门中的输入输出晶体管；I_{ES}为发射极基极间反向饱和电流。

将输出$\dot{V}_2$和输出$\dot{V}_1$的温度系数代入式（6），可以求得：

$$T_c=\frac{\partial}{\partial T}\left(\frac{kT}{q}\ln\frac{I_{ES(T_A)\text{入}\dot{V}_2}}{I_{ES(T)\text{入}\dot{V}_2}}\right)-\frac{1}{T_A}V_{BE(T_A)\text{入}\dot{V}_2}-\frac{\partial}{\partial T}\left(\frac{kT}{q}\ln\frac{I_{ES(T_A)\text{出}\dot{V}_2}}{I_{ES(T)\text{出}\dot{V}_2}}\right)-\frac{1}{T_A}V_{BE(T_A)\text{出}\dot{V}_2}-\frac{\partial}{\partial T}\left(\frac{kT}{q}\ln\frac{I_{ES(T_A)\text{入}\dot{V}_1}}{I_{ES(T)\text{入}\dot{V}_1}}\right)-\frac{1}{T_A}V_{BE(T_A)\text{入}\dot{V}_1}+\frac{\partial}{\partial T}\left(\frac{kT}{q}\ln\frac{I_{ES(T_A)\text{出}\dot{V}_1}}{I_{ES(T)\text{出}\dot{V}_1}}\right)+\frac{1}{T_A}V_{BE(T_A)\text{出}\dot{V}_1} \tag{8}$$

注意到工艺上的一致性，即存在如下关系：

$$I_{ES(T_A)\text{入}\dot{V}_1}=I_{ES(T_A)\text{入}\dot{V}_2},\quad I_{ES(T_A)\text{出}\dot{V}_1}=I_{ES(T_A)\text{出}\dot{V}_2}$$
$$I_{ES(T)\text{入}\dot{V}_1}=I_{ES(T)\text{入}\dot{V}_2},\quad I_{ES(T)\text{出}\dot{V}_1}=I_{ES(T)\text{出}\dot{V}_2}$$

则（8）式可简化为：

$$T_c=\frac{1}{T_A}(V_{BE(T_A)\text{入}\dot{V}_2}-V_{BE(T_A)\text{入}\dot{V}_1})-\frac{1}{T_A}(V_{BE(T_A)\text{出}\dot{V}_2}-V_{BE(T_A)\text{出}\dot{V}_1}) \tag{9}$$

利用结电流与结电压的关系，可以求得：

$$T_c=\frac{k}{q}\ln\frac{I_{e(T_A)\text{入}\dot{V}_2}/I_{e(T_A)\text{入}\dot{V}_1}}{I_{e(T_A)\text{出}\dot{V}_2}/I_{e(T_A)\text{出}\dot{V}_1}} \tag{10}$$

上式说明，只要模拟开关中两线性与或门的输入发射结电流之比等于输出发射结电流之比，模拟开关输出$\dot{V}_2-\dot{V}_1$的温度系数为“零”。设：

$$\Delta\text{入}=\frac{I_{e(T_A)\text{入}\dot{V}_2}}{I_{e(T_A)\text{入}\dot{V}_1}};\quad \Delta\text{出}=\frac{I_{e(T_A)\text{出}\dot{V}_2}}{I_{e(T_A)\text{出}\dot{V}_1}}$$

图 5 为输出$\dot{V}_2-\dot{V}_1$的温度系数随Δ入 / Δ出的变化曲线。

表 1 为调节Δ入 / Δ出=1 时，模拟开关输出$\dot{V}_2-\dot{V}_1$随温度变化的实测数据，与上述理论符合很好。

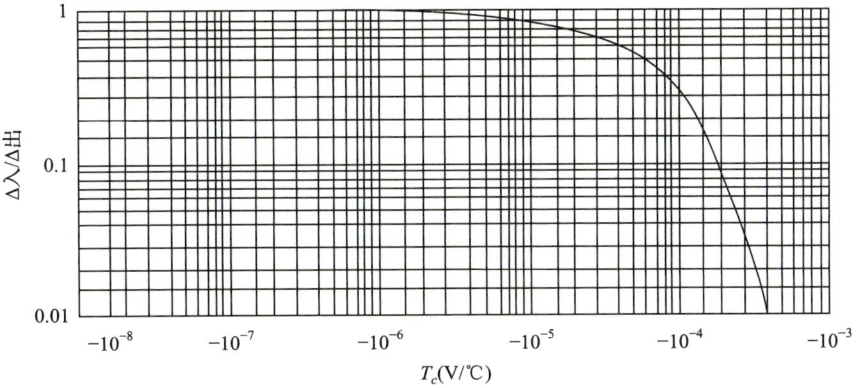

图 5

表 1

温度℃	25	30	35	40	45	50	55	60
参考电平（V）	1.8903	1.8903	1.8903	1.8904	1.8903	1.8904	1.8903	1.8903
温度（℃）	65	70	75	80	85	90	95	100
参考电平（V）	1.8904	1.8903	1.8903	1.8904	1.8903	1.8903	1.8903	1.8904

3. 输出标准参考电平的相对误差

同一管芯中，相同输入下的不同线性与或门模拟开关间的输出偏差是由于加工偏差引起的。考虑两个模拟开关时的情况，设其中一个相对于另一个产生相对加工偏差。分析电路结构可知，引起输出偏差的主要因素是发射区面积 A_E、偏置电阻 R_B、输出发射极电阻 R_E 产生偏差 ΔA_E、ΔR_B、ΔR_E 引起的、容易推导出各自的相对偏差引起的有关发射结压降偏差 ΔV_{BE} 的关系：

$$\Delta V_{BE(A_E)}=\frac{kT}{q}\ln\frac{1}{1-\dfrac{\Delta A_E}{A_E}} \tag{11}$$

$$\Delta V_{BEi(R_B)}=\left[r_{bi}+(1+\beta_i)\frac{kT}{qI_{ei}}\right]\left(\frac{\dfrac{\Delta R_B}{R_B}}{1-\dfrac{\Delta R_B}{R_B}}\cdot I_{RB}-\frac{I_{eo}}{\beta_0+1}\right) \tag{12}$$

$$\Delta V_{BEo}(R_E)=\left[r_{bo}+(1+\beta_0)\frac{kT}{qI_{eo}}\right]\left(\frac{\dfrac{\Delta R_E}{R_E}}{1-\dfrac{\Delta R_E}{R_E}}\cdot I_{RE}\right) \tag{13}$$

式中：I_{R_B}、I_{R_E} 分别为电阻 R_B、R_E 中的电流值。

当一模拟开关相对于另一模拟开关产生等比例相对误差时，由式（11）可知，产生误差的那个门的输入输出发射结的偏差量相等，而它们对于总输出的效果是互补的，偏差抵消。进一步的分析可以证明[12]：R_B、R_E 的偏差效果也是互补的，两者虽不能完全抵消，但可使总的输出偏差减小到很小的地步。

当两个模拟开关产生随机相对偏差时，显然产生误差门中两发射结面积电阻 R_B、R_E 产生相反的相对误差时，总的输出偏差为最大。将实用工艺参数代入式（11）、（12）、（13），可以计算出相对加工误差为5%时，最大输出偏差小于4mV，相对加工误差为1%时，最大输出偏差为1mV左右。当 $\dot{V}_2-\dot{V}_1$ 为2伏，相对加工误差为5%时，容易算得这种模拟开关可用以实现八位数模转换器的精度；相对加工误差减小到1%时，能实现十位数模转换器的精度；进一步减小相对加工误差，或进一步增大 $\dot{V}_2-\dot{V}_1$ 时，能实现的数模转换器的精度还可继续提高。

四、零点失调校正暨输出缓冲电路

从既满足失调校正又实现输出缓冲考虑，本文采用图6所示两种线路。（a）图用于后接输入阻抗不很低的场合；（b）图增加了一级射极跟随器的延迟，但降低了输出阻抗。两图中双射极跟随器下接双等值恒流源，保证了输出温度系数相等。设计时只要满足如下关系：

$$R_1 = R_2;\quad R_3 = \frac{V_{EE} - V_{be}}{3I_{R_1}};\quad R_4 = \frac{V_{EE} - V_{be}}{I_{R_1}}$$

就能实现电路输出零失调误差。这种电路，线路简单，温度特性好，速度极快。

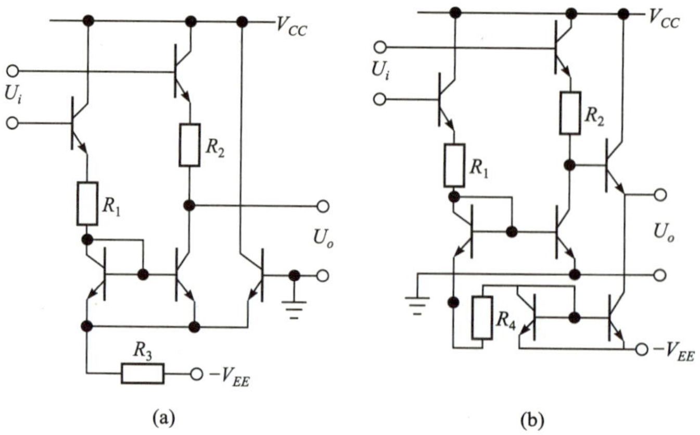

图6

五、实验八位线性与或门数模转换器

图 7 为实验八位线性与或门数模转换器实际线路。设计制造中，模拟开关及缓冲输出级中的射极跟随器采用图形发生器制版，而采用常规工艺制造。实测表明，同一管芯中的各模拟开关最大偏差小于 2mV。外接电阻网络，构成完整的数模转换器，采用高精度数字电压表测试表明：全量程满足八位线性误差要求。图 8 为管芯、经放大的转换器输入计数脉冲的局部输出以及输入从全“0”到全“1”的输出照片。由照片 C 可见转换器从全“0”到全“1”的建立时间仅为 5 ns 左右（已包括了示波器自身的上升时间），速度相当快，特别适宜于高速领域中使用。

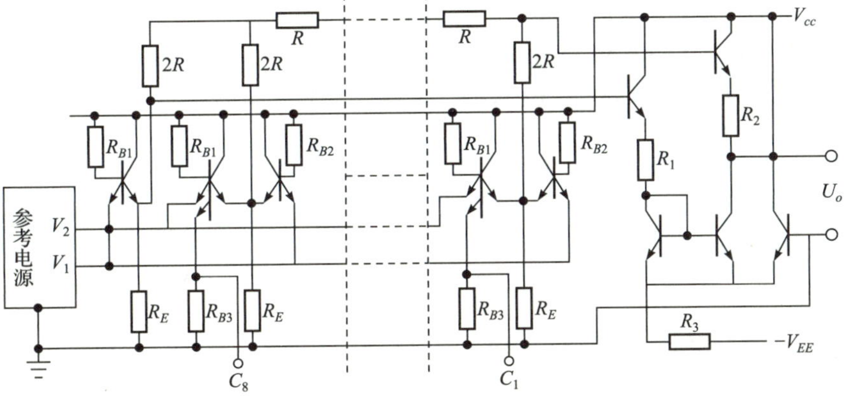

图 7

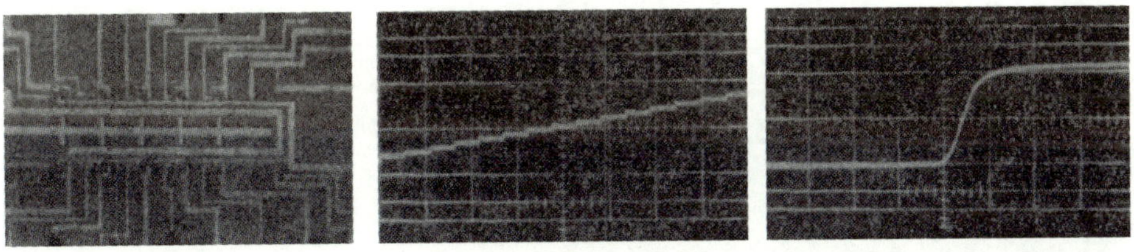

(a) 管芯

(b) 局部输出
纵轴：50mV/格，横轴：0.2μs/格

(c) 输入从全“0”到全“1”的输出波形
纵轴：500mV/格，横轴：5ns/格

图 8

转换器的温度实验也表明：在 −20～125°C 范围内，线性误差小于 $\pm\frac{1}{2}$ L.S.B

六、结　束　语

采用确定零点失调模拟开关构成无零点失调误差的标准数模转换器的思想已用多元

逻辑电路中的线性与或门配接其他元件实现了。核心部件线性与或门确定零点失调电压模拟开关制造中不需要外延、隔离工艺，成本低，又消除了常规电压型模拟开关工作速度低的缺点。由于模拟开关结构上的互补，带来二个明显优点：1.能对模拟开关输出电阻进行补偿，克服了常规电压型模拟开关由于输出电阻而影响工作精度提高的弊端；2.合理设计后，能获得接近于零的温度系数。所有这些特性，对制造高性能的数模转换器，都将是十分吸引人的。

本工作得到中国科学院半导体研究所二室工艺线全体同志的支持帮助，在此表示感谢！

参考文献

[1] T. Miki: IEEE Trans., Vol. SC-21, No. 6, pp. 983-988, 1986.
[2] H. J. Schouwenaars; IEEE Trans., Vol. SC-21, No.3, pp.424-429, 1986.
[3] K. Maio: IEEE Trans., Vol. SC-20, No. 6, pp. 1133-1137, 1985.
[4] J. R. Naylor: IEEE Trans., Vol. SC-18, No.6, pp. 729-735, 1983.
[5] T. S. Guy; IEEE Trans., Vol. SC-17, No.6, pp. 1127-1132, 1982.
[6] P. H. Sanl: ISSCC Deg. Tech. Papers., pp. 13-22,1980.
[7] D. T. Comer: IEEE Trans., Vol. CAS-25, No.7, pp.504-509, 1978.
[8] H. 施米德[美]: 电子式模拟-数字转换, 第四章, 国防工业出版社, 1976.
[9] E.R.Hnatek;A User's Handbook of D/A and A/D Converters, Chapter 4, A Wiley-Intersxience Publication. 1976.
[10] 王守觉、孙祥义、王润梅: 电子学报, Vol.6.No. 2 pp.43-51,1978.
[11] 王守觉: 电子学报, Vol.14,No.5, pp.1～11, 1986.
[12] 石寅: 中国科学院半导体研究所研究生论文, 1981.

The New Super-High-Speed Digital Circuit Based on Linear AND-OR Gates*

Wang Shoujue(王守觉)　Shi Yin(石寅)
(Institute of Semiconductors, Academia Sinica, Beijing 100083)
Wu Xunwei(吴训威)　Jin Ou(金瓯)
(Department of Electronic Engineering, Hangzhou University, Hangzhou 310028)

Abstract

The paper reveals the relation between the linear AND-OR gate and the emitter function logic. With theoretic calculation and PSPICE simulation, the paper proves that the linear AND-OR gates can work at super-high-speed and can be multi-cascaded. On the basis of analyzing the high-speed switch units which coordinate with linear AND-OR gates, two kinds of emitter coupled logic circuits are designed. The paper also discusses the design principles of super-high-speed digital circuits, and some examples of combinational and sequential circuits using linear AND-OR gate are given.

Key words: linear AND-OR gate;Super-high-speed digital circuits; DYL(Duo Yuan Logic, it means multicell type logic circuits)

I. Introduction

Higher and higher working speed of digital Integrated Circuits(ICs) is required for high-speed and real-time processing of information. In the process of exploiting high-speed silicon ICs, bipolar ICs are specially paid attention to. In fact, the developing process from Resistor Transistor Ligic(RTL), Diode Transistor Logic(DTL), Transistor Transistor Logic(TTL) to

* 原载于：Journal of Electronics, 1995, 12（4）: 289～297.

Emitter Coupled Logic(ECL) is a very progress to increase working speed by improving the design scheme of bipolar ICs. The super-high-speed linear AND-OR gate proposed by Chinese scientists [1,2] is a new attempt in this process.

The design of linear AND-OR gate can be evolved from the Emitter Function Logic (EFL) circuit. The EFL circuit is a variety of high speed ECL circuit, as shown in Fig.1(a) [3,4]. In the circuit, the input and output terminals are all connected to the emitters. Its input emitters are made as multi-emitter construction (like TTL circuit), therefore it can simply be used to realize AND operation for input signals. For example, the collector signal of the transistor T_i in the figure is ANDing of A, B, i.e. $A \cdot B$. Besides, its outputs are made as emitter follower construction (like ECL circuit), therefore it can simply be used to realize the wired-OR operation if its emitter is tied with other EFL gate's output.

Ref.[1] proposes a circuit design with similar working principle but much simpler construction, as shown in Fig.1(b). In the figure, the main part is a multiple β transistor, its emitters have two current gains (β). The transistor T_i, composed by input emitters, takes a very small value of β_i (≈ 0.2), while the transistor T_o, composed by output emitters, takes a normal value of β_o, such as 50.The input emitters in Fig.1(b) can also be used to realize AND operation while the output emitter can also be used to realize the wired-OR operation if connecting with output emitters of other circuits. Because the circuit operates at the linear amplifying region in normal case, it is named as "linear AND-OR gate".

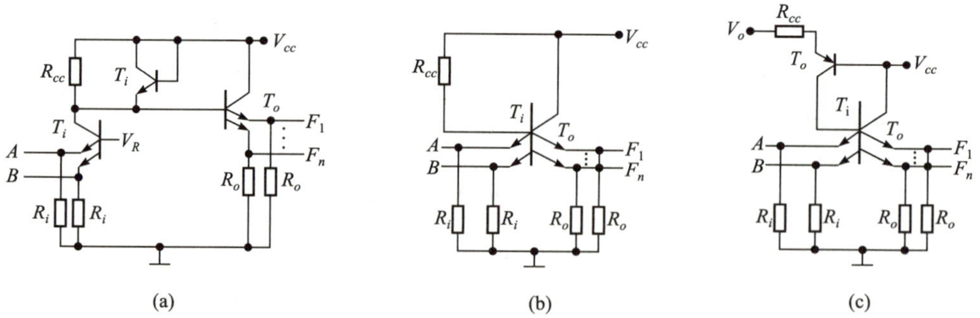

Fig.1 (a)EFL basic circuit;(b)Linear AND-OR gate(resistance feed mode);(c)Linear AND-OR gate with current source feed mode

On the basis of the circuit in Fig.1(b), an improved linear AND-OR gate with base current source may be further proposed, as shown in Fig.1 (c). Base current source means that the base current of the multiple β transistor is fed by a constant current source, which can be composed of a lateral *PNP* transistor and a emitter resistance R_{cc}.

The above two linear AND-OR gates based on the multiple β transistor obviously have the advantages of simple circuit structure and powerful logic function. This paper will further analyze the working characteristics of the linear AND-OR gates, whereby a novel high-speed integrated circuit family with distinguished features and application potential will be developed.

II. Characteristic analysis for linear AND-OR gates

The main feature of the linear AND-OR gates is its super-high working speed. It is duc to AC grounded connection for the collector junction of the multiple transistor, thus the effect decreasing working speed from its isolation capacitance can be avoided because of no isolation island. Meanwhile, when the level changes between high and low, the charging voltage to the collection junction is just the logic swing itself, not near its twice as much. Moreover, it is working at non-saturation region like a emitter-follower. All these factors lead it to realize AND, OR logic operations with super-high-speed.

The second feature for the linear AND-OR gates is that the logic swing of output only have little deviation because of the current amplification resulting from the considerable difference of two βs. Adopting the design of current source feed mode shown in Fig.1(c), the voltage deviation turns less because the change of input signal does not influence the base current. This feature makes it possible for linear AND-OR gates to be multi-cascaded with less level-restoration units in the circuit. That also makes the working speed of whole circuit higher, since the working speed of the level-restoration units is always slower. The deviation of logic swing for linear AND-OR gates can be theoretically calculated out[5]. The calculation shows that the voltage deviation ΔV is less than 0.1V when the logic swing is 1.6V.

In order to get quantitative identification for two features about high-speed and low logic swing deviation of linear AND-OR gates, we carry out the computer simulation for 10-stage cascaded linear AND-OR gates by using PSPICE 4.02. In the simulation we take $V_{cc}=5\text{V}, R_i=R_0=800\Omega, R_{cc}=1500\Omega$. The input signal is a $1.8\sim3.4\text{V}$ square-wave, the main parameters of transistors are chosen as:

$$T_i(NPN):\quad \beta_i = 0.2,\quad R_b = 30\Omega,\quad \text{CJE} = 3\text{pF},\quad \text{CJC} = 2\text{pF},$$
$$T_0(NPN):\quad \beta_0 = 50,\quad R_b = 100\Omega,\quad \text{CJE} = 2\text{pF},\quad \text{CJC} = 1\text{pF}.$$

The other internal parameters of each transistor are set as normal. The results of PSPICE simulation is given in Fig.2(a). From the transient analysis curve in the figure, we find that the average propagation delay of 10-stage cascaded gates is 2.4ns, i.e. 0.24 ns for each gate. Besides, the curve shows that after 10-stage cascaded gates, the low level of signal has raised for about 0.21V, while high level reduced for about 0.62V, i.e. the average deviation of logic swing for each linear AND-OR gate is about 0.08V. The simulation results prove that the linear AND-OR gate does have features of super-high-speed and can be multi-cascaded in application.

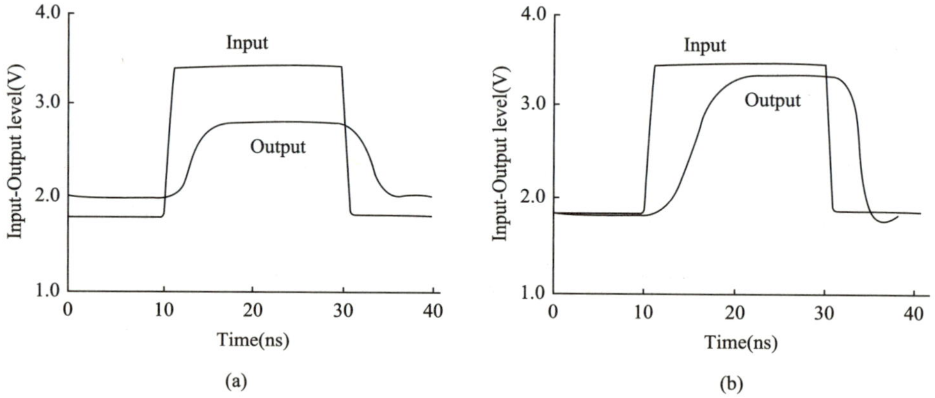

Fig.2 (a)Transient characteristics for 10-stage cascaded linear AND-OR gates; (b)Transient characteristics for 10-stage cascaded linear AND-OR gates with ECL level-restoration switch

The third feature of linear AND-OR gates is that it cannot compose digital circuit by itself alone. The first reason is the same as EFL circuits meet: it cannot realize the NOT operation. Only AND and OR operations do not compose a complete logic set. The second reason is that the linear AND-OR gate is working at the linear amplification region of the transistor, and it does not have switching function and cannot restore level of the digital signal. Therefore, difficulty will be met if only the linear AND-OR gate is used to design digital circuits. For instance, the linear AND-OR gate does not have NOT function, so the input signals are required to be of double-rail for designing combinational circuits. Besides, the linear AND-OR gate does not have the level-restoration function, so the restored inputs from the former stage are required, and the next stage should have the level-restoration function for its output. Furthermore, if switching function is lacked, a loop in the circuit cannot be composed to lock the storage signal so that the linear AND-OR gate cannot be used to compose latch or any kind of flip-flops and any kind of sequential circuits. The linear AND-OR gates must accompany with other switching circuit units, which have "inversion" and "level-restoration" function, in order to compose a complete logic system. Then, the multicell-type logic (DYL) circuit is composed[1].

III. ECL switch units compatible with linear AND-OR gates

According to the reasons below, the ECL switch unit is considered to be the high-speed switch unit compatible with the linear AND-OR gate.

(1) The ECL circuit adopt bipolar technology, which is compatible with the technology of linear AND-OR gates.

(2) The ECL circuit is working at non-saturation region with output mode of an emitter follower. It is like the working characteristics of the linear AND-OR gate.

(3) The ECL circuit has complementary outputs. The requirement for double-rail input signals can be avoided if it is used as the input buffer. On the other hand, if it used as the output buffer, it will offer not only the very powerful driving ability but also the complementary double-rail outputs.

(4) Usually, the ECL circuit is used to remedy the lack of inverter in EFL circuits[6]. They can also be used to combine a complete module set for designing the high-speed digital circuit set accompanying with the linear AND-OR gate, whose working principle is similar to EFL circuit.

Based on the theory of differential current switches[7], we may easily design an ECL circuit, which has logic swing $1.8\text{V} \sim 3.4\text{V}$ and is compatible to the linear AND-OR gates, as shown in Fig.3(a). In the figure, $V_{cc} = 5\text{V}$ and the reference level $V_R = 2.6\text{V}$. Taking input x at the high level 3.4V as an example, the working process of this circuit can be explained as follows: In this condition, comparison of the input level 3.4V and the reference level 2.6V lead to that T_1 is conductive and T_2 is cut-off in the differential transistor pair. In load-free condition the output levels at collectors of T_1 and T_2 are 3.4V and 5V respectively. They go to the output terminal through an emitter follower and a diode with 1.6V level-shift resulting from these two *PN* junctions. (Note: due to the effect of load, the high and low levels of the output signal will be little lower.) Since the output level is formed by the voltage drop, which is the product of collector resistance and current source, and shifted with a fixed level, the circuit can provide a level-restored signal output.

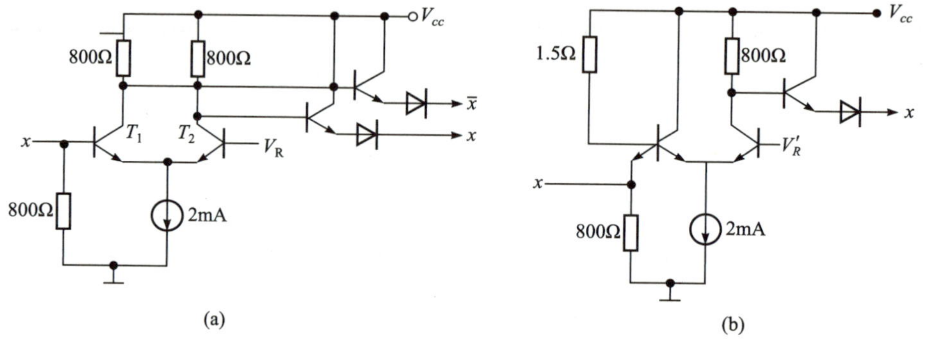

Fig.3　(a)Basic ECL circuit; (b)Composing an ECL level-restoration unit with a linear AND-OR gate

The cooperation of the ECL switch unit designed above with linear AND-OR gates has been simulated by PSPICE 4.02.Fig.4(a) shows the situation of an ECL switch unit followed by a linear AND-OR gate. The curves indicate that the average propagation delay of the whole circuit is 1.6ns for its inverse output and 1.2ns for its in-phase output respectively. Fig.4(b) shows the situation of an ECL switch following a linear AND-OR gate, the curves indicate that the average propagation delay of the whole circuit is 1.5ns for its inverse output and 1.0ns for its in-phase output respectively.

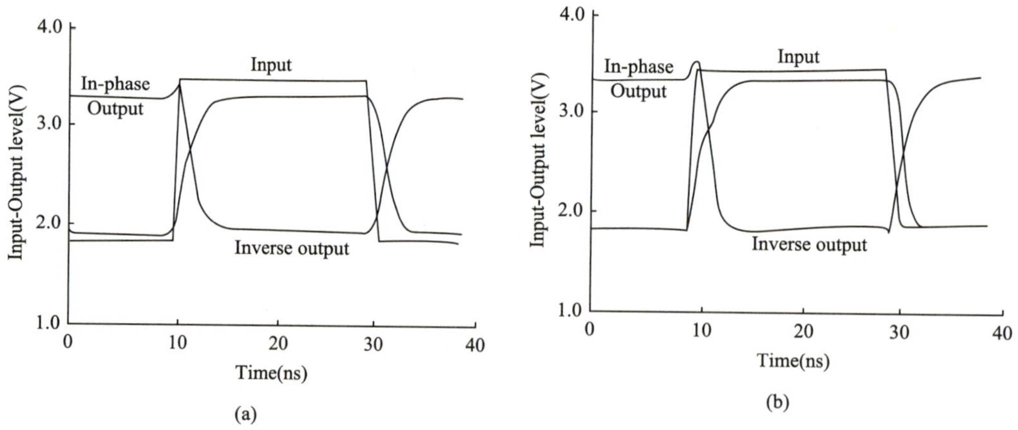

Fig.4　(a)Transient characteristics of ECL switch unit followed by a linear AND-OR gate;
(b) Transient characteristics of ECL switch unit following a linear AND-OR gate

If the ECL switch unit acting as output buffer is only used for level-restoration, not for inversion, the corresponding collector resistor and related emitter follower can be omitted in Fig.3(a), even T_1 and input resistance can be omitted, too. The former connected linear AND-

OR gate can be simply used to replace the omitted half part of the ECL circuit, as shown in Fig.3(b). There still exists the structure of a differential transistor pair in Fig.3(b). However, since signal x is input from the small β emitter of T_i, the reference level V_R' in the circuit should be raised one *PN* junction's voltage drop, i.e. 3.4V. By simulating with PSPICE, Fig.2(b) shows the transient characteristics of 10-stage cascaded linear AND-OR gates with an ECL level-restoration switch in Fig.3(b). Comparing it with the situation without level-restoration in Fig.2(a), the total average propagation delay increase about 1.6ns, but the output signal has been level-restored and has no deviation of logic swing. Computer simulation also shows that if the linear AND-OR gate with base current source is adopted, the deviation of logic swing should turn less, therefore the ECL switch unit can be used for executing effective level-restoration after much more stage cascaded linear AND-OR gates.

On the basis of the ECL switch unit proposed above, we may further design storage elements based on linear AND-OR gates. Taking D-latch as an example, its logic function can be expressed as:

$$Q' = D \cdot \mathrm{CP} + Q \cdot \overline{\mathrm{CP}} = (D + \overline{\mathrm{CP}}) \cdot (Q + \mathrm{CP})$$

The next state equations with AND/OR and OR/AND forms are given respectively in the above equation. Since the latter can be realized just with one linear AND-OR gate, two kinds of *D*-latches can be designed, as shown in Fig.5(a) and Fig.5(b), where these two ECL switch units in Fig.3(a), 3(b) are used. Notice that in these two circuits, the linear AND-OR gate's two inputs after wired-OR operation realize AND operation of two ORed terms in the next state equation. Comparing these two design schemes of *D*-latch, the circuit in Fig.5(a) can offer complementary double-rail outputs, while the circuit in Fig.5(b) is simpler.

If two *D*-latches in Fig.5(b) are connected in series and controlled by a complementary clock pulse, we can get a master-salve *D* flip-flop with single-rail output. If the double-rail outputs are needed, we can replace the slave-flip-flop by the structure in Fig.5(a). This flip-flop has been verified with PSPICE computer simulation.

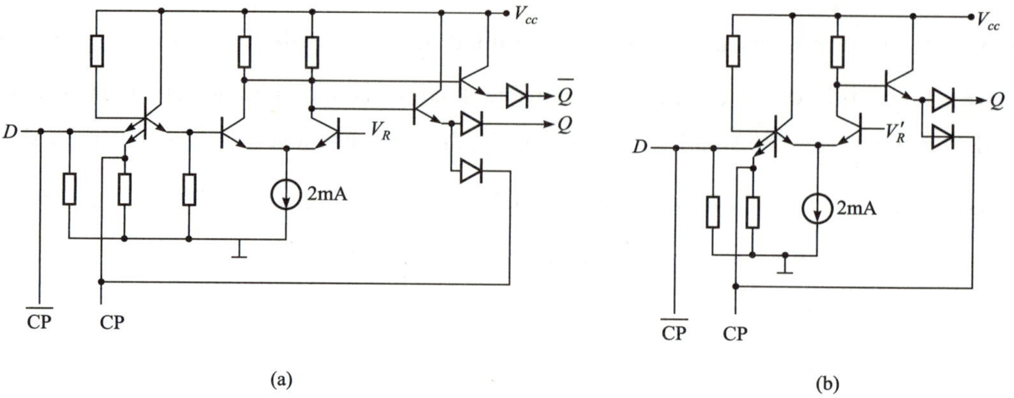

Fig.5　*D*-latches based on linear AND-OR gates

IV.　Design of super-high-speed digital circuits using linear AND-OR gates

Based on all of working characteristics, the linear AND-OR gates can be used to design super-high-speed digital circuits. Taking the combinational circuit as the example, the design principles by using linear AND-OR gates are as follows:

(1) According to the function of circuits, the multiple intermediate variables may be adopted in complex combinational circuits. For each stage the function relationship from input to output should be simplified to its AND/OR form so that the function of each stage can be realized with only one-stage linear AND-OR gate.

(2) The propagation delay of level-restoration units and inversion units are more considerable. Therefore, these units should be avoided to use in internal circuit for realizing various stage functions. The lack of input and output inverters in each circuit stage can be compensated by using complementary inputs and the extra circuits producing complementary outputs.

(3) Since inverters and res to ration units in each stage of the internal circuit are avoided, the feature that the linear AND-OR gate can be multi-cascaded will be brought into play directly. As to the input and output parts of the whole circuit, the high-speed ECL switch units should be set as level-restoration units or inverters as needed.

An important practical example of super-high-speed digital circuit is the high-speed digital system, such as the complex calculating device in a high speed computer. The Institute of

Semiconductors, Academia Sinica, has developed a 12bit×12bit high speed array multiplier[8]with the base current feed mode linear AND-OR gate, which has stronger multi-cascaded ability. Its propagation delay, i.e. the maximum multiplication time of the multiplier, is about 10ns under practical testing. Its speed is double what a highest working speed 21ns of a foreign commercial 12bit×12bit array multiplier in 1990 was[9]. Based on the above discussion on the high speed characteristics of linear AND-OR gates, we consider that if the advanced VLSI technology is applied, much higher working speed will be achieved.

In designing of high-speed sequential circuit using the flip-flops based on linear AND-OR gates, since the AND operation of multi-emitters inputs and the wired-OR operation of emitter outputs with linear AND-OR gates can be used, the combinational circuits for producing excitation function and corresponding propagation delay can be cut down or even saved. Therefore, the clock frequency can be raised for designing high-speed sequential circuits. We discuss a typical circuit, the synchronous adder with 8421 BCD code, as an example below:

The next state K -maps of four flip-flops Q_8, Q_4, Q_2, Q_1 are given in Fig.6(a). According to the next state equation $Q_i' = D_i$, they are exact excitation function K -maps of D_8, D_4, D_2, D_1 for four D flips-flops. In order to make full use of the multi-emitter inputs' AND operation in these D flip-flops, we may rewrite the next state equations as OR/AND form from Fig.6(a):

$$\overline{Q_8'} = \overline{Q_8}\,\overline{Q_4} + \overline{Q_8}\,\overline{Q_1} + \overline{Q_2}\,\overline{Q_1}$$
$$\overline{Q_4'} = \overline{Q_4}\,\overline{Q_2} + \overline{Q_4}\,\overline{Q_1} + Q_4 Q_2 Q_1$$
$$\overline{Q_2'} = \overline{Q_2}\,\overline{Q_1} + Q_2 Q_1 + Q_8$$
$$\overline{Q_1'} = Q_1$$

Inversing the above functions, we have

$$Q_8' = (Q_8 + Q_4)(Q_8 + Q_1)\left(Q_2 + \overline{Q_1}\right)$$
$$Q_4' = (Q_4 + Q_2)(Q_4 + Q_1)\left(\overline{Q_4} + Q_2 + \overline{Q_1}\right)$$
$$Q_2' = (Q_2 + Q_1)\left(\overline{Q_2} + \overline{Q_1}\right)\overline{Q_8}$$
$$Q_1' = \overline{Q_1}$$

The above equations are the minimum OR/AND forms for each excitation function D_8, D_4, D_2, D_1. Although they seem to have not simple forms, but no gate is needed there for realizing the circuit, as shown in Fig.6(b). The maximum working frequency of the synchronous

sequential circuit is

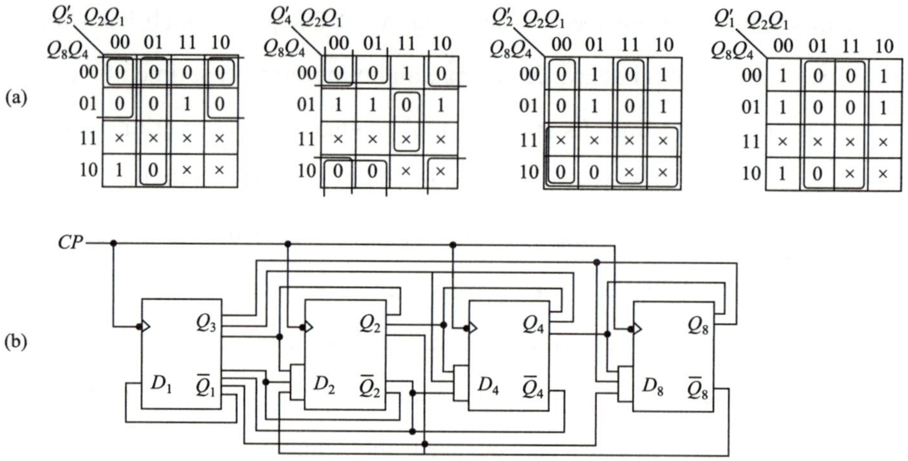

Fig.6　Design of adder counter with 8421 BCD code

$$f_{cp}(\max)=\frac{1}{t_s+t_{pdf}+t_{pdc}}$$

Where t_s is the set-up time of the flip-flop ($t_s=0$, for the master-slave flip-flop in Fig.5(b)); t_{pdc} is the propagation delay corresponding to excitation function of the circuit. Since this circuit part is saved in Fig.6, t_{pdc} will be 0. Thus, in the denominator of the above equation, there exists only one term t_{pdf}, i.e. the propagation delay of the flip-flop. Therefore, the highest working frequency of the counter can be raised that will sustain the design of the high-speed sequential digital circuits.

V.　Conclusions

On the basis of analyzing features that linear AND-OR gates have super high working speed, have ability of multi-cascaded application, and have no inversion and level-restoration functions, this paper proposes high-speed ECL switches which may coordinate with linear AND-OR gates, whereby the signal level-restoration and inversion can be realized and storage elements can be designed, too. Based on the feature that linear AND-OR gates can be multi-cascaded, the restoration and inversion units in the internal circuits can be avoided in design of a complex combinational circuits. Thus, the signal transmission and processing in the circuit are further speeded up. By using relative design examples of combinational and sequential circuits, this paper proves that the linear AND-OR gates have great application potentiality in design of novel super-high-speed digital circuits.

References

[1] Wang Shoujue et al., *Acta Electronica Sinica*, 6(1987)2, 43-51, (in Chinese)
[2] Wang Shoujue, et al., *Acta Electronica Sinica*, 11(1983)5, 9-16, (in Chinese)
[3] I. E. Skokan, *IEEE J. of SC*, SC-8(1973)5, 356-361.
[4] M. I. Elmasry, Digital Bipolar Integrated Circuits. New York: John Wiley & Sons, Inc., 1989. Ch.6.
[5] Shi Ying, High Speed Gate Array Based on Continuous Logic: [Dissertation for Ph.D. Degree]. Beijing: Institute of Semiconductors, Academia Sinica, 1986.
[6] S. Muroga, VLSI System Design. New York: John Wiley & Sons, Inc., 1982, Ch.3.
[7] Xunwei Wu, Zhuan Zhang, *Int. J. Electronics*, 71(1991)6, 1023-1035.
[8] Wang Shoujue, Shi Ying, Zhu Ronghua, *Chinese Journal of Semiconductors*, 8(1987)5, 466-473, (in Chinese)
[9] Feng Hongjuan, New progress on DYL circuits. The First National Workshop on Multiple-Valued Logic Circuits. Qingdao: 1991.

多值和多阈值神经元及其网络组合与应用*

王守觉
（中国科学院半导体研究所，北京 100083）

提　要

本文提出了输出特性具有多值和多阈值特性的神经元。这种新神经元的功能在于它用多个阈值把输入空间划分成多个超平带，并可把各个超平带按需求归类或赋以不同的输出值作为标号。以这类神经元为基础讨论了在解决奇偶校验问题和实现特定逻辑功能方面的优越性。理论上只需一个神经元就能实现任意位的奇偶校验或任意的逻辑功能，因而特别适合在模式识别和分类中应用。论文还研究了多阈值神经元的组合问题，发现二个多阈值神经元的特定组合可以发生阈值数量的倍增现象，这为复杂多阈值神经元的模拟计算与硬件实现提供了方便途径。

关键词：神经网络，多值，多阈值，模式识别

Multi-Valued Neuron(MVN)and Multi-Thresholded Neuron(MTN), Their Combinations and Applications

Wang Shoujue
(Institute of Semiconductors, Chinese Academy of Sciences, Beijing 100083)

Abstract

ANNs for pattern recognition with multi-valued (MV)and multi-thresholded (MT)transfer function as neurons′ nonlinearities have been proposed. The function of multi-thresholded neurons (MTNs)lay in the fact that it partitioned the input space into several hyper-planar zones

* 原载于：电子学报，1996，24（5）：1～6. 国家 863，“八五”攻关及军事电子预研基金支持项目.

by using many thresholds in neurons′ output transfer function, it also marked these different zones with different output values as required. On the basis of these neurons, the advantage of solving parity problem and specific logic problem was investigated. It had been shown that only one neuron was needed to solve N-bit parity problem or to perform arbitrary logic function. Therefore, it was especially suitable for pattern recognition and classification. The combination of MTNs was also investigated. It was found that two MTNs may result in the multiplication of threshold number of combined net.

Key words: Neural networks, Multi-valued, Multi-thresholded, Pattern recognition, Artificial neurons

一、引　　言

人工神经网络研究中神经元输出转移函数往往应用三种非线性函数[1]，即硬限幅（Hard Limiter)、阈逻辑（Threshold Logic）和 S 型（Sigmoid)。这三种非线性函数具有以下共同特点：

（1）单调上升且在上升过程中没有中间平台；

（2）斜率只有一个上升下降周期（按本文下面的定义即只有一个阈值)。

显然，具有非单调上升或具有多个阈值转移函数的神经元都将使神经网络的自学习算法复杂化。作者研究了多阈值转移特性神经元构成的前馈网络及其有指导学习算法。本文限于篇幅将重点讨论多阈值（无中间平台的）神经元网络的性能和作为模式分类器的优越性，其有指导学习算法将另文发表。

二、多阈值转移特性

为明确“阈值”的含意，本文对神经元输出转移特性的阈值作如下定义：

（1）对于连续可微的转移函数，其导数为极值的点所对应的输入值都称为值，即二阶导数为零处称为阈值。

（2）对于由几段直线段所组成的转移特性，则阈值定义为当某线段的斜率同时大于或同时小于前后相邻两线段的斜率时，该线段的中点对应的输入值称为阈值。

各种形状转移特性的阈值见图 1。显然，根据上述定义，Stork and Alle[2]和 Wu[3]所使用的转移函数都属于多阈值转移函数。

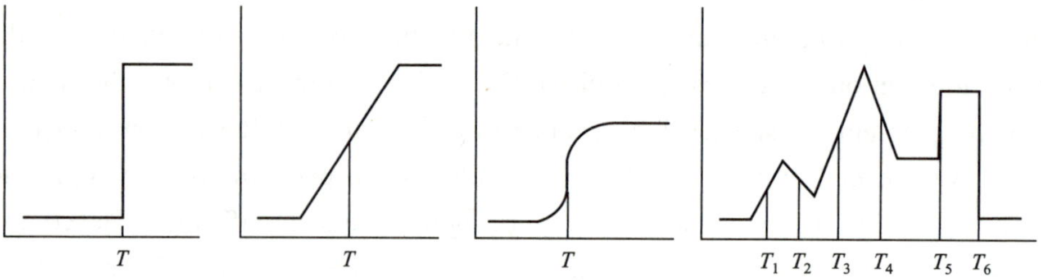

图 1　各种转移函数的阈值

三、多值神经元（MVN）和多阈值神经元（MTN）

若神经元的输出转移特性曲线具有多个不同高度的水平段，则意味着神经元具有多个不同程度的激活状态，即每个不同高度的水平段代表一个不同的激活状态，我们把这种神经元称为多值神经元。多值神经元输出转移特性各水平段之间必然都具有一个渡越段。无论渡越段是突变的或是斜线渐变的或S形曲线渐变的，每个渡越段都至少有一个阈值，因而多值神经元必然也是多阈值神经元。但必须指出，多阈值神经元却不一定是多值的，本文以下将重点讨论的就是非多值的多阈值神经元。

1. 硬限幅双阈值神经元（DTN）

在模式分类器中应用的神经元，若不从网络反传自学习考虑，则硬限幅输出特性将是较理想的[4]。常用的硬限幅神经元的输出为

$$\left.\begin{aligned} &Y=f\left(\sum_{i=1}^{n}W_iX_i-\theta_0\right)\\ &f(Z)=\begin{cases}1, & \text{当}Z\geqslant 0\\ 0, & \text{当}Z<0\end{cases}\end{aligned}\right\} \tag{1}$$

式中 $X_i\left(i=1,2,\cdots,n\right)$ 为 n 个输入量，$W_i(i=1,2,\cdots,n)$ 为 n 个权值，θ_0 为阈值。

众所周知，这种硬限幅神经元就是在 n 维输入空间 R^n 中作一超平面 $\sum_{i=1}^{n}W_iX_i-\theta_0=0$，将 R^n 空间划分成两半，当输入点在其一侧时输出为 1，在另一侧时输出为 0。

本文所提出的硬限幅双阈值神经元即输出特性具有一个上升阈值和一个下降阈值，其输出为

$$\left.\begin{aligned} &Y=f\left(\sum_{i=1}^{n}W_iX_i-\theta_0\right)\\ &f(Z)=\begin{cases}1, & \text{当}0\leqslant Z\leqslant\theta_1\\ 0, & \text{当}Z<0\text{或}Z>\theta_1\end{cases}\end{aligned}\right\} \tag{2}$$

式中 θ_0 为上升阈值，$(\theta_0+\theta_1)$ 为下降阈值。

显然，这种硬限幅双阈值神经元的作用，将是在输入空间 R^n 中作一个超平带，其两侧分别为两个超平面

$$\sum_{i=1}^{n} W_i X_i - \theta_0 = 0 \tag{3}$$

和

$$\sum_{i=1}^{n} W_i X_i - (\theta_0 + \theta_1) = 0 \tag{4}$$

当输入点落在该超平带内时输出为 1，在该超平带以外时输出为 0。

2. 用硬限幅双阈值神经元实现“异或”和“奇偶校验”功能

“异或”和“奇偶校验”功能常常是用来比较神经网络模型和学习算法的常用例子。应用双阈值神经元网络实现“异或”和“奇偶校验”功能，所用神经元数量只需输入维数 N 的一半；权值数量只需 $1/2\left(N^2+N-2\right)$；这比用常规的神经元情况其需用神经元数量与权值数量都减少了一半以上[4,5]。具体网络结构见图 2 至图 4。图 2 为“异或”功能网络；图 3 为实现 6 位奇偶校验功能的网络；图 4 为实现 N 位奇偶校验（N 为偶数）功能的网络。这些图中从输入节点接至各神经元的权值全部为+1，各神经元输出特性两个阈值间的间隔 θ_1 均为 $\theta_1=+1$，神经元圆圈中的数值为神经元的上升阈值 θ_0。必须指出，这种双阈值神经元的 θ_1 在任何网络中都可以是相同而不变的；因为假若将一个神经元的全部权值以及 θ_0 都乘以相同系数 k 而保持 θ_1 不变，则其效果相等于全部权值和 θ_0 都不变而 θ_1 乘以系数 $1/k$。

3. 硬限幅多阈值神经元

与双阈值神经元相仿，可以用多个上升和下降阈值来实现 R^n 空间中多个超平带的分离。硬限幅多阈值神经元的输出应是

$$\left.\begin{aligned} & Y = f\left(\sum_{i=1}^{n} W_i X_i - \theta_0\right) \\ & f(Z) = \begin{cases} 1, & \text{当}\, 0 \leqslant Z \leqslant \theta_1, \text{或}\, \theta_2 \leqslant Z \leqslant \theta_3, \cdots, \\ & \text{或}\, \theta_{2m-2} \leqslant Z \leqslant \theta_{2m-1} \\ 0, & \text{当其他情况} \end{cases} \end{aligned}\right\} \tag{5}$$

式中 m 为自然数，多阈值神经元的阈值数为 $2m$ 个。

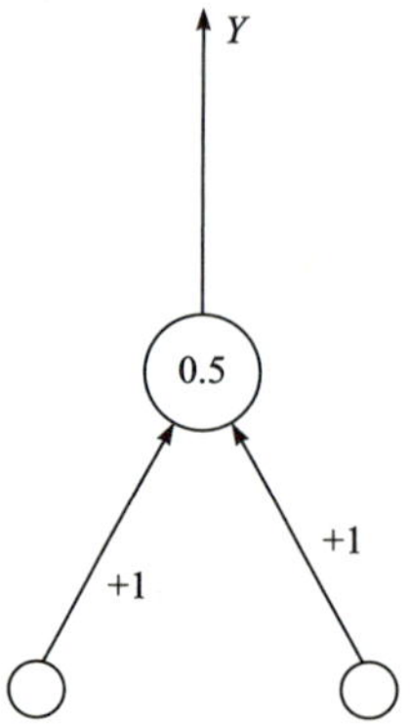

图 2　一个双阈值神经元实现异或功能

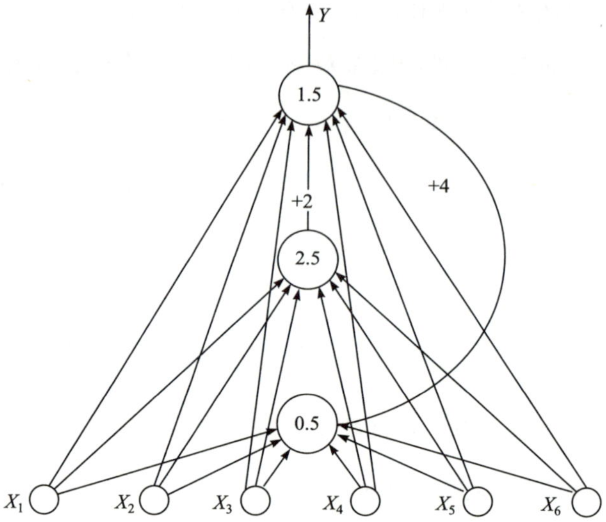

图 3　三个双阈值神经元实现六位奇偶校验

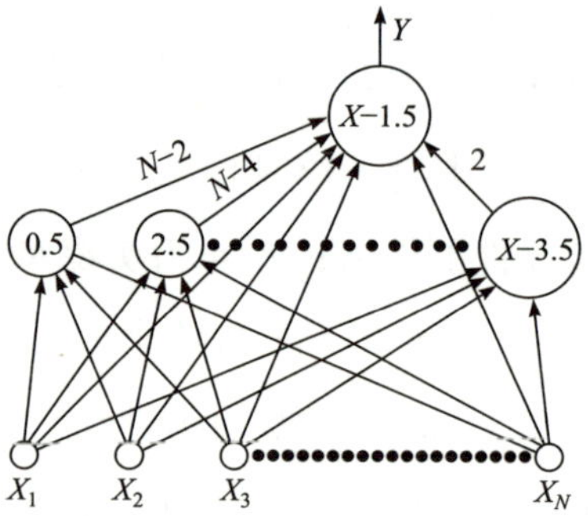

图 4　N/2 个双阈值神经元实现 N 位奇偶校验

用硬限幅多阈值神经元实现奇偶校验功能，不论位数 N 值大小，都只需要一个神经元和 N 个权值（见图 5），只是神经元的阈值数需为

$$2m = N$$

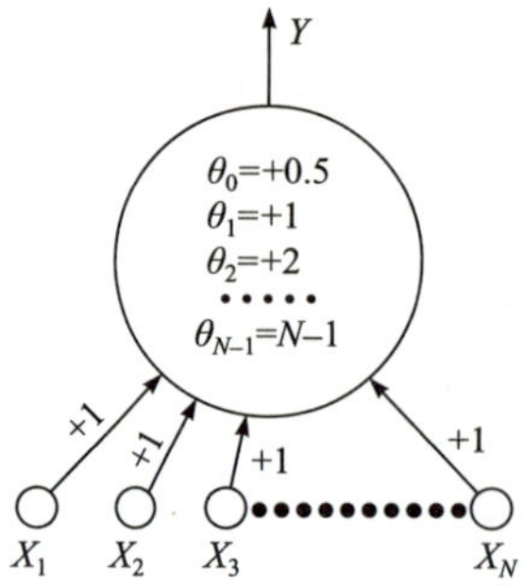

图 5　一个多阈值神经元实现 N 位奇偶校验

图 5 中多阈值神经元的阈值参数为

$$\theta_0 = +0.5, \theta_1 = +1, \theta_2 = +2, \cdots, \theta_{2m-1} = 2m-1$$

图 5 中全部权值均为+1。

显然，只需一个多阈值神经元，理论上即可实现有任意 N 个输入和一个输出的任意的二值逻辑功能。只需按 $W_i = 2^{i-1}$ 设定权值，即

$$Y = f\left(\sum_{i=1}^{n} 2^{i-1} X_i - \theta_0\right) \tag{6}$$

其中多阈值函数 $f(Z)$ 的阈值参数包括 θ_0 及 $\theta_1, \theta_2, \cdots$ 等根据逻辑功能的要求设定即可。

但随着 N 的增大和逻辑功能的复杂化，$f(Z)$ 的阈值数要求将急剧上升，使实际上使用有困难。实际设计上的简化将是必要的而往往也是可能的，下面将以实例加以说明。

4. 一个硬限幅多阈值神经元实现二值逻辑功能的实例

以下以对二进制 6 位数判别是否 7 的整倍数的逻辑为例：

设 $X_1, X_2, \cdots, X_6$ 为 6 个输入值，均为二进制的“0”或“1”；且

$$m = \frac{1}{7} \sum_{i=1}^{6} X_i \cdot 2^{i-1}$$

要求当 m 为整数时输出为 1，否则输出为 0，直接的方法是设定：

$$W_i = 2^{i-1} (i = 1, 2, \cdots, 6)$$

并将 0 至 $(2^6 - 1)$ 间 9 个 7 的整倍数（$7, 14, 21, 28, \cdots, 63$）分别减 0.5 作为上升阈值，分别加 0.5 作为下降阈值，因最后的一个下降阈值 63.5 已超过 $2^6 - 1$，故总共需要 17 个阈值，其阈值参数为：

$$\theta_0 = 6.5, \theta_1 = 1, \theta_2 = 7, \theta_3 = 8, \cdots, \theta_{16} = 56;$$

即输出为

$$\left.\begin{aligned} & Y = f\left(\sum_{i=1}^{6} X_i 2^{i-1} - 6.5\right) \\ & f(Z) = \begin{cases} 1, \text{当} (0 + 7j) \leqslant Z \leqslant (1 + 7j) \\ \qquad\qquad (j = 0, 1, 2, \cdots, 8) \\ 0, \text{ 当其他情况} \end{cases} \end{aligned}\right\} \tag{7}$$

然而，实现同一功能的多阈值神经元可以简化为只有三个阈值的神经元如下：

$$\left.\begin{aligned} & Y = f(X_1 + 2X_2 + 4X_3 + X_4 + 2X_5 + 4X_6 - 6.5) \\ & f(Z) = \begin{cases} 1, & \text{当} 0 \leqslant Z \leqslant 1 \text{或} Z \geqslant 7 \\ 0, & \text{当其他情况} \end{cases} \end{aligned}\right\} \tag{8}$$

即 $W_i = W_{i+3} = 2^{i-1} (i = 1, 2, 3)$

$$\theta_0 = 6.5, \theta_1 = 1, \theta_2 = 7$$

只用三个阈值和三种权值，完全起到同样的功能。

四、多阈值神经元的组合

1. 非硬限幅多阈值神经元与硬限幅单阈值神经元的组合

有些非硬限幅多阈值转移函数是在上升（或下降）斜线基础上叠加一个周期性函数而形成的；如 Stork[2]和 Wu[3]所用的转移函数，根据本文对阈值的定义都属于非硬限幅多阈值转移函数，其阈值的数量和位置与所叠加的周期性函数在相同输入范围内完全相同。

以 Stork[2]所用转移函数为例

$$f(Z)=\left(Z-\cos(\pi Z)/\alpha\pi\right)/N \tag{9}$$

根据本文定义其阈值所在应为

$$\frac{\mathrm{d}^2}{\mathrm{d}Z^2}f(Z)=\frac{\pi}{N\alpha}\cos(\pi Z_0)=0 \tag{10}$$

这与所叠加的周期性函数相同。即在 $0\leqslant f(Z)\leqslant 1$ 的范围内阈值所在处为

$$Z_0=m+1/2,(m=0,1,\cdots,N-1) \tag{11}$$

所对应的输出值为

$$f(Z_0)=Z_0/N \tag{12}$$

可以看到，N 个阈值点的所在，正是转移函数曲线式（9）与斜线 $f(Z)=Z/N$ 相交的 N 个交点；在这些交点处两条线的差改变符号。因此，用一个单阈值为下降阈值的硬限幅单阈值神经元与一个 Stork[2]所用的，转移特性如式（9）的神经元组合，两个神经元接至同一输入节点的两个权值相同（如图 6），即可组合成等效于一个硬限幅多阈值神经元，其阈值位置不变。

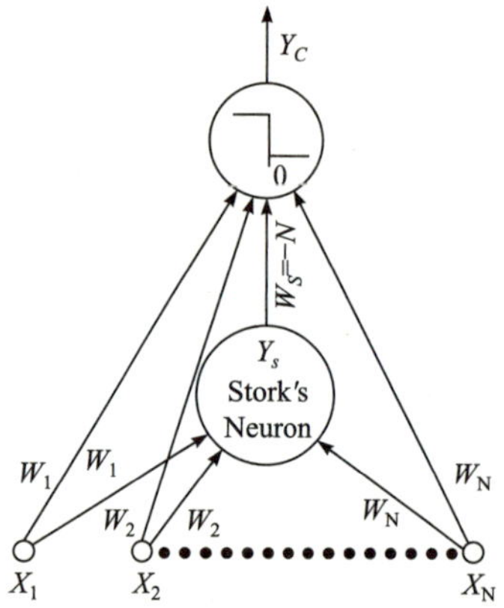

图 6　两个不同神经元组合成硬限幅多阈值功能

图中下面 Stork 神经元的输出应为

$$Y_s=\frac{1}{N}\left[\sum_{i=1}^{N}W_iX_i-\frac{\cos\left(\pi\sum_{i=1}^{N}W_iX_i\right)}{\alpha\pi}\right] \tag{13}$$

组合后上面硬限幅单阈值神经元的输出应为

$$\left.\begin{aligned} &Y_c = f\left(Y_s W_s + \sum_{i=1}^{N} W_i X_i - \theta_0\right) \\ &f(Z) = \begin{cases} 1, & 当 Z \leqslant 0 \\ 0, & 当 Z > 0 \end{cases} \end{aligned}\right\} \tag{14}$$

选定 $W_s = -N, \theta_0 = 0$，则输出为

$$\left.\begin{aligned} &Y_c = f\left[\frac{\cos\left(\pi \sum_{i=1}^{N} W_i X_i\right)}{\alpha\pi}\right] \\ &f(Z) = \begin{cases} 1, & 当 Z \leqslant 0 \\ 0, & 当 Z > 0 \end{cases} \end{aligned}\right\} \tag{15}$$

在 $0 \leqslant Y_s \leqslant 1$ 的有效范围内 $\sum_{i=1}^{N} W_i X_i$，应限制在 0 至 N 的范围，因而式（15）可改写成

$$Y_c = \begin{cases} 1, 当\left(2n + \dfrac{1}{2}\right) \leqslant \sum_{i=1}^{N} W_i X_i \leqslant \left(2n + \dfrac{3}{2}\right) \\ \qquad \left(n = 0, 1, \cdots, \dfrac{N}{2} - 1\right) \\ 0, 当其他情况 \end{cases} \tag{16}$$

亦可写成

$$\left.\begin{aligned} &Y_c = f\left(\sum_{i=1}^{N} W_i X_i - \frac{1}{2}\right) \\ &f(Z) = \begin{cases} 1, 当 2n \leqslant Z \leqslant 2n + 1 \\ \left(n = 0, 1, \cdots, \dfrac{N}{2} - 1\right) \\ 0, 当其他情况 \end{cases} \end{aligned}\right\} \tag{17}$$

这与硬限幅多阈值神经元的表达式（5）完全相当，等效于一个硬限幅多阈值神经元。

由式（13）的形式可见，无论所叠加的是何种周期性函数，均可同样组合成硬限幅多阈值神经元。Wu[3]所用来解决奇偶校验问题的两个神经元也就是这种组合的例子。不同之处是 Wu[3]在输入节点连至后一个神经元的权值全部用了相反的符号，而用上升阈值的硬限幅神经元代替了图 6 中的下降阈值的硬限幅神经元，因而组合后作用完全相同。但必须说明，本文图 6 这种结构，两个神经元连接输入节点的权值不仅大小相同而且符号也相同，将更有利于硬件实现。

2. 两个不同类型多阈值神经元的组合

若将图 6 中的硬限幅单阈值神经元换一个硬限幅双阈值神经元，其上升阈值为 θ_0，下降阈值为 $\theta_0+\theta_1$，则式（14）输出 Y_c 应改为

$$\left.\begin{aligned} Y_c &= f\left(Y_s W_s + \sum_{i=1}^{N} W_i X_i - \theta_0\right) \\ f(Z) &= \begin{cases} 1, & \text{当} 0 \leqslant Z \leqslant \theta_1 \\ 0, & \text{当其他情况} \end{cases} \end{aligned}\right\} \tag{18}$$

设定 $W_s = -N$ 得

$$\left.\begin{aligned} Y_c &= f\left[\frac{\cos\left(\pi \sum_{i=1}^{N} W_i X_i\right)}{\alpha\pi} - \theta_0\right] \\ f(Z) &= \begin{cases} 1, & \text{当} 0 \leqslant Z \leqslant \theta_1 \\ 0, & \text{当其他情况} \end{cases} \end{aligned}\right\} \tag{19}$$

此时具有三种可能情况：

第一种情况是若 $\theta_0 \geqslant 1/\alpha\pi$ 或 $\theta_0+\theta_1 \leqslant -1/\alpha\pi$ 或 $(-1/\alpha\pi \geqslant \theta_0$ 而且 $\theta_0+\theta_1 \geqslant 1/\alpha\pi)$；这种情况 Y_c 固定不变，网络不工作。

第二种情况是若 $(-1/\alpha\pi < \theta_0 < 1/\alpha\pi \leqslant \theta_0+\theta_1)$ 或 $(\theta_0 \leqslant -1/\alpha\pi < \theta_0+\theta_1 < 1/\alpha\pi)$；这种情况硬限幅双阈值神经元只有一个阈值起作用，因而与用硬限幅单阈值神经元组合的情况完全相同，只是通过改变 θ_0 和 θ_1 值可改动所组合成硬限幅多阈值神经元的阈值位置。

第三种情况也是本文重点讨论的情况，即当

$$-1/\alpha\pi < \theta_0 < \theta_0+\theta_1 < 1/\alpha\pi \tag{20}$$

原有每一个阈值都将分裂成两个阈值，使相同输入范围内阈值的数量增加一倍。改变 θ_0 和 θ_1 的值可以调整所组合成硬限幅多阈值神经元的阈值分布位置。不难证明，若选用

$$\theta_0 = -\frac{1}{\sqrt{2}\cdot\alpha\cdot\pi}, \theta_1 = \frac{\sqrt{2}}{\alpha\pi} \tag{21}$$

则所组合成阈值密度加倍的硬限幅多阈值神经元具有等间距均匀分布的上升和下降阈值。

同理，可以用一个在一定输入范围内具有 m 个阈值的非硬限幅多阈值神经元与一个有 n 个阈值的硬限幅多阈值神经元相组合，在一定条件下可组合成在相同输入范围内具有 $n\times m$ 个阈值的硬限幅多阈值神经元。在多阈值神经元的组合中，阈值数量的这种倍增

现象，无疑对硬限幅多阈值神经元的模拟计算和硬件实现都提供了方便途径。

五、多值神经元的功能讨论

本文在第三节中就曾对多值神经元加以定义并指出多值神经元必定也是多阈值神经元。而前面讨论的仅限于非多值的多阈值神经元，多值神经元的功能范围将较此广泛得多。本文限于篇幅只作重要的定性讨论如下：

1. 只有上升阈值和只有下降阈值的多值神经元

这种神经元的输出转移特性像楼梯形，但每个台阶的高度并不一定一致，台阶之间也可以是斜线或曲线相联的。这种神经元可以用第四节所述方式与一个硬限幅单阈值神经元组合成硬限幅多阈值神经元，如式（5）的功能，而其阈值的分布可由各台阶的高度来调整。

2. 兼有任意上升阈值和任意下降阈值的多值神经元

这种神经元的输出转移特性是多个不同高度水平线段的任意分布与任意联接。这种神经元具有最丰富多彩的结构与功能。如果各水平段之间都以硬限幅垂直线联接，则与第三节所讨论的相仿，只需一个这种多值神经元，理论上即可实现有任意 N 个输入和一个输出的任意 m 值多值逻辑的任意逻辑功能。只是权值的设定需为

$$W_i = m^{t-1}, (i = 1, 2, \cdots, N) \tag{22}$$

当多值逻辑的值数 m 和输入个数 N 增大时，权值 W_i 的值将是实际中无法接受的。

总的来说，多值神经元也是在 R^n 空间中分划出多个相互平行的超平带，但其功能比第三节多阈值神经元的强处在于：多值神经元不仅能把 R^n 空间中分划出多个超平带，而且能把这些超平带分别给以不同的标号，这些标号对应于神经元的多个激活状态的输出值。

综上所述，多值神经元具有较强的在多维空间中分区的功能，因而用于模式识别网络中未来的优势将是显而易见的。

六、结 束 语

神经元的输出转移特性对网络性能有很大影响。本文所提出的多值和多阈值神经元在模式分类中能起到多个神经元的作用。它可以使相同模式分类功能的神经网络减少大

量神经元数量和权值数量，从而也减少大量运算量和硬件开销。本文还研究了单阈值和多阈值以及多阈值和多阈值神经元的组合。结果表明，少量较简单神经元的特定组合，可等效形成为功能大大复杂化的多阈值神经元。这为网络设计提供了理论，也更为复杂的多阈值神经元的硬件实现提供了有效途径。

多值和多阈值神经元在功能上的优势，将使其在模式识别等神经网络中有很大发展前景。至于这种网络的自学习算法作者将另文发表。

参考文献

[1] Lippman Richard P. An Introduction to Computing with Neural Nets. IEEE ASSP Magzine, April, 1987, 4～27.
[2] Stork, D. G. & Allen, J. D. How to Solve the N-bit Parity Problem with Two Hidden Units. Neural Networks, 1992, 5: 923～926.
[3] Wu Youshou, (吴佑寿). How to Choose Appropriate Transfer Function in Solving Specific Problem.待发表
[4] 杨行峻, 郑君里. 人工神经网络. 北京: 高等教育出版社, 1992.
[5] Rumelhart, D. E. Hinton, G. E. & Williams, R. J. Learning Internal Representations by Error Propagation. In D. E. Rumelhart & J. L. MeClelland (eds.)Parallel Distributed Processing (pp. 318~362) Cambridge. MA: MIT Press, 1986.

通用前馈网络及排序学习前向掩蔽模型在模式识别中的应用*

王守觉　陈向东　曾玉娟　王向东　王戌靖
（中国科学院半导体研究所，北京 100083）

提　要

本文讨论了不分层的通用前馈网络（GFFN），并提出了一种作为模式分类器的排序学习前向掩蔽（SLAM）模型及其算法。实验结果表明，这种网络作为模式分类器用时，学习时间远小于各种改进的 BP 网络而且所需使用的神经元数量也有显著的减少。本文还介绍了这种 SLAM 模型在应用双阈值神经元 DTN 时进一步减少神经元数量的实验结果及其网络结构和学习算法，以及这种模型的模式分类器所具有的不断扩展与改善的能力。论文还介绍了 SLAM 模型模式分类器在 CASSANDRA-I 小型神经计算机上实现的实验结果：在 256 维输入空间 1024 个随机样本的分类情况，学习时间约 3 小时 20 分，判别时间为 0.007 秒。

关键词： 通用前馈网络，SLAM 模型，模式识别，神经网络，分类器

General Feed-Forward Network and Sequential Learning Ahead Masking Model for Pattern Classification

Wang Shoujue, Chen Xiangdong, Zeng Yujuan, Wang Xiangdong, Wang Shujing
(Inst. of Semiconductors, Chinese Academy of Sciences, Beijing 100083)

Abstract

On the basis of discussing General Feed-Forward Network(GFFN), a Sequential Learning Ahead Masking Model and its relevant algorithm for pattern classification are proposed. By

* 原载于：电子学报，1998，26（8）：1～6.

adapting this model to the pattern clssifier, the computer simulation results show that not only the convergence speed and performance of the network are much better than the existing modified BP algorithms, but also the required network scale is reduced greatly. Moreover Double-Threshold Neuron(DTN)has been applied to SLAM network for pattern classification and the SLAM pattern classifier shows potential of con-tinuously growing and improving. At last, the SLAM pattern classifier has been implemented on the CASSANDRA-I micro-neurocomputer and the results are provided.

Key words: General Feed-Forward Network(GFFN), SLAM model Pattern recognition, Neural network, Pattern classifier

一、引　　言

人工神经网络种类繁多，它的分类可以从不同的角度出发[1]。对于一个拓扑模型与权值都已确定的网络，也可以从其用途、网络拓扑结构、神经元和其激励函数种类、输入是二值或连续值等等多方面来归类。由于 BP 算法的普遍被采用，一般说的前馈网络往往指多层感知器即分层前馈网络。

本文针对不分层的通用前馈网络（General Fed-Forward Network，GFFN）提出了用于模式分类器的排序学习前向掩蔽（Sequential Learning Ahead Masking，SLAM）模型及其学习算法,实验结果证实了它的优越性。文中还引用作者在 1995 年 4 月关于多阈值神经元的论文[2]中的双阈值神经元（DTN）在 SLAM 模型中得到了更好的结果，特别是这种含有 DTN 的 SLAM 模型模式分类器，在不改变已学习构成的网络及权值条件下，可以具有不断扩展与不断完善的功能，因而是十分值得重视的。（双阈值神经元 DTN 在 1995 年 5 月 Muselli[3]的论文中用了另一名称，被称为窗神经元 Window Neuron。）文中 SLAM 模型模式分类器用我国 CASSANDRA-Ⅰ小型神经计算机加以实现，更适用于实时的高速模式识别。

本文的下一节讨论通用前馈网络（CFFN）结构；第三节是 GFFN 结构的排序学习前向掩蔽（SLAM）模型及其算法；第四节是 SLAM 模型用作随机样本集分类的实验结果，与相同问题使用常用 BP 网络和作者在另一文[4]中所提出的适用于模式分类器的改进 BP 算法作比较的情况；第五节是用我国生产的 CASSANDRA-Ⅰ小型神经计算机实现 SLAM 模型模式分类器；最后，是把双阈值神经元（DTN）应用于 SLAM 模型的算法和效果。

二、通用前馈网络（General Feed-Forward Network GFFN）

前馈网络与反馈网络的分界线应该在于：前馈网络的各神经元的输入与输出，即使经过若干次级联以后，始终不存在任何闭合的回路；因而他的性能是一次运算由输入空间向输出空间的映射关系，运算中没有迭代的过程。而反馈网络则由于反馈闭合回路的存在，运算过程中需经过多次迭代，其结果根据神经元初始状态的不同，可能收敛到不同的终止状态（吸引子）。

下面讨论前馈网络的情况，设神经网络具有 N 个输入节点（编号为 1 至 N）和 M 个神经元（编号为 N+1 至 N+M），$W_{ij}(i=1,2,\cdots N, j=N+1,\cdots,N+M)$，为由输入节点至神经元的联接权值。而 $W_{ij}(i= N+1,N+2,\cdots N+M, j=N+1,N+2,\cdots,N+ M)$ 为神经元至神经元之间的联接权值。若以 $W_{ij}=0$ 表示 i 至 j 无联接，则该神经网络的拓扑结构可用 $W_{ij}=0$ 的 i 与 j 的条件来描述。单层感知器的充要条件是：

$$W_{ij}=0,\ \text{当}\ i>N\ \text{或}\ j\leqslant N$$

单隐层分层前馈网络（隐层神经元数量为 $a, a<M$）的充要条件是：

$$W_{ij}=0,\ \text{当}\begin{cases} j\leqslant N \\ \text{或}\quad i\leqslant N, j>N+a \\ \text{或}\quad i>N, j\leqslant N+a \end{cases}$$

三层感知机（即二隐层分层前馈网络，其二层隐层的神经元数量分别为 a 和 b，$a+b<M$）的充要条件是：

$$W_{ij}=0,\text{当}\begin{cases} j\leqslant N \\ \text{或}\ i\leqslant N, j>N+a \\ \text{或}\ i>N, j\leqslant N+a \\ \text{或}\ N+a\geqslant i>N, j>N+a+b \\ \text{或}\ i>N+a, j\leqslant N+a+b \\ \text{或}\ i>N+a+b \end{cases}$$

而本文所讨论的通用前馈网络 GFFN 的充要条件是：

$$W_{ij}=0,\text{当}j\leqslant N\text{或}i\geqslant j$$

其网络拓扑结构见图 1。显然，通用前馈网络 GFFN 是最广泛的前馈网络模型，任何分层前馈网络都是它的一种特例。而上述 GFFN 的条件则是前馈网络的基本条件。

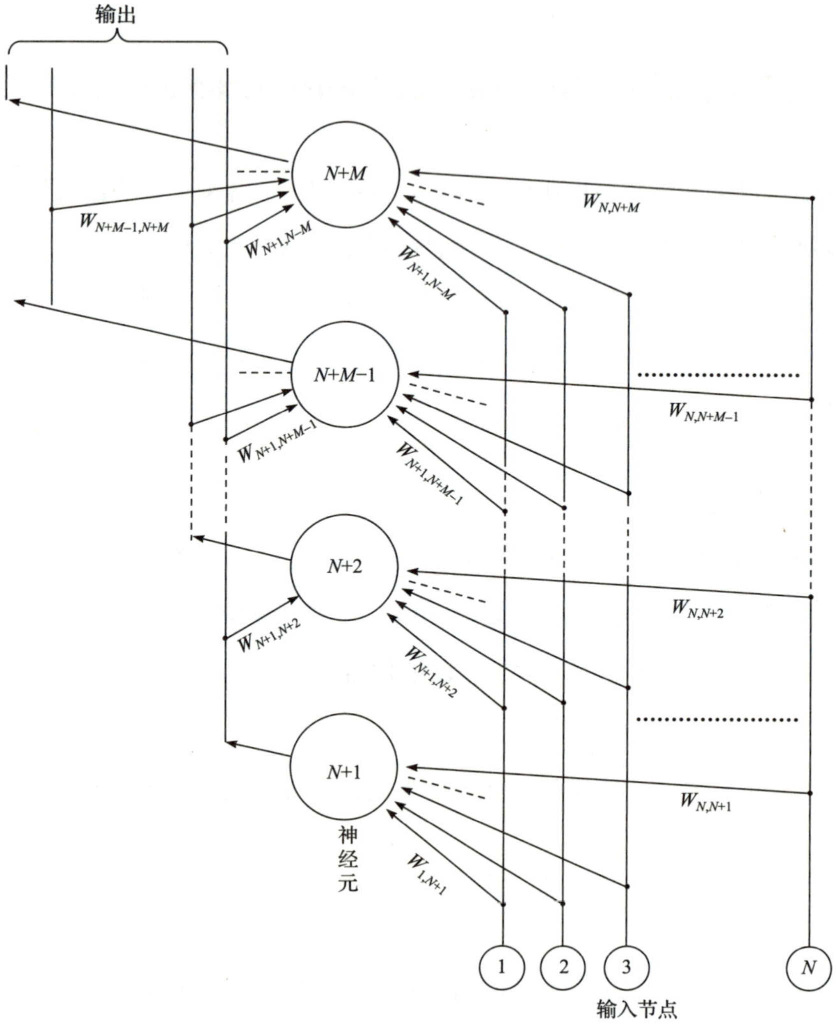

图 1　通用前馈网络 GFFN 结构图

三、通用前馈网络用于模式分类器时的一种排序学习前向掩蔽模型（Sequential learning ahead masking model SLAM）

对用于模式分类的双层感知器，Marchand[5]等人 1990 年提出了排序学习算法（Sequential Learning Algorithm）及其收敛理论。Muselli[3]1995 年提出了用于输入输出都是二值的分层前馈网络的一种排序窗式学习（Sequential Window Learning，SWL）方法。它应用了一种与本文作者[2]更早提出的双阈值激励函数神经元（DTN）相同的神经元，（Muselli[3]文中称之为窗神经元 Window Neuron）。该文同时指出了模式分类问题使用 BP

算法时自然的不适应性在于评价函数不能直接对应于模式分类器的样本误分率。(针对此问题本文作者在另一文中用一个附加转换函数的方法[4]得到了较大的改进)。

双层感知器用作二值输入的模式分类器，Marchand[5]证明了用排序算法可以：(1)用有限数量的隐层神经元一定可把全部样本划分完；(2)这些隐层神经元形成的输出空间一定是线性可分的，一定可以用联接权值分别为 $2^k(k=1,2,\cdots,n;n=$ 隐层神经元数)的编码方式保证输出层神经元的分类结果。然而，神经网络的运算精度要求是随联接权值范围增大而提高的，尤其对于用集成芯片硬件固化的神经网络，其精度要求大大影响芯片费用，对 2^n 倍的范围在隐层神经元数量 n 较大时更将是不可能实现。本文提出的排序学习前向掩蔽模型不仅可使权值精度不再有 2^n 倍的编码要求，而且可省掉 Marchand 提出的双层感知器输出层的全部神经元。

SLAM 模型与具体学习算法如下：

设输入空间为 N 维空间 R^N ，神经元在学习时使用线性输出、即输出 $=\Sigma WI$ ；神经元在识别时使用硬限幅台阶激励函数：

$$f(Z)=\begin{cases}1, & \text{当 } Z\geqslant 0\\ 0, & \text{当 } Z<0\end{cases}$$

神经元的激励阈值为 W_0 ；神经元输入最大联接数量为 $N+a(a=1,2,\cdots$ ，为神经元序号)，其中 N 个联接来自 N 个输入节点，$a-1$ 个联接来自序号 $<a$ 的神经元输出，1 个联接为激励阈值输入 $-W_0$ 。

设输入样本数量共 S 个，其中 S_A 个样本被指定属 A 类，S_B 个 样本属 B 类，Sc 个样本属 C 类，……，由此类推：

$$S=S_A+S_B+S_C+\cdots\cdots$$

先将神经元与神经元之间的联接强度全部设为零(无联接)，将神经元输出激励函数设为线性，即输出 $=\sum_{i=1}^{N}M_iI_i$ 。

第 1 步 用 α 组数随机权值作为 α 个未排序神经元的输入权值，将样本按顺序通过输入节点同时送往各未排序神经元进行计算。(α 为自定义学习参数)

第 2 步 将每个未排序神经元的各输入样本的计算结果 ΣWI 逐个神经元分别按大小排队，从排队结果找出每个神经元对某一类样本计算结果由大到小可分隔的同类样本个数。(其可分隔的定义是分隔两侧不同类样本计算结果的最近距离大于某定值 D，所设定 D 值的大小将影响需用神经元总数和网络泛化能力。)

第 3 步　找出可分隔样本数最多的未排序神经元，记录下其有关权值和分隔处的 ΣWI 值作备用，如果可分隔样本数大于上一次记录情况，则覆盖上一次数据。

第 4 步　从进一步增加可分隔样本数和拉大分隔距离的方向出发，调整一次各未排序神经元权值，再将各神经元重复计算一次。

第 5 步　重复第 2 至第 4 步，经过 β 遍。以所记录分隔最多的神经元作为已排序神经元以外，紧接排序的神经元，（或开始排序的神经元），并记录该神经元分隔开样本的编号和分隔处的 ΣWI 值。并将此神经元标以所分隔样本的类别（A 或 B 或 C……）。

第 6 步　将该神经元分隔开的样本从原样本集中撤掉，剩下的作为新的样本集。

第 7 步　重复第 1 至第 6 步，直至样本集中只剩一类样本为止。

第 8 步　以另一神经元，排序为已排序神经元外紧接排序的神经元，（也将是该神经网络排序最大的一个神经元，其排序号就是模式分类器所需神经元的总数），以所剩下样本计算得的 ΣWI 中最小的值减去 D 作为该神经元的分隔值，并标以这类样本的类别。

第 9 步　将各排序神经元的激励函数均改为硬限幅台阶函数，并使各神经元的阈值设定为：

$$W_0=\text{记下的分隔处}\sum WI\text{ 值}$$

第 10 步　以上述输入节点至神经元间权值绝对值的最大值，乘以输入节点总数 N 作为 $W_{\max}$，从排序小的神经元输出联接至排序大的神经元分别用权值为 $\pm W_{\max}$，对两端神经元标志为同一类的情况，其间联接权值用 $+W_{\max}$。对两端神经元标志为非同类情况，其间联接权值用 $-W_{\max}$ 此时通用前馈网络 SLAM 模型模式分类器即已学习完毕构成。其标志为某一类（A 或 B 或 C……）的神经元中排序号最大的神经元即为该类的输出神经元，当输入样本属于该类时此神经元输出为 1，否则为 0。必须指出，一个神经元联往排序较其大的神经元的联接权值数量，最多需要不超过分类类别的总数。因为对于排序较其大的某一个类别的神经元如果有几个，只要选择其中排序最小的一个神经元作为联接对象就够了。这个神经元将对前面的（即排序更大的）神经元继续起掩蔽作用。

SLAM 模型的两个特点是：神经元排序学习和神经元与神经元之间的前向掩蔽作用，故称为排序学习前向掩蔽模型。

四、实验结果

用多维空间中均匀概率随机产生的样本集，随机地指定分为两类，并把这样完全相同的样本集和分类要求，用几种不同的模型和学习算法进行了实验比较。对多次不同的样本集用 586-166PC 机软件模拟，所用神经元总数 S 和学习时间 t 的实验结果如表 1 所示，表中实验结果显示 SLAM 模型用于模式分类具有十分优越的特性。

表 1

实验序号	样本		SLAM 模型			常用的 BP 模型			我们改进的 BP[4]		
	维数 N	总数 S	M	t		M	t		M	t	
				分	秒		分	秒		分	秒
01	11	128	6	6	43	9	157	02	9	53	48
02	11	128	6	2	30	9	147	25	9	54	50
03	11	128	6	24	55	9	146	03	9	53	29
04	11	128	6	4	01	9	11	34	9	5	49
05	11	128	6	2	34	9	132	14	9	50	57
06	11	128	6	2	38	9	62	26	9	53	43
07	11	128	6	6	48	9	325	57	9	149	09
08	11	128	6	5	19	9	139	07	9	28	35
09	11	128	6	2	34	9	33	47	9	10	33
10	11	128	6	5	46	9	86	00	9	19	13
11	11	128	6	2	39	9	442	23	9	56	04
12	11	128	6	1	22	9	157	02	9	52	25
13	11	128	6	11	00	9	147	25	9	50	55
14	11	128	6	2	34	9	146	03	9	53	29
15	11	128	6	10	55	9	133	18	9	51	57
16	11	128	6	1	25	9	23	31	9	10	32
17	11	128	6	2	41	9	156	48	9	45	00
18	11	128	6	2	37	9	55	22	9	31	57
19	11	128	6	5	23	9	157	04	9	51	31
20	11	128	6	11	56	9	147	25	9	50	55

五、SLAM 模型在 CASSANDRA-Ⅰ小型神经计算机上的实现

CASSANDRA-Ⅰ小型神经计算机[6]是我国已小批量供应用户的唯一小型神经计算机系统，它的主要性能是：

一次模拟神经网络规模为 256 个神经元，256 个输入节点，128 组输入样本。每秒进行神经联接计算 2000 万次。由于 CASSANDRA-I 模拟的神经网络规模较大，我们选择了 128 维输入空间、1024 个随机样本分二类的情况和 256 维输入空间、1024 个随机样本分二类的情况做实验：两次学习时间和神经元数量如下。

- $N=128, S=1024$ 情况：

结果 $M=112, t=220$ 分 49 秒

- $N=256, S=1024$ 情况：

结果 $M=103, t=199$ 分 34 秒

必须指出，由于随机样本集的分类难度较大，且有很大随机性，所需神经元数量 M 和学习时间 t 也会相差较大。因此实验结果只能给出一个约略的概念。该 SLAM 分类器学习构成后在 CASSANDRA-I 小型神经计算机上实时应用时，进行模式分类的运行时间为 0.007 秒。

由于这样大的随机样本集的模式分类器问题应用 BP 网络 PC 机软件模拟的方式费时太长，本文未能加以定量对比。

同时必须说明的一点是：由于 CASSANDRA-I 的权值与输入字长均为二进制 8 位（在神经元与神经元之间的联接权值另有加强系数）；与浮点运算的软件模拟相比，它的计算精度受到限制，相当于分隔距离 D 要求大。这对应于所用神经元数量和计算时间的增加，但从学习结果的泛化能力看，D 的增加将使分隔更为合理。

六、有双阈值神经元 DTN 构成的 SLAM 模型

本文作者关于多阈值神经元网络的论文[2]中讨论了双阈值硬限幅神经元 DTN 在模式分类器中优越功能。此后不久 Muselli[3]发表了称之为 Window Neuron 的窗的神经元（即文献[2]中的硬限幅双阈值神经元 DTN）用于二值神经网络中的优点。本文下面将讨论 DTN 应用于 SLAM 模型的算法和特殊的优越性。

SLAM 模型中应用 DTN 时在排序学习中的第 1 至第 8 步与第三节中所述的基本相同，只是可以用两个分隔值把中间一段的样本分隔出来，而把上下两个分隔值记录下。显然，它可以更灵活地分隔样本集。而第 9 步则改用 DTN 神经元，其上下两阈值分别与上下两个分隔点值相等，当 ΣWI 在上下两阈值之间时输出为 1，其他情况输出为 0 第 10 步则对两端神经元标志为非同类的仍保持其间用联接权值为 $-W_{max}$，而对两端神经元标志为同一类情况则改为不再联接，而末尾每类增加一个单阈值硬限幅神经元作为该类的输出神经元，它的输入以权值 $+2W_0$ 联自每个标志同为该类的神经元输出。应用 DTN 的 SLAM 模型和全部用单阈值硬限幅神经元不用 DTN 的 SLAM 模型，对同一个随机样本分类问题所需用的神经元数量对比如表 2 所示。应用 DTN 的 SLAM 模型不仅可以减少

神经元数量，它的一个重要的优点是：对于一个已经学习完毕构成的 SLAM 模式分类器，如果在测试或应用中发现有误识的情况，可以将此误识的输入状态作为新的样本，用增加的 DTN 先在样本集中分隔出来，而将此增加的 DTN 标以最小的排序号(可以是负数)。这样可以不影响已经学好构成的 SLAM 模式分类器，而以增加外加 DTN 的方法扩大网络规模完成新样本的分类，从而实现模式分类器的不断完善功能。这显然是一个非常值得重视的优越性。

表 2

实验序号	实验用随机样本集		分类数	SLAM 需用神经元数量	
	维数 N	样本数 S		不用 DTN	应用 DTN
1	7	128	2	12	9
2	8	128	2	12	8
3	8	128	2	13	8
4	7	256	2	41	23
5	8	256	2	40	26

参考文献

[1] R. P. Lippmann. An introduction to computing with neural nets. IEFE ASSP Magazine, 1987(4):4～22.
[2] Wang Shoujue, et al. A study on artificial neurons with multi-threshold transfer functions. Chinese Journal of Electronics.1995, 4(2): 83～85.
[3] M. Muselli. On sequential construction of binary neural networks. IEEE Trans. Neural Nerworks, May 1995, 6 (3):678～690.
[4] Zeng Yujuan.et al. An improved BP algorithm for pattern recognition. Proc. ICSP' 98. Beijing China, to be published.
[5] M. Marchuand, et al. A convergence theorem for sequential leaming in two-layer perceptrons. Europhysics Letters, 1990, 11(6):487～492.
[6] 王守觉等. 人工神经网络硬件化途径与神经计算机研究. 深圳大学学报(理工版). 1997, 14(1): 8～13.

Direction-Basis-Function Neural Networks*

Wang Shoujue, Shi Jingpu, Chen Chuan, Li Yujian
(Institute of Semiconductors, Chinese Academy of Science, Beijing 100083, China)
Email: wsjue@red.semi.ac.cn

Abstract

A Model called Direction-Basis-Function (DBF) neural networks and its relevant algorithm for pattern classification are proposed in this paper. Also one implementation of the model based on the architecture of Priority Ordered Neural Networks (PONN)[4], that is PODBFN, is discussed. When adapted as pattern classifier, the neurons with linear output are used in the course of learning, while hard limited step activation function for pattern classification. The computer simulations show that not only the convergence speed is much faster than improved BP algorithm, but also the performance of the network is better. The DBF pattern classifier is implemented on the Chinese brand micro-neural computer CASSANDRA-I[2] and the experimental results are provided.

Introduction

Conventional BP is one of the Main tools for training feedforward neural networks. It is a gradient-based optimization method and applied widely for pattern recognition. But the method causes the network trapped into local minimums frequently. In addition, the convergence speed of BP algorithm is slow which resulted in the fact that the training time is too long. Besides the main disadvantages mentioned above, the network trained by BP algorithm can not be renewed conveniently when extra samples are added in. RBF (radial-basis-function)[3] model has many

---

* 原载于：IJCNN'99. Proceedings of the 1999 International Joint Conference on Neural Networks (Cat. No. 99CH36339). IEEE, 1999, 2: 1251～1254.

advantages over conventional BP such as strong pattern classification capability. But RBF is not convenient for implementation with conventional feedforward neural networks.

In this paper, a new model called Direction-Basis-Function neural networks is proposed which greatly reduces the training time and makes the networks have not any local minimums. It means that we can classify all the input samples correctly in a relative short time by using limited neurons. Moreover. the network's scale can be expanded at any time which results in the fact that the network can renew its knowledge easily whenever new samples are added in. Compared with RBF, DBF model has the same capability in pattern classification problem while it is much convenient to be implemented by conventional feed-forward neural networks.

Direction-Basis-Function(DBF)Neural Networks

From physical conception, the neuron in DBF model achieves a kind of relationship of θ, That is ,if the nonlinear function is F, then the neurons output $=\mathrm{F}(\theta)$. Here F is an arbitrary function and θ is the angle between two vectors, one is the weight $w=(w_1,w_2,\cdots,w_n)$ and the other is the input $x=(x_1,x_2,\cdots x_n)$. In many conditions, F is a function of $\cos\theta$,then the neurons output $=\mathrm{G}(\cos\theta)$. Assume that $\|w\|=\sqrt{w_1^2+w_2^2+\cdots+w_n^2}$, and $\|x\|=\sqrt{x_1^2+x_2^2+\cdots+x_n^2}$, then $\cos\theta=\dfrac{w\cdot x}{\|w\|\|x\|}$. If the weight vector w and the sample vector x are both unit vectors. the formula can be rewritten as:

$$\text{ouput}=\mathrm{G}(w\cdot x)=\mathrm{G}\left(\sum_i w_i x_i\right)$$

From the formula above, we can see that DBF model can be implemented conveniently with conventional feed-forward neural networks.

In general condition, each unit in the output layer of this DBF network has its own center vector, and for each input sample $x=(x_1,x_2,\cdots,x_n)^{\mathrm{T}}$ $(n>1)$, it computes the cosine of the angle between x and its center vector .Its output (the output signal at one of the output nodes) is some nonlinear function of that cosine. Consider a DBF network with center vector v_j, basis function width $r_j(j=1,2,\cdots,m)$ and radial function in the ith hidden node

$$h_j(x) = \exp\left(-\frac{1-\cos\left(x, \hat{v}_j\right)}{r_j^2}\right)$$

$$= \exp\left(-\frac{1-\dfrac{x^T v_j}{\|x\|\|v_j\|}}{r_j^2}\right)$$

where $\left(x, \hat{v}_j\right)$ is the angle between x and v_j, $\|x\| = \sqrt{x_1^2 + x_2^2 + \ldots + x_n^2}$.

There exists a close relation between DBF and RBF networks. In certain sense, a DBF network with $n(n>1)$dimensional input space can be viewed as a RBF network with $n-1$ dimensional input space. Actually, if the input x and center vector v_j are unit vectors, we can rewrite the formula as

$$h_j(x) = \exp\left(-\frac{1-\cos(x, \hat{v}_j)}{r_j^2}\right)$$

$$= \exp\left(-\frac{\left(x - v_j\right)^T \left(x - v_j\right)}{2r_j^2}\right)$$

When used in pattern classification problems, one kind of architecture of DBF model is Priority Ordered Neural Networks (PONN)[5], which means the outputs of neurons (or nets)are with different priorities in determination of output of the whole nets. The topological structure of the Priority Ordered Direction-Basis-Function Neural Networks (PODBFN)is shown in figure 1.

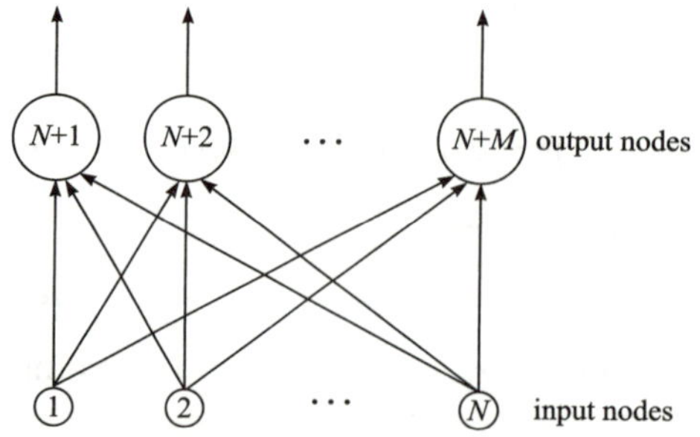

Figure 1. The topological structure of the PODBFN

The training algorithm for PODBFN is similar to PORBEN mentioned in the author's another paper[4]. According to the training algorithm, it is evident that PODBF has the ability to keep previously stored knowledge, when the net renewing with new additional training samples.

Computer simulation results

The computer simulation results of PODBF to solve the pattern classification problems are provided here. The results of improved BP to solve the same problems are for comparison. Ten trials are listed in table 1 for training course. Each trial, with 100 patterns in 9 dimensional space, is classified into two classes. Different neural network models have been compared with the same Pentium 166 PC. The program for improved BP is provided by R. W. Dobbins & R.C. Eberhart. And DBF model has been written with the same language as their BP.After learning, totally 166 samples are tested, there are respectively 16 errors and no rejections for DBF and 17 errors and 3 rejections for their BP. The Errors can be reduced to zero by adding 2 hidden neurons for DBF.

Table 1

trial No.	patterns		DBF model			improved BP		
	dimension N	number S	number of neurons(M)	CUP time sec.	unsatisfied training patterns	number of neurons (M)	CPU time sec.	unsatisfied training patterns
01	9	100	5	0.05	0	4	4.70	2
02	9	100	5	0.06	0	4	4.10	2
03	9	100	5	0.05	0	4	4.12	2
04	9	100	5	0.05	0	4	4.70	2
05	9	100	5	0.06	0	4	4.10	2
06	9	100	5	0.05	0	4	4.10	2
07	9	100	5	0.06	0	4	4.70	2
08	9	100	5	0.06	0	4	4.10	2
09	9	100	5	0.05	0	4	4.70	2
10	9	100	5	0.06	0	4	4.60	2

Implementation of DBF model on micro neuro-computer

The DBF model for classification is implemented on the Chinese brand micro neruo-computer CASSANDRA-I[2], on which one experimental test has been done with five groups of data. The experimental test is with 1024 random patterns in 256 input dimensional space. The pattern set is classified into two classes randomly. After the DBF model is executed on the micro neuro-computer, the learning time and the output nodes are showed as table 2.

Table 2

trial No.	patterns		DBF model		SLAM model	
	dimension *N*	number *S*	number of neurons(*M*)	CPU time min.	number of neurons(*M*)	CPU time min.
01	256	1024	268	5.3	103	199
02	256	1024	279	4.7	107	385
03	256	1024	275	4.8	112	220
04	256	1024	310	4.8	113	236
05	256	1024	259	5.4	98	187

The Sequential Learning Ahead Masking (SLAM)[1] model is a model for implementation with general Feed-Forward networks to realize the different priorities of neurons. It's performance is much better than conventional BP. For comparison, the experimental results of SLAM on the same micro neuro-computer are provided as table 2.

After training, the running time of DBF model on micro neuro-computer for pattern classification is about 0.007 sec.

Conclusion

DBF model uses much less learning time than other models (such as improved BP)to solve the same pattern classification problems. Moreover, it has not any local minimums in training course and the net scale can be expanded easily to renew knowledge when new samples are added in. From the experimental results of computer simulation and implementation on micro neuro-computer, we can see that DBF is an advanced model especially in pattern classification field.

Reference

[1] Wang Shoujue etc. The Sequential Learning Ahead Masking (SLAM)model of neural networks for pattern classification. Proceedings of JCIS'98. Vol.IV. pp199-202, Oct. 1998. RTP N.C., USA.

[2] Wang Shoujue etc., On the Hardware for Artificial Neural Networks and Neurocomputer, Journal of Shenzhen University Science & Engineering, 1997, 14(1): 8~13.

[3] Park. C., Buckmann. K., Diamond, J., Santoni, U., The, S. and Holler, M.. A radial basis function neural network with on-chip learning. Proceedings of IJCNN'93 Nagoya, pp. 3035-3038,1993.

[4] Wang Shoujue, et al. Priority Ordered Architecture of Neural Networks, Paper # 58, IJCNN'99, Washington, DC-July 10-16.1999.

[5] Wang Shoujue, Priority Ordered Neural Networks with Better Similarity to Human knowledge Representation, Chinese Journal of Electronics, Vol.8, No.1,pp. 1~4,1999.

Priority Ordered Architecture of Neural Networks*

Wang Shoujue, Lu Huaxiang, Chen Xiangdong, Li Yujian
(Institute of Semiconductors, Chinese Academy of Science, Beiiing 100083, China)
Email: wsjue@red.semi.ac.cn

Abstract

A brand new architecture of neural networks has been introduced in this paper. In this architecture, outputs of neurons (or neural nets)are with different priorities, beside the differences in topological position and value of these outputs[1]. It has been discussed that the Priority Ordered Neural Networks (PONN)is with better similarity to knowledge representation in human brain. Also general mathematical description of the PONN has been introduced. The Priority Ordered Single Layer Perceptron (POSLP)and the Priority Ordered Radial Basis Function Nets (PORBFN)for pattern classification have been analyzed. The experiment shows that the learning speed of the POSLP and PORBFN are much faster than that of the multilayered feedforward neural networks with existing BP algorithms.

Key words: Neural networks, Priority ordered, Pattern recognition, New architecture of ANN.

I. Introduction

Since human knowledge is always growing day by day, the old knowledge must be partly covered by newer knowledge as shown in figure 1. In this figure, the area of each circle represents certain knowledge; t means the time when knowledge was created or renewed $(t4 > t3 > t2 > t1)$.

---

* 原载于：IJCNN'99. Proceedings of the 1999 International Joint Conference on Neural Networks (Cat. No. 99CH36339). IEEE, 1999, 2: 808～811.

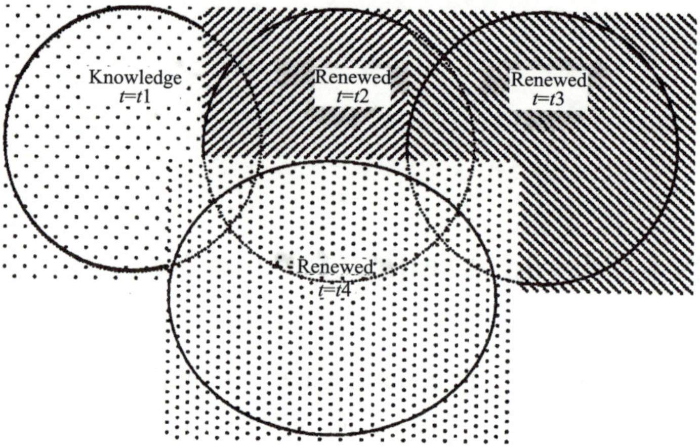

Fig 1.　Renewing of the human knowledge

The nature of human brain is that the latest knowledge always covers the others as illustrated in figure 1. That means knowledge in human brain is priority ordered, newer the knowledge, higher the priority. Although so far in artificial neural networks. outputs of neurons in the same layer are considered with the same priority. Even in a "winner-take-all" type of net[2], the output of the net is determined by the values of neuron-outputs only. We proposed a new architecture of neural networks named Priority Ordered Neural Networks (PONN). It can be with any different structures, such as Priority Ordered Single Layer Perceptron (POSLP), Priority Ordered Radial Basis Function Nets (PORBFN)etc. In this architecture. the outputs of neurons (or nets)are with different priorities in determination of output of the whole nets.

II. General description and mathematical explanation of the Priority Ordered Neural Networks (PONN)

In general, the priority ordered units in a PONN could be neurons or parts of nets or different modules as shown in figure 2. The inside of the dotted rectangle is a PONN with n modules, output of the module with lower number of footnote means with higher priority. In figure 2, all the inputs of each module (subnetwork or subsystem)are $x \in R^N$ however, the structures and priorities of different modules are generally different. The priority and the output of module k are denoted as p_k and $y_k \in R^{N_k}$ respectively. The outside of the dotted rectangle is symbolic presentation for mathematical description of the ordered priorities of modules.

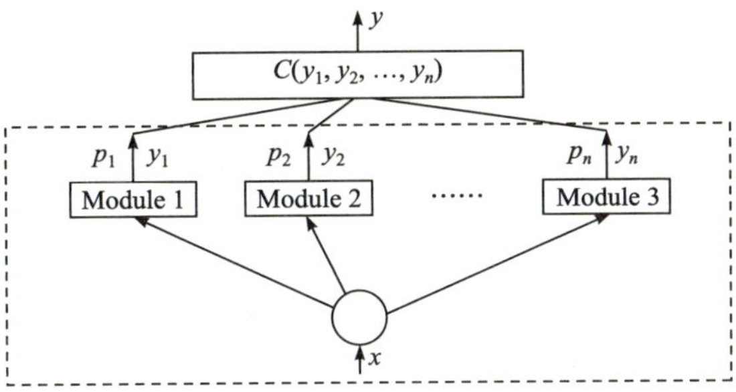

Fig 2. General priority ordered architecture of neural networks

The general mathematical description of a PONN is as follows:

The mathematical description of each module depends on its structure, $C(y_1, y_2, \ldots, y_n)$ is the decision function of the final output for the whole neural network. Moreover,

$$y = C(y_1, y_2, \ldots, y_n) = y_s$$
$$s = \min\left\{i \mid p_i = \max\left\{p_j \mid Q(y_j) = 1\right\}\right\}$$

Where Q is described as the conditional map:

$$Q : \bigcup_{j=1}^{\infty} R^{N_j} \to \{0,1\}.$$

III. POSLP and PORBFN for pattern classification

Single Layer Perception is the simplest model of neural networks. For pattern classification using single layer Perceptron, only the linearly separable problems could be solved. But for Priority Ordered Single Layer Perceptron (POSLP), the linearly inseparable problem shown as fig 3,could be solved as shown in fig 4. The order of priority of neuron is shown as the number in circle pointed to a straight line, which corresponds to the superplane generated by this neuron. Each neuron in POSLP corresponds to one specified class (as square or circle or star in fig 4). Neuron 1 is with the highest priority. During pattern classifying, the neuron with the highest priority, within excited neurons, means the result of classification. Multiangles in fig 4 show separated regions of neurons in POSLP.

For Priority Ordered Radial Basis Function Nets (PORBFN)using in pattem classification, the only difference is that, the separating supersurface for each neuron will be a supersphere instead of a superplane in POSLP. For solving the same problem as shown in fig 3, PORBFN will separated patterns as shown in fig 5.

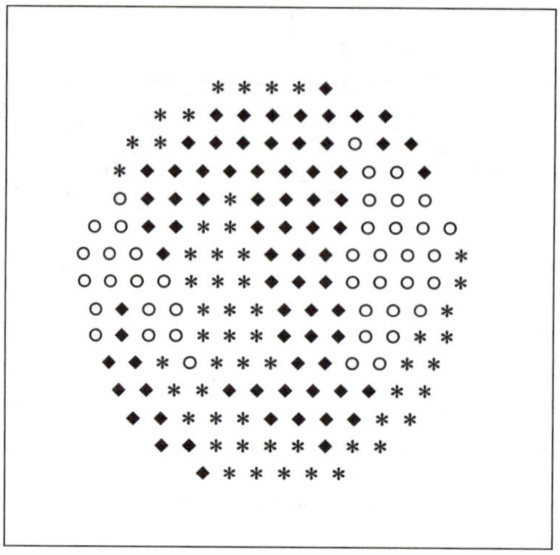

Fig 3.　An example of pattern classification problems

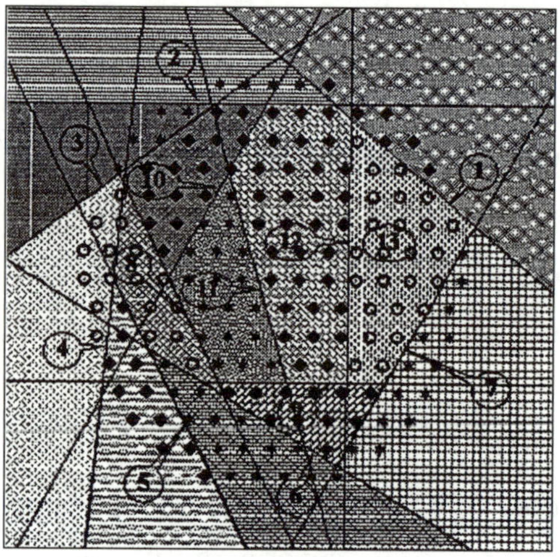

Fig 4.　Pattern classification using POSLP

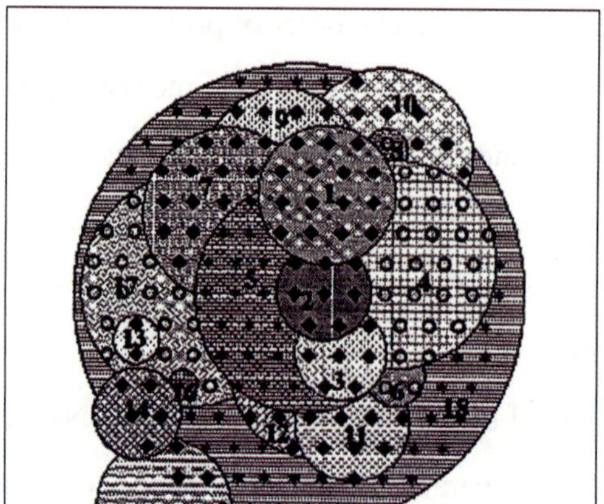

Fig 5.　Pattern classification using PORBFN

IV. Experimental results

The Sequential Leaming Ahead Masking (SLAM)model, which we published in the Proceedings of JCIS'98[3] (held in Research Triangle Park, North Carolina, USA, in October 23-28, 1998)is a model for implementation with general Feed-Forward Networks to realize the different priorities of neurons. The difference between POSLP and SLAM model is that, the weights and connections between neurons in SLAM model are perfectly eliminated through the difference of priorities of neurons in POSLP.

As an example of pattern classifier, 128 pattems in 11 dimensional space, generated randomly with uniform probability, are designated randomly to two classes, the computer simulation results show that the average convergence speed of SLAM model are over 7 times faster than that of the existing modified BP algorithms[3].

The data of example of pattern classification, published by R. W. Dobbins & R. C. Eberhart, has been used for PORBFN. Experimental results from ten trials are as follows:

The average training time is 0.0165 sec for PORBEN and 4.63 sec for BP Net.

However the number of neurons used in PORBEN is one neuron more than that used for hidden layer in BP Net.

V. Conclusion

The Priority Ordered Neural Network (PONN), proposed in this paper, has many advantages in learning and knowledge renewing. It can be used in single layer perceptron as POSLP and in radial basis function nets as PORBFN. Experiments show that the learning speed of POSLP (implemented with SLAM model)as well as PORBFN is much faster than that of the multilayered feedforward neural networks with BP algorithms. According to the form of separation in fig5, it is evident that PORBFN has the ability to keep previously stored knowledge, when the net is renewing with new additional training samples.

References

[1] Wang shoujue, Priority Ordered Neural Networks with Better Similarity to Human Knowledge Representation.

Chinese Journal of Electronics (in English), Vol.8. No.1, pp1~4. Jan. 1999.
[2] E. R. Kandel and J. H. Schwartz, Principles of Neural Science, Elsevier, New York (1985).
[3] Wang Shoujue etc. The Sequential Learning Ahead Masking (SLAM) model of neural networks for pattern classification. Proceedings of JCIS'98, Vol. IV, pp199-202, Oct. 1998, RTP, N.C.,USA.

仿生模式识别（拓扑模式识别）——一种模式识别新模型的理论与应用*

王守觉
（中国科学院半导体研究所神经网络实验室，北京 100083）

摘　要

本文提出了一种模式识别理论的新模型，它是基于“认识”事物而不是基于“区分”事物为目的。与传统以“最佳划分”为目标的统计模式识别相比，它更接近于人类“认识”事物的特性，故称为“仿生模式识别”。它的数学方法在于研究特征空间中样本集合的拓扑性质，故亦称作“拓扑模式识别”。“拓扑模式识别”的理论基点在于它确认了特征空间中同类样本的连续性（不能分裂成两个彼此不邻接的部分）特性。文中用“仿生模式识别”理论及其“高维空间复杂几何形体覆盖神经网络”识别方法，对地平面刚体目标全方位识别问题作了实验。对各种形状相像的动物及车辆模型作全方位 8800 次识别，结果正确识别率为 99.75%，错误识别率与拒识率分别为 0 与 0.25%。

关键词：模式识别；神经网络；仿生学；高维几何

中图分类号：O235　**文献标识码**：A　**文章编号**：0372-2112 (2002) 10-1417-04

Bionic (Topological) Pattern Recognition——A New Model of Pattern Recognition Theory and its Applications

WANG Shou-jue
(Lab of Artificial Neural Networks, Institute of Semiconductors, CAS, Beijing 100083, China)

Abstract

A new model of pattern recognition principles, witch is based on “matter cognition” instead of “matter classification” in traditional statistical pattern recognition, has been proposed. This new model is better closer to the function of human being, rather than traditional statistical pattern recognition using “optimal seperating” as its main principle. So the new model of pattern recognition is called the Bionic Pattern Recognition. Its mathematical basis are topological analysis

---

* 原载于：电子学报，2002，30（10）：1417～1420. 国家自然科学基金项目（No.60135010）.

of sample set in the high dimensional feature space, therefore it is also called the Topological Pattern Recognition. The basic idea of this model is based on the fact of the continuity in the feature space of any one of the certain kinds of samples. We did experiments on recognition of omnidirectionally oriented rigid objects on the same level, with the Bionic Pattern Recognition using neural networks, which acts by the method of covering the high dimensional geometrical distribution of the sample set in the feature space. Many animal and vehicle models (even with rather similar shapes) were recognized omnidirectionally thousands of times. For total 8800 tests, the correct recognition rate is 99.75% , the error rate and the rejection rate are 0 and 0.25 respectively.

Key words: pattern recognition; neural networks; bionics; high dimensional geometry

1 引　言

模式识别的发展已有几十年的历史。早在 20 世纪 30 年代，Fisher 提出的判别分析就是利用已知的两类向量的概率分布函数来设计将两类向量分开的决策规则的问题[1]。随即在统计模式识别发展以后，模式识别就被认为是用来选择使平均风险达到最小的模式类别。因而，划分类别问题，与统计判决理论完全相同[2]。

近年受到人们关注的支持向量机（SVM）的最早提出者 Vapnik 在 1974 年提出了“最优分类超平面”的概念[3]并在此基础上后来发展构造成了支持向量机（SVM）[4]。综上所述，数十年来人们在研究模式识别问题中，考虑的出发点都是在若干类别的最佳分类划分上。其根本原因或许在于用这样的数学描述与处理方法最具有一般性、通用性。但众所周知，即使基于目前最先进的模式识别理论基础上的识别机，其实际效果却仍然远不能令人满意。虽然 Vapnik 在一本非常出色的书中是这样批评人工智能学者的[5]。（为了忠于原文，把 Vaprik 书中（中译本）原话一段引在下面，这对说明本文的目的与出发点是必要的。）Vapnik 写道：“在 80 年代，人工智能学者在计算学习领域中扮演了主要的角色。在这些人工智能研究者中间，一些较极端的学者有很大的影响（正是他们强调了‘复杂的理论是没有用的，有用的是简单的算法’）。这些人工智能学者对于处理学习问题有丰富的经验，善于对一些理论上非常复杂的问题构造‘简单的算法’。60 年代末，人们认为在几年之内就可以完成计算机自然语言翻译器（但时至今日我们尚离解决这个极其复杂的问题很远）；在此之后的另一个计划是构造通用问题求解器；再之后又是建立大系统自动控制机的计划，等等。所有这些科研计划都没有取得成功。接下来要研究的问题就是如何建立一种计算学习技术。这些学者首先做的是改变了所用的术语。特别地，感知器被改称为神经网络。然后这些研究被称作是与生理学家共同进行的，对学习问题的研究减少了一般性，增加了主观色彩，在 60 和 70 年代学习问题研究的主要目标是寻找从小数量样本出发进行归纳推理的最好途径，而到了 80 年代，目标变成了构造利用大脑来推广的模型。（原文注：当然研究人是如何学习的是很有意义的，但是这并不一定是建立人工学习机器的最佳途径，正如人们对鸟类如何飞行的研究实际上对建造飞机没有多少帮助一样）。”

本文对 Vapnik 这段话并非有所评议，只想说明，本文题目用“仿生模式识别”中的“仿生”二字，并非 Vapnik 所批评的“目标变成了构造利用大脑来推广的模型”，而只是为了从功能上更接近于人类对事物的识别过程，而从数学模型上加入了实际“被识别对象”的某些普遍存在的“特殊性”。这个所谓“特殊性”是针对目前传统的模式识别数学描述方法的“一般性与通用性”而言的，它在实际的模式识别问题中却仍然具有一般性与通用性。

本文的基本出发点就在于把模式识别问题看成模式的“认识”，而不是分类划分，不是模式分类；是一类一类样本的“认识”，而不是多类样本的划分。因而，其基本数学模型当然会与传统模式识别的“最优分类”界面的概念大不相同。

2　人类的识别功能与传统模式识别方法的差异

设想农村中的一孩子，能认识牛、羊、马、狗、树林、房子等等农村中所有的一切，但没见过汽车；如果有一辆汽车突然出现在他面前时，试问他会怎样想呢?他会把汽车与以前见过的牛、羊、马、狗等一件件比较，看与哪件最相像吗?（传统模式识别正是这样的）不，他绝不是这样想的，而是认为“我没见过这种东西”“我不认识这种东西”。这正是人类认识事物与传统模式识别的差别。人类侧重于“认识”，只有在细小之处才重视“区别”（例如要区分狼与狗或马与驴等等），而传统模式识别则只注意“区分”，没有重视“认识”的概念。本文提出的“仿生模式识别”就是从“认识”模式的角度进行模式识别；既然它的基本概念不同于已经发展数十年的传统模式识别，为强调与传统模式识别在概念上的不同，用了“仿生模式识别”这一名词；其中“仿生”二字的含义只是在模式识别的功能和数学模型上强调了从“认识”的概念出发，更接近于人类的识别：而从实现的途径上看，还没有“仿生”的含义。下面把仿生模式识别与传统模式识别的比较与差异以图表方式表示在图 1 中。

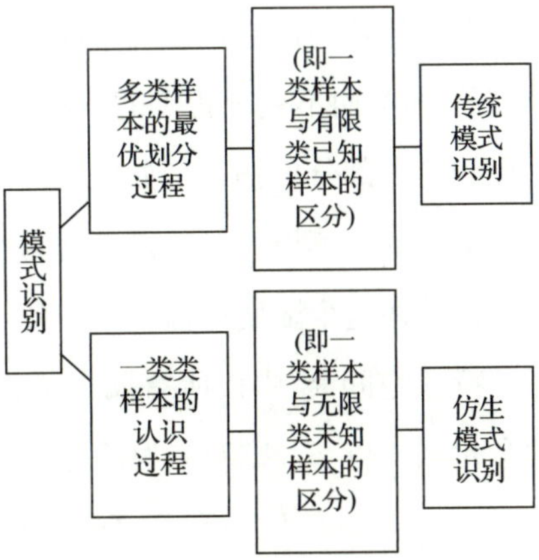

图 1

3　从基本数学模型看仿生模式识别与传统模式识别的本质差别

传统模式识别其基本数学模型的基点在于如文献[5]中第 12 页所述的：《所有可用的信息都包含在训练集（1-1）式中的情况下》（注：原文（1-1）式即训练集坐标 $(x_1,y_1),\cdots,(x_1,y_1)$）这就是说在同类样本点相互之间没有任何关系的先验知识存在，因此，一切都只能从特征空间中不同类样本的划分出发了，然而在自然界实际规律中并非如此；本文所提出的仿生模式识别就在于引入了同类样本间存在的某些普遍的规律性而建立起来的“多维空间中非超球复杂几何形体覆盖”的识别原理。下节将重点讨论同类样本间普遍存在的规律性（亦即普遍存在的先验知识）

4　仿生模式识别的基点——特征空间中同类样本全体的连续性规律

人们在对事物的识别过程中，存在两种不同的归类过程。一种是“同源”的归类过程，例如同为简体汉字的手写体识别。另一种是不同源的按逻辑知识归类过程，例如手写体中简体汉字与繁体汉字的归并，对学过简体汉字而未学过繁体汉字的人，对于简体汉字的印刷体、手写楷书和行书等往往都能认识，而对于繁体汉字却不认识。因为繁体汉字与简体汉字并不源于同一个字形，而是被人为地定义为同一个字的，靠事先学习的逻辑知识把二类归并成一类。我们把“同源”的称为同一类，而在识别以后再按逻辑归类知识把需要归在一起的类别合并。因而以下所称同类样本指的都是“同源”的一类样本。以下讨论“同源”同类样本的连续性规律；

自然界任何欲被认识的事物（包括事物、图像、声音、语言、状态等等）若存在两个“同源”同类而不完全相等的事物，而这两个事物的差别是可以渐变的或非量子化的（宏观世界的绝大部分事物正是如此，即使像“苹果产量”那样不可能细化到一只苹果以下，但以重量计的“苹果产量”是考虑为可以渐变的）则这两个同类事物之间必至少存在一个渐变过程，在这个渐变过程中间的各事物都是属于同一类的。以数学公式描述为：

特征空间 R^n 中设所有属于 A 类事物的全体所做成的点集为 A，若集合 A 中存在任意两个元素 x 与 y，则对 ε 为任意大于零的值时，必定存在集合 B，使

$$B=\{x_1,x_2,x_3,\cdots,x_n|\ x_1=x,x_n=y,n\subset N,\rho(x_m,x_m+1)<\varepsilon,$$
$$\varepsilon>0,n-1\geqslant m\geqslant 1,m\subset N\},B\subset A$$

在特征空间 R^n 中同类样本点之间所存在的这个连续性规律是超出了传统模式识别与学习理论的基本假定的，该假定认为“可用的信息都包含在训练集中”。但这个连续性规律却是客观世界中人类直观认识范围的客观存在的规律；因而也是仿生模式识别中用来作为样本点分布的“先验知识”，从而来提高对事物的认识能力。

传统模式识别中把不同类样本在特征空间中的最佳划分作为目标，而仿生模式识别则以一类样本在特征空间的分布的最佳覆盖作为目标，以二维空间的情况示意如图 2。

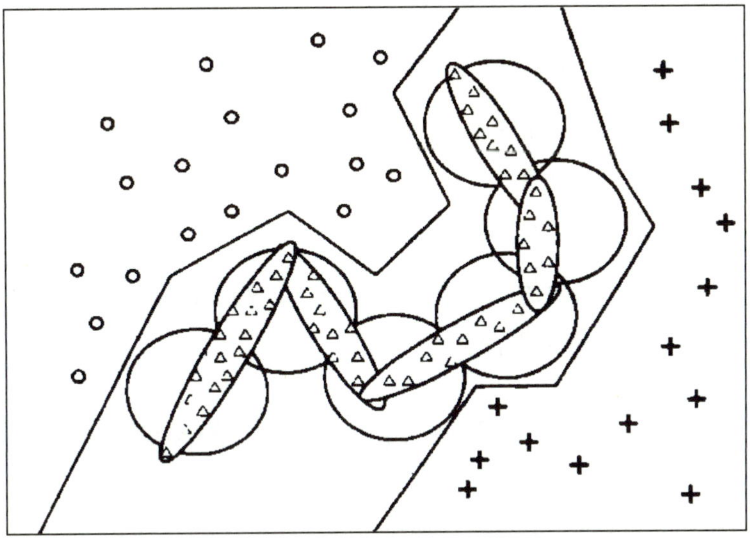

图 2

图中，三角形为要识别的样本，圆圈和十字形为与三角形不同类的两类样本，折线为传统 BP 网络模式识别的划分方式，大圆为 RBF 网络的划分方式（等同于以模板匹配的识别方式）细长椭圆形构成的曲线代表仿生模式识别的“认识”方式。因而，仿生模式识别把分析特征空间训练样本点的关系作为基点，而特征空间中样本分布的连续性规律为此提供了可能性。

5 仿生模式识别理论的数学工具问题

在仿生模式识别中引入了特征空间中同类样本的连续性规律后，对一类事物的“认识”，实质上就是对这类事物的全体在特征空间中形成的无穷点集合的“形状”的分析和“认识”。正如苏联多名院士的数学名著[6]中所指出的“任何对象的每一个集合，只要在有着关于连续性、关于无限接近的自然概念，就是一个拓扑空间。拓扑空间的概念是非常普遍的，而关于这种空间的学问——抽象拓扑学——不是别的，正是关于连续的最普遍的数学分支”。而本文所提出的仿生模式识别的理论分析数学工具正是点集拓扑学中对高维流形的研究问题。这同传统的以数理统计为基础的模式识别显然在数学工具的基础上有根本的差别。与传统的统计模式识别相别，把仿生模式识别也称为拓扑模式识别。

在仿生模式识别（拓扑模式识别）中，特征空间 R^n 中任何一类事物（如 A 类）全体在 R^n 中映射（必须是连续映射）的“象”所做成的点集被视为都是一个闭集，这个闭集我们称它为 A，集合 A 根据仿生模式识别的具体应用对象可以是不同维数的“流形”。关于一般点集的维数分析在苏联数学家乌利逊（1898～1924）所建立的“一般维数论”中已有讨论。但模式识别是一门实际应用的科学。在实际工程中，无论模式识别欲解决的具体问题是什么，在采集样本和识别对象时必然会带来一定的随机“噪声”。因而，在实用的仿生模式识别中，对 A 类事物“认识”的判别覆盖集合应该用集合 P_a 取代集合 A，$P_a=\left\{x \mid \rho(x,y)\leqslant k, y\in A, x\in R^n\right\}$，$k$ 为选定的距离常数。

集合 P_a 是 n 维的，因而仿生模式识别的任务，就是判别“被识别事物”映射在特征空间 R^n 中的“象”是否属于集合 P_a。

6 神经网络高维空间复杂几何形体覆盖识别方法及其应用实例

在实际的仿生模式识别中为了判别是否属于集合 P_a，必须用软件或硬件为手段，在特征空间 R^n 中构筑一个能覆盖集合 P_a 的 n 维空间几何形体。近似于覆盖集合 P_a 的 n 维空间几何形体是以不同维数的“流形”（集合 A）中，无穷多的点作球心，以常数 k 作为半径的无穷多个 n 维超出球体的并，即集合 A 与 n 维超球体的拓扑乘积。

根据维数理论[7]，要把 n 维空间分成两部分，其界面必须是一个 $n-1$ 维的超平面或超曲面，而人工神经网络的一个神经元正是在 n 维空间中做一个 $n-1$ 维的超平面或超曲面，把 R^n 分成两个部分。一个神经元，也可以是多种多样的复杂的封闭超曲面[8]。因而，人工神经网络是实现仿生模式识别的十分合适的手段。

为了方便发展神经网络仿生模式识别，我们在前一篇论文中[9]引入了神经网络高维空间几何分析方法，用来作为发展仿生模式识别的一种实用性工具。该文中对 n 维空间的点、直线、平面、超平面、圆、球面、超球面间的关系作了叙述，但未对非球超曲面进行讨论，以下，将介绍和讨论一个应用非球超曲面的仿生模式识别的实例。

仿生模式识别应用实例的要求是在海面上或地平面上对不同方向观察的目标（如舰艇、坦克、汽车、牛、马、羊等）的认识。样本的采集是从不同方向观察所采集到的 bmp

文件，进行前处理（连续映射）后压缩成 256 维特征空间样本点。由于观察方向都是水平的，可以说方向的改变只有一个变量，因而，特征空间中样本点的分布应近似于呈一维流形分布。加以其他方向存在的微弱变动，可以考虑某类对象在特征空间中的覆盖形状应是一个与圆环同胚的一维流形与 256 维超球的拓扑乘积。用语言描述也就是 256 维特征空间中，离开一条头尾相接的空间曲线的最小距离小于某定值 k 的所有点的集合 P_a，而该空间曲线包含所有采集的样本点集合 S，即

$$S=\left\{x|\ x=S_i(i=1,2,\cdots,\text{采集样本总数})\right\}$$

$$P_a=\left\{x|\ \rho(x,y)\leqslant k,y\in A,x\in R^n\right\}$$

$$A=\left\{x|\ x=x_i,i=(1,2,\cdots,n),n\subset N,\rho\left(x_m,x_m+1\right)<\varepsilon,\right.$$

$$\left.\rho\left(x_1,x_n\right)<\varepsilon,\varepsilon>0,n-1\geqslant m\geqslant 1,m\subset N\right\},A\subset R^n,S\subset_A$$

为了实际用神经网络中若干神经元来实现近似覆盖 P_a，我们用若干空间直线段来近似空间曲线 A，每个神经元覆盖的是一个直线段与 n 维超球的拓扑乘积。

设采集原始样本集合为 S，在其中取样本 j 个组成新的样本集 S'，使

$$S'=\left\{x\,|\,x=S_i'(i=0,1,2,\cdots,j),\rho\left(s_i',s_{i+1}'\right)\leqslant d<\right.$$

$$\left.\rho\left(s_{i-1}',s_{i+1}'\right),d\text{为设定常数},s_0'=s_j'\right\},S'\subset S$$

用 j 个神经元来近似地覆盖 P_a，第 i 个神经元覆盖范围 P_i 为：

$$P_i=\left\{x|\ \rho(x,y)\leqslant k,y\in B_i,x\in R^n\right\}$$

$$B_i=\left\{x|\ x=\alpha S_i'+(1-\alpha)S_{i+1}',\alpha=[0,1]\right\}$$

全部 j 个神经元覆盖范围为: $P_a'=\bigcup_{i=0}^{j-1}P_i$

7 实验与结果

以狮子、老虎、坦克、小汽车等八件实物模型（见图 3），各以旋转 360° 一圈采集 400 个样本，称为第一样本集八类共 3200 个样本，再在不同时间下另行重复采集一次，得第二样本集八类 3200 个样本。

再用猫、小狗、斑马等六件实物模型（见图 4），同样各采集 400 个样本，称为第三样本集六类共 2400 个样本。试验步骤与结果如下：

（1）首先在第一样本集 3200 个样本中，按同类样本间的距离大小每类分别选择 26 至 50 个不等数量的样本作为训练样本，共八类 338 个样本作为训练集。

图 3

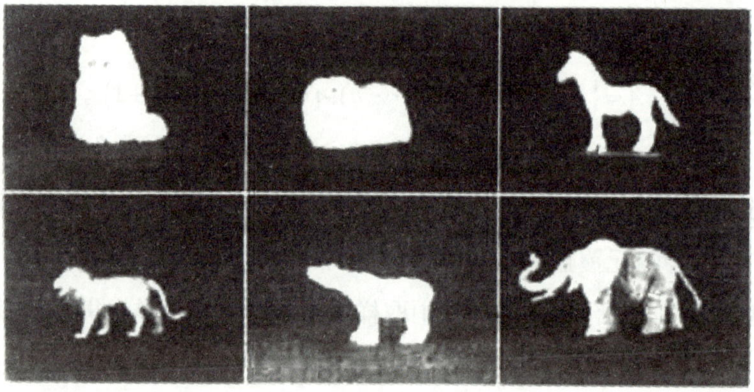

图 4

（2）以统一的距离参数 k，分别用神经网络构造 $P_a, P_b, \cdots$ 八类对象拓扑流形的识别网络，其神经元数量与训练集样本数量相同。

（3）把第一、第二两样本集共 6400 个样本作为正确识别率的测试样本，结果正确识别的样本总数为 6384 个，正确识别率为 99.75%，未正确识别的 16 个样本全部属拒识，拒识率为 0.25%。

（4）把第一、第二、第三样本集全部 8800 个样本作为错误识别率的测试样本，结果无一样本被误识。

由于参数 k 的选择与 $P_a, P_b, \cdots$ 八类识别网络的建立等工作的描述与讨论需占用太大的篇幅，将在另文发表。

8　讨论与结论

由以上实验结果说明：

（1）仿生模式识别对于未经过训练的任意对象决不会误识（无一次误识，即使动物模型的后影是十分相似的）这正是人们识别功能的特点，也是传统模式识别的致命弱点。

（2）仿生模式识别是一类一类分别训练“认识”的，对新增加样本的训练不会影响原有识别知识，这是一大优点。

（3）正确识别率99.75%，剩下的0.25%全部是拒识（而不是误识），这在实际应用中往往没有影响，只要重复一次即可，不会造成错差。

（4）该实验实例是拓扑模式识别中最简单的“一维流形实例”，即每一类样本的全体在特征空间中呈与圆环同胚的“一维流形”状分布（亦即空间闭合曲线），它与n维超球的拓扑乘积P_a易于用神经网络覆盖。

（5）上述情况说明研究具体的仿生模式识别首先要分析研究被识别事物在特征空间中分布状况的拓扑属性，再考虑用神经网络覆盖方法。

（6）在上述实验实例中，首先保证了预处理（即特征提取）过程是连续映射，无跳变现象，这是拓扑模式识别的基本要求，否则将会影响效果。

（7）上述实验中用的识别对象实物模型，为消除光线色度的影响和反光的影响（正如一般摄影技术中要避免反光一样），这些实物都采用无色毛面，而摄像采样只用了黑白灰度。

（8）综上所述可以说明，仿生模式识别开辟了一个效果较好有前途的新方向，正有待于从理论到实践上研究发展众多具体针对性的应用领域。

参考文献

[1] Fisher R. A. Contributions to Mathematical Statistics [M]. New York: J. Wiley, 1952.

[2] 陈季镐(美)著，邱炳章，邱华译.统计模式识别 [M]. 北京：北京邮电学院出版社,1989.

[3] Vapnik V.N and Chervonenkis A.Ja. Theory of Pattern Recognition [M]. Nauka, Moscow, 1974.

[4] Boser B, Guyon I and Vapnik V.N.A training algorithm for optimal margin classifirers [A]. Fifth Annual Workshop on Computational Learning Teory [C].Pittsburgh: ACM, 1992.144-152.

[5] Vladimir N Vapnik 著，张学工译. 统计学习理论的本质[M]. 北京：清华大学出版社, 2000 .

[6] AD 亚历山大洛夫等著，王元等译. 数学——它的内容、方法和意义[M]. 北京：科学出版社, 2001.

[7] Rysard Engelking. Dimension Theory [M]. PWN-Polish Scientific Publishers-Warzawa, 1978.

[8] 王守觉，李兆洲，陈向东，王柏南. 通用神经网络硬件中神经元基本数学模型的讨论[J]. 电子学报, 2001, 29(5): 577-580.

[9] 王守觉. 王柏南. 人工神经网络的多维空间几何分析及其理论[J]. 电子学报, 2002, 30(1): 1-4.

人工神经网络的多维空间几何分析及其理论*

王守觉，王柏南
（中国科学院半导体研究所神经网络实验室，北京 100083）

摘　要

本文系统地讨论了作为用于分析人工神经网络的一种方法即多维空间几何方法，并对多维空间几何学进行系统的研究，推导了必要的定理，为人工神经网络的分析提供了新的手段。

关键词：神经网络；多维空间；学习算法；多维几何

中图分类号：TP183　**文献标识码**：A　**文章编号**：0372-2112 (2002) 01-0001-04

Analysis and Theory of High-Dimension Space Geometry for Artificial Neural Networks

WANG Shou-jue, WANG Bai-nan
(Lab of Artificial Neural Networks, Institute of Semiconductors, CAS, Beijing 100083, China)

Abstract

We systematically discuss a high-dimensional space geometry method used for analyzing artificial neural networks, do some research work about the high-dimensional space geometry and prove the necessary theorems. It is a novel tool to analyze artificial neural networks.

Key words: neural networks; high-dimensional space; learning algorithm; high-dimensional geometry

1 引　言

人工神经网络一方面由于它极强的函数拟合和自学习能力、很好的鲁棒性以及高超

* 原载于：电子学报，2002，30（1）：1～4. 国家自然科学基金（No.60076020）.

的分类划分能力等优点已经广泛地被工程技术界用来解决各类实际问题[1]。但另一方面，由于每个神经元行为的数学描述都是一个多变量的非线性函数方程，组成网络以后的庞大多变量非线性方程组更难以进行数学的分析。虽然不少作者曾提出过多种数学分析方法[2]，但复杂多变量非线性方程组的处理与分析问题始终是个难题，它限制着人工神经网络从分析角度的深入发展。

人类生活在自然界中最早对物体形状的概念是个几何概念，几千年以后由于代数学的深入发展才产生了解析几何、微积分、微分方程以及各种抽象空间的几何。这就把人脑中朴素的形状概念上升到用许多抽象的数学公式来表达。一般说人们对物体形状的几何概念很清楚，但解析几何、微积分用方程式来分析计算则更加精确。

对于人工神经网络而言，由于对庞大的复杂多变量非线性方程组目前数学上还缺乏通用的解析方法，因而对神经网络行为用数学解析全面进行精确分析的途径还难以实现。

为改善对神经网络行为的认识和研究中的“黑匣子”式难以处理的状态，本文提出了一种用多维空间几何推理的认识、分析方法。在作者已发表的有关神经网络模型与算法的论文[3-7]的实验结果中，初步反映了这种认识与分析方法的优越性。

2 神经元的多维空间几何对应

广义地看待一个神经元可以理解为一个如下的基本运算操作：

$$Y = f\left[\Phi(x_1, x_2, \cdots, x_n) - \theta\right] \tag{1}$$

神经元的基本运算规则。如对于 BP 网络的神经元

$$\Phi(x_1, x_2, \cdots, x_n) = \sum_{i=1}^{n} w_i x_i \tag{2}$$

而对于 RBF 网络的神经元，则可取

$$\Phi(x_1, x_2, \cdots, x_n) = \left[\sum_{i=1}^{n} (x_i - w_i)^2\right]^{\frac{1}{2}} \tag{3}$$

因而可以把一个神经元对应于多维空间中一个超平面或超曲面，其方程式为

$$\Phi(x_1, x_2, \cdots, x_n) - \theta = 0 \tag{4}$$

而神经元输出函数 f 的基是输入空间的输入点偏离该超平面或超曲面的程度。

显然超平面或超曲面的几何概念对于帮助人们对神经网络行为的认识与分析是十分有效的。

3 用几何分析方法发展神经网络新模型新算法的实例

把模式识别用神经网络中每个神经元看作是在多维空间中作的一个超平面或超曲面，依此来划分输入空间的样本点。而如果把先分离的某些样本点挖掉不再参加后面的划分，就像一只苹果中有许多不同颜色的污点，先靠边切一刀把若干个同一颜色的污点切掉，并把这切下的一片苹果拿走，则依次一刀刀地切下去总能把所有的各色污点都分离在许多片切下的苹果中。每切一片至少能切去一个或几个同色的污点。这一最简单的几何常识，就可以得出以下对应于模式识别用神经网络训练算法中的几点结论：

（1）如果神经元编有序号而能使某一个神经元激活后就能抑制所有以后的神经元，则就能相当于把切下的一片苹果拿走。

（2）如果神经元编有序号而在前面的神经元的输出结果优先于后面的神经元，则同样相当于把它切下的一片苹果拿走。

（3）如果能实现上述二点中任意一点，则这个训练算法必定收敛，而且所有训练样本能全部正确识别。

正是根据上述第 1 点，作者发展了通用前馈网络与排序学习前向掩蔽模型[3,4]即 SLAM 模型。实验证明它的训练速度较 BP 模型快几十倍[3,4]。

根据上述第 2 点，作者提出了优先度排序人工神经网络（PONN）[5,6]的概念，不仅可用于 SLAM 模型，而且可用于任何其他神经元的网络。如用于作者在另一论文中所提出的“方向基函数”（DBF）[7]神经元，用优先度排序的方向基函数（PODBF）[5]神经网络，其训练时间更缩短了一个数量级，而且识别率大为提高。

正如上述第 3 点所述，这些神经网络模型与算法都有很好的收敛性。

上述这些事实正是作者希望进一步深入研究多维空间几何的动机。

4 多维空间几何的基本分析方法与定理证明

原苏联科学院院士和通讯院士亚历山大洛夫等的一部数学名著[8]中对多维空间几何学的内容及其发展史作出了简单的介绍：德国数学家格拉斯曼和英国的数学家凯利通过与普通的解析几何作形式的类比的途径得到多维空间解析几何原理的表达。瑞士数学家史雷夫里讨论了多维空间的正多面体的问题。但多维空间几何学虽历经多年的发展，而目前尚未形成系统而实用的几何分析方法。本论文试图在这方面做一些初步的补充，给出了如下的多维空间几何学的公理、定理及其证明，以便应用于人工神经网络行为的分析研究中。

4.1 基本定义

自由度： 自由度等于维数。n维空间有n个自由度。

约束： 对于n维空间的点$P(x_1,x_2,\cdots,x_n)$，若存在$f(x_1,x_2,\cdots,x_n)=c$，则称f为p的一个完全约束。若存在$f(x_1,x_2,\cdots,x_n)\leqslant c$，或$f(x_1,x_2,\cdots,x_n)\geqslant c$，则称$f$为$p$的一个不完全约束。（若无特殊说明，本文提及的约束均指完全约束）

超平面： n维空间中的k维超平面定义为满足下面的$n-k$个各自独立的线性方程的点的轨迹：

$$
\begin{gathered}
a_{11}x_1+a_{12}x_2+\ldots a_{1n}x_n+b_1=0\\
a_{21}x_1+a_{22}x_2+\cdots a_{2n}x_n+b_2=0\\
\vdots\\
a_{n-k,1}x_1+a_{n-k,2}x_2+\cdots a_{n-k,\ n}x_n+b_{n-k}=0
\end{gathered}
$$

这些方程中的每一个都表示一个$n-1$维超平面，而它们全体则共同决定$n-k$个这种超平面的公共点。每个方程中x的系数$a_1,a_2,\cdots,a_n$就是该$n-1$维超平面的法线向量的系数。

超球面： 到定点距离等于定长的点集。

超球： 到定点距离小于或等于定长的点集。

平行： 同一平面内永不相交的两条直线平行。n维空间中在$n-1$维超平面外一条直线和该超平面永不相交，则该直线与该超平面平行。若同一超平面内两个低一维的超平面永不相交，则二者平行。

垂直： 夹角为直角的两直线垂直。若直线垂直于某一超平面内的任意与它相交的直线，则该直线垂直于该超平面。若一超平面内某一直线垂直于另一超平面，则二者垂直。

点到超平面的距离： 已知超平面α和α外找一点p，过p作一直线与a垂直相交于点q，称p和q两点之间的距离为点p到超平面α的距离。

两个平行超平面之间的距离：在两个平行超平面外找一点使能作一直线与二者垂直相交，两个交点之间的距离就是两个超平面之间的距离。

投影： 直线外一点p在直线l上的投影是指经过p点且垂直于l的直线与l的交点。平面外一点p在平面α上的投影是指经过点p且垂直于α的直线与α的交点。超平面外一点p在超平面α上的投影是指经过点p且垂直于α的直线与α的交点。相应地，其他几何构形在直线、平面、超平面上的投影是指该几何构形中的每一点在直线、平面、超平面上的投影的集合。

直线与超平面的夹角：是指直线与其在该超平面上的投影的夹角。（本文中平面、球面维数为二维）

4.2 点、线、超平面的相互关系

公理 1：对于n维空间的任一点，作用于该点的每个独立的完全约束都减少它的一个自由度。作用于该点的不完全约束不减少它的自由度，只是限制它的尺度。

公理 2：通过不在一个$k-1$维超平面上的每$k+1$个点，有且仅有一个k维超平面。

公理 3：在每个k维超平面上至少有$k+1$个不在同一较低维数超平面上的点。在n维空间中至少有$n+1$个不在任何同一个超平面上的点。

公理 4：如果直线与任意维数的超平面有两个公共点，则该直线位于这个超平面上。一般地，如果l维超平面与k维超平面有$l+1$个不在同一$l-1$维超平面上的公共点，则它就整个处在该k维超平面上。

如果n维空间中的l维和k维超平面相交（至少有一个公共点），则它们交集的维数x满足下面的关系：

$$\max(l+k-n,0)\leqslant x\leqslant \min(l,k) \tag{5}$$

证明：l维超平面有$n-l$个约束；k维超平面有$n-k$个约束；交集同时满足所有的$(n-l)+(n-k)=n-(l+k-n)$个约束。如果所有的约束互相独立，则交集为$l+k-n$维超平面；反之得到更大维数的超平面。又，交集的维数显然不大于l和k。证毕。

定理 1：n维空间中，过k维超平面α外一点p引直线l与α相交，有且仅有一个交点。

证明：由题设，l与α相交，所以至少有一个交点。如果交点多于一个，由公理 4 可知$l\subset\alpha$，与题设矛盾。证毕。

定理 2：n维空间中，两个不重合的平面相交，交集是一点或一条直线。

证明：由公式 5，交集的维数$0\leqslant x\leqslant 2$。由题设，两个平面不重合，所以交集只能是一点或一条直线。证毕。

讨论：在$n(n>4)$维空间中，两个平面若相交，交集是点的几率大于交集是直线的几率。

定理 3：n维空间中，在k维超平面α上一点p作直线l垂直于α，l的轨迹是$n-k$维

超平面。

证明：设l的轨迹β的自由度为x，β与α有且仅有一个交点，它的自由度为0。由式（5），$k+x-n\leqslant 0$，所以$x=n-k$。证毕。

讨论：本定理同时说明，对于k维超平面，共有$n-k$个与之垂直且相互垂直的方向。

定理 4：n维空间中，通过k条两两垂直且交于一点的直线，有且仅有一个k维超平面。

证明：每条直线有一个自由度，每增加一条垂直于所有现存直线的直线，则增加一个自由度。所以这k条直线共有k个自由度。在这k条直线上，分别任取除公共点之外的k点，连同公共点，共有$k+1$点，这$k+1$点不可能处于同一个$k-1$维超平面上。于是由公理2，这$k+1$点唯一确定一个k维超平面。证毕。

定理 5：n维空间中，过k维超平面α外一点作直线l垂直于α内k条两两垂直且交于一点的直线，则l垂直于α。

证明：由定理4，这k条两两垂直且交于一点的直线唯一确定α，l垂直于这些直线，故l垂直于α。证毕。

定理 6：$k+1$维空间中，如果k维超平面α外一条直线l平行于α内一条直线m，则l平行于α。

证明：用反证法，假设l不平行于α，那么l必然与α相交，设交点为p。显然$p\not\subset m$，否则l不平行于m。这样，由直线m以及m外一点p可以唯一确定一个平面。该平面既与l平行（l平行于m），又与之相交（交点p），矛盾。所以l平行于α。证毕。

定理 7：$k+1$维空间中，如果k维超平面α平行于l维超平面β内l条两两垂直且交于一点的直线，那么α平行于β。

证明：由定理4，β内l条两两垂直且交于一点的直线唯一确定β。α平行于这些直线，所以α平行于β。证毕。

两个平面之间的夹角：在n维空间中，两个平面经过平移后如果相交且不重合，交集可能是一点或一条直线。如果交集是一点，这时两个平面垂直，夹角为直角；如果交集是直线，这时两个平面实际上处于一个三维空间中，在两个平面上分别作直线与两平面的交线垂直，这两条直线之间的夹角称为两个平面之间的夹角。

两个超平面之间的夹角：在n维空间中，两个超平面经过平移后如果相交且任何一个超平面都不是另一个超平面的子集，那么交集有多种情况。设两个超平面α、β的维数分

别为k、l，由式（5），交集的维数x满足如下关系

$$\max(k+l-n,0)\leqslant x\leqslant \min(k,l)-1 \tag{6}$$

如果$k=l=n-1$，那么$x=n-2$，即α、β的交集是$n-2$维超平面γ，在γ上任取一点O，过点O在α内γ外作直线OA垂直于γ，再过点O在β内γ外作直线OB垂直于γ，称$\angle AOB$为α、β的夹角。

4.3　超平面和超曲面的相互关系

公理 5： n维空间中，任一k维超平面中都包含无穷多较低维数的超曲面。

定理 8： n维空间中，平面α与超球面σ相交，交集是一点或一个圆。

证明： 交点在σ上，所以交点到超球面的球心O的距离为定值。O到α的距离为定值，所以交点到O在α的投影点的距离也是定值，所以交集是圆。证毕。

讨论： 一般地，交集是圆。如果圆退化成一点，则称平面α与超球面σ相切。

定理 9： n维空间中，k维超平面α与l维超球面$\sigma(k<l，k+l>n)$相交，一般地交集是超球面。并且交集的维数x满足如下关系：

$$k+l-n\leqslant x\leqslant k-1 \tag{7}$$

证明： α受到$n-k$个约束，σ受到$n-l$个约束，如果这些约束相互独立，那么交集的维数为$n-(n-k)-(n-l)=k+l-n$，否则交集的维数要更大。又由题设，α与σ相交，这就至少有一个约束，所以，$k+l-n\leqslant x\leqslant k-1$。证毕。

讨论： 考虑到极限情况，交集可能是一点或一个圆。如果交集是一点，称α与σ相切。

定理 10： n维空间中，k维超球面α与l维超球面$\beta(k<l,k+l>n)$相交，一般地交集是超球面。并且交集的维数x满足如下关系：

$$k+l-n\leqslant x\leqslant k-1 \tag{8}$$

证明及讨论同定理 9。

4.4　常见几何体的体积公式

边长为a的k维立方体的体积$V=a^k$。

在推导体积公式之前，首先给出两个公理。

公理 6： n维空间中，若几何体沿某个方向伸长a倍，则其体积扩大a倍。

公理 7： n维空间中，对于夹在两个平行的k维超平面α和β之间的两个$k+1$维几何体ε_1和ε_2，若以平行于α和β的任意k维超平面δ截ε_1和ε_2所得到的两个k维超平面的

面积恒相等，则ε_1和ε_2的体积相等。

定理 11：n维空间中，若k维长方体的边长分别为$a_1,a_2,\cdots,a_k$，则其体积为$\prod_{i=1}^{k}a_i$。

证明：由公理 6 即可推出。

定理 12：n维空间中，k维超棱锥的体积是与它等底等高的超棱柱的体积的 1/k。

证明：首先考虑底边和高相等的情况。以超棱柱的任一顶点为顶点，以包含该顶点的棱为高，以对应面为底，可以做出k个超棱锥，显然这k个超棱锥全等并且将超棱柱填满。所以每个超棱锥的体积是超棱柱的$1/k$。再由公理 6，即可得证。

推论：n维空间中，k维超圆锥的体积是与它等底等高的超圆柱的体积的$1/k$。

定理 13：n维空间中，k维超圆柱的体积等于底面积乘高，其底面积等于同样半径的$k-1$维超球的体积。

证明：k维超圆柱的底面显然是$k-1$的超球。构造一个和k维超圆柱等底等高的超棱柱，由公理 7 可知，二者具有相同的体积。由定理11，k维超棱柱的体积等于底面积乘高，从而得证。

k维超球的截面是$k-1$维超球，设$k-1$维超球的体积为V_{k-1}，则$V_k=\int V_{k-1}(x)\mathrm{d}x$。已知$V_3=\frac{3}{4}\pi R^3$，按照递推公式，有:

$$V_k=\begin{cases}\dfrac{\pi^{\frac{k}{2}}}{\left(\dfrac{k}{2}\right)!}R^k,k=2m\\[2ex]\dfrac{2^{\frac{k+1}{2}}\pi^{\frac{k-1}{2}}}{k!!}R^k,k=2m+1\end{cases}\tag{9}$$

k维超球面的面积是对应超球沿半径方向的微分，即$S=\mathrm{d}V/\mathrm{d}R$，所以，

$$S_k=\begin{cases}\dfrac{2\pi^{\frac{k}{2}}}{\left(\dfrac{k}{2}-1\right)!}R^{k-1},k=2m\\[2ex]\dfrac{2^{\frac{k+1}{2}}\pi^{\frac{k-1}{2}}}{(k-2)!!}R^{k-1},k=2m+1\end{cases}\tag{10}$$

定理 14：n维空间中，k维超球的体积等于半径与其面积乘积的$1/k$。

几何体沿某个方向均匀增大λ倍，则体积随之增大λ倍。由此不难得出超椭球的体积公式。设k维超椭球的半轴分别为$a_1,a_2,\cdots,a_k$，则体积为:

$$V_k = \begin{cases} \dfrac{\pi^{\frac{k}{2}}}{\left(\dfrac{k}{2}\right)!} \prod\limits_{i=1}^{k} a_i, k = 2m \\ \dfrac{2^{\frac{k+1}{2}} \pi^{\frac{k-1}{2}}}{k!!} \prod\limits_{i=1}^{k} a_i, k = 2m+1 \end{cases} \quad (11)$$

5 结　　论

多维空间几何方法用于定性地分析人工神经网络的行为，在提出新的模型和算法方面，以其简单直观的特点，较传统的分析方法具有独特的优越性。本文初步系统地发展了多维空间几何的分析、推理和证明的方法，为人工神经网络的分析与发展提供了一种新的手段。

参考文献

[1] 周其节, 等. 神经网络控制系统的研究与展望[J]. 控制理论与应用, 1992, 9(6): 569.

[2] J J Hopfield. Neural networks and physical systems with emergent collective computational abilities [A]. Proc. Natl. Acad. Sci., U. S. A, 1982, 79:2554-2558.

[3] 王守觉, 等. 通用前馈网络及排序学习前向掩蔽模型在模式识别中的应用[J], 电子学报, 1998: 26(8): 1-6.

[4] Wang Shoujue etc. The Sequential Learning Ahead Masking (SLAM)Model of Neural Networks for Pattern Classification[A], Proceedings of JCIS '98, RTP, North Carolina, USA October 23-28, 1998,IV:199-202.

[5] Wang Shoujue. Priority Ordered Neural Networks With Better Similarity to Human Knowledge Representation [J].Chinese Journal of Electronics.Jan.1999,8(1): 1-4.

[6] Wang Shoujue etc. Priority Ordered Architecture of Neural Networks [A].#58 Session:4.2,Proceedings of IJCNN'99[C], Washington, DC, USA.(Electronic Version), July 10-16,1999.

[7] Wang Shoujue etc. Direction-Basis-Function Neural Networks [A].#89 Session:5.4,Proceedings of IJCNN'99[C], Washington, DC, USA. (Electronic Version),July 10-16,1999.

[8] AD 亚历山大洛夫等著, 王元等译. 数学——它的内容、方法和意义[M]. 第三卷, 北京: 科学出版社, 1962.

Biomimetic (Topological) Pattern Recognition—A New Model of Pattern Recognition Theory and its Application*

Wang Shou-jue, Chen Xu
Artificial Neural Networks Laboratory, Institute of Semiconductors
Chinese Academy of Sciences
P. O. Box 912, Beijing 100083, P.R. China
(wsjue@red.semi.ac.cn)

Abstract

A new theoretical model of Pattern Recognition principles was proposed, which is based on "matter cognition" instead of "matter classification" in traditional statistical Pattern Recognition. This new model is closer to the function of human being, rather than traditional statistical Pattern Recognition using "optimal separating" as its main principle. So the new model of Pattern Recognition is called the Biomimetic Pattern Recognition (BPR). Its mathematical basis is placed on topological analysis of the sample set in the high dimensional feature space. Therefore, it is also called the Topological Pattern Recognition (TPR). The fundamental idea of this model is based on the fact of the continuity in the feature space of any one of the certain kinds of samples. We experimented with the Biomimetic Pattern Recognition (BPR) by using artificial neural networks, which act through covering the high dimensional geometrical distribution of the sample set in the feature space. Omnidirectionally cognitive tests were done on various kinds of animal and vehicle models of rather similar shapes. For the total 8800 tests, the correct recognition rate is 99.87% .The rejection rate is 0.13% and on the condition of zero error rates, the correct rate of BPR was much better than that of RBF-SVM.

Key words: Pattern Recognition, neural networks, biomimetic, high dimensional geometry

* 原载于：Proceedings of the International Joint Conference on Neural Networks, 2003: 2258～2262. This work was supported by the National Natural Science Foundation of China (No.60135010).

I. INTRODUCTION

Pattern Recognition has been developed for dozens of years. In the 1930s, Fisher proposed a discriminatory analysis method, which used the probability distribution functions of two kinds of known vectors to define a decision rule classifying two kinds of vectors [1]. And then with the development of statistical Pattern Recognition, it is considered that the role of Pattern Recognition is to choose the pattern class with the minimum average risk. Therefore, classification problem is just the same as statistical decision theory [2].

As early as 1974, Vapnik put forward the concept of "optimal classification hyperplane" [3], and proposed Support Vector Machine (SVM)[4] model firstly. It has been attracted much attention in recent years. For years, almost all studies on Pattern Recognition are based on optimal pattern separation of several classes.

In this paper, Pattern Recognition is based on "pattern cognition "instead of "pattern classification". In another word, Pattern Recognition is rooted on "cognition of all sample classes one by one" than on "the classification of many kinds of samples". So, the basic mathematical model of this novel method is definitely different from the traditional Pattern Recognition with the concept of "optimal classification surface".

II. THE DIFFERENCE IN RECOGNITION METHODS BETWEEN THE HUMAN BEING AND THE TRADITIONAL PATTERN RECOGNITION

In the countryside, a child can recognize many things such as cow, sheep, horse, dog, tree, house and so on. But when he suddenly sees a car, which he has never seen before, what will he think of it? Whether he will compare it with the things that he can recognize (for example cow, sheep, horse, dog and so on)and choice the one that looks most like it (as the way of the traditional Pattern Recognition)? He will never think in this way. On the contrary, he will think "I have never seen this object" and "I don't recognize it". This is just the difference between cognition of our human beings and traditional Pattern Recognition. When the human beings recognize, they put particular emphasis on "cognition" and only consider "distinction" seriously in very few cases (such as to tell the distinction between the wolf and the dog or between the horse and the donkey). However, the traditional Pattern Recognition only paid attention to "distinction" and overlooked the concept of "cognition". The novel method proposed in this paper just concentrates on "cognition". Since this idea is greatly distinguished from traditional Pattern Recognition, a new term—"the Biomimetic Pattern Recognition (BPR)" has been introduced to stress the difference. Where "Biomimetic" emphasizes that the view point of the function and mathematical model of Pattern Recognition is the concept of "Cognition", which is much closer to the function of human being. But in respect of hardware or software realization, the new method doesn't embody the concept of "Biomimetic". The distinction between the BPR and traditional Pattern Recognition are showed in Table I.

TABLE I COMPAREATION OF TRADITIONAL PATTERN RECOGNITION AND BPR

Traditional Pattern Recognition	Biomimetic Pattern Recognition
The optimal classification of many classes of sample	Cognizing different classes of sample one by one
The distinction between one class of sample and limited classes of known sample	The distinction between one class of samples and unknown unlimited different classes of samples
Based on the distinct of samples in different classes	Based on the connection of samples in the same class
To find the optimal classification hypersurface	To find the optimal covering of samples in the same class

This paper proposed the basic idea of the BPR, which is "covering in the hyperspace with the hyper-ellipsoid or hyper-sausage". In the next section, this discipline will be discussed in detail.

III. THE PRINCIPLE OF HOMOLOGY-CONTINUITY OF SAMPLES IN THE SAME CLASS

In real world, if two samples of the same class, the difference between them must be gradually changed. So a gradual change sequence must exist between the two samples (the process of feature abstracting must be continuous mapping). This principle of continuity among samples of the same class in the feature space is called the Principle of Homology-Continuity (PHC). We can get the mathematical description of PHC as follows:

In the feature space R^n, suppose that set A be a point set including all samples in class A.

For if $x, y \in A$ and $\varepsilon > 0$ are given, there must be Set B

$$B = \{x_1, x_2, \cdots, x_n | \ x_1 = x, x_n = y, n \subset N, \rho(x_m, x_{m+1}) < \varepsilon, \\ \varepsilon > 0, n-1 \geqslant m \geqslant 1, m \subset N\}, B \subset A$$

In the feature space R^n , PHC among samples of the same class is beyond the basic assumption in the traditional Pattern Recognition, but it is a real fact in the real world. It can improve the cognition ability greatly.

Traditional Pattern Recognition aims at get the optimal classification of different classes of sample in the feature space. However, the BPR intends to find the optimal covering of the samples in the same class. The case in two-dimensional space is illustrated as Fig.1. It can be seen that the basic method of BPR is to analyze the relation of training sample in the same class in feature space. And the PHC of sample distribution in the feature space makes it possible.

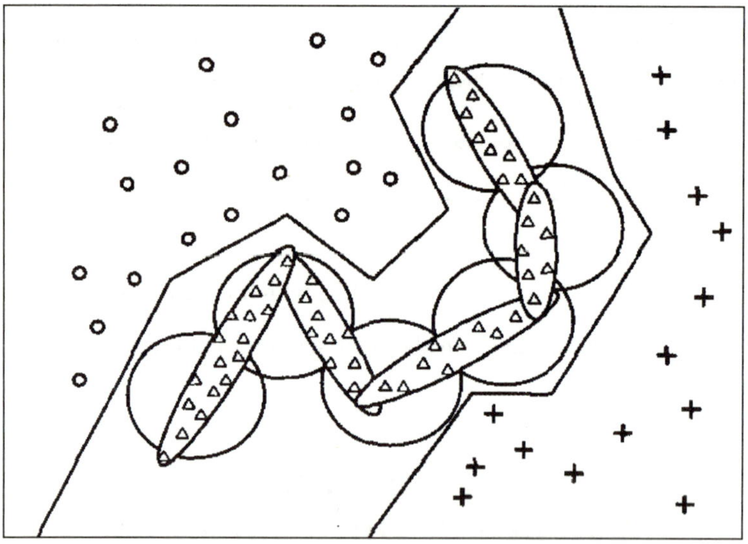

Fig. 1 The schematic diagram of the difference of BP,RBF, and BPR

In Fig. 1 the triangles represent samples in one class to be recognized. The circles and crosses represent samples in other different classes. Polygonal line represents the classification manner of traditional Back Propagation (BP)networks. Big circle represents the classification manner of Radial-Basis Function (RBF)networks (which is the same as the template matching). The ellipses as well as sausage-like curves represent “cognition” manner of BPR.

IV. THE MATHEMATICAL TOOLS OF THE BIOMIMETIC PATTERN RECOGNITION

The Principle of Homology-Continuity in the feature space is introduced in the BPR. "Cognizing"one class of matters is essential to analyzing and "cognizing" the shape of infinite points set made up of all samples of the same class. In a mathematical work [5] written by pre-Soviet academician, A.D.Aleksandrov, he pointed out "The concept of topological space is very general, and the science about topological space—topology—is the most general mathematical branch about continuity." The mathematical tool of the BPR is just the method to analyze the manifold in point set topology. So, the BPR is also called the Topological Pattern Recognition (TPR).

In the Biomimetic (Topological)Pattern Recognition, point set of samples of the same class in the feature space R^n is a closed set, denoted by A, which is made up of the mapped "images" (it must be continuous mapping)of corresponding samples in the same class in original sample space. Set A can be a different dimensional manifold varying with the application of the BPR. But stochastic noise will be doubtlessly produced during collecting the training samples and recognizing objects. So, in practical BPR, Set A, the covering set for "cognition" should be replaced with Set P_a.

$$P_a = \{x \mid \rho(x, y) \leqslant k, y \in A, x \in R^n\}$$

Where k denotes selected distance constant.

Set P_a is n-dimensional. The task of the BPR is to judge whether the mapped "image" of the cognizing object, in the feature space R^n, belongs to set P_a, or not.

V. THE HIGH-DIMENSIONAL SPACE COVERING METHOD FOR RECOGNITION WITH ARTIFICIAL NEURAL NETWORKS

In actual application with BPR, to judge whether the points belong to set P_α, a n-dimensional geometrical shape, covering set P_a, needs to be constructed in the feature space. The geometrical shape is a union of infinite n-dimensional hyperspheres with constant k as radius and infinite points in set A as centers of spheres. In mathematical term, it is the topological product of set A and n-dimensional hypersphere with radius k.

According to dimension theory [6], to divide n-dimensional space into two parts, the interface must be a $(n-1)$-dimensional hyperplane or hypersurface. A neuron in Artificial Neural Networks (ANN)can construct a $(n-1)$-dimensional hyperplane or hypersurface in n-dimensional space. Moreover, a neuron can construct various types of complex closed hypersurface [7]. Therefore, ANN is a very appropriate tool to implement the BPR.

For easier developing the BPR with ANN, hyperspace geometric analysis method for ANN, as a practical tool, has been introduced in our previous published paper [8]. Where, the relations among the point, the line, the surface, the hyperplane, the circle, the sphere and the hypersphere in n-dimensional space were discussed. But hypersurface besides hypersphere wasn't involved. An applied example using n-dimensional hyper-ellipsoid and hyper-sausage in the BPR will be introduced in the following context.

In the experiment, cognized objects (such as naval ship, tank, bus, bow, horse, and sheep)on horizontal plane or sea level are cognized from different directions. Sampling process is to collect the bmp images sampled from different directions (continuous mapping). Then these images were compressed into 256-dimensional samples in feature space. Since observational directions are horizontal, the direction can only vary in one dimension. So, the samples distribution in the feature space is approximate one-dimensional manifold (set A). Considering about the small changes on other directions, the covering shape of the sequence in the feature space can be regarded as a topological product of the one-dimensional manifold and a hypersphere (set P_a). Then, we got

$$S=\{x|\ x=S_i(i=1,2,\cdots \text{ the total number of samples})\}$$
$$P_a=\{x|\ \rho(x,y)\leqslant k, y\in A, x\in R^n\}$$

Where:

$$A=\{x|\ x=x_i, i=(1,2,\cdots,n), n\subset N, \rho(x_m,x_{m+1})<\varepsilon,$$
$$\rho(x_1,x_n)<\varepsilon, \varepsilon>0, n-1\geqslant m\geqslant 1, m\subset N\}, A\subset R^n, S\subset A$$

We can sample the train data set along with the one-dimensional manifold, on the condition that the distances of every two adjoining samples in feature space are approximately near a constant value, which varied from $1/26$ to $1/50$ of the total length of one-dimensional manifold. We can find the union of some line segments (sets B_i)approximately to the one-dimensional manifold. So the union of hyper-sausages, the topological product of line segments and hyperspheres, can be a suitable basic shape (sets P_i)to cover the region of samples of the same class in the feature space approximately(set P_a).

Consider the original samples set S, let S' be a subset of S with j elements, as follows:

$$S' = \left\{x \mid x = S_i'(i=0,1,2,\cdots,j), \rho\left(S_i', S_{i+1}'\right) \leqslant d \leqslant \rho\left(S_{i-1}', S_{i+1}'\right),\right.$$

$$\left.\text{where } d \text{ is selected constant}, S_0' = S_j'\right\}, S' \subset S$$

Let j neurons cover P_a approximately, and then the covering of i-th neuron P_i is:

$$P_i = \left\{x \mid \rho(x,y) \leqslant k, y \in B_i, x \in R^n\right\}$$

$$B_i = \left\{x \mid x = \alpha S_i' + (1-\alpha)S_{i+1}', \alpha = [0-1]\right\}$$

The covering of all j neurons is: $P_a' = \bigcup_{i=0}^{j-1} P_i$

VI. EXPERIMENTS AND RESULTS

In the experiments, the following eight objects were used: lion, rhinoceros, tiger, dog, tank, bus, car, and pumper as shown in Fig.2. The sampling was done while rotating each object through 360 degrees. For each object, we got 400 samples. These total 3200 samples are called the First Samples Set. Later, the sampling was done in the same way and provided us the Second Samples Set with another 3200 samples.

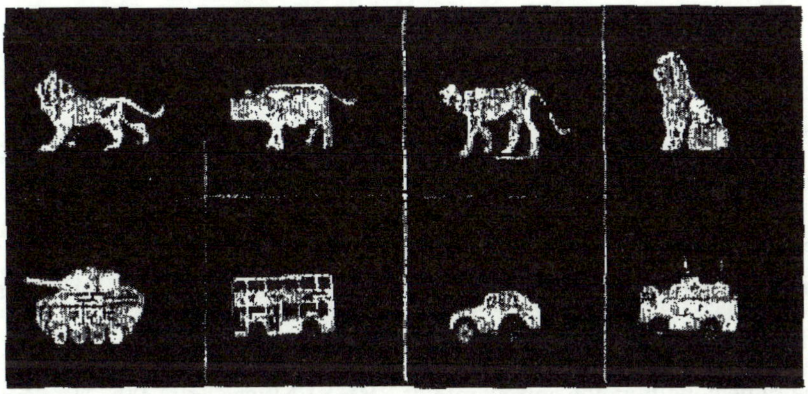

Fig. 2 Cognition Objects

Subsequently, other six object models were used for rejection testing. They are cat, pug, zebra, lionet, polar bear, and elephant as shown in Fig.3. Each object was sampled 400 times in the same way mentioned above. So the Third Samples Set has 2400 samples.

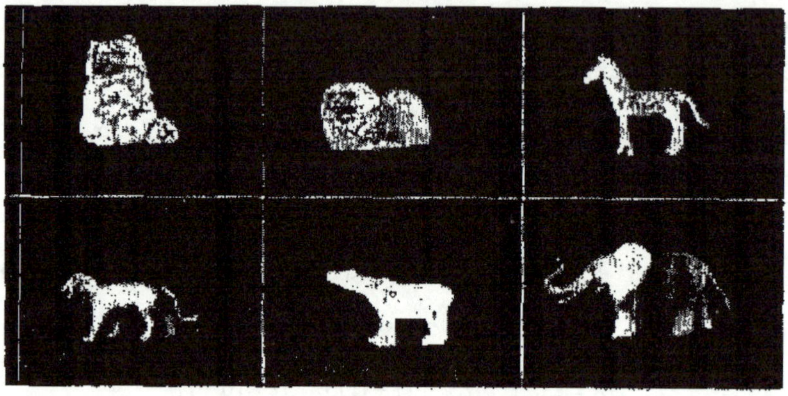

Fig. 3 Rejection Testing Objects

The main steps and results of the experiments are as follows:

1) According to the different distances of every two adjoining' samples in the First Samples Set, different numbers of samples are selected from every class as training samples. The number varied from 26 to 50. So, we have eight classes of training sets with totally 338 samples. The SVMs were also trained by LIBSVM-2.35 library [9] as control. For the polynomial kernel (rank 3)SVMs, the parameters were "–s 0 – c1000 – t1 – g1 – r1 – d3 – wl7 –w – 11", and testing was done with the training set which contained 338 samples.

2) The recognition neural networks of eight classes of objects— $P_a, P_b, \cdots$, etc. were constructed with unified distance parameter k. And the number of neurons is equal to the number of samples in the training set (338).

3) All 8800 samples in three sample sets are regarded as testing samples for calculating error recognition rate. And in all cases, the error recognition rate is 0 .

4) All 6400 samples in the First and Second training set were regarded testing samples for calculating correct recognition rate. The result of BPR is that the total number of samples correct recognized is 6392. Therefore, the correct recognition rate is 99.87%. 8 samples are rejected. So the rejection rate is 0.13% .

5) In the same condition, the correct rate of RBF-SVM was only 99.72% and the sizes of the network trained by SVM are 2598 , which is almost 7 times larger than BPR (338).

VII. DISCUSSION AND CONCLUSION

From the above experiment results, we can get following conclusions:

1) Any untrained object will not be recognized incorrectly with the BPR. (In the experiment, even if the outlines of animal's back are very similar, the error recognition rate is 0 .)That is just the feature of recognition function of human being and the weak point of traditional Pattern Recognition.

2) In the BPR, each class of samples is trained to be "cognized" one by one. The training of additional class put no affect on the previously acquired knowledge, which is a noticeable advantage of the BPR.

3) In the experiment, the correct recognition rate is 99.87% . The rest 0.13% samples are rejected. (No error recognition)In actual application, such result will be attractive. On the condition of zero error rates, the correct rate of BPR was much better than that of RBF-SVM.

4) From above analysis, we see that, the BPR created a new hopeful way for Pattern Recognition. Our method showed significant improvement and could be used in practical problems in future.

REFERENCES

[1] Fisher R.A, *Contributions to Mathematical statistics*, J.Wiley, New York, 1952.

[2] Chen JiGao, translated by Qiu BingZhang, Qiu Hu, *Statistic Pattern Recognition*, Beijing Institute of Post and Telecommunications Publishing Company, 1989.

[3] Vapnik V.N and Chervonenkis A.Ja, *Theory of Pattern Recognition*, Nauka, Moscow, 1974.

[4] Boser B, Guyon I and Vapnik V.N., "A Training Algorithm for Optimal Margin Classifiers", Fifth Annual Workshop on Computational Learning Theory, Pittsburgh ACM, 1992, pp. 144 -152.

[5] A.D.Aleksandrov. etc., *Mathematics, Its Essence, Methods and Role*, Vol.3, USSR Academy of Sciences publishing company, Moscow, 1956.

[6] Ryszard Engelking, *Dimension Theory*, PWN-Polish Scientific Publishers-Warszawa, 1978.

[7] Wang Shoujue, Li Zhaozhou, Chen Xingdong, Wang Bainan, "Discussion on the Basic Mathematic model of Neurons in General Purpose Neurocomputer", Acta Electronica Sinica, Vol.29 No.5, May 2001, pp. 577-580.

[8] Wang Shoujue, Wang Bainan, "Analysis and Theory of High-Dimension Space Geometry for Artificial Neural Networks", Acta Electronica Sinica, Vol.30 No.1, Jan 2002, pp. 1-4.

[9] Chih-Chung Chang and Chih-Jen Lin, LIBSVM : a library for support vector machines, 2001. Software.

A New Development on ANN in China—Biomimetic Pattern Recognition and Multi Weight Vector Neurons*

Shoujue Wang
Lab of Artificial Neural Networks. Inst. of Semiconductors. CAS. Beijing 100083, China
wsjue@red.semi.ac.cn

Abstract

A new model of pattern recognition principles—Biomimetic Pattern Recognition, which is based on "matter cognition" instead of "matter classification", has been proposed. As a important means realizing Biomimetic Pattern Recognition, the mathematical model and analyzing method of ANN get breakthrough: a novel all-purpose mathematical model has been advanced, which can simulate all kinds of neuron architecture, including RBF and BP models. As the same time this model has been realized using hardware; the high-dimension space geometry method, a new means to analyzing ANN, has been researched.

Key words: neural network, high-dimensional space geometry, pattern recognition

1 Introduction

Artificial neural network is an important method of pattern recognition all along, according to ANN's powerful ability to approximate functions and excellent ability of self-learning, partitioning and robustness. But on one hand, ANN lacks an all-purpose mathematical model, which can simulate all kinds of neuron architecture. Furthermore, after the networks have been built, huge multi-variable nonlinear equations are very difficult to analyze mathematically because the mathematical description of each neuron is a multi-variable nonlinear equation. The

---

* 原载于：Rough Sets, Fuzzy Sets, Data Mining, and Granular Computing, RSFDGrC 2003, Lecture Notes in Computer Science, 2003, 2639: 35～43. © Springer-Verlag Berlin Heidelberg 2003.

complex multi-variable nonlinear equations are always quite hard to analyze and solve, although lots of methods of mathematical analysis have been advanced by many scholars [1]. This condition will limit the in-depth development of the ANN from the analytic point of view. On the other hand, the traditional pattern recognition is based on "matter classification", which uses "optimal separating" as main principle. It is different from function of human "cognize".

In order to solve these problems, a novel all-purpose mathematical model of neuron and a new analysis method of ANN have been proposed. At the same time, a novel mode of pattern recognition, Biomimetic Pattern Recognition, has been advanced and applied practically. The superiorities of this method have been preliminarily showed by the experimental results.

2 The Basic All-Purpose Mathematical Model of Neurons

As we know, the basic unit of ANN is neuron, no matter how it is simulated with hardware or software in general-purpose computer. In accordance, the ANN's performance is primarily decided by the basic computation method and function of neurons.

According to the brain cells' activation and restraint mechanism, a hyperplane neuron model and a hypersphere neuron model have been proposed respectively in the earlier time [2].

The mathematics model of hyperplane neural shown as following:

$$Y = f\left(\sum_{i=0}^{n} W_i X_i - \theta\right) \tag{1}$$

Where Y denotes the neuron output. f is an activation function (nonlinear function)of neuron, which may be a step function. X is the input vector of neuron. W is the neuron's weight vector and θ is the neuron's activation threshold.

The mathematical model of hypersphere neuron (RBF) can be expressed as following:

$$Y = f\left(\sum_{i=0}^{n} (W_i - X_i)^2 - \theta^2\right) \tag{2}$$

It was testified by experiments that in applications of pattern recognition or function fitting, the neural networks described by (2) has the better performance than the neural network described by (1).

This paper discusses a basic mathematical model with better commonality, universal functionality, and easy implementation by general-purpose neural networks hardware. The hardware based on this model can have better adaptability and higher performance. The latter text will discuss a novel basic algorithm for high-order hypersurface neural networks, which has been applied in the design and practice of CASSANDAR-Ⅱ neurocomputer.

2.1 The Discussion of the Commonality of Hypersurface Neuron Basic Mathematical Model

The basic mathematical model of hypersurface neuron for the neurocomputer must satisfy the following conditions:

(1) The model can cover both the traditional hyperplane neuron and RBF neural networks.

(2) The model had the possibility to implement many various hypersurface.

(3) The model can implement character modification by adjusting minority parameters.

(4) The model can easily implement high-speed calculation with hardware methods.

According to the condition (1), the basic mathematical calculation of general neuron must have basic calculations of both formula (1)and (2). Thus, the signal for each input node must have two weights: one is dirction weight and the other is core weight. The following formula illustrates the structure of this model :

$$Y = f\left[\sum_{j=1}^{n}\left(\frac{W_{ji}\left(x_j - W'_{ji}\right)}{\mid W_{ji}\left(x_j - W'_{ji}\right)\mid}\right)^S \left|W_{ji}\left(x_j - W'_{ji}\right)\right|^P - \theta\right] \tag{3}$$

Where Y denotes the output of neuron. f denotes the activation function of neuron. θ is the threshold of neuron. W_{ji} and W'_{ji} are two weights from the j-th input node to neuron. X_j is a positive input value from the j-th input node. n is the dimension of input space. S is a parameter for determining the sign of single entry. If $S = 0$, the sign of single entry is always positive and if $S = 1$, the sign of single entry is the same as the sign of $W_{ji}\left(X_j - W'_{ji}\right)$.$P$ is an index parameter.

Obviously, the formula (1)and formula (2)are only two special cases of formula (4). When parameter has different value, hypersurface of neuron has different figure, like the following examples.

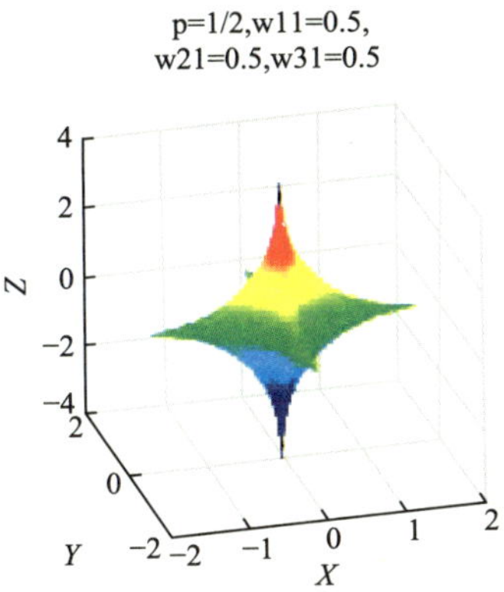

Fig.1.

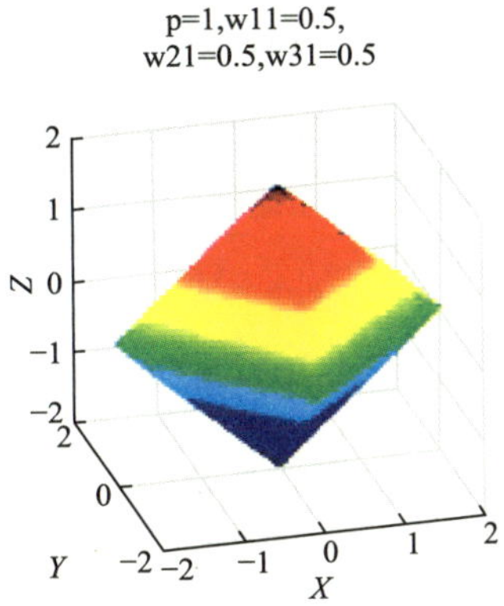

Fig.2.

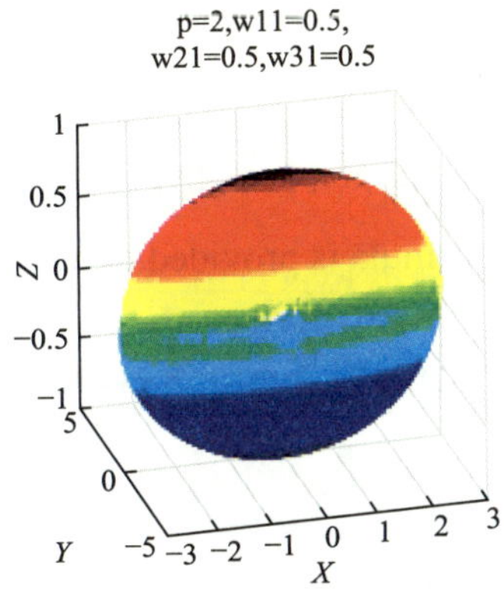

Fig.3.

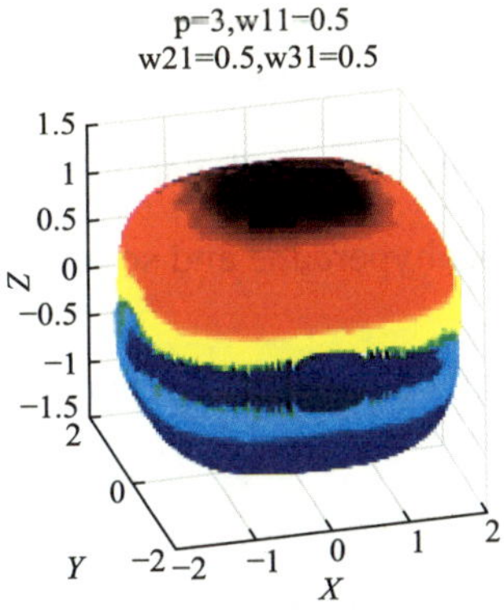

Fig.4.

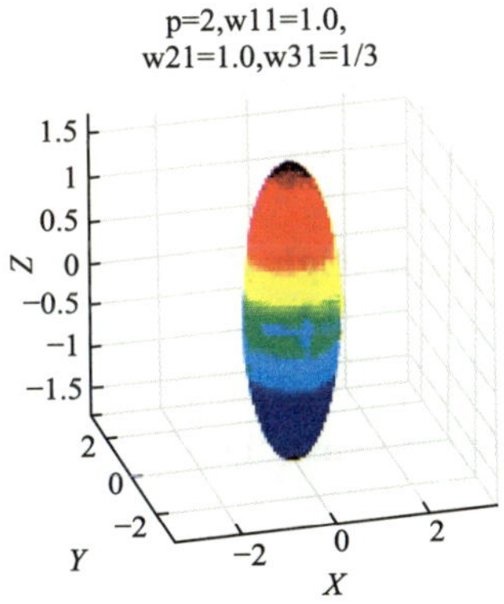

Fig.5.

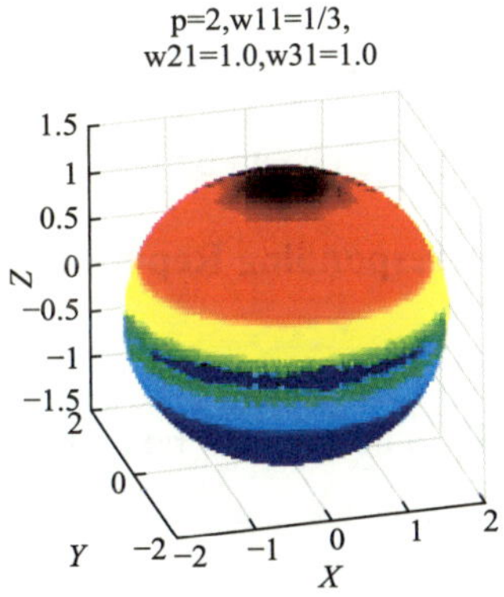

Fig.6.

2.2 The General Calculation of Neural Networks Hardware Based on Multi Weight Vector Neurons

The author created general CASSANDRA-II neurocomputer hardware based on formula (5), which is suitable for traditional BP networks, RBF networks and various high-order hypersurface neural networks.

Its general calculation is as follows:

$$O_{mi}(t+1)=F_{k_i}\{\lambda_i[C_i(\Re)-\theta_i]\} \tag{4}$$

Where,

$$\Re=\left[\begin{array}{l}\sum_{j=1}^{n}\left(\frac{W_{ji}\left(I_{mj}-W_{ji}^{'}\right)}{|\ W_{ji}\left(I_{mj}-W_{ji}^{'}\right)|}\right)^{S}\left|W_{ji}\left(I_{mj}-W_{ji}^{'}\right)\right|^{P}\\+\sum_{g=1}^{n}\left(\frac{W_{gi}\left(O_{mg}-W_{gi}^{'}\right)}{|\ W_{gi}\left(O_{mg}-W_{gi}^{'}\right)|}\right)^{S}\left|W_{gi}\left(O_{mg}-W_{gi}^{'}\right)\right|^{P}\end{array}\right] \tag{5}$$

According to the formula (4), CASSANDRA- Ⅱ neurocomputer can simulate random neural networks architectures with various neuron features (including hyperplane, hypersphere, various hyper-sausage, hypercube and so on). (The detail of above formula is provided in represent [3]).

3 Analysis and Theory of High-Dimensional Space Geometry for ANN

Although the high-dimensional space geometry have been developed for many years, systemic and applied geometric analytical methods have not been found yet. We try to do some primary supplements in this filed. We gave some axioms and theorems of the high-dimensional space geometry, which can be used to analyze the behavior of the ANN.

3.1 The Corresponding Representation of the Neuron in the High-Dimensional Space Geometry

Generally, a neuron can be understood as a simple calculation as following:

$$Y=f\left[\Phi\left(x_1,x_2,\cdots,x_n\right)-\theta\right] \tag{6}$$

For the neuron of BP networks

$$\Phi\left(x_1,x_2,\cdots,x_n\right)=\sum_{i=1}^{n}w_ix_i \tag{7}$$

And for the neuron of RBF networks

$$\Phi\left(x_1,x_2,\cdots,x_n\right)=\left[\sum_{i=1}^{n}\left(x_i-w_i\right)^2\right]^{\frac{1}{2}} \tag{8}$$

So, a neuron can be correspondingly represented as a hyperplane or a hypersurface in the high-dimensional space. The equation is:

$$\Phi\left(x_1, x_2, \cdots, x_n\right) - \theta = 0 \tag{9}$$

The basis of the neuron output function f is the distance between the input point in input space and the hyperplane or the hypersurface.

Obviously, the conception of geometry about the hyperplane or the hypersurface is quite effective to analyze the behavior of ANN.

3.2 The Basically Analytical Methods of Theorems about the High-Dimensional Space Geometry

This part is omitted because of the limit of Paper length. It is discussed in detail in another Paper [6].

4 The Theory and Application of Biomimetic(Topological) Pattern Recognition

Biomimetic Pattern Recognition (BPR)is a new model of Pattern Recognition based on "matter cognition" instead of "matter classification". This new model is rather closer to the function of human being, than traditional statistical Pattern Recognition using "optimal separating" as its main principle.

The basic principle of Biomimetic Pattern Recognition is: In the feature space R^n, suppose that set A be a point set including all samples in class A. For if $x, y \in A$ and $\varepsilon > 0$ are given, there must be set B:

$$B = \left\{x_1 = x, x_2, \cdots, x_{n-1}, x_n = y \middle|\ \rho\left(x_m, x_{m+1}\right) < \varepsilon, \right.$$
$$\left. \forall m \in [1, n-1], m \in N\right\} \subset A$$

That is to say, there is no isolated point in set A and A is connected.

Traditional pattern recognition takes the optimal demarcation of different kinds of samples in feature space as the target. Whereas the biomimetic pattern recognition takes the optimal cover of distribution of one kind of samples in feature space as the target. Take the case of two-dimension space as Fig.7.:

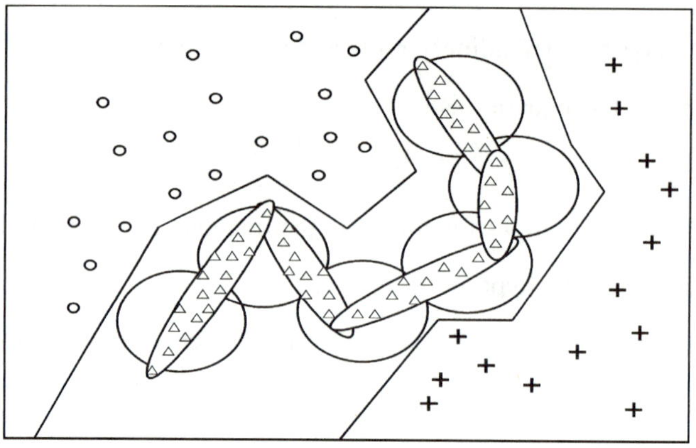

Fig.7.

In this chart, triangles are the samples to be identified, circles and crosses are two kinds of samples that differ from triangles, fold lines are the partition modes of traditional BP networks pattern recognition, great circles are the partition modes of RBF networks (equal to the recognition mode with template matching), curves consisting of hyper sausage stand for "recognition" modes of the biomimetic pattern recognition. The distribution of the samples in the feature space is continuous, so the basic point of biomimetic pattern recognition is to analyze the relationship of the training samples.

The differences between the Biomimetic Pattern Recognition and Traditional Pattern Recognition are showed in Table 1.

Table 1.　Compareation of Traditional Pattern Recognition and BPR

Traditional Pattern Recognition	Biomimetic Pattern Recognition
The optimal classification of many kinds of samples	Cognizing different kinds of samples one by one
The distinction between one kind of samples and limited kinds of known samples	The distinction between one kind of samples and unknown unlimited different kinds of samples
Based on the distinct of different samples	Based on the connection of homologous samples
To find the optimal classification surface	To find the optimal covering of homologous samples

The method used by biomimetic pattern recognition is "High-Dimensional Space Complex Geometrical Body Cover Recognition Method". It studies some kinds of samples' distribution in feature space and gives reasonable cover, so the samples can be "recognized". That is to say, in actual Biomimetic Pattern Recognition, to judge whether the points belongs to set P_a, a n-dimensional geometrical shape in the feature space covering set P_a need be constructed with the software and hardware methods. This geometrical shape is a union of infinite n -

dimensional hypersphere with constant k as radius and infinite points as center of sphere. More precisely, it is the topological product of set A and n-dimensional hypersphere.

According to dimension theory [4], to divide n-dimensional space into two parts, the interface must be an $(n-1)$-dimensional hyperplane or hypersurface. A neuron in Artificial Neural Networks (ANN) can construct an $(n-1)$-dimensional hyperplane or hypersurface in n-dimensional space. Moreover, from the foregoing theory, a neuron can construct many kinds of complex closed hypersurface and a multi weight neuron can be a covered range of complicated shape in feature space based on its multi weight vectors. Therefore, ANN using the analysis method of high-dimensional space geometry is a very appropriate method to implement the Biomimetic Pattern Recognition.

The application of Biomimetic Pattern Recognition using ANN is very broad, one of which, cognizing objects, will be introduced in the following context.

In this applied example, cognized objects (such as naval ship, tank, bus, bow, horse, sheep)on horizontal plane or sea level are tested to be cognized from different directions. Sampling process is to collect the bmp images sampled from different directions (continuous mapping)and then compress into 256-dimensional samples in the feature space. Since observational directions are horizontal, the direction can only vary in one dimension. So, the samples distribution in the feature space is approximate one-dimensional manifold. Considering some small changes on other directions, the covering shape of certain kind of object in the feature space can be regarded as a topological product of one-dimensional manifold homeomorphic with a annulus and 256-dimensional hypersphere. It can be described that there has a points set P_a in the 256-dimentional feature space, and the distances between any point in P_a and a certain closed space curve is less then a certain constant k. The space curve covers set S including all samples. Then, we got

$$S=\{x|\ x=S_i(i=1,2,\cdots \textit{ the total number of samples })\}$$

$$P_a=\{x|\ \rho(x,y)\leqslant k, y\in A, x\in R^n\}$$

$$\textit{where}\quad A=\{x|\ x=x_i, i=(1,2,\cdots,n), n\in N, \rho(x_m,x_{m+1})<\varepsilon,$$

$$\rho(x_1,x_n)<\varepsilon, \varepsilon>0, n-1\geqslant m\geqslant 1, m\in N\}, A\subset R^n, S\subset A$$

To cover P_a approximately with several neurons in ANN, space curve A is replaced by several space line segments. Then, the covering of every neuron is a topological product of a line segment and a n-dimensional hypersphere.

Consider the original samples set S, let S' be a subset of S with j elements, as following:

$$S' = \left\{ x \middle| \; x = S_i^{'} (i = 0,1,2,\cdots,j), \rho\left(S_i^{'}, S_{i+1}^{'}\right) \leqslant d \leqslant \rho\left(S_{i-1}^{'}, S_{i+1}^{'}\right), \right.$$
$$\left. \text{where } d \text{ is selected constant}, S_0^{'} = S_j^{'} \right\}, S' \subset S$$

Let j neurons cover P_a approximately, then the covering of ith neuron P_i is:

$$P_i = \left\{ x \middle| \; \rho(x,y) \leqslant k, y \in B_i, x \in R^n \right\}$$
$$B_i = \left\{ x \middle| \; x = \alpha S_i^{'} + (1-\alpha) S_{i+1}^{'}, \alpha = [0,1] \right\}$$

The covering of all j neurons is: $P_a^{'} = \bigcup_{i=0}^{j-1} P_i$, which represents hypersurfaces looking as if sausages. So it is called "Hyper Sausage Neuron"(HSN).

In the experiments, the following eight objects were used: lion, tiger, tank, car etc. as shown in Fig.8. Those objects were rotated 360° to sample and each object has been sampled 400 times. So the first samples set has eight kinds of samples and totally 3200 samples. And then, in another time sampling was done repeatedly, we got the second samples set with 3200 samples.

Fig.8.

Then we use six objects—cat, dog, zebra, etc, as shown in Fig.9. Each object was sampled 400 times by using the above method. So the third samples set with 2400 samples was created. The main steps and results of the experiments are as follows:

1) The training sets are chosen from the First Samples Set with different distances of every two adjoining samples, They have 338 samples in eight classes altogether.

2) Neural networks corresponding to eight kinds of objects— $P_a, P_b, \cdots$, etc. were constructed with unified distance parameter k. And the number of neurons is as equal as that of samples in the training set.

Fig.9.

3) All 6400 samples in the first and second sample sets were regarded as testing samples for calculating correct recognition rate. The result of experiment is that the correct recognition rate is 99.87%. No sample has been recognized incorrectly, only 0.13% is rejected.

4) All 8800 samples in three sample sets are regarded as testing samples for calculating error recognition rate. And the error recognition rate is 0.

The contract of the experimental results of RBF-SVM [5] and HSN-BPR with reducing number of training samples is showed in Table 2.

Table 2. The Results of RBF-SVM and BRP

Amount of Training Samples	RBF-SVM		BPR	
	SV	correct rate	HSN	correct rate
338	2598	99.72%	338	99.87%
251	1925	99.28%	251	99.87%
216	1646	94.56%	216	99.41%
192	1483	88.38%	192	98.98%
182	1378	80.95%	182	98.22%
169	1307	78.28%	169	98.22%

5 Conclusion

A new model of pattern recognition principles—Biomimetic Pattern Recognition using hyper sausage neuron, is proposed in this paper. It is a fire-new theoretics of Pattern Recognition. As the base, we have advanced a new model of hypersurface neuron—multi weight vector neuron and implemented it in the new CASSANDRA-Ⅱ neurocomputer.

This method of pattern recognition is more effective and efficient than traditional pattern recognition. And it's application is very broad, we apply Biomimetic Pattern Recognition to "identifying objects (such as naval ship, tank, bus, bow, horse, sheep)from different directions on horizontal plane or sea level", etc. the result is much better than SVM.

References

[1] J.J. Hopfield, "Neural networks and physical systems with emergent collective computational abilities", Proc. Natl. Acad. Sci., U.S.A, 1982, 79, 2554-2558.

[2] W.S. McCulloch, and W. Pitts. A logic Calculus of the Ideas Imminent in Nerves Activity, Bulletin of Mathematical Biophysics, 1943,5:115-133.

[3] Wang Shou-jue, "Discussion on the Basic Mathematical Models of Neurons in General Purpose Neurocomputer", ACTA ELECTRONICA SINICA, Vol.29, No.5, pp.577-580, May.2001.

[4] Ryszard Engelking, Dimension Theory, PWN-Polish Scientific Publishers-Warszawa, 1978.

[5] Boser B, Guyon I and Vapnik V.N., A Training Algorithm for Optimal Margin Classifiers, Fifth Annual Workshop on Computational Learning Theory, Pittsburgh ACM, 1992, 144-152.

[6] Wang Shoujue, Wang Bainan, Analysis and Theory of High-Dimension Space Geometry for Artificial Neural Networks, Acta Electronica Sinica, Vol. 30 No.1, Jan 2002.

Differences and Commonalities Between Connectionism and Symbolicism*

Shoujue Wang, Yangyang Liu
Laboratory of Artificial Neural Networks, Institute of Semiconductors, Chinese Academy of Sciences, 100083, Beijing, China
{wsjue, liuyangyang}@red.semi.ac.cn

Abstract

The differences between connectionism and symbolicism in artificial intelligence (AI)are illustrated on several aspects in details firstly: then after conceptually decision factors of connectionism are proposed, the commonalities between connectionism and symbolicism are tested to make sure, by some quite typical logic mathematics operation examples such as "parity"; At last, neuron structures are expanded by modifying neuron weights and thresholds in artificial neural networks through adopting high dimensional space geometry cognition, which give more overall development space, and embodied further both commonalities.

1 Introduction

After Turing machines theory, Artificial Intelligence (AI) researches spread out to two branches of connectionism and symbolicism.

Symbolicism, developed enlightened algorithm-experts system-knowledge engineering theories and techniques, and had flourished in 80's. Symbolicism is still the mainstream of AI by now.

From the first artificial neuron model built, until Rumelhart proposed many layer back

* 原载于：Wang J, Liao X, Yi Z. International Symposium on Neural Networks, Lecture Notes in Computer Science, 2005, 3496: 34～38.

propagation (BP) algorithm. Connectionism, from theories analyzing to the engineering carrying out, lay the foundation for NN computer to head on the market. In AI research symbolicism and connectionism swiftly and violently develop at long intervals, but their divergences more and more clear. For expanding novel NN analytical angle, this paper will set out from illustration on differences and commonalities between symbolicism and connectionism, and validate connectionism to realize logic functions, adopt high dimensional space reasoning geometry cognition, and its analysis means to expand NN structure.

2 Thought Rifts of Connectionism and Symbolicism

There is some thought divergences between symbolic AI and connection AI, which incarnate theories, calculating process etc. a few aspects.

From theories aspect, symbolicism's principles lay on mainly physical symbolic system assumption and limited rationality theory. Connectionism, its principle is neural network (NN), even the learning algorithms and connection mechanism in it.

Symbolicism carries on researches from the intelligence phenomenons represented by outside of mankind's brain. But the characteristics of connection is to imitate the mankind's physiological neural network structure.

In the core problem aimed to AI calculation process, the symbolic AI calculation particularly emphasizes on problem solutions and inductive methods. But connection AI calculation emphasizes the training process.

Symbol system could realize characteristics of serial, linearity, accurateness, concision, and easy expression. In contrast to symbolicism, connectionism flourish on large-scale parallel processing and distributing information storages[1], good at both self-adaptivity, self-organization, and so on.

So, whether connectionism exists commonalities together with symbolicism or not? whether the connection function could expand symbolicism realm or not? Holding upper problems, some further discussion differences and commonalities between connectionism and symbolicism are here.

3 Commonalities Between Connectionism and Symbolicism

Speaking essentially, connectionism calculation is to connect a great deal of same operation units mutually to form a kind of paralleled computing method without procedures.

3.1 Decision Factors of Connectionism

So artificial NN calculation process decided by three aspects as follows:

(1) connection between neurons;

(2) values of weights of neuron;

(3) the structure (mathematical model of neurons).

And NN development, whatever to approach iteratively the expectation result from modifying weights, or still to reckon the neurons connection and weights from the expectation result, traditional connectionism adopted methods had all neglected seriously the importance of neuron mathematical model in NN development trend.

3.2 Connectionism Functions to Expand

After analyzed "parity" operation process and neurons structure, one NN structure designed such as Fig.1 show, the single-weighted and single-thresholded hard limiter NN of Fig.1 needs only 15 neurons, the numbers in circles are thresholds of neurons. then could carry out respectively logic operation function of 8 binary input "parity"[2]. but the same "parity"operation have to be done with 35 "NAND Gate"at least.

Another typical logic example which usually is used to compare NN models and learning algorithms is bi-level logic operation. Fig.2 adopted single-weighted and single-thresholded hard limiter NN to carry out the function of distinguishing 7's whole multiple from 6 binary digits.

Supposed NN doesn't limit at single thresholded value, change monotonic activation function to non-monotonic function, for example, to carry out respectively six, eight input of "parity" by taking multi-thresholded hard limiter NN, such as Fig.3 and 4 showed[2], the traditional NN structure is changed. All thresholded value partition within figures is $\theta_1 = 1$, numbers showed in circles is values for θ_0.

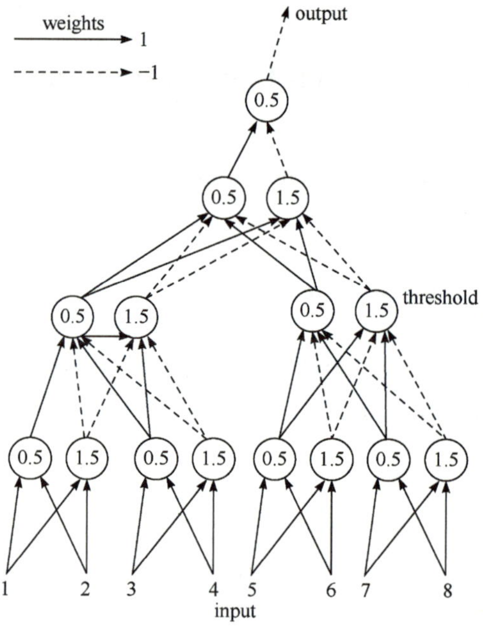

Fig. 1　One NN for 8 binary input “parity”

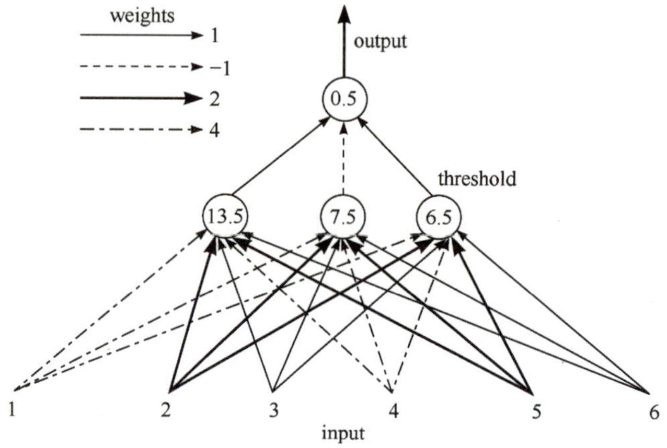

Fig. 2　One NN for 7’s multiple from 6 binary

But by the analysis and verification above, multi-thresholded NN of Fig.3 avoid to increase algorithms complexity, and is obviously more simple when compared with Fig.1 single-thresholded NN ,and must be easier than the 35 “NAND gate” structure.

After breaking tradational limitness in Radius Basis Function structure NN (RBF), multi-thresholded RBF neurons could also carry out eight numbers of “parity”such as Fig.5.

It could be seen, while performing the same logic operation function, NN structure is easier than symbolicism, especially multi-thresholded NN. Then further probing into the neuron structure,

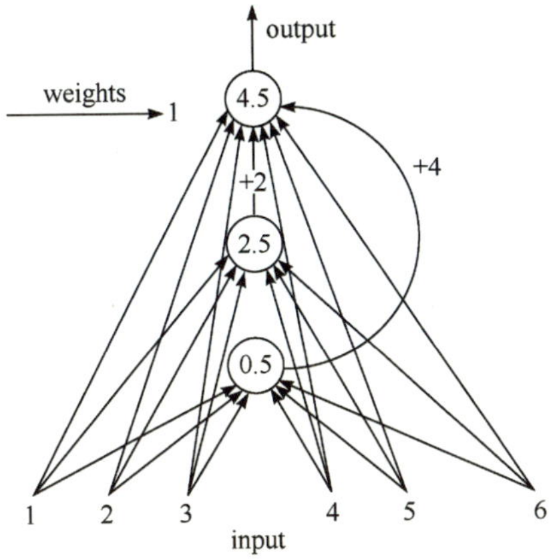

Fig.3 One NN for six input of "parity"

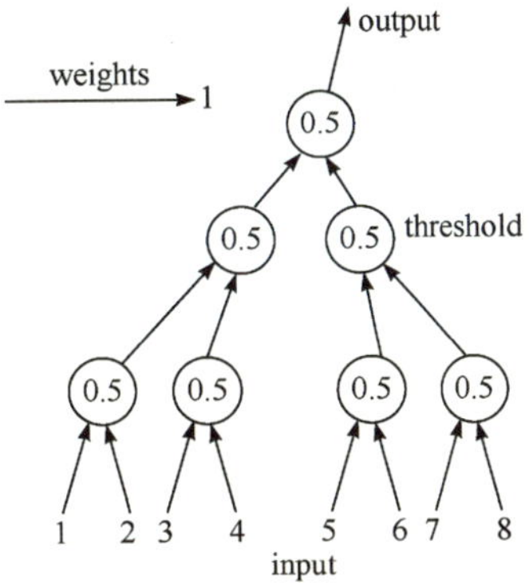

Fig. 4 One NN for eight input of "parity"

if the structure is multi-weighted and multi-thresholded, whether NN function would have to expand or not? Does connectionism would unify more with the symbolicism in a specific way?

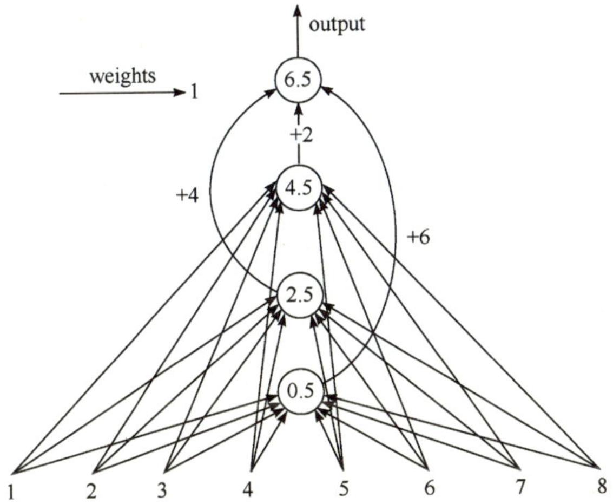

Fig.5 One RBF for eight of "parity"

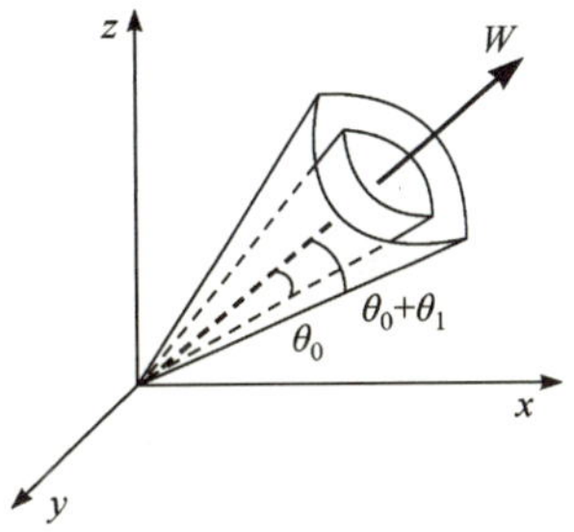

Fig.6 3D input space of double-weighted DBF

4 Discusses on Neuron Structure

From broadly sense, one neuron could be treated as an basic operation rule as follows:

$$Y = F[\Phi(W, X) - \theta]. \tag{1}$$

and then traditional BP network of mathematics model is:

$$Y = f\left(\sum_{i=0}^{n} w_i x_i - \theta\right). \tag{2}$$

$$\Phi(W,X)=\sum_{i=0}^{n}w_i x_i. \tag{3}$$

so in traditional RBF network structure

$$Y=f\left(\sum_{i=0}^{n}(w_i-x_i)^2-\theta^2\right). \tag{4}$$

$$\Phi(W,X)=\sum_{i=0}^{n}(w_i-x_i)^2. \tag{5}$$

if building one novel double-weighted neuron, $\Phi\left(W,W',\ldots,X\right)$, to make its ability both have BP and RBF neuron structure, and realize multi-weighted and multi-thresholded neuron structure, therefore the novel basic calculation model should be [3]:

$$Y=f\left[\sum_{j=1}^{n}\left(\frac{W_{ji}}{\left|W_{ji}\right|}\right)^S\left|W_{ji}\left(X_j-W'_{ji}\right)\right|^p-\theta\right]. \tag{6}$$

$$\Phi\left(W,W',X\right)=\sum_{j=1}^{n}\left(\frac{W_{ji}}{\left|W_{ji}\right|}\right)^S\left|W_{ji}\left(X_j-W'_{ji}\right)\right|^p. \tag{7}$$

by Eq .(6,7):where Y is neuron output ; f is inactivation function ; θ is neuron threshold; W_{ji} and W'_{ji} is the two weights from No. j input connection to No. i neuron ; X_j is No. j input (positive value); n is dimension number of input space ; S is the parameter to decide monomial sign of positive and minus; p is power parameter.

The novel multi-weighted multi-thresholded neuron mathematics model, when

(1) all W' are ”0”, S=1, p=1 is BP network, also from vector product aspect, able to regard it as Direction-Basis-Function Neuron (DBF)[4]. From hypersurface geometry meaning, it is one closing hyper-taper neuron; its threshold just is the angle between vector W and X, One example is shown in Fig .6;

(2) all W' are “1”, S=0, p=2, is traditional RBF. Single-thresholded DBF neuron was regarded as one hyper-sphere in input space. For instance, double-thresholded DBF neuron structure figure in three dimension is just like one closed sphere hull between sphere threshold θ_0 and sphere threshold $\theta_0+\theta_1$;

(3) all W' and W is non-zero numerical value , $S=1, p=2$, could regard it as one hyper-ellipsoid neuron structure. Further this hyper-ellipsoid closing sphere could be changed by the

numerical value of p; different weighted and thresholded value ,the mulit-dimension space shape what it materialized certainly correspond to change;

(4) hyper-sausage neuron could be seen as double or multi-thresholded neuron structure from the hyper-sphere geometry theories[5], of course, its mathematical model also is establish as the basis of Eq. (6).

Obviously hyperplane or hypersurface geometry concept for helping understanding to NN behavior and analysis is very valid. The analytical theories using multi-dimension space helps the NN development, certainly will consumedly boost the applied space of NN, make NN applied accuracy raised greatly.

5 Conclusion

It could be seen: NN usually could carry out the logic operation function of symbolicism more simplely; and because the agility and diversity in connectionism structure, the different structure, different weighted and thresholded NN certainly will hold vaster and more overall development space.

In short, symbolicism and connectionism both have the special features each other, one ideal intelligence system and its expressed intelligence behavior should be the result what both is organic to combine mutually.

References

[1] Lau, C. (ed.): Neural Networks: Theoretical Foundations and Analysis. IEEE PRESS, A Selected Reprints. Neural Networks Council, Sponsor (1992).

[2] Wang, S.: Multi-valued Neuron (MVN)and Multi-Thresholded Neuron (MTV), Their Combination and Applications. Chinese Journal of Electronics, **24**(1996): 1-6.

[3] Wang, S., Li, Z. Chen, X., Wang, B.: Discussion on the Basic Mathematical Models of Neurons in General Purpose Neurocomputer. Chinese Journal of Electronics, **29** (2001): 577-580.

[4] Wang, S., Shi, J., Chen, C., Li, Y.: Direction-basis-Function Neural Network. # 58 Session: 4.2, IJCNN'99(1999).

[5] Wang, S., Zhao, X.: Biomimetic Pattern Recognition Theory and Its Applications. Chinese Journal of Electronics, **13**(2004): 372-377.

Double Synaptic Weight Neuron Theory and its Application*

Wang Shou-jue, Chen Xu, Qin Hong, Li Wei-jun, Bian Yi
Laboratory of Artificial Neural Networks, Institute of Semiconductors,Chinese Academy of Sciences
{wsjue, qinhong, wjli}@red.semi.ac.cn, shendacx@163.com, bianyi@yeah.net

Abstract

In this paper, a novel mathematical model of neuron—Double Synaptic Weight Neuron (DSWN)[1] is presented. The DSWN can simulate many kinds of neuron architectures, including Radial-Basis-Function (RBF), Hyper Sausage and Hyper Ellipsoid models, etc. Moreover, this new model has been implemented in the new CASSANN-Ⅱ neurocomputer that can be used to form various types of neural networks with multiple mathematical models of neurons. The flexibility of the DSWN has also been described in constructing neural networks. Based on the theory of Biomimetic Pattern Recognition (BPR) and high-dimensional space covering, a recognition system of omni directionally oriented rigid objects on the horizontal surface and a face recognition system had been implemented on CASSANN-Ⅱ neurocomputer. In these two special cases, the result showed DSWN neural network had great potential in pattern recognition.

1 Introduction

Neural network models consists of a large number of simple processing units (called

* 原载于：Advances in Hatural Computation. ICNC2005, Lecture Notes in Computer Slience, 2005, 3610: 264～272.
 This work was supported by the National Natural Science Foundation of China (No.60135010).

neuron)densely interconnected to each other through a synaptic interconnection network. In the last decade, the level of interest in Artificial Neural Network (ANNs)has been steadily growing. Although software simulation can be useful, designers have been induced to face hardware solutions in order to meet the required performance of massive computing possibly mission-critical applications. Chip integration, multi-chips system, wafer scale integration (WSI), and even multi-wafers system are the common methods [1], [2]. Despite many models and variations, a common feature for most of them is the basic data progressing unit or artificial neuron. In accordance, the neural networks' performance is primarily decided by the basic computation method and function of neurons.

Neural networks are aimed to mimic biological neural networks often attributed by learning, adaptation, robustness, association and self-organization. In the beginning of 1940's, a classical mathematical model of neuron was presented [3], which was given by the formula(1).

$$Y = f\left(\sum_{i=0}^{n} W_i X_i - \theta\right) \tag{1}$$

where Y is the output vector. f is an activation function (nonlinear function). X is the input vector . W is the weight vector and θ is the activation threshold .

According to formula (1), the neuron's output is decided by two factors: one is the activation function f, and the other is the radix of the function $\left(\sum_{i=0}^{n} W_i X_i - \theta\right)$, which represents the distance from an input point (in the input space)to a decision hyperplane (one side is positive, and the other is negative). The equation of the decision hyperplane was given by the formula (2).

$$\sum_{i=0}^{n} W_i X_i - \theta = 0 \tag{2}$$

If the activation function is a step function, the neuron constructs a decision hyperplane in multi-dimensional input spaces. Then the value of output is equal to one when the input point is in one side of this hyperplane. It is zero otherwise. Pattern classifier usually used this kind of neural network [4].

Researchers were at all the time purposing to create closed hypersurface to replace the hyperplane defined by (2)in multi-dimensional space [5]. The RBF neural network is a supervised feed-forward back-propagation neural net with only one hidden layer. While rather than trying to find a boundary between different classes of instances, it forms clusters in the multi-dimensional space with a “center” for each cluster. These clusters are then used to classify different groups of data instances. The number of centers and the nonlinear functions used to determine the distance away from each center dictate the performance of a RBF neural net[6]. It was testified by experiments that in applications of pattern recognition and function fitting, the RBF neural network had the better performance than the neural network described by formula (1).

The mathematical model of RBF neural network is expressed as formula (3):

$$Y = f\left(\sum_{i=0}^{n}(W_i - X_i)^2 - \theta^2\right) \tag{3}$$

According to formula (3), if the activation function of neuron is a step function, the RBF neuron constructs a hypersphere with W_i as the center and θ as the radius . When the input points fall into the inner of this hypersphere, the output is equal to zero. The output is one otherwise. Therefore, RBF neural network can be regarded as one of the simplest high-order neural networks. As its performance is better than the ones described by formula (1), the superiority of high-order hypersurface neural networks is evident.

This paper intends to create a new mathematical model of neuron with better commonality, universal functionality, and easy implementation. The latter text will discuss a novel basic algorithm for high-order hypersurface neural networks—Double Synaptic Weight Neuron (DSWN)networks, which is applied in the design of CASSANN-Ⅱ neurocomputer.

2 Early Research Work on General-Purpose Neurocomputer in Author’s Lab

A general-purpose neural network hardware should adapt to various neural network connections, diverse activation functions, and flexible algorithm models of neurons. A kind of its implemented method is to use changeable parameters to represent all various factors in a general computing formula. Neurocomputer synchronously calculates the general computing formula repeatedly. And those parameters are adjusted according to practical requirement. Thus, a neural network with complex flexible architecture can be created [7]. For example,

CASSANDRA-I neurocomputer, which was created in China, 1995, is readily based on general computing formula under mentioned:

$$O_{mi}(t+1)=F_{k_i}\left[C_i\left(\sum_{j=0}^{n-1}S_{ji}W_{ji}I_{mj}+\sum_{g=0}^{n-1}S'_{gi}W'_{gi}O_{mg}(t)\right)-\theta_i\right] \tag{4}$$

where $O_{mi}(t+1)$ is output state value from the i-th neuron at the moment t+1 when the m-th example is input . n is the number of input nodes (i.e. the dimension of input space)and the maximum neuron number . F_{k_i} is non-linear function from the i-th neuron ,whose subscript k_i is serial number of non-linear function used by the i-th neuron ,in function library . I_{mj} is the j-th input value (i.e. the j-th dimension)in the m-th input pattern . $O_{mg}(t)$ is output state value at the moment t from the g-th neuron when the m-th example is input . W_{ji} is the weight from the j-th input node to the i-th neuron . W'_{gi} is the weight from the g-th neuron to the i-th neuron. S_{ji} and S'_{gi} are parameters that determine topological structural model of networks. And if $S_{ji}=0$, there has no connection between the j-th input node and the i-th neuron. If $S'_{gi}=0$, there has no connection between output of the g-th neuron and input of the i-th neuron .On the contrary ,there has connection . θ_i is the threshold of the i-th neuron . C_i is scale factor for enlarging dynamic range of calculation.

According to formula (4), CASSANDRA-I neurocomputer can calculate feedforward networks and feedback networks with arbitrary topological architectures. Each neuron can random select various activation functions from non-linear function library. In CASSANDRA-I, there have different thresholds and scale factors. So, it has very flexible and adaptable in topological architecture of networks and parameters of neuron. However, we can easily see that the neuron of formula (4)is based on mathematic model of formula (1). So, it can only calculate "hyperplane" neural networks and the calculation of "hypersurface" neural networks is too hard for it. We can use the basic calculation of formula (1)to calculate included angle between vectors. And then we can construct Direction-basis function (DBF)neural network with the radix of non-linear function being the included angle. This DBF neural network can implement the functions of high-order neurons [8]. But the dimension of closed hypersurface achieved by it was $n-1$ dimension and all modules of input vectors were abandoned during normalization.

In the following sections, a new model-DSWN with various functions and flexibility will be discussed in detail.

3 The Double Synaptic Weight Neuron (DSWN)with Commonality of Hypersurface

The basic mathematical model of hypersurface neuron for the neurocomputer must satisfy the following conditions [9]:

(1)The model has functions of the traditional hyperplane neuron and RBF neural network.

(2)The model has the possibility to implement many various hypersurface.

(3)The model can implement character modification by adjusting minority parameters.

(4)The model can easily implement high-speed calculation with hardware methods.

According to the conditions, the basic mathematical model of general neuron must be with high flexibility include calculations of both formula (1)and (3). A DSWN model has been proposed. In this model, the signal for each input node has two weights: one is direction weight and the other is core weight. The formula of this model is given as follow:

$$Y = f\left[\sum_{j=1}^{n}\left(\frac{W_{ji}\left(X_j - W'_{ji}\right)}{\left|W_{ji}\left(X_j - W'_{ji}\right)\right|}\right)^S \left|W_{ji}\left(X_j - W'_{ji}\right)\right|^p - \theta\right] \tag{5}$$

where Y is the output of neuron . f is the activation function . θ is the threshold . W_{ji} and W'_{ji} are two weights from the j-th input node to neuron . X_j is a input value from the j-th input node . n is the dimension of input space . S is a parameter for determining the sign of single entry .If $S=0$, the sign of single entry is always positive and if $S=1$, its sign is the same as the sign of $W_{ji}\left(X_j - W'_{ji}\right)$. p is a exponent parameter.

Obviously, if all $W'=0, S=1, p=1$, the formula (5)is the same as the formula (1). If all $W=1, S=0, p=2$, the formula (5)is the same as the formula (3). Therefore, the formula(5)satisfies the condition (1).

If we assume that $S=0$, this formula defined a closed hypersurface neuron. When the radix of function f is fixed to a definite value ,the locus of input points is a closed hypersurface .And its center is decided by W' . Its shape can change according to the value of p on the assumption that all values of W are equal .The case in three-dimensional space can be illustrated. The various shapes of this closed hypersurface according to the value of p being $1/3, 1/2, 1, 2, 3, 4$ are showed in figure 1, 2, ··· 6, respectively.

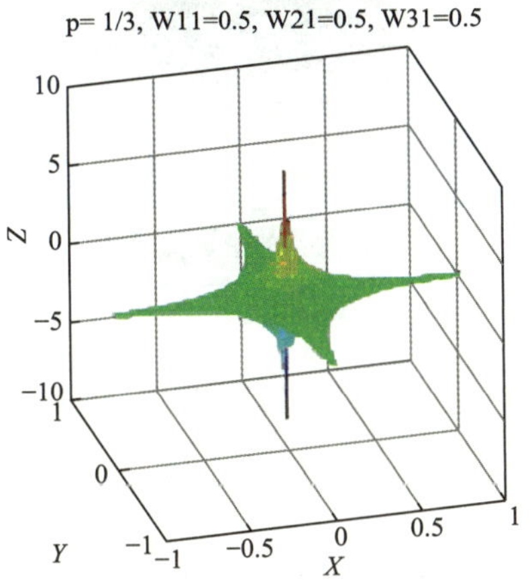

Fig.1

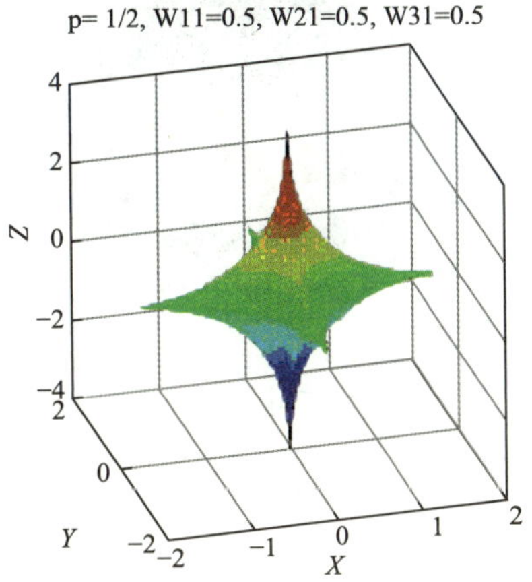

Fig.2

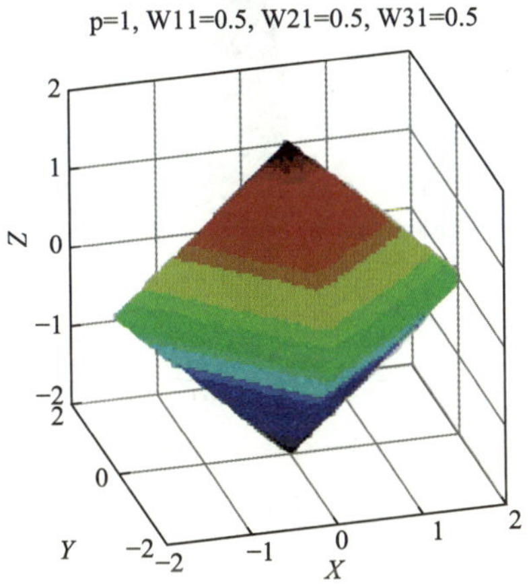

Fig.3

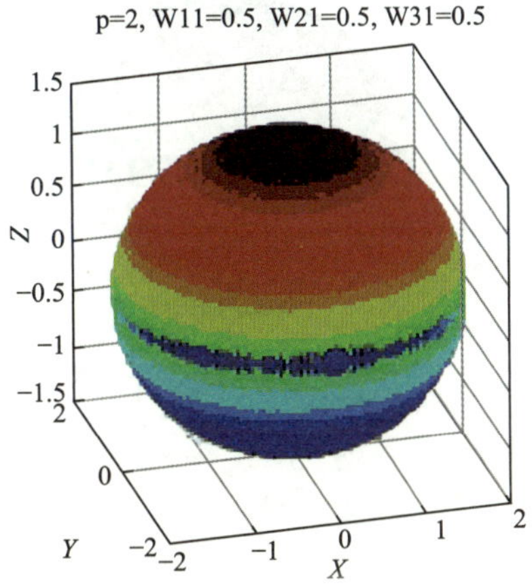

Fig.4

If the weight W has different values ,the closed hypersurface will be extended or compressed on various directions .If $p=2$, the hypersphere will be extended or compressed to construct various hyper-sausage or hyper-ellipsoids on different dimensional directions as illustrated in figure 7,8.

Thus, the formula (5)satisfies the condition (2)and (3).

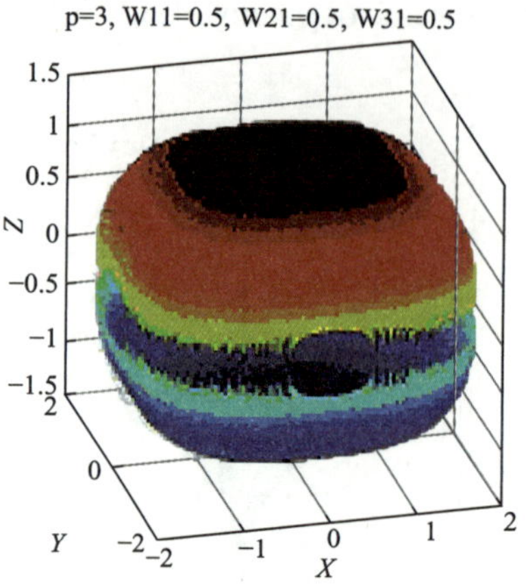

Fig.5

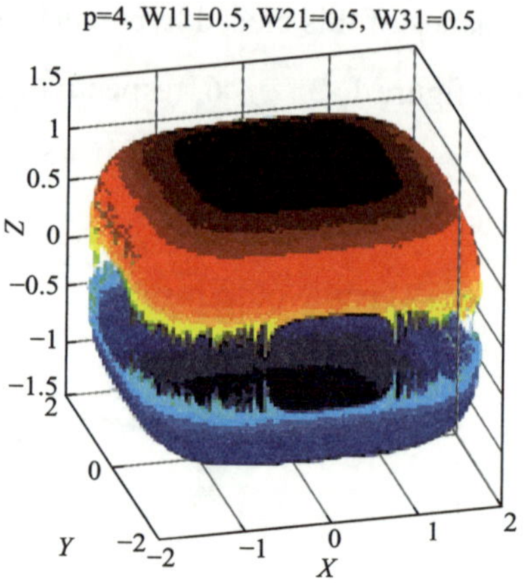

Fig.6

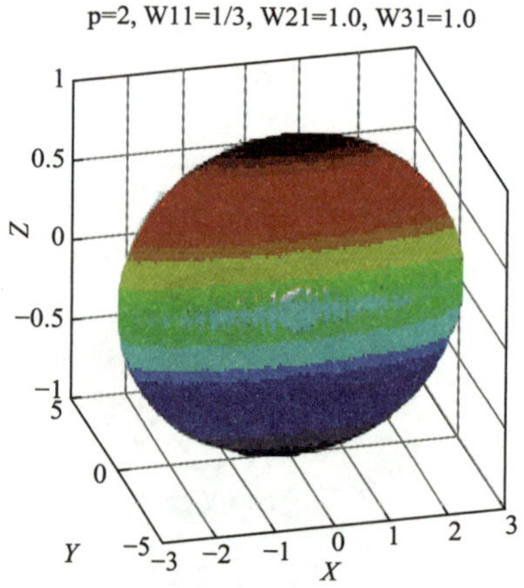

Fig.7

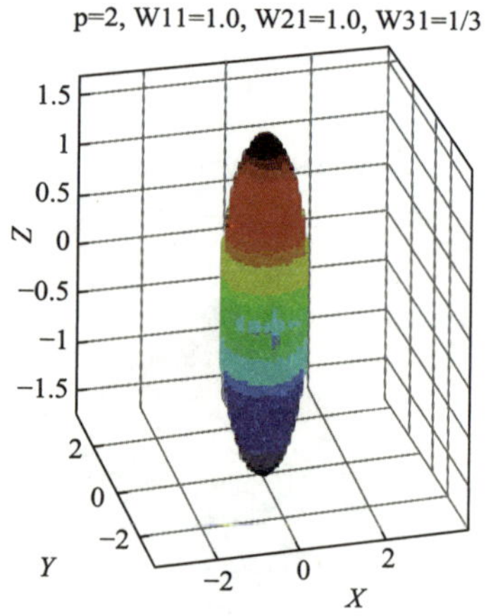

Fig.8

4 The General Formula of Neural Network Hardware Based on DSWN Neurons

The author created general purpose neurocomputer CASSANN-Ⅱ based on formula (5), which is suitable for traditional BP networks, RBF networks, hyper sausage networks, hyper ellipsoid networks and various high-order hypersurface neural networks.

Its general formula is defined as follow:

$$O_{mi}(t+1) = F_{k_i}\left\{\lambda_i\left[C_i \cdot (\Re) - \theta_i\right]\right\} \tag{6}$$

Where:

$$\Re=\left[\sum_{j=1}^{n}\left(\frac{W_{ji}\left(I_{mj}-W'_{ji}\right)}{\left|W_{ji}\left(I_{mj}-W'_{ji}\right)\right|}\right)^{S}\left|W_{ji}\left(I_{mj}-W'_{ji}\right)\right|^{p}+\sum_{g=1}^{n}\left(\frac{W_{gi}\left(O_{mg}-W'_{gi}\right)}{\left|W_{gi}\left(O_{mg}-W'_{gi}\right)\right|}\right)^{S}\left|W_{gi}\left(O_{mg}-W'_{gi}\right)\right|^{p}\right]$$

where $O_{mi}(t+1)$ is the output state value from i-th neuron at the moment $t+1$ when the m-th example is input . F_{k_i} is the output non-linear function of the i-th neuron and its subscript k_i is the serial number of non-linear function in function library used by the i-th neuron . I_{mj} is the j-th (i .e .the j-th dimension)input value in the m-th input example . W_{ji} and W'_{ji} are "direction" weight and "core" weight from the j-th input node to the i-th neuron ,respectively . W_{gi} and W'_{gi} are "direction" weight and "core" weight from the output of the g-th neuron to the i-th neuron, respectively . p is a exponent parameter $(1/3,1/2,1,2,3,4)$.S (0 or 1)is a parameter for determining the sign of single entry. $O_{mg}(t)$ is the output value from the g-th neuron at the moment t when the m-th example is input . θ_i is the threshold of the i-th neuron . C_i is a scale factor . λ_i is a scale factor of coordinate of non-linear function.

According to the formula (6), CASSANN-Ⅱ neurocomputer can simulate arbitrary neural network architectures with various neuron features (including hyperplane, hypersphere, hyper sausage, various hyper-ellipsoids, hypercube and so on).

5 Applications of Biomimetic Pattern Recognition Implemented on CASSANN-Ⅱ Neurocomputer

CASSANN-Ⅱ neurocomputer is composed of DSWN. Based on the theory of Biomimetic Pattern Recognition (BPR)[10] and high-dimensional space covering, many applications of pattern recognition have been implemented on CASSANN-Ⅱ neurocomputer successfully.

The first application of CASSANN-Ⅱ neurocomputer is a recognition system of omni directionally oriented rigid objects on the horizontal surface [10] based on BPR. Ignoring the disturbance, the distribution region of a certain class is topologically homomorphical to a circle. So Hyper sausage neuron (HSN)networks are used to construct the covering sets of different classes. The SVM method with RBF kernel is also used as control experiment. The samples for training and test are divided in three sample sets. The first one contains 3200 samples of 8 objects (lion, rhinoceros, tiger, dog, tank, bus, car, and pumper, Fig.9), while the second one contains another 3200 samples that are collected later from the same 8 objects. A third one, which comprise 2400 samples of another 6 objects (cat, pug, zebra, little lion, polar bear and elephant, Fig.10), is used for the false acceptance test. All the samples are mapped into a 256-dimensional feature space. The HSN networks are constructed according to the training samples, which are selected from the first sample set. Under the condition that no one sample in the first and second set is misclassified and no one in the third set is accepted falsely, the correct recognition rates of BPR and RBF-SVM with different training set are shown in Table 1.

Fig.9 training set

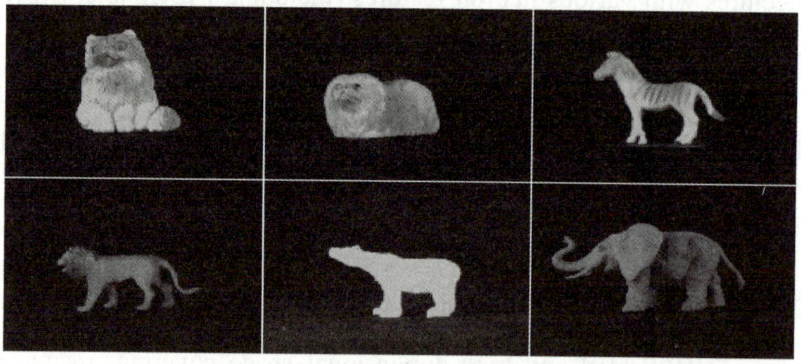

Fig.10 test set

Table 1. The results of RBF-SVM and BPR

Amount of Training Samples	RBF-SVM		BPR	
	SV	Correct rate	HSN	Correct rate
338	2598	99.72%	338	99.87%
251	1925	99.28%	251	99.87%
216	1646	94.56%	216	99.41%

continued

Amount of Training Samples	RBF-SVM		BPR	
	SV	Correct rate	HSN	Correct rate
192	1483	88.38%	192	98.98%
182	1378	80.95%	182	98.22%
169	1307	78.28%	169	98.22%

Another application of CASSANN-Ⅱ neurocomputer is a face recognition system [11]. If the changes of face appearance are considered as disturbance, the distribution region is topologically homomorphical to an arc when he turns his face horizontally. So the HSN network is very fit to construct the covering set. Ninety-one face pictures of 3 persons are used to construct three HSN networks, and 226 face pictures were used to test the correct recognition rate of the same class, while 728 pictures were used to test the rejection rate of the other classes. The correct recognition rate of the same class reaches 97%, while the rejection rate of the other classes is 99.7%. As the contrast, the correct recognition rate of the same class reaches 89.82%, while the rejection rate of the other classes is 97.94% in K-NN method. [11]

6 Conclusions

This paper proposed a novel general-purpose neuron model—DSWN, which can construct both the hyper sausage and some other more complex shapes. At the same time, this new model is realized using hardware and implemented in the new CASSANN-Ⅱ neurocomputer.

Based on the theory of BPR and high-dimensional space covering, a recognition system of omni directionally oriented rigid objects on the horizontal surface and a face recognition system had been implemented on CASSANN-Ⅱ neurocomputer. The result showed DSWN neural network had great potential in pattern recognition.

References

[1] Clark S. Lindsey and Thomas Lindblad: Review of Hardware Neural Networks: A User's Perspective [A]. Proceedings of the Neural Networks [C]. From Biology to High Energy Physics, *International Journal of Neural System,* Supp. (1995), 6: 215-224.

[2] Yuzo Hirai: VLSI Neural Networks Systems[A]. Proceedings of the Neural Networks [C]; From Biology to High Energy Physics, *International Journal of Neural System,* Supp. (1995),6:203-213.

[3] W.S.McCulloch, and W. Pitts: A logic Calculus of the Ideas Imminent in Nerves Activity [J]. *Bulletin of*

Mathematical Biophysics, (1943), 5: 115-133.

[4] M.A.Cohen, and S.Grossberg.: Absolute Stability of Global Pattern Formation and Parallel Memory Storage by Competitive Neural Networks [J]. *IEEE Trans. Syst. Man Cybern.*, (1983), SMC-13:815-826.

[5] R.L.Hardy: Multiquadri equations of topography and other irregular surfaces [J].J. Geophys, Re., 76:1905-1915.

[6] M.J.D.Powell: Radial basis functions for multivariable interpolation: A review [A]. in J.C. Mason and M.G. Cox, editors, Algorithms for Approximation. Clarendon Press, Oxford, (1987).

[7] D.R.Collin and P.A.Penz: Considerations for neural network hardware implementations [J]. *IEEE symp. Circuit and System*. (1989)834-836.

[8] Wang Shoujue, Shi Jingpu, Chen Chuan, Li Yujian: Direction-Basis-Function Neural Networks [A]. #58 Session: 4.2, *IJCNN'99*.[C](1999).

[9] Wang shoujue, Li zhaozhou, Chen xiangdong, Wang bainan: Discussion on the Basic Mathematical Models of Neurons in General Purpose Neurocomputer, (in Chinese), *Acta Electronica Sinica*, (2001). Vol.29 No.5,577-580.

[10] Wang shoujue: Biomimetic Pattern Recognition, *Neural Networks Society* (*INNS, ENNS, JNNS*) *Newsletters*, (2003). Vol.1, No.1, 3-5.

[11] Wang zhihai, Zhao zhanqiang and Wang Shoujue: A method of biomimetic pattern recognition for face recognition, (in Chinese), *Pattern Recognize & Artificial Intellegence*, (2003). Vol.16, NO.4.

Geometrical Learning, Descriptive Geometry, and Biomimetic Pattern Recognition*

Wang Shoujue, Lai Jiangliang

Artificial Neural Networks Lab, Institute of Semiconductors, Chinese Academy of Science, Beijing 100083, China

Abstract

Studies on learning problems from geometry perspective have attracted an ever increasing attention in machine learning, leaded by achievements on information geometry. This paper proposes a different geometrical learning from the perspective of high-dimensional descriptive geometry. Geometrical properties of high-dimensional structures underlying a set of samples are learned via successive projections from the higher dimension to the lower dimension until two-dimensional Euclidean plane, under guidance of the established properties and theorems in high-dimensional descriptive geometry. Specifically, we introduce a hyper sausage like geometry shape for learning samples and provides a geometrical learning algorithm for specifying the hyper sausage shapes, which is then applied to biomimetic pattern recognition. Experimental results are presented to show that the proposed approach outperforms three types of support vector machines with either a three degree polynomial kernel or a radial basis function kernel, especially in the cases of high-dimensional samples of a finite size.

Key words: Information geometry; High-dimensional descriptive geometry; Biomimetic pattern recognition; Geometry learning; RBF network; Support vector machine

---

* 原载于：Neurocomputing, 2005, 67: 9～28.

1. Introduction

Traditional statistical learning and modeling are based on one parametric models that are featured by pre-designed distribution functions with unknown parameters. Tasks of learning are made from a set of samples to determine unknown parameters and to select an appropriate one among candidate parametric models that have a same configuration but different complexity. After learning, the obtained parametric model can be used for a variety of tasks such as pattern recognition and decision making.

Considering that a family of distribution functions with unknown parameters represents a manifold in a high-dimensional parametric space and that a set of samples also represents a manifold in the parametric space, a learning task can be regarded as projection between the manifolds in the parametric space under guidance of the relationship between information and geometrical properties of these manifold. Studies along this direction started three decades ago by exploring a quasi Pythagorean relation of the classic Kullback-Leibler information measure on the manifolds [4]. Pioneered by Amari [1], instrumental advances have been made since early 80s via considering Riemann geometry and building up the celebrated relation between Rao's Fisher information matrix [10] and Riemann metrics.

Studies on information geometry are featured by investigating parametric models or equations from a geometrical perspective, i.e., we need firstly to have parametric models or equations and then study their geometrical properties. Other efforts on learning from geometry perspective, e.g., generalized projection geometry for harmony learning [17], are also basically of this category. In this paper, we investigate learning tasks from a different geometrical perspective in help of high-dimensional descriptive geometry. Geometrical properties of high-dimensional structures are learned via successive projections from n-dimension to $n-1$-dimension under guidance of those established properties and theorems in high-dimensional descriptive geometry [14]. In Section 2, we describe the main ideas of high-dimensional description geometry and demonstrate geometrical learning via successive projections from a higher dimension to a lower dimension. In Section 3, we introduce a hyper sausage like geometrical configuration for representing pattern class and show how high-dimensional descriptive geometry could be used for specifying the hyper sausages, which is then applied to biomimetic pattern recognition. Moreover, experimental results are presented in Section 4 to show the promising results of the proposed approach in comparison with three types of support vector machine (SVMs)with either a three degree polynomial kernel or a radial basis function kernel. Finally, we conclude in Section 5.

2. High dimensional description geometry and successive projections

To model a set of points in a high-dimensional space by statistical learning usually involves finding a compact representation for these sample points in terms of parametric functions and equations. Finding a compact representation in a geometrical sense means finding a simplest manifold with a smallest volume or to cover a set of samples, which conceptually resembles determining a parametric model with a least complexity. Thus, it rises two key issues. One is what kind of shapes or configurations of the geometrical manifolds should be considered, which involves a theory for geometrical learning from a finite sample size. The other is how to learn the scales and locations of given configurations, which is the counterpart of what is usually called parametric learning and thus here called geometrical learning featured by successive projections from a higher dimensional space to a lower dimensional space. In the following, we first demonstrate this feature via an illustrative problem, namely, finding the inner sphere of a set of samples that locates at vertexes of a hyper-regular simplex. Then, we further propose an algorithm for finding the outer hyper-sphere of a set of any samples, which provides a basis for developing the algorithm for implementing biomimetic pattern recognition in the next section.

2.1. An illustrative example of successive projections

We start at considering the problem of finding the inner hyper-sphere of a set of samples that locates at vertexes of a hyper-regular simplex. In this case, the inner hyper-sphere is related to the Kepler's spheres in the literature of mathematics, coming from the spheres packing problem firstly proposed by J. Kepler in 1611. The original question is how to pack spheres with the same size into a big cube in order to maximize the ratio of total volume of spheres to the volume of the cube. J. Kepler guessed that the maximum ratio is $\pi / 3\sqrt{2}$. Although progress [6,8] was made by many scientists and researchers in the field, the conjecture has remained yet to be proved. The problem becomes even more difficult in high-dimensional space.

The main idea of the guess of the Kepler's spheres is that spheres with the same size are located on the vertexes of a hyper-regular simplex. Determining the center of the hyper-regular simplex, we could compute the distance between the center and the vertexes. Thus, it follows from the size of the inner sphere that we can obtain the ratio of the volumes. Here we use this problem to demonstrate successive projections from a n dimension space to a $n-1$ dimension space in help of high-dimensional description geometry. As a byproduct, we also provide a solution to this famous conjecture on the center and radius of Kepler's spheres from this successive projection perspective.

Definition 2.1. In high-dimensional space, the point, which has a equal distance to all vertexes of a hyper-regular simplex, is called the geometrical center of the hyperregular simplex. Because of symmetry, the center of the hyper-regular simplex is just the center of the inner sphere.

The problem is a simple in two-dimensional (2D)space. The center of Kepler's sphere is the center O in the equilateral triangle ABC shown in Fig. 1. In a threedimensional (3D)space, the equilateral triangle ABC is only a face of regular tetrahedron $ABCD$ as shown in Fig. 2. Through the center O of ABC we can construct a line OV_3 perpendicular to the plane containing ABC. According to the projection theorem, all points with a same distance from A,B and C must be on OV_3 . So D is on OV_3 because $ABCD$ is a regular tetrahedron. On the plane ABC, we draw a line OV_3' perpendicular to the line AO, and draw a circle centering at A with a radius equal to the length of a side of $ABCD$. As shown in Fig.3, the intersection point of circle and line OV_3' is D'. Through the center of AD', we further draw a line that is perpendicular to AD' and intersects OD' at O_3'. Obviously, $\Delta AOD'$ and ΔAOD in Fig.2 are congruent, and thus $D'O_3'$ is equal to DO_3. Hence, the length of DO_3, which is equal to the distance between the vertex and the center of $ABCD$, can be determined. As a result, $\Delta AOD'$ can be regarded as a section of $ABCD$ and the result could be measured by a ruler.

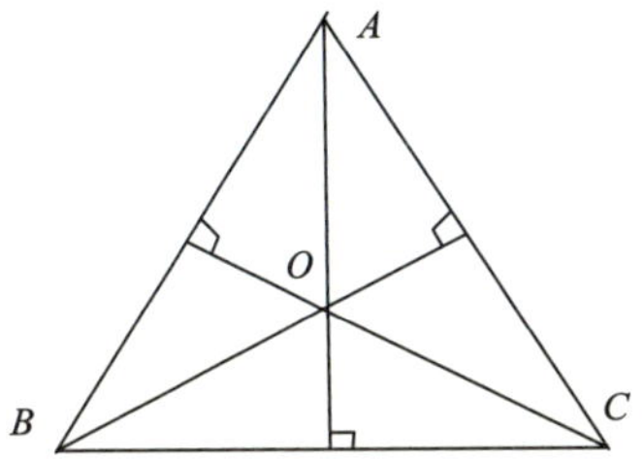

Fig.1. 2D problem.

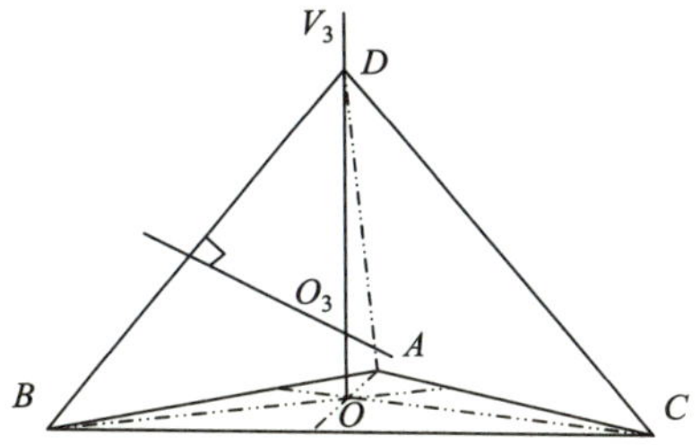

Fig.2. 3D problem's schematic.

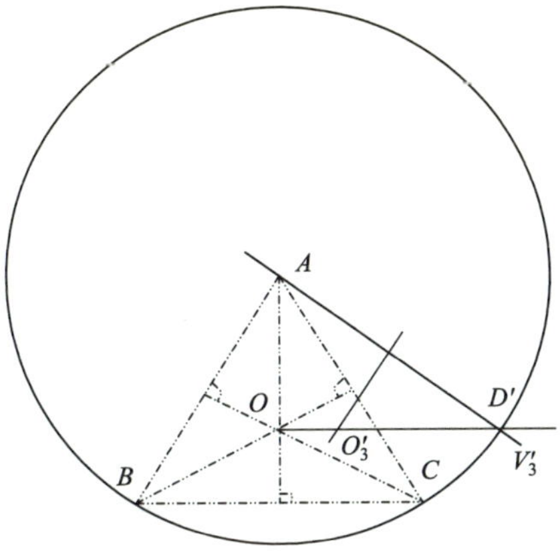

Fig.3. Resolve a three-dimensional problem using Descriptive Geometry.

The result can be readily extended to locate the centers $(O_3, O_4, O_5, \cdots)$ of regular hyper-simplexes in a n-dimensional space. Example considering the hyper-regular simplex $ABCDE$ in a four-dimensional (4D)space, on the plane ABC we draw a line $O_3'V_4'$ perpendicular to line AO_3' and also draw a circle centering at A with its radius being equal to the length of a side of $ABCDE$ and intersecting the line $O_3'V_4'$ at E'. Then we further draw a perpendicular bisector of AE' which intersects $O_3'E'$ at O_4'. Regarding $\Delta AO_3'E'$ as a section of hyper-simplex $ABCDE$, we now have that E is E' and O_4 is O_4'. Hence, the distance between the vertex and center of $ABCDE$ can be determined, as shown in Fig. 4.

So on and so forth, the geometrical center can be successively determined and its distance to the vertexes can be computed as follows.

Theorem 2.1. *In a n-dimensional space, the distance between its geometrical center and the vertexes is*

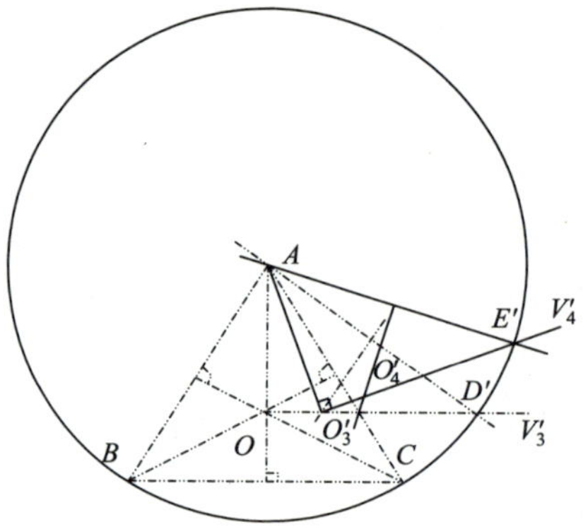

Fig.4. Resolve a four-dimensional problem using Descriptive Geometry.

$$d_n = \sqrt{\frac{n}{2(n+1)}}a, \tag{2.1}$$

where a is the distance between the vertexes of a n-dimensional hyper-regular simplex.

Proof. It is made by the mathematical induction.

(1) According to formula 2.1 , we have $d_2 = \sqrt{2/2(2+1)}a = [\sqrt{3}/3]a$, which is correct obviously.

(2) Assume that the theorem is also correct when $n=k-1$, i.e., we have $d_{k-1} = \sqrt{(k-1)/2((k-1)+1)}a = \sqrt{k-1/2k}a$, we consider the case of $n=k$, similar to the above discussions, we can get the relation as shown in the following Fig. 5.

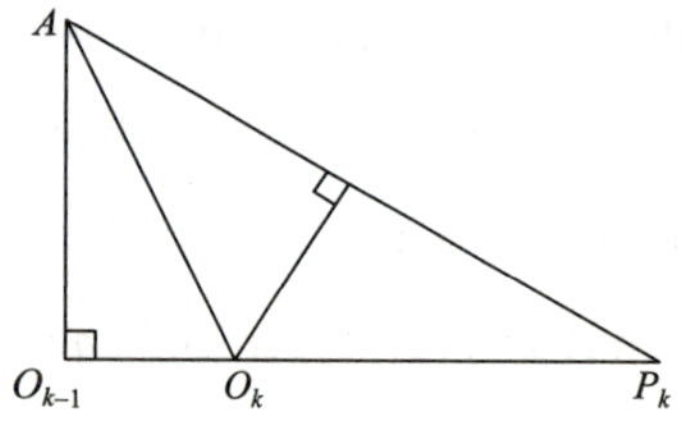

Fig.5. The section of *k*-dimensional hyper-regular simplex.

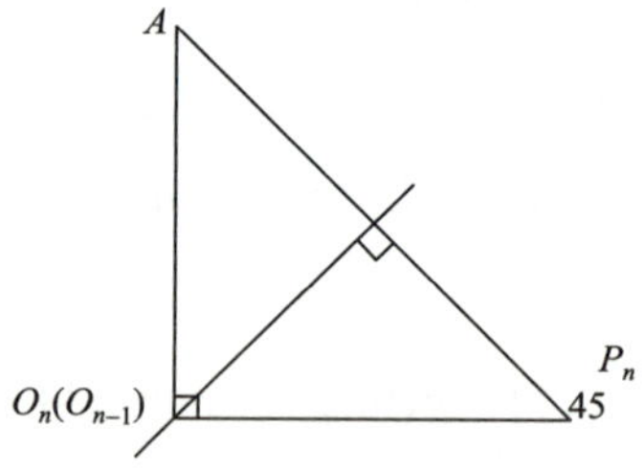

Fig.6. The ultimate case when *n* is infinite.

Where

$$AP_k = a,$$
$$AO_{k-1} = d_{k-1},$$
$$AO_k = P_kO_k = d_k.$$

Let $P_kO_{k-1} = xd_k$, it follows from the Pythagorean theorem that we have

$$\begin{cases} d_{k-1}^2 + (xd_k)^2 = a^2, \\ d_{k-1}^2 + (x-1)^2 d_k^2 = d_k^2. \end{cases} \tag{2.2}$$

Which is further solved as follows:

$$\begin{cases} x = \dfrac{k+1}{k}, \\ d_k = \sqrt{\dfrac{1}{2x-x^2}} d_{k-1}^2 = \sqrt{\dfrac{k}{2(k+1)}} a. \end{cases} \tag{2.3}$$

That is, we get above Eq. (2.2).

Putting (1)and (2)together, the proof is completed. □

In summary, a n-dimensional problem can be solved based on the solution of the $(n-1)$-dimensional problem. The distance between O_{n-1} and O_n decreases as n increases and will become zero when n is infinite. Denote the hyper-regular simplex by $ABCDE\cdots P_n$, we have that AO_{n-1} is perpendicular to $O_{n-1}P_n$ and O_{n-1} and O_n will overlap. As shown in Fig. 6, the ratio of distance between the center and the vertex to the length of each side of the hyper-regular simplex approaches $\sqrt{2}/2a$ as n approaches infinity, which leads us to the following corollary of Theorem 2.1.

Corollary 2.1. *In an infinity-dimension space, the distance between the geometry center and vertexes of hyper-regular simplex is* $\sqrt{2}/2a$, *if the length of each side is* a.

For a general case that samples are not limited to be located at vertexes of a hyper-regular simplex but can be everywhere, the situation becomes very complicated and highly depends on distributions of samples. Further studies remain to be conduct. However, the above example provides an illustration on understanding the feature and usefulness of successive projections from a n-dimensional space to a (n–1)-dimensional space.

2.2. Determining the outer hyper-sphere in high-dimensional space

The counterpart of finding the inner hyper-sphere of a set of samples is the problem of determining the outer hyper-sphere of a set of samples, that is, the problem of finding a minimum covering sphere of a set of samples, namely, given a set $M = \{P_1, P_2, \cdots, P_N\}, N > 1$ of points in n-dimensional space, to find the n-dimensional hyper-sphere with smallest volume (smallest radius)that can contain each point in M. The remaining part of the outer hyper-sphere after taking away the inner hyper-sphere provides a spherical shell as a compact geometrical representation of a set of samples. Similarly, the idea can be extended to use the difference of the outer and inner geometrical units of other shapes as a geometrical representation of a set of samples.

In the rest of this paper, we only consider the outer covering part for two reasons. First, there are many practical cases in which samples are distributed densely without any inner holes, i.e., no any inner hyper-sphere or hollow exists. Second, we have not known how to effectively get even the inner hyper-sphere of a set of samples that are not located at vertexes of a hyper-regular simplex.

In sequel, we consider the problem of finding the outer hyper-sphere or the minimum covering sphere of a set of samples. In the literature, the minimum covering sphere problem in 2D space was firstly proposed by Sylvester [11] in 1857. In a high-dimensional space, convex hull was often used as a tool to simplify the issue. From a geometrical view, Hopp and Reeve [7] handled the problem via successively reducing the volume of the hyper-sphere that contains the set of points step by step with its expected computing time $O(nd^{2.3})$ (Fig. 7).

Here this problem is tackled by geometrical learning via successive projections from a higher dimensional space to a lower dimensional space in help of a concept named hyper-chord angle as follows.

Definition 2.2. In a n-dimensional space, given a $(n-1)$-dimensional hyper-sphere S_{n-1} centered at O_{n-1} and a $(n-1)$-dimensional hyper-plane Ω_{n-1} that contains S_{n-1}, there must be one and only one straight line passing through O_{n-1} and $O_{n-1}L \perp \Omega_{n-1}$. For a point A outside Ω_{n-1}, we can locate a plane $\Omega_{O_{n-1}LA}$ with $O_{n-1}L$ and S_{n-1} intersecting at line segment BC. If A is located on $O_{n-1}L$, it can be any plane which contains $O_{n-1}L$. In the plane $\Omega_{O_{n-1}LA}$, the 2D angle $0^\circ < \angle_n^{HC} S_{n-1}A < 180^\circ$ between BC and A is defined as the n-dimensional hyper-chord angle of A to S_{n-1}.

Definition 2.3. In a n-dimensional space, given a set K of points $P_1, P_2, \cdots, P_n$ located on the surface of a $(n-1)$-dimension hyper-sphere S_{n-1} that locates on a $(n-1)$-dimension plane O_{n-1}, the angle $\angle_n^{HC} S_{n-1}A$ of a point A outside Ω_{n-1} to S_{n-1} is defined as the hyper-chord angle of A to the set K, shortly denoted by $\angle_{ns}^{HC} KA$.

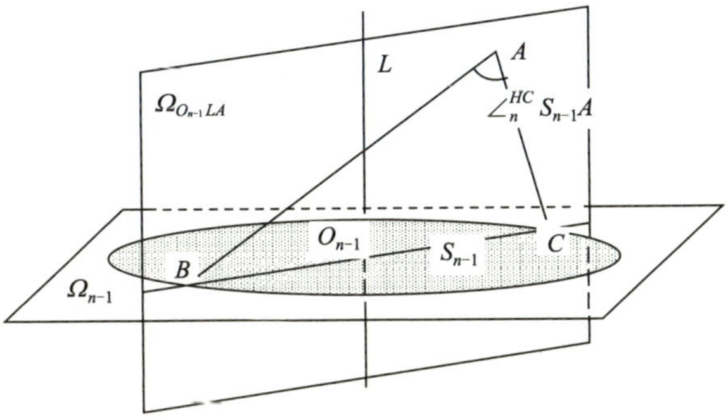

Fig.7. Hyper-chord angle in three-dimensional space.

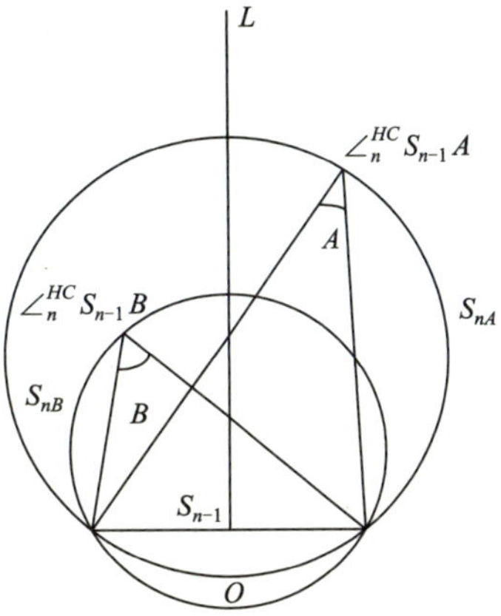

Fig.8. Section $\Omega_{O_{n-1}LA}$ and $\Omega_{O_{n-1}LB}$ both in one plane.

Given a line $O_{n-1}L$, we can get a planes $\Omega_{O_{n-1}LA}$ determined by A and $O_{n-1}L$ and a plane $\Omega_{O_{n-1}LB}$ by B and $O_{n-1}L$, respectively. Then we put two sections through $\Omega_{O_{n-1}LA}$ and $\Omega_{O_{n-1}LB}$ together into a plane as shown Fig. 8. Through 2D angles to chord, it follows that the hyper-chord angle has the following important property:

Table 1 Statements when A and B are in the same side of Ω_{n-1}

Condition		Conclusion
$\angle_n^{HC} S_{n-1}A = \angle_n^{HC} S_{n-1}B$		$R_A=R_B$, S_{nA} and S_{nB} is coincident
$90° > \angle_n^{HC} S_{n-1}A > \angle_n^{HC} S_{n-1}B$		$R_A<R_B$, A inside S_{nB}, B outside S_{nA}
$\angle_n^{HC} S_{n-1}A < \angle_n^{HC} S_{n-1}B < 90°$		$R_A>R_B$, A outside S_{nB}, B inside S_{nA}
$\angle_n^{HC} S_{n-1}A > \angle_n^{HC} S_{n-1}B \geqslant 90°$		$R_A>R_B$, A inside S_{nB}, B outside S_{nA}
$90° \geqslant \angle_n^{HC} S_{n-1}A < \angle_n^{HC} S_{n-1}B$		$R_A<R_B$, A outside S_{nB}, B inside S_{nA}
$\angle_n^{HC} S_{n-1}A \geqslant 90° > \angle_n^{HC} S_{n-1}B$	$\angle_n^{HC} S_{n-1}A < 180° - \angle_n^{HC} S_{n-1}B$	$R_A<R_B$, A inside S_{nB}, B outside S_{nA}
	$\angle_n^{HC} S_{n-1}A > 180° - \angle_n^{HC} S_{n-1}B$	$R_A>R_B$, A inside S_{nB}, B outside S_{nA}
$\angle_n^{HC} S_{n-1}A < 90° \leqslant \angle_n^{HC} S_{n-1}B$	$180° - \angle_n^{HC} S_{n-1}A < \angle_n^{HC} S_{n-1}B$	$R_A<R_B$, A outside S_{nB}, B inside S_{nA}
	$\angle_n^{HC} S_{n-1}A > 180° - \angle_n^{HC} S_{n-1}B$	$R_A>R_B$, A outside S_{nB}, B inside S_{nA}

Table 2 Statements when A and B are in the different side of Ω_{n-1}

Condition	Conclusion
$\angle_n^{HC} S_{n-1}A = \angle_n^{HC} S_{n-1}B$	$R_A=R_B$, S_{nA} and S_{nB} intersect at S_{n-1}
$90° > \angle_n^{HC} S_{n-1}A > \angle_n^{HC} S_{n-1}B$	$R_A<R_B$, A outside S_{nB}, B outside S_{nA}
$\angle_n^{HC} S_{n-1}A < \angle_n^{HC} S_{n-1}B < 90°$	$R_A>R_B$, A outside S_{nB}, B outside S_{nA}

Continued

Condition		Conclusion
$\angle_n^{HC} S_{n-1}A > \angle_n^{HC} S_{n-1}B \geqslant 90°$		$R_A > R_B$, A inside S_{nB}, B inside S_{nA}
$90° \geqslant \angle_n^{HC} S_{n-1}A < \angle_n^{HC} S_{n-1}B$		$R_A < R_B$, A inside S_{nB}, B inside S_{nA}
$\angle_n^{HC} S_{n-1}A \geqslant 90° > \angle_n^{HC} S_{n-1}B$	$\angle_n^{HC} S_{n-1}A < 180° - \angle_n^{HC} S_{n-1}B$	$R_A < R_B$, A outside S_{nB}, B outside S_{nA}
	$\angle_n^{HC} S_{n-1}A > 180° - \angle_n^{HC} S_{n-1}B$	$R_A > R_B$, A inside S_{nB}, B inside S_{nA}
$\angle_n^{HC} S_{n-1}A < 90° \leqslant \angle_n^{HC} S_{n-1}B$	$180° - \angle_n^{HC} S_{n-1}A < \angle_n^{HC} S_{n-1}B$	$R_A < R_B$, A inside S_{nB}, B inside S_{nA}
	$\angle_n^{HC} S_{n-1}A > 180° - \angle_n^{HC} S_{n-1}B$	$R_A > R_B$, A outside S_{nB}, B outside S_{nA}

Theorem 2.2. *Given two points A, B outside the $(n-1)$-dimensional hyper-plane Ω_{n-1} that contains a $(n-1)$-dimensional hyper-sphere S_{n-1}, we can locate two n-dimensional hyper-spheres S_{nA}, S_{nB}, with the radiuses R_A and R_B, and prove those 'condition $\to$ conclusion' statements given either in Table 1 when A and B are in the same side of Ω_{n-1} or in Table 2 when A and B are in the different sides of Ω_{n-1}.*

Based on the above theorem, we can use the hyper-chord angle to compare the size of spheres determined using different sets of sample points, from which we have the following algorithm for locating the center and radius of the minimum covering sphere:

Begin

Step 1: Empty set Q which is the support point set. Choose a point $A \in K(P_1, P_2, \cdots, P_k)$ among the samples from sample set. Find the point q_1 in K that is farthest apart from A and put q_1 into Q.

Step 2: Considering each point P_i except A and q_1, compute the distance d_i between P_i and q_1 and the angle $\angle Aq_1P_i$. Let $l_i = d_i / \cos(\angle Aq_1P_i)$, and find the maximum of l_i and the corresponding point P_j. In the line Aq_1, find the point B with the same distance from q_1 and P_j. Put P_j into Q, and regard B as the current center O_c.

Step 3: Determine O_s as the center of a $(m-1)$-dimensional hyper-sphere which is located through m points in Q, and the radius of the hyper-sphere is R_s. If $m = n+1$, the n-dimensional hyper-sphere S_n centered at O_s with a radius R_s is the minimum covering sphere, go to step 5. Otherwise, draw a $(n-1)$-dimensional hyper-plane Ω_{n-1} that is perpendicular to the line O_cO_s and passes through O_s. In Ω_{n-1}, draw a $(n-1)$-dimensional hyper-sphere centered at O_s with a radius R_s. The minimum Hyper-Chord Angle about the other points in K and not in Q to S_{n-1} is $\angle_n^{HC} S_{n-1}P_i$. If $\angle_n^{HC} S_{n-1}P_i \geqslant 90^{\circ}$, the n-dimensional hyper-sphere S_n centered at O_s with a R_s is the minimum covering sphere. Go to step 5. Otherwise, put the point P_i corresponding to $\angle_n^{HC} S_{n-1}P_i$ into Q, and go to the next step.

Step 4: Consider m points in Q one by one. Define $Q_i' = \{q_j | 1 \leqslant j \leqslant m, j \neq i\}$, and write the $(m-1)$-dimensional Hyper-Chord Angle about q_i to Q_i' as $\angle_{(m-1)s}^{HC} Q_i' q_i$. If each Hyper-Chord Angle $\angle_{(m-1)s}^{HC} Q_i' q_i \leqslant 90^{\circ}$, in the line $O_c O_s$, find the point C with same distance from each point in Q. Regard C as next O_c, and go to step 3. Otherwise, delete the first point q_k from Q whose Hyper-Chord Angle $\angle_{(m-1)s}^{HC} Q_k' q_k > 90^{\circ}$. Considering m, the amount of the points in Q, if $m=2$, go to step 3 otherwise repeat step 4.

Step 5: Stop.

End

Intuitively, we first locate a hyper-sphere to cover all sample points, and then we move the center of hyper-sphere and reduce the radius successively until the boundary of the hyper-sphere reaches a new sample point. Hereafter, we continue the search after changing the direction of search. Finally, we get the minimum covering sphere when the covering hyper-sphere cannot shrink in any direction.

3. Hyper sausage chains and biomimetic pattern recognition

3.1. Hyper sausage neuron and biomimetic pattern recognition

Use of only one hyper-sphere applies to only samples distributed isotropically in all the directions. Also, one sphere that covers a finite size of samples may contain hollows with a huge sum of volumes and thus is actually not a compact representation to a given sample set. To improve, one possible extension is to use multiple smaller hyper-spheres to cover a set of N samples. In fact, only one hyper-sphere for all the samples is one extreme case, while one hyper-sphere per sample is another extreme. Between the two extremes, we can also use k hyper-spheres jointly to cover all the samples. However, among samples from a same pattern class there is usually certain topological connectivity. Dividing a sample set into N hyper-spheres separately will lose the connectivity totally, while dividing a sample set into $k<N$ hyper-

spheres will at least lost the connectivity partially. Moreover, there may also be possibilities that the volumes of one or more hyper-spheres are still too large.

Among possible types of connectivity, we believe that one-dimensional (1D)connectivity takes a major role, especially for a finite size of samples in a high-dimensional space. Instead of using hyper-spheres, we consider a manifold resulted from a product of a hyper-sphere and a 1D continuous curve, in a sense that the manifold is generated by rolling this hyper-sphere with its center moving along the 1D curve. To facilitate implementation, the 1D curve is further approximated by a chain of straight-line segments. Rolling one hyper-sphere with its center moving along one line segment, we get one sausage like shape as a basic geometrical unit, as illustrated in Fig. 9. For simplicity, we call such a unit hyper sausage neuron (HSN). Each pair of neighbor line segments is located such that their corresponding HSN units are connected, as illustrated in Fig. 10. As a whole, we get a manifold that is a hyper sausage chain (shortly HSN chain)consisting of a chain of HSN units for representing samples from a same pattern class.

In literatures, there are two typical paradigms for implementing pattern recognition tasks [5]. One is building up boundaries of classes that divide a pattern space into regions and samples are classified according to the regions, e.g., polygonal lines in Fig. 10 represent the classification boundaries by a traditional back propagation (BP)networks. The other is building a descriptive model for each pattern or each pattern class. One simple example is the so called optimal classifier that models each class via a Gaussian distribution and then determines the boundaries of classes [5], and the Radial basis function (RBF)networks in Fig. 10 is a particular case. Other examples of the second paradigm can be found in image recognition and computer vision via building templates or descriptive models under the names of model based pattern recognition or understanding based pattern recognition. It is also called biomimetic pattern recognition (BPR)[13,15] since it imitates the recognition manner of a biological system. In the rest of this paper, making BPR with the above HSN chains will be further introduced.

As shown in Fig. 10, both the HSN chains based BPR and RBF networks share the common paradigm. Actually, there are two types of RBF networks studied in the literature of neural networks.

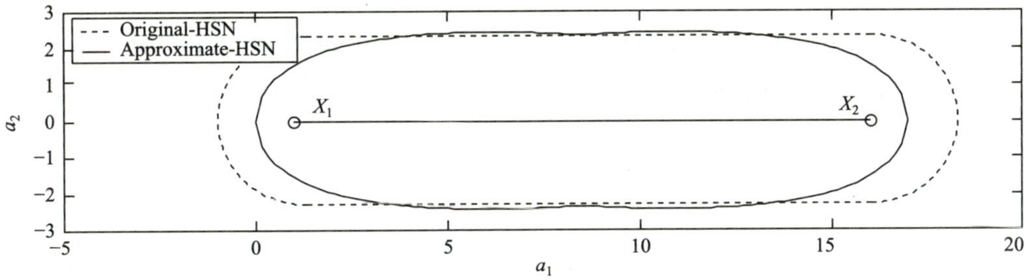

Fig.9. Original HSN and Approximate HSN in some 2D section.

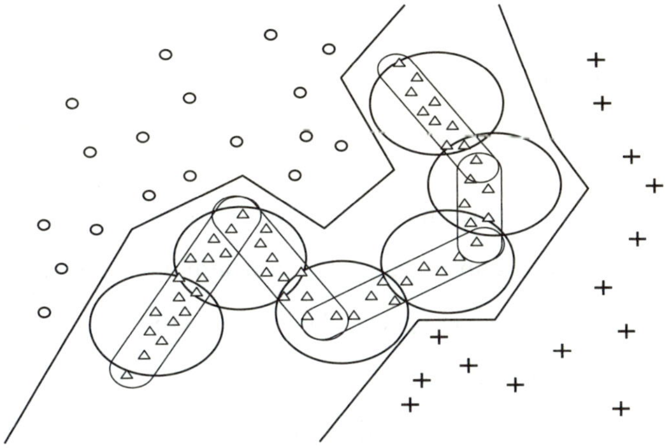

Fig.10. HSN chains based BPR in comparison with BP and RBF networks. The triangles represent samples to be recognized. The circles and crosses represent samples to be distinguished from triangles. Polygonal line denotes the classification boundaries of traditional BP networks. Big circle denotes radial basis function (RBF)networks. Hyper sausage.

One is the classical RBF nets as illustrated in Fig. 10, with its basis functions being isotropic in all the directions. As discussed at the beginning of this section, this type of RBF networks is infer to the HSN chains both in keeping topological connectivity and minimizing the total covering volume. Detailed mathematical analyses are made in [15] on two particular distributions, which have shown that the generalization ability of HSN is better than RBF networks for elongated distributions and for a small size of samples. Another type of RBF nets consists of elliptic basis functions, which can be implemented with the EM algorithm [16] for maximum likelihood learning. These elliptic RBF nets are also designed for elongated distributions of samples. However, there are still differences. First, whether a sample belongs to a HSN unit has a clear answer, i.e., 'yes' when the sample falls inside the volume but 'no' when the sample falls outside the volume. In a contrast, there is no a clear answer to whether a sample belongs to an elliptic

RBF unit. Any sample actually belongs to every elliptic RBF unit with a probabilistic degree. So, a HSN chain based BPR has a higher rejection rate and a lower error rate while an elliptic RBF networks has a lower rejection rate but a higher error rate. In other words, a HSN chain based BPR is more conservative on those confusion samples and has a more compact representation. Thus, we can expect that a HSN based BPR outperforms an elliptic RBF networks in generalization ability, especially in the case of high-dimensional samples of a finite size. The last but not least difference is that HSN chains are determined from geometrical learning perspective, as introduced below.

3.2. Geometrical learning of HSN chain

Now, the task of geometrical learning is to cover a given sample set by a chain of hyper sausage units with a minimum sum of volumes via determining the end points of each line segment and the radius of each hyper-sphere. As introduced in Section 2.2, the main idea is similar to finding the center and radius of the outer hyper-sphere via successive projections from a higher dimension space to a lower dimension space in help of descriptive high-dimensional geometry.

To simplify implementation, the HSN shape (in dashed line)in Fig. 9 is approximated by the shape (in solid line)that can be computed by the following characteristic function:

$$f_{\mathrm{HSN}}(X)=\operatorname{sgn}\left(2^{-\frac{d^2\left(X,\overline{X_1X_2}\right)}{r^2}}-0.5\right), \tag{3.1}$$

which contains a radius parameter r and the distance between X and the line segment $\overline{X_1X_2}$ as follows:

$$\begin{aligned} & d^2\left(X,\overline{X_1X_2}\right) \\ & =\begin{cases} \|X-X_1\|^2, q(X,X_1X_2)<0 \\ \|X-X_1\|^2, q(X,X_1X_2)>\|X_1-X_2\| \\ \|X-X_1\|^2-q^2(X,X_1X_2), otherwise. \end{cases} \end{aligned} \tag{3.2}$$

$$q(X,X_1,X_2)=(X-X_1)\frac{(X_1-X_2)}{\|X_1-X_2\|}. \tag{3.3}$$

Given a ordered set of samples $P=\{x_i\}_{i=1}^{n}$. The set is sampled in a certain order, which obeys the rule that the mid sample is more like the anterior sample than the latter one. This assures that the set of the samples is a continuously mutative chain. We select a parameter D, the distance between the two contiguous selected samples in S. This parameter determines the total of the HSN neurons. From P we choose a set $S\{s_i|\ d(s_{i+1},s_i)\approx D, 1\leqslant i<m\}$ of n_1 sample support points as the sausage parameters $\{X_{j1},X_{j2}\}_{j=1}^{n_1}$ defined by (3)such that all the HSN units become overlapped, in help of the following algorithm:

Let S denote the filtered set that contains the samples which determine the network and X denote the original set that contains all the samples sampled in the order.

Begin

(1) Put the first sample into the result set S and let it be the fiducial sample s_b, and the distances between the others and it will be compared. Set $S=\{s_b\}, s_{\max}=s_b$ and $d_{\max}=0$.

(2) If no sample in the original set X, stop filtering. Otherwise, check the next sample in X, then compute its distance to s_b, i.e., $d=\|s-s_b\|$.

(3) If $d>d_{\max}$, go to step 6. Otherwise continue to step 4.

(4) If $d<\varepsilon_1$, set $s_{\max}=s, d_{\max}=d$, go to step 2. Otherwise continue to step 5 .

(5) Put s into the result set: $S=S\cup\{s\}$, and let $s_b=s, s_{\max}=s$, and $d_{\max}=d$. Then go to step 2.

(6) If $d_{\max}-d>\varepsilon_2$, go to step 2. Otherwise put $s_{\max}$ into the result set: $S=S\cup\{s_{\max}\}$, and let $s_b=s_{\max}, d_{\max}=\|s-s_{\max}\|$, go to step 2 .

End

Fig. 11 demonstrates three typical cases in implementing the algorithm. Parameter d is increased incessantly in Fig. A. Fig. B shows that d has been decreased slightly before it is increased incessantly. In Fig. C, d is increased to a maximum before it decreases. Moreover, ε_1 is the filter interval, it determines the distance between the two contiguous samples in the filtered result sets, while ε_2 determines the tolerance when the distance drops.

There are two means. One is that if the distance of the next sample and the fiducial sample exceed ε_1, it will be selected into S and be the next fiducial sample. The other is that even if the distance of the next sample and the fiducial sample do not exceed ε_1, it will also be selected into S and be next fiducial sample if the distance in the sequence decrease to ε_2 and the sample is the inflexion. The above two points assure that the key samples which construct HSN have an appointed interval and could describe the trend of the sample sequence disencumbering light disturbances.

The above algorithm constructs the 1D topological framework of the HSN. The other key task is to determine r, the radius of the hyper-sphere moving along the framework. As before, we use S, a subset of X, to construct the framework. At the same time, we obtain another subset $T = X - S$. Considering a sample in T, we can compute the distance between each straight-line segment of the framework and it. The minimum distance is regarded as the distance between the sample and the framework, and we say that the sample is owned by the straight-line segment which is corresponding to the minimum distance.

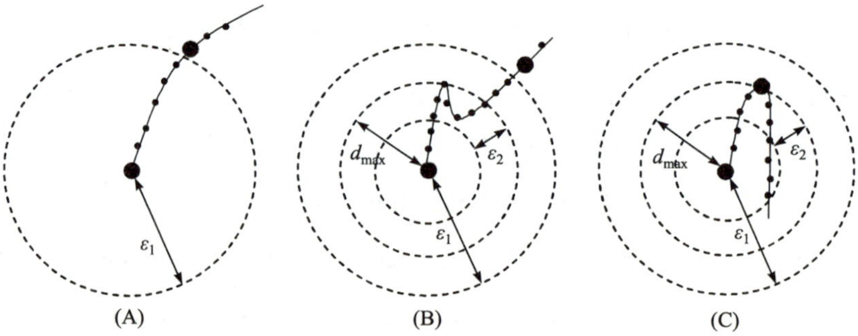

Fig.11. The three case of the algorithm.

Considering each straight-line segment, assuming that it own k samples, the k samples and the two extreme points X_iX_{i+1} of the segment construct a $k-1$ dimensional simplex. Our task is to find r to make that the hyper-sausage-like shape centering the X_iX_{i+1} with the radius r could compactly cover the simplex. Each sample T_j owned by X_iX_{i+1} and the two extreme points X_iX_{i+1} determine a 2D triangle $T_jX_iX_{i+1}$. We put the k triangles into a same 2 D plan by coinciding X_iX_{i+1} in each one, as shown in Fig. 12. We get m 2D plans because of the m straight-line segment. Next, we put the m plans into a same 2D plan by making each straight-line segment into a same line in the 2D plan, as shown in Fig 13. Thus, the distance from the sample in T and the framework of HSN can be described in the plan. Via the above two steps, all the samples are shown in a same 2D plan and the issue becomes a 2D problem. Thus we could use a statistical method to obtain r. Here we use a simple maximum likelihood method to resolve the issue.

From the Fig. 13 we get all the distances of the samples in T. We assume that the distribution of the distance d_T between the same class sample and the framework is the Gaussian distribution $G\left(u,\sigma^2\right)$.

$$p\left(d_T \middle| \left(u,\sigma^2\right)\right)=\frac{1}{\sqrt{2\pi}\sigma}\mathrm{e}^{-\left(d_T-u\right)^2/2\sigma^2}. \tag{3.4}$$

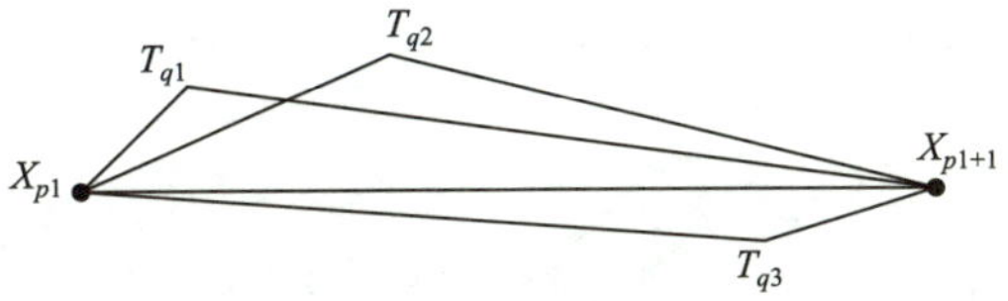

Fig.12. Put the samples owned by a straight-line segment into one 2D plan.

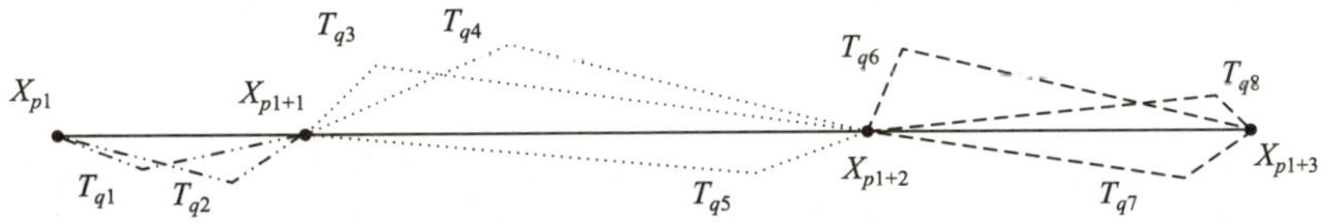

Fig.13. Put all the samples into one 2D plan.

With maximum likelihood method, we could obtain $\hat{u}$ and $\hat{\sigma}^2$, the maximum likelihood values of u and σ^2.

$$\begin{aligned}\hat{u}&=\frac{1}{N}\sum_{j=1}^{N}d_{Tj},\\ \hat{\sigma}^2&=\frac{1}{N}\sum_{j=1}^{N}\left(d_{Tj}-\hat{u}\right)^2,\end{aligned} \tag{3.5}$$

where N is the total number of the samples in X including S and T. So

$$p\left(d_T\right)=\frac{1}{\sqrt{2\pi}\hat{\sigma}}\mathrm{e}^{\left(d_T-\hat{u}\right)^2/2\hat{\sigma}^2}. \tag{3.6}$$

Then we could find a distance $d_{\lim}$ to let

$$P\left(d_T\right)\Big|_0^{d_{\lim}}=\int_0^{d_{\lim}}p\left(d_T\right)dd_T\geqslant 1-\varepsilon_{\mathrm{p}}, \tag{3.7}$$

where, ε_{p} is a small positive real number, e.g. one in a thousand. We use $d_{\lim}$ as r, the radius of the hyper-sphere moving along the framework.

4. Experiments

Experiments are made on that objects shown in Figs. 14 and 15 by the HSN chains based BPR in comparis on with three variants of the standard support vector machine (SVM)[2], namely, one-versus-rest SVMs [12], one-versus-one SVMs [12], and decision-tree-based multiclass SVMs [9], which are implemented by algorithms provided in the LibSVM [3].

Fig.14. Eight class set.

Fig.15. Six class set.

Eight objects shown in Fig. 14 consist of a lion, a rhinoceros, a tiger, a dog, a tank, a bus, a car, and a pumper. The first set of 3200 samples was generated by rotating each 3D object in the horizontal plane through 360° to obtain 400 samples per figure. The same sampling was repeated on the 3D objects in Fig. 14 to produce another set of 3200 samples. Then, the third set of 2400 samples was generated from the 6 figures shown in Fig. 15 (cat, pug, zebra, little lion, polar bear, and elephant). The training sets were chosen from the first sample set. By the above algorithm from original set X to filtered set S, we got the filtered training subsets from the first set to construct the HSNs. With different distances $(\varepsilon_1 = 398, 511, 572, 628, 653, 698)$ of every two adjoining samples, six training subsets were chosen, with338, 251,216,192, 182, and 169 samples, respectively.

Six groups of eight HSN chians were constructed based on these six training subsets. Also, the sets of SVMs for multiclass were constructed based on the same training sets for implementing one-versus-rest SVMs, one-versus-one SVMs, and decision-tree-based multiclass SVMs, respectively. Three degree polynomial kernel and radial basis function kernel were used for each of SVMs, which were trained by LIBSVM-2.35 library [3]. For three degree polynomial kernel, the training parameter is "$-s0-c1000-t1-g1-r1-d3-w17-w-11$", while for radial basis function kernel, the training parameter is "$-s0-c1000-t2-w17-w-11$", where the parameter "$-g$" represents the kernel width of 0.9242,0.6811,0.4756,0.2975,and 0.1405 respectively, and the best one in the five results was used. Thc dctailed definitions of all the parameters can be found in [3] and its relevant links.

All the 8800 samples in three sample sets were used for testing. In all tests, the sizes of the network trained by SVM are almost seven times larger the counterparts of the HSN chains. The results are summarized as follows:

(1) For the decision-tree-based multiclass SVMs and one-versus-one SVMs with either a three degree polynomial kernel or a radial basis function kernel, and also for the one-versus-rest SVMs with a three degree polynomial kernel, the correct recognition rate is 100% on the 6400 samples from the objects used in training, while the error recognition rate is also 100% on the 2400 samples from objects without involving training.

(2) The results by the HSN chains based BPR and the one-versus-rest SVMs with radial basis function are summarized in Table 3. When training with the 338 sample set, the correct rate by RBF-SVM was 99.72%, while the BPR network achieved 99.87% and the remaining 0.13% samples were all rejected, with nothing recognized incorrectly. When the training set size was decreased to 169 samples, the RBF-SVM correct rate was 78.28%, while the BPR correct rate was 98.22%, only dropped by less than 1.7%.

(3) The error rate on the third sample sets by the polynomial kernel SVMs was 100% while the corresponding correct rates on the first and second sample sets were all 100%, which are simply not comparable with the results of BPR and RBF-SVMs and thus omitted in Table 3.

Table 3　The results of RBF-SVM and HSN Chains based BPR

Amount of training samples	RBF-SVM		HSN-BPR	
	SV	Correct rate(%)	HSN	Correct rate(%)
338	2598	99.72	338	99.87
251	1925	99.28	251	99.87
216	1646	94.56	216	99.41
192	1483	88.38	192	98.98
182	1378	80.95	182	98.22
169	1307	78.25	169	98.22

5. Conclusions

High-dimensional description geometry is suggested for solving learning tasks from a new geometrical perspective. Geometrical properties of high-dimensional structures underlying samples are learned via a sequence of projections from a higher dimension space to a lower dimension space, under the guidance of established properties and theorems in high-dimensional descriptive geometry. Specifically, hyper sausage units are proposed as basic geometrical units for representing pattern classes in biomimetic pattern recognition. Experiments are presented to show that the proposed approach outperforms three types of SVMs with either a three degree polynomial kernel or a radial basis function kernel, especially in the cases of high-dimensional samples of a finite size. However, what introduced here is still a preliminary effort on geometrical learning. We especially need a geometrical learning theory on a small size of samples for solving many open problems, e.g., what kind of shapes or configurations of the geometrical manifolds should be considered and how to determine appropriate volumes to cover a given set of samples compactly.

Acknowledgements

National Natural Science Foundation of China (No. 60135010) supported this work.

References

[1] S. Amari, H. Nagaoka, Methods of Information Geometry, AMS and Oxford University Press, Oxford, 2000.
[2] B. Boser, I. Guyon, V. Vapnik, A training algorithm for optimal margin classifiers, Fifth Annual Workshop on Computational Learning Theory, Pittsburgh ACM, 1992 [C], pp. 144-152.
[3] C.C. Chang, C.J. Lin, LIBSVM: a library for support vector machines, 2001, software http://www.csie.ntu.edu.tw/~cjlin/libsvm2

[4] I. Csiszar, G. Tusnady, Information geometry and alternating minimization procedures, Statist. Decisions (Suppl. 1)(1984)205-237.

[5] R.O. Duda, P.E. Hart, Pattern Classification and Scene Analysis, Wiley, New York, 1973.

[6] T. Fejes, G. Lagerungen, in: der Ebene, auf der Kugel und in Raum, second ed., Springer, Berlin, 1972.

[7] T.H. Hopp, C.P. Reeve, An algorithm for computing the minimum covering sphere in any dimension, Technical Report NISTIR 5831, National Institute of Standards and Technology, 1996.

[8] W.Y. Hsiang, On the sphere packing problem and the proof of Kepler's conjecture, Int. J. Math. 4 (5)(1993)739-831.

[9] S. Knerr, L. Personnaz, G. Dreyfus, Single-layer learning revisited: a stepwise procedure for building and training a neural network, in: F. Fogelman-Soulie, J. Herault (Eds.), Neurocomputing: Algorithms, Architectures and Applications, NATO ASI, Springer, Berlin, 1990.

[10] C.R. Rao, Information and accuracy attainable in estimation of statistical parameters, Bull. Cal. Math. Soc. 37 (1945)81-91.

[11] J.J. Sylvester, On Poncelot's approximate linear valuation of surd forms, Philos. Mag. Ser. 4 (20)(1860)203-222.

[12] V. Vapnik, Statistical Learning Theory, Wiley, New York, 1998.

[13] S.J. Wang, Bionic (topological)pattern recognition—A new model of pattern recognition theory and its applications, Acta Electron. Sinica 30 (10)(2002)1417-1420 (in Chinese).

[14] S.J. Wang, B.N. Wang, Analysis and theory of high-dimension space geometry for artificial neural networks, Acta Electron. Sinica 30 (1)(2002)1-4 (in Chinese).

[15] S.J. Wang, X.T. Zhao, Biomimetic pattern recognition theory and its applications, Chin. J. Electron. 13 (3)(2004)373-377.

[16] L. Xu, RBF Nets, mixture experts, and BayesianYing-Yang learning, Neurocomputing 19 (1-3) (1998)223-257.

[17] L. Xu, Advances on BYY harmony learning: information theoretic perspective, generalized projection geometry, and independent factor auto-determination, IEEE Trans. Neural Networks 15 (5)(2004)885-902.

A More Complex Neuron in Biomimetic Pattern Recognition*

Shoujue Wang, Jiangliang Lai[1]
Artificial Neural Networks Lab, Institute of Semiconductors.
Chinese Academy of Science.
P.O.Box 912, Beijing 100083, P.R.China
Email : [1]Ldstt@semi.ac.cn

Abstract

Biomimetic pattern recognition has been proposed for several years, but the discussion of its neuron was not very wide and deep. In this paper, we propose a new more complex neuron named ψ_3-neuron and give the application in the last part of the paper.

I. INTRODUCTION

Pattern recognition has been developed for tens years. Traditional pattern recognition, like BP, SVM [1], and so on, devoted the classification of samples and ignored the prior knowledge of relation of the samples. Biomimetic pattern recognition [2] shows a new viewpoint of "cognition" and has been used in a wide field.

In the published papers, biomimetic pattern recognition only used the hyper-sausage neuron. Though there are several topics referred a more complex neuron [3-5], they only gave a concept of multi-weight neuron and did not give the details.

In this paper, we describe the concept and function of the more complex multi-weight neuron, ψ_3 -neuron. Finally, the results of two typical experiments will be given to show the effect of Biomimentic Pattern Recognition with ψ_3 -neuron.

* 原载于：Proceedings of the 2005 International Conference on Neural Networks and Brain, 2005: 1487～1489.

II. BIOMIMETIC PATTERN RECOGNITION(BPR)

A. "distinction" and "cognition"

In traditional pattern recognition, the aim is to find the optimal classifications of different classes of samples. However, when the human being performs recognition, he puts particular emphasis on "cognition", and only considers "distinction" in very few cases [2]. Consider the above difference, a novel method that concentrates pattern recognition on "cognition", Biomimetic Pattern Recognition (BPR), was proposed in Ref. [2]. Here "Biomimetic" emphasizes that the view point of the function and mathematical model of pattern recognition is the concept of "Cognition", which is much closer to the function of human being.

B. Principle of Homology-Continuity

An important and essential focus of attention in BPR is the principle of homology-continuity (PHC):

In the feature space R^n , suppose that set A be a point set including all samples in class A. For if $x, y \in A$ and $\varepsilon > 0$ are given, there must be set B

$$B = \begin{Bmatrix} x_1, x_2, x_3 \cdots, x_l \mid x_1 = x, x_l = y, l \in N, \\ \rho(x_m, x_{m+1}) < \varepsilon, 1 \leqslant m \leqslant l+1 \end{Bmatrix} \subset A$$

The traditional pattern recognition takes it for basic that all useful information is included in the training set. It is to say there is not any prior knowledge of relation between the samples in the same class. But the real world doesn't like it.

The PHC shows a universal fact in the real world: if two samples belong to the same class, the difference between them must be gradually changed. So a gradual change sequence must exist between the two samples (the process of feature abstracting must be continuous mapping).

Base on the idea of cognition and the principle of homology-continuity. We can use a simple 2D figure to show the deference of the BPR and the traditional pattern recognition, as Fig.1. The triangles represent samples to be recognized. The circles and crosses represent samples to be distinguished from triangles. Polygonal line denotes the classification boundaries of traditional Back Propagation (BP)networks. Big circle denotes Radial-Basis Function (RBF)networks (which is the same as the template matching). The sausage-like shape represents "cognition" manner and PHC of BPR.

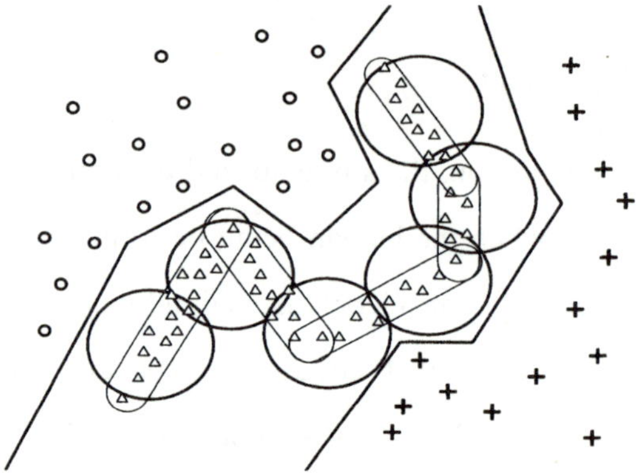

Fig.1　The schematic diagram of the difference of BP, RBF, and BPR.

III.　MORE COMPLEX NEURON IN BPR

In the early applications of BPR, a neuron called Hyper Sausage Neuron (HSN)is used. The function of HSN is [6]:

$$f_{\mathrm{HSN}}(\mathbf{x}) = \operatorname{sgn}\left(2^{\frac{d^2(\mathbf{x},\overline{\mathbf{x}_1\mathbf{x}_2})}{r_0^2}} - 0.5 \right)$$

Where,

$$d^2(\mathbf{x},\overline{\mathbf{x}_1\mathbf{x}_2}) = \begin{cases} \|\mathbf{x}-\mathbf{x}_1\|^2, & q(\mathbf{x},\mathbf{x}_1,\mathbf{x}_2)<0, \\ \|\mathbf{x}-\mathbf{x}_2\|^2, & q(\mathbf{x},\mathbf{x}_1,\mathbf{x}_2)>\|\mathbf{x}_2-\mathbf{x}_1\|, \\ \|\mathbf{x}-\mathbf{x}_1\|^2 - q^2(\mathbf{x},\mathbf{x}_1,\mathbf{x}_2), & \mathit{otherwise}, \end{cases}$$

$$q(\mathbf{x},\mathbf{x}_1,\mathbf{x}_2) = \left\langle \mathbf{x}-\mathbf{x}_1, \frac{\mathbf{x}_2-\mathbf{x}_1}{\|\mathbf{x}_2-\mathbf{x}_1\|} \right\rangle$$

Where $\mathbf{x}$ is the feature vector of a testing sample, and $\mathbf{x}_1$, $\mathbf{x}_2$ is the feature vectors of two training samples determining a line segment.

Though the HSN represents the continuity among the samples of the same class, the continuity denoted by HSN is too simple. In the real world, the continuity of the same class samples is more complex and the dimension of the continuity didn't limit to 1D. So the HSN didn't make too excellent results in some complex applications such as face recognition and voice recognition.

Here, we propose a more complex neuron named ψ_3-neuron than HSN, and it conduce to the recognitions in morc fields.

ψ_3-neuron is also a multi-weight neuron like HSN, but it has three weight vectors $\mathbf{x}_1, \mathbf{x}_2$ and $\mathbf{x}_3$. the function of ψ_3-neuron is:

$$f_{\psi_3}(\mathbf{x}) = \operatorname{sgn}\left(\psi_3\left(\mathbf{x}, \mathbf{x}_1, \mathbf{x}_2, \mathbf{x}_3\right)\right) = \operatorname{sgn}\left(2^{-\frac{d^2\left(\mathbf{x}, \overline{\mathbf{z}_1\mathbf{z}_2\mathbf{z}_3\mathbf{z}_4}\right)}{r_0^2}} - 0.5\right)$$

Where,

$$\left[\mathrm{z}_1, \mathrm{z}_2, \mathrm{u}\right] = \left[\mathbf{x}_{a1}, \mathbf{x}_{a2}, \mathbf{x}_{a3}\right], \left\|\mathbf{x}_{a1} - \mathbf{x}_{a2}\right\| = \max\left\|\mathbf{x}_i - \mathbf{x}_j\right\|, \quad i, j = 1,2,3 \quad a_3 \neq a_1, a_3 \neq a_2$$

$$\mathrm{z}_3 = \mathrm{u} - \left(\mathrm{z}_2 - \mathrm{z}_1\right) \cdot \left\langle \mathrm{u} - \mathrm{z}_1, \frac{\mathrm{z}_2 - \mathrm{z}_1}{\left\|\mathrm{z}_2 - \mathrm{z}_1\right\|} \right\rangle$$

$$\mathrm{z}_4 = \mathrm{z}_3 - \mathrm{z}_1 + \mathrm{z}_2$$

$$q_1 = \left\langle \mathrm{x} - \mathrm{z}_1, \frac{\mathrm{z}_2 - \mathrm{z}_1}{\left\|\mathrm{z}_2 - \mathrm{z}_1\right\|} \right\rangle$$

$$q_2 = \left\langle \mathrm{x} - \mathrm{z}_1, \frac{\mathrm{z}_3 - \mathrm{z}_1}{\left\|\mathrm{z}_3 - \mathrm{z}_1\right\|} \right\rangle$$

$$d^2\left(\mathrm{x}, \overline{\mathrm{z}_1\mathrm{z}_2\mathrm{z}_3\mathrm{z}_4}\right) = \begin{cases} \left\|\mathrm{x} - \mathrm{z}_1\right\| - q_1^2 - q_2^2, & 0 < q_1 < \left\|\mathrm{z}_2 - \mathrm{z}_1\right\|, \; 0 < q_2 < \left\|\mathrm{z}_3 - \mathrm{z}_1\right\| \\ \min\left(d^2\left(\mathrm{x}, \overline{\mathrm{z}_i\mathrm{z}_j}\right)\right), i \neq j, i, j = 1,2,3,4, & \textit{othewise} \end{cases}$$

ψ_3-neuron has obvious geometric signification. We know that $\mathbf{x}_1, \mathbf{x}_2$ and $\mathbf{x}_3$ determine a plane. In this plane, a rectangle could be determined by z_1, z_2, z_3 and z_4, where z_1 and z_2 are the two points with the maximum distance in the point set $A = \{\mathrm{x}_1, \mathrm{x}_2, \mathrm{x}_3\}$. And the line $\mathrm{z}_3\mathrm{z}_4$ via the rest point int *A*. The rectangle is the kernel of ψ_3-neuron, and if the distance between a sample and the kernel less than the parameter ε, the sample will be regard as the same class object as *A*.

Sometimes, the ψ_3-neurons are independent. It means that the each point in the set *A* of every neuron is different from other neurons.

In the other cases, the key point of every neuron isn't different to the others completely. For example, the key point set of neuron 1 is $A=\{\mathbf{x}_1,\mathbf{x}_2,\mathbf{x}_3\}$, and the set of neuron 2 is $B=\{\mathbf{x}_2,\mathbf{x}_3,\mathbf{x}_4\}$. We could find that $\mathbf{x}_2,\mathbf{x}_3$ are not only belong to neuron 1 but also belong to neuron 2 , so the neuron 1 and 2 are conjoint like Fig.2.

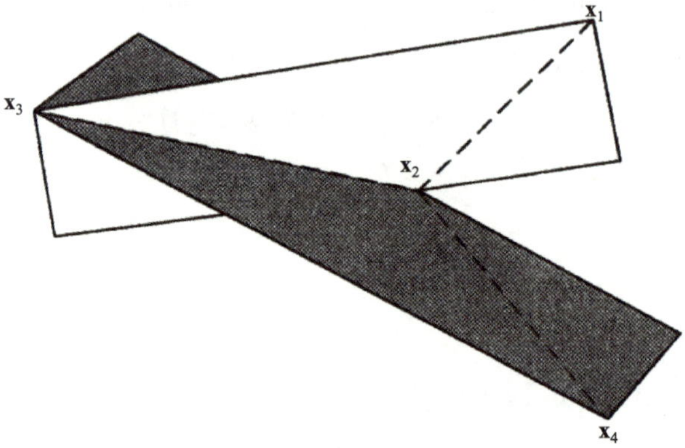

Fig.2. The schematic diagram of two conjoint neuron kernels

If all neurons are conjoint, the neurons could construct a complex shape which describes a class's distribution. Especially, each local part of the shape is 2D.

Whether the n neurons are independent or conjoint, the network could be described as:

$$Y=\min\left(f_{i\psi_3}(\mathbf{x})\right)_{i=1}^{n}$$

IV. EXPERIMENTS

A. Multi-camera human-face recognition

The real multi-camera system has three cameras, so three samples could be collected each time. The three samples could determine a ψ_3 -neuron. Because the samples of each sampling aren't overlap, the ψ_3 -neurons are independent.

5 people attend the experiment, and each people is sampled 5 times with the three camera. So each people has 5 ψ_3 -neurons. Then the 5 people self-test 25 times to examine the false reject rate, and test the others 100 times to examine the false accept rate.

The results are shown in Table Ⅰ.

TABLE Ⅰ THE RESULT OF THE HUMAN-FACING RECOGNITION

r_0^2	correct accept rate	false accept rate	false reject rate
350	20/25=80%	0	5/25=20%
375	22/25=88%	0	3/25=12%
400	24/25=96%	0	1/25=4%
425	24/25=96%	1%	1/25=4%
450	24/25=96%	4%	1/25=4%
475	24/25=96%	7%	1/25=4%
500	25/25=100%	12%	0
525	25/25=100%	21%	0

B. Speaker-independent speech recognition

The vocabulary includes 15 Chinese phrases. The people of training set A are 3 men and 3 women from different area, and each people read each phrases for 3 times. So each phrase has 18 samples, and training set A includes 270 samples. Training set B is made by 5 men and 5 women, so each phrase has 30 samples, and B includes 450 samples. Testing set consists of 697 samples from the people excluded by training set. Thereinto, 539 samples belong to the vocabulary that composes the testing set A to examine the false reject rate (FRR). And the others which aren't belong to the vocabulary compose the testing set B to test the false accept rate (FAR).

To compare, we use the HMM (Hide Markov Models) and DTW (Dynamic Time Warping) to recognition with the same samples. To get the best result, we set the parameter $N = 5$ and $M = 6$ in HMM [5]. The Clustering in DTM is K-means clustering. For impartiality, we set parameters of each method to make the false reject rate equal.

The results are shown in Table Ⅱ.

TABLE Ⅱ THE RESULTS OF SPEECH RECOGNITION

method	training set A (270 samples)			training set B (450 samples)		
	tesing set A		set B	tesing set A		set B
	FAR	FRR	FAR	FAR	FRR	FAR
BPR(ψ_3 neuron)	3.40%	5%	13.92%	1.48%	5%	13.29%
HMM	13.36%	5%	95.57%	2.60%	5%	89.24%
DTW	6.68%	5%	93.67%	4.3%	5%	78.48%

V. CONCLUSIONS

With the result of experiments, ψ_3 -neuron could get good effect in pattern recognition. In the comparison with the other theories or methods, the ψ_3 -neuron's behavior is better.

Though the ψ_3 -neuron has been applied in some issue successfully, there are several problem needed to be researched. Firstly, how do we adjust the parameters of the ψ_3 -neuron effectively, such as r_0 ? Secondly, if there is more complex neuron with better behavior than ψ_3 -neuron. The deeper researching about BPR and its neuron will be done recently.

REFERENCES

[1] V. Vapnik. *Statistical Learning Theory*. Wiley, New York, 1998.

[2] S. J. Wang, Biomimetic Pattern Recognition (in Chinese), *Acta Electronica Sinica*, Vol. 30 No.10, 1417-1420, Oct 2002.

[3] S. J. Wang, Y. F. Qu, W. J. Li and H. Qin, Face Recognition:Biomimetic Pattern Recognition vs. Traditional Pattern Recognition (in Chinese), *Acta Electronica Sinica*, Vol. 32 No.7, 1051-1067, Jul 2004.

[4] S. J. Wang, J. Xu, X. B. Wang and H. Qin, Multi-Camera Human-Face Personal Identification System Based on the Biomimetic Pattern Recognition (in Chinese), *Acta Electronica Sinica*, Vol. 31 No.1, 1-3, Jan 2003.

[5] H. Qin, S. J. Wang, Comparison of Biomimetic Pattern Recognition, HMM and DTW for Speaker-Independent Speech Recognition (in Chinese), *Acta Electronica Sinica*, Vol. 33 No.5, 957-960, Jan 2005.

[6] S. J. Wang and X. T. Zhao, Biomimetic Pattern Recognition Theory And Its Applications, *Chinese Journal of Electronics*, Vol. 13 No.3, 373-377, Jan 2004.

An Algorithm of Analysis Tools on Points Distribution in High Dimension Space: The Distance of a Point and an Infinite Sub-Space*

Wang Shoujue
Lab of Artificial Neural Networks, Inst. of Semiconductors. CAS, Beijing 100083, China
E-mail: wsjue@red.semi.ac.cn

Zhao Guliang
Lab of Artifical Neural Networks, Inst. of Semiconductors. CAS, Beijing 100083, China
E-mail: glzhao@red.semi.ac.cn

Abstract

This paper discusses the algorithm on the distance from a point and an infinite sub-space in high dimensional space. With the development of Information Geometry[1], the analysis tools of points distribution in high dimension space, as a measure of calculability, draw more attention of experts of pattern recognition. By the assistance of these tools, Geometrical properties of sets of samples in high-dimensional structures are studied, under guidance of the established properties and theorems in high-dimensional geometry.

Key words: Information Geometry Analysis, Analysis Tools of Points Distribution, High Dimensional Space

I. INTRODUCTION TO ANALYSIS TOOLS ON POINTS DISTRIBUTION IN HIGE DIMENSION SPACE

Information geometry is becoming more popular in pattern recognition and machine learning

* 原载于：Proceedings of the 2005 International Conference on Neural Networks and Brain, 2005: 1503～1506.

as a result of the recent development of theory of biomimetic pattern recognition [2]and the introduction of theory of High Dimensional Space[3]. The aim of information geometry is to investigate the parametric models or equations from a geometrical perspective. The theory of point covering in high dimensional space and its ability to distinguish between one class of samples and other unknowns, widely applied in many real world applications.

The samples are generally multi-dimensional in Statistical learning and pattern recognition. The dimensions of the sample are more than hundreds, thousands, or even more. The fitness of the perfection mathematic system based on probability density will encounter the “dimension curse” in high dimension space [4]. Actually, there will never have enough samples to support the computation using classical statistically methods. Furthermore, when the conditioning number of the coefficient matrix is big enough, the complexity of calculation will also arise. In other words, limited number of samples turn many modeling problems into ill-posed problems [4].

Taking the complexity of modeling into account, Vapnik forwarded the concept of Structure Risk Minimization, which is based on strict rational mathematical theories, instead of the empirical risk minimization. He forwarded the concept of an ‘optimal classification hypersurface’, and proposed the Support Vector Machines [5]. Being methods of traditional pattern recognition, the Support Vector Machines is also based on “matter classification”, which uses “optimal separating” as main principle. It is different from function of human “cognize”. In 2002, Wang shoujue[3][6][7]introduced a Hypersausage Neural Networks and provided a geometrical learning algorithm for specifying the hypersuasage shapes, basing on biomimetic pattern recognition.

The Analysis Tools On Points Distribution In High Dimension Space, as a measure of calculability in high dimension space, are effective and efficient measures. Calculating the distance from a point to a infinite sub-space in High Dimension Space is one of the fundamental algorithms in the tools. In this paper, The Algorithm And Program Implementation of it will be discussed, and it could help enhance the comprehension of researchers of the theory of information geometry.

The article can be divided into 4 parts: introduction of analysis tools on points distribution in high dimension space, the algorithms of calculating the distance from a point to a infinite sub-space in high dimension space, example of this algorithm, and finally the conclusion.

II. THE ALGORITHMS OF CALCULATING THE DISTANCE FORM A POINT TO A INFINITE SUB-SPACE IN HIGH DIMENSION SPACE

The meanings of symbols of the information geometry conception is critical in understanding the algorithms. Points as the originally elements of high dimension space, can be used to denote all the other concepts in high dimension space .For example, the basic infinite space of n-dimensions in high dimension space, which is called a hyperplane, could be spanned by $n+1$ points instead of $n-1$ dimension sub-space.

The hyperplane spanned by $n+1$ points ($x_1, x_2, \cdots, x_{n+1}$)could be denoted as: $\theta_{\overline{x_1 x_2 \cdots x_{n+1}}}$, the distance from a point A to $\theta_{\overline{x_1 x_2 \cdots x_{n+1}}}$ could be shown as: $\rho_{A\theta_{\overline{x_1 x_2 \cdots x_{n+1}}}}$, and the foot of a perpendicular of A to $\theta_{\overline{x_1 x_2 \cdots x_{n+1}}}$ could be denoted as: $\Pi_{A\theta_{\overline{x_1 x_2 \cdots x_{n+1}}}}$;

Distance is the most common used concept in the analysis of high dimension space. Since the calculation of distance between two sub-space are based on the calculation of the distance between a point and an infinite sub-space, it can be deemed as the key in point distribution analysis in high dimensional space.

The issue can be expressed as the followings:

There are $\theta_{\overline{BCD\cdots}}$ and A $\notin \theta_{\overline{BCD\cdots}}$, what is the distance of $\rho_{\overline{ABCD\cdots}}$;

It is a ill-posed problem when calculate the hyperplane $\theta_{\overline{BCD\cdots}}$'s analytical form with $n+1$ vectors $\mathrm{B, C, D}, \cdots$, which is a $n-1$ ranks matrix composed of $n+1$ equations. But as the following methods based on theories of geometry information, it is very compact to calculate $\rho_{\overline{ABCD\cdots}}$. set B as the origin, convert the problem to a new coordination where to calculate $\rho_{\overline{A'B'C'D'\cdots}}$, in which

$\mathrm{A'=A-B, B'=O'=B-B, C'=C-B, D'=D-B}, \cdots$

for the convenience of expression, under the following, the point P′ and the vector combine by P′ and B′: $\overline{B'P'}$ will not be distinguished, i.e. look P′ and $\overline{B'P'}$ as the same one. Then the distance of A′ and B′, and the foot of A′ on $\overline{B'P'}$ are:

$$\rho_{A'B'} = \sqrt{\sum_{i=1}^{n} (a_i')^2} = \sqrt{\left(\overrightarrow{A'}, \overrightarrow{A'}\right)}$$

$$\overrightarrow{\Pi}_{A'\overline{B'C'}}=\frac{\left(\overrightarrow{A'},\overrightarrow{C'}\right)}{\rho_{BC}^{2}}\overrightarrow{C'}$$

$$\text{Suppose } \overrightarrow{A_1}=\overrightarrow{A'}-\overrightarrow{\Pi}_{A'\overline{B'C'}}=\overrightarrow{A}-\frac{\left(\overrightarrow{A'},\overrightarrow{C'}\right)}{\rho_{BC}^{2}}\overrightarrow{C'}$$

The propose of this step is to take off the weight of B′ C′ from A′, as figure I shows.

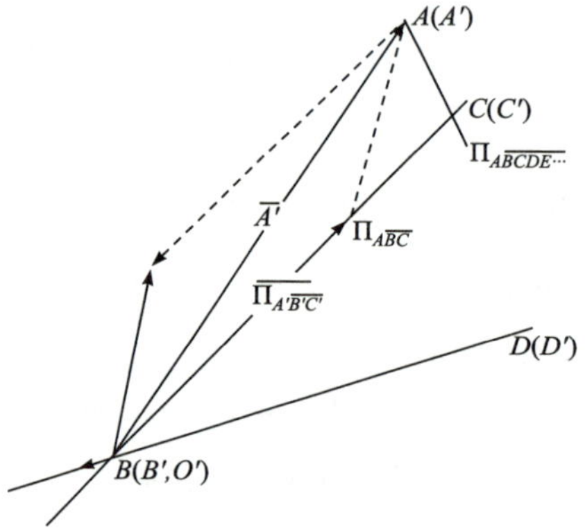

Fig.1. Subtract the weight of B′C′ from B′A′

Then as the same step of the former,

$$\overrightarrow{A_2}=\overrightarrow{A_1}-\overrightarrow{\Pi}_{A_1'\overline{B'D'}}=\overrightarrow{A_1}-\frac{\left(\overrightarrow{A_1},\overrightarrow{D'}\right)}{\rho_{BD}^{2}}\overrightarrow{D'}$$

$$\overrightarrow{A_3}=\overrightarrow{A_2}-\overrightarrow{\Pi}_{A_2'\overline{B'E'}}=\overrightarrow{A_2}-\frac{\left(\overrightarrow{A_1},\overrightarrow{E'}\right)}{\rho_{BE}^{2}}\overrightarrow{E'}$$

……

Since the n vectors composed by B and other n points as C, D, ···, are not perpendicularity to each other, one turn of iterative of the upper step maybe could not reach the precision demanded, while vector $\overrightarrow{BA'}$ s weights on the directions of the other vectors are decreased, so the iterative steps should going on until:

$$\rho_{B\Pi_{\overrightarrow{A}_{m-1}}\overline{BX}}\leqslant\varepsilon\sqrt{\left(\overrightarrow{A_m}\overrightarrow{A_m}\right)}$$

$$\text{At this time } \overrightarrow{A}_m=\overrightarrow{A}_{m-1}-\Pi_{\overrightarrow{A}_{m-1}\overline{BX}}$$

$$\text{And } \rho_{\overline{ABCD\cdots}}=\rho_{A'\overline{B'C'D'\cdots}}=\sqrt{\left(\overrightarrow{A}_m,\overrightarrow{A}_m\right)}=\|\overrightarrow{A}_m\|$$

$$\text{And } \Pi_{\overline{ABCD\cdots}}=\overrightarrow{A}-\overrightarrow{A}_m$$

The whole steps can be sketched as fig. 2:

If observing in the hyperplane composed by vectors of $\overrightarrow{BC}, \overrightarrow{BD}, \cdots$, as the axes separately, it could be found that the procedure to find the distance of A to the hyperplane is in fact that vector $\overline{\Pi_{A\overline{BCD\cdots}}A}$ subtract the weight on the axes one by one. Supposing there are only three points, B, C, D, to compose the hyperplane, the iterative procedures are like Fig. 3.:

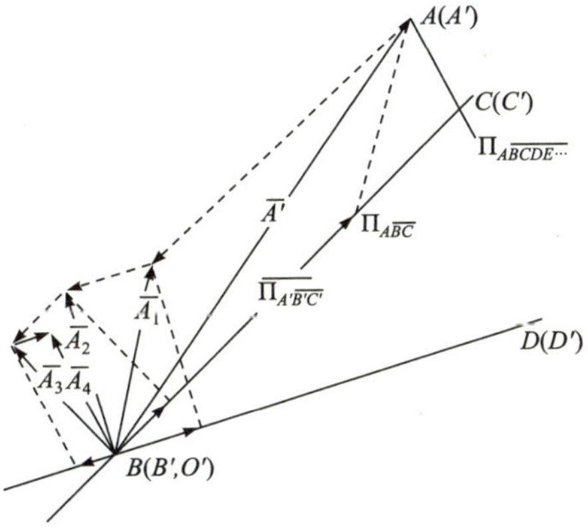

Fig.2. Sketch map on three dimensions of the calculation of point A and the hyperplane BCD···

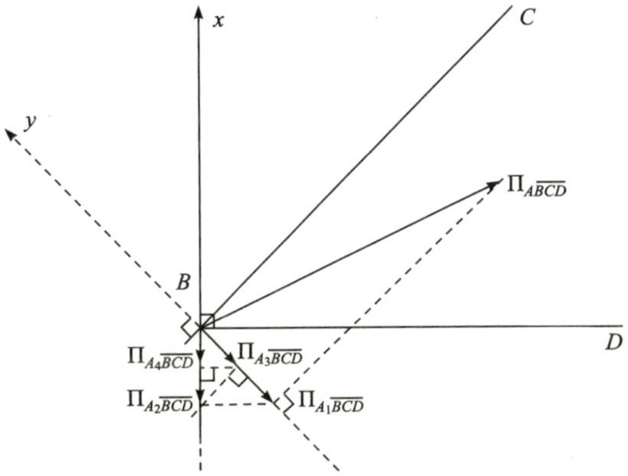

Fig.3. Sketch map on two dimensions of the calculation of point and the hyperplane.

The astringency of the algorithm could be briefly explained in this way: each projection of the iteration is a mapping from hypotenuse to right angle side of right-angled triangle, the module of the vector will decrease based on the theorem of right triangle's side length. On the other hand, the module of the vector is bounded to the distance of $\rho_{A\overline{BCD\cdots}}$. So the algorithm must be convergence.

Because of the axes are not perpendicular to each other, the speed of convergence are determined by the degree of axes correlation, in other words: the angle of the axes. To this reason, the algorithm could have a improvement: before using the axes to calculate, turning all the axes to orthogonal by the measure of orthogonalization firstly, then there only need one turn of iteration, the distance of A to the hyperplane and the foot of perpendicular could be found accurately.

The computation complexity of this algorithm could be estimated: the most common step of the algorithm is a vector subtract its projecting vector, which is the weight of itself on an axis. if the computation complexity of this procedure is counted as 1 , then the whole computation complexity could be calculated in this way: obviously, when using algorithm as Schimidt orthogonalization, the k-th vector need its former k−1 vectors to draw perpendicular line and miners weight of all the axes one by one , so the computation complexity of the orhtogonalization is :

$$0+1+2+3+\cdots+(n-1)=\sum_{i=1}^{n}(i-1)=\frac{1}{2}n(n-1)$$

And the computational complexity of the proceeding of iteration after the orthogonalization is n. so the total computational complexity of the algorithm is $\frac{1}{2}n(n+1)$ .The former algorithm's computational complexity will concern about the degree of axes correlation, and the coefficient of allowed difference ε, so each of these algorithms has his strong point, so the applications can adjust measures to local conditions.

III. EXAMPLE OF THIS ALGORITHM

With the combine of Information Geometry and the accuracy computation of algebra, the tools of point distribution analysis in high dimension space play base function in the research procedure. With the application of information geometry on pattern recognition and machine learning, an outstanding algorithm called biomimetic pattern recognition was developed, it is more effective and efficient than traditional pattern recognition. Biomimetic pattern recognition is a kind of method which using neural network to cover the complex geometry volumes in high dimensional space. The samples of same class in the feature space. could be seen as a manifold in high dimensional space, with the limitation of sampling, it is difficult to estimate the distribution in whole dimensions by using traditional statistical methods. So the analysis tools of high dimensional space could be used, and as a efficient measure help to build the cover of sample manifold.

The algorithm was written by MS VC 6.0. It is a dialog based program. The input file type of the program is "*.hdg" file, which is defined by the Lab of Artificial Neural Networks, Inst. of Semiconductors. CAS. The result of the analysis will be display in the form of stem. The analysis tools also could be used as a DLL file.

As a example of the application, a experiment of omni directional rigid body pattern recognition[6]was tested, with the competition of SVMs, the most common admitted method of pattern recognition, the result of the test is that, when in large sample (8 kinds of targets with total of 338 samples), the correct rate of biomimetic pattern recognition is 99.87% , the SVMs is 99.72% ; but when the total number of sample decreased to a relatively low level (8 kinds of targets with total of 169 samples), biomimetic pattern recognition show its unsurpassable advantages compared with SVMs, the correct rate of biomimetic pattern recognition is 98.22% , the SVMs is 78.28% ; the experiment based on ORL face database is also gain a approving result[8][9], other experiment can be found in[10][11]and so on.

IV. THE CONCLUSION

The function of the analysis tools of points distribution in high dimensional space is to calculate and compare the distance between the sample points in feature space. It is the key point of the analysis method of information geometry. The other algorithms in the analysis tools of points distribution in high dimensional space will be discussed in other papers in the future.

REFERENCES

[1] Wang Shoujue, Lai Jiangliang, "Geometrical Learning, Descriptive Geometry, and Biomimetic Pattern Recognition, "*Neurocomputing*, Volume 67, August 2005, Pages 9-28.

[2] Wang Shoujue, "Biomimetic Pattern Recognition (in Chinese), "*ACTA ELECTRONICA SINICA,* Vol.30, No.10, pp 1417-1420, Oct 2002.

[3] Wang Shoujue, Wang Bainan, "Analysis and Theory of High-Dimension Space Geometry for Artificial Neural Networks, " *ACTA ELECTRONICA SINICA*, Vol.30, No.1, pp 1-4., Jan 2002.

[4] Vladimir N. Vapnik, *Statistical Learning Theory*, John Wiley & Sons, Inc. 1998.

[5] Corinna Cortes and Vladimir Vapnik, "Support-vector networks, " *Machine Learning*, 20(3):273-297, 1995.

[6] Wang Shoujue, Zhao Xingtao, "Biomimitic Pattern Recognition Theory and Its Applications," *Chinese Journal of Electronics*, Vol.13, No.3, July 2004, pp56-60.

[7] Wang Shoujue, "A New Development on ANN in China-Biomimetic Pattern Recognition and Multi Weight

Vector Neurons, " *Lecture notes in artificial intelligence* 2639:35-43,2003.

[8] Wang Zhi-Hai; Mo Hua-Yi; Lu Hua-Xiang; Wang Shou-Jue "A method of biomimetic pattern recognition for face recognition," *Neural Networks*, 2003. Proceedings of the International Joint Conference on Volume 3, 20-24 July 2003 Page(s):2216 - 2221 vol. 3.

[9] Wang Shoujue, Xu Jian, Wang Xianbao, Qin Hong, "Multi-camera human-face personal identifications system based on the bionic pattern recognition," *ACTA ELECTRONICA SINICA*. 2003,31(1):1-3.

[10] Cao Wenming, Pan Xiaoxia, Wang Shoujue, "Continuous Speech Research Based On Two-Weight Neural Network," *Lecture Notes in Computer Science*. Springer-Verlag Springer-Verlag GmbH 2005 pp. 345-350.

[11] Cao Wenming, Hu Jianhui, Xiao Gang, Wang Shoujue, "Iris recognition algorithm based on point covering of high-dimensional space and neural network, " Machine Learning and Data Mining in Pattern Recognition 4th International Conference MLDM 2005.

A Novel Image Restoration Approach Based on Point Location in High-Dimensional Space Geometry*

WANG Shoujue, CAO Yu, HUANG Yi
Lab Neural Network, Institute of semiconductors of Chinese, Academy of Sciences, Beijing, 100083, China
E-mail: wsjue@red.semi.ac.cn

Abstract

The goal of image restoration is to restore the original clear image from the existing blurred image without distortion as possible. A novel approach based on point location in high-dimensional space geometry method is proposed, which is quite different from the thought ways of existing traditional image restoration approaches. It is based on the high-dimensional space geometry method, which derives from the fact of the Principle of Homology-Continuity (PHC). Begin with the original blurred image, we get two further blurred images. Through the regressive deducing curve fitted by these three images, the first iterative deblured image could be obtained. This iterative "blurring-debluring-blurring" process is performed till reach the deblured image. Experiments have proved the availability of the proposed approach and achieved not only common image restoration but also blind image restoration which represents the majority of real problems.

Key words: image restoration, high-dimensional space geometry, PHC, PSF

I. INTRODUCTION

Image restoration is an important branch in many image processing applications. It is often

* 原载于：Proceedings of the 2005 International Conference on Neural Networks and Brain, 2005: 301～305.

considered as one part of image pretreatment in many fields, such as restoration of astronomical images with speckle, remote sensing images, and medical imaging photos, etc. The goal of image restoration is to reconstruct the original clear image from the existing blurred image without distortion as possible. A good many reports have proposed their achievements on it, among which deconvolution[1]is the major method. In most situations of deconvolution methods, the blurred model is assumed to be known prior to the deconvolution procedure, including a variety of well known techniques such as inverse filtering, Wiener filtering, and other constrained adaptive restoration algorithm[1].

However, as we have all known, deconvolution approach couldn't solve its inherent aspects as follows:

A. ill-conditioned problem. A small perturbation of the given data produce large deviations in the resulting solution;

B. the solution may not be unique. Since only partial information about the imaging process is used to formulate an optimality criterion, many different estimates of the true image and point spread function (PSF)may lead to an optimal solution.

In many practical situations, the degradation model is often unknown or cannot be accurately modeled. That means we still face a great deal of difficulty in getting pre-knowledge from the existing blurred image to restore the true image.

In the past decade, with Neural Network research increasing into image processing, many approaches based on neural network occurred[2], such as modified Hopfield network[3], fuzzy-logic adaptive neural networks[4], etc. This list of approaches usually takes advantage of combining several theorems so that it could get good results in some extent. However, it lacks of theoretic guidance on choosing the optimized network and could hardly remain the smoothness and feature of the image.

In literatures [5], [6] and correlative reports[7,8,15], Academician Wang Shoujue provides high-dimensional space geometry method and theory. Based on this theory, we apply it into pattern recognition[9,10], including recognition of omnidirectionally oriented rigid objects[1], human-face personal identification[11,12], continuous speech research[13], etc., having obtained better results than traditional pattern recognition methods. This article provides a novel approach based on point location in high-dimensional space geometry method which is applicable to both common image restoration and blind image restoration[14]. Begin with the blurred image, we get two further blurred images. Through the regressive deducing curve fitted by these three images, the first iterative deblured image could be obtained. This iterative "blurring-debluring-blurring" process is performed till the deblured image can satisfy the requirement.

After problem formulation in section Ⅱ, we give the basic idea of high-dimensional space geometry method which derives from the fact of PHC [5] and the algorithm in section Ⅲ. The experiments and results will be given in section Ⅳ, which strongly proved the validity and practicability of the approach.

II PROBLEM FORMULATION

A. Degradation model

A universal degradation is illustrated as Fig. 1 as follows, in which $f(x,y)$ denotes a true image, $h(x,y)$ may be a linear shift-invariant blur, also known as the point spread function(PSF), $\eta(x,y)$ is additive noise, $g(x,y)$ represents the observed image or the called blurred image.

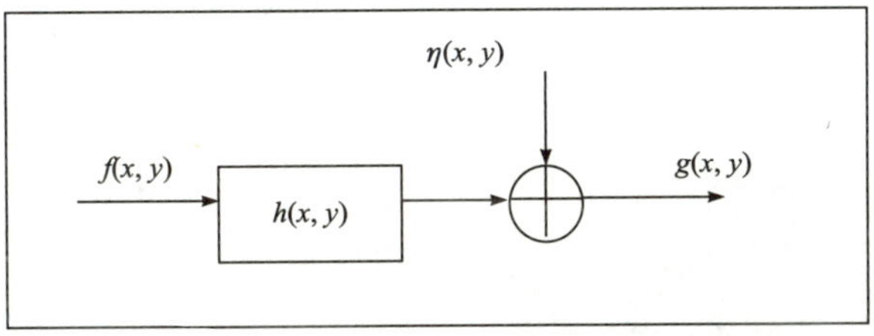

Fig.1 Scheme of universal degradation model

In our discussion and also real imaging restoration applications, we make following assumptions about the image system:

1) There is no additive noise present in the imaging system, that is:

$$g(x,y)=f(x,y)*h(x,y)$$

2) The true image $f(x,y)$ and PSF $h(x,y)$ have finite support.

B. Point Spread Function (PSF)

Although the causes of blurring might be complex and manifold, merely numerable types of point spread function could express the common blurred causes. There are three types of representative PSF as follows.

1) *linear motion blur PSF*

$$h(x,y)=\begin{cases}0 & y\neq 0 \quad -\infty\leqslant x\leqslant\infty\\ \dfrac{1}{2d} & y=0 \quad -d\leqslant x\leqslant d\end{cases}$$

This type of PSF expresses the blur caused by the motion of imaging system relative to the object at constant speed during the image capture process.

2) *Defocused lens blur PSF*

$$h(x,y)=\begin{cases}\dfrac{1}{\pi R^2} & x^2+y^2\leqslant R^2\\ 0 & \text{else}\end{cases},$$

Obviously, this type of PSF expresses the blur caused by defocused lens system with a circular aperture. The corresponding frequency zeros are concentric circles about the origin that are nearly periodic in R .

3) *Gauss blur PSF*

$$h(x,y)=\begin{cases}Ke^{-a\left(x^2+y^2\right)} & (x,y)\in C\\ 0 & \text{else}\end{cases},$$

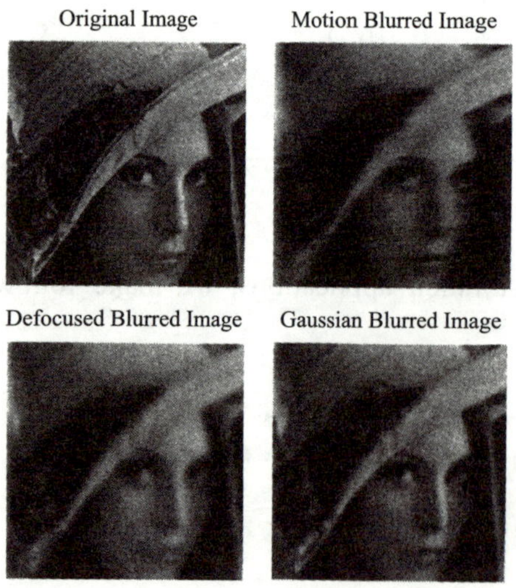

Fig. 2 Blurred images corresponding to different blurred models (PSF)

Where K is the unitary constant, a is a positive constant, C is a circular support of $h(x,y)$. This type of PSF expresses the most common blur caused by complicated reasons such as diffraction and scattered light distortion of imaging systems and optical measuring systems.

Figure 2 shows the original image and blurred images corresponding to different blurred causes.

In the following section Ⅳ , the experiment exactly on the image restoration with the type of defocused blur PSF is mainly discussed. We will show the process and results as well.

III IMAGE RESTORATION BASED ON HIGH-DIMENSIONAL SPACE GEOMETRY METHOD

A. Basic idea of high-dimensional space geometry method

High-dimensional space geometry method is primely set up with its application to pattern recognition. The basic idea of this theory is the Principle of Homology-Continuity (PHC). It is extracted from a rule of nature recognition:

If there exist two "homologous" within the same class but not completely equal objects in everything being recognized in the nature (including object, image, voice, language, condition, etc.), the difference between them is gradual or non-quantified, at least one gradual process must exist between them and the objects in this gradual changing process belong to the same class.

This rule is called the Principle of Homology-Continuity (PHC) of homologous and congeneric things. The principle could be simply expressed by the following. If $x,y \in A$ and $\varepsilon > 0$ are given, there exists set B:

$$B = \{\vec{x}_1 = \vec{x}, \vec{x}_2, \cdots, \vec{x}_{n-1}, \vec{x}_n = \vec{y} \mid d(\vec{x}_m, \vec{x}_{m+1}) < \varepsilon, \forall m \in [1, n-1], m \in N\} \subset A$$

Where A is defined as a point set including all samples in it, $d(\vec{x}_m, \vec{x}_{m+1})$ is defined as the distance between $\vec{x}_m$ and $\vec{x}_{m+1}$.

B. Image restoration based on point location in high-dimensional space geometry method

Based on high-dimensional space geometry method, the image restoration can be looked as a process of a series homologous point locating which are spreading in high-dimensional space. Within certain short distance, the change of neighboring points is gradual. The unknown point could be found by the information of known point and their intrinsic relation.

Begin with the point in high-dimensional space corresponding to the blurred image, we get two points corresponding to the further blurred images. As a matter of convenience and speediness, we get the two blurred images along the blurring trend. Based on the point movement in high-dimension space, through the regressive deducing curve fitted by these three points corresponding to the three blurred images, the deblured point corresponding to the deblured image could be obtained. This "blurring-debluring-blurring" process is performed iteratively till the deblured image can satisfy the requirement.

We can see intuitionally the primary idea of the approach from Fig. 3.

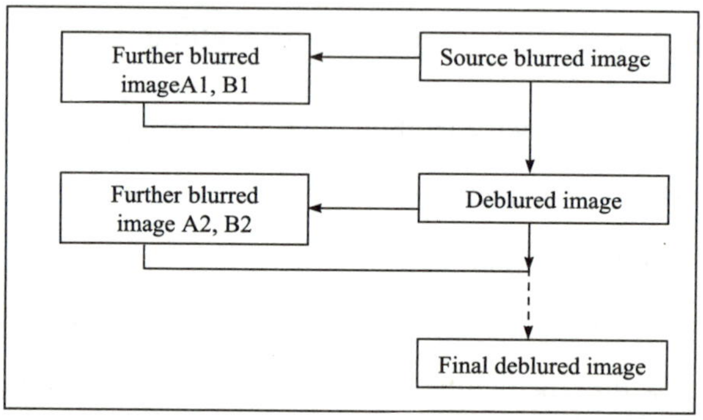

Fig.3 Scheme of the primary idea of the "blurring-debluring-blurring" restoring process

C. Algorithm

We define the blurred point (note here: according to the basic idea of the algorithm, an image corresponds to a point in high-dimensional space, therefore, we called "image" as "point" for the convenience of description)as S_i, the two further blurred image obtained from the blurring trend as A_i and B_i respectively, the deblured image as C_i, the actual image as C. Thus we get the following equation based on the given approach:

$$C_i=(1-k_{i1}-k_{i2})S_i+k_{i1}A_i+k_{i2}B_i$$
$$S_{i+1}=C_i$$
$$i=1,2,\cdots$$

Where k_{i1},k_{i2} are coefficients of further blurred point A_i and B_i respectively; i is the iterative number. According to the subsection B in the above, we get the A_i and B_i along the trend of assumed blurring trend with the information from the observational blurred image in convenience. That is, if we have observed the blur might be caused by the motion of imaging system relative to the object, we get the two blurred images by further motion blurring.

From the above expression, we can easily see the implied mathematical meaning. Note that the coefficient of S_i is $(1-k_{i1}-k_{i2})$. This constraint guarantees that the deblured point C_i should be in the plane determined by S_i, A_i and B_i. During each iteration, C_i is the least square solution to the current iterative equation. The solution is unique determined. That is to say, a couple of (A, B, S) affirmatively exists so as to make the frobenius

$$\|\delta\|_2^2 = \sum_{i=1} \delta_i^2 = \sum_{i=1} [S_i(x,y) - C]^2 = \min$$

In fact, there surely exists

$$\| S_1 - C\|^2 \geqslant \| S_2 - C\|^2 \geqslant \| S_3 - C\|^2 \geqslant \cdots \geqslant 0$$

Namely, this algorithm is convergent. With the ongoing iteration, the error will possibly reduce. Thus, the clear image will be achieved. Figure 4 embodies the convergence of this iterative algorithm.

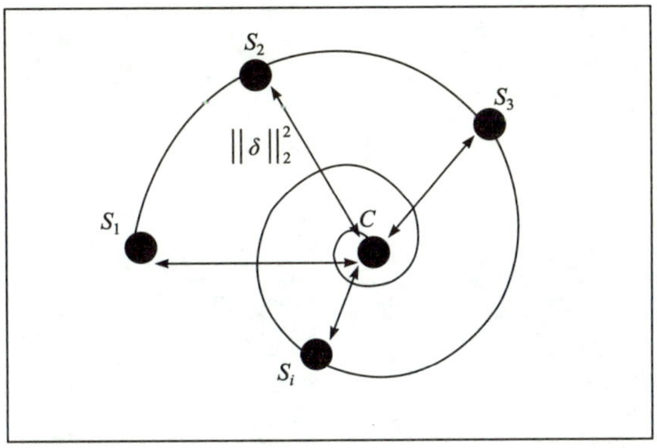

Fig.4 Scheme of the proposed iterative restoration algorithm

The algorithm procedure is described as following steps:

1) Definitions:

S_i, blurred image;

A_i, one further blurred image;

B_i, the other further blurred image;

C_i, the i th iterative clear image;

i, iteration number.

2) Initialization: S_1, source blurred image, $i=1$;

3) Choosing proper coefficients k_{i1}, k_{i2};

4) Obtaining the i th iteration of C_i from:

$$C_i = (1 - k_{i1} - k_{i2}) S_i + k_{i1} A_i + k_{i2} B_i$$

5) Replace S_{i+1} with C_i, return to step 3, let $i = i+1$;

6) Observing the output clear image, stop the procedure till the deblured image could satisfy the required vision effect.

IV EXPERIMENTS AND RESULTS

Experiments have proved the validity and practicability of this new method. One of experiment results are shown in below Fig.5.

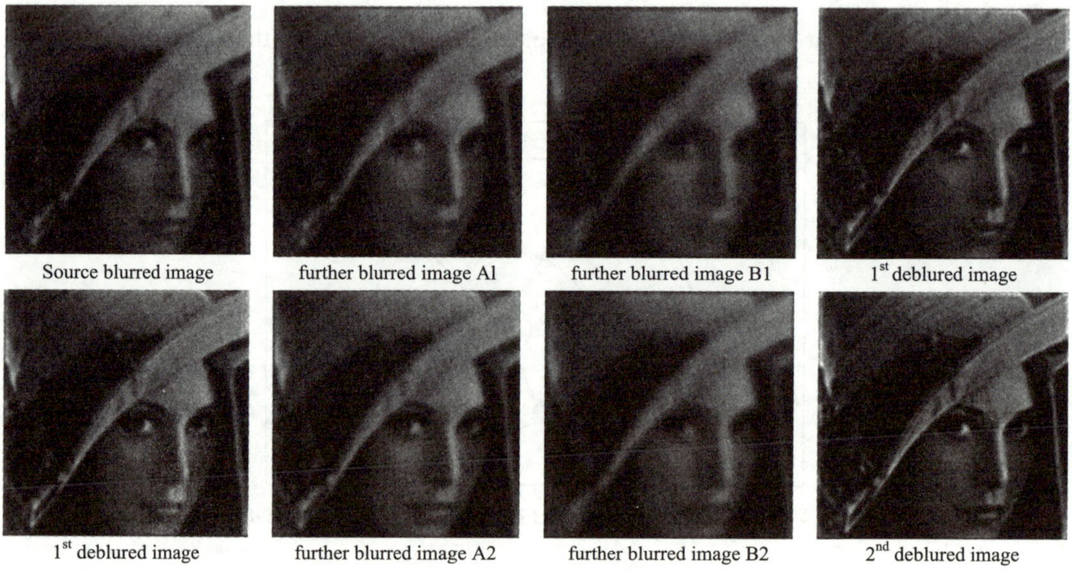

Fig.5 Scheme of the partial iterative restoration process of one experiment

The first row is the restoration from the original blurred image to deblured image of the first iteration. From the observed original image, we got the two further blurred images A_1, B_1 which were generated from the original blurred image by further defocused blurring. The second row was deduced by analogy. From this figure the iterative restoring process can be easily seen.

Another experiment result is presented here, which is from the author's defocused photo. The source blurred image and final clear image are shown directly as follows (Fig.6) :

Source blurred image　　Final deblured image

Fig.6 Scheme of the result of another experiment

V CONCLUSIONS

The given paper proposed a novel approach based on point location in high-dimensional space geometry method, which explores a completely new method to solve the problems in image pretreatment. Quite different from the thought ways of existing traditional image restoration approaches, it is based on the point location of high-dimensional space geometry method, which derives from the fact of the Principle of Homology-Continuity (PHC). Begin with the blurred image, we get two further blurred images. Through the regressive deducing curve fitted by these three images, the clearer image could be obtained. This iterative "blurring-debluring-blurring" process is performed till the deblured image can satisfy the visual requirement. This algorithm guarantees the solution to be convergent to the final clear image. Experimental results have proved the availability of the approach. Compared with deconvolution methods, this method avoids the ill-conditioned problem, while guarantees uniqueness and convergence of the solution.

In addition, this given approach is still worthy of further research, such as finding its potential and more detail comparisons from other methods through experiments, improve the algorithm and extend the method to more wider fields.

ACKNOWLEDGMENT

National Natural Science Foundation of China (NO.60474073) supported this work.

REFERENCES

[1] Zou Mouyan, Deconvolution and Signal Recovery (in Chinese). Beijing:National Defence Industry Press, 2001.

[2] Xu feng, Lu jiangang. Sun Youxian, "Applications of Neural Network to image processing" (in Chinese), Information and Control, Vol.32, No.4, pp.344-351, Aug 2003.

[3] Joon K p. "Image restoration using a modified Hopfield network", IEEE Transactions on Image Processing, 1992, 1(1):pp.49-63.

[4] Clarke L P, Qian W. "Fuzzy-logic adaptive neural networks for nuclear medicine image restoration". The 20th Annual International Conference on Engineering in Medicine and Biology Society. 1998, vol.3, pp: 1363-1366.

[5] WANG Shoujue, "Biomimetic Pattern Recognition" (in Chinese), Acta Electronica Sinica, Vol.30 No.10, pp. 1417-1420, Oct 2002.

[6] Wang Shoujue, "Biomimetics Pattern Recognition", Neural Networks Society (INNS, ENNS, JNNS)Newsletter, Vol.1, No.1, pp.3-5, Mar.2003.

[7] Wang Shoujue and Lai Jiangliang. “Geometrical learning, descriptive geometry, and biomimetic pattern recognition”, Neurocomputing, vol 67. n 1-4 SUPPL.,pp. 9-28, August,2005.

[8] Wang Shou-jue and Wang Bai-nan, “Analysis and Theory of High-Dimension Space Geometry for Artificial Neural Networks”, Acta Electronica Sinica Vol.30 No. 1 Jan. 2002.

[9] Wang Shou-jue, Chen Xu, “Biomimetic Pattem Recognition-A New Model of Pattem Recognition Theory and Its Applications”,Acta Electronica Sinica, Vo1.30, No. 10, Oct. 2002.

[10] Wang Shoujue and Zhao Xingtao, “Biomimetic Pattern Recognition Theory and Its Applications”, Chinese Journal of Electronics, Vol.13. No.3, July 2004.

[11] Wang Shoujue, XUJian, Wang Xianbao, Qin Hong, “Multi-camera Human-face Personal Identification System Based on the Biomimetic Pattern Recognition” (in Chinese), Acta Electronica Sinica, Vol.31, No.1. pp: 1-4, Jan 2003.

[12] Wang Shoujue, Qu Yanfeng. Li Weijun, Qin Hong, “Face Recognition: Biomimetic Pattern Recognition vs. Traditional Pattern recognition”. (in Chinese), Acta Electronica Sinica, Vol.32, No.7, pp 1057-1061, July.2004.

[13] Wenming Cao, Xiaoxia Pan, Shoujue Wang, “Continuous Speech Research Based on Two-Weight Neural Network”. Advances in Neural Networks—ISNN 2005: Second International Symposium on Neural Networks, LNCS 3497, pp. 345-350. 2005.

[14] Kundur. D and Hatzinakos. D. “Blind Image Deconvolution”. IEEE Signal Processing Magazine, Vol.13, Issue 3, pp.43-64, May 1996.

[15] Shoujue Wang, A New Development on ANN in China —Biomimetic Pattern Recognition and Multi Weight Vector Neurons, Rough Sets. Fuzzy Sets, Data Mining, and Granular Computing: 9th International Conference, RSFDGrC 2003, LNAI2639,pp.35-43, 2003.

Computational Information Geometry and its Applications*

Shoujue Wang
Artificial Neural Networks Lab, Institute of Semiconductors, Chinese Academy of Science, P.O.Box 912, Beijing 100083, P.R.China
E-mail: wsjue@red.semi.ac.cn

Abstract

Digitization is the main feature of modern Information Science. Conjoining the digits and the coordinates, the relation between Information Science and high-dimensional space is consanguineous, and the information issues are transformed to the geometry problems in some high-dimensional spaces. From this basic idea, we propose Computational Information Geometry (CIG) to make information analysis and processing. Two kinds of applications of CIG are given, which are blurred image restoration and pattern recognition. Experimental results are satisfying. And in this paper, how to combine with groups of simple operators in some 2D planes to implement the geometrical computations in high-dimensional space is also introduced. Lots of the algorithms have been realized using software.

I. THE RELATIONS BETWEEN INFORMATION SCIENCE AND POINTS DISTRIBUTION IN HIGH-DIMENSIONAL SPACE

Information Science is a rising and highly cross-disciplinary field, including computer science, cybernetics, bionics, systems engineering, and artificial intelligence and so on. For this

* 原载于：Proceedings of the 2005 International Conference on Neural Networks and Brain, 2005: PL-63～PL-69.

subject, information is the researched objects, and the rules and applications of information are the researched contents.

Today, computers are extremely fast and precise at executing sequences of instructions that have been formulated for them. However, humans are more efficient than computers at computationally complex tasks such as recognizing images, speech understanding. Moreover, not only humans, but even animals, can process visual information better than the most advanced computers. Therefore, we have to review our research in Information Science and reconsider this subject, especially for artificial intelligent.

Digitization is the important trait of the current Information Science. In computers, all information are stored and processed as numbers, such as an image, a song, a decision, a message and so on. Therefore, for Information Science, how to deal with these numbers is the main issue.

If each number is regarded as a coordinate value, a group of numbers could correspond to a vector in a high-dimensional vector space. Moreover, if we define a coordinate system, the group of numbers also could correspond to a point in the high-dimensional Euclidian space. Therefore the analysis of information is transformed to the study of the properties and relations of point sets in the high-dimensional space.

Considering the affinity of Information Science and points distributing analysis in the high-dimensional space, we proposed a new geometry theory—Computational Information Geometry (CIG), to analyze point sets in the high-dimensional space and resolve the digital information problem. The basis and the original ideas of CIG are high-dimensional geometry [1] and descriptive geometry [2]. The typical algorithms of CIG have been implemented using software, and we could use them to deal with the practical issues.

In the second part of this paper, we will introduce the main characteristics and instances of CIG. Then in the third part, we will give the basic ideas of two simple algorithms of CIG which have been implemented by software.

II. THE METHODS OF CIG ABOUT THE ANALYSIS OF POINT DISTRIBUTION IN HIGH-DIMENSIONAL SPACE

In general, CIG has two significations on different layers. One is regarding the information issues as the point analysis in high-dimensional space and researching the subjects via a geometrical viewpoint. The other meaning is describing the geometrical approaches to the problems with a standard mode, which could be implemented with computer software easily.

In this section, a summary of CIG will be introduced firstly. Then, two practical instances of CIG will be shown.

2.1 The Main Feature of the Computational Information Geometrical Methods

2.1.1 All subspaces of the high-dimensional whole space are described with points

Actually, modern Information Science does not only care about the discrete samples. In the most case, the relations and the distributions of the samples are more significant, such as the pattern recognition, density estimation and other filed in machine learning. Thus, via the geometrical view-point, not only the points but also the continuous subspaces have to be considered.

On the other hand, as we know, with the increase of the space dimensions, the distribution of points in the space becomes sparser and the description of the continuous subspaces becomes more difficult. In some large-dimensional space, we have to encounter the curse of dimensionality [3]. Therefore, we use the discrete points to describe the subspaces and simplify the complex continuous subspace.

Firstly, we agree with a common viewpoint regarding a point as zero-dimensional space or subspace because a point's degrees of freedom are zero, and it has no extensibility in any direction.

Secondly, an infinite subspace could be described with points. We know that if $n+1$ points aren't in a same ($n-1$)-dimensional space they could determine a n-dimensional space. We also could find $n+1$ points in any n-dimensional space and could ensure the points aren't in a same ($n-1$)-dimensional space. So we could describe any n-dimensional space with $n+1$ points which aren't in a same ($n-1$)-dimensional space.

Finally, a finite subspace could be described with points. To a finite convex subspace, we could use the convex hall of a points set to approximate as Fig.1. The approximation is good. In other words, to any small positive number ε, we always could find a finite points set's convex

Fig.1.　A finite convex subspace could be approximated by the convex hall of a point set

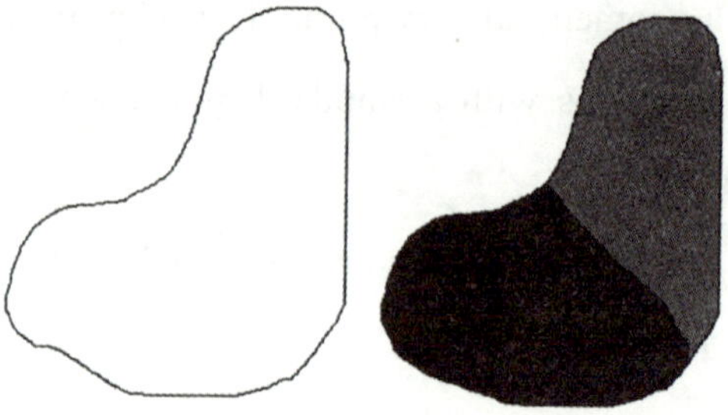

Fig.2.　A finite non-convex subspace could be approximated by a group of convex subspaces

hall to approximate the convex subspace and ensure that the absolute value of the error is smaller than ε .

To a finite non-convex subspace, on one hand, the subspace could be approximated by several convex ones; on the other hand, the non-convex part could be looked as the difference of the whole space and several convex ones. Either approach could get a good approximation that error less than any small positive number ε . Altogether, the non-convex subspace could be approximate by convex ones, so that it could be described with point sets.

The above subspaces indicate the Euclidean space. From the view point of the Differential Geometry, the local space of the hypersurface or manifold could be approximate as a finite Euclidean space, some nonlinear dimensionality reduction approach [4] [5] also based on it. Therefore, especially, the hypersurface or the manifold could be approximate with a group of finite Euclidean subspaces locally. Further, a non-Euclidean subspace could describe with point sets.

2.1.2　All computations are based on the combination of the basic simple operations in 2D planes

The aim of CIG is finding the geometry approach to solve the problems in Information Science. In high-dimensional space, some concepts only are the extend copies of those in the lower-dimensional space, like distances, relations between two objects, and so on. But the complexities of those computations don't linearly increase with the expanding of the dimensionality. Moreover, in the most cases, to directly compute the quantities is much difficult.

In the methods of CIG, we use a series of simple operators to implement the complex computation in the high-dimensional space. Each simple operator is a basic computation in a true or artificial 2D plane in the high-dimensional space.

As the demonstrations, two common computations in-high-dimensional space will be analysis to show how the simple 2D operators combine to the complex high-dimensional computation.

2.2 The Instances of the Computational Information Geometrical Methods

In this subsection, two classes of experiments are given. One is typical issue in digital image processing, blurred image restoration. The other is important field in machine learning, pattern recognition.

2.2.1 Blurred Image Restoration

Based on the above viewpoint, the image restoration can be looked as a process of a series of points locating which are spreading in high-dimensional space. Within certain short distance, the change of neighboring points is gradual. The unknown point could be found by the information of known point and their intrinsic relation.

Beginning with the point S in high-dimensional space corresponding to the blurred image, we get two points corresponding to the further blurred images A and B . As a matter of convenience and speediness, we get the two blurred images along the blurring trend. Through the regressive deducing curve fitted by these three points corresponding to the three blurred images (S, A, B), the deblured point corresponding to the deblured image could be obtained. If the deblured image isn't satisfying, we let it to be the next blurred image S , and repeat the above operation. This "blur-ring-debluring-blurring" process is performed iteratively till the deblured image can satisfy the requirement.

To obtain the deblured image C_i in current cycle, we get the following equation based on the given approach:

$$\begin{cases} C_i = (1 - k_{i1} - k_{i2}) S_i + k_{i1} A_i + k_{i2} B_i \\ S_{i+1} = C_i \end{cases} \qquad i = 1, 2, \cdots$$

Where k_{i1}, k_{i2} are coefficients of further blurred point A_i and B_i respectively; i is the iterative number. Because we get the A_i and B_i along the trend of assumed blurring trend with the information from the observational blurred image in convenience and if we have observed the blur might be caused by the motion of imaging system relative to the object, we get the two blurred images by further motion blurring.

From the above expression, we can easily see the implied mathematical meaning. Note that the coefficient of S_i is $(1-k_{i1}-k_{i2})$. This constraint guarantees that the deblured point C_i should be in the plane determined by S_i, A_i and B_i. During each iteration, C_i is the least square solution to the current iterative equation. The solution is unique determined. That is to say, a couple of (S, A, B) affirmatively exists so as to make:

$$\|\delta_{\min}\|^2 = \min\left\{\left(S_{i+1}(k_{i1},k_{i2})-C\right)^2,\quad k_{i1},k_{i2}\geqslant 0\right\}$$

Where, C is the original image. In fact, there surely exists

$$\|S_1-C\|^2 \geqslant \|S_2-C\|^2 \geqslant \|S_3-C\|^2 \geqslant \cdots \geqslant 0$$

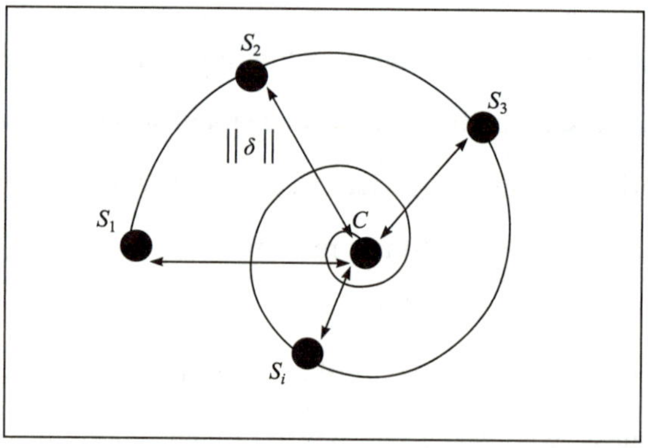

Fig.3. Scheme of the proposed iterative restoration algorithm

Namely, this algorithm is convergent. With the ongoing iteration, the error will possibly reduce. Thus, the clear image will be achieved. Fig. 3 embodies the convergence of this iterative algorithm.

Here are two notes should be noticed, one is that the curve may not be in a 2D plane, and the other is that the limit of the iteration S_∞ may not reach the original image C because of the different between the further blurring and original blurring. Therefore, at any rate, we could get more and more deblured images C_i than S.

Experiments have proved the validity and practicability of this new method. The experiment results are shown in below Fig.4.

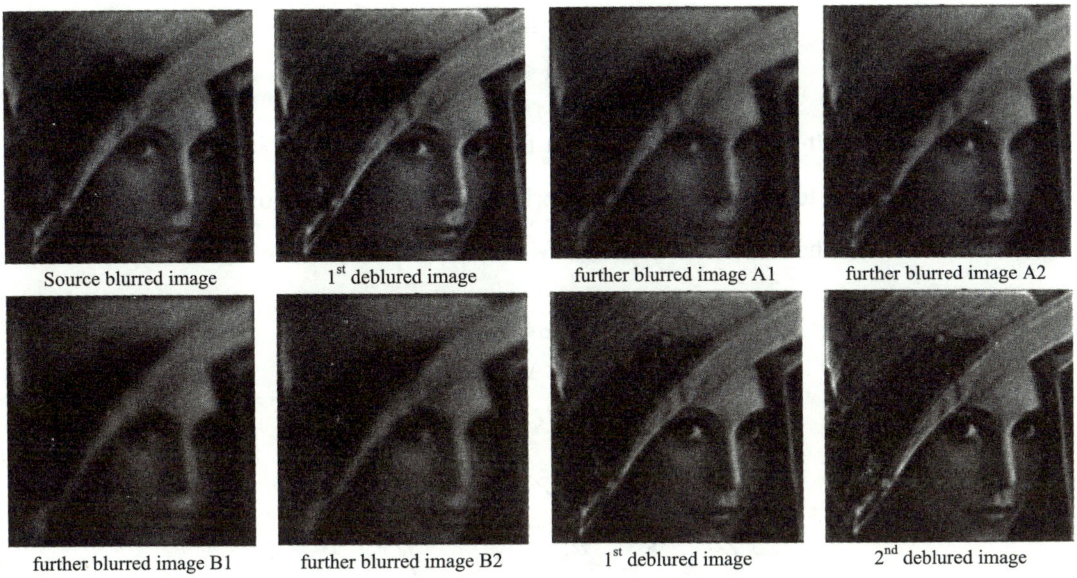

Fig.4. Scheme of the partial iterative restoration process of one experiment

The left row is the restoration from the original blurred image to deblured image of the first iteration. From the observed original image, we got the two further blurred images A_1, B_1 which were generated from the original blurred image by further defocused blurring. The right row was deduced by analogy. From Fig.4, the iterative restoring process can be easily seen.

2.2.2 Pattern recognition based on point covering of high-dimensional space, Biomimetic Pattern Recognition

In traditional pattern recognition, the aim is to find the optimal classifications of different classes of samples. However, when the human being performs recognition, he puts particular emphasis on "cognition", and only considers "distinction" in very few cases [6]. Consider the above difference, a novel method that concentrates pattern recognition on "cognition", Biomimetic Pattern Recognition (BPR), was proposed in Ref. [6]. Here "Biomimetic" emphasizes that the view point of the function and mathematical model of pattern recognition is the concept of "Cognition", which is much closer to the function of human being.

An important and essential focus of attention in BPR is the principle of homology-continuity (PHC):

In the feature space R^n, suppose that set A be a point set including all samples in class A. For if $x, y \in A$ and $\varepsilon > 0$ are given, there must be set B

$$B=\left\{\begin{matrix} x_1,x_2,x_3\cdots,x_l \mid x_1=x,x_l=y,l\in N, \\ \rho(x_m,x_{m+1})<\varepsilon,1\leqslant m\leqslant l+1 \end{matrix}\right\}\subset A$$

The traditional pattern recognition takes it for basic that all useful information is included in the training set. It is to say there is not any prior knowledge of relation between the samples in the same class. But the real world doesn't like it.

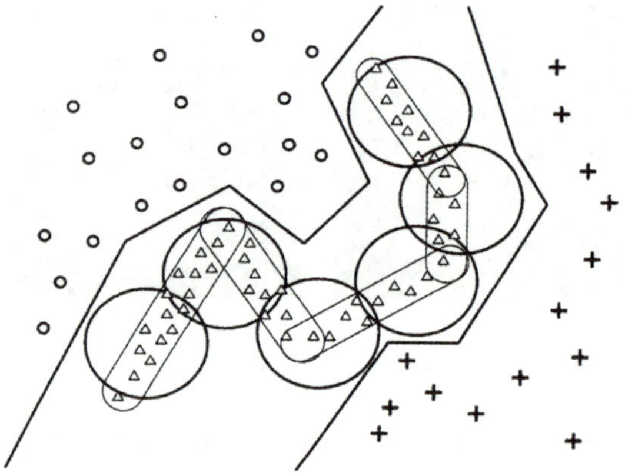

Fig.5. The schematic diagram of the difference of BP, RBF, and BPR.

The PHC shows a universal fact in the real world: if two samples belong to the same class, the difference between them must be gradually changed. So a gradual change sequence must exist between the two samples (the process of feature abstracting must be continuous mapping).

Base on the idea of cognition and the principle of homology-continuity. We can use a simple 2D figure to show the deference of the BPR and the traditional pattern recognition, as Fig.5. The triangles represent samples to be recognized. The circles and crosses represent samples to be distinguished from triangles. Polygonal line denotes the classification boundaries of traditional Back Propagation (BP) networks. Big circle denotes Radial-basis function (RBF)networks (which is the same as the template matching). The sausage-like shape represents "cognition" manner and PHC of BPR.

In our original experiment we use the simplest neuron named hyper-sausage [6], its function is:

$$f_{HSN}(\boldsymbol{x})=\operatorname{sgn}\left(2^{\frac{d^2(\boldsymbol{x},\overline{\boldsymbol{x}_1\boldsymbol{x}_2})}{r_0^2}}-0.5\right)$$

Where,

$$d^2\left(\boldsymbol{x},\overline{\boldsymbol{x}_1\boldsymbol{x}_2}\right)=$$

$$\begin{cases} \|\boldsymbol{x}-\boldsymbol{x}_1\|^2, & q(\boldsymbol{x},\boldsymbol{x}_1,\boldsymbol{x}_2)<0, \\ \|\boldsymbol{x}-\boldsymbol{x}_2\|^2, & q(\boldsymbol{x},\boldsymbol{x}_1,\boldsymbol{x}_2)>\|\boldsymbol{x}_2-\boldsymbol{x}_1\|, \\ \|\boldsymbol{x}-\boldsymbol{x}_1\|^2-q^2(\boldsymbol{x},\boldsymbol{x}_1,\boldsymbol{x}_2), & otherwise \end{cases},$$

$$q(\boldsymbol{x},\boldsymbol{x}_1,\boldsymbol{x}_2)=\left\langle \boldsymbol{x}-\boldsymbol{x}_1,\frac{\boldsymbol{x}_2-\boldsymbol{x}_1}{\|\boldsymbol{x}_2-\boldsymbol{x}_1\|}\right\rangle$$

The geometry signification of hyper-sausage neuron is the distance to a line segment. Using the hyper-sausage network (HSN), the first application of BPR is a recognition system of omnidirectionally oriented rigid objects on the horizontal surface [7].

Ignoring the disturbance, the distribution region of a certain class is topologically homeomorphical to a circle. So HSN networks are used to construct the covering sets of different classes. The SVM method [8] with RBF kernel is also used as control experiment. The samples for training and test are divided into three sample sets. The first one contains 3200 samples of 8 objects as Fig.6, while the second one contains another 3200 samples that are collected later from the same 8 objects. A third one comprise 2400 samples of another 6 objects as Fig.7, are used for the false acceptance test. The HSN networks are constructed according to the training samples, which are selected from the first sample set. Under the condition that no one sample in the first and second set is misclassified and no one in the third set is accepted falsely, the correct recognition rates of BPR and RBF-SVM with different training sets are shown in Table I. It can be seen that the results of BPR are much better than the results of SVM method, especially in the experiments with small sample set. This result is consonant with the results of theoretic analysis very well [9].

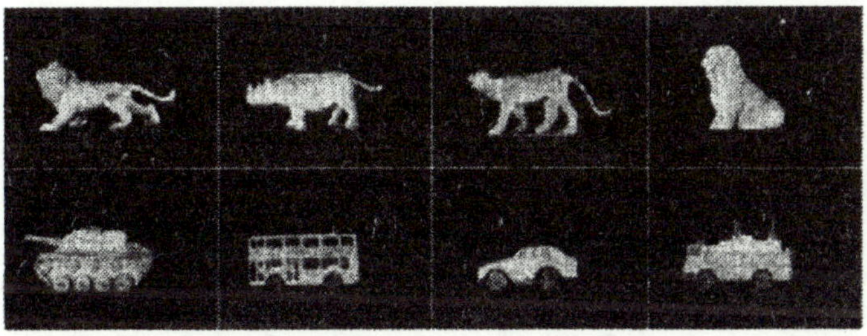

Fig.6. Eight trained class sets

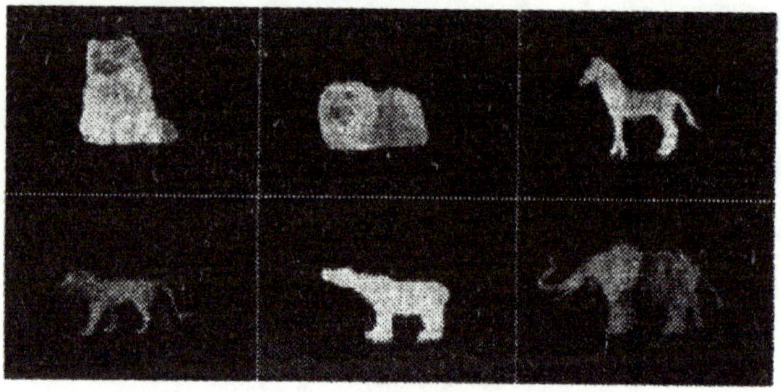

Fig.7.　Six “unknown” class set

TABLE I　THE RESULTS OF RBF-SVM AND BPR

Training Samples count	RBF-SVM		BPR	
	SV	correct rate	HSN	correct rate
338	2598	99.72%	338	99.87%
251	1925	99.28%	251	99.87%
216	1646	94.56%	216	99.41%
192	1483	88.38%	192	98.98%
182	1378	80.95%	182	98.22%
169	1307	78.28%	169	98.22%

Further, we use a more complex neuron named ψ_3 -neuron in more fields of pattern recognition. ψ_3 -neuron is also a multi-weight neuron [10] like HSN, but it has three weight vectors $\boldsymbol{x}_1, \boldsymbol{x}_2$ and $\mathbf{x}_3$. The function of ψ_3 -neuron is:

$$
\begin{aligned}
f_{\psi_3}(\boldsymbol{x}) &= \operatorname{sgn}\left(\psi_3\left(\boldsymbol{x}, \boldsymbol{x}_1, \boldsymbol{x}_2, \boldsymbol{x}_3\right)\right) \\
&= \operatorname{sgn}\left(2^{\frac{d^2\left(\boldsymbol{x}, \overline{z_1 z_2 z_3 z_4}\right)}{r_0^2}} - 0.5\right)
\end{aligned}
$$

Where,

$$
\left[z_1, z_2, \boldsymbol{u}\right] = \left[\boldsymbol{x}_{a_1}, \boldsymbol{x}_{a_2}, \boldsymbol{x}_{a_3}\right], \left\|\boldsymbol{x}_{a_1} - \boldsymbol{x}_{a_2}\right\| = \max\left\|\boldsymbol{x}_i - \boldsymbol{x}_j\right\|,
$$

$$
i, j = 1,2,3 \qquad a_3 \neq a_1, a_3 \neq a_2
$$

$$
z_3 = \boldsymbol{u} - \left(z_2 - z_1\right) \cdot \left\langle \boldsymbol{u} - z_1, \frac{z_2 - z_1}{\left\|z_2 - z_1\right\|} \right\rangle
$$

$$
z_4 = z_3 - z_1 + z_2
$$

$$
q_1 = \left\langle x - z_1, \frac{z_2 - z_1}{\left\|z_2 - z_1\right\|} \right\rangle
$$

$$q_2 = \left\langle x - z_1, \frac{z_3 - z_1}{\|z_3 - z_1\|} \right\rangle$$

$$d^2\left(x, \overline{z_1 z_2 z_3 z_4}\right)$$

$$= \begin{cases} \|x - z_1\| - q_1^2 - q_2^2, & 0<q_1<\|z_2 - z_1\|, \\ & 0<q_2<\|z_3 - z_1\| \\ \min\left(d^2\left(x, \overline{z_i z_j}\right)\right), i \neq j, i, j = 1,2,3,4, & otheWise \end{cases}$$

From the geometry viewpoint, the basic component of ψ_3-neuron is the distance to a 2D rectangle.

One experiment is multi-camera human-face recognition [11] [12]. In our multi-camera system, there have three cameras. So three samples could be collected each time. The three samples could determine a ψ_3-neuron. Because the samples of each sampling aren't overlap, the ψ_3-neurons are independent.

5 people attend the experiment, and each people was sampled 5 times with the three cameras. So each people has 5 ψ_3-neurons. Then the 5 people self-test 25 times to examine the false reject rate, and test the others 100 times to examine the false accept rate.

The results are shown in Table II.

TABLE II THE RESULT OF THE HUMAN-FACE RECOGNITION

r_0^2	correct accept rate	false accept rate	false reject rate
350	20/25=80%	0	5/25=20%
375	22/25=88%	0	3/25=12%
400	24/25=96%	0	1/25=4%
425	24/25=96%	1%	1/25=4%
450	24/25=96%	4%	1/25=4%
475	24/25=96%	7%	1/25=4%
500	25/25=100%	12%	0
525	25/25=100%	21%	0

Another practical case is speaker-independent speech recognition [13]. The vocabulary includes 15 Chinese phrases. The people of training set A are 3 men and 3 women from different area, and each people read each phrases for 3 times. So each phrase has 18 samples, and training set A includes 270 samples. Training set B is made by 5 men and 5 women, so each phrase has 30 samples, and B includes 450 samples. Testing set consists of 697 samples from the people excluded by training set. Thereinto, 539 samples belong to the vocabulary that composes the testing set A to examine the false reject rate (FRR). And the others which aren't belong to the vocabulary compose the testing set B to test the false accept rate (FAR).

To compare, we use the HMM (Hide Markov Models)and DTW (Dynamic Time Warping) to recognition with the same samples. To get the best result, we set the parameter $N=5$ and $M=6$ in HMM [13]. The Clustering in DTM is K-means clustering. For impartiality, we set parameters of each method to make the false reject rate equal.

The results are shown in Table III.

TABLE III THE RESULTS OF SPEECH RECOGNITION

method	training set A (270 samples)			training set B (450 samples)		
	tesing set A		set B	tesing set A		set B
	FAR	FRR	FAR	FAR	FRR	FAR
BPR φ_3 neuron	3.40%	5%	13.92%	1.48%	5%	13.29%
HMM	13.36%	5%	95.57%	2.60%	5%	89.24%
DTW	6.68%	5%	93.67%	4.3%	5%	78.48%

III THE EXPLANATION OF THE SOFTWARE IMPLEMENTATION OF COMPUTATIONAL INFORMATION GEOMETRY

The above section introduced the features and instances of the CIG. In this part, we explain the main ideas of two computational methods of CIG. These algorithms resolve two typical problems in high-dimensional space. One is the distance between a point and an infinite subspace. The other is the relative locations of a point and a n-simplex.

3.1 The algorithms of calculating the distance from a point to an infinite subspace in high dimension space

The issue can be expressed as the followings:

There are $\theta_{\overline{BCD\cdots}}$ and $A \notin \theta_{\overline{BCD\cdots}}$, what is the distance of $\rho_{\overline{ABCD\cdots}}$.

It is a ill-posed problem when calculate the hyperplane $\theta_{\overline{BCD\cdots}}$'s analytical form with $n+1$ vectors $B, C, D, \cdots$, which is a $n-1$ ranks matrix composed of $n+1$ equations.

But as the following methods based on theories of geometry information, it is very compact to calculate $\rho_{\overline{ABCD\cdots}}$. set B as the origin, convert the problem to a new coordination where to calculate $\rho_{\overline{A'B'C'D'\cdots}}$, in which $A' = A - B, B' = O' = B - B, C' = C - B, D' = D - B, \cdots$

For the convenience of expression, under the following, the point P' and the vector combine by P' and B': $\overrightarrow{B'P'}$ will not be distinguished, i.e.look P' and $\overrightarrow{B'P'}$ as the same one. Then the distance of A' and B', and the foot of A' on $\overrightarrow{B'P'}$ are:

$$\rho_{A'B'} = \sqrt{\sum_{i=1}^{n}\left(a_i'\right)^2} = \sqrt{\left(\overrightarrow{A'}, \overrightarrow{A'}\right)}$$

$$\vec{\Pi}_{\overline{A'B'C'}} = \frac{\left(\overrightarrow{A'}, \overrightarrow{C'}\right)}{\rho_{BC}^2}\overrightarrow{C'}$$

Suppose $\overrightarrow{A_1} = \overrightarrow{A'} - \vec{\Pi}_{\overline{A'B'C'}} = \vec{A} - \dfrac{\left(\overrightarrow{A'}, \overrightarrow{C'}\right)}{\rho_{BC}^2}\overrightarrow{C'}$

The objective of this step is to take off the weight of $B'C'$ from A', as Fig. 8 shows.

Then as the same step of the former,

$$\overrightarrow{A_2} = \overrightarrow{A_1} - \vec{\Pi}_{\overline{A_1B'D'}} = \overrightarrow{A_1} - \frac{\left(\overrightarrow{A_1}, \overrightarrow{D'}\right)}{\rho_{BD}^2}\overrightarrow{D'}$$

$$\overrightarrow{A_3} = \overrightarrow{A_2} - \vec{\Pi}_{\overline{A_2B'D'}} = \overrightarrow{A_2} - \frac{\left(\overrightarrow{A_2}, \overrightarrow{D'}\right)}{\rho_{BD}^2}\overrightarrow{D'}$$

……

Since the n vectors composed by B and other n points as $C, D, \cdots$, are not perpendicularity to each other, one turn of iterative of the upper step maybe could not reach the precision demanded, while vector $\overrightarrow{BA}$'s weights on the directions of the other vectors are decreased, so the iterative steps should going on until:

$$\rho_{B\Pi_{\overline{A_{m-1}BX}}} \leqslant \varepsilon \cdot \sqrt{\left(\overrightarrow{A_m}, \overrightarrow{A_m}\right)}$$

At this time $\vec{A}_m = \vec{A}_{m-1} - \Pi_{\overline{\vec{A}_{m-1}BX}}$

$$\text{And } \rho_{\overline{ABCD\cdots}} = \rho_{\overline{A'B'C'D'\cdots}} = \sqrt{(\overrightarrow{A_m}, \overrightarrow{A_m})} = \|\overrightarrow{A_m}\|$$

$$\text{And } \Pi_{\overline{ABCD\cdots}} = \vec{A} - \overrightarrow{A_m}$$

The whole steps can be sketched as Fig. 9.

If observing in the hyperplane composed by vectors of $\overrightarrow{BC}, \overrightarrow{BD}, \cdots$, as the axes separately, it could be found that the procedure to find the distance of A to the hyperplane is in fact that vector $\overrightarrow{\Pi_{\overline{ABCDE\cdots}} A}$ subtract the weight on the axes one by one.

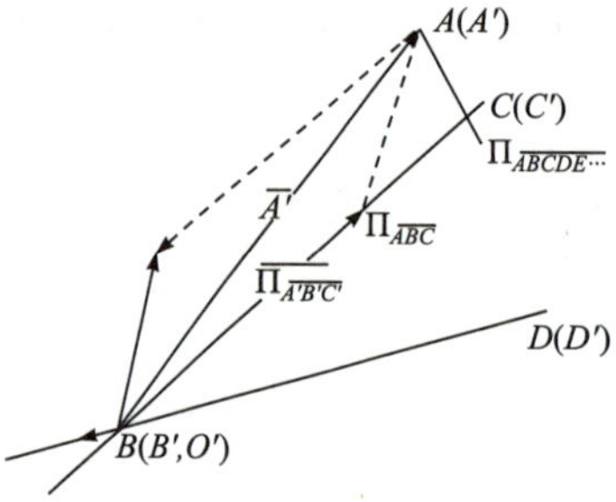

Fig.8.　Subtract the weight of B' C' from B' A'

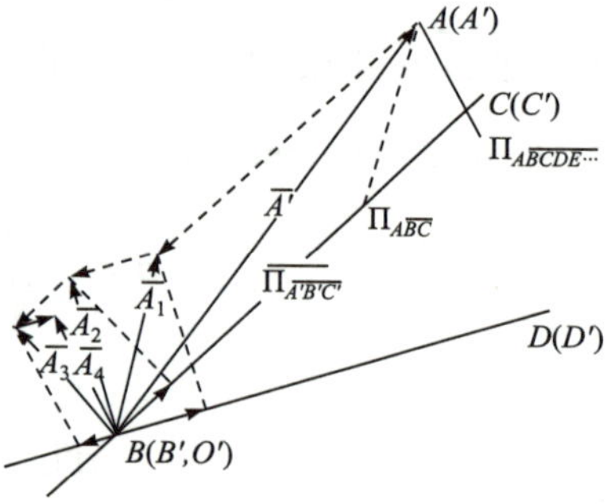

Fig.9.　Sketch map on three dimensions of the calculation of point A and the hyperplane BCD……

3.2　The algorithm to Identifying whether A point is inside a simplex or not

One of the most interesting problems in the application of CIG is the relationship between a point A and a k-simplex. Given points $V_0, V_1, \cdots, V_k$ in general position in $R_n (n \geqslant k)$, the simplex (plural: simplices) spanned by them is the set of all points in R_n of the form[14]:

$$\sum_{i=0}^{k} t_i V_i$$

where,

$$0 \leqslant t_i \leqslant 1 \text{ and } \sum_{i=0}^{k} t_i = 1$$

With the subspace topology, each of the points V_i is called a vertex of the simplex.

With the help of the analysis tools on point distribution in high dimension space of CIG, it is convenient to identify whether the point A and one of the vertices, V_0, of $< V_0, V_1, \cdots, V_k >$, is in the same side of the hyperplane or not, the hyperplane is spanned by $V_1, \cdots, V_k$.

With the combine of CIG and the accuracy computation of algebra, the tools of point distribution analysis in high dimension space play base function in the research procedure. With the application of CIG on pattern recognition and machine learning, an outstanding algorithm called BPR was developed; it is more effective and efficient than traditional pattern recognition. BPR is a kind of method which using neural network to cover the complex geometry volumes in high dimensional space. The samples of same class in the feature space could be seen as a manifold in high dimensional space, with the limitation of sampling, it is difficult to estimate the distribution in whole dimensions by using traditional statistical methods. So the analysis tools of high dimensional space could be used, and as an cfficient measure help to build the cover of sample manifold.

The algorithm was written by MS VC 6.0. It is a dialog based program. The input file type of the program is "*.hdg" file, which is defined by the Lab of Artificial Neural Networks, Inst. of Semiconductors. CAS.

REFERENCES

[1] S. J. Wang and B. N. Wang, "Analysis and Theory of High-Dimension Space Geometry for Artificial Neural Networks" (in Chinese), *Acta Electronica Sinica*, Vol. 30 No.1, pp. 1-4, Jan 2002.

[2] S. J. Wang and J. L. Lai, "Geometrical learning, descriptive geometry, and biomimetic pattern recognition", *Neurocomputing*, Vol. 67, pp. 9-28, August 2005.

[3] R. Bellman *Adaptive Control Processes: A Guided Tour*. Princeton University Press, 1961.

[4] S. T. Roweis and L. K. Saul, "Nonlinear dimensionality reduction by locally linear embedding", *Science*, Vol. 290, pp. 2323-2326, 2000.

[5] J. B. Tenenbaum, V. D. Silva, and J. C. Langford, "A global geometric framework for nonlinear dimensionality reduction", *Science*, Vol. 290, pp. 2319-2323, 2000.

[6] S. J. Wang, "Biomimetic Pattern Recognition" (in Chinese), *Acta Electronica Sinica*, Vol. 30 No.10, pp. 1417-1420, Oct 2002.

[7] S. J. Wang, "Biomimetics Pattern Recognition, Neural Networks Society" (*INNS, ENNS, JNNS*) *Newsletter*, Vol.1 No.1, pp. 3-5, March 2003.

[8] V. Vapnik. *Statistical Learning Theory*. Wiley, New York, 1998.

[9] S. J. Wang and X. T. Zhao, "Biomimetic Pattern Recognition Theory And Its Applications", *Chinese Journal of Electronics*, Vol. 13 No.3, pp. 373-377, Jan 2004.

[10] S. J. Wang, Z. Z. Li, X. D. Chen, B. N. Nan, "Discussion on the Basic Mathematical Models of Neurons in General Purpose Neurocomputer", (in Chinese), *Acta Electronica Sinica*, Vol. 29 No.5, pp. 577-580, May 2001.

[11] S. J. Wang, Y. F. Qu, W. J. Li and H. Qin, "Face Recognition: Biomimetic Pattern Recognition vs. Traditional Pattern Recognition" (in Chinese), *Acta Electronica Sinica*, Vol. 32 No.7, pp. 1051-1067, Jul 2004.

[12] S. J. Wang, J. Xu, X. B. Wang and H. Qin, “Multi-Camera Hu-man-Face Personal Identification System Based on the Biomimetic Pattern Recognition” (in Chinese), *Acta Electronica Sinica*, Vol. 31 No.1, pp. 1-3, Jan 2003.

[13] H. Qin, S. J. Wang, “Comparison of Biomimetic Pattern Recognition, HMM and DTW for Speaker-Independent Speech Recognition” (in Chinese), *Acta Electronica Sinica*, Vol. 33 No.5, pp. 957-960, Jan 2005.

[14] J. M. Lee, *Introduction to Topological Manifolds*, Springer-Verlag New York, 2000.

Research on Multi-Degree-of-Freedom Neurons with Weighted Graphs*

Shoujue Wang[1], Singsing Liu[1], Wenming Cao[2]
[1]Artificial Neural Networks Laboratory, Institute of Semiconductors, Chinese Academy of Sciences, P.O. Box 912, Beijing 100083, P.R. China
[2]Institute of Intelligent Information System, Information Engineering College, Zhejiang University of Technology, Hangzhou 310032, P.R. China
sstar2002@sina. com

Abstract

In this paper, we redefine the sample points set in the feature space from the point of view of weighted graph and propose a new covering model—Multi-Degree-of-Freedom Neurons (MDFN). Base on this model, we describe a geometric learning algorithm with 3-degree-of-freedom neurons. It identifies the sample points set's topological character in the feature space, which is different from the traditional "separation" method. Experiment results demonstrates the general superiority of this algorithm over the traditional PCA+NN algorithm in terms of efficiency and accuracy.

1 Introduction

The problem of Biomimetic Pattern Recognition (BPR)[1] can be loosely defined as finding an optimal compact covering of the same sample set. Traditional pattern recognition works on the premise that the whole feature space of samples is already known, and it separates one class to another by division. However, it is not coincident with the cognition of human [1] and the

* 原载于：Advances in Neural Networks, ISNN2006, Lecture Notes in Computer Science, 2006, 3971: 669～675.

feature space has to been redivided, when even adding one new class. In order to solve these problems, BPR was proposed and has been advanced and widely applied practically[3][5][8][6][7].

BPR is under the guidance of high-dimensional geometric informatics [9]. It "recognizes" one kind of samples by studying the sample points' district status in the feature space and then covering them with proper graphs. Since it's impossible to construct a perfect covering set to collect all the samples in one class, we try to find a union of many simple unites that is approximate to the perfect covering set, and the artificial neural network is appropriate choice to construct the covering set in BPR [2]. The DBF neuron [4], the hyper sausage neuron (HSN)etc. were proposed successively in the past few years. Compared to the hyper-plane, hyper-ball, and hyper-cone which were used in traditional pattern recognition, they are better graphs of covering, as what are depicted in Fig.1. However, they are still not good enough because they could not measure up the characters of feature space precisely—just like to cover a 3-dimensional ball with line segments .Since an n-dimensional object should better be covered with simplex of n-dimension ,which is constructed by $n+1$ affinely independent points in R^n higher-dimensional covering models should be studied .

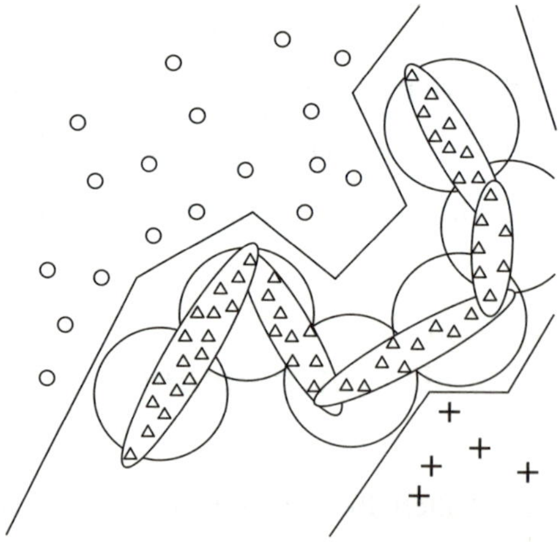

Fig.1. HSN chains based BPR in comparison with BP and RBF networks. The triangles represent samples to be recognized. The circles and crosses represent samples to be distinguished from triangles. Polygonal line denotes the classification bound- aries of traditional BP networks. Big circle denotes Radial basis function (RBF)networks. Only HSN chains keeps topological connectivity and minimizes the total covering volume. [9]

Here we propose a new covering model —Multi-Degree-of-Freedom Neurons (MDFN)from the point of view of weighted graph. In section 2, We recall some basic notions we shall use in the sequel and give out the definitions of some basic terms. Then we formalize our model. Base on this model, we present in section 3 the learning algorithm, taking 3-degree-of-freedom neurons as a example. Exper- iments of face recognition in 3-dimensional Euclidean space prove its efficiency in section 4, compared with the traditional PCA+NN algorithm, and in section 5 we conclude the paper giving hints on future work.

2 The Multi-Degree-of-Freedom Neurons

2.1 Preliminaries on Weighted Graph

First of all, let us recall some basic definitions on weighted graph, and most of them are familiar to us in graph theory [10]. So this subsection does no dwell on these definitions more than clarity requires: our main purpose is to relate these conceptions to the feature space.

Supposed that all of the sample points are in the feature space E^n after the process of feature extraction and regulation, and are affinely independent.

Definition 1 (Vertex). *All sample points compose sample points set* V *, and the elements of* V *are the* ***vertices*** *(or* ***nodes*** *,or* ***point*** *).*

Definition 2 (Edge). *The relationships between each pair of sample points in* V *compose edge set* E *, and the elements of* E *are the* ***edges*** *(or* ***lines*** *).The elements of* E *are 2- element subsets of* V *.*

Definition 3(Graph). *A* ***graph*** *is a pair of* $G=(V,E)$ *. The number of vertices of a graph* G *is its* ***order*** *,written as* $|G|$

Definition 4(Weight). *A weight is the correlative value of a edge .In feature space* E^n *the extent of space between two points shows the degree of these two points' difference. In this paper we define a* ***weight*** *(or* ***cost****)of the edge to be the Euclidean distance of two sample points which form this edge.*

Since the Euclidean distance is undirected, the graph in this paper refers to undirected graph.

Definition 5 (Subgraph). *If* $V' \subseteq V$ *and* $E' \subseteq E$ *, then* G' *is a* ***subgraph*** *of* G *(and* G *a* ***supergraph*** *of* G' *)*

Definition 6(Path). *A* ***path*** *(or* ***simple path*** *)is a non-empty graph* $P=(V,E)$ *of the form*

$$V=\{x_0,x_1,\cdots,x_k\},E=\{x_0x_1,x_1x_2,\cdots,x_{k-1}x_k\}$$

where the x_i *are all distinct .The vertices* x_0 *and* x_k *are linked by P and are called its* ***ends;*** *the vertices* $x_1,\cdots,x_{k-1}$ *are the* ***inner*** *vertices of* P *. The number of edges of a path is its* ***length*** *,and the path of* ***length*** *k is denoted by* P^k *.A path shows the process of evolvement from one sample points to another.*

Definition 7(Distance). *The distance* $d_G(x,y)$ *in* G *of two vertices* x,y *is the sum of weights of a shortest* $x-y$ *path in* G *; if no such path exists ,we set* $d(x,y):=\infty$ *. The shortest means that the the sum of weights in this path is the least one of all the paths from* x *to* y *.*

Definition 8(Complete). *If all the vertices of G are pairwise adjacent ,then G is* ***complete,*** *denoted* K^n *.A complete graph on n vertices is a d—simplex in* R^n *in fact ;a* K^3 *is called a triangle graph and a* K^4 *is called a tetrahedron graph.*

The advantages of describing feature space with graph theory is that, we need not consider the coordinate of sample points during the process of computing. but just the points themselves and the connections between each other.

2.2 The Definitions of Multi-Degree-of-Freedom Neurons

Given a class of sample points set V As we have known ,it is not veritable to measure the feature space by straight-line Euclidean distance, but the extent of space between two points does show the degree of these two points'difference comparatively .So ,sometimes it is necessary to set a neighbor threshold d_0 .If a pair of vertices' Euclidean distance d is smaller than d_0 , they are neighbors and form an edge ,whose wight is d . If d is larger than d_0 , they are too far to be neighbors and form no edges. In this way we get a kind of relationship between each sample points in V that is E .

Besides ,suppose θ is a constant scalar ,let

$$U=\{x|\ x\in O(x,G)<\theta\} \tag{1}$$

where U is the the **covering** of this class of samples which is actually a convex polyhedron covered with a θ—thick layer in R^n .

Our destination is to find out a weighted graph G made up of V and E and a covering U which shows the geometric characters of these samples and covers them properly. So we describe the Multi-Degree-of-Freedom Neuron (MDFN)in mathematical terms by writing the following threshold value functions:

$$f(x,\theta)=\begin{cases}1, x\in U\\0, x\notin U\end{cases}$$

where x is the input signal and $f(x,\theta)$ is the output due to the input signal. Here we do not consider the synaptic weights of the neuron .The input signal x can be arbitrary vector in R^n. If x is inside the hyper-surface U, then the neuron is activated and Teturns outpat signal 1; vice versa, The neuron's degree of freedom is measured by the order of K. If K's order is r—1, it is a r-degree-of- freedom neuron (r-DFN).

Several straightforward conclusions immediately come out.

Corollary 1. *A 0-DFN is a RBF neuron.*

Corollary 2. *A 1-DFN is a hyper sausage neuron.*

Corollary 3. *A 2-DFN is a* ψ_3*-neuron.*

3 Geometrical Learning Algorithm

Suppose we've got a $(r-1)$ -DFN ,it's easy to deduce a r-DFN with the method as follows. So we take an example of geometrical learning algorithm with 3-DFN.

Suppose V is one class of sample points set .v_1, v_2,…,$v_{|G|}\in V$and they are affinely independent. Also, distances between each pair of vertices are already known ,so that we get the edges set E according to a presettable neighbor threshold d_0 . Thus we get a weighted graph $G=(V,E)$.

Step 1.Find out two vertices v_1 and v_2 , which form the edge v_1v_2 with the least weight w_{12} . Calculate out the least distance $d_G(v_1,v_2)$ with all P^2 , and record the inner vertex as v_3 . Now we get a triangle graph $K^3_{\{1,2,3\}}$ constructed by v_1,v_2 and v_3 . In order to get a tetrahedron K^4 we need another vertex v_4 . In consideration of neighbor vertices' similarity, the distance from one vertex to another in $K^3_{\{1,2,3\}}$ with any path of P^2 passing by v_4 should be minimized ,that is , v_4 should satisty the following items simultaneously :

1. $d_G(v_1,v_2)$ with the path $v_1v_4v_2$ should be as small as possible.
2. $d_G(v_1,v_3)$ with the path $v_1v_4v_3$ should be as small as possible.
3. $d_G(v_2,v_3)$ with the path $v_2v_4v_3$ should be as small as possible.

In short ,the destination vertex v_4 must minimize $(w_{14}+w_{24}+w_{34})$.

Definition 9.*We call the vertex* v_4 *satisfied the three items above* ***the nearest neighbor of the triangle*** $K^3_{\{1,2,3\}}$.

v_1, v_2, v_3 and v_4 compose a tetrahedron $K^4_{\{1,2,3,4\}}$. Record $K^4_{\{1,2,3,4\}}$ as K^4_1 and it is obviously a subgraph of G .

Step 2.If the distance from any surplus vertices of G outside K^4_1 to the vertices of K^4_1 are smaller than the least weight in K^4_1 , then these vertices are not influential to the final result and can be removed from V .

Definition 10 .*Given a tetrahedron* K^4 *and a vertex* v *in* V *, there are 4 weights between v and the tetrahedron's 4 vertices .We choose the sum of the least three weights as the measure of the distance from this verter to the tetrahedron. The verter who has the least sum in* V *is* ***the nearest neighbor of the tetrahedron*** . *The 3 vertices corresponding to the three least weights compose a* K^3 *and we name it* ***the nearest*** K^3 ***of the tetrahedron to*** v .

To the rest vertices in $V(G) - V\left(K^4_1\right)$, pick out the nearest neighbor vertex of K^4_1 and record it v_5 · v_5 and the three vertices of the corresponding nearest K^3 to v_5 compose a new tetrahedron K^4_2 · K^4_2 is next to K^4_1 and they share a public triangle graph.

Step 3. Exclude the vertices in the former $(i-1)$ tetrahedron graphs' covering volume in the surplus points. In the vertices outside the covering volumc, find out the nearest neighbors of all the former $(i-1)$ tetrahedrons. Pick out the least one and record it as v_i . v_i and the three vertices of the corresponding nearest K^3 compose $K^4_{(i-3)}$.

Step 4. Repeat step 3 until all effective vertices have been involved.

Finally we get $|G|-3$ tetrahedrons at most. According to formula 1, preset a constant scalar θ and we get a covering U_i for each tetrahedron K^4_i . So the covering of this class of sample points is the union of them:

$$U = \bigcup U_i$$

4 Experiments and Results

Both UMIST and Yale database are used in our experiments. We use Yale database to analysis the influences of illuminations and expressions and UMIST database to analysis the influences of face positions. We compare PCA+MDFN with the traditional PCA+NN algorithm.

Table 1. Comparison of the efficiency used Yale database

	Correct rate	Rejection rate	Error rate
PCA+NN	70%	0	30%
PCA+MDFN	95%	100%	5%

Table 2. Comparison of the efficiency used UMIST database

	Correct rate	Rejection rate	Error rate
PCA+NN	72.5%	0	27.5%
PCA+MDFN	85%	100%	15%

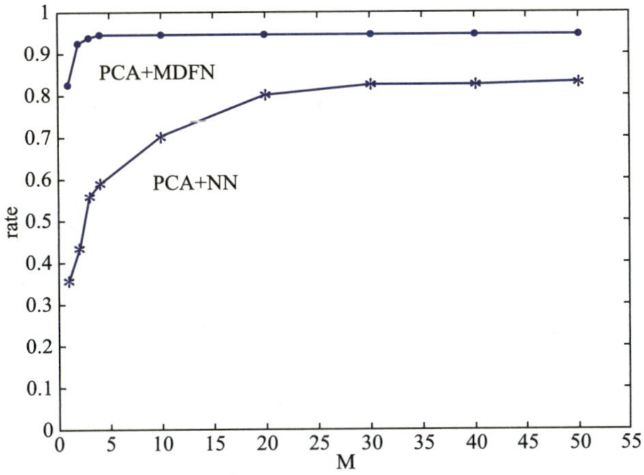

Fig.2. Comparison of the efficiency when M is changed

Experiment 1. Under the variation of illumination and expression, we can see from above table, the correct rate of PCA+MDFN is higher than that of PCA+NN. Also it can correctly confirm all of the unacquainted image. So we can say that PCA+MDFN is superior to PCA+NN under the variation of illumination and expression.

Experiment 2. Under the variation of face position, we can see the correct rate of PCA+MDFN is higher than that of PCA+NN. Also it can correctly confirm all of the unacquainted image. So under the variation of illumination and expression, PCA+MDFN is superior to PCA+NN.

Experiment 3. We test the efficiency between PCA+MDFN and the traditional PCA+NN algorithm when the dimension of eigenvector changed. The result are depicted in Fig .2.With the increase of eigenvectors' size M , recognition rate heightens ,and complexity increases as well .When M is larger than 30 , the recognition rate does not increase obviously. Because an algorithm of PCA face recognition based on MDFN is based on the sample sets' topological character in the feature space which is different from "classification", its recognition rate is much better.

5 Conclusion

In this paper we proposed a new geometric covering model, explored the concept of MDFN with weighted graph and showed its relevance to pattern recognition. Based on this model we presented our MDFN algorithm, giving an example while the degree of freedom of the neuron is 3, and demonstrated its superiority over traditional methods. In addition we presented a successful application of our algorithm to the problem of face recognition.

Meanwhile there are some problem existed .Firstly ,the choice of scalar θ is crucial when constructing a MDFN, but we now just preset it by experience. Secondly, the design of our experiments is too simple to show superiority of MDEN because of hurry, and experiments with large number samples should be do in the future.

In the future, we plan to make further researches on the properties of MDFN with weighted graph, and investigate its usefulness as a tool for high-dimensional geometric informatics.

References

[1] Wang, S.J.: Biomimetic (Topological)Pattern Recognition -A New Model of Pattern Recognition Theory and Its Applications. Acta Electron Sinica 30(1)(2002)1-4

[2] Wang, S.J., Zhao, X.T.: Biomimetic Pattern Recognition Theory and Its Applications. China J. Electron. 13(3)(2004)373-377

[3] Wang, S.J., et al.: Mulit-camera Human-face Personal Identification System Based on the Biomimetic Pattern Recognition. Acta Electronica Sinica 31(1)(2003)1-3

[4] Cao, W.M., Feng, H., and Wang, S.J.: The Application of DBF Neural Networks for Object Recogniton. Inf. Sci. 160(1-4)(2003)153-160

[5] Wang, S.J., et al.: Face Recognition: Biomimetic Pattern Recognition vs. Traditional Pattern Recognition. Acta Electronica Sinica 32(7)(2004)1057-1061

[6] Qin, H., Wang, S.J.: Comparison of Biomimetic Pattern Recognition, HMM and DTW for Speaker-independent Speech Recognition. Acta Electronica Sinca 33(5)(2005)957-560

[7] Wang, S.J., Cao, W.M., et al.: Research on Speaker-independent Continuous Figure Speech-recognition Based on High-dimensionall Space Covering and Dynamic Scanning. Acta Electronica Sinica 33(10)(2005)1790-1093

[8] Cao, W.M., et al.: Iris Recognition Algorithm Based on Point Covering of High-dimensional Space and Neural Network. Lecture Notes in Artificial Intelligence 3587(2005)305-313

[9] Wang, S.J., Jiangliang, L.: Geometrical Learning, Descriptive Geometry, and Biomimetic Pattern Recognition. Neurocomputing 67(2005)9-28

[10] Diestel, R.: Graph Theory. 2nd edn. Springer-Verlag, New York (2000)

仿生关节链球坐标系的建立及应用*

王守觉[1,2)]，张众维[2,3)**]，肖泉[1)]
1）（中国科学院苏州纳米技术与纳米仿生研究所高维仿生信息学及其应用实验室 苏州 215123）
2）（中国科学院半导体研究所神经网络实验室 北京 100083）
3）（天津城建大学计算机与信息工程学院 天津 300384）
（gucaszzw@163.com）

摘　　要

为了直观准确地记录和计算空间骨架结构的状态，提出一种仿生关节链球坐标系。对于待求活动关节，在已知与其相连的前两节节棍位置状态的前提下，利用当前节棍的长度值和链球坐标系下的 2 个角度值来精确计算关节新位置的三维笛卡尔坐标值。最后结合高维仿生信息学理论的应用，证明了采用该坐标系对骨架结构进行的刻画可以逼真地反映状态上细微的、连续的变化，无冗余信息，比传统方法参数少、速度快、应用范围广，可生成丰富的姿态，有利于艺术创作。

关键词：人体关节；链球坐标系；高维形象几何仿生信息学

中图法分类号：TP391

The Establishment of Biomimetic Articulated Chain-Sphericity Coordinate and its Applications

Wang Shoujue[1,2)],Zhang Zhongwei[2,3)**], Xiao Quan[1)]
1)(Laboratory of High Dimensional Biomimetic Informatics and its Applications, Suzhou Institute of Nano-Tech and Nano-Bionics, Chinese Academy of Sciences, Suzhou 215123)
2)(Laboratory of Artificial Neural Networks, Institute of Semiconductors,

* 原载于：计算机辅助设计与图形学学报，2014，26（2）：191～197. 国家自然科学基金（90920013）.
** 通讯作者。

Chinese Academy of Sciences, Beijing 100083)
3)(School of Computer & Information Engineering, Tianjin Chengjian University,Tianjin 300384)

Abstract

This paper proposes a biomimetic articulated chain-sphericity coordinate to record and calculate states of spatial skeleton intuitively. For the unknown joint, once states of two forward conjoint sticks are got, we can obtain the new 3D Cartesian coordinate values accurately by using length of stick connected directly and two angles in the new coordinate. The applications based on high-dimensional biomimetic informatics show that this coordinate can reflect subtle and continuous variation of spatial skeleton. Comparing with traditional ways this method has advantages of faster speed and wider application range with few parameters. It is instructive and non-redundancy.

Key words: human joint; chain-sphericity coordinate; high-dimensional biomimetic informatics

借助于计算机图形学手段实现的虚拟人物生成技术[1]，在计算机设定的虚拟环境下对人类活动进行的模拟仿真等操作由于能够产生相当丰富的造型，完成非现实的动作场景，摆脱真实角色选择的限制，而被广泛应用在电影、动画、游戏等多个领域中。虚拟人物在暂且不考虑语音表达的前提下，传递信息时类似于人类的交流方式，主要以表情和肢体动作为主。其中虚拟人物的动作描述更加地复杂多样化，对人体力学和运动规律的遵循更加严格。如何让动作流畅逼真是科研人员一直关注的问题。

在对虚拟人物动作进行完整描述的过程中，虚拟人物的几何表达以及虚拟人物的运动生成与控制是 2 类主要的问题[2]，其中不可避免地涉及人体形态的骨架模型的描述[3]和如何驱动关节使得运动更合理，而关节之间的相对运动关联尤为重要。在对空间链状结构状态变化的表示上，有的方法采用方向余弦矩阵[4]，将新坐标系方向认为是由原坐标系绕某任意轴旋转一定角度得来；还有的方法是利用由 Denavit 等[5]提出的 DH 表示法（Denavit Hartenberg representation），采用杆件长度、杆件扭角、关节变量和杆件的偏置量为主要参数刻画姿态；另外，常用的是角度给定法，典型的就是运用欧拉角[6]，利用 3 次绕轴旋转确定空间运动构件的最终位置状态。

本课题组一直致力于虚拟角色的创建工作，在此基础上，本文提出一种描述关节空间关系的仿生关节链球坐标系（简称链球坐标系）。该坐标系要求在当前待定位节棍长度 r 已知的前提下，一节节棍的位置状态，即关联关节在三维世界笛卡尔坐标系（简称世界坐标系）下的坐标值 (x, y, z)，由与之相连的前两节节棍的位置状态及当前节棍长度 r 和运动节点的 2 个坐标值 φ,θ 来决定。这不仅可把人类和动物的姿态进行更直观的数字化描述，还可以对节棍式建筑结构的设计起到重要作用。

本文旨在清晰准确地说明链球坐标系的建立过程及实际应用，以证明其正确性及可行性。在已知链球坐标的前提下，利用前两节节棍的世界坐标系状态信息逐步获得待求节棍关节点的空间坐标，实现计算机数字化描述。结合高维形象几何仿生信息学（high-dimensional biomimetic informatics，HDBI）理论[7]，通过对骨架模型的虚拟运动控制，证明利用链球坐标系进行的节点控制直观有效，计算简单快捷。

1 链球坐标系的建立

对于一幅完整的链状结构，要在局部建立链球坐标系，首先需对该区域节棍及节点进行标注。考虑普遍的一般情况，如图 1 所示，3 根链状节棍由首至尾分别记为 C_1,C_2,C_3，其中 C_1,C_2 为 C_3 的父节棍；并且父节棍上共 3 个节点由首至尾分别记为 T_1,T_2,T_3，其中 T_3 为 C_2,C_3 的公共节点。T_1,T_2,T_3 的世界坐标值是已知的，分别记为 $(x_1,y_1,z_1),(x_2,y_2,z_2),(x_3,y_3,z_3)$。$C_3$ 上另一端的待求运动节点称为该节棍的尾节点，记为 T_4，世界坐标记为 (x_4,y_4,z_4)，即为所求值。

在实际的链状结构运动定位中，考虑更多的是定长节棍随关节移动一定角度，因此本文提出了相应的链球坐标系的基本模式。现建立一个以 T_3 为原点的球面坐标系，以向量 $\boldsymbol{T_3T_2}$ 决定纵轴 z 的方向，以向量 $\boldsymbol{T_3E}$ 决定球面坐标值 φ 所对应的基准边，即 x 轴的方向，其中点 E 为 C_1,C_2 所决定平面内，T_1 向垂直于 C_2 并过 T_3 的直线所作垂线的垂足。T_E 点的三维坐标值为

$$\begin{cases} x_E = x_1 - \beta x_2 + \beta x_3 \\ y_E = y_1 - \beta y_2 + \beta y_3 \\ x_E = z_1 - \beta z_2 + \beta z_3 \end{cases} \tag{1}$$

其中 $\beta = \dfrac{\rho_{DT_3}}{\rho_{T_2T_3}}$，$\rho$ 表示下标所指代的线段长度。D 点为 T_1 向 $\boldsymbol{T_2T_3}$ 所作垂线的垂足，则有

$$\beta = \left[(x_2 - x_3)(x_1 - x_3) + (y_2 - y_3)(y_1 - y_3) + (z_2 - z_3)(z_1 - z_3)\right] / \left[(x_2 - x_3)^2 + (y_2 - y_3)^2 + (z_2 - z_3)^2\right] \tag{2}$$

随后利用右手螺旋法则确定 y 轴，坐标系示意图如图 2 所示。

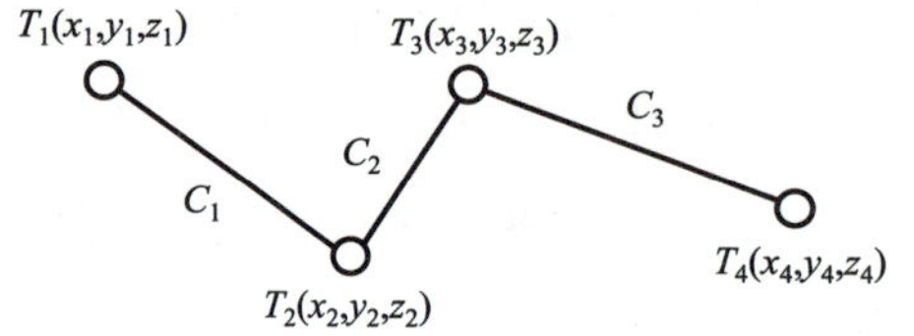

图 1　局部链状结构示意图

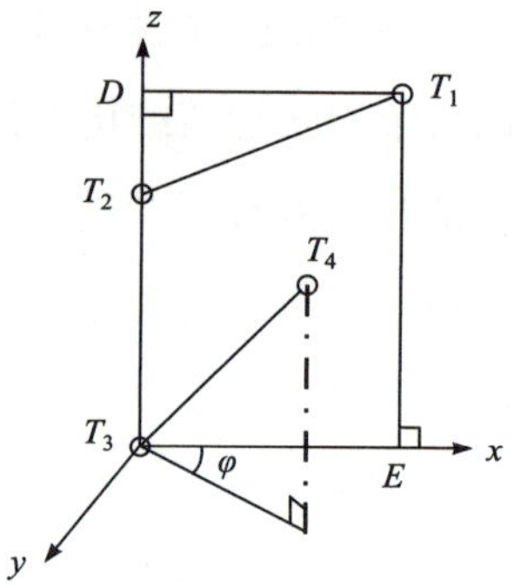

图 2　坐标系初步设定示意图

考虑如图 2 所示的一般情况，在 y 轴正向方向取一点 F，坐标值获取方法如下：令 $x_E' = x_E - x_3$，$y_E' = y_E - y_3$，$z_E' = z_E - z_3$，$x_F' = x_F - x_3$，$y_F' = y_F - y_3$，$z_F' = z_F - z_3$，$x_2' = x_2 - x_3$，$y_2' = y_2 - y_3$，$z_2' = z_2 - z_3$，则有

$$\begin{cases} x_E'x_F' + y_E'y_F' + z_E'z_F' = 0 \\ x_2'x_F' + y_2'y_F' + z_2'z_F' = 0 \end{cases}$$

令 $y_F' = x_E'z_2' - x_2'z_E'$，则有

$$\begin{cases} z_F' = x_2'y_E' - x_E'y_2' \\ x_F' = \begin{cases} -\dfrac{y_E'y_F' + z_E'z_F'}{x_E'}, x_E' \neq 0 \\ -\dfrac{y_2'y_F' + z_2'z_F'}{x_2'}, x_E' = 0 \end{cases} \end{cases} \tag{3}$$

上述定义及推导基于一般的节棍关联情况，也就是说，C_1,C_2,C_3 是独立的并且有实际长度的节棍。但是可能会存在三者在同一直线的情况，此时不能够确定平面 DT_3ET_1。在实际操作中，可以利用父节棍的选取来避免上述情况，即规定 2 个父节棍不能在同一直线上，这也就避免了 x_2' 和 x_E' 同时为 0 的情况。而在同一直线上的若干节棍均可以视为一条长节棍，实际需要的只是两端 2 个关节的世界坐标值。

定义 T_4 的链球坐标值为 (r_4,φ_4,θ_4)，其中 $r_4 = \rho_{T_4T_3}$，代表节棍 C_3 的长度。将 (x_2',y_2',z_2')，$(x_E',y_E' z_E')$，(x_F',y_F',z_F') 分别归一化到以 T_3 为球心、r_4 为半径的球面上，以 (x_2',y_2',z_2') 为例，即计算 $X_2 = \alpha x_2', Y_2 = \alpha y_2', Z_2 = \alpha z_2'$，其中

$$\alpha = \frac{r_4}{\sqrt{(x_2')^2 + (y_2')^2 + (z_2')^2}}$$

使得 $\sqrt{X_2^2+Y_2^2+Z_2^2}=r$。

根据球面坐标系的性质，利用单位矢量换算公式，最终得到节点 T_4 的三维世界坐标值为

$$\begin{bmatrix} x_4 \\ y_4 \\ z_4 \\ 1 \end{bmatrix} = \begin{bmatrix} X_2 & X_E & X_F & x_3 \\ Y_2 & Y_E & Y_F & y_3 \\ Z_2 & Z_E & Z_F & z_3 \\ 0 & 0 & 0 & 1 \end{bmatrix} \cdot \begin{bmatrix} \cos\theta \\ \sin\theta\cos\varphi \\ \sin\theta\sin\varphi \\ 1 \end{bmatrix} \tag{4}$$

最终链球坐标系结构如图 3 所示。

在已知坐标系内各点世界坐标值的情况下，获得链球坐标值的方法为

$$\begin{cases} r=\sqrt{x^2+y^2+z^2} \\ \theta=\arccos\dfrac{z}{\sqrt{x^2+y^2+z^2}} \\ \varphi=\arctan\dfrac{y}{x} \end{cases} \tag{5}$$

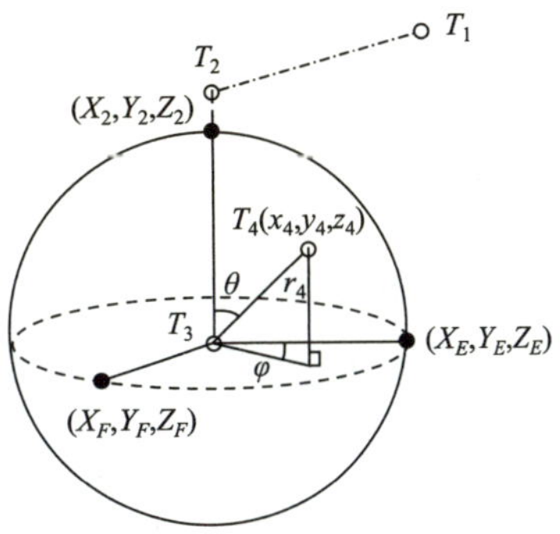

图 3 链球坐标系示意图

综上所述，本文方法要应用在至少含有 4 根节棍的链状结构上，并且任意 2 根相连的节棍不在同一直线上，以保证所有关节都能够建立起局部坐标系。

2 算法流程

在计算机图形学应用中，利用链球坐标系来获得链状结构的各个姿态的数字化世界坐标，实际上就是根据人为设定的链球坐标值在链球坐标系与世界坐标系之间进行的转换。与直接赋予三维坐标比较而言，这样的设定使得诸如人体的链状结构在运动过程中更能保证结构的合理性。图 4 所示为一个骨架结构姿态变换的简要流程图。

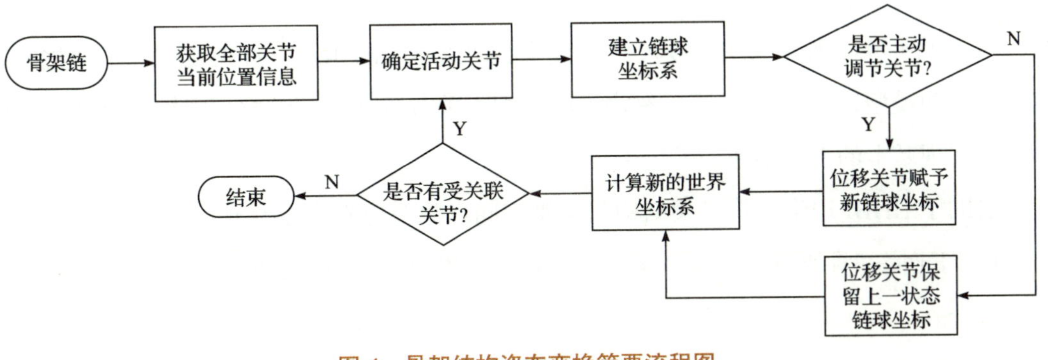

图 4 骨架结构姿态变换简要流程图

基于链球坐标系的建立及转换关系，一幅由 n 个节棍 $C_1,C_2,\cdots,C_n$ 组成的骨架结构，含有 $T_1,T_2,\cdots,T_m$ ，共 $m(m>3)$ 个关节。现要在关节 T_p 处对节棍 C_{q+1} 进行旋转运动，使关节 T_{p+1} 发生位置变化，步骤如下：

Step1. 首先明确整个骨架结构中各个关节当前状态下的世界坐标值 (x,y,z) ，并根据式（5）计算链球坐标系下的坐标值 (r,θ,φ) 。

Step2. 确定直接与关节 T_p 相连的父节棍 C_{q} 另一端的节点 T_{p-1} 和另一父节棍 C_{q-1} 的对应节点 T_{p-2}（此处节点下标只作为标记，其对应的实际节点的下标未必是递减关系，取决于用户的定义方式）。记录 3 个关节的世界坐标值 （ $x_p,y_p,z_p),\left(x_{p-1},y_{p-1},z_{p-1}\right)$ 和 $\left(x_{p-2},y_{p-2},z_{p-2}\right)$ 。

Step3. 根据 C_q 和 C_{q-1} 建立如图 2 所示的坐标系，按照用户需求将 T_{p+1} 移动到目标位置，获得角度值 θ,φ 。

Step4. 根据式（1）（2）计算 T_E 的三维世界坐标值，根据式（3）计算 T_F 的三维世界坐标值。

Step5. 已知待求节棍 C_{q+1} 的长度 r ，根据式（4）计算得到关节 T_{p+1} 的最终世界坐标值 $\left(x_{p+1'},y_{p+1'},z_{p+1'}\right)$。

Step6. 若存在以关节 T_{p+1} 为初始关节的后续节棍 C_{q+2} ，如果节棍之间是单一链状，即每个节点只为 2 个节棍共用，那么对于 C_{q+2} 的另一端点 T_{p+2} ，在该局部链球坐标系不变的情况下其链球坐标值不变；若坐标系改变，需要根据坐标系更新前一状态的坐标值。获得该关节的新世界坐标系值，要将式（4）中 $\left(x_3,y_3,z_3\right)$ 的坐标替换为 $\left(x_{p+1'},y_{p+1'}\,z_{p+1'}\right)$，计算即可。若无后续受关联关节，则计算结束。

3 实验及讨论

为了说明链球坐标系在虚拟人物姿态及运动描述中的作用，首先建立一个简化的虚拟人体骨架模型，如图 5 所示。忽略手脚的细小关节以及头部绕躯干中轴的旋转，此模型可以实现基本的人体姿态。

借助于 HDBI 理论，将骨架结构与高维空间点集对应起来主要有两方面应用：

1）对于同一骨架结构的连续运动，在对应点集的轨迹曲线上取两点的姿态作为始态

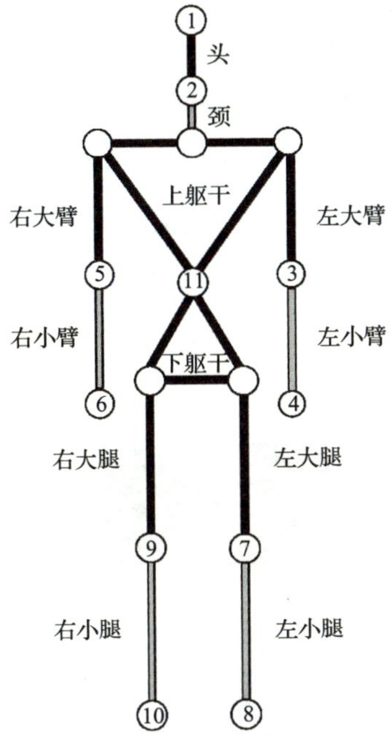

图 5 简化的虚拟人体骨架模型

和终态，并对初始姿态应用曲线上的数据变化规律就可以得到中间的各个姿态。即对于骨架结构 $B(r,\varphi,\theta)$，可以利用

$$B_x(r,\varphi,\theta)=\sum_{i=1}^{N}\lambda_i B_i(r,\varphi,\theta) \tag{6}$$

来获得 x 状态下的参数。λ_i 作为控制系数既可以用现有的姿态曲线来实现插值，也可以人为设定全新的变化规律来产生意想不到的结果。

2）对于若干映射在同一子空间的不同骨架结构，有

$$Z(r,\varphi,\theta)=\lambda_1 A(r,\varphi,\theta)+\lambda_2 B(r,\varphi,\theta)+\cdots+\lambda_N \Omega(r,\varphi,\theta) \tag{7}$$

式（6）（7）分别对 r,θ,φ 进行简单的组合运算生成新的关节链球坐标值，再将其应用在基准骨架结构上，就能得到新的姿态。

本文实验环境为一台 Inter® Core™ 2 Quad CPU Q8300 2.5GHz，3.49GB 内存的 PC 机，在 Matlab6.5 和 Microsoft Visual Studio 2008 平台上进行。

3.1 自定义人体姿态

图 6 所示为基于图 5 定义的初始骨架模型生成的各种姿态。实验中将该模型在保持原有相对结构的前提下加入人为的控制，即赋予各个关节不同的链球坐标值，经过计算获得新的姿态。通过实际操作可以发现，每个关节点的父节棍选择是多样的，链球坐标

值也就不是唯一的，用户可以根据需要选取更容易计算各坐标值参数的节棍。图 6 所示为 3 个人工调节获得的姿势，各个关节和节棍的参数如表1～3 所示。表 1～3 中，上、下分别对应上、下躯干相对于轴线的转角；标号1～10 对应图 5 中的关节顺序；r 表示以上、下躯干长度之和为基准 1，各节棍的相对比例值；摄像机的位置、角度以及人物在世界坐标系中的重心位置如表 4 所示。从实验结果可以看出，基于链球坐标系建立的虚拟人物骨架模型可以逼真地刻画真实人物姿态的关键结构，令人一目了然。

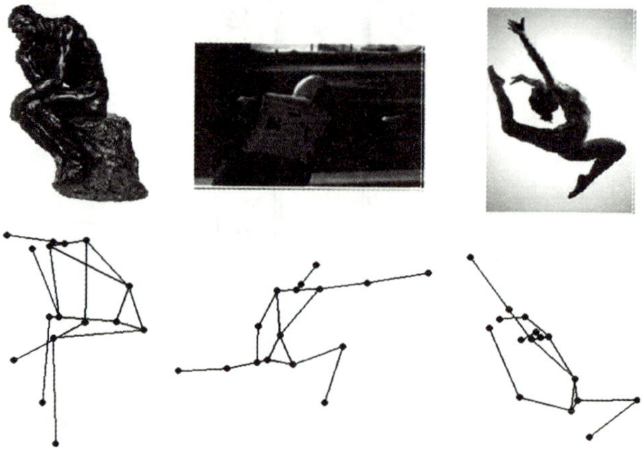

a 姿势1　　b 姿势2　　c 姿势3

图 6　真实人物与虚拟人物骨架

表 1　姿态 1 骨架参数

	上	下	1	2	3	4	5	6	7	8	9	10
r			1.4	0.4	2.8	2.6	2.8	2.6	3.2	3.5	3.2	3.5
θ/(°)	120	90	180	120	80	110	80	–20	90	90	90	90
φ/(°)	0	0	90	200	60	90	–60	120	–85	–90	80	90

表 2　姿态 2 骨架参数

	上	下	1	2	3	4	5	6	7	8	9	10
r			1.4	0.4	2.8	2.6	2.8	2.6	3.2	3.5	3.2	3.5
θ/(°)	150	90	180	115	100	145	185	185	160	200	120	60
φ/(°)	0	0	100	180	0	90	0	90	150	90	70	100

表 3　姿态 3 骨架参数

	上	下	1	2	3	4	5	6	7	8	9	10
r			1.4	0.4	2.8	2.6	2.8	2.6	3.2	3.5	3.2	3.5
θ/(°)	220	90	260	90	120	150	150	180	90	320	90	120
φ/(°)	0	0	90	180	200	90	220	90	275	90	280	90

表 4　人物位置及摄像机参数

姿态	摄像机位置			重心位置			摄像机角度	
	X	Y	Z	X	Y	Z	θ/(°)	φ/(°)
1	268	0	268	268	350	370	21	54
2	268	–150	268	268	350	370	18	220
3	268	–150	268	268	350	370	24	281

3.2　人体姿态渐变

图 7 所示为跑步姿态及其过渡各姿态的骨架模型，按照式（6）进行计算。控制参数的取值规律可以自行设定，例如直线、抛物线、折线等，然后在线条上进行采样确定 λ 的值。不同的采样规律和采样密度会影响骨架的运动频率以及动作过渡的方式，根据用户需要，若是一般的姿态过渡可以选择直线变换；若是希望动作多样化、产生出其不意的效果可以进行曲线变换，采样密度越大动作越连续。本实验以直线变换为例，即各状态下 λ 取值的连线为直线，首尾两姿态为参考，进行 3 点采样，获得的控制参数分别为 $(0.75,0.25)$,$(0.5,0.5)$ 和 $(0.25,0.75)$。考虑到人体运动时节棍长度不变，如表 1 所示，参数 r 不受控制系数的影响，摄像机坐标参数 (X,Y,Z,θ,φ) 为 $\left(268,0,268,9^{\circ},-48^{\circ}\right)$。实验结果表明，链球坐标值可以有效地刻画动作的细微形态，结合 HDBI 理论对虚拟骨架数据插值的结果可以形象地描绘动态姿态的各关键帧，由此可以在保证质量的基础上极大地简化动画生成过程中的人工调节工作量。

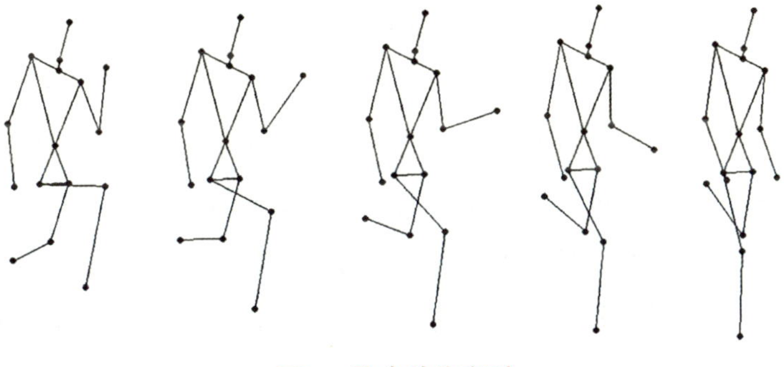

图 7　跑步动作序列

我们在实验中发现，一处关节的角度可以有 2 个方向的描述，虽然由于三角函数周期性的问题，静态姿态的计算结果一样，但在运动过程中却对应了顺时针和逆时针 2 个相反的趋势，所以针对不同的运动特性要提前做好设计。直观上看，θ 角就是运动节棍和与其直接相连的 Z 轴的夹角，φ 角近似参考运动节棍与 T_1,T_2 所构成平面的夹角，基于这两点可以在建立坐标系时有所选择，或者是根据实验结果做修正。

3.3 人体姿态合成

图 8 所示为人体姿态合成的结果，合成的基础动作就是图 6 中的 3 个姿态。采用式（7）进行计算，3 个新姿态的控制参数由左至右分别为 (0.5,0.5,0)，(0.3,0.3,0.3) 和 (1,1,0)。合成结果单凭人脑无法想象，所以控制参数往往需要通过实验来确定。但还是可以抓住一般性规律，即感兴趣的姿态可以加大权重，反之则缩小权重甚至赋予负值。另外，在已知各关节世界坐标值的前提下可以计算 2 个节棍的夹角，并检查该夹角是否在人体关节的活动范围之内，作为姿态的合理化判断。从实验结果可以看出，人脑很难想象图 6 所示姿态会合成出类似“街舞”，“滑冰”和“蜘蛛”的形态，虽然部分关节违背人体规律，但仍然可以作为基础参考姿态进行修正，对创作类的工作可以产生一定的启迪作用。

图 8　姿态合成结果

3.4 性能讨论

相比较而言，方向余弦矩阵的描述复杂并且计算参数多；DH 算法会出现模型矩阵病态、参数的变化不连续等问题，尽管文献[8-9]提出了四参数的修正模型，但是当两相邻关节垂直时模型矩阵是奇异的，另外，五参数模型[10]和六参数模型[11]在避免各类衍生问题的同时却使得该方法更加地晦涩，难于操作；欧拉角运算在大角度时会出现奇异现象[12]，同时它所注重的是变换的过程，本文注重的却是变换的结果，对于过程参数的理解和计算更加复杂。在处理人体骨架姿态的实际运用中，本文方法只涉及了 2 个角度参数的改变，比需要 3 个参数的欧拉角方法节省内存，间接提高了计算速度。在参数数量相同的情况下，即加入 r 的调节，本文方法则能做到欧拉角方法无法实现的骨架比例调整功能；而四元数方法可以与欧拉角进行转换，本质上也是对坐标系的旋转描述，但是其参数更多并且设置困难，操作性更差。

为了进一步说明本文方法的优越性，我们将其与欧拉角方法和四元数方法在实现相同功能的前提下的直接运行时间进行对比。如图 9 所示，对 3 种方法分别统计了 50 次，每次统计内算法循环运行 1 万次。在无优化的情况下本文方法与欧拉角方法时间接近，经过优化后，本文方法节约了近一半的时间，并且低于四元数方法的运行时间。

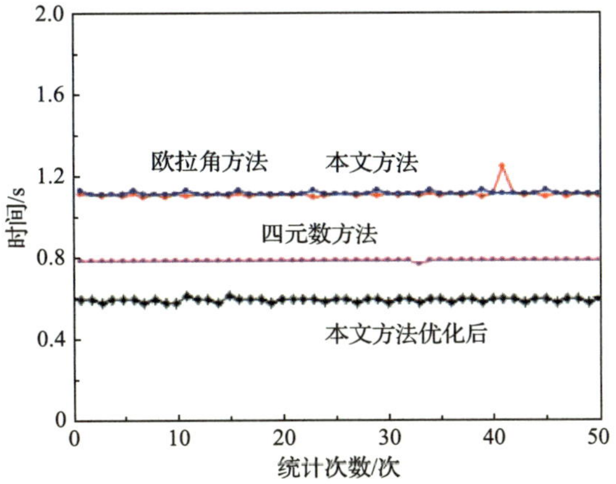

图 9 算法运行时间对比图

4 结　论

仿生关节链球坐标系通过对数字化的虚拟骨架结构建立局部坐标系，利用关节的链球坐标值 (r,φ,θ) 可以通过计算获得三维世界笛卡尔坐标系下的坐标，从而实现对变化的虚拟姿态的数字化描述。本文所述的坐标系能够利用较少的参数完整地描述局部骨架的各种结构，无信息冗余，对于微小的动作变化也可以真实反映，是一种简单，高效的控制手段。通过与 HDBI 理论的结合应用，可以用来产生多变的、超乎想象的姿态，对于虚拟动画设计、真人动作编排都会起到启发帮助的作用。

参考文献

[1] Badler N I, Phillips C B, Webber B L. Simulating humans: computer graphics, animation, and control [M]. Oxford: Oxford University Press, 1999.

[2] Luo Guan, Hao Chongyang, Zhang Wen, *et al.* A survey of virtual human techniques [J]. Computer Engineering, 2005, 31(18): 7-9 (in Chinese)(罗冠, 赫重阳, 张雯, 等, 虚拟人技术研究综述[J]. 计算机工程, 2005, 31(18): 7-9).

[3] Zhou Ningning, Li Aiqun, Zhao Zhengxu, *et al.* Control and implementation of man movement in virtual environment [J]. Journal of Nanjing University of Posts and Telecommunications: Natural Science, 2006, 26(6): 56-60 (in Chinese)(周宁宁, 李爱群, 赵正旭, 等. 虚拟环境中人体运动的控制与实现[J]. 南京邮电大学学报: 自然科学版, 2006, 26(6): 56-60).

[4] Zhang Qixian. Analysis and synthesis of spatial mechanism [M]. Beijing: China Machine Press, 1984: 71-98 (in Chinese)(张启先. 空间机构的分析与综合[M]. 北京: 机械工业出版社, 1984: 71-98).

[5] Denavit J, Hartenberg R S. A kinematic notation for lowerpair mechanisms based on matrices [J]. ASME Journal of Applied Mechanics, 1955, 1(22): 215-221.

[6] Huang Zhen, Li Yanwen, Gao Feng. The expression of the orientation of a spatial moving unit by Euler angle

[J]. Journal of Yanshan University, 2002, 26(3): 189-192 (in Chinese)(黄真, 李艳文, 高峰. 空间运动构件姿态的欧拉角表示[J]. 燕山大学学报, 2002, 26(3): 189-192).

[7] Wang Shoujue, Lai Jiangliang. First step to multidimensional space biomimetic informatics [M]. Beijing: National Defense Industry Press, 2008: 23-25 (in Chinese)(王守觉, 来疆亮. 多维空间仿生信息学入门[M]. 北京: 国防工业出版社, 2008: 23-25).

[8] Hayati S A. Robot arm geometric link parameter estimation [C] //Proceedings of the 22nd IEEE Conference on Decision and Control. Los Alamitos; IEEE Computer Society Press, 1983: 1477-1483.

[9] Judd R P. Knasinski A B. A technique to calibrate industrial robots with experimental verification [J]. IEEE Transactions on Robotics and Automation, 1990, 6(1): 20-30.

[10] Veitschegger W K, Wu C. A method for calibrating and compensating robot kinematic errors [C] //Proceedings of IEEE International Conference on Robotics and Automation. Los Alamitos : IEEE Computer Society Press, 1987: 39-44.

[11] Zhuang H, Roth Z S, Hamano F. A complete and parametrically continuous kinematic model for robot manipulators [C] //Proceedings of the IEEE International Conference on Robotics and Automation. Los Alamitos: IEEE Computer Society Press, 1990: 92-97.

[12] Zhang Fan, Cao Xibin, Zou Jingxiang. A new large-scale transformation algorithm of quaternion to Euler angle [J]. Journal of Nanjing University of Science and Technology: Nature Science, 2002, 26(4): 376-380 (in Chinese)(张帆, 曹喜滨, 邹经湘. 一种新的全角度四元数与欧拉角的转换算法[J]. 南京理工大学学报: 自然科学版, 2002, 26(4): 376-380).

一种通用神经网络处理机设计及其 VLSI 集成化讨论*

魏　允　王守觉　王丽艳　鲁华祥
（中国科学院半导体研究所，北京 100083）

提　　要

本文讨论了通用神经网络处理机的性能要求以及全模拟量处理、全数字量处理和数字模拟混合处理等各种处理方式的优缺点、设计了一种数字模拟混合处理的通用神经网络处理机结构。这种结构在当前 VLSI 集成工艺的条件下，具有较高的性能价格比。

关键词： 神经网络，数字模拟混合处理，处理机，大规模集成电路

Design of a General Purpose Neuro Processor with Digital-Analog Processing and Discussion on VLSI Integration

Wei Yun, Wang Shoujue, Wang Liyan, Lu Huaxiang
(Institute of Semiconductors,Chinese Academy of Science, Beijing, 100083)

Abstract

The requirements of a general purpose neuro processor have been discussed. The advantages and disadvantages of all analog, all digital and digital-analog processing mode, used in general purpose neuro processors, have been studied. The structure of a digital-analog general purpose neuro processor has been developed. The performance/cost ratio of this general purpose neuro processor will be high.

Key words: Neural nerwork, Digital-analog processing, Neuro processor, Computer, VLSI

---

* 原载于：电子学报，1995，23（5）：7～11. 国家“八五”攻关及 863 支持项目.

一、通用神经网络处理机的意义与必要

随着国际人工神经网络研究工作的蓬勃兴起，用电子技术来模拟神经网络的功能早已成为最现实与最实用的途径。我国近几年来有数以千计的科技人员开展了神经网络的研究工作，这些神经网络的模拟与应用的研究工作绝大部分是在微机或工作站环境下进行的，然而，使用通用计算机来模拟神经网络的作用，是把大量的并行运算问题又用串行的方法来实现，其速度很慢，下面是一组应用通用微机进行模拟神经网络中神经元与神经元之间联接的速度，与人脑估计速度的对比：

微机型号	模拟速度(每秒联接次数)
8086/6	20,000CPS
80286/12	125,000CPS
80386/25	375,000CPS
80486/33	600,000CPS
人脑	$>1\times10^{15}$

由此可见，用软件在通用微机上进行神经网络功能模拟的途径虽然具有价格便宜、使用方便、灵活性强等优点，但在速度上往往远不能满足使用要求。因此，从硬件上解决价廉物美的对神经网络进行高速模拟的专用硬件，对人工神经网络的研究发展与实际应用具有十分重要的意义。

实现神经网络专用硬件，具有不同方向、不同要求、不同用途、相辅相成的两大类。第一类是网络结构灵活、易于修改权值、具有自学习功能的通用神经网络处理机，另一类硬件则是把已经经过计算机模拟得到确定权值和固定网络模型的一个具有某特定用途的人工神经网络固化在大规模集成芯片上。因而，前者是人工神经网络的研究与发展以及产品开发工作的有力手段，后者是某些已成熟的特定神经网络固化投产广泛使用的基础，前后两者是人工神经网络发展一缺中不可的孪生兄弟，本文所涉及的，主要是前者——通用神经网络处理机。

二、通用神经网络处理机的要求和国际发展概貌分析

1. 通用神经网络处理机的要求

在市场经济起主导作用的情况下，对通用神经网络处理机的要求应该有下列四个方面：

（1）**模拟前向运算速度快** 必须有较多的突触（synapse）并行处理，而且突触的有效运算速度要高，亦即不仅突触的运算速度要快，而且供给突触进行运算的权值与神经元状态值必须具有足够高的数据供应流速。

（2）**灵活性强** 这包含有多方面的灵活性：

a. 网络模型即网络拓扑结构上的灵活性。

b. 神经元参数上的灵活性，即神经元结构和非线性函数上的灵活性。

c. 计算方法和自学习修改权值过程的灵活性。

（3）**自学习功能强** 这意味着要求：

a. 权值的贮存必须修改快而方便。

b. 机内必须有为加速修改权值而设置的硬件线路，使修改权值的计算尽可能达到高的速度，而且能适应于各种修改权值计算方法。

（4）**成本低** 所用 ASIC 专用集成芯片必须尽可能工艺简单，总面积小，必须与大量生产性能价格比高的通用微机联机使用。

2. 通用神经网络处理机与所用 ASIC 芯片的实现途径

目前国际上通用神经网络处理机或芯片虽然已有多种产品问世，但总的来说还处在发展阶段，其原理与结构还没有形成很明朗的倾向性。

由于神经网络运算精度要求不高，一般用模拟量处理也能到达，因而，神经元中输入与权值相乘累加的过程，可以是模拟量或数字量进行，这就存在下列三种情况：

（1）**全部以模拟量进行运算**[1-4] 其产品如 Intel 公司的 ETANN（Electrically Trainable Arificial Neural Network）80170NX。它具有 64 个神经元，最多 128 个输入节点，10240 个突触与权值贮存单元，把权值以模拟量方式贮存在浮栅 EEPROM 单元上，用改变型的 Gilbert 模拟量乘法电路实现突触乘法功能，全部以模拟量并行处理。其前向运算最高速度可超过每秒 20 亿次联接，但修改权值很慢，每个权值修改需时 100 微秒以上，因而若用它构成通用神经网络处理机、则其固定权值的运算极快，但自学习功能与灵活性很差。这种芯片用 1 微米浮栅 CMOS 工艺制作、芯片面积为 8.153mm/11.455mm，有 208 条出腿的封装，在市场上参考零售价为每块 500 美元。

（2）**全部以数字量进行运算**[5,6] 其代表性产品为 Adaptive Solutions 公司生产的 CNAPS-1064，它是国际上新开发出来的规模最大的数字神经网络处理器芯片之一，它具有 64 个处理节点（Processing Node）。每个处理节点含有乘法器、加法器和 4K 字节的静态权值存贮器以及寄存器堆等，其电路如图 1 所示。这种全数字神经网络处理器芯片作为神经网络前向运算模拟时，最高速度（即当神经网络模型与控制软件使其 64 个处理节点全部满负荷时）可达每秒 16 亿次联接。由于是全数字处理的，因而具有精度高、灵活性大、易于和通用微机联接等优点，但其线路复杂、集成难度很大、成本很高，而且要发挥数字神经网络灵活性的优点，必须考虑用串并行方式模拟规模大的网络，如果模拟一个 1024 神经元的全连接网络，则权值贮存量至少需要 1 兆字节，这样就必须有四分之三以上权值贮存在片外，这时从外部调用权值，势必大大降低该处理器的实际运算效率。CNAPS-1064 数字神经网络处理芯片由 0.8 微米 CMOS 工艺制作，其芯片面积达 26mm×26mm，共集成 MOS 晶体管数量高达 1180 万只。由于其工艺难度大，设计开发与制作成本高，该产品不以芯片方式出售，而是以 1～4 块 CNAPS-1064 芯片，配以少量外部电路组装成数字式通用神经网络处理机，上市售价每台在 1.5 万至 7 万美元。

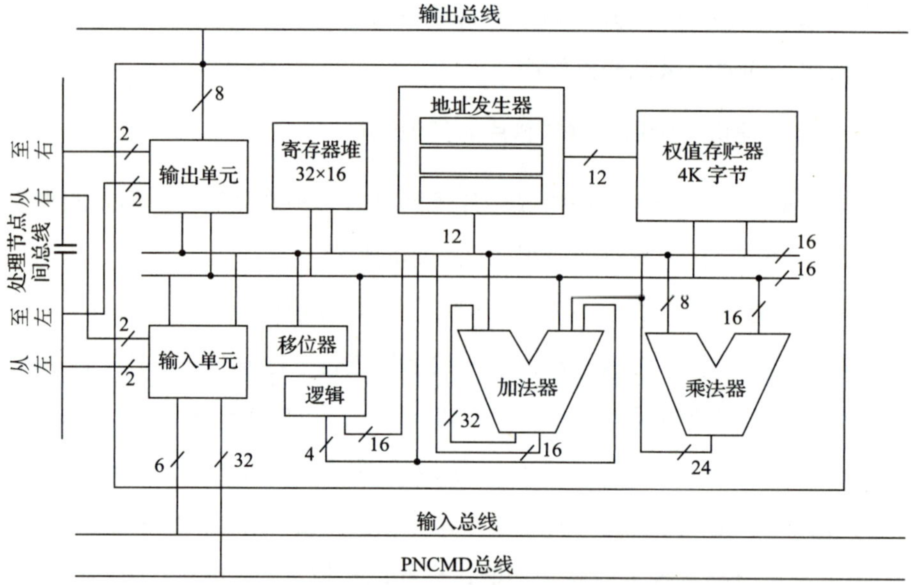

图 1　单个处理节点框图

（3）**模拟与数字量混合运算**　目前这种混合运算方式的神经网络尚未见商品生产，但研制的方案不少。如 MIT 林肯实验室研究的图像特征提取器与分类器等都使用了 CCD 和模拟数字混合乘法 MDAC（Multiplying D/A Converter）相结合的结构。此外 Edinburgh 大学发展了一种脉冲串式神经网络芯片 30120PI（EPSILON）即 Edinburgh Pulse Stream Implementation of a Learning-Oriented Network。这种芯片含 30 个神经元，120 个输入点，3600 个突触与权值贮存电容，以脉宽调制的脉冲串作为神经元的输出。它的乘法运算是以模拟电压为代表的权值控制电流源的大小，并以输入脉冲串的有无决定串接在电流源中开关的通断。流出的电流脉冲被相加并积分成电压，再通过压控振荡器产生脉冲串输出。

三、研制通用神经网络处理机方向的研讨

通用神经网络处理机是一种潜在应用面相当宽的硬件，我们研制通用神经网络处理机不仅是要解决有和无的问题，而更重要的必须是性能价格比高，适于大量推广使用。

全数字处理的通用神经网络处理机，使用超大规模集成的方式实现，是一种很有前途的选择。但它存在两个问题：

（1）如上面介绍 CNAPS-1064 中所述，即使应用国际上最先进的超大规模集成工艺，离把一个巨大的神经网络全部权值贮存在同一个处理器芯片上的可能性还存在相当大的距离，如果把权值贮存在处理器芯片以外，则将会大大影响处理器的有效处理速度。

（2）全数字的通用神经网络处理机线路复杂、芯片面积大、工艺要求高，因而生产成本高，在研制过程中的投入则更大。在我国目前使用量不大的情况下，价格就会更高得无法承受。至于在国内投片加工则就更不可能。

全模拟量处理的神经网络处理机，其运算电路非常简单，易于集成。但大量权值的贮存，离了高密度的数字存贮器电路是很难实现的。模拟量权值存贮对权值的长期贮存和高速的修正又几乎是无法兼顾。此外，全模拟量神经网络处理机较难实现串并行处理，而宜于全并行处理。即神经网络模型中的每一个神经元，一一对应于处理机中的各神经元，这种结构只适于较小规模的神经网络，而无法实现很大规模的神经网络。Dan Hammerstron 在 IJCNN’92 Baltimore 的 Tutorial“Electronic Neural Network Implementation”中指出：用硅片上连线的方法实现全部神经网络中神经元之间的联接，将使连线占用的硅片面积随连线数量的三次方而上升。以用 1 微米设计规则，三层金属布线 CMOS 工艺来实现 30000 个神经元的全联接网络为例，即连线数为10^9时，估算连线占用硅片面积将高达 89 平方米。因而用这种方式实现大规模神经网络将是不可能的。

综上所述，我们认为用数字模拟混合处理的途径，采用多片大容量的通用的 VLSI 高速静态存贮器贮存权值，分别对应多个高速 MDAC 作乘法运算，其乘积以模拟量累加，以此来进行串并行处理，将是目前性能价格比最佳的选择。为此我们研制了一种 DYL 高速 MDAC[7]，其乘积建立时间仅 5 纳秒，远小于现有高速静态存贮器的读取周期。因此，完全能满足需要。其集成成本低，对提高通用神经网络处理机的速度和性能价格比将起

很大作用。

四、数字模拟混合运算通用神经网络处理机的结构与 VLSI 集成化探讨

1. 关于通用神经网络处理机灵活性要求的研究

如前所述，通用神经网络处理机对灵活性方面的要求甚为重要。包括前向运算与自学习修改权重。虽然目前在研究神经网络的工作中绝大部分都用了 BP（反传 Back Propagation）和 SOM（自组织 Self Organizing Map）等网络，或与它们相似的网络，而对神经元非线性函数的要求都是从数学分析上的可能性出发，只采用少数几种适于数学分析的函数。但我们认为，神经网络是个庞大的动态非线性系统，从数学上从理论上广泛深入地认识和解决它还需要很长的过程，因而从数学分析出发，把研究对象目前限于一定的易于分析的范围是很合适的，然而作为用计算机模拟的实验工具，就应不受目前数学上可分析的限制，把适应范围扩得更大，因而我们在通用神经网络处理机结构中考虑了在下列几个方面能很快地随时任意变动的可能性：

（1）前向运算时的网络模型即网络的拓扑结构在运算中可很快很方便地随时变更。

（2）修正权重的计算方法采用多层次的灵活结构，以解决高速度与高灵活性的矛盾，而且可以随时变更调整。

（3）每一个神经元的非线性函数可独立地、任意地、随时地进行高速变更与设定。

2. 数字模拟混合运算通用神经网络处理机结构框图

我们研制中的数字模拟混合运算通用神经网络处理机的结构框图如图 2。

3. VLSI 集成化前景

由图 2 可知，其中绝大部分线路都是以大容量存贮器为主。为使模拟神经网络的规模尽可能大，就必须尽量采用最大容量的高速静态存贮器，因而使用大量生产的通用 SRAM 最为经济。

除去大容量存贮器以外，修改权值逻辑电路 4 在数字电路中占一定的比重，应是第一步大规模集成的对象。如若与 5 和 6 集成在一个芯片上，则可更简化了突触的构成。

若把许多突触的修改权值逻辑集成在一起、则其引出线的数量将是一个受限制的因素，这时硅片上的引线面积将占相当比例。而且在不能把大容量存贮器 2 和 3 同时集成

的情况下，不能降低装机费用。因而对性能价格比不会有利。

4. 数字模拟混合处理与全数字处理的比较讨论

如前所述，大规模的神经网络具有极大量的权值，目前还只有数字量的大容量的存贮器，才能解决高密度、高速度的信息存贮问题，因而全模拟量处理方式对要求规模大、灵活性高的通用神经网络处理机很难适应。下面对图 2 数字模拟混合处理方式与全数字方式作比较讨论。

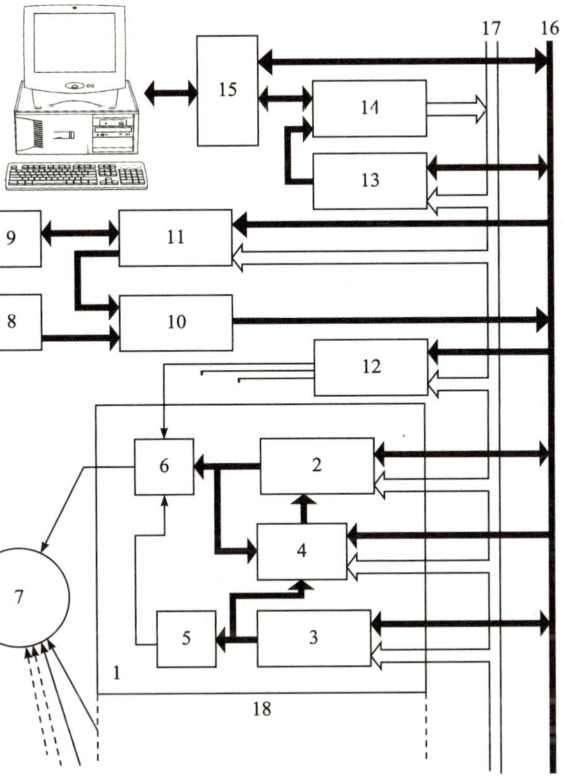

图 2

图中：1 为许多突触中的一个；2 为分布在突触中的权值存贮器；3 为分布在突触中的输入量与神经元状态量存贮器；4 为带有存贮功能的修改权值逻辑电路；5 与 9 为数模转换器；6 为数字模拟混合乘法及控制电路；7 为模拟量累加积分器；8 为变参考模数转换器；10 为非线性函数库；11 为神经元特性参数存贮器；12 为网络模型拓扑结构存贮器；13 为修改权值参考样本存贮器；14 为地址发生器；15 为界面电路与界面存贮器；16 为数据总线；17 为地址总线；18 为突触群；黑粗线为数字量传输方向；空心线为地址码传输方向；细线为模拟量传输方向及 MDAC 乘法器输出控制线

前面对 CNAPS-1064 讨论中曾说明全数字超大规模集成实现通用神经网络处理机虽然是很有前途的方式，但要把大容量的权值存贮器全部集成在处理器芯片上，离目前工艺上的可能性还很大、而经济上的合理性就离得更远。然而图 2 中采用模拟信号的部分，如果采用数字电路来取代，则仍然可以使用通用的大容量存贮器作权值存贮器，以保持价格便宜的优点。但用数字乘法器取代图中的 5 和 6，用累加电路取代 7，以数字逻辑电路取代 8 和 9，亦可成为一种全数字通用神经网络处理机。只是其集成复杂程度要高得多，而且乘法器与累加电路之间的连线增加了许多倍，只有当集成度能增加到全部集成在一块芯片上时较为适用。

如果在芯片上集成一定数量的 CCD 模拟量移位寄存电路，或一定容量的模拟量随机存贮器[8]，则可用模拟量作为神经元的输出与贮存，取代图 2 中的 3,5,8,10，这可能成为数字模拟混合处理的神经网络处理机的一种更简单的结构。

参考文献

[1] M. Holler, S. Tam, H. Castro. R. Benson. An Electrically Trainable Artificial Neural Network (ETANN) with 10240"Floating Gate" Synapses. International Joint Conference on Neural Networks. June 1989, Washington. DC.

[2] G. Cauwenberghs, C. F. Neugebauer, A. Yariv. An Adaptive CMOS Matrix-Vector Multiplier for Large Scale Analog Hardware Neural Network Applications. Proc. IEEE International Joint Conference on Neural Networks. July 1991. Seattle, WA. Vol. I,507-511.

[3] S. Tam, B. Gupta, H. Castro, M. Holler. Learning on an Analog VLSI Neural Network Chip. Proceedings of the 1990 IEEE International Conference on Systems, Man & Cybernetics.

[4] S. Tam, B. Gupta, H. Castro, M. Holler. Analog Non- Volatile VLSI Neural Network Chip and Back-Propagation Training. 1990 Neural Information Processing Systems, Poster Session.

[5] Griffin. M. et al. An 11 Million Transistor Digital Neural Network Execution Engine. The IEEE International Solid State Circuits Conference, San Francisco, CA.,1991.

[6] Hammerstrom. D. A VLSI Architccture for Neural Emulation. In VLSI for Aruficial Incelligence & Neural Networks. Eds J. G. Delgado-Frias and W. R. Moore,1991.

[7] 王守觉，魏允，石寅 DYL 数字模拟混合乘法器及其在神经网络高速运算中的应用. 863 智能机基础理论学术会议论文集(待发表). 北京. 1994,4.

[8] 王守觉，张学鹏，一种多值与准模报信号动态存贮器. 中华人民共和国发明专利. 专利号 87104416.1, 1987 年 6 月.

人工神经网络硬件化途径与神经计算机研究*

王守觉　鲁华祥　陈向东　曾玉娟
（中国科学院半导体研究所，北京 100083；第一作者 70 岁，男，院士，深圳大学名誉教授）

摘　要

讨论了人工神经网络硬件化实现的途径和意义，提出对通用神经计算机性能的原则要求。在此原则指引下研制的小型神经计算机（预言神 1 号），具有灵活性强，使用方便，每秒模拟 2×10^7 次神经联结计算，并且有在计算过程中随时变更网络拓扑结构和神经元非线性函数的功能，文中讨论了它的适用范围和性能价格比问题。

关键词：神经网络；神经计算机；人工智能

中图分类号：TP18

On the Hardware for Artificial Neural Networks and Neurocomputer

Wang Shoujue, Lu Huaxiang, Chen Xiangdong, Zeng Yujuan
(Inst.of Semiconductors, Academia Sinica, Beijing 100083, P.R.China)

Abstract

The hardware for artificial neural networks and neurocomputer are discussed.The design principles of neurocomputer are suggested The microneurocomputer CASSANDRA-I with high flexibility and high performance cost ratio，and its applications are described.

Key words: neural networks；neurocomputer；artificial intelligence

* 原载于：深圳大学学报（理工版），1997，14（1）：8～13.

引　言

用软件在通用计算机上模拟神经网络的方法虽然具有灵活且不需专用硬件等优点，但其模拟速度很慢，往往难以适应许多使用场合。故以硬件进行高速神经网络计算模拟，是唯一解决人工神经网络实用化的有效途径。

从当前科学技术发展实况看，电子学与光学两种方式是实现神经网络硬件最现实的途径。其中尤以电子学的方式更为灵活与实用。因而，与其它电子系统相同，微电子技术也是当今实现神经网络硬件的主要基础。

以微电子技术为基础的神经网络硬件分为两大类：一类是在微电子芯片上做上许多具有模拟神经元功能的单元电路，安神经网络模型的拓扑结构在芯片上联成网络，这类神经网络芯片上的电路与所模拟神经网络中的各个神经元和神经突触等都有一一对应的关系，神经网络中的各个权值也都存贮在同一芯片上。这类神经网络芯片一般用模拟量信号作为神经元的状态，由此使乘法运算的电路单元非常简单，可在同一芯片上集成数以万计的乘法电路亦即对应数以万计的神经突触[1]。这类芯片受硅片面积的限制，不可能制作规模庞大的神经网络硬件。如果一个数万个神经元的全联接网络，其互联线将达到 10 亿根；若以 1μm 三层金属布线工艺来计算，仅仅布线一项所占硅片面积将达到数 $10m^2$ [2,3]！用这种一一对应的方式实现规模很大的神经网络显然不现实。因而，其适用范围往往限于数十至上百个神经元的规模，而且权值写入后不易更改或更改甚慢。

另一类在微电子技术基础上实现的神经网络硬件是以多个运算单元节点并行运算，而又在不同时间模拟各异不同的神经元，串并行地模拟神经网络计算；这是一种虚拟性的神经网络硬件，也是一种专为模拟神经网络用的并行计算机，亦即本文要讨论的神经计算机。

1　神经计算机性能要求分析

神经计算机构成方式多种多样。它既可以是在 1 块硅片上集成许多分别带有权值存贮器的处理机阵列[4]，也可以是使用通用 DSP 或 Transputer 芯片构成的加速板等。这种神经计算机结构往往采用单指令多数据神经计算机阵列处理机（SNAP：Single Instruction Multiple Data Neurocomputer Array Processor）结构。由于它是针对模拟神经网络设计的，因而必须能模拟各种神经网络模型和学习算法，且应具有较高的计算速度和性能价格比。综上设计要求考虑如下：

1.1 模拟前向运算速度快

这意味着必须有较多的突触并行处理，且每个突触必须联接足够大容量的权值存贮器和状态存贮器，以保证运算过程中能及时供应需要处理的数据，最大限度地发挥每个突触的计算效率。

1.2 灵活性强

指其应具备：①计算过程中能随时方便地任意改变所模拟网络的拓扑结构；②计算过程中能随时方便地任意改变网络中任何神经元的非线性函数[5]和阈值；③能适应各种训练算法。

1.3 学习速度快

指权值存储器必须改写速度快且具有并行计算和修改权值的线路硬件。

1.4 性能价格比高

这意味着或采用集成度与生产量都足够大的专门设计芯片，或尽量采用性能价格比极高的通用芯片组成。此外，以普遍应用的微机作为宿主机将是通用神经计算机解决人机通信问题最经济方便的方式。

2 小型神经计算机预言神 1 号的结构设计原则

根据上述性能要求分析，研制了小型神经计算机预言神 1 号[6]。其结构设计原则为：

① 将神经网络的拓扑结构、每个神经元的输出特性（包括非线性函数和阈值），以及在训练过程中修改权值的各个参数等，都作为参数存贮在高速随机存贮器中，随时可以改写这些存贮器中的内容，就完全变更了整个神经网络；从而使其灵活性强，变更速度快；

② 每个神经突触均与权值存贮器和状态存贮器相联，使其具有充足数据源流供给每一个突触的高速乘法运算；

③ 将神经元各输出非线性函数以编号为记，事先存贮在高速存贮器中，供随时选用；

④ 尽量用硬件的高速性能，替代软件操作；在保证灵活性的前提下，使每一个指令

尽可能完成宏大的操作内容；

⑤ 以微机为宿主机，由宿主机向神经处理机输送数据和指令并收取计算机结果。神经计算机的全部功能包含在宿主机上软件的功能函数模块中面向用户。用户可以不必考虑神经处理机的存在。

3　小型神经计算机预言神 1 号的主要性能

预言神 1 号小型神经计算机系统是由 CASSANDRA-I（Chinese Academy of Sciences Semiconductor Artificial Neural Devices Research Automat）处理机、宿主机（PC586 或 486）、接口板及软件组成。

处理机专门负责神经网络的模拟工作及修正权值运算。在模拟神经网络时每秒模拟 2×10^7 次神经联结运算；每次神经联结运算包括权值和状态两次取数、一次相乘与一次累加运算。在修正权值运算时每秒更新权值 2.22×10^6 次。

处理机 1 次运算的网络最大规模及运算内容为：

①256 个网络神经元；②256 个输入节点；③每个神经元含 512 个突触数；④神经网络联接数量即贮存权值 131072 个；⑤每个神经元可选择 64 个非线性函数；⑥一条指令最多计算神经网络 128 次，即前馈网络同时计算 128 组输入，或反馈网络迭代计算 128 次；⑦一条指令最大运算量为 $256\times512\times128=1677216$ 次神经联接计算加 $256\times128=32768$ 次神经元输出函数计算，计算总时间为 0.898s；⑧实时每次计算神经网络时间 7ms；⑨每次刷新全部权值时间 59ms；⑩权值字长 8 位（其中 1 位为符号）；⑪输入及状态字长 8 位。

神经处理机硬件功能结构示意如图 1。

神经计算机系统总体功能是由神经处理机硬件和宿主机上运行的神经计算机专用软件相配合实现的。神经计算机软件分三部分：

其一，是在宿主机上用人机对话方式输入与输出的应用软件。该软件是在 Windows 环境下编写的。用户可通过界面输入任意的网络模型和参数。计算完毕时各次计算的神经元状态以及网络最终的全部权值都可以在显示屏上读出，也可保存在计算机内部。该软件适用于典型应用的教学、演示及机内特定的自学习算法和观察神经元非线性函数形状与编号等。这部分软件用户涉及神经计算机的深度较浅，使用方便，但网络和算法的灵活性受到一定限制，对用于深入科研开发有较大的局限性。

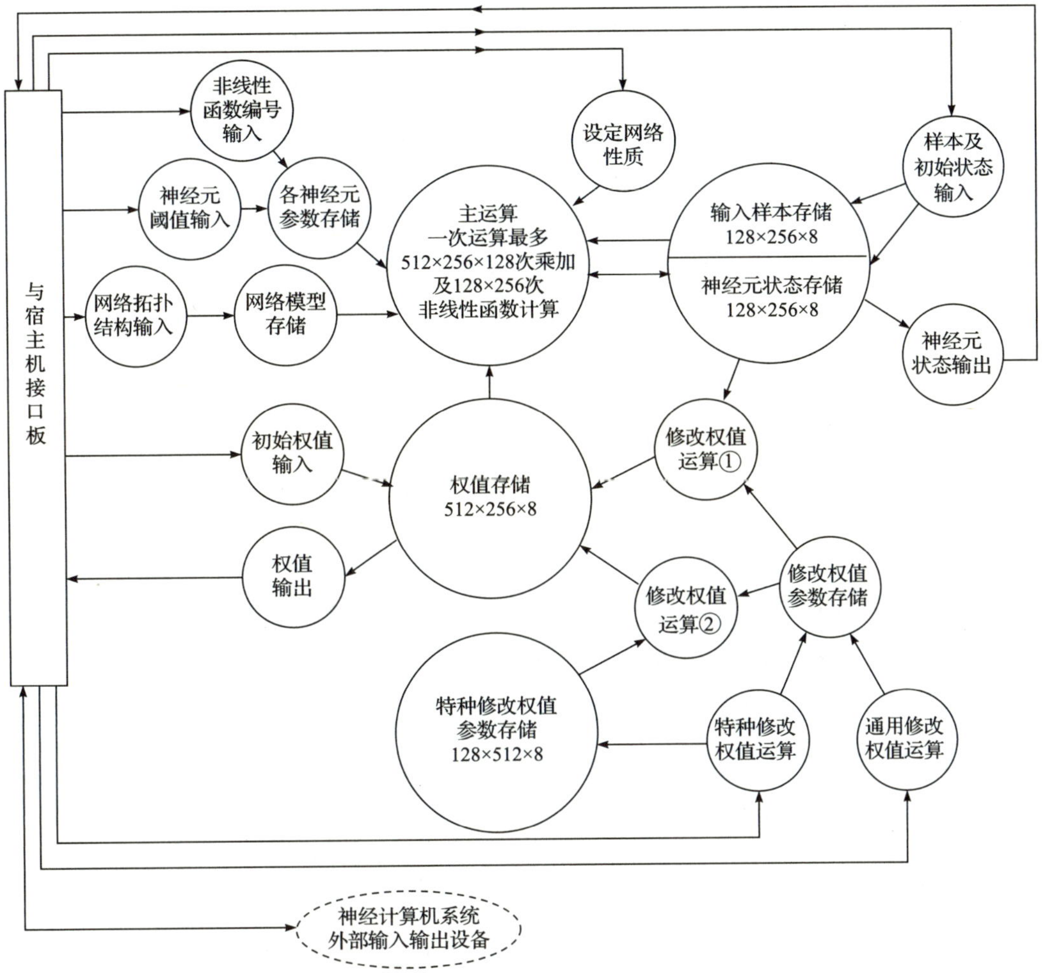

图 1 神经处理机硬件功能结构示意图

其二，是在 Windows 环境下编程的功能性指令模块。这些模块是把神经计算机的全部功能分解成下列 11 个功能性指令模块，可嵌入用户所编的程序中：

①设定或更改网络性质（前馈网络或反馈网络），一次运算规模（1~128），以及是否要加强神经元相互间的联接强度（16 倍）；②设定或更改网络模型拓扑结构；③设定或更改各神经元的非线性函数编号及阈值等参数；④输入样本及神经元初始状态；⑤输入初始权值；⑥网络主运算；⑦网络在线连续运算；⑧输出神经元状态；⑨通用修改权值运算；⑩特种修改权值运算；⑪输出权值。

以上各功能指令模块的调用都是以规定的数据格式和出入口来实现的。

其三，是专为“在线”应用尽量提高速度而在 DOS 环境下编程的 11 个功能指令模块。其功能与第二部分在 Windows 环境下编程的各模块完全相同，但具有更高的运算速度。适于嵌入用户在 DOS 环境下编程的“在线”控制计算程序中应用。

除上述 11 个功能指令模块外，还有少量附加功能指令模块是专为整个神经计算机系统与外界接口而设置的输入输出功能指令模块，以简化神经计算机系统与信息来源和控制或输出对象的接口。

4　实时应用方式的步骤讨论

4.1　用固定的前馈网络模型做“在线”模式识别和模式分类

① 编制与选择一种适用的数据预处理程序，把特征空间压缩到 256 维以下；

② 先用不大于 128 个样本一次学习或更多的样本经过多次学习得到满意的固定的前馈网络模型；

③ 将最后定型的网络模型、参数及权值按要求存入磁盘。使关机后下次开机时可以先输入处理机中（在不关机、不更改的情况下，这些网络参数将保存在硬件中不变）；

④ 编制 1 个用户应用程序，不断把“在线”采集到的原始数据经过预处理获得的输入矢量，用“网络在线连续运算”功能模块，得到计算结果，计算时间约为 7ms。

⑤ 宿主机根据计算结果决定后面的控制行动。

4.2　用不断自适应的前馈网络作“在线”自适应控制

① 先要研究编制出一种适于该项具体应用的自适应改变网络模型参数及权值的算法软件包，并得到较为满意结果；

② 用 4.1②的过程获得一个较好的网络起始模型；

③ 用“网络在线连续运算”功能模块不断输入采集的数据并输出控制量；

④ 经一定时间间隔用自适应算法软件包修改网络参数及权值；

⑤ 调整时间间隔寻找最佳效果。

4.3　相同网络模型的多控制对象“在线”分时自适应控制系统

对于某些工业控制应用场合会有多个同样控制模型的多路数据采集通道和控制对象，而其每路控制过程又只需能在 1s 左右控制 1 次（各路控制网络模型与参数一致）。可以采用分时采集数据，一次输入处理机运算的办法，同时输入多个对象的不同控制输出量。一次计算最多的路数为 128 路。（超过 128 路可以分几次运算。对于网络的输入及神经元数量都少于 64 个的情况，一次计算可增至 512 路，但时间不增加。）这种多路分时系统的自适应过程同前。

结　语

本文讨论了神经网络硬件化的实现和意义，研究了神经计算机的设计原则要求，并介绍了研制成功的小型神经计算机的性能与应用方式。小型神经计算机预言神 1 号从计算速度和使用方便程度看，比使用通用计算机来仿真模拟神经网络提高了两个量级，为神经网络实时应用提供了手段，目前正有待广大神经网络应用研究开发和教学科研工作者进行更广泛的工作，促进人工神经网络的实际应用进入新的境界。

参考文献

[1] Holler M, Tam S, Castro H, et al. An Electrically Trainable Artificial Netral Network(ETANN)with 10240 Floating Gate Synapses.International Joint Conference on Neural Networks, Washington D.C. 1989

[2] Dan Hammerstrom.Electronic Neural Networks Implementation. Tutorial, International Joint Conference on Neural Networks, Maryland:Baltimore, 1992

[3] Wang Shoujue,Wang Liyan,Wei Yun,et al.A General Purpose Neuro Processor with Digital-Analog Processing.Chinese Journal of Electronics, 1994, 3(4): 73～75

[4] Griffin M.An 11 Million Transistor Digital Neural Network Execution Engine The IEEE International Solid State Circuits Conference, San Francisco, CA, 1991

[5] 王守觉. 多值和多阈值神经元及其网络组合与应用. 电子学报, 1996, 24(5): 1～6

[6] 电子学报, 1996, 24(2): 封三

人工神经网络与神经计算机及其实用化*

王守觉
中国科学院半导体研究所院士、前所长
中国电子学会副理事长、电子学报及 CJE 编委会主任
中国计算机学会多值与模糊逻辑委员会名誉主任
中国计算机学会 CAD 与图形学委员会名誉主任
电子科技大学、西安电子科技大学、东南大学、深圳大学、安徽大学名誉教授

人工神经网络从名词上看显然是指用人工方法来模拟大脑神经网络的意思。但从生物学观点来看，则人工神经网络事实上与大脑结构相差悬殊，几乎难找共同之处。然而从工程科学角度看，则不管与大脑相似不相似，只要能解决实际问题就会被人们所关注。近年来人工神经网络在各方面被广泛使用正是由于它比其他方法能更好地解决实际问题。本文综述了人工神经网络在测控技术中的应用，重点介绍国内的人工神经网络实用化条件。

1　人工神经网络简介

用一台每秒计算上亿次的 PⅢ微机计算一个科学问题可能比人计算快千万倍，但要它学会认识一个人的本领，却往往还不及一个 1 岁的婴儿，甚至还不如一只小动物。这正是一种驱动力，导致了从仿生学角度来研究人工神经网络。

人工神经网络既然是想模仿大脑，用许多神经细胞间相互作用的方式来进行计算，它当然不是靠编程序一步一步按逻辑推理方式来进行计算，而是许多简单运算单元（即神经元）并行地同时进行某种简单规则的运算。一般的神经元计算规则是

* 原载于：测控技术，1999，18（8）：1～5.

$$Y = f\left(\sum_{i=1}^{n} W_i I_i - \theta\right) \tag{1}$$

式中，Y是神经元的输出；I_i是神经元的第i个输入量；W_i是神经元所存储权值中的第i个权值；n是神经元输入的个数，也是输入空间的维数；θ是神经元的函数平移量，也称阈值；$f(\ )$是神经元输出的非线性函数。

由式（1）所得的神经元模型如图1所示。式（1）说明神经元的输出Y是$\left(\sum_{i=1}^{n} W_i I_i - \theta\right)$的函数。把$I_i$换成$X_i$作为$n$维空间中第$i$维的坐标值，则

$$\sum_{i=1}^{n} W_i X_i - \theta = 0 \tag{2}$$

代表了n维空间中的一个超平面。而式（1）中神经元的输出Y则是n维空间中输入I离超平面（2）距离（正负值）的函数。而这一超平面把n维输入空间划分成了两半。其中一半空间$\sum_{i=1}^{n} W_i I_i - \theta$为正值，另一半空间$\sum_{i=1}^{n} W_i I_i - \theta$为负值。

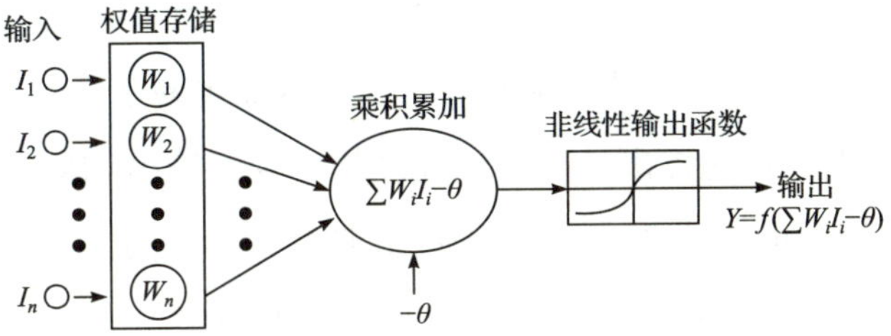

图1 神经元的数学模型

由此可知，一个神经元是在n维空间中做一个超平面，把n维输入空间分成两个区。假定神经网络输入层有m个神经元，就能把输入空间分割成2^m个区。如果把这些区加以不同的编号，则输入落在哪一个区，神经网络就能直接得出这一所在区的编号。也就是说输入为$(I_1, I_2, I_3, \cdots, I_n)$时神经网络就能输出该输入所在区域的编号。这一从输入到输出的计算是一个直接映射，不经过任何逻辑判别，因而它可以很快地并行计算。这正是神经网络模式分类器的基本原理，也可用作矢量量化。

如果利用连续可微的函数作为神经元输出非线性函数，则可以把这2^m个区中的各输入点连续地映射到输出空间。形成神经网络的功能如式（3）：

$$Y_j = \varphi_j(I_1, I_2, I_3, \cdots, I_n) \tag{3}$$

式中，Y_j为神经网络的第j个输出量；φ_j为第j个输出量与n个输入量$(I_1, I_2, I_3, \cdots, I_n)$间

的函数关系。

神经网络的这种任意函数逼近功能的特点，在于它不需要被逼近函数的数学表达式，而只需若干个经验记录点就行了。神经网络的这种任意函数逼近功能就像多维空间的曲线板，它能根据多维空间许多样本点，拟合成多维空间中连续的超曲面。根据拟合成的超曲面，可以进行最优化分析，外推预测等计算，这种功能是其他数学工具或软件所难以比拟的。由于神经网络在这方面的独特功能，使它广泛地被应用于实际工程中。神经网络式（1）中各个权值 W 的确定过程，叫作神经网络的训练过程或称学习过程。学习过程的计算方法称学习算法。神经网络中的神经元除了上述按超平面计算公式（1）计算的神经元以外，被广泛应用的还有“径向基函数（RBF）”神经元。RBF 神经元的计算规则不再是以离一个超平面的距离（正负值）作为输出函数的基，而是以离一个核心点的距离（绝对值）作为输出函数的基。RBF 神经元网络具有更好的模式分类和函数拟合的功能，因而是近年来更受到关注的神经元网络。

我国科技工作者近年提出了一种“方向基函数（DBF）”神经元，它是以输入矢量与一核心矢量间的夹角作为输出函数的基。这种 DBF 神经元网络既有 RBF 神经元网络的优点，又可以用公式（1）的计算方式来进行计算，因而也易于用硬件实现。

此外，我国科技工作者还提出了一种优先度排序神经网络（PONN）结构。在 PONN 结构中各神经元有不同的优先度，按优先度高低排序来确定对网络输出的决定权。PONN 结构大大简化了神经网络的学习算法，使神经网络学习时间比国际上传统使用的 BP 算法缩短了 2 个数量级，而且完全克服了学习过程中可能出现的不收敛问题。使人工神经网络从以往的“黑盒子”似的概念，走向一般工程技术的“可设计”方向。这也是我国科技工作者对发展可以逐步设计的“构造型”人工神经网络所作的贡献。

2 人工神经网络的实现途径

人工神经网络既然就是同时进行许多并行的某种简单运算，它当然也可以用一般计算机通过软件一步一步地来模拟。只是这种实现方法用一台计算机在每一瞬间只在模拟公式（1）中的一个乘法或累加等一步运算，因而速度很慢。而且复杂的计算机硬件用来作固定的简单运算显然很不经济。这种用软件来实现的方法只适用于规模小、速度慢、不是实时应用的场合。用硬件来高速地实现人工神经网络，有专用人工神经网络硬件和通用人工神经网络硬件两类。专用人工神经网络硬件指的是针对某一特定用途的人工神经网络。这种专用电路 ASIC 人工神经网络在制造时所有权值已经完全固定，这种全固定神经网络芯片适用于需求量非常大的场合。另一种是根据使用要求用 EPROM 或 EEPROM 写入权值的半定制电路人工神经网络，适用于中等需求量的场合。通用人工神经网络硬件是指人工神经网络的硬件能高速方便地改变网络模型、结构和权值。通用人工神经网络硬件适用于人工神经网络的研究与开发，或需求量较小的场合，或网络的规模要求特别大的情况。通用人工神经网络硬件亦称为神经计算机，它往往由能高速进行神经运算的芯片与随机存储器等芯片组合而成。神经计算机是一种专门模拟神经网络的单指令流多数据流并行运算计算机，用以模拟神经网络时，具有很高的性能价格比。神经计算机也可以由通用的 DSP 芯片或 Transputer 等构成。至于哪一种结构性能价格比最高，则要看它结构设计的合理性和使用场合而定。图 2 所示是国际上研制和生产的适用于人工神经网络的芯片。由于它们单一用途的局限性，比大量生产的 SRAM，DRAM，μ Processer 等芯片价格要贵很多倍。

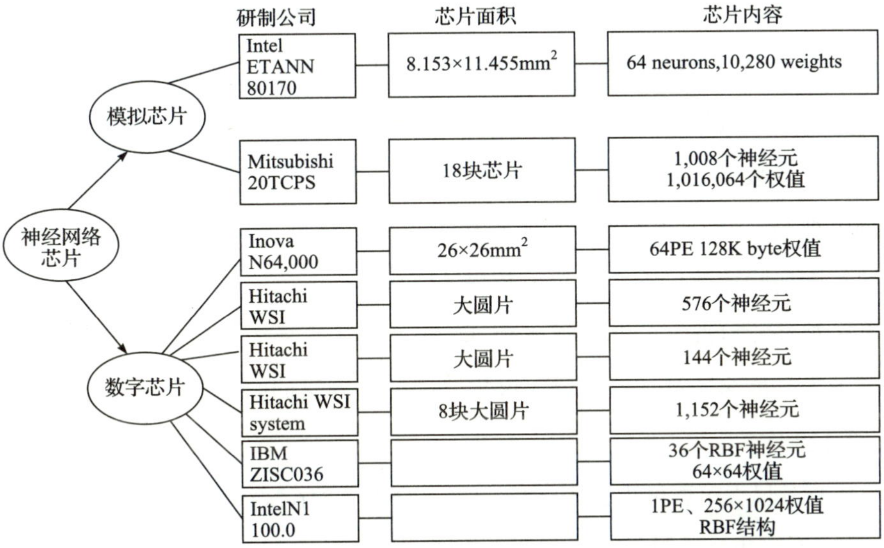

图 2　国际上研制和生产的适于用于人工神经网络的芯片

3　我国的神经计算机和人工神经网络硬件

我国多所高等院校和科研院所都曾对神经计算机和人工神经网络芯片作过各方面的研究。以进口 DSP 或 Transputer 芯片组装的神经计算机成本较贵。获得国家“八五”科技攻关重大科技成果奖的小型神经计算机预言神一号（CASSANDRA-I）经过小型化、完善化、产品化的工作，可能是目前我国唯一能提供产品的国产神经计算机机种。以下重点介绍 CASSANDRA-I 小型神经计算机的情况。

CASSANDRA-I 小型神经计算机是由中国科学院半导体研究所研制并推广生产的。其名称是由“中国科学院半导体人工神经器件研究”等字的英文字头连接而成 CASSANDRA（卡桑德拉），就英文 CASSANDRA 的字义亦被称作预言神系列。

CASSANDRA-I 小型神经计算机由神经处理机硬件、控制机（微机）、接口插板、软件等组成，其硬件结构如图 3 所示。总体情况介绍如下：

神经处理机硬件由通用、专用和半定制三类共 30 多块超大规模集成电路所构成。处理机体积为 36cm×36cm×2cm 薄板，可置于微机的显示器下。

CASSANDRA-I 小型神经计算机一次模拟 256 个神经元，256 个输入节点，任意联接的网络；用 Windows 或 DOS 环境下软件出入口，一次模拟时间为 7ms，适用于各种高速实时自适应控制及高速实时模式识别等应用。作为多路自动控制时，最多可同时控制 128 路，每路最多可达 256 个输入量，256 个输出量。配有 Windows 及 DOS 环境下应用软件及演示软件，有 64 种神经元非线性函数在计算中实时可改变。

神经处理机一次运算的网络最大规模及运算内容为：

① 网络神经元数量 256 个；

② 输入节点数量 256 个；

③ 每个神经元最多的联接（突触）数量为 512 个；

④ 神经网络联接数量即存储权值数量 131 072 个；

⑤ 每个神经元可选择的非线性函数 64 个；

⑥ 一条指令最多计算神经网络 128 次，即前馈网络同时计算 128 组输入，或反馈网络迭代计算 128 次；

⑦ 一条指令最大运算量为 256×512×128＝16 777 216 次神经联接计算，加 256×128＝32 768 次神经元输出函数计算，计算总时间为 0.898s；

⑧ 每次实时计算神经网络时间 7ms；

⑨ 每次刷新全部权值时间 59ms；

⑩ 权值字长 8 位（其中 1 位为符号）；

⑪ 输入及神经元状态字长 8 位（正值）。

神经计算机系统的软件分 3 部分：

① 在控制机上用人机对话方式输入与输出的应用软件（用户工作平台）。该软件是

在 Windows 环境下编写的。用户可以通过界面输入任意的网络模型和参数。计算完毕时各次计算的神经元状态以及网络最终的全部权值都可以在显示屏上读出，也可以保留在计算机内部保存。该软件适用于典型应用的教学、演示等。其优点在于操作方便，但由

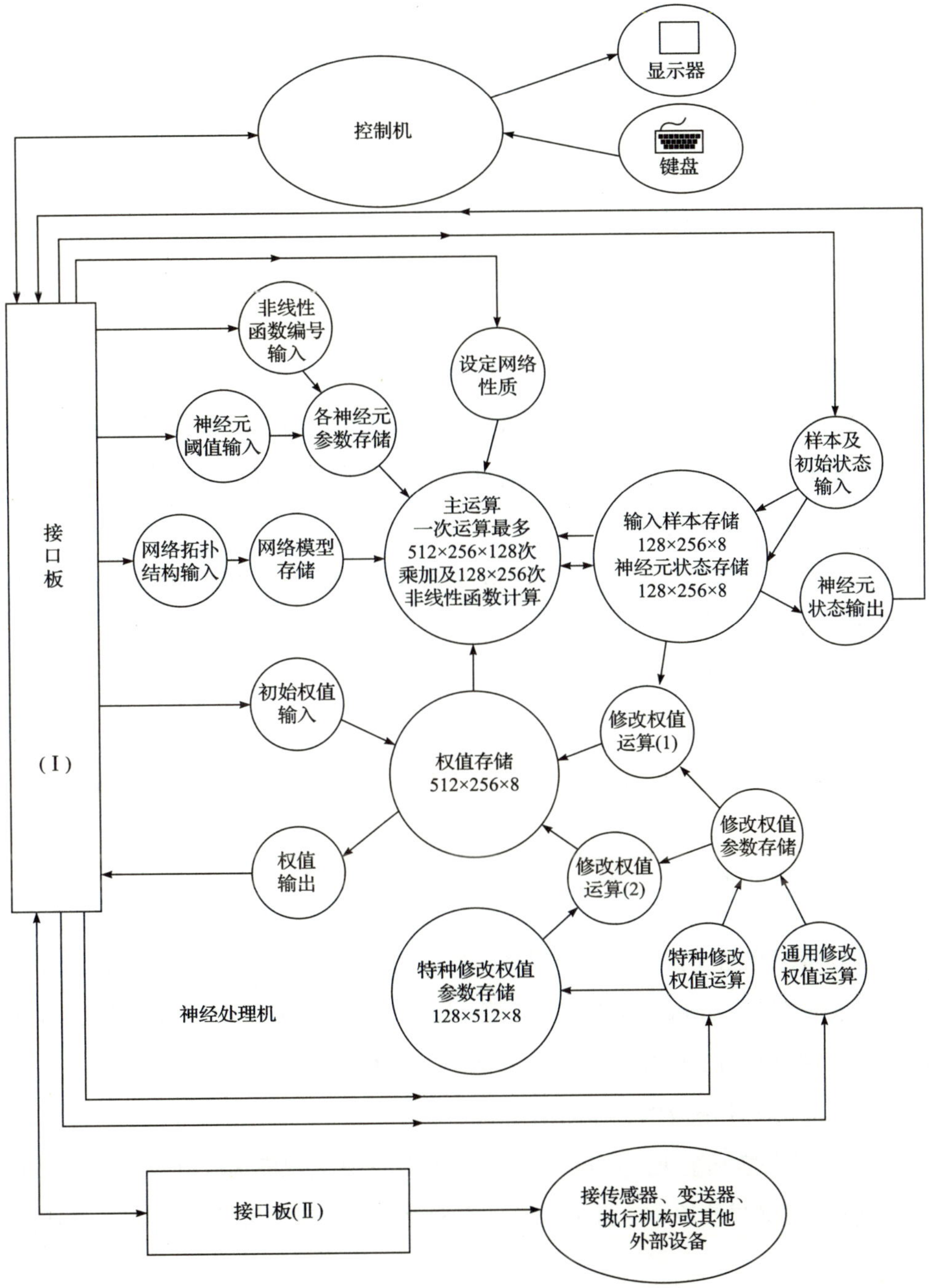

图 3 CASSANDRA-Ⅰ小型神经计算机系统硬件结构示意图

于用户涉及神经网络的深度较浅，网络和算法的灵活性受到一定的限制，对用于深入的科研开发工作有较大的局限性。

② 在 Windows 环境下编程的功能性指令模块。这些模块是把神经计算机的全部功能分解成 11 个功能性指令模块，可以嵌入用户所编的程序中。各功能指令模块的调用都是以规定的数据格式和出入口来实现的。

③ 专为“在线”应用尽量提高速度而在 DOS 环境下编程的 11 个功能指令模块。其功能与在 Windows 环境下编程的各模块完全相同，但具有更高的运算速度。

此外，还有少量附加功能指令模块是专为整个神经计算机系统与外界接口而设置的输入输出功能指令模块，以及编程者转换数据格式用的辅助功能函数模块。

CASSANDRA-I 神经计算机系统还配套提供给用户最新发展的神经网络模式识别高速学习算法软件模块 SLAM、SLPODBF 等。由于我国在“八五”和“九五”科技攻关内容中都重视了半导体神经网络技术和硬件的研究，在“九五”又建设了半导体神经网络实验室，目前我国除上述 CASSANDRA-I 神经计算机以外，在以下各方面都已具备或即将具备提供国产神经硬件的能力：

① 兼容加权 RBF 功能的高阶高精度（16 位浮点）1024 神经元神经计算机 CASSANDRA-Ⅱ。

② 半定制高速实时专用神经网络板（8 位精度、8 维或 16 维输入，单输出实时工作，输入至输出延时小于10μs）。

③ 其他按用户要求的专用神经网络板（8 位精度、网络模型与权值已确定）。

4　人工神经网络在测控技术中的实用化

人工神经网络在测控技术中用处很多，特别是在过程优化、自适应控制、多传感器系统的数据实时综合、分析、校正、控制等，以及实时图形或实物识别等模式识别场合。国外已有很多这方面的书籍介绍，国内也有不少有关论文。鉴于本文篇幅所限，仅就作者所在实验室的实况略举数例，作简单介绍。

① 国家自然科学基金重点项目，把神经网络用于某大规模集成电路工厂中大生产控制参数的优化。其效果使原 133 批平均成品率 51.7% 提高到优化后的 26 批平均成品率达到 57.5%。

② 实物识别。在 CASSANDRA-I 神经计算机上用最新的 SLPODBF 算法对 7 件实物

134 个不同姿态做样本训练，训练时间 6.34s，训练后不同姿态实物识别率为96%。用 SLPODBF 算法较传统 BP 算法训练时间缩短 2 个数量级。

③ 说话人确认。用 CASSANDRA-I 试验的说话人确认系统错误接收率与错误拒绝率同时小于1.5%。训练时间、判别时间与错误率均低于国外 Veritron 1000 系统。

④ 自动控制。人工神经网络最适用于自适应控制，从神经计算机到可单独使用的简单半定制神经网络板，适用于各种自控场合。神经网络硬件鲁棒性高，抗干扰强，不用程序控制，没有程序跳飞的危险性。

⑤ 用神经网络的 MASK ROM 智能化测试。用神经网络硬件建模，将被测 ROM 按“偏离理想标准评价度”智能化分成 5 个等级。4MB ROM 测试分级时间为 0.21s。与用一般测试仪测 ROM 相比，智能化分级性能好、硬件成本低。

5 结束语

人工神经网络与神经计算机以它自学习功能强、鲁棒性高、自适应能力强、智能化程度高等独特的优点，给工程技术许多方面提供了新的手段。神经网络硬件速度快，简便易行，为神经网络实用于工程中创造了有利条件。相信在 21 世纪人类走向智能化程度更高的信息时代中，人工神经网络与神经计算机将会发挥更大的作用。

通用神经网络硬件中神经元基本数学模型的讨论*

王守觉，李兆洲，陈向东，王柏南
（中国科学院半导体研究所，北京 100083）

摘　要

在介绍了作者实现通用神经网络硬件中应用的通用计算公式的基础上，提出了一种能同时模拟包括 RBF 与传统 BP 网络神经元在内的各种神经元通用的新的数学计算模型，并把基于这种通用数学计算模型的神经网络 CASSANDRA-II 型神经计算机结构设计中并予以硬件实现。文中还讨论了它所模拟神经元网络的灵活性。

关键词：神经网络；神经计算机；神经元数学模型

中图分类号：TP183　**文献标识码**：A　**文章编号**：0372-2112 (2001) 05-0577-04

Discussion on the Basic Mathematical Models of Neurons in General Purpose Neurocomputer

WANG Shou-jue, LI Zhao-zhou, CHEN Xiang-dong, WANG Bai-nan
(Institute of Semiconductors, CAS, Beijing 100083, China)

Abstract

Based on the introduction of the traditional mathematical model of neurons in general-purpose neural network hardware realization, a novel all-purpose mathematical model has been proposed, which can simulate all kinds of neuron architecture, including RBF and BP models, etc. At the same time this model has been realized using hardware and implemented in the new CASSAN-DRA- II neurocomputer that can be used to form many neural networks with multiple

* 原载于：电子学报，2001，29（5）：577～580. 国家自然科学基金（No.60076020）.

mathematical models of neurons. In this paper the flexibility of the new neurons has also been discussed in constructing neural networks.

Key words: neural network; neurocomputer; mathematical model of neurons

1 引　　言

人工神经网络的优越特性之一在于它适合于大量并行计算。因而神经网络硬件可以用较小的硬件开销而获得很高的网络联接计算速度与规模。作为通用目的的神经网络硬件可以是芯片集成或多芯片系统甚至大圆片集成（wafer scale integration，WSI）以至多圆片系统[1,2]。但不论集成度的大小如何，也不论神经网络是用硬件实现还是用软件在通用计算机上模拟，其最基本的单元是神经元。因而，神经元的基本计算方法和功能是决定神经网络性能的最基本的基础。

从模拟脑细胞的激活和抑制的机制出发最早就提出了经典的神经元数学模型[3]：

$$Y = f\left\{\left(\sum_{i=0}^{n} W_i X_i - \theta\right)\right. \tag{1}$$

式中：Y 为神经元输出；f 为神经元激励函数（非线性函数）；X 为神经元的输入；W 为神经元的权值；θ 为神经元的激活阈值。

由式（1）可知神经元的输出是由两个因素确定，一个是激励函数 f，另一个是函数的基$\left(\sum_{i=0}^{n} W_i X_i - \theta\right)$，不难看出，这一函数的基就是输入空间中输入点离一个超平面的距离（一侧为正，另一侧为负），该超平面的方程是：

$$\sum_{i=0}^{n} W_i X_i - \theta = 0 \tag{2}$$

如果激励函数是阶跃函数则神经元的功能就是在多维输入空间中作一个超平面，输入位于此超平面的一侧时其输出为 1，而在另一侧时输出为 0。这种功能常用于模式分类器[4]中。

很早人们就提出了用多维空间中的封闭超曲面取代式（2）超平面的设想[5]，径向基函数（RBF）神经元网络，它的神经元激励函数的基不是离一个超平面的距离，而是离一个核心点的距离[6]。实验结果表明径向基函数（RBF）神经元网络在模式识别与函数拟合的应用中具有比式（1）所描述的神经元更优越的性能。

径向基函数神经元的数学模型可表示为：

$$Y = f\left\{\left(\sum_{i=0}^{n}\left(W_i - X_i\right)^2 - \theta^2\right)\right. \tag{3}$$

可以看到，如果式（3）RBF 神经元的激励函数 f 为阶跃函数，则该神经元相当于在输入空间中以核心 W_i 为球心，以 θ 为半径作一个超球面。当输入点在此超球面内时输出为“0”，在超球面以外时输出为“1”，因而，可以认为 RBF 神经元网络是一种最简单的封闭超曲面高阶神经元网络。它的性能既然优于式（1）超平面神经元网络，这说明超曲面高阶神经元网络在性能上的优越性。

本文的目的就在探讨一种适用于通用神经网络硬件化的通用性强、功能齐全的神经元基本算法模型，使在此基础上实现的通用神经网络硬件，能有更强的适应能力和更好的网络性能。本文以下所讨论的新的超曲面高阶神经元基本算法已被应用于 CASSANDRA-II 型神经计算机的设计与实践中。

2　通用神经网络硬件中的通用计算式

作为通用神经网络硬件的基本要求，是要能适应各种各样神经网络模型联接、各种各样神经元激励函数以及尽可能灵活的神经元算法模型。一种比较实用的通用神经网络计算机的结构方式就是把所有需要灵活可变的因素都以可变参数的形式放在一个通用计算式中，神经计算机就并行地不断重复进行该通用计算式的计算，而这些可变参数却是按需要随时随处在变动着的，从而实现复杂灵活的神经网络结构[7]。例如我国在 1995 年实现的 CASSANDRA-I 神经计算机就是建立在下述通用计算式基础上的：

$$O_{mi}(t+1) = F_{k_i}\left[C_i\left(\sum_{j=0}^{n-1} S_{ji}W_{ji}I_{mj} + \sum_{g=0}^{n-1} S'_{gi}W'_{gi}O_{mg}(t)\right) - \theta_i\right] \tag{4}$$

式中：$O_{mi}(t+1)$ 为输入空间输入第 m 个对象时第 i 个神经元在 $(t+1)$ 时间的输出状态值，其中 m 最大不超过128，i 不超过 256；n 为输入节点数量（即输入空间维数）和神经元的最大数量（不超过 256）；F_{k_i} 为第 i 个神经元的输出非线性函数，其下标 k_i 为第 i 个神经元所用非线性函数在函数库中的序号（1～64）；I_{mj} 为第 m 个输入对象中的第 j 个（即第 j 维）输入值（输入至网络第 j 个输入节点）；$O_{mg}(t)$ 为在计算输入空间第 m 个对象时第 g 个神经元在时间 (t) 的输出状态值；W_{ji} 为由第 j 个输入节点至第 i 个神经元的联接权值；W'_{gi} 为由第 g 个神经元至第 i 个神经元的联接权值；S_{ji} 和 S'_{gi} 为决定网络拓扑结构模型的参数，S_{ji} 为 0 时表示第 j 个输入节点与第 i 个神经元无联接，S'_{gi} 为 0 时表示第 g 个神经元输出与第 i 个神经元无联接，反之为 1 时表示有联接；θ_i 为第 i 个神经元的阈值；

C_i 为扩大运算动态范围用的比例因子(1,2,4,8)。

由通用计算式（4）可知 CASSANDRA-I 可以计算任意拓扑结构的前馈网络或反馈网络；各个神经元可以在非线性函数库中任意选择不同的激励函数；可以有不同阈值和不同比例因子。因此，可以说在网络拓扑结构和神经元参数方面它有很大的灵活性与适应能力。

然而，不难看出通用计算式（4）的神经元基础是式（1）的数学模型；因而它只能作“超平面”神经元网络的运算，而较难作超曲面神经元网络的运算。利用式（1）的基本运算来计算矢量间的夹角，以夹角作为神经元非线性函数的基，实现一种方向基函数（DBF）神经元网络可以实现高阶神经元的功能[8]；但它所实现的封闭超曲面功能是在降低一维的超空间中实现的，输入各矢量的模值在计算归一化过程中将被抛弃。

本文以下将主要探讨一种通用的功能强灵活性强的高阶神经元基本运算模型和对它的功能进行讨论。

3　超曲面神经元基本数学模型的通用性探讨

为通用神经计算机选择的超曲面神经元基本数学模型应具有下列基本要求原则：

（1）可以同时覆盖传统的超平面神经元和径向基函数 RBF 神经元网络的功能；（2）有实现尽可能多种不同超曲面特性的可能性；（3）特性的改变可以用更动少数参数来实现；（4）能较为方便地用硬件来进行快速运算。

由要求（1）可知通用神经元基本数学运算公式必须兼有式（1）和式（3）的基本运算内容。所以对于每一个输入节点来的信号必须有两个权值。一个确定方向的权值和一个确定核心的权值。选用的基本计算式如下：

$$Y = f\left[\sum_{j=1}^{n}\left(\frac{W_{ji}}{|W_{ji}|}\right)^{S} |W_{ji}\left(X_j - W'_{ji}\right)|^{p} - \theta\right] \tag{5}$$

式中：Y 为神经元输出；f 为神经元激励函数；θ 为神经元阈值；W_{ji} 和 W'_{ji} 为由第 j 个输入端接至神经元的两个权值；X_j 为第 j 个输入端输入（正值）；n 为输入空间维数；S 为决定单项正负号方法的参数 $S=0$ 时单项符号永为正，$S=1$ 时单项的符号与 W_{ji} 的符号相同；p 为幂参数。

不难看到，如果所有的 W' 均为“0”，$S=1$，$p=1$，则式（5）就与式（1）相当；如果所有的 W 均为“1”，$S=0$，$p=2$，则式（5）就与式（3）相当。说明该基本算式符合要求（1）。

再看，如果设定 $S=0$，则该基本算式是个封闭超曲面神经元。F 函数的基设定为定值时，输入点的轨迹是封闭超曲面。它的核心位置由 W' 决定；设先考虑所有 W 均相等的情况，该封闭超曲面可以用 p 的值来改变它的形状。以三维空间的情况来说明，p 值为 1/3，1/2，1，2，3，4 等不同值时该封闭曲面如图 1～图 6。

此时若使 W 权值具有不同的值，则相当于将封闭曲面在不同方向加以拉伸或压缩。如果 $p=2$，则超球面将在不同维方向伸或缩形成不同的超椭球面。图 7 与图 8 是举例在三维空间中在不同轴方向有不同拉伸或压缩形成的椭球面。

可以看到式（5）同时符合（2）和（3）二个要求。

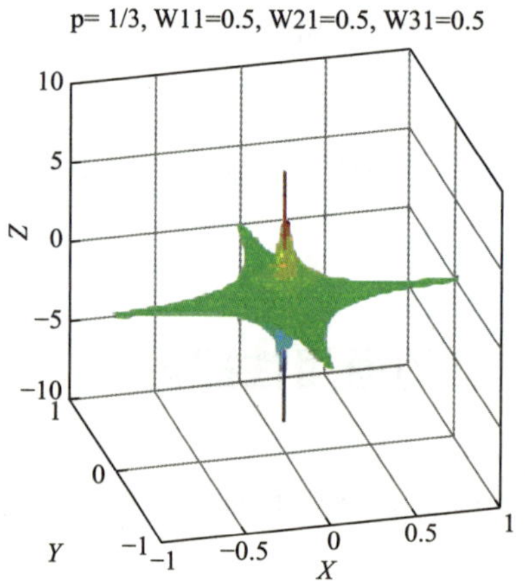

图 1

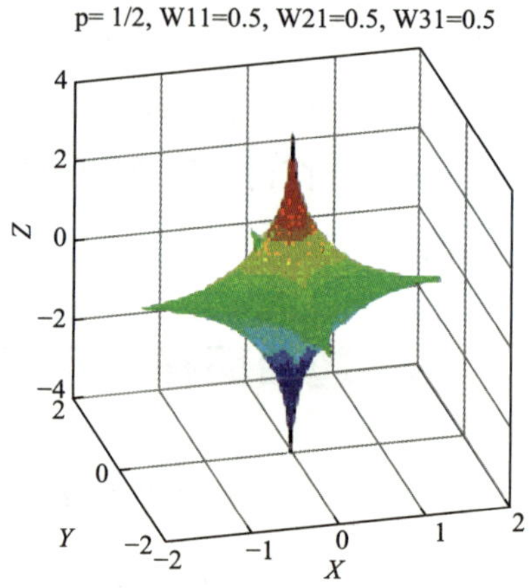

图 2

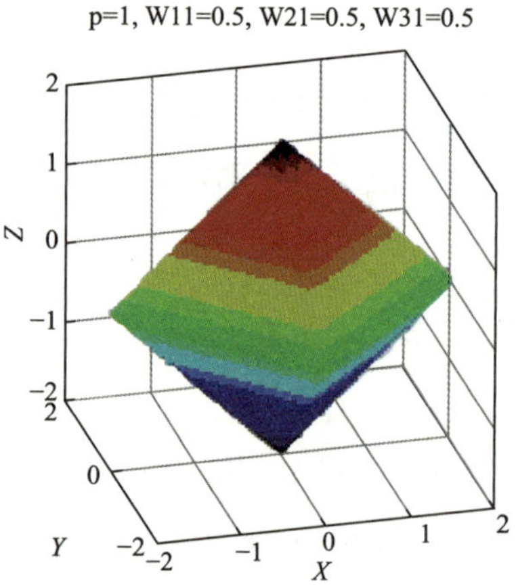

图 3

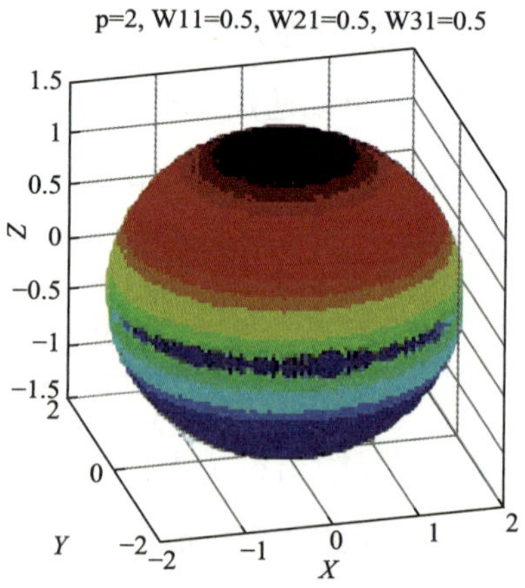

图 4

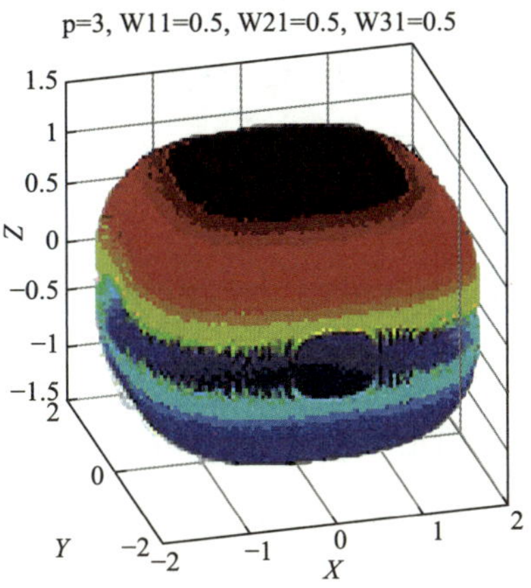

图 5

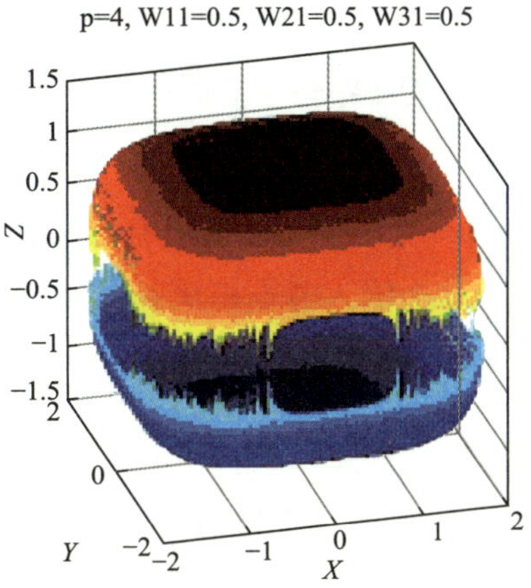

图 6

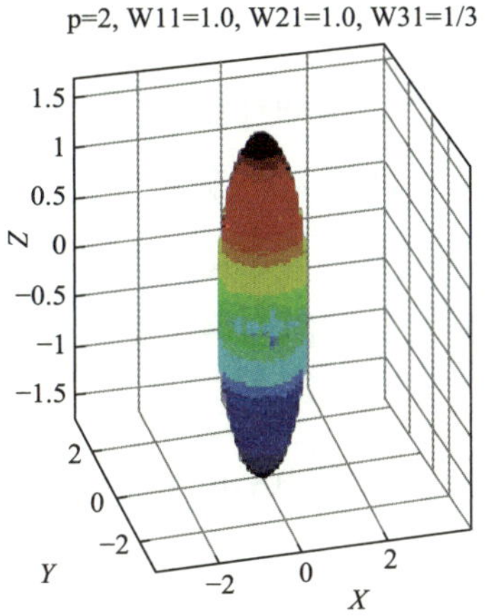

图 7

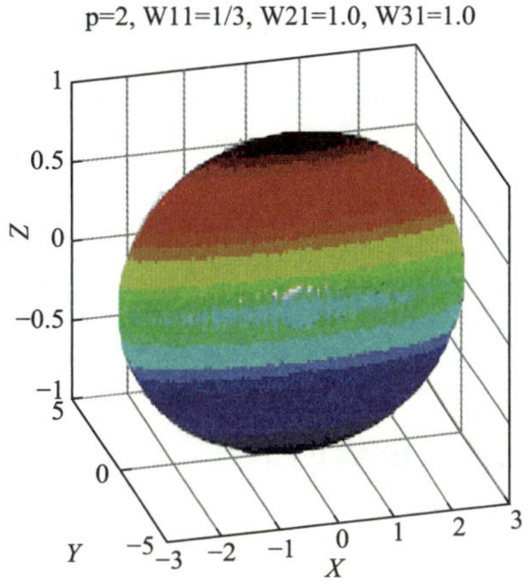

图 8

4　基于通用超曲面神经元的神经网络硬件通用计算式

基于通用超曲面神经元基本数学模型式（5）作者研制了同时适用于传统 BP 网络、RBF 网络以及各种高阶超曲面神经元网络通用的 CASSANDRA-II 神经计算机硬件。

其通用计算式如下：

$$O_{mi}(t+1)=F_{k_i}\left\{\lambda_i\left[C_i(\Re)-\theta_i\right]\right\} \tag{6}$$

其中：

$$\Re=\left[\sum_{j=1}^{n}\left(\frac{W_{ij}}{\left|W_{ji}\right|}\right)^S\left|W_{ji}\left(I_{mj}-W_{ji}'\right)\right|^p+\sum_{g=1}^{n}\left(\frac{W_{gi}}{\left|W_{gi}\right|}\right)^S\left|W_{gi}\left(O_{mg}(t)-W_{gi}'\right)\right|^p\right]$$

式中：$O_{mi}(t+1)$ 为输入空间输入第 m 个对象时第 i 个神经元在 $(t+1)$ 时间的输出状态值，其中 m 最大不超过128，i 神经元数量最大不超过 1024；F_{k_i} 为第 i 个神经元的输出非线性函数，其下标 k_i 为第 i 个神经元所用非线性函数在函数库中的序号（1 至 8）；I_{mj} 为第 m 个输入对象中的第 j 个（即第 j 维）输入值（输入至网络第 j 个输入节点）；W_{ji} 与 W'_{ji} 分别为由第 j 个输入节点至第 i 个神经元的“方向”权值和“核心”权值；W_{gi} 与 W'_{gi} 分别为由第 g 个 $(1 \leqslant g \leqslant 256)$ 神经元输出联至第 i 个 $(1 \leqslant i \leqslant 1024)$ 神经元的“方向”权值和“核心”权值；p 为幂参数（1/3，1/2，1，2，3，4）；S 为单项正负符号规则（0 或 1）；$O_{mg}(t)$ 为当输入为第 m 个对象时第 g 个 $(1 \leqslant g \leqslant 256)$ 神经元在时间 (t) 的输出状态值；θ_i 为第 i 个 $(1 \leqslant i \leqslant 1024)$ 神经元的阈值；C_i 为神经元输入规模比例因子，λ_i 为神经元非线性函数坐标比例因子。

由式（6）可知 CASSANRA-Ⅱ神经计算机可以模拟含有各种不同特性神经元的（包括超平面，超球面以及各种超椭球面和超立方体等）任意结构的神经网络。其一次模拟网络规模的限制为神经元总数量 1024 个，其中可作为中间层（即输出可作为其他神经元或自身输入的）神经元不超过 256 个。故每个神经元的输入突触限为 512 个。对于前馈网络，一次可计算输入空间中 128 个以下对象。对于有反馈网络，一次可迭代计算 128 次。

CASSANDRA-Ⅱ的权值与状态输入输出的数据格式采用了 16 位浮点格式，以保证其等效运算精度。

5 结　论

在美国 IEEE1992 年出版的神经网络理论基础与分析论文集的引言[9]中对词汇“人工神经网络”含义作了如下描述：“用大量简单的“神经元”计算并行叠联而成的任何计算结构”，即“神经网络”，“更确切地说是人工神经网络”，“其发展的驱动力主要来自这样一个事实，即在图像识别、模式识别方面人类的能力远远高于任何数字计算机”。

在人工神经网络用于模式识别时，RBF 网络等以封闭超曲面特性神经元为基础的网络，显然优于传统的以超平面特性神经元为基础的神经网络。这可能会导致像飞机发展过程中那样很早就超脱了鸟类飞行所用的翅膀上下运动的机制。虽然超平面特性神经元的数学模型更接近于单个脑细胞的功能。

本文提出了并在作者所研制的神经计算机中使用了灵活可变超曲面特性神经元作为

网络基础，希望引起有共识的人工神经网络研究者和实用者们给予神经元的基本数学模型的发展以更多的关注。

参考文献：

[1] Clark S. Lindsey and Thomas Lindblad Review of Hardware Neural Networks: A User's Perspective[A]. Proceedings of the Neural Networks[C].From Biology to High Energy Physics, International Journal of Neural System.Supp. 1995, 6: 215-224.

[2] Yuzo Hirai. VISI Neural Network Systems[A].Proceedings of the Neural Networks[C].From Biology to High Energy Physics, International Journal of Neural System.Supp. 1995,6:203-213.

[3] W. S. McCulloch, and W. Pitts. A logic Calculus of the Ideas Imminent in Nerves Activity[J].Bulletin of Mathematical Biophysics, 1943,5: 115-133.

[4] M.A. Cohen, and S. Grossberg. Absolute Stability of Global Pattern Formation and Parallel Memory Storage by Competitive Neural Networks[J].IEEE Trans .Syst. Man Cybern., 1983,SMC-13:815-826.

[5] R L Hardy. Multiquadric equations of topography and other irregular surfaces[J].J. Geophys,Res.,76: 1905-1915.

[6] M. J. D. Powell. Radial basis functions for multivariable interpolation: A review[A].in J. C. Mason and M. G. Cox, editors, Algorithms for Approximation · Clarendon Press, Offord, 1987.

[7] D. R. Collins and P. A. Penz. Considerations for neural network hardware implementations[J].IEEE Symp. Circuit and System,1989:834-836.

[8] Wang Shoujue, Shi Jingpu, Chen Chuan, Li Yujian. Direction-Basis Function Neural Networks [A].#58 Session: 4.2. IJCNN'99[C].

[9] Clifford Lau edited. Neural Networks: Theoretical Foundations and Analysis[J].IEEE PRESS,A Selected Reprint Volume, Neural Networks Council,Sponsor, 1992.

Discussion on the Methodology of Neural Network Hardware Design and Implementation*

Xingang Wang, Zuocheng Ma
(Institute of Intelligent Information System, Zhejiang University of Technology, Hangzhou 310014,China)

Huaxiang Lu, Shoujue Wang
(Institute of Semiconductors, Chinese Academy of Science, Beijing 100083,China)

Abstract

As a suitable calculating method for parallel computation, the neural networks have been widely used in application. It was pointed out that the main problem of the neural network hardware implementation lies in three aspects. To solve these problems, the way of hardware implementation of neural networks has been discussed. A novel basic mathematical model of neuron has been introduced. Using this new model of neuron, the flexibility of the implemented neural network hardware will be greatly improved.

I. Introduction

Soon after the widespread revival of neural network research in the mid-eighties, it was realized that to fully profit from the massive parallelism, self-learning capability, robustness and fault-tolerant capability inherent in neural network models, hardware implementations are essential. This has led to a large variety of implementations using software or full solidified special neural network chip. This paper provides a thorough review of the property of neural network hardware and researches the application realized by semiconductor

* 原载于：Proceedings of the 2001 6th International Conference on Solid-State and Integrated Circuit Technology (Cat. No. 01EX443)，2001：113～116.

hardware. In the end, it introduces a novel basic mathematical model by which the application is greatly enlarged.

II. Analysis of the property of neural network hardware

Neural networks are composed of simple elements operating in parallel. These elements are inspired by biological nervous systems. As in nature, the network function is determined largely by the connections between elements. We can train a neural network to perform a particular function by adjusting the values of the connections(weights)between elements. Neural networks have powerful self-learning capability, high robustness and can complete the vector space map with high speed, so are generally applied in many fields including pattern recognition, signal processing, identification, classification, parameter optimization and control system. So the hardware implementations of neural networks are essential in practice.

Most neural networks learn input/output relationships by storing a distributed model as fixed weights along each connection between neurons. So the main problem of the neural network hardware implementation lies in three aspects:

As the fundamental computational element, the realization of neuron function and the method of integration will be the first important problem. Second, the large numbers of weights produced during the operation need to be stored and modified at any time. The third, the large quantities of connections between neurons have to be implemented in the neural network hardware.

Any hardware implementation has to optimize seven main constrains: the computing speed, the accuracy, the net scale, the flexibility, the cost, the easy to use and the products quantity. The design of hardware implement is governed by the balancing of these criteria. Toward different application, the suitable way of implementation of neural networks will be also different.

Let's take the generality for example: in scientific research, without the particular requirement for function and structure, the neural networks generally need more powerful generality but the neural networks used for engineering need less powerful generality. However for those trained neural networks with fixed uses,(even the weights are fixed),there is no demand for generality. So we can fuzzily divide the properties into three grades, that is high(H), middle(M)and low(L).(H)means the demand is high, that is to say, the high computing speed, the high accuracy, the large net scale, the strong flexibility, the low cost, the easy to use or the products quantity.(L)However means the requirement is lower and(M)means the demand is between the above two. For different purpose and different realization, we get the mapping relationship shown in the following Table. 1 by dividing all factors into three grades.

In Table.1,it is shown that for different purpose, the suitable way of implementation of neural networks will be also different. Improper approach may result in the great inferior position on ratio of performance to price. A humor in Dan Hammerstrom[1] says: For a fully parallel network chip with $1\mu m$ interconnects and 10^9 connections, the spare of the connection is $89m^2$.

Table1　Different approach for different purpose

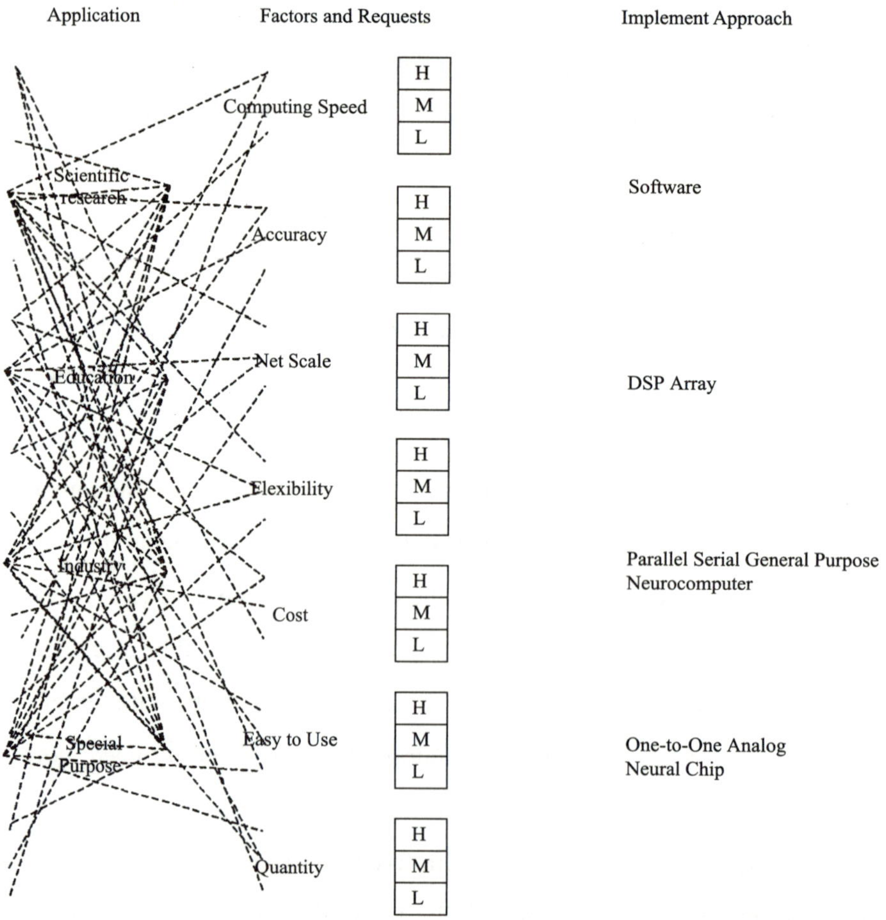

III. Extended approach of general purpose neurocomputer application

Among the four neural networks realization shown in the Table.1,DSP array is a typical hardware method for accelerating computing speed. Because DSP chip is always a general product, it is not discussed in this paper. Although the majority of neural hardware is concerned with the implementation of multiplayer networks, because of their wide-ranging applicability, most other popular neural network models have also been implemented in hardware. So the One-to-One Analog Neural Chip has advantage in realizing special function and small scale solidified neural network, but was restricted in network scale and flexibility. Next, we'll discuss how to extend the applicability of the parallel serial general purpose neurocomputer.

From the above Table.1,we know for general-purpose neurocompouter, to enhance the competitive capacity in software mode and DSP array application, the key is improving the flexibility and decreasing the cost. The author puts forward a novel all-purpose mathematical model in the paper"Discussion the Basic Mathematical Models of Neurons in General Purpose Neurocomputer"[2],which can simulate all kinds of neuron architectures, including RBF and BP modes etc.

The model is

$$Y = f\left[\sum_{j=1}^{n}\left(\frac{W_j}{|W_j|}\right)^S |W_j(X_j - W_j')|^p - \theta\right] \tag{1}$$

In which:

Y is the output of neuron:

$f(\cdots)$ is the neuron activation function;

X_j is neuron jth input;

W_j, W_j' are the direct weight and kernel weigh respectively:

θ is the threshold;

n is the dimension of input.

We can easily get: if S=1, p=1 and all W are zero, then the above equation becomes the traditional BP neuron; if S=0, p=2 and all the W are one, then the neuron becomes RBF neuron; if S=0,change the value of W and p, and if the basis of function $f(\cdots)$ is zero, the tracking of

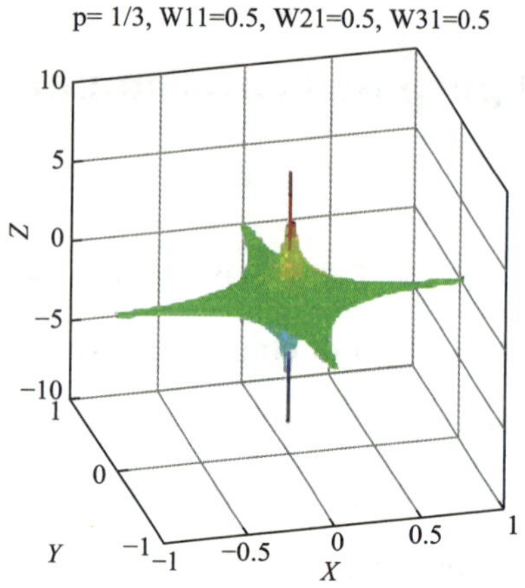

Fig1

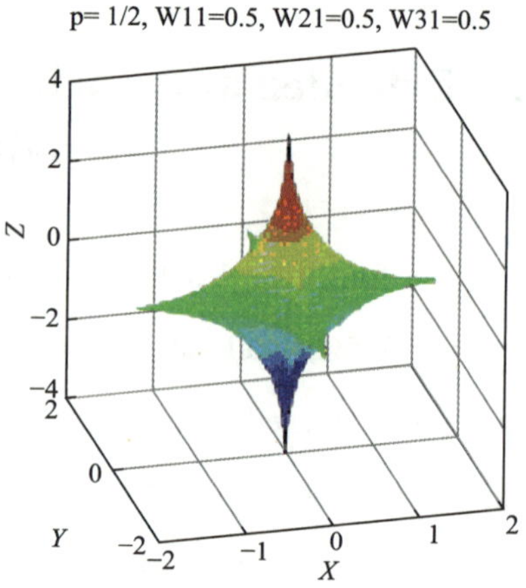

Fig2

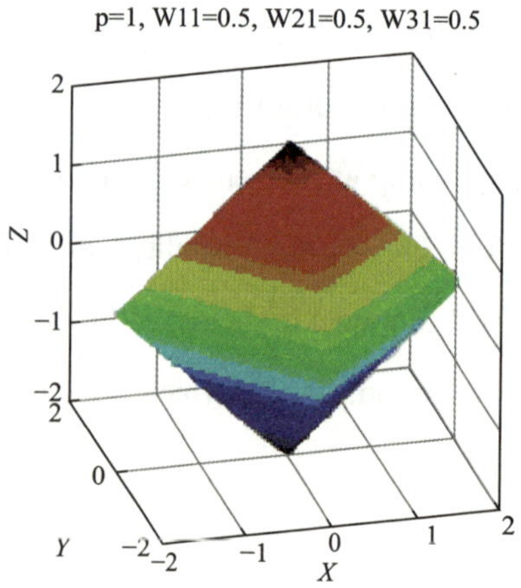

Fig3

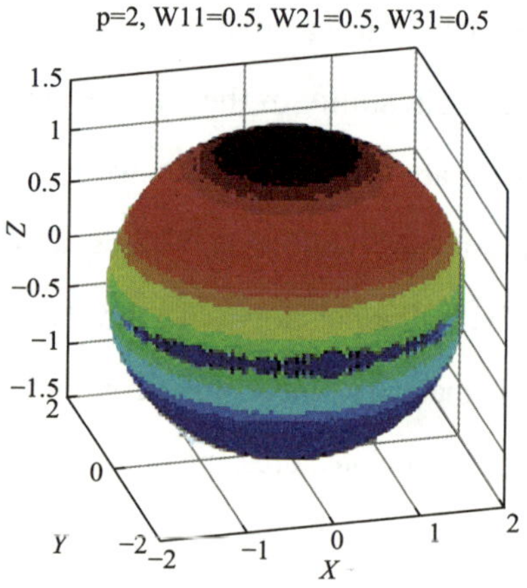

Fig4

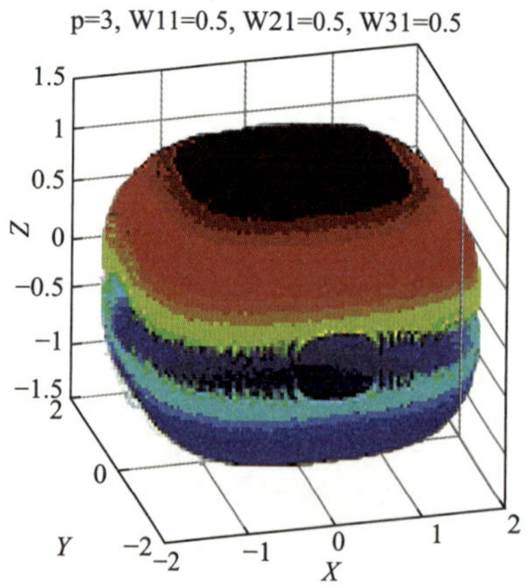

Fig5

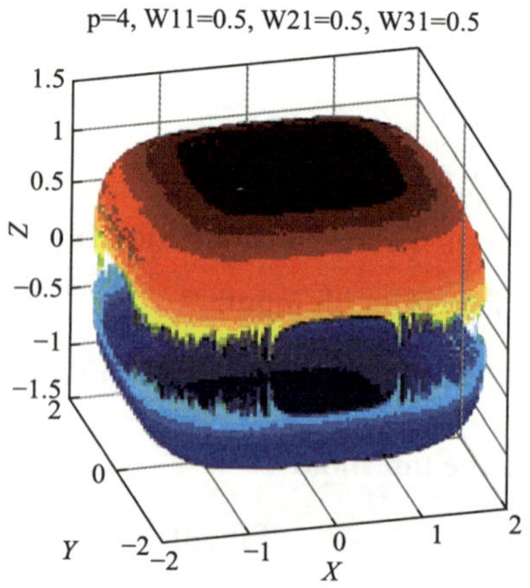

Fig6

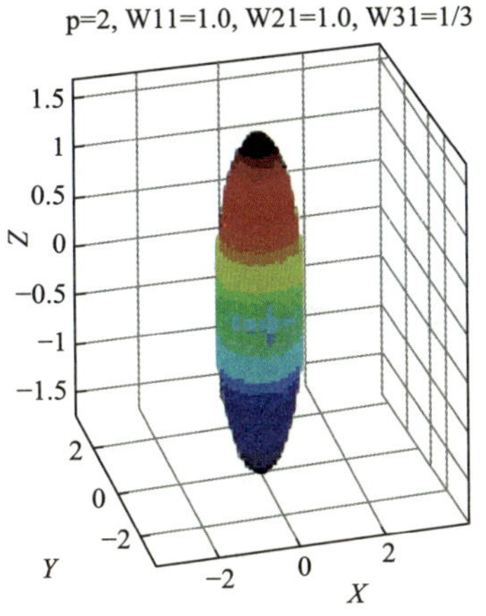

Fig7

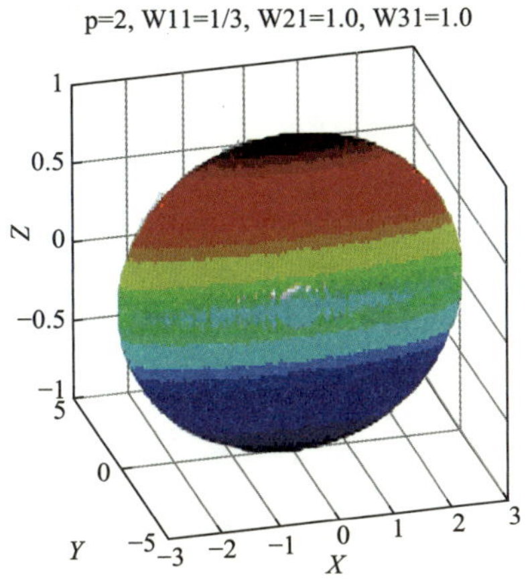

Fig8

input X becomes the following closing hypersurfaces shown in Fig.1 to Fig. 8.So basing on the same hardware, we can design different neural networks.

IV. Conclusion

As an immature technology, neural computing has many drawbacks for operational applications. Foremost, there are few commercially available neural network chips, either electronic or optical. Therefore, the implementation of this technology usually now depends on simulation by traditional serial computers with special software, and sometimes hardware. There is little doubt, however, that widespread use of neural networks in the near future will rely on hardware implementations. As discussed above, we know in the process of the neural network hardware implementation, the improvement of neuron mathematical model will greatly improve the flexibility and convenience, so it will greatly extend its applicability.

Acknowledgments

This paper is supported by the national science foundation (60076020).I wish to thank academician Wang Shoujuc for his kind encouragement in this research..

References

[1] Dan Hammerstrom. “Electronic Neural Networks Implementation”. Tutorial, International Joint Conference on Neural Networks,Maryland:Baltimore, 1992.

[2] Wang ShouJue etc. “Discussion on the Basic Mathematical Models of Neurons in General Purpose Neurocomputer”. ACTA EI ECTRONICA SINICA, Vol.29 No.5,pp577-580, 2001

单节拍浮点运算神经元的组合逻辑设计*

王守觉　李卫军　陈　旭
（中国科学院半导体研究所神经网络实验室，北京 100083）

摘　要

介绍了通用神经计算机 CASSANDRA-Ⅱ中单节拍浮点运算神经元的硬件设计方法。基于通用超曲面神经元模型，以组合电路与 EPROM 查表分别实现浮点数加法、乘法及 p 次幂运算，从而实现了单节拍内完成浮点运算 $|W(X-Y)|^p$ 的神经元组合逻辑设计。该设计使通用神经计算机硬件具有更强的适应能力和更好的网络性能。

关键词：单节拍浮点运算；超曲面神经元；通用神经计算机；组合逻辑设计

EEACC：1265B; 1295　**CCACC**：1230D

中图分类号：TP183　**文献标识码**：A　**文章编号**：0253-4177 (2004) 11-1505-05

Logical Design of Hypersurface Neuron for Single-Cycle Floating-Point Arithmetic Operation

Wang Shoujue, Li Weijun, Chen Xu
(Institute of Semiconductors, The Chinese A cademy of Sciences, Beijing 100083, China)

Abstract

A logical design method of hypersurface neuron for single-cycle floating-point arithmetic operation is presented. With combinational logical design method and EPROM table look-up technology combined, the hardw are neuron designed is able to complete floating-point arithmetic operation $|W(X-Y)|^p$ within one single cycle, and can be flexibly configured to

* 原载于：半导体学报，2004，25（11）：1505～1509. 国家自然科学基金资助项目（批准号：60076020）.

simulate kinds of neuron architecture.

Key words: floating-point arithmetic; hypersurface neuron; neurocomputer; logical design
EEACC: 1265B;1295 **CCACC:** 1230D
Article ID: 0253-4177 (2004) 11-1505-05

1 引　言

目前，各种数字信号处理器及通用处理器中，浮点运算部件大多采用多节拍的时序电路设计[1~4]，通过划分流水级的方式来提高系统的浮点运算频率。然而，对于以简单的运算单元（神经元）互联构成的人工神经网络硬件来说，由于其分布式并行计算的特性，这种设计不能有效提高其浮点运算性能。对于通用神经计算机的设计，设计者通常采用处理器阵列的构造方式，每个处理器模拟一个或多个神经元[5,6]。显然，对于这种神经计算机的编程相当复杂，性能价格比低。

本文提出了一种单节拍浮点运算神经元的组合逻辑设计方法。基于通用神经元模型[7]——通用超曲面神经元模型，分别采用组合电路设计和 E-PROM 查表技术实现浮点数加法、乘法及 p 次幂运算电路，使硬件神经元能够在单节拍内完成浮点运算 $|\mathrm{W}(\mathrm{X}-\mathrm{Y})|^{p}$。而且，通过对 p 值的选择，该硬件神经元可以模拟各种特性的神经元模型。以这种神经元为基本单元构造的通用神经网络硬件，CASSANDRA-Ⅱ，与 CNAPS 和 SYNAPSE-1[5,6]相比，具有更强的适应能力和更好的网络性能。

本文介绍了单节拍浮点运算 $|W(X-Y)|^{p}$ 神经元的组合逻辑设计方法，并对通用超曲面神经元及 CASSANDRA-Ⅱ神经计算机硬件加以简单介绍。

2 单节拍浮点运算电路设计

单节拍浮点运算电路的系统结构如图 1 所示，其中 W，X，Y 均为 16 位浮点数，格式为：

$$\text{Float} = (1-2S)(1+A/512)\times 2^{(B-31)}$$

式中 S 为符号位，“0”为正；A 为 9 位尾数；B 为 6 位指数。

电路中，浮点数加法部分以组合逻辑电路实现，而浮点数乘法及 p 次幂运算分别以 EPROM 查表的方式实现。整个电路中不包含任何时序电路，可以单节拍实现 $|W(X-Y)|^{p}$ 的浮点运算。而且，由于浮点数 p 次幂运算的查表方式设计，用户仅需

要重新刷写 EPROM 的内容，就可以方便地配置电路以实现任意 p 值的幂运算。

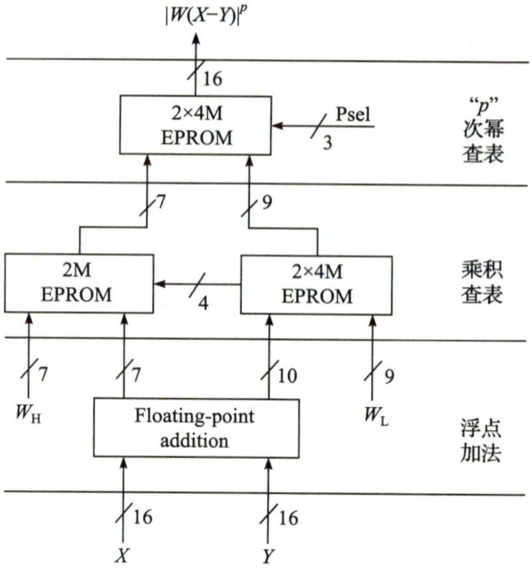

图 1　单节拍浮点运算电路系统结构图

2.1　浮点数加法的组合逻辑设计

浮点数加法 $X-Y$ 运算电路的系统结构如图 2 所示，其中：

$$X=(1-2S_1)(1+A_1/512)\times 2^{(B_1-31)}$$

$$Y=(1-2S_2)(1+A_2/512)\times 2^{(B_2-31)}$$

$$X-Y=(1-2S_{SP})(1+A_{SP}/512)\times 2^{(B_{SP}-31)}$$

根据数据流的流向，浮点数加法运算电路可以分为如下三个部分：（1）指数比较与尾数对齐电路；（2）浮点加法电路；（3）浮点数规则化调整电路。下面依次就这三个部分的设计进行详细论述。

2.1.1　指数比较与尾数对齐电路

指数比较与尾数对齐电路如图 3 所示，加法器 1 实现两个浮点数(X，Y)指数的比较，以确定 B_1，B_2 的大小以及需要进行移位操作的尾数（A_1 或 A_2）。加法器 2 确定尾数移位操作的位数。移位电路以多路选择器构成，由于 CASSANDRA-Ⅱ神经计算机中所用的 16 位浮点数格式与 IEEE 754 标准格式相似，其尾数最高位缺省为“1”，所以在尾数移位前，应先将 A_1，A_2 扩展为 10 位表示，最高位补“1”。

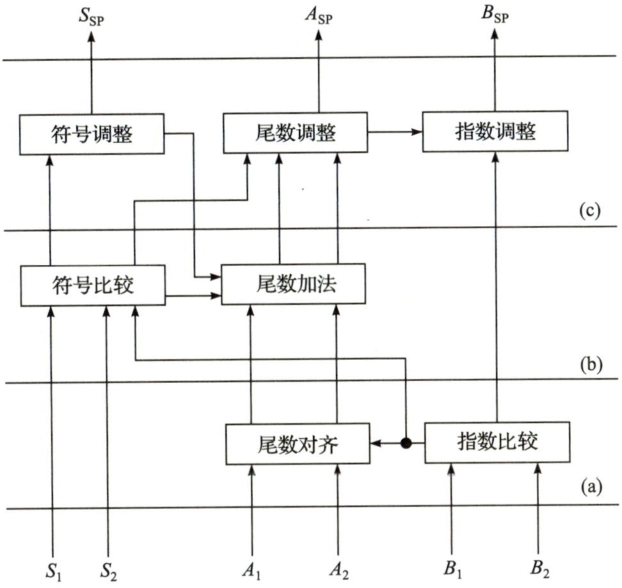

图 2　浮点数加法的组合电路设计系统框图

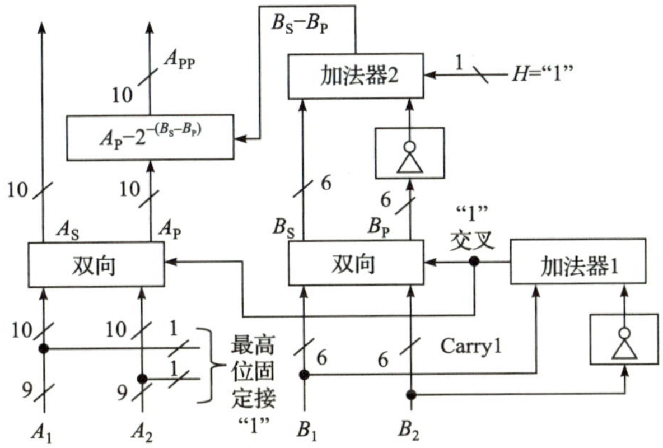

图 3　指数比较与尾数对齐电路

2.1.2　尾数加法电路

由于 X，Y 均为有符号浮点数，因此要实现 $X-Y$ 的运算，实际上需要根据 X，Y 的符号，对 X，Y 的绝对值进行加法或减法操作。为了简化电路，用一个加法器实现尾数的加减运算，作者用一个 10 位异或门构成逻辑取反/保持电路，其工作原理如下：

$$(A_{PP})\mathrm{XOR}(0) = A_{PP}\text{，}\quad (A_{PP})\mathrm{XOR}(1) = \overline{A_{PP}}$$

当两浮点数的符号相同时，将其中一个操作数算术取反后求和；符号相异时，直接求和。整个尾数加法电路结构如图 4 所示，逻辑取反/保持电路与加法器一起构成隐含符号位的 10 位二进制加法运算电路，其工作原理如表 1 所示。

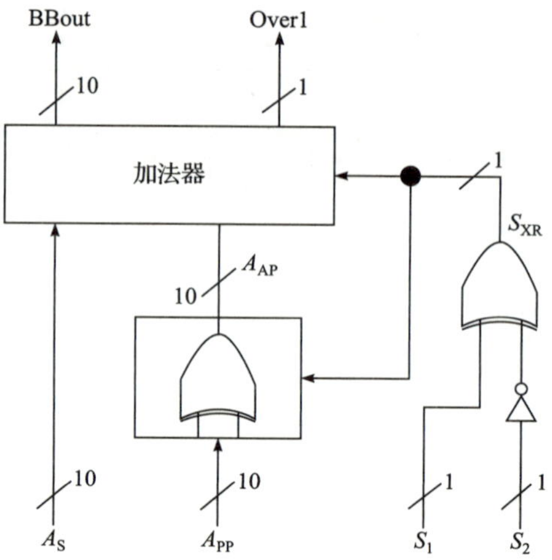

图 4　尾数加法电路

表 1　加法实现有符号二进制数减法运算

待实现操作	S_1	S_2	S_{XR}	A_{AP}	电路实现
$(-1)s_1'A_s-$	0	0	1		$A_S+(-A_{PP})$
$(-1)S_2'A_{PP}$	0	1	0	$(A_{PP})\text{XOR}(S_{XR})$	$(-1)s_1'(A_s+A_{PP})$
$(S_1'=S_1,\ S_2'=S_2$	1	0	0		$(-1)s_1'(A+A_{PP})$
or $S_1'=S_2,\ S_2'=S_1)$	1	1	1		$(-1)[A_S+(-A_{PP})]$

2.1.3　浮点数规则化调整电路

浮点数规则化调整电路如图 5 所示，加法器 1 和异或门组成绝对值运算电路（SSout=|BBout|），根据 BBout（尾数加法电路的运算结果）的符号 S_{BO} 对其进行算术取反/保持操作。

若 $S_{BO}=0$：

$$\text{SSout}=(\text{BBout})\text{XOR}(0)=\text{BBout}$$

否则：

$$\text{SSout}=(\text{BBout})\text{XOR}(1)+1=-\text{BBout}$$

这样，F_{SSP} 所在位置电路的浮点数运算结果为：

$$\begin{aligned}F_{SSP}&=(1-2S_{SSP})M_{SSP}\times 2^{E_{SSP}}\\&=(1-2S_{SP})\left(2A_{adj}+\text{SSout}/512\right)\times 2^{(B_S-31)}\end{aligned}$$

由上式不难看出，当 $A_{adj}=1$ 时，$M_{SSP}=(2+\text{SSout}/512)\geqslant 2$；当 $A_{adj}=0$ 时，$0\leqslant M_{SSP}=(\text{SSout}<512)<2$（包括 $0\leqslant M_{SSP}<1$ 的情况）。

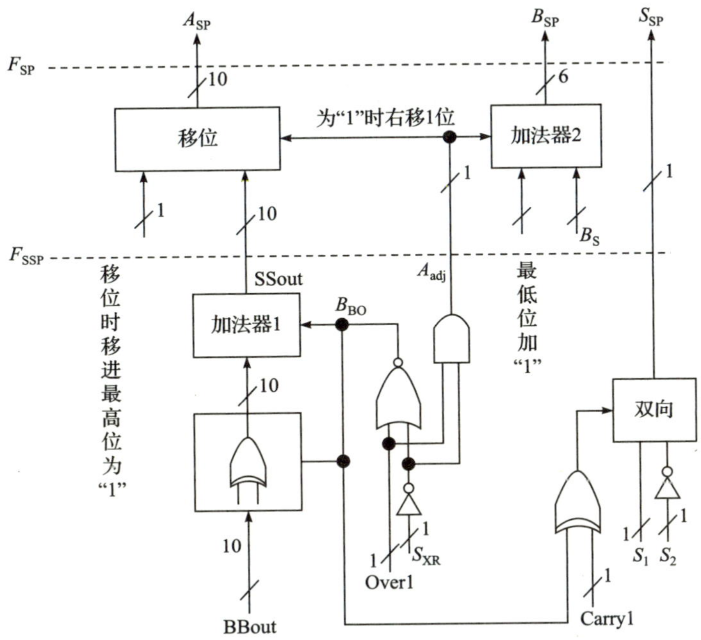

图 5　指数和尾数调整电路

当 $M_{SSP} \geqslant 2$ 时，移位电路和加法器 2 对浮点运算结果调整如下：

$$F_{SP} = (1-2S_{SP})(A_{SP}/512)\times 2^{(B_{SP}-31)}$$
$$= (1-2S_{SP})(1+\text{ SSout }/1024)\times 2^{(B_S+1-31)}$$

当 $0 \leqslant M_{SSP} < 2$ 时，电路不对运算结果作规则化调整，输出结果为：

$$F_{SP} = (1-2S_{SP})(A_{SP}/512)\times 2^{(B_{SP}-31)}$$
$$= (1-2S_{SP})(\text{SSout}/512)\times 2^{(B_S-31)}$$

2.2　浮点数乘法及 *p* 次幂查表

浮点数乘法及 p 次幂运算采用 EPROM 查表的方式实现。图 1 中 Psel 对应机内预定的 8 种不同 p 值的幂运算，通过对 EPROM 的重新编程操作，可以配置电路实现其他任意 p 值的浮点数幂运算。

如图 1 所示，作者在浮点数乘法及 p 次幂查表设计中，采用了分块查表的方法实现。当然，也可以将浮点数乘法及 p 次幂运算部分，以一块 EPROM 进行统一寻址查表实现，但那样的表容量需求高达 $2^{16+16+3}\times 16 = 512$ Gbit。而分块查表，仅需要 18Mbit 的 EPROM，大大提高了电路实现的性能价格比，而且在很大程度上减轻了重新配置神经元模型所需的 EPROM 编程量。

3　通用超曲面神经元模型及 CASSANDRA 神经计算机

通用超曲面神经元模型基本计算式如下：

$$Y = f\left[\sum_{j=1}^{n}\left(\frac{W_{ji}\left(X_j - W_{ji}\right)}{|W_{ji}\left(X_j - W_{ji}\right)|}\right)^S \times |W_{ji}\left(X_j - W_{ji}\right)|^p - \theta\right]$$

基于通用超曲面神经元基本数学模型，研制了同时适用于传统 BP 网络、RBF 网络以及各种高阶超曲面神经元网络通用的 CASSANDRA-Ⅱ神经计算机硬件。

其通用计算式如下：

$$O_{mi}(t+1) = F_{k_i}\left\{\lambda_i\left[C_i(\boldsymbol{R}) - \theta\right]\right\}$$

其中：

$$\boldsymbol{R} = \left[\sum_{j=1}^{n}\left(\frac{W_{ji}\left(I_{mj} - W_{ji}\right)}{|W_{ji}\left(I_{mj} - W_{ji}\right)|}\right)^S |W_{ji}\left(I_{mj} - W_{ji}\right)|^p + \sum_{g=1}^{n}\left(\frac{W_{gi}\left(O_{mg} - W_{gi}\right)}{|W_{gi}\left(O_{mg} - W_{gi}\right)|}\right)^S |W_{gi}\left(O_{mg} - W_{gi}\right)|^p\right]$$

当 p 取各种不同的值时，CASSANDRA-Ⅱ神经计算机可以模拟含有各种不同特性神经元的（包括超平面，超球面以及各种超椭球面和超立方体等）任意结构的神经网络。

CASSANDRA-Ⅱ神经计算机机内运算时数据采用与 IEEE754 标准类似的 16 位浮点数机内数据格式，以保证足够的动态范围。16 位浮点数的最高位（MSB）为符号位，“0”为正，“1”为负。从最高第 2 位起至第 7 位共 6 位为指数位，该 6 位数的值（0～63）以 B 代表其值，而第 8 位至第 16 位（LSB）共 9 位为尾数位，以 A 代表其值 $(0 \sim 511)$，则该浮点数的绝对值为 $\left(1+\dfrac{A}{512}\right)\times 2^{B-31}$。

在 CASSANDRA-II 的硬件神经元设计中，实现了本文提出的单节拍浮点运算 $|W(X-Y)|^p$ 电路的组合逻辑设计，使通用神经计算机具有更好的网络性能和计算性能。另一方面，CASSANDRA-II 机内预定了 8 种神经元模型以供选择，如果需要模拟含有其他各种不同特性神经元的任意结构的神经网络，用户只需对 EPROM 重新编程即可实现。与 Neal[8]的设计相比，这种方法使神经计算机具有更强的适应能力。

4　结　　论

在美国 IEEE 1992 年出版的《神经网络理论基础与分析论文集》的引言[9]中对“人工

神经网络”所作的定义如下：“用大量简单的‘神经元’计算并行叠联而成的任何计算结构”，即‘神经网络’，“更确切地说是人工神经网络”。“其发展的驱动力主要来自这样一个事实，即在图像识别、模式识别方面，人类的能力远远高于任何数字计算机”。

本文基于通用超曲面神经元模型提出并实现的单节拍浮点运算神经元组合逻辑设计，使通用神经计算机硬件具有更强的适应能力和更好的网络性能，为深入研究人工神经网络理论及其应用提供了物质基础。

参考文献

[1] Qian Gang, Li Li, Shen Xubang, et al. The design of a 32bit floating-point RISC microprocessor. International Conference on ASIC, 2001: 760

[2] Zhou Xu,Tang Zhimin. A fast floating-point multiplier archir tecture.Journal of Computer Research and Development,2003,40(6): 879 (in Chinese) [周旭, 店志敏. 一种快速的浮点乘法器结构, 计算机研究与发展, 2003, 40(6): 879]

[3] Chen C, Chen L A, Cheng J R. Architectural design of a fast floating-point multiplication-add fused unit using signed-digit addition. IEEE Proc Comput Digit Tech, 2002,149(4) : 113

[4] Oberman S F, Flynn M J. Reducing the mean latency of floating-point addition. Theoretical Computer Science, 1998,196: 201

[5] Liao Yihua.Neural networks in hardware:A survey. www.csif.cs.ucdavis.edu/~liaoy/research/Nnhardware.pdf

[6] Ramacher U.SYNAPSE-1:a high-speed general purpose parallel neurocomputer system.9th International Parallel Processing Symposium,Santa Barbara,CA, 1995:774

[7] Wang Shoujue,Li Zhaozhou,Chen Xiangdong,et al.Discussion on the basic mathematic model of neurons in general purpose neurocomputer.Acta Electronica Sinica, 2001,29(5):577(in Chinese) [王守觉, 李兆洲, 陈向东, 等. 通用神经网络硬件中神经元基本数学模型的讨论. 电子学报, 2001, 29(5): 577]

[8] Neal M J.An analog VLSI design for a neuron with a choice of learning rules.Neurocomputing, 2000, 30: 185

[9] Clifford Lau. Neural networks: theoretical foundations and analysis. IEEE Press, 1992

A DSWN-Based Specific-Purpose Neural Computing System*

Wang Shoujue　Li Weijun　Chen Xu
Artificial Neural Networks Laboratory, Institute of Semiconductors, Chinese Academy of Sciences, P.O.Box 912, Beijing, P.R.China 100083
E-mail: wjli@red.semi.ac.cn

Abstract

The Double Synapse Weighted Neuron (DSWN) is a kind of general-purpose neuron model, which with the ability of configuring Hyper-sausage neuron (HSN). After introducing the design method of hardware DSWN synapse, this paper proposed a DSWN-based specific purpose neural computing device—CASSANN-IIspr. As its application, a rigid body recognition system was developed on CASSANN-IIspr, which achieved better performance than RBF-SVMs system.

I. INTRODUCTION

Since Double Synaptic Weighted Neuron (DSWN) model was first proposed by Wang Shoujue[1], it has been widely used in many applications such as pattern recognition[2], communication system[3] etc.

In DSWN model, the signal for each input node has two weights: one is direction weight and the other is core weight. The formula of this model is given as follow:

* 原载于：Proceedings of the 2005 International Conference on Neural Networks and Brain，2005：1490～1493.

$$Y = f\left[\sum_{j=1}^{n}\left(\frac{W_{ji}\left(X_j - W'_{ji}\right)}{\left|W_{ji}\left(X_j - W'_{ji}\right)\right|}\right)^{S}\left|W_{ji}\left(X_j - W'_{ji}\right)\right|^{p} - \theta\right] \tag{1}$$

where Y is the output of neuron. f is the activation function. θ is the threshold. W_{ji} and W'_{ji} are two weights from the j-th input node to neuron. X_j is a input value from the j-th input node. n is the dimension of input space. S is a parameter for determining the sign of single entry. If $S = 0$, the sign of single entry is always positive and if $S = 1$, its sign is the same as the sign of $W_{ji}\left(X_j - W'_{ji}\right)$, p is a exponent parameter.

The DSWN can simulate all kinds of neuron architecture, including hypercube neuron, hyperplane neuron (BP), hypersphere neuron (RBF), hyper-sausage neuron (HSN) and so on. In 3-Dimension space, the HSN covers a sausage-looking manifold as shown in Fig.1. And in high-dimension feature space, the subspace covered by HSN is the topologic product of a line segment (1-dimensional manifold) and a hypersphere, this line segment's endpoints are decided by study samples A and B. The shape is made of three parts: S_1 is the set of points whose distances to the line segment equals a certain constant k; S_2 is the set of points whose distances to a sample point A equals k; S_3 is the set of points whose distances to a sample point B equals k. the mathematic expressions of them are:

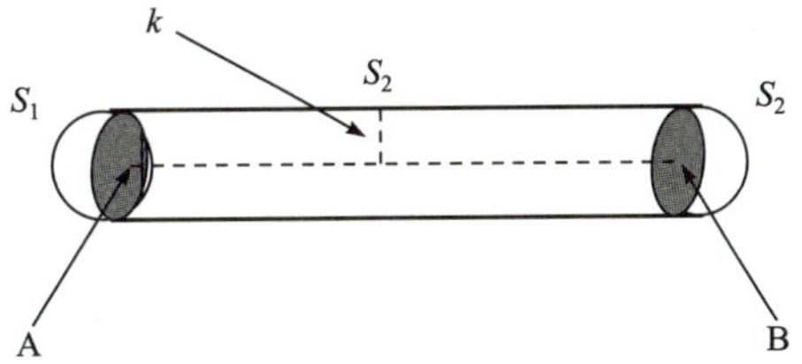

Fig. 1. Hyper-sausage

$$S_1: \left|\vec{X} - \vec{W}_1\right|^2 - \left[\left(\vec{X} - \vec{W}_1\right)\cdot\frac{\vec{W}_2 - \vec{W}_1}{\left|\vec{W}_2 - \vec{W}_1\right|}\right]^2 = k$$

$$S_2: \left|\vec{X} - \vec{W}_1\right|^2 = k$$

$$S_3: \left|\vec{X} - \vec{W}_2\right|^2 = k$$

Where the S_1, S_2 and S_3 can be translated to be the sum function as (1), respectively[3]. In other words, HSN can be actualized by DSWN.

II. DSWN-BASED NEURAL COMPUTING DEVICE

According the mathematical model of DSWN, by combining the combinational logical method and EPROM table look-up technology, we have implemented the hardware DSWN synapse (shown in Fig.2) with the ability to calculate 16-bit floating-point DSWN synapse-connection computation of $\left|W_{ji}\left(X_j - W_{ji}'\right)\right|^P$. In the hardware DSWN synapse, the subtraction computation $\left(X_j - W_{ji}'\right)$ was executed by a 16-bit adder and additional logic units; the multiplication and p -times power computation were implemented with one 2M and four 4M EPROM table respectively.

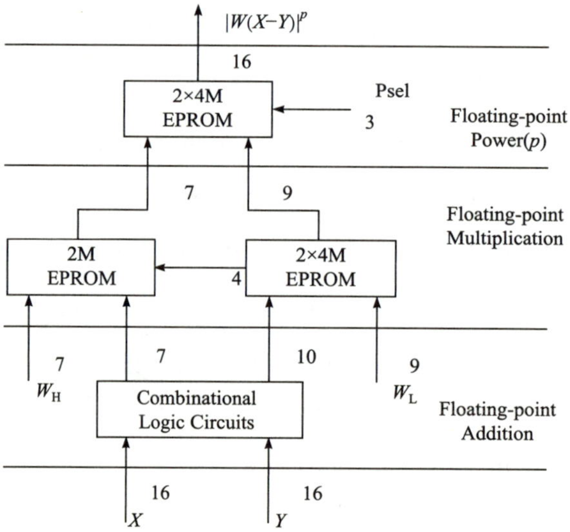

Fig. 2. System chart of hardware DSWN synapse

Due to the combinational logic design but not sequential circuits, the hardware DSWN synapse can complete once DSWN synapse-connection per cycle. Therefore, with the clock frequency of 15MHz, it can complete 15,000,000 times synapse-connections per second. Taking the networks configuring process into account, for a hyper sausage neural networks (HSNN) with 40 hyper sausage neurons (HSN), each HSN with 256 input synapses, it costs only 1.36ms for the HSNN computing.

By means of DSWN multiplexing technology, we implemented a configurable DSWN-networks hardware (DSWNN) as Fig.3. And taking the DSWNN as the neural-computing coprocessor, an embedded neural computing device—CASSANN-IIspr (Fig.4) was designed, which comprises of a 8-bit MCU with clock frequency of 8M , the hardware DSWN synapse, a 512M bytes SRAM, a 512M bytes Flash memory and other peripheral logic circuits.

Compared with CNAPS and SYNAPSE-1[4,5], CASSANN-IIspr had better adaptability and better neural networks performance. It is a specific-purpose system for pattern recognition with the following features:

1) Be able to simulate arbitrary neural network architectures with various neuron features (including hyperplane, hypersphere, hypercube, various hyper-sausage and so on).

2) With enough calculating precision due to 16 bits floating-point data format.

3) Be able to complete floating-point DSWN synapse-connection within one single cycle.

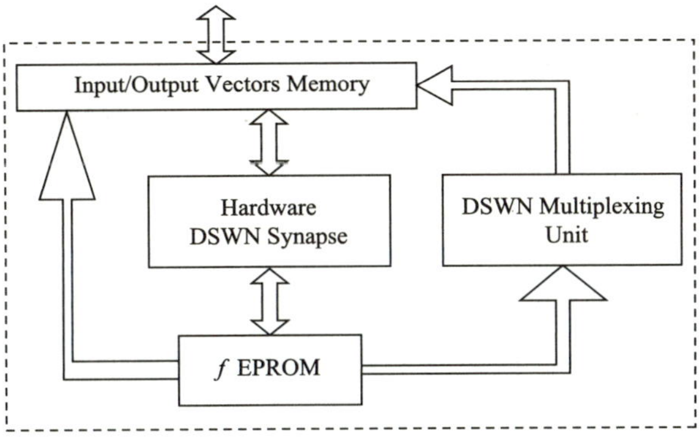

Fig.3. DSWNN Hardware

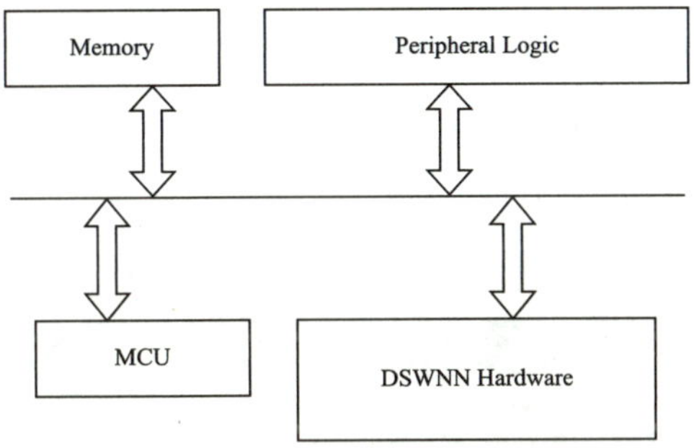

Fig.4. System Chart of CASSANN-IIspr

III. APPLICATION FOR RIGID BODY RECOGNITION

The application of CASSANN-IIspr was a BPR (Biomimetics Pattern Recognition [6,7,8,9])-based recognition system of omni directionally oriented rigid objects on the horizontal surface, which was different from the system[10] in observation angle, the former with a certain depression angle θ as show in Fig.5, but the latter without. According the Principle of Homology-Continuity (PHC) [1], the distribution subspace of homologous samples in the feature space should be a manifold (m) topologically homomorphous to an end-tail plate as shown in

Fig.5. Therefore, based on the method of BPR—"High-Dimensional Space Complex Geometrical Body Cover Recognition Method", we can construct the hyper sausage neuron networks (HSNN) to cover the manifold (m) as Fig.6.

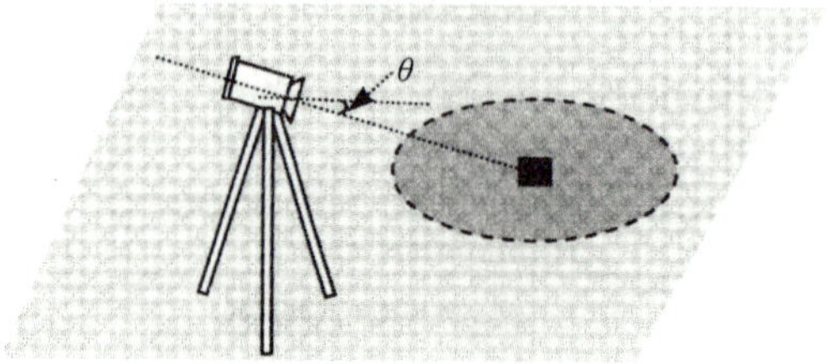

Fig.5. Observation Angle

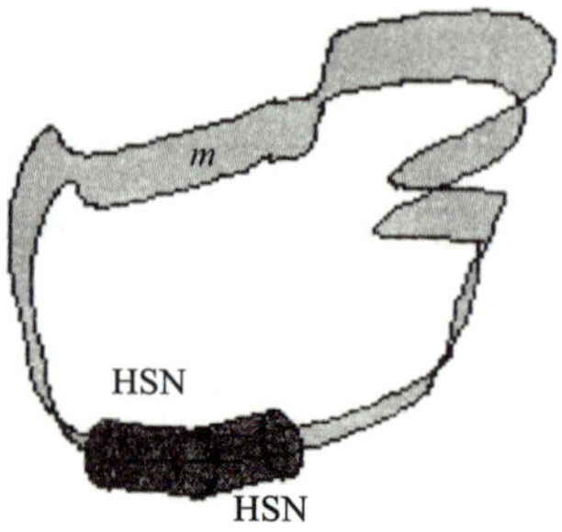

Fig.6. HSNN Covering Method

In the experiments, the following eight objects were learned: cow, lion, camel, chimpanzee, pig, rabbit, sheep, rhinoceros etc, as shown in Fig.7(a). Those objects were rotated 0.9° per step to sample, 400 samples for each one. The total 3200 samples constituted the first samples set. In another time, the same sampling process was repeated to get the second samples set with another 3200 samples. Then other five objects—elephant, behemoth, zebra, reindeer and tiger, were used for rejection testing, as shown in Fig.7(b). Each object was sampled 400 times in the same way to get the third samples set with 2000 sample.

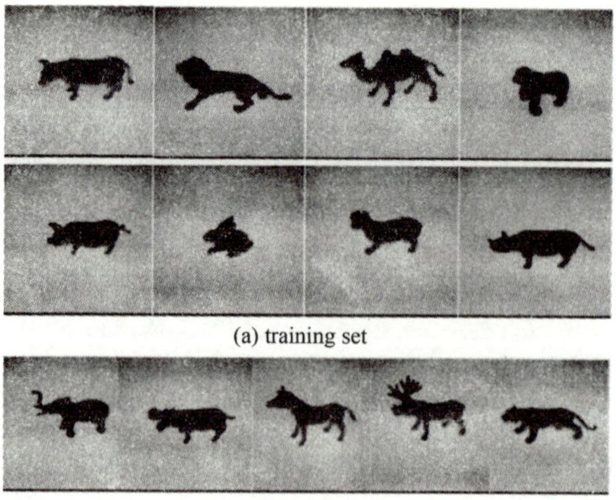

(a) training set

(b) test set

Fig.7. Toy models

The main steps and results of the experiments were as follows:

1) The training sets are chosen from the First Samples Set with different distances of every

two adjoining samples, five training subsets were chosen, with 330,264,191,176 and 163 samples, respectively.

2) Neural networks corresponding to eight kinds of objects—$HSNN_a$, $HSNN_b$ etc. were constructed with constant distance parameter *k*. And the number of neurons is as equal as that of samples in the training set. Also, the RBF-SVMs were trained with the same training sets in a Pentium II PC[6].

3) The results by the HSNN based on BPR and the one-versus-rest RBF-SVM are summarized in Table I. When training with 330 samples, the correct rate by RBF-SVM was 99.39%, while the HSN 99.89%, both of them without error.

4) After eight objects having been learned, it will last about 3 seconds for the CASSANN-IIspr to complete each recognition process.

TABLE I The RESULTS of RBF-SVM and BPR

A mount of Training Samples	RBF-SVM		HSN-BPR	
	SVM	Correct rate	HSN	Correct rate
330	2590	99.39%	330	99.89%
264	1938	98.48%	264	99.62%
191	1483	90.58%	191	98.95%
176	1356	83.52%	176	98.30%
163	1298	73.62%	163	97.55%

ACKNOWLEDGMENT

National Nature Science Foundation of China (NO.60474073) supported this work.

REFERENCES

[1] Wang ShouJue etc. "Discussion on the Basic Mathematical models of Neurons in General Purpose Neurocomputer", *ACTA ELECTRONICA SINICA*, Vol. 29 No.5, 2001.

[2] Shoujue Wang, A New Development on ANN in China-Biomimetic Pattern Recognition and Multi Weight Vector Neurons, *Rough Sets, Fuzzy Sets, Data Mining, and Gramular Computing: 9th International Conference, RSFDGrC 2003*, LNAI2639,pp.35-43, 2003

[3] Wenming Cao, etc. "Study of Adaptive Equalizers based on Two Weighted Neural Networks", *Proceedings of the Fourth International Conference on Computer and Information Technology* (*CIT'04*), 2004 IEEE. Pp612-615.

[4] Yihua Liao, "Neural Networks in Hardware: A Survey", www.csif.cs.ucdavis.edu/~liaoy/research/Nnhardware.pdf.

[5] U. Ramacher, "SYNAPSE-1: a high-speed general purpose parallel neuro-computer system", *9th International Parallel Processing Symposium,* April 25-28, 1995 Santa Barbara, CA, pp774-781.

[6] Wang Shoujue, "Biomimetics pattern recognition", *Neural Networks Society (INNS, ENNS, JNNS) Newsletter,* Vol.1, No.1, Mar. 2003, pp3-5.

[7] Wang Shoujue, "Biomimetic pattern recognition",(in Chinese), *Acta Electronica Sinica*, Vol.30, No.10, pp1417-1420, Oct. 2002.

[8] Wang Shoujue, Chen Xu , "Biomimetic (topological) pattern recognition-a new model of pattern recognition theory and its application", *Neural Networks, Proceedings of the International Joint Conference on*, Volume: 3, pp2258-2262, 20-24 July 2003.

[9] Wang Shoujue and Lai Jiangliang, "Geometrical learning, descriptive geometry, and biomimetic pattern recognition", *Neurocomputing*, v67,n 1-4 SUPPL., pp9-28, August, 2005.

[10] Xu Jian, etc. Architecture research and hardware implementation on simplified neural computing system for face identification, *Neural Networks, 2003. Proceedings of the International Joint Conference on*, Volume: 2 , July 20 -24, 2003, p948-952.

硬限幅多阈值神经元在组合逻辑设计中的应用*

陈旭，李卫军，王守觉

（中国科学院半导体研究所神经网络实验室，北京 100083）

摘　要

本文分析了硬限幅多阈值神经元的功能——可用多个阈值把空间划分成多个超平带，即可实现对高维空间中多区域的非线性划分。以此类神经元为基础，本文提出了用硬限幅多阈值神经元实现组合逻辑电路设计的方法，通过对八位“奇偶校验”和 3Bit 二进制全加器的设计实现,阐述了采用硬限幅多阈值神经元相对于单阈值神经元和传统的数字电路设计方法实现组合逻辑设计的优越性。

关键词：神经网络；硬限幅多阈值神经元；组合逻辑

中图分类号：TP183；TN431　**文献标识码：**A

Application of hard-limited multi-threshold neurons to the combinational logic design

CHEN Xu, LI Wei-jun, WANG Shou-jue

(Artificial Neural Networks Lab, Institute of Semiconductors, Chinese Academy of Science, P.O.Box 912, Beijing 100083, China)

Abstract

In this paper, we discuss the hard-limited multi-threshold neurons (HLMTNs) networks approach for realizing the combinational logic design. The function of HLMTN lies in that it partitions the high dimensional input space into several hyper-planar zones by using many

* 原载于：电路与系统学报，2011，16（1）：121～124+120. 国家“863”高技术计划基金资助课题（2006AA01Z12，2007AA04Z423，2006AA01Z106）.

thresholds in neuron's output transfer function. By using HLMTNs, we design 8-Bit parity and 3-Bit binary Full-Adder. Compared with uni-threshold neurons (UTNs) and conventional method of combinatorial logic design, the proposed HLMTNs have advantage in solving the combinational logic design.

Key words: neural network; hard-limited multi-threshold neuron; combinational logic

1 引　言

利用神经网络实现数字逻辑具有以下特点：（1）可学习性，同样的结构经学习能得到不同的逻辑关系；（2）通用性强，复杂性低；（3）结构简单、规范，适于大规模集成电路实现。上述特点是数字逻辑电路实现中所不具备的。早在 80 年代末，人们就致力于用基于 BP 算法的感知器实现异或逻辑，而两个变量的异或函数就需要上千步的学习，且逼近精度和可靠性都得不到保证。到目前为止，已有一些利用神经网络逼近（或实现）布尔逻辑的研究方案和成果[1~3]。它们使用的均是由单阈值神经元构成的网络，虽然在学习算法中采取各种措施以降低网络的复杂性，但是化简的效率及逼近的性能仍不理想。近年来，有关文献提出了多阈值/多值神经元[4~9]的概念，这种神经元具有多个激活状态，能起到多个单阈值神经元的作用，因此在目前神经网络的研究中受到广泛重视。本文通过分析硬限幅多阈值神经元[4,5]实现高维空间中多区域的非线性划分原理，提出了采用其实现数字电路的组合逻辑设计的方法，设计实现了八位“奇偶校验”和 3Bit 二进制全加器。通过与单阈值神经元和传统的数字电路设计方法相比较，表明采用硬限幅多阈值神经元网络实现组合逻辑设计，可以大大减少使用的神经元和权值的数量，从而也使网络的硬件开销大幅降低。

本文首先讨论硬限幅多阈值神经元的输出转移特性，分析其实现高维空间中多区域的非线性划分原理，然后分别论述采用硬限幅多阈值神经元网络实现八位“奇偶校验”和 3Bit 二进制全加器的设计方法，并通过与传统的单阈值神经元网络和普通的逻辑门电路进行比较，讨论硬限幅多阈值神经元网络在实现数字电路组合逻辑设计中的优越性。

2 硬限幅多阈值神经元模型

若神经元的输出转移特性曲线具有多个不同高度的水平段，则意味着神经元具有多个不同程度的激活状态，即每个不同高度的水平段代表一个不同的激活状态。这种神经元为多值神经元。多值神经元输出转移特性水平段之间必然都具有一个渡越段。无论渡越段是突变的、斜线渐变的还是 S 形曲线渐变的，每个渡越段都至少有一个阈值，因而多值神经元必然也是多阈值神经元。但必须指出，多阈值神经元却不一定是多值的。本文中所讨论的都限为非多值的多阈值神经元。

在模式分类器中应用的神经元，若不从网络反传自学习考虑，则硬限幅输出特性是较理想的[10]。硬限幅感知器神经元的输出为

$$\begin{cases} Y = f\left(\sum_{i=0}^{n} w_i x_i - \theta\right) \\ f(Z) = \begin{cases} 1, & Z \geqslant 0 \\ 0, & Z < 0 \end{cases} \end{cases} \tag{1}$$

式中，$X=(x_1,x_2,\cdots,x_n)$ 为神经元的输入，$W=(w_1,w_2,\cdots,w_n)$ 为神经元的权值。θ 为神经元的阈值。这是一个典型的单阈值神经元。

在式（1）基础上，稍加改进就能得到硬限幅双阈值神经元。其输出特性具有一个上升阈值和一个下降阈值，其输出为

$$\begin{cases} Y = f\left(\sum_{i=0}^{n} w_i x_i - \theta_0\right) \\ f(Z) = \begin{cases} 1, 0 \leqslant Z \leqslant \theta_1 \\ 0, Z < 0 \text{或} Z > \theta_1 \end{cases} \end{cases} \tag{2}$$

式中，θ_0 为上升阈值，θ_1 为下降阈值。显然，这种双阈值神经元的作用是在输入空间 R^n 中作一个超平带，其两侧分别为两个超平面

$$\sum_{i=0}^{n} w_i x_i - \theta_0 = 0 \tag{3}$$

$$\sum_{i=0}^{n} w_i x_i - (\theta_0 + \theta_1) = 0 \tag{4}$$

当输入点落入该超平带内时，神经元输出为 1，在该超平带以外时输出为 0。

与双阈值神经元相仿，可以用多个上升和下降阈值来实现 R^n 空间中多个超平带的分离。可得硬限幅多阈值神经元的输出为

$$\begin{cases} Y = f\left(\sum_{i=0}^{\mathrm{n}} w_i x_i - \theta_0\right) \\ f(Z) = \begin{cases} 1, \left(\begin{array}{c} 0 \leqslant Z \leqslant \theta_1 \\ \text{或} \quad \theta_2 \leqslant Z \leqslant \theta_3 \\ \vdots \\ \text{或} \quad \theta_{2m-2} \leqslant Z \leqslant \theta_{2m-1} \end{array} \right) \\ 0, \text{其他} \end{cases} \end{cases} \tag{5}$$

式中，m 为自然数，多阈值神经元的阈值数为 $2m$ 个。

双阈值神经元和多阈值神经元都是对简单仿射基神经元的推广，即利用超平面实现对多个激活区域的描述。

由神经元的输出转移特性可知，单个单阈值神经元不能对非线性可分的输入模式分类。然而，非线性可分模式却是很普遍的。例如，对异或（XOR）问题就遇到这种情形。即单个单阈值神经元不能解决 XOR 问题。要用单阈值神经元解决这个问题，必须构建一个三层网络来弥补单个单阈值神经元的不足（如图 1（a）所示）。由于“异或”（XOR）运算是一个二维空间的多区域非线性划分问题，可以设计一个如图 1（b）所示的硬限幅双阈值神经元网络来实现。该神经元的输出函数如下：

$$\left.\begin{aligned} &y = f\left(1\cdot x_1 + 1\cdot x_2\right), \\ &f(u) = \begin{cases} 1, u\in(0.5,1.5] \\ 0, u\in(-\infty,0.5]\cup u\in(1.5,+\infty) \end{cases} \end{aligned}\right\} \tag{6}$$

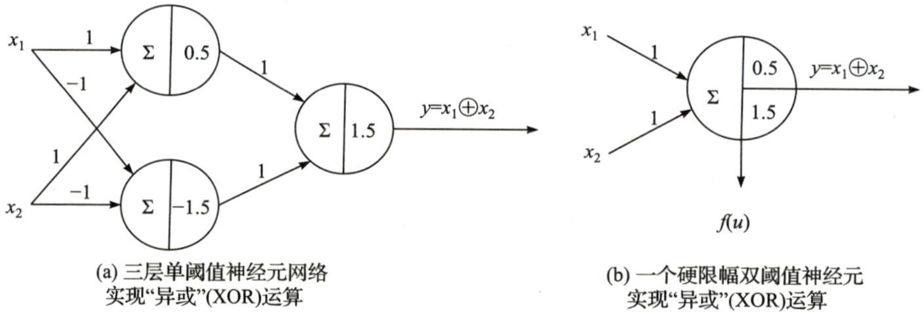

图 1　异或（XOR）运算的实现

3　多阈值神经元网络在数字电路组合逻辑电路设计中的应用

图 2 给出了用三种方法实现八位“奇偶校验”功能的电路逻辑图和功能网络图。其中图 2（a）是采用传统的数字电路组合逻辑设计方法实现的电路图，该电路共使用了 14 个反向器和 21 个与非门。图 2（b）是采用单阈值神经元网络设计得到的功能网络，该网络由 15 个单阈值神经元组成，网络用到了两种权值，分别是+1 和−1，两种单阈值神经元，其阈值分别是 0.5 和 1.5。图 2（c）是采用硬限幅双阈值神经元网络实现的功能网络图，图中从输入节点至各双阈值神经元的权值均为+1，该网络由 7 个相同的双阈值神经元构成，其上升阈值为 0.5，下降阈值为 1.5。

由图 2 可见，采用硬限幅双阈值神经元网络实现八位“奇偶校验”，比常规采用单阈值神经元网络所需的神经元数量和权值数量都减少了一半以上。并且，其与传统的组合

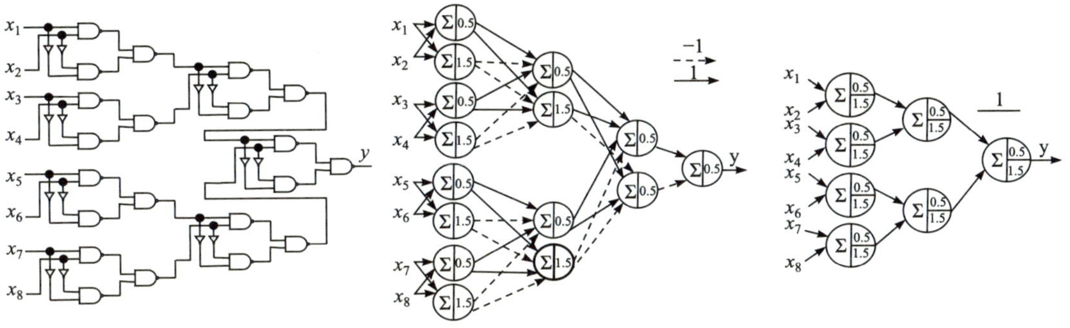

(a) 传统的组合逻辑电路设计方法实现八位“奇偶校验”电路图

(b) 单阈值神经元网络实现八位“奇偶校验”网络图

(c) 硬限幅双阈值神经元网络实现八位“奇偶校验”网络图

图 2　八位“奇偶校验”功能的设计实现

逻辑设计方法得到的电路相比，更为简单。

4　用硬限幅多阈值神经元网络实现 3Bit 二进制全加器

3Bit 二进制全加器可以由 1Bit 二进制全加器构成。首先说明这种 1Bit 二进制全加器，它是将 3 个输入变量 A、B、C 相加，得到 2Bit 的输出。其真值表如表 1 所示。

根据 1Bit 二进制全加器的真值表，可以得到下面两个公式：

$$S_1 = AB + BC + CA \tag{7}$$

$$S_0 = ABC + (A + B + C) \cdot \overline{S}_1 \tag{8}$$

由式（8）可知，要得到 S_0，必须用到 S_1。因此，在延迟时间较微妙的场合必须要特别注意。事实上，还有其他方法可得到 S_0，即使用两个 XOR 门，看起来似乎很简单，但是，由于 XOR 门的延迟时间约为其他门延迟时间的两倍，所以不适合应用在类似全加器这类需串接的用途中。图 3（a）所示为 1Bit 二进制全加器的电路图，图 3（b）所示为 1Bit

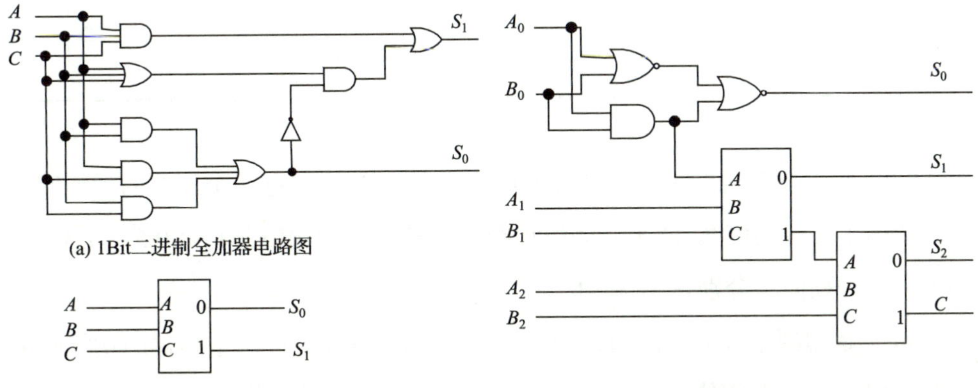

(a) 1Bit二进制全加器电路图

(b) 1Bit二进制全加器方框图

(c) 3Bit二进制全加器电路图

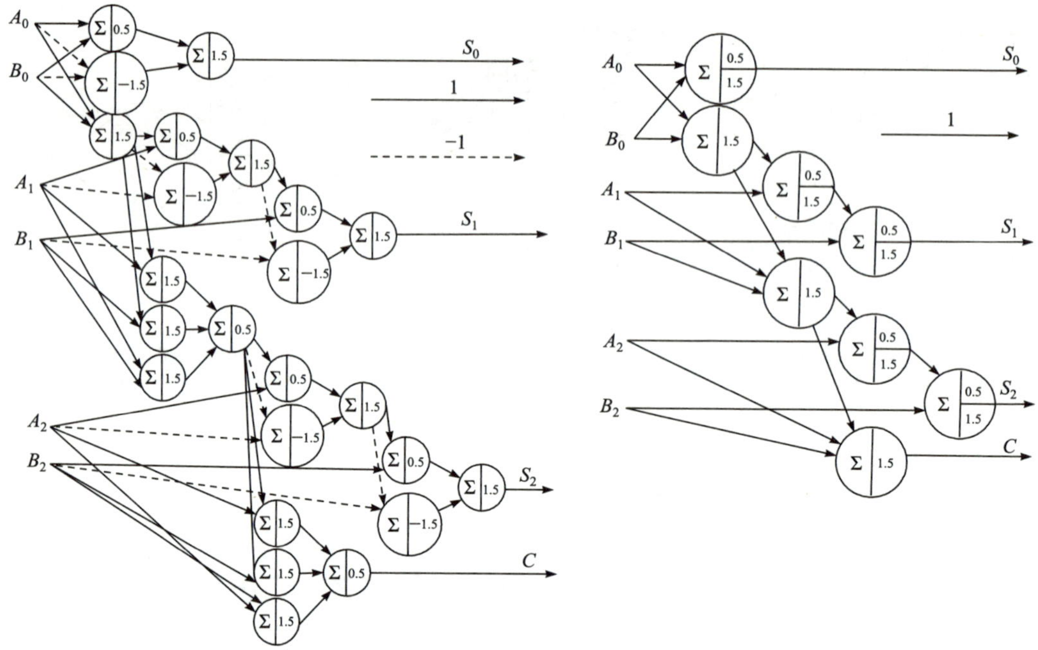

(d) 用单阈值神经元网络实现的3Bit二进制全加器

(e) 用硬限幅双阈值神经元网络实现的3Bit二进制全加器

图 3　实现 3Bit 二进制全加器的三种方法框图

二进制全加器的方框图，在 IC 手册内可以找到这种 IC，将这种 1Bit 二进制全加器予以组合，可构成如图 3（c）所示的 3Bit 二进制全加器。

表 1　1Bit 二进制全加器真值表

A	B	C	S_1	S_0
0	0	0	0	0
0	0	1	0	1
0	1	0	0	1
0	1	1	1	0
1	0	0	0	1
1	0	1	1	0
1	1	0	1	0
1	1	1	1	1

图 3（d）是采用常规的单间值神经元网络实现的 3Bit 二进制全加器的功能网络图，网络中共使用了 3 种阈值共 24 个单阈值神经元，神经元的阈值分别是 0.5 、1.5 和−1.5。并且用到了两种权值，分别是+1 和−1。

图 3（e）是用硬限幅的双阈值神经元网络实现的 3Bit 二进制全加器的功能网络图，网络中共使用了 5 个双阈值神经元和 3 个阈值均为 1.5 的单阈值神经元，且从输入节点

至各神经元的权值均为+1，其中双阈值神经元的上升阈值为 0.5，下降阈值为 1.5。

5 结　论

利用硬限幅多阈值神经元的输出转移特性可以实现高维空间中多区域的非线性划分。利用这一特性，本文提出了用硬限幅多阈值神经元实现数字电路组合逻辑设计的方法，通过对八位“奇偶校验”和 3Bit 二进制全加器两个组合逻辑电路的设计实现，并将其与传统的组合逻辑电路设计方法和常规的利用单阈值神经元网络的实现方法，进行比较，结果充分体现了硬限幅多阈值神经元网络在设计组合逻辑电路方面的优越性。

参考文献

[1] Donald L. Gray, Anthony N. Miched. A training algorithm for binary feedforward neural networks [J]. IEEE Trans. N N., 1992, 3(2): 176-194.
[2] W Penny, T J Stonham. Storage capacity of multilayer Boolean neural networks [J]. IEE Electronics Letters, 1993, 29(15).
[3] 马晓教, 胡子萍, 数字逻辑的神经网络设计[J]. 电路与系统学报, 1998,3(3): 51-58.
[4] 王守觉. 多值和多阈值神经元及其网络组合与应用[J]. 电子学报, 1996, 3(3): 1-6.
[5] Wang Shoujue, et al. A study on artificial neurons with multi-threshold transfer functions [J]. Chinese journal of Electronics, 1995, 4(2): 83-85.
[6] Yuh J, Newcomb R W. Circuits for multi-level neuron non-linearities [A]. In: Proceedings of International Joint Conference on Neural Networks [C]. Baltimore, 1992, 2: 27-32.
[7] Au R, Yamashita T, Shibata T, Ohmi T. Neuron-MOS multiple-valued memory technology for intelligent data processing [A]. In: Proceedings of the 41st IEEE International Solid-State Circuits Conference [C]. San Francisco, 1994, 270-271.
[8] Ngom A, Stojmenovic I, Obradovic Z. Minimization of multivalued multihreshold perceptrons using genetic algorithms [A]. In: Proceedings of the 28th IEEE International Symposium on Multiple-Valued Logic [C]. Fukuoka, 1998. 209-214.
[9] 姚茂群, 朱晓雷, 沈继忠. 多阈值神经元电路设计及在多值逻辑中的应用[J]. 计算机学报, 2005, 28(2): 282-288.
[10] 杨行峻, 郑君里. 人工神经网络[M]. 高等教育出版社, 1992.

A Feedforward Neural Networks (FNN) Used for Semiconductor Wafer Fabrication Parameters Optimization*

Chen Yongmei, Wang Xiangdong, Wang Shoujue,
P.O.Box 912, Beijing 100083, P.R.China
E-mail: chym@publica.bi.cninfo.net, wsjue@red.semi.ac.cn

Shi Linchu
P.O.Box 105, Wuxi 214061, P.R.China

Abstract

Semiconductor wafer fabrication process is a dynamic, very complex and multi-phase aware system. The wafer performance is determined by so many factors in manufacturing process that it is very difficult to model the whole process with statistical method. In this paper, an effective optimization strategy of the semiconductor manufacturing process is implemented. This method is based on a Feedforward Neural Network (FNN). which uses Gaussian Function as the activation function of its hidden units and sigmoid as that of output unit. By training with samples collected from historical technological record, the static FNN model is built to fit the wafer fabrication process. Then some newer samples collected from the latest manufacturing lots are fed to retrain the network. During this retrain process, some "bad" or noisy samples are replaced by the new ones, a dynamic FNN model is built so that the trained network would fit the actual manufacturing process better and closely.

* 原载于：IJCNN'99. Proceedings of the International Joint Conference on Neural Hetworks (Cat. No.99CH36339), 1999: 3922～3926. This work is supported by the National Natural Seience Foundation of China.

I. Introduction

In recent years, there has been increasing success in the application of neural-network techniques to semiconductor fabrication process model. prediction and control[1~16] The researchers in some Institutes and Universities developed neural-based models to predict process quality with a set of process variables. Among them, researchers in Georgia Institute of Technology have used BP neural networks to model ion-assisted plasma etching[9,13]. They compared the response surface method to BP neural networks for modeling the etching of poly-silicon film in a CC14 plasma. To do so, they characterised the process by varying RF power, chamber pressure, electrode spacing and gas composition in a partial factorial design. and then trained the neural nets to model the effect of each combination of these inputs on etch rate, uniformity, and selectivity. Afterwards, they found that of the two approaches, the neural network models exhibited 40%-70% better accuracy and required fewer training samples. The Dupont group also modeled polysilicon etching[10],and found that BP neural nets consistent It produced models exhibiting better fit than second- and third-order polynomial models based on response surface methods. The other research groups in AT&T Bell Lab., Murray Hill, NJ[3,14] ,Sharif University of Technology and University of California at Berkeley[15], Rensselaer polytechnic Institute[2] ,Case Western Reserve University[4] ,The University of Texas at Austin[11] ,etc., applied neural networks to plasma etching process. silicon- rich oxides(SRO), and MBE growth. At Bell Laboratories. researchers made use of neural methods to model the etching of tantalum silicon/polysilicon gates in MOS transistors. This group trained neural nets to predict how much silicon dioxide would be left in the transistor source and drain regions after the etch, using data from an actual production machine for the training. Researchers at the university of California at Berkerley combined BP neural networks and influence diagrams in order to synthesize a recipe for, as well as to model, the LPCVD of polysilicon. It has been shown that almost all of the researchers in this research field have reported positive results using neural nets to model single manufacturing step. However, till now, there are still no successful applications of neural networks in modelling the whole semiconductor manufacturing process. In this paper, a feedforward neural network (FNN) is used to control VLSI fabrication process. By learning from historical technological records, the FNN can model the whole VLSI manufacturing process and predict the wafer performance. Then we use a gradient-descent method to search a set of 'optimal' technological parameters that lead to the maximum yield of the model. The average lot yield increased significantly after the optimal parameters had been applied in the wafer fabrication.

II. Analysis of VLSI Wafer Fabrication and Problem to Be Solved

Bipolar VLSI wafer fabrication is a multi-step complex process. The final qualitative performance of wafer is related to the results of many fabrication process steps, and it is impossible to find mathematical relationship between those technological parameters with the final wafer performance or yield. So it is very difficult for us to control the process to fabricate a wafer with expecting performance. Neural networks provide us an approach to solve this problem. From the historical record of technological flow, we choose all available parameters and factors those will have effect on final wafer performance as inputs, and the wafer yield as output target. Then the problem to be solved is that by learning the relationship between the input technological parameters and yield, the fabrication process is expected to be controlled and yield to be improved.

III. Implementation of Feedforward Neural Networks (FNN) Control System

We implemented a FNN-based VLSI wafer fabrication process modeling and optimization system. The system includes the following function modules.

A. Practical technical data gathering and pre-processing

The original data are collected from a VLSI manufacturing process, including technological parameters and wafer test results.From them,we chose 21 input parameters as shown in Table1. Taking one lot as a sample, we got 133 samples from historical technological record. Supposing $X=\{x_1, x_2,\cdots, x_N, N=159\}$, $x_i=[x_{i1}, x_{i2},\cdots, x_{im}\, x_{it}]$, $m=22$, x_{it} is the corresponding ith lot yield which is the learning target for ith sample. Then they can be normalized as $x_{ij}=(x_{ij}-x_{io})/(x_{i\max}-x_{i\min})$,

$i=1,2,\cdots, N; j=1,2,\cdots, 22$.

Table 1 Comparison between Optimal Parameters and Their Initial Specifications

Parameters		The initial specifications	The optimal parameters	unit
Epitaxy resistivity		1.5～2.2	1.991409	Ωcm
Epitaxy thickness		9.0～11.0	9.850355	μm
Thickness of 1st oxidation		0.7±0.07	0.7100	μm
Thickness of deep phosphorus pre-deposition		3.5～4.1	3.788659	Ω/
Thickness of thin oxidation		0.12±0.01	0.1093	μm
Monitor width of base region photolithography		10±0.5	9.925140	μm
Monitor width of P- region photolithography		6.0±0.5	6.101578	μm
Sheet resistivity of pre-deposited emitter region		10～14	11.999152	Ω/
Thickness of deposited Si_3N_4		0.1±0.01	0.0996	μm
Electrical parameters after emitter drive-in diffusion	NPN-Hfe	80～120	107	μm
	NPN-BVceo	>=30	42	
	NPN-BVcbo	*	90	V
	NPN-BVebo	*	6.786976	V
Check for characteristics of alloyed devices	NPN-Hfe	70～240	110	V
	NPN-BVceo	>=20	31	
	NPN-BVcbo	*	71	V
	NPN-BVebo	*	6.823774	V
	L-PNP-Hfe	>=25	20	V
	L-PNP-BVceo	>=35	50	
	Monitor Resistance	1.6±0.32	1.463119	KΩ
Thickness of passive layer		1.0±0.1	0.9600	μm

(*These parameters are not controlled during fabrication)

B. Static Neural Network Models Building

By analysing the samples and initial training, we find it is difficult to learning the mapping between technological parameters and the lot yield by using the general BP neural networks. We used a two-layered feedforward neural network, which used Gaussian function as hidden neuron transfer functions instead of a sigmoid function as in general BP networks. Fig.1 gives the feedforward neural network we used.

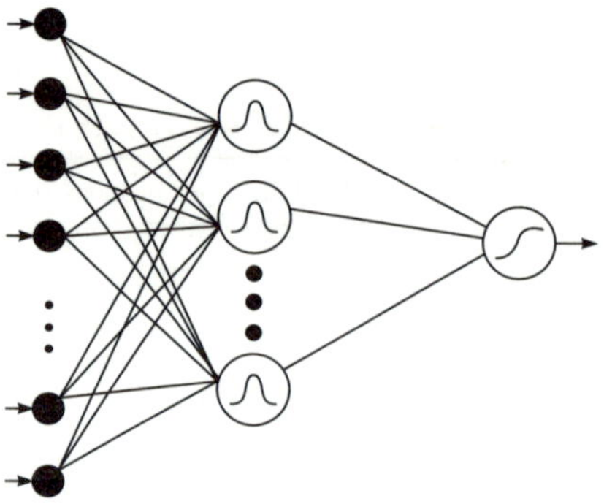

Figure 1　The Feedforward Neural Network Used

1. Number of hidden neurons

One problem in the selection of the network structure is how to decide the number of the hidden neurons. Too few hidden neurons lead to the deficient training and a high training error. On the contrary, too many hidden neurons will decrease the generalization capability of the network. Generally, it is necessary to try different network size to select the appropriate one. To search for the appropriate network size which minimized the prediction error, we used an experimental method to determine the number of hidden neurons so that both good learning ability and prediction capability can be obtained[17] .We conducted 14 independent trials to decide the number of the hidden units. The training error and the testing error are shown in Fig.2. We can see from Fig.2 that the network has most powerful generalization ability with 4 hidden units.

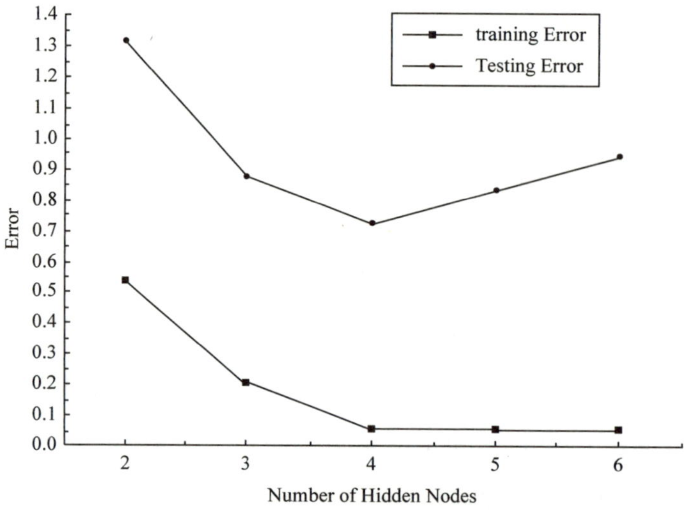

Figure 2

2. Initialization of Weights

The weights of the FNN included two parts, the input-hidden weights and hidden-output weights. In our work, the first part of the nonlinear weights can be interpreted as "centers" and "widths" of the Hidden Gaussian functions. The centers are usually placed on a uniform grid and the widths chosen as a function of the inter neuron spacing. We use k-means clustering algorithm to determine the location of the function centers. And a nearest-neighbour criteria is used to determine the widths, such that, the width of a given activation function is set equal to the mean distance to its p nearest neighbours. Once the centres and widths have been located the other weights are initialized randomly.

3. Static neural network model

From historical record of technological process, we get 113 samples. These samples were assigned randomly to train and test set sets to feed into neural network for learning. The network is trained with gradient-descent algorithm. By training with samples collected from the processing lists, a static neural-based model is built to fit the wafer fabrication process.

C. Dynamic Neural Network Adaptation

Although the neural networks built above can learn relationship of wafer performance with process technical parameters and other factors, it is difficult for this static network to simulate the practical wafer process procedures. Therefore, we make these models move along a longer historical period. Considering that the nearer the data are to present time, the more important they are to the building of neural networks, we adapt the neural networks from past to present by adding the newest 20 samples. That is to change the network models instantly to adapt the newest samples. Thus the neural network will realize the practical dynamic wafer process better.

D. IC Lot Yield Prediction and Optimization

From Fig.1 we can get $x_{n+1} = f(x_1, x_2, \cdots, x_n)$. It is obvious that the neural network is to realize the mapping from input $(x_1, x_2, \cdots, x_n)$ to output x_{n+1}. To our problem, the neural network is trained to realize or fit relationship between the lot yield and technological process parameters. If the network is trained successfully or the relationship is determined, then given a set of input technical parameters $(x_1', x_2', \cdots, x_n')$, the corresponding lot yield can be obtained from neural network output x'_{n+1}. That is, $x'_{n+1} = f\left(x'_1, x'_2, \cdots, x'_n\right)$. We trained the network with 113 available samples. Then we fed the network with the newest 20 samples and got the network outputs.

On the other hand, if the input parameters were adjusted properly, there should be a high yield. To search for a set of optimal inputs with which the neural-based model will generate the maximum yield, the gradient descent method is implemented. In this method, the initial starting searching point has a profound effect on overall performance. With an improper initial starting point, the method is more likely to be trapped in local optima However, if the proper initial point is given, the search is very fast.

1. Set a pattern whose lot yield is high as the starting point x of the search .

2. Watch the change of the simulation yield, adapt x as follows: $x_{t+1} = x_t + \dfrac{\partial y}{\partial x}$, where y is the output of the neural networks.

3. The searching procedure terminates when $\dfrac{\partial y}{\partial x} = 0$

We used this gradient-descent method to search a set of 'optimal' technological parameters that lead to the maximum yield of the model. Compare the optimal parameters with the specifications, the result is given in Table 1. The comparison result shows that some optimal parameters are not consistent with the specifications. We selected three specifications that are most inconsistent with the optimal parameters and adapt them as listed in Table 2. These parameters are compared with the newest 20 lots and results showed that they are to generate higher yield. These parameters were applied to practical technological process, and the lot yield increased significantly (from 51.7% to 57.5%) .

Table 2 The optimized specifications

Parameters	The optimal parameters	The new specifications	Unit
Deep phosphorus pre-deposition thickness	3.9	3.6～4.2	Ω/
L-PNP-Hfe	20	>= 20	
Monitor Resistance	1.47	1.47±0.30	KΩ

IV. Conclusion

VLSI process is a very complex dynamic system. The wafer or IC qualitative performance is the result of a lot of technological factors. It is difficult for statistical or mathematical approaches to formulate their relationship and find an optimal set of parameters to generate higher yield. FNN provide us a powerful nonlinear optimization approach. Considering that the historical record of technological parameters is partly incomplete, noisy, and unreliable, we used a feedforward neural network (FNN), which uses Gaussian Function as the activation function of its hidden units and sigmoid as that of output unit. The FNN dynamically adapted to the newest samples. By applying this dynamic FNN optimization system to the wafer fabrication, a set of technological parameters was found and higher yield achieved. After the methodology had been adapted by the semiconductor factory, the lot yield increased significantly (from 51.7% to 57.5%).

References

[1] Jill P. Card, Debbie L. Siderman, and Casimir Klimasauskas. "Dynamic Neural Control for a plasma Etch Process", IEEE Trans. On Neural Networks, Vol. 8, No. 4, July 1997.

[2] Gunhan Dundar and Kenneth Rose, "Comparing Models for the Growth of Silicon-Rich Oxides (SRO)". IEEE Trans. On Semiconductor Manufacturing, Vol. 9, No. 1, Feb. 1996.

[3] Edward A. Rietman, "A Neural Network Model of a Contact Plasma Etch Process for VLSI Production", IEEE Trans. On Semiconductor Manufacturing, Vol. 9, No. 1, Feb. 1996.

[4] Gwang-Hoon Park, Yoh-Han Pao, Boris Igelnik, Kurt G. Eyink, and Steven R. LeClair, "Neural-Net Computing for Interpretation of Semiconductor Film Optical Ellipsometry Parameters", IEEE Trans. On Neural Networks, Vol. 7, No. 4, July 1996.

[5] Seung-Soo Han, Li Cai, Gary S. May, and Aieet Rohatgi, "Modeling the Growth of PECVD Silicon Nitride Films for Solar Cell Applications Using Neural Networks", IEEE Trans. On Semiconductor Manufacturing, Vol. 9, No. 3, August 1996.

[6] Y. Li, R. L. Mahaian, and J. Tong, "Design Factors and Their Effect on PCB Assembly Yield-Statistical and Neural Network Predictive Models", IEEE Trans. On Components, Packaging, and Manufacturing Technology-Part A, Vol. 17, No.2, June 1994.

[7] Suraj Rao, Andrzej J. Strojwas, John P. Lehoczky, and Mark J. Schervish, "Monitoring Multistage Integrated Circuit Fabrication Processes", IEEE Trans. On Sermiconductor Manufacturing, Vol. 9, No. 4, November 1996.

[8] Michael D. Baker, Christopher D. Himmel, and Gary S. May, "Time Series Modeling of reactive Ion Etching Using Neural Networks", IEEE Trans. On Semiconductor Manufacturing, Vol. 8, No. 1, Feb. 1995.

[9] Byungwhan Kim, and Gary S. May, "An Optimal Neural Network Process Model for Plasma Etching", IEEE Trans. On Semiconductor Manufacturing, Vol. 7, No. 1, Feb. 1994.

[10] Gary S. May, "Manufacturing ICs the neural way", IEEE Spectrum September 1994.

[11] Y. L. Huang, Thomas F. Edgar, David M. Himmelblau, and Isaac Trachtenberg, "Constructing a Reliable Neural network model for a Plasma Etching Process Using Limited Experimental Data", IEEE Trans. On Semiconductor Manufacturing, Vol. 7, No. 3, August 1994.

[12] S. S. Han, M. Ceiler, S. A. Bidstrup, P. Kohl, and G. S. May, "Modeling the Properties of PECVD Silicon

Dioxide Films Using Optimized Back-Propagation Neural Networks", IEEE Trans. On Components, Packaging, and Manufacturing Technology-Part A, Vol. 17, No.2, June 1994.

[13] Christopher D. Himmel and Gary S. May, "Advantages of Plasma Etch Modeling Using Neural Networks Over Statistical Technianes", IEEE Trans. On Semiconductor Manufacturing, Vol. 6, No. 2, May 1993.

[14] Edward A. Rietman and Eard R. Lory, "Use of Neural Networks in modeling Semiconductor Manufacturing Processes: An Example for Plasma Etch Modeling", IEEE Trans. On Semiconductor Manufacturing, Vol. 6, No. 4,November 1993.

[15] Fariborz Nadi, Alice M. Agogino, and David a. Hodges, "Use of Influence Diagrams and Neural networks in Modeling Semiconductor Manufacturing Processes", IEEE Trans. On Semiconductor Manufacturing, Vol. 4, No. 1, Feb. 1991.

[16] Chen Yongmei, Wang Xiangdong, Wang Shoujue, and Shi Linchu, "Neural Networks-Based Optimization of VLSI Wafer Fabrication", Third International ICSC Symposia on Intelligent Industrial Automation and Soft Computing, June 01-4, 1999 in Genova, Italy (Paper # 1124-126).

[17] Wang Xiangdong, Chen Yongmei, Wang Shoujue, Shi Linchu "Modeling and Optimizing VLSI Wafer Fabrication Process Based on Neural Networks", Journal of Automation (Chn.) (accepted to be published).

基于人工神经网络方法的 LSI 工艺优化实践*

石林初[1]，王向东[2]，陈咏梅[2]，王守觉[2]
（1. 中国华晶电子集团公司，江苏 无锡 214061；
2. 中国科学院半导体研究所，北京 100083）

摘 要

本文基于人工神经网络的非线性和容错性，对集成电路生产工艺进行了分析和优化。主要内容有：1.使用人工神经网络方法建立模型，确定生产线上工艺参数和成品率之间的映射关系，构造以工艺参数为输入，成品率为输出的多维函数曲面；2.对该多维函数曲面进行搜索，找出成品率最高的最优点；3.以该最优点的工艺参数值为依据，确定工艺参数的规范值，对工艺参数提出优化建议，提高成品率。结论：神经网络提出的优化建议是合理的，并已用于集成电路生产线。

关键词：人工神经网络；工艺优化

中图分类号：TN405　**文献标识码**：A　**文章编号**：1008-0147 (2000) 05-39-06

Practice on the Optimization for LSI Process Based on Neural Network

SHI Lin-chu, WANG Xiang-dong, CHEN Yong-mei, WANG Shou-jue
(1. China Huajing Electronics Group Corporation, Wuxi, Jiangsu 214061, China;
2. Institute of Semiconductors of the Chinese Academy of Sciences, Beijing 100083, China)

Abstract

Based on the nonlinear mapping and robust tolerance of artificial neural network, analysis

* 原载于：微电子技术，2000，28（5）：39～44. 国家自然科学基金资助重点基金项目（69636020）.

and optimization for LSI process were presented in the paper: (1) How to con-struct the mapping relationship between processing parameters and yield; (2) How to search the maximal yield on the mapping function surface corresponding to a set of optimal processing parameters; (3) How to make a practical optimal proposal to the LSI Fab. The conclusion was that the optimal proposal deduced from neural network method was reasonable, and further more, it had been applied in LSI Fab successfully.

Key words: Artificial neural network; Optimization of process

1 引 言

有报道，国内外不少研究机构已将人工神经网络用于集成电路工业中某一特定工序的建模、优化与监控[1-3]，但采用人工神经网络方法对整个集成电路的工艺过程建模，并对整个生产过程之成品率优化控制，则还未见报道。

本文以优化集成电路圆片的中测成品率作为研究目标，利用神经网络的非线性和容错性，对集成电路生产工艺进行了分析和优化，获得成功。

2 人工神经网络理论简介

人类模仿飞鸟翅膀而发明了飞机，仿照眼睛的结构原理制成了照相机，依据蝙蝠用超声波来发现目标，或绕过障碍物的原理发明了声纳。这些都是仿生学的生动例子。人工神经网络也属于仿生学：它是介于人脑科学、计算机科学和软件科学之间的边缘学科，它所要模仿的，正是人体最复杂的部分——人的大脑。人脑靠许多神经细胞间的相互作用、相互刺激来进行计算，而人工神经网络，则靠许多简单的运算单元并行地执行某种简单规则的运算来进行计算。在人工神经网络中，这些简单的运算单元，就是所谓的“神经元”。一般的神经元计算规则是

$$Y = F\left(\Sigma W_i X_i - \theta\right) \tag{1}$$

Y 是神经元的输出；X_i 是神经元的第 i 个输入量；W_i 是其对应的第 i 个权值；上式对 i 从 1 至 n 求和，n 是神经元输入的个数；θ 是神经元的函数平移量，也称为阈值；F 表示神经元输出依赖于神经元输入的非线性函数。若换一个角度来看，把 X_i 看成为 n 维空间中的第 i 维坐标，则

$$\Sigma W_i X_i - \theta = 0 \tag{2}$$

代表了 n 维空间中的一个超平面。（1）式中神经元的输出 Y，可以看作输入 X 离开超平

面（2）的距离的函数。超平面把 n 维空间划分成两半。其中一半空间，该距离 $(\Sigma W_i X_i - \theta)$ 为正；另一半空间，该距离 $(\Sigma W_i X_i - \theta)$ 为负。现在，我们可以画出人工神经网络的较形象的数学模型图[3]，如图 1。

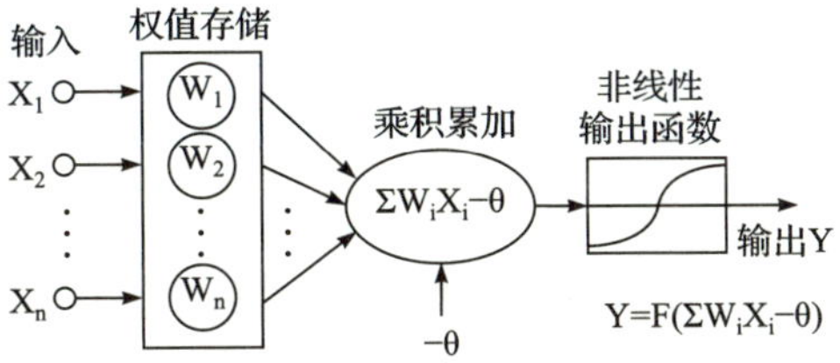

图 1　神经元的数学模型

对于 n 维空间的超平面（2）式，一时很难想象。让我们的思维进入三步曲：第一步，我们不妨从 1 维空间开始，在 1 维空间所有的点都以坐标 X 来表征，$X = 0$ 把 1 维空间划分成 2 部分，其中一半 $X > 0$，另一半 $X < 0$，其界面为 $X = 0$ 的平面。设想将界面平移距离 θ，那么一半空间 $X > \theta$，另一半空间 $X < \theta$，其界面为 $X = \theta$ 的平面；第二步，把 1 维空间拓展，想象成 n 维空间，X 是 n 维空间中的一个点，X_i 是它的第 i 个分量（在第 i 个坐标轴上的投影），n 维空间共有 n 个这样的分量，n 为神经元输入的个数。（在本文中，$n = 21$，它对应于生产线上的 21 个工艺控制参数。）再考虑平移量 θ，同样可以想象，一个神经元把 n 维空间划分成 2 部分，其中一半 $X > \theta$，另一半 $X < \theta$，其界面为 $X = \theta$ 的“平面”。我们在平面二字上加上了引号，因为它不是三维空间里的平面，我们称之为“超平面”。考虑到每个分量的贡献不同，对每个分量 X_i 赋给不同的权值 W_i，并以各分量 X_i 和权值 W_i 的乘积累加之和代替 X：$\Sigma W_i X_i = \theta$，这就是 $\Sigma W_i X_i - \theta = 0$，它就是（2）式。至此，还是一个神经元的情况；第三步，一个神经元把 n 维空间划分成 2 部分，两个神经元把 n 维空间划分成 4 部分，三个神经元把 n 维空间划分成 8 部分，一般而言，m 个神经元把 n 维空间划分成 2^m 部分，m 就是所使用的隐层神经元的数目。本文用 4 个隐层神经元，即 m=4。

现在，再把我们想要解决的问题归纳一下：在考虑集成电路大生产中，我们选取了 n 个输入工艺控制参数，1 个输出参数，即圆片的中测成品率 Y。在 n 维空间中，每一批圆片的数据对应于 n 维空间中的一个点。许多批圆片的数据对应于 n 维空间中的许多个点。以后，我们把这种对应关系称为“映射”，把输出的成品率 Y 对 n 个输入工艺控制参数之间的依赖关系，用 n 维空间中“映射函数曲面”来描述。我们的目标是寻求成品率的最优点，就是寻求 n 维空间中“映射函数曲面”上的最优点。每一批圆片的工艺控制参数和 1 个输出参数（中测成品率），组成了一个“样本”。让人工神经网络建立起符合很多批“样本”的“映射函数曲面”的过程称为“训练”，或“学习”。这很多批“样本”是用来教会人工神经网络认识事物的，以后将称为“训练样本集”。反复训练，反复调整人工神经网络的参数，使“映射函数曲面”能最大限度符合实际，这一过程称为“拟合”。在“映射函数曲面”上寻求最优点的过程叫作“优化”。寻求也常常称为“搜索”。

到底采用几个隐层神经元来解决问题，需由问题的复杂程度来决定。经过反复试验，在我们的研究课题中，取 m = 4 比较合适。人工神经网络对于辨识和逼近复杂的非线性系统有其独特的优点，已经在控制领域内得到了广泛而成功的应用。本文在此基础上研究集成电路工业化大生产过程的优化问题。

3　集成电路生产应用背景介绍

3.1　制定工艺控制参数的重要性

目前在集成电路工业生产的控制与检测中，通过提高工序能力指数来保证产品成品率是常用的方法[4]。衡量工序能够稳定生产出合格品的能力称为工序能力，它由工序能力指数来表征。集成电路工业化大生产过程的质量控制中，“工序能力指数”是用以反映各道工序工艺控制质量的一项考核参数。它由该工序加工过程实际测得的物理参数与该参数规范的中心值（理想值）的偏离和离散程度而定。参数与规范的中心值偏离越小，工序能力指数越高，通常认为工序质量就越高，期望有较高的成品率。

然而，在实际生产过程中，工序能力指数和产品的成品率并不完全一致。有时在工序能力指数较高的情况下，实际的成品率却并不理想。导致这种情况发生的一个重要原因，在于参数规范制定得不尽合理。

工序的测试参数和用于成品测试的参数不同，不一定能根据产品性能和用户要求直接得出它的理想值。集成电路生产过程中，有些工序的工艺规范是根据集成电路生产的知识和经验推断出来的，就可能会制定得不十分合理。此外，加工条件等随着时间的推移而逐渐变化，也会导致原先合理的工艺规范变得不合理。因此，工序规范的合理制定，对于产品设计，工艺技术条件的制定，预测产品的合格率，满足用户需求等方面都有很重要的意义。它为保证和提高产品质量等提供必要的依据。

3.2　集成电路生产过程的工序组成

华晶公司双极总厂生产的电话语音电路 CSC34018CS 属于双极模拟电路，其芯片生产过程由以下主要工序组成：一次氧化，深磷光刻，深磷腐蚀，深磷预淀积，深磷再扩散，一次光刻，一次腐蚀，隔离 CVD，隔离再扩散，去氧化膜，薄氧氧化，基区光刻，测试条宽，基区硼注入，去胶，基区扩散，P-光刻，测试条宽，P-硼注入，去胶，氧化硅 CVD，P-退火，三次光刻，三次腐蚀，发射区预淀积，P-AS 涂覆，发射区再扩散，电容腐蚀，氮化硅淀积，氮化硅光刻，四次光刻，四次腐蚀，溅射铝，五次光刻，五次腐蚀，SEM 检查，合金，钝化 CVD，钝化光刻，钝化腐蚀，合金测试，中测。

最终，我们选取了 21 个工艺控制参数作为神经元的输入参数。见表 1 最左面的一列。

表 1　电路原工艺参数规范及其优化中心值

参数名称	原参数规范值	搜索得参数最优值	单位
外延电阻率	1.5～2.2	1.991409	Ω · cm
外延厚度	9.0～11.0	9.850355	μm
一次氧化厚度	0.7±0.07	0.7100	μm
深磷预淀积电阻率	3.5～4.1	3.788659	Ω/□
薄氧氧化厚度	0.12±0.01	0.1093	μm
基区光刻测试条宽	10±0.5	9.925140	μm
P-光刻测试条宽	6.0±0.5	6.101578	μm
发射区预淀积电阻率	10～14	11.999152	Ω/□
氮化硅淀积厚度	0.1±0.01	0.0996	μm
钝化厚度	1.0±0.1	0.9600	μm
发射区电参数 NPN-Hfe	80～120	107	
NPN-BVceo	⩾30	42	V
NPN-BVcbo	*	90	V
NPN-BVebo	*	6.786976	V
合金特性检查：NPN-Hfe	70～240	110	
NPN-BVceo	⩾20	31	V
NPN-BVcbo	*	71	V
NPN-BVebo	*	6.823774	V
L-PNP-Hfe	⩾25	20	
L-PNP- BVeo	⩾35	50	
监测电阻：R	1.6±0.32	1.463119	kΩ

*生产过程中，对这些参数不作控制。

4　建模与优化

4.1　基于神经网络方法的静态建模

集成电路工艺生产的复杂性，要求用于生产过程建模的神经网络必须具备以下特征[5]：

（1）非线性映射能力较强。

（2）具有一定的去噪和容错能力。

（3）通过神经网络建模构造的映射函数曲面上没有很多局部最优点。

（4）映射函数曲面的最优点应该与实际工艺参数的数值比较接近。

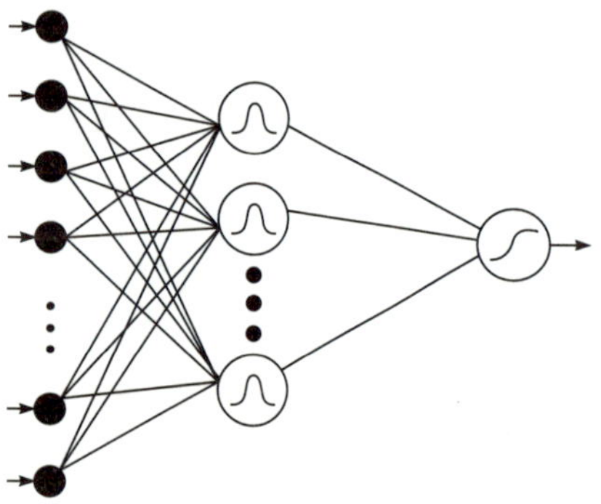

图 2　前馈网络结构示意图

在本文中，为了满足条件（3）、（4），我们使用具有局部响应特性的高斯函数作为网络隐层神经元的激励函数，而网络的输出神经元则仍然使用 Sigmoid 函数作为激励函数。与 BP 网络类似，这种网络本质上是一种基于最小均方误差准则的梯度下降算法，根据负梯度方向优化网络参数。这种网络的基本结构如图 2[5]。

4.2　神经网络模型的动态滚动

集成电路生产过程中有很多难以预见的微观因素在起作用。生产过程本身也很难十分稳定，加上采集工艺参数时各种主客观因素的影响，使得神经网络模型的训练样本表现出相当大的偶然性，未必都能反映出芯片生产的规律。在这种情况下，使用传统的神经网络训练方法建立符合集成电路生产规律的模型就十分困难。针对集成电路生产的这一具体情况，我们提出了神经网络模型的动态滚动方法如下：

（1）把采集到的工艺参数样本分为训练样本和测试样本，根据训练样本训练后确立神经网络参数，将测试样本输入神经网络，看神经网络的输出是否符合实际情况。

（2）当网络输出与实际情况有偏差时，从训练样本集中剔除一个或若干个样本，重新训练。

（3）将两次训练的结果比较，如果第二次训练的结果较第一次训练的结果更接近实际情况，说明剔除的样本不能反映集成电路芯片生产的规律性，以剔除后余下的训练样本组成新的训练样本集。

（4）重复以上过程，直至训练样本集已无法剔除，根据此时的训练样本集进行训练，建立最终的神经网络模型。

4.3　映射函数曲面的动态搜索算法

使用多层前馈网络构造出映射函数曲面后，对曲面最优点的动态搜索算法如下：

（1）以样本集当中成品率高的样本为搜索的出发点。

（2）对样本的各工艺参数加以微扰，构造出新的样本，输入神经网络模型，得到的网络输出，我们称为新样本的模拟成品率。

（3）观察各工艺参数受到微扰后对模拟成品率的影响，确定哪些工艺参数是影响成品率的敏感因素，找出使成品率增加的工艺参数优化方向。

（4）使工艺参数向成品率增加的方向修正，得到新的样本，然后以新样本为出发点再次寻找优化方向。如此反复迭代，直至无论对样本加以什么样的微扰，新样本的模拟成品率都会降低。此时我们判定样本与曲面最优点重合。

5 实际应用

本文以电话语音电路 CSC34018CS 作为分析对象。集成电路芯片的生产成本和测试成本都很高，耗时也较长。为了不给生产线增加工作量，同时又能够尽量利用历史上已有的工艺数据，我们以生产线上随件单中的常规检测参数作为神经网络的输入，成品率为网络输出。双极生产线先后提供了 1997 年 113 张随件单，98 年的 46 张随件单。

5.1 工艺参数的选取和预处理

电路芯片生产是一个相当复杂的过程，由很多道工序组成，随件单上采集的工艺参数相当繁杂。对工艺参数的选取和预处理是必要和有益的。

我们删除了部分参数：（1）无法优化的参数，如开始投片日期和中测日期；（2）难以定量表示的参数，如 SEM（电子扫描显微镜）检查的表征参数；（3）基本不变，难以作为外推依据的参数，如深磷再扩散厚度，隔离 CVD 厚度等。（4）其他影响甚微的参数，如隔离再扩散 BV，三次光刻二氧化硅 CVD 厚度，以及磷砷涂覆厚度。

在保留的参数中，有些也进行了预处理：如外延层电阻率和厚度，原来都以其上下限来表征，改为以其测得的均值来表征；统计成品率时原来用三个参数（芯片总数，良品数和成品率），改为以成品率来表征。最后，对所有保留的参数，都作了归一化处理。

5.2 映射函数曲面最优点的搜索结果和工艺参数规范优化

经过参数选取和预处理以后，最终得到的作为网络输入的工艺参数计有 21 项，如表 1 所示，而网络的输出只有一个——成品率。这就决定了人工神经网络应该具有 21 个输入神经元，1 个输出神经元。关于隐层神经元的个数，经过反复尝试和比较，选择网络的隐层神经元数目为 4。

首先，我们以 1997 年工艺参数数据构成的样本集对神经网络进行初次训练，以初次训练完成后的网络状态作为网络初始状态，以 1998 年首批 20 组工艺参数作为神经网络的训练样本集，对神经网络进行再训练，从而完成对神经网络的动态修正。然后，我们对神经网络模型的映射函数曲面进行最优点搜索，得到了工艺参数的最优值，详见表 1。

5.3　最终的优化建议

经过神经网络的分析和优化，我们得到了优化过的参数规范的中心值。然而，得到优化结果以后，如果对全部 21 个工艺参数的规范值同时进行改进的话，将很难判断到底是哪一项参数的改进有实际效果，对信息的反馈和模型的动态修正不利。而且实际上也没有必要对工艺参数全部改进，因为有些工艺的控制中心值与优化后的中心值吻合得很好，如外延厚度的中心值和优化结果就相差无几，说明原有工艺规范是相当合理的。所以，我们挑选出参数最优值与原有工艺规范中心值差距较大的 3 个可控参数，提出优化建议如表 2 所示。

表 2　优化建议

参数名称	参数优化中心值	优化参数范围	单位
深磷预淀积电阻率	3.9	3.9±0.30	Ω/□
L-PNP-Hfe	20	≥20	
监测电阻 R	1.47	1.47±0.30	kΩ

5.4　优化结果的验证

在按照表 1 的原参数规范值控制时，平均成品率为 51.7%。提出优化建议以后，生产线按照优化建议进行控制，平均成品率为 57.5%，提高了 5.8 个百分点（相对提高了 11.2%）。由这一结果可以看出，神经网络的分析和优化是合理的，使用优化后的工艺规范可以更精确地表征工序质量，对提高成品率有切实有效的作用。目前优化后的工艺规范已在生产线投入实际应用。

华晶公司、双极总厂和双极设计所各级领导对此项研究工作非常重视，双极生产线的技术人员积极配合，在此表示诚挚的感谢。

参考文献

[1] Jill P. Card, Debbie L. Sniderman, and Casimir Klimasauskas. Dynamic Neural Control for a Plasma Etch Process. IEEE Trans. on Neural Networks, 1997; 8(4).

[2] Gwang-Hoon Park, Yoh-Han Pao, Boris Igelnik, Kurt G. Eyink, and Steven R. LeClair. Neu- ral-Net

Computing for Interpretation of Semiconductor Film Optical Ellipsometry Parameters. IEEE Trans. on Neural Networks, 1996; 7 (4).
[3] 王守觉. 人工神经网络与神经计算机及其实用化. 测控技术, 1999; 18(8).
[4] 石林初. 数理统计方法在 IC 大生产中的应用——试论工序能力指数与成品率的关系. 电子学报, 1998; 26(5).
[5] 王向东, 陈咏梅, 王守觉, 石林初.基于神经网络方法的半导体生产工艺优化. 半导体学报, 2000; 21(2).

基于仿生模式识别的多镜头人脸身份确认系统研究*

王守觉[1,2]，徐　健[1]，王宪保[2]，覃　鸿[1]
（1. 中国科学院半导体研究所神经网络实验室，北京 100083；
2. 浙江工业大学智能信息系统研究所，杭州 310014）

摘　要

提出了一种利用仿生模式识别原理以多镜头信息融合的人脸身份确认方法。讨论了以多镜头与多次采样建立仿生模式识别多权值神经元网络的基本理论。并介绍了以三个镜头五次采样作训练样本的实验系统，以及人脸预处理过程步骤。实验结果表明在确保无误认的前提下，正确确认率达96%，漏认率（即拒认率）为4%。实验中并对比显示了增加神经元网络复杂度提高识别效果的作用。

关键词： 仿生模式识别；人脸识别；身份确认；数据融合；神经网络

中图分类号： TP391.4　**文献标识码：** A　**文章编号：** 0372-2112 (2003) 01-0001-03

Multi-Camera Human-Face Personal Identification System Based on the BIOMIMETIC PATTERN RECOGNITION

WANG Shou-jue[1,2], XU Jian[1], WANG Xian-bao[2], QIN Hong[1]
(1. Lab of Artificial Neural Networks, Institute of Semiconductors, CAS, Beijing 100083, China;
2. Research Institute of Intelligent Information System, Zhejiang University of Technology, Hangzhou, 310014)

Abstract

A Multi-camera Human-face Personal Identification method, based on the BIOMIMETIC PATTERN RECOGNITION, had been proposed. The basic theory of neural networks with

* 原载于：电子学报，2003，31（1）：1～3. 国家自然科学基金（No.60135010）.

MULTI-WEIGHT NEURON, in Multi-camera Human-face Personal Identification System Based on the BIOMIMETIC PATTERN RECOGNITION, had been discussed. A three-camera system takes five combined pictures as learning samples in experiments. The basic course of human-face picture preprocessing had been described. The results of experiments showed the correct identification rate as 96% , rejection rate as 4% , and no mistake in identification. Experiments showed that increasing the complexity of neural networks makes better identification result.

Key words: pattern recognition; human-face identification ; personal verification; data fusion; neural networks

1 引 言

自美国世贸大厦被毁以来，国际反对恐怖活动的安全措施日益显得重要。其中对人员身份的确认，防止不法人员混入重要会议、重要场地也成为安全措施的重要组成部分[1]。与视网膜、指纹、声音等识别途径相比，人脸自动识别被认为是身份确认途径中最方便，但却错误率太高的一种手段[2]。而人们在社会活动中，古今中外最常用最可靠的确认相识熟人的方法就是靠用眼睛看脸。因而，从信息含量来看人脸自动识别用以确认身份是完全可能提高到有使用价值高度正确率的。

作者提出的“仿生模式识别”（拓扑模式识别）就是强调用“认识”模式取代传统的模式“分类”与划分（关于仿生模式识别的研究已在另文发表[3]，本文仅作简要介绍），本文的目的将是利用“仿生模式识别”基本原理研究一种确认正确率较高的三镜头摄入的神经网络人脸识别身份确认系统。

2 身份确认与人脸识别

传统说的“识别”是多类事物的区分。如果针对人脸则就是甲、乙、丙、丁……若干人中识别出谁是甲、谁是乙……因而，它要求判别被识别人最像甲、乙、丙、丁……中的哪一个。而身份确认则是要求判别被识别人是否确是某甲，回答只有“是”或“非”。而“仿生模式识别”正是强调“认识”而不是“区分”实物，因而它更适合用于身份确认。

3　仿生模式识别简介

传统模式识别中把不同类样本在特征空间中的最佳划分作为目标，而仿生模式识别则以一类样本在特征空间的分布的最佳覆盖作为目标，以二维空间的情况示意如图 1。

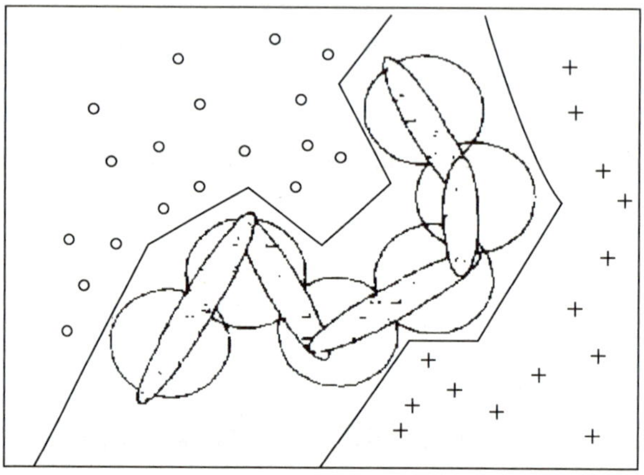

图 1

图 1 中，三角形为要识别的样本，小圆圈和十字形为与三角形不同类的两类样本，折线为传统 BP 网络模式识别的划分方式，大圆为 RBF 网络的划分方式（等同于以模板匹配的识别方式），细长椭圆形构成的曲线代表仿生模式识别的“认识”方式。因而，仿生模式识别把分析特征空间训练样本点间的关系作为基点，而特征空间中样本分布的连续性规律为此提供了可能性。仿生模式识别用的方法是“高维空间复杂几何形体覆盖识别方法”，是在特征空间中研究某类样本的分布状况而加以合理覆盖，从而来“认识”某类样本。

4　用神经网络的多镜头人脸信息融合及人脸确认

针对同一目标（同一人脸）多镜头采集的信息经预处理后映射到特征空间的“像”是多个样本点（样本矢量）。这多个样本点的分布，正部分地反映了该人脸在特征空间中的“像”的分布状况。根据这多个样本点来决定特征空间中此类样本的覆盖范围，是人脸确认的有效步骤。而一个多权值神经元正是可根据多个权值矢量作成特征空间中复杂形状的覆盖区域[4]，一个多权值神经元性能的通用表达式应为：

$$Y = f\left[\Phi\left(W_1, W_2, \cdots W_m, X\right)\right]$$

式中 $W_1, W_2, \cdots, W_m$ 为 m 个权值矢量；X 为输入矢量；Φ 为由多权值矢量神经元[5]决定的计算函数（多个矢量输入，一个标量输出）；f 为非线性转移函数；

在身份确认的场合，回答问题的结果是“是”或“非”，因而可用阶跃函数，即：

$$f(x)=\begin{cases}1 & \text{当 } x \leqslant k \\ 0 & \text{当 } x>k\end{cases}$$

设特征空间是 n 维实数空间 R^n，矢量函数方程

$$\Phi\left(W_1, W_2, \cdots, W_m, X\right)=k,$$

式中 k 为常数可视为由 $W_1, W_2, \cdots W_m$ 等 m 个权值矢量所决定的在特征空间 R^n 中 X 矢量的一种轨迹，此轨迹为 R^n 中的 $\left(n^{-1}\right)$ 维超曲面（或超平面），它把 R^n 分成两个部分[3]。在它一侧的部分 $\Phi \geqslant_k, Y=1$，在它另一侧的部分 $\Phi<k, Y=0$.

如果使 $\Phi\left(W_1, W_2, \cdots, W_m, X\right)=k$ 是一个封闭超曲面，则就在特征空间中形成了一个有限覆盖区域。输入矢量 X 若在此覆盖区内则神经元输出 $Y=1$，在此覆盖区外则 $Y=0$。

设多镜头（m 个镜头）采集到的样本映射到特征空间的“像”为矢量 $S_1, S_2, \cdots, S_m$；而权值矢量 $W_1, W_2, \cdots, W_m$ 是由 $S_1, S_2, \cdots, S_m$ 来决定的。亦即：

$$\begin{gathered}W_1=w_1\left(S_1, S_2, \cdots, S_m\right) \\ W_2=w_2\left(S_1, S_2, \cdots, S_m\right) \\ \cdots \cdots \cdots \\ W_m=w_m\left(S_1, S_2, \cdots, S_m\right)\end{gathered}$$

因而 $\Phi\left(W_1, W_2, \cdots, W_m, X\right)$ 必可改写成为

$$\Psi\left(S_1, S_2, \cdots, S_m, X\right)=k$$

用仿生模式识别原则[3]和高维空间几何分析方法[6]，找出合适的（针对具体识别问题的）Ψ 函数使 $X=S_1$ 或 $X=S_2, \cdots$，或 $X=S_m$ 时上式都能成立，（参考文献[3]中针对全方位旋转实物目标识别的神经网络算法）。

如此，该神经元覆盖的特征空间状况是由样本 $S_1, S_2, \cdots, S_m$ 所共同确定，因而它本身就起到了将 m 个镜头所采集的 $S_1, S_2, \cdots, S_m$ 样本所提供的人脸信息相融合的作用。

上述是一个神经元的情况。以下假设有 p 个神经元，每个神经元的权值各由一次采集的样本群确定，则各个神经元的输出分别是 $Y_1, Y_2, \cdots, Y_p$。

$$\begin{gathered}Y_1=f\left[\Psi\left(\mathrm{S}_{11}, S_{12}, \cdots, S_{1 m}, X\right)\right] \\ Y_2=f\left[\Psi\left(\mathrm{S}_{21}, S_{22}, \cdots, S_{2 m}, X\right)\right] \\ \cdots \cdots \cdots \\ Y_p=f\left[\Psi\left(\mathrm{S}_{p 1}, S_{p 2}, \cdots, S_{p m}, X\right)\right]\end{gathered}$$

今输入矢量也为多镜头所采集，因而 X 也有 m 个矢量，以 $X_1, X_2, \cdots, X_m$ 代表，则

$$Y_{11} = f\left[\Psi\left(S_{11}, S_{12}, \cdots, S_{1m}, X_1\right)\right]$$
$$Y_{12} = f\left[\Psi\left(S_{21}, S_{22}, \cdots, S_{2m}, X_1\right)\right]$$
$$\cdots\cdots$$
$$Y_{1p} = f\left[\Psi\left(S_{p1}, S_{p2}, \cdots, S_{pm}, X_1\right)\right]$$
$$Y_{21} = f\left[\Psi\left(S_{11}, S_{12}, \cdots, S_{1m}, X_2\right)\right]$$
$$\cdots\cdots$$
$$\cdots\cdots$$
$$Y_{2p} = f\left[\Psi\left(S_{p1}, S_{p2}, \cdots, S_{pm}, X_2\right)\right]$$
$$Y_{31} = f\left[\Psi\left(S_{11}, S_{12}, \cdots, S_{1m}, X_3\right)\right]$$
$$\cdots\cdots$$
$$Y_{mp} = f\left[\Psi\left(S_{p1}, S_{p2}, \cdots, S_{pm}, X_m\right)\right]$$

而人脸确认时的判别函数为：

$$R = \bigcup_{j=1}^{m} \bigcup_{i=1}^{p} Y_{ji}$$

式 R 代表了判别输入矢量 $X_1, X_2, \cdots, X_m$ 中有无一个落在特征空间中 p 个 Ψ 神经元所覆盖范围的并的范围中，这 p 个 Ψ 函数神经元覆盖范围的并，可形成特征空间中非常复杂的几何形体，能满足人脸确认的要求。

5 人脸确认实验系统的实验过程和结果

神经网络多镜头人脸确认实验系统采用了三个镜头（即 $m=3$）；确认一个人脸采用五个神经元($p=5$)。（在用神经网络硬件 CASSANN-II 神经计算机实现中用了 5 个神经元合成一个 Ψ 函数神经元，总共每确认一个人脸使用 25 个神经元）实验系统的框图如图 2。

由三个摄像头组成一组摄像采集头，采集的人脸以 bmp 文件输入 PC 机，该 PC 机同时作为神经计算机硬件的宿主机，同时提供预处理和确认判决及输出等后处理用。PC 机与神经计算硬件和软件组成神经计算机系统。以下对预处理过程作简要说明。各个摄像头各个时间（包括神经网络训练时期、确认时期）所采集的图像均通过同一预处理过程映射到特征空间中（512 维每维 16 位浮点数的特征矢量）。其具体计算步骤为：

（1）确定人脸所在位置；

（2）用左右匹配的方法将倾斜人脸转正；

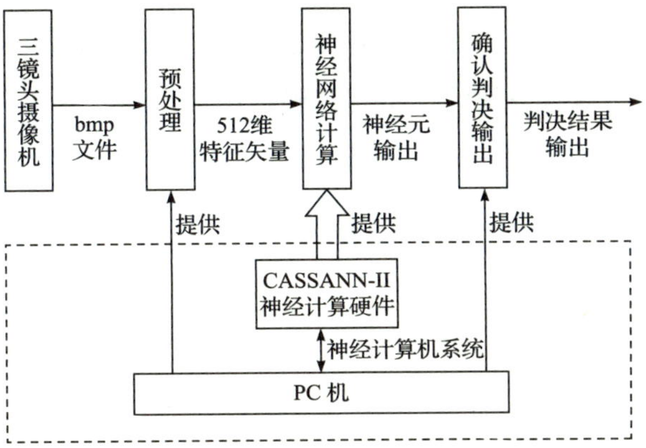

图 2

（3）定出眼睛精确位置；

（4）缩放人脸使眼睛间距为预定常数；

（5）定出数个关键点位置；

（6）以各关键点为核心向四面八方放射方向各点灰度的微商作为特征矢量的各维，以一定的次序排列成 512 维矢量；

（7）将 512 维矢量归一化，以减少灰度总体直流分量的影响（即光线强弱的影响）。

初步实验是由 5 个人进行，每个人先在组合摄像头前采集五次像，共得五组，每组 3 个头像。以多权值神经元网络算法（多权值神经元已被受理申请专利，申请号 02122638.5）训练构筑神经元网络（对应于 5 个 Ψ 函数神经元，Ψ 函数神经元的算法，在 CASSANN-II 神经计算机仿生模式识别系统软件中配套提供），其中以 k 值为可调距离常数值。（参见文献[3]中距离常数 k）。然后以本人和非本人作多次交叉确认试验。计应确认为本人的试验次数为 25 次，应确认为非本人的试验 100 次。在不同距离常数 k 值下所得到的正确确认率、误认率和漏认率分别如表 1 所示。

表 1 用 5 个Ψ函数神经元的实验结果

k^2	正确确认率	误认率	漏认率
350	20/25=80%	0	5/25=20%
375	22/25=88%	0	3/25=12%
400	24/25=96%	0	1/25=4%
425	24/25=96%	1%	1/25=4%
450	24/25=96%	4%	1/25=4%
475	24/25=96%	7%	1/25=4%
500	25/25=100%	12%	0
525	25/25=100%	21%	0

为说明用多个 Ψ 函数神经元增加覆盖区复杂度对提高确认率效果的作用，同一实验方法而简化神经元网络覆盖空间的复杂度，确认一个人脸只用一个 Ψ 函数神经元（即 $P=1$）；作本人和非本人多次交叉确认实验，共计应确认为本人的试验次数为 100 次，应确认为非本人试验次数为 500 次。实验结果如表 2。

表 2　只用 1 个Ψ函数神经元的实验结果

k^2	正确确认率	误认率	漏认率
400	62%	0	38%
425	66%	1/500=0.2%	34%
450	70%	5/500=1%	30%
475	71%	11/500=2.2%	29%
500	76%	23/500=4.6%	24%
525	80%	46/500=9.2%	20%
550	81%	63/500=12.6%	19%
575	86%	90/500=18%	14%

6　实验结果讨论与结论

由上述实验结果可以看到：

（1）如果选用 $m=3, p=5, k^2=400$，则具有 96% 的正确确认率而错误确认次数为零，虽然有 4% 的漏认，则可以再确认一次来弥补，因而，是离使用价值不远的结果，这说明该技术方向是可取的。

（2）增加 Ψ 函数神经元的数量（即 p 的值），即增加神经元覆盖范围的复杂度，可以改善确认效果。

（3）在增加 p 的同时应适当减小距离常数 k 值，以确保误认率为零。

本文所介绍的实验中的前处理过程是基于对人脸各关键点周围部分作等同处理的简单办法，如果突出重点并加入部位相互间关系的考虑将可进一步提高效果，特别是提高对不同表情的泛化能力。所以本方向前景很好但还有待于在前处理方法上作进一步深入研究。

参考文献

[1] 冀复生. 关于美国信息技术发展情况的一些看法[N]. 科技日报, 2002-07-18(特别关注).

[2] A K Jain. R Bolle. S Pankanti. Biometrics: Personal Identification in Network Society [M]. Kluwer Academic Publishers, 1999.

[3] 王守觉. 仿生模式识别(拓扑模式识别)——一种模式识别新模型的理论与应用[J]. 电子学报, 2002, 30(10): 1417-1420.
[4] 王守觉等. 通用神经网络硬件中神经元基本数学模型的讨论[J]. 电子学报, 2001, 29(5): 577-580.
[5] 专利申请文件, 申请号 02122638.5.
[6] 王守觉等. 人工神经网络的多维空间几何分析及其理论[J]. 电子学报, 2002, 30(1): 1-4.

基于仿生模式识别与传统模式识别的人脸识别效果比较研究*

王守觉，曲延锋，李卫军，覃 鸿
（中国科学院半导体研究所神经网络实验室，北京 100083）

摘 要

本文实现了一种基于仿生模式识别的人脸识别系统，并将其识别效果同最近邻分类器与不同核函数的 SVM 进行了分析比较。以 ORL 人脸库为识别对象，针对有“拒识”的情况下，通过改变不同识别算法的可调参数，在保证参与训练人的正确识别率在大致相同水平的条件下，分析了参与训练人的错误识别率（错识别为参与训练的其他人）与未参与训练人的错误接受率（错识别为参与训练的某人）的优劣，比较结果表明，基于仿生模式识别的方法明显优于其他模式识别方法。

关键词：仿生模式识别；人脸识别；主分量分析（PCA）；最近邻分类器；支持向量机（SVM）

中图分类号：TP391.4 **文献标识码**：A **文章编号**：0372-2112 (2004) 07-1057-05

Face Recognition: Biomimetic Pattern Recognition vs. Traditional Pattern Recognition

WANG Shou-jue, QU Yan-feng, LI Wei-jun, QIN Hong
(Lab of Artificial Neural Networks, Institute of Semiconductors. CAS, Beijing 100083, China)

Abstract

Based on a new theory model-BPR (Biomimetic Pattern Recognition), a face recognition

* 原载于：电子学报，2004，32（7）：1057-1061. 国家自然科学基金（No.60135010）.

system is implemented. In order to compare the recognition performance of it with that of some TPR (traditional pattern recognition), such as NN-based method and SVM-based methods with different types of kernel functions, using the ORL face database, we analyze the misclassification rate and false acceptance rate at the same level of the correct recognition rate by adjusting parameters of different algorithms. Comparison results show that our method is superior to the other two methods.

Key words: biomimetic pattern recognition; face recognition; principle component analysis; nearest-neighbor classification; support vector machine

1 引　言

自美国“911”事件以来，由于世界各国对反恐活动的迫切要求，人脸的自动识别再度成为研究的热点。人脸识别的研究可追溯到二十世纪六十年代末[1]，经历了几十年的蓬勃发展，各种算法层出不穷，如模板匹配方法[2]、特征脸（Eigenface）方法[3]、线边缘图方法[4]、神经网络方法[5,6]等。以往人们把过多的精力投入到前期特征提取上，而忽视了对识别系统的后期识别算法的分析研究，并且现今的对人脸识别方法的分类方式大多都是从特征提取的角度出发的[7]。如果认为前期的特征提取已经完成，而仅考虑后期的识别算法的实现问题，则目前采用的识别算法多为最近邻分类器[8]，如特征脸方法[3]，模板匹配方法[2]等；或是采用神经网络分类器[5,6]以及近来成为研究热点的支持向量机分类器（SVM）[9-10]等。现有的这些识别方法只侧重于“区别”，即一类样本与有限类已知样本的区分，而忽视了“认识”的概念，而这与人类对事物的识别功能恰恰相反，人类认识事物是一类类样本的“认识”过程，即一类样本与无限类未知样本的区分，侧重于“认识”。只有在细小之处才重视“区别”[12]。正是由于这些模式识别方法忽略了“认识”的概念，必然会带来两个缺点：一是首次遇到未学习过的新事物时容易误认为是某一种学习过的旧事物；二是在对未学习过的新事物进行新的学习时，往往会打乱旧知识，即破坏对原学习过的对旧事物的识别。

作者提出的仿生模式识别[12]（拓扑模式识别）就是强调用“认识”模式取代传统的模式“分类”与划分，因而将其应用在人脸识别上比起传统的模式识别方法会有较大的优势。针对现有人脸识别方法评价标准的不全面性，提出了新的评价标准，并在此基础上，将本文方法与最近邻分类器、支持向量机分类器进行了比较。实验结果表明，基于仿生模式识别的人脸识别方法在新的评价标准下，找到了一个较佳的平衡点。

2　仿生模式识别简介

传统模式识别中把不同类样本在特征空间中的最佳划分作为目标，而仿生模式识别则以一类样本在特征空间的分布的最佳覆盖作为目标，以二维空间的情况为例，如图 1 所示。图中，三角形为要识别的样本，圆圈和十字形为与三角形不同类的两类样本，折线为传统 BP 网络模式识别的划分方式，大圆为 RBF 网络的划分方式（等同于以模板匹配的识别方式），细长椭圆形构成的曲线代表仿生模式识别的“认识”方式。因而，仿生模式识别把分析特征空间训练样本点间的关系作为基点，而特征空间中样本分布的连续性规律为此提供了可能性。仿生模式识别用的方法是“高维空间复杂几何形体覆盖识别方法”，是在特征空间中研究某类样本的分布状况而加以合理覆盖，从而来“认识”某类样本。仿生模式识别与传统模式识别的差异如表 1 所示，关于仿生模式识别的详细叙述请参考文献[12]。

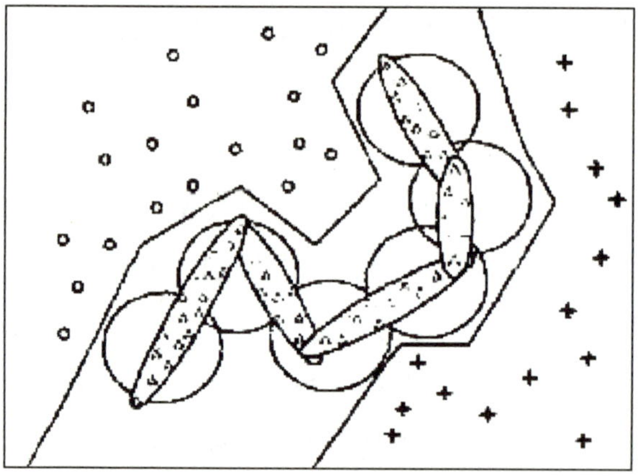

图 1　不同识别算法二维空间覆盖示意图

表 1　仿生模式识别与传统的模式识别的差异

	传统模式识别	仿生模式识别
基本出发点	多类样本的最优分类	一类类样本的认识
理论基础	所有可用的信息都包含在训练集中	特征空间中同类样本的连续性规律
数学工具	统计学	拓扑学
分析方式	代数、方程的理论推导（逻辑思维）	高维空间画法几何（形象思维）
识别方法	划分	高维空间复杂几何形体覆盖
实现途径	支持向量机、传统神经网络等	多权值高阶神经元网络、通用神经计算机

3 基于仿生模式识别的人脸识别方法

3.1 多权值神经网络与高维空间封闭超曲面

仿生模式识别“认识事物”的实现过程就是利用多权值高阶神经元网络，建立高维空间封闭超曲面完成对“事物”的最佳覆盖的过程。一个多权值神经元性能的通用表达式为：

$$Y = f\left[\Phi\left(\boldsymbol{W}_1, \boldsymbol{W}_2, \cdots, \boldsymbol{W}_m, \boldsymbol{X}\right)^{-\theta}\right] \tag{1}$$

式中$\boldsymbol{W}_1, \boldsymbol{W}_2, \cdots, \boldsymbol{W}_m$为$m$个权值矢量；$\boldsymbol{X}$是输入矢量；$\Phi$为由多权值矢量神经元[13]决定的计算函数（多个矢量输入，一个标量输出）；θ为多权值神经元的激活阈值；f为非线性转移函数。

设特征空间是n维实数空间$\boldsymbol{R}^n$，即$X \in \boldsymbol{R}^n$，则矢量函数方程：

$$\Phi\left(\boldsymbol{W}_1, \boldsymbol{W}_2, \cdots, \boldsymbol{W}_m, \boldsymbol{X}\right) = \theta \tag{2}$$

可视为由$\boldsymbol{W}_1, \boldsymbol{W}_2, \cdots, \boldsymbol{W}_m$等$m$个权值矢量所决定的在特征空间$\boldsymbol{R}^n$中$\boldsymbol{X}$矢量的一种轨迹，此轨迹为$\boldsymbol{R}^n$空间中的$\left(n^{-1}\right)$维超曲面（或超平面），它把$\boldsymbol{R}^n$分成两个部分[12]，如果使公式（2）是一个封闭的超曲面，则就在特征空间中形成了一个有限覆盖区域。为了说明这一点，我们利用双权值突触高阶神经元[14]数学模型在三维空间加以叙述，其实CASSANN-II 神经计算机的一个结点的计算数学模型就是基于双权值突触高阶神经元实现的[14]。一个双权值突触高阶神经元具有两个权值；方向权值和核心权值，其所采用的基本的计算模型如下：

$$Y = f\left[\sum_{j=1}^{n}\left(\frac{w_j\left(x_j - w_j'\right)}{\left|w_j\left(x_j - w_j'\right)\right|}\right)^S \left|w_j\left(x_j - w_j'\right)\right|^p - \theta\right] \tag{3}$$

式中：Y为神经元的输出；f为神经元的激励函数；θ为神经元的激活阈值；w_j和w_j'为由第j个输入端接至神经元的方向权值与核心权值；x_j为第j个输入端输入；n为空间的维数；S为决定单项正负号方法的参数；p为幂参数。

如果设定$S=0$，公式（3）就是个封闭的超曲面神经元。如将f函数的基设为定值时，则输入点的轨迹是封闭的超曲面，它的核心位置由核心权值矢量决定。当核心权值矢量的各维相同的情况下，则封闭超曲面的形状由p的值决定，如图2(a)～(d)所示；当核心权值矢量的各维具有不同的值，则相当于将封闭超曲面在各个不同方向加以拉伸或压缩，图 2（e）、2(f) 给出了当 $p=2$ 时，原始的超球面将在不同维方向伸缩形成不同的超椭球面。

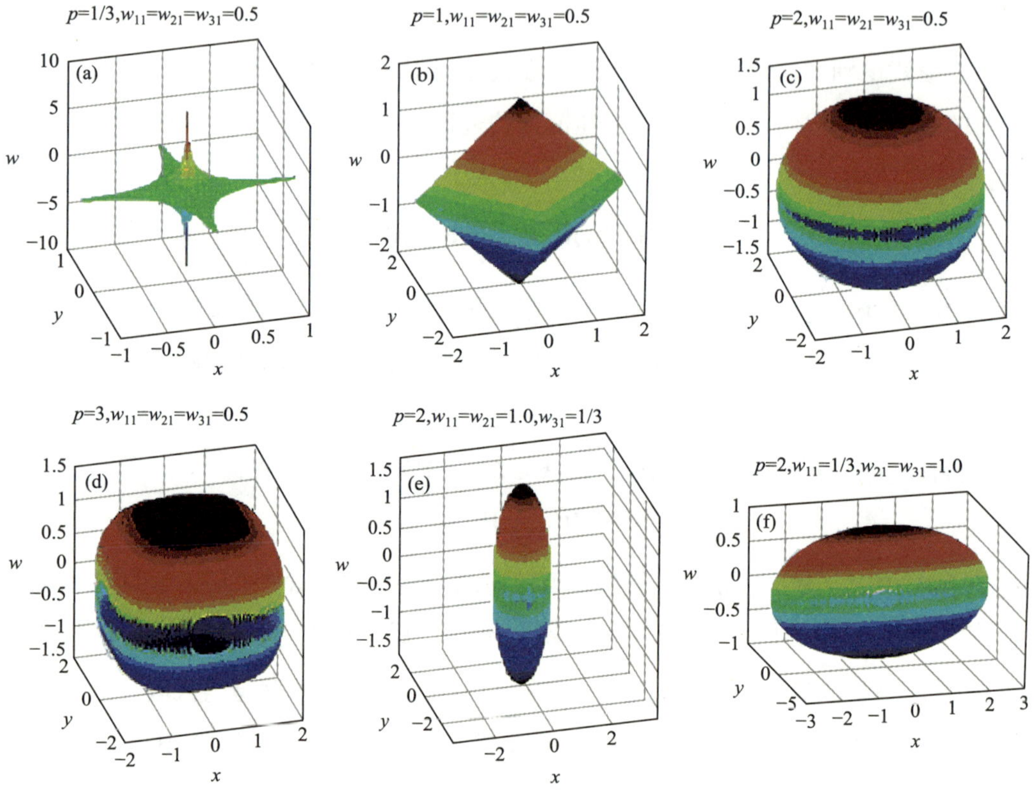

图 2　不同形状的高维空间超曲面示意图

3.2　高维空间复杂几何形体覆盖与人脸识别方法

由公式（1），设 f 函数的基为 Ψ，即：

$$\Psi\left(\boldsymbol{W}_1,\boldsymbol{W}_2,\cdots,\boldsymbol{W}_m,\theta,\boldsymbol{X}\right)=\Phi\left(\boldsymbol{W}_1,\boldsymbol{W}_2,\cdots,\boldsymbol{W}_m,\boldsymbol{X}\right)-\theta \tag{4}$$

对于人脸识别，令 f 函数为符号函数 $\operatorname{sgn}(\cdot)$，即：

$$f(\Psi)=\begin{cases}1, & \Psi\geqslant 0\\ -1, & \Psi<0\end{cases} \tag{5}$$

仿生模式识别的基本出发点是一类一类样本的“认识”，而其认识的过程可以利用多权值高阶神经元网络建立高维空间复杂几何形体完成对某类样本的最佳覆盖的过程，从而也就是根据训练样本建立 Ψ 函数神经元的过程[12,15,16]。在特征空间中，以同类样本点间连接为出发点，以同一类样本的“认识”为目标，以多权值矢量神经元网络算法（多权值神经元已被受理申请专利[13]，申请号 02122638.5）训练构筑神经元网络（Ψ 函数神经元的算法，在 CASSANN-II 神经计算机仿生模式识别系统软件中配套提供）。

设第 i 类人脸的 k 个训练样本矢量（经过预处理的特征矢量）为 $\boldsymbol{S}_{i1},\boldsymbol{S}_{i2},\cdots,\boldsymbol{S}_{ik}$，则对应的 Ψ_i 函数的 m 个权值矢量由这 k 个训练样本矢量所决定，从而有 $m \leqslant k$，即：

$$\begin{aligned}
&\boldsymbol{W}_{i1} = w_1(S_{i1},S_{i2},\cdots,S_{ik}),\\
&\boldsymbol{W}_{i2} = w_2(S_{i1},S_{i2},\cdots,S_{ik}),\\
&\cdots\cdots\\
&\boldsymbol{W}_{im} = w_m(S_{i1},S_{i2},\cdots,S_{ik}).
\end{aligned}$$

针对 p 类人脸样本，经过上述过程可确立 p 个 Ψ 函数神经元，从而就完成了对训练样本在高维空间的覆盖。对于待识别样本 $\boldsymbol{X}$，其识别过程如下：

$$q = \arg\max_{i=1,\cdots,p}\left(\Psi_i(\boldsymbol{X})\right),$$

判定结果：

如果 $\operatorname{sgn}\left(\Psi_q(\boldsymbol{X})\right)=1$，则判定待识别样本应属于第 q 类人；

如果 $\operatorname{sgn}\left(\Psi_q(\boldsymbol{X})\right)=-1$，则拒识。

4 基于 SVM 的人脸识别

支持向量机（SVM）是 AT&T Bell 实验室的 V Vapnik 等人根据统计学习理论提出的一种新的机器学习方法，已经在模式识别等领域获得了极大的应用。SVM 的基本思想[17]是：首先通过非线性变换将输入空间到一个高维空间，然后在这个新空间中，根据结构风险最小化准则求取最优线性分类面，而这种非线性变换是通过定义适当的内积函数实现的。下面简要介绍以下如何利用 SVM 实现人脸的识别，关于 SVM 的进一步叙述请参考文献[11]。

首先考虑两类模式分类问题。设输入样本集合为：

$$\left\{(\boldsymbol{x}_i,y_i)\mid \boldsymbol{x}_i\in\boldsymbol{R}^n, y_i\in\{-1,1\}, i=1,2,\cdots,N\right\}$$

其中 y_i 是样本 $\boldsymbol{x}_i$ 的所属类的标志，n 为样本维数，N 是训练样本的个数。

SVM 首先通过非线性变换 $\Phi.\boldsymbol{x}\to\varphi(\boldsymbol{x})$，将给定的 n 维空间 $\boldsymbol{R}^n$ 中的模式样本 $\boldsymbol{x}$ 映射到某个 m 维高维特征空间 $\boldsymbol{R}^m$，$m \geqslant n$，然后在这个空间中考虑样本的线性可分。

SVM 是在约束条件：

$0 \leqslant \alpha_i \leqslant C, i=1,2,\cdots,N; \sum_{i=1}^{N} y_i\alpha_i = 0$，其中 C 为惩罚因子，通过改变惩罚因子可以在分类器的泛化能力和误分类率之间进行折中。

求解下列函数的最大值：

$Q(\alpha_i)=\sum_{i=1}^{N}\alpha_i-\frac{1}{2}\sum_{i,j=1}^{N}\alpha_i\alpha_{jyiy\,j}K\left(\boldsymbol{x}_i,\boldsymbol{x}_j\right)$，其中 $K(\boldsymbol{x}_i,\boldsymbol{x}_j)=\varphi(\boldsymbol{x}_i)\cdot\varphi(\boldsymbol{x}_i)$，称为核函数，关于几种核函数的具体形式请参见文献[11]。

设求得的最优解为 α_i^*，从而得到的最优分类函数可表示为：

$$f(\boldsymbol{x})=\operatorname{sgn}\{\Omega(\boldsymbol{x})\}=\operatorname{sgn}\left\{\sum_{i=1}^{N}\alpha_i^*{}_{yi}K\left(\boldsymbol{x}_i,\boldsymbol{x}\right)+b^*\right\} \tag{6}$$

由文献［11］可知，只有一部分（通常是很少部分）α_i^* 不为零，其对应的样本称为支持向量。支持向量满足：$yj\left(\sum_{i=1}^{N}\alpha_i^*{}_{yi}K\left(\boldsymbol{x}_i,\boldsymbol{x}_j\right)+b^*\right)=1$，从而可以确定式（6）中的 b^*。

对于 p 类人脸识别问题，我们利用 SVM 设计了 p 个两类分类器，每个分类器只区分本人与其它人，训练过程是将本人样本标志为 1，将其他所有人的样本标志为–1，利用 SVM 过程建立分类判别函数。设 p 个分类函数为：

$$\Omega^t(\boldsymbol{x})=\sum_{i=1}^{N}\alpha_i^t y_i K\left(\boldsymbol{x}_i^t,\boldsymbol{x}\right)+b^t, t=1,2,\cdots,p \tag{7}$$

对于待识别样本 $\boldsymbol{x}$，其识别过程如下：

$$q=\arg\max_{t=1,\cdots,p}\left(\Omega^t(\boldsymbol{x})\right),$$

判定结果：

如果 $\operatorname{sgn}\left(\Omega^q(\boldsymbol{x})\right)=1$，则判定待识别样本应属于第 q 类人；

如果 $\operatorname{sgn}\left(\Omega^q(\boldsymbol{x})\right)=-1$，则拒识。

5　人脸识别系统框架与识别能力的评价标准

我们实现的人脸识别系统包括三部分，如图 3 所示。预处理过程包括人脸检测、双眼定位、尺度归一化与灰度分布标准化，关于人脸检测与双眼定位算法我们将另文发表；由于经过预处理后的图像维数较高，在这里采用了主分量分析（PCA）进行特征提取，关于 PCA 的详细介绍请参见文献[3,17]；最后对经过特征提取后的特征矢量，采用不同的识别算法进行训练与识别并给出识别结果。

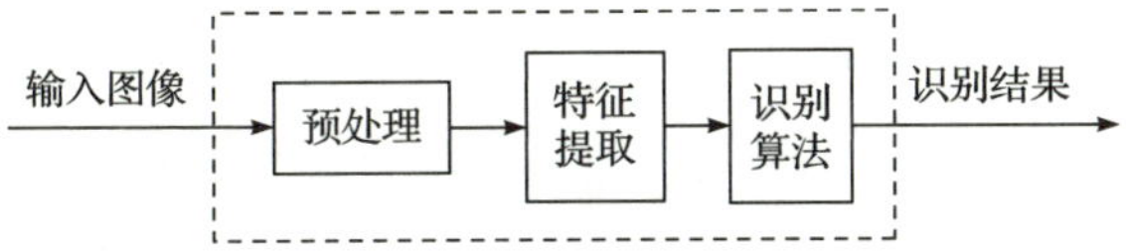

图 3　人脸识别系统框架图

现今绝大多数文献在进行不同的人脸识别算法比较时[18-20]，只考虑在无拒识的情况下，分析参与训练人的未训练样本的正确识别率（Correct Recognition Rate）的优劣；而忽略了在有拒识情况下，对参与训练人的未训练样本的错识率（错误识别为参与训练的其他人，Misclassification Rate）、错误拒识率（False Rejection Rate）以及未参与训练人样本的错误接受率（错误识别为参与训练的某人，False Acceptance Rate）与正确拒识率（Correct Rcjcction Ratc）的分析。这显然是不全面的，因为在安全性较高的识别系统中（如计算机人脸自动登录系统），为了防止“非法者”的入侵，要考虑在有拒识情况下，将 Misclassification Rate 与 False Acceptance Rate 降至最低，而允许具有一定的 False Rejection Rate，这样只会增加被识别者参与识别的次数与时间，而不会降低识别系统的安全性，即不会“乱识”，当然也应要求系统具有合理的 Correct Rejection Rate。所以要全面衡量一个识别系统的识别能力，应在有拒识的情况下，对上述指标进行综合分析。

6　实验与结果分析

为了分析本文所实现系统的识别能力，我们假设图 3 中预处理过程已经完成，对使用不同的识别算法的识别结果进行分析对比。实验使用的是各种文献进行算法比较时较常采用的 ORL 人脸图像数据库，共有 40 个人，每人 10 幅，每幅大小为 112×92，共 400 幅图像。随机选取其中 35 人的 3 幅共 105 幅图像构成训练样本，如图 4 所示；这 35 人的剩余 7 幅共 245 幅图像构成测试样本 A，其余 5 人的共 50 幅图像构成测试样本 B（考虑有拒识的情况）。

图 4　用于训练的部分人脸图像

利用文献[17]介绍的方法对训练样本进行主分量分析，由于一共是 105 幅图像，这样得到的“特征脸”空间最多是 105 维，部分“特征脸”图像如图 5 所示。经过分析可知，“特征脸”空间的前 75 个“特征脸”正交基已经占据了整体能量的95%，故采用在这 75 个“特征脸”上的投影系数作为人脸识别需要的特征矢量，这样对人脸图像的描述由原来的112×92维降低为 75 维，关于利用这 75 个“特征脸”进行人脸重建的例子如图 6 所示。

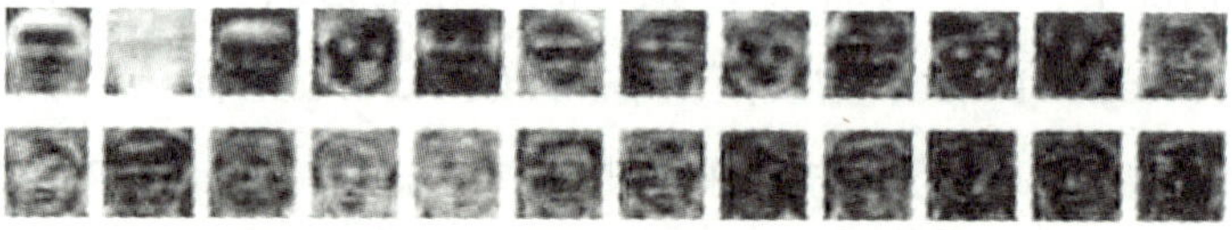

图 5　“特征脸”空间的前 24 个正交基

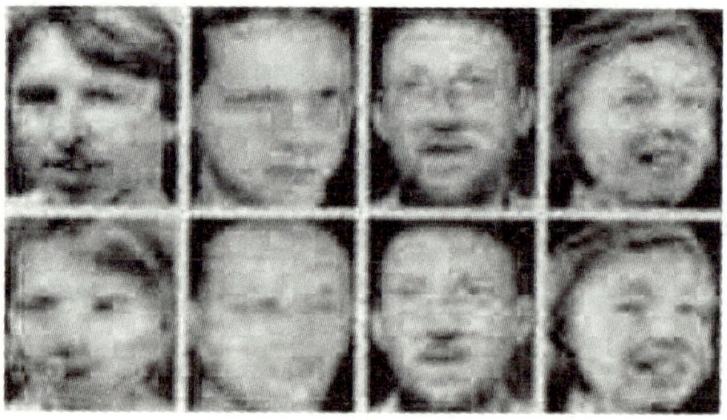

图 6　利用“特征脸”进行人脸重建结果（上面为原图，下面为重建图像；其中前两幅为训练集以外的图像，后两幅为训练集以内的图像）

我们采用三种不同的识别算法进行了比较，最近邻分类器（NN）、不同核函数 SVM 分类器（3 阶多项式核与径向基核）以及仿生模式识别（BPR）算法。为了在相同条件下，衡量不同算法的识别能力，我们通过改变不同算法的可调参数，在保证 Correct Recognition Rate 在大致相同水平的条件下，分析比较了 Misclassification Rate 与 False Acceptance Rate 的优劣。对于最近邻法可调参数为其分类阈值，为训练样本最远欧氏距离 $d_{\max}$ 的不同比例；对于 SVM 可调参数为惩罚因子等。各种算法的比较结果如表 2 所示，其中最近邻分类器的计算复杂度指的是比较核心的个数，SVM 的计算复杂度指的是所有 SVM 分类器的支撑向量总个数，仿生模式识别计算复杂度指的是 Ψ 函数神经元的个数。

表 2 各种识别算法的识别结果比较

各种分类器	计算复杂度	Test A（245 幅）			Test B（50 幅）	
		Correct Recognition	Misclassification	False Rejection	False Acceptance	Correct Rejection
NN($0.32*d_{max}$)	105	189（77.1%）	12（4.9%）	44（18.0%）	11（22%）	39（78%）
SVM-Ⅰ（3 阶多项式核）	736	190（77.6%）	2（0.8%）	53（21.6%）	3（6%）	47（94%）
SVM-Ⅱ（径向基核）	822	193（78.8%）	4（1.6%）	48（19.6%）	5（10%）	45（90%）
BPR	35	194（79.2%）	0（0%）	51（20.8%）	0（0%）	50（100%）

由表 2 的比较结果可知，基于仿生模式识别的人脸识别方法在不降低正确识别率的情况下，具有良好的识别能力，明显优于其他方法。

7 结　论

与传统以“最佳划分”为目标的统计模式识别相比，仿生模式识别是基于“认识”事物而不是基于“区分”为目的，更接近于人类“认识”事物的特性，这样就使得机器识别的能力有较大的提高。正是由于仿生模式识别算法的自身的优越性，使得本文所实现的系统在人脸识别方面表现了良好的性能，尤其用于身份确认的情况下，明显优于其他传统的模式识别方法，适合构筑一个安全性较高的人脸识别系统。本文只是阐述了仿生模式识别算法在人脸识别方面的应用实现，相信经过对仿生模式识别的进一步研究，能够应用到更为广泛的领域，促进人工智能全面发展。

参考文献

[1] W Bledsoe. Man-machine facial recognition [A].Panoramic Research Inc, Palo Alto, CA, 1966, Rep PRI: 22.
[2] R Bruneli, T Poggio. Face recognition: features versus templates [J].IEEE Trans. Pattern Analysis and Machine Intelligence, 1993, 15: 1042 -1052.
[3] M Turk, A Pentland. Face recognition using eigenfaces [A]. Proc of IEEE Conf On CVPR[C]. 1991. 586-591.
[4] Yongsheng Gao. Face recognition using line edge map[J]. IEEE Trans Pattern Analysis and Machine Intelligence, June 2002, 24 (6): 764-779.
[5] Shang-Huang Lin, Sun-Yuan Kung, Long-Ji Lin. Face recognition/detection by probabilistic decision-based neural network [J] . IEEE Trans On neural networks, Jan . 1997, 8(1), 114-132.
[6] N Intrator, D Reisfeld, Y Yeshurun. Extraction of facial features for recognition using neural networks [A]. Proceedings of International Workshop on Automatic Face and Gesture Recognition [C] 1995. 260 -265.
[7] 张翠平，苏光大. 人脸识别技术综述[J]. 中国图象图形学报, Sept. 2000. 5A(11): 885-894.

[8] 张辉, 等. 基于主元分析神经网络的人脸特征提取及识别研究[J]. 模式识别与人工智能, 1996, 9(1): 52-57.

[9] P J Phillips. Support vector machines applied to face recognition [A]. In Advances in Neural Information Processing Systems 11[C]. USA: MIT Press, 1998.803-809.

[10] G D Guo,S Z Li, K L Chan.Face recognition by support vector machines[J]. Image and Vision Computing, 2001, 19(9-10): 631-638.

[11] Vladimir N Vapnik. 统计学习理论的本质[M]. 张学工, 泽. 北京: 清华大学出版社, 2000.

[12] 王守觉. 仿生模式识别(拓扑模式识别)——一种模式识别新模型的理论与应用[J]. 电子学报, 2002, 30(10): 1417-1420.

[13] 专利申请文件, 申请号 02122638.5.

[14] 王守觉, 等. 通用神经网络硬件中神经元基本数学模型的讨论[J]. 电子学报, 2001, 29(5): 577-580.

[15] 王守觉, 等. 人工神经网络的多维空间几何分析及其理论[J]. 电子学报, 2002,30(1): 1-4.

[16] 王守觉, 等. 基于仿生模式识别的多镜头人脸身份确认系统研究[J]. 电子学报, 2003, 31(1): 1-3.

[17] 边肇祺, 等. 模式识别[M]. 北京: 清华大学出版社, 2000.

[18] Peter N Belhumeur, João Hespanha, David J Kriegman. Eigenfaces vs. fisherfaces: recognition using class specific linear projection[J]. IEEE Transactions on Pattern Analysis and Machine Intelligence, 1997, 19 (7): 711-720 .

[19] G D Guo, H J Zhang . Boosting for fast face recognition [A] Second International Workshop on Recognition. Analysis and Tracking of Faces and Gestures in Real-time Systems (RATFG-RIS 2001) [C] Conjunction with ICCV2001, 2001.96-100.

[20] 黄修武, 等. 基于隶属度的人脸图像特征抽取和识别[J]. 电子学报, 1998, 26(5): 89-92.

多权值神经元网络仿生模式识别方法在低训练样本数量非特定人语音识别中与 HMM 及 DTW 的比较研究*

覃　鸿，王守觉
（中国科学院半导体研究所神经网络实验室，北京 100083）

摘　要

本文将基于多权值神经元网络的仿生模式识别方法用于连续语音有限词汇量固定词组识别的研究中，并将其识别效果与 HMM 方法及 DTW 方法进行了比较分析。以 15 个词组的词汇表做测试，通过调整这三种识别算法的参数，在它们的拒识率相同的情况下，针对参加训练的词汇，比较他们的错误识别率（某类误认为他类）；针对未参加训练的词汇，比较他们的错误接受率（误认为某类）。结果表明，在低训练样本数量的情况下，仿生模式识别方法能获得更好的识别效果。

关键词：仿生模式识别；多权值矢量神经元；语音识别；HMMs；DTW

中图分类号：TN912　**文献标识码**：A　**文章编号**：0372-2112 (2005) 05-0957-04

Comparison of Biomimetic Pattern Recognition, HMM and DTW for Speaker-Independent Speech Recognition

QIN Hong, WANG Shou-jue
(Lab of Artificial Neural Networks, Institute of Semiconductors, CAS, Beijing 100083, China)

Abstract

The purpose of this paper is to compare the performance of three speech recognition

* 原载于：电子学报，2005，33（5）：957～960. 国家自然科学基金（No.601350101）.

methods, one based on Biomimetic Pattern Recognition (BPR) and the other two based on Hidden Markov Models (HMMs) and Dynamic Time Warping (DIW) respectively. As a general purpose model of pattern Recognition, BPR is realized by Multi-Weights Neuron Networks. For the 15 words vocabulary, we analyze the false recognition rate (ratio of accepting a trained word to another trained word) and false acceptance rate (ratio of accepting an untrained word to a trained word) respectively. Experiment results show that when the training data was not sufficient, the manner of BPR achieved a higher performance.

Key words: biomimetic pattern recognition; multi-weights neuron; speech recognition; hidden Markov models; dynamic time warping

1 引　言

语言是人类最自然的交流方式，因而语音识别技术用途广泛，潜力巨大。然而，由于语音信号的随机性、多变性和不稳定性，语音识别技术跟其他识别技术相比发展缓慢。近年，语音信号特征参数提取技术的研究成果（LPCC 参数、MFCC 参数等）促进了语音识别研究的快速发展，出现了动态时间规整算法[1]（DTW）、隐马尔可夫模型[2]（HMM）和人工神经网络[3]（ANN）等识别算法，其中 HMM 在语音识别领域的成功应用[4]，使其成为语音识别的主要方法。HMM 方法关注的是模式的统计特性，目的是将模型分成几类，然后选择出与感知数据最接近的模型类别[5]。它需要大量的训练样本才能获得满意的训练效果，这往往很难做到。实际应用中，要识别的可能是一些词汇量较少，并有可能变动的词汇集，例如餐厅的语音点菜系统，它要求新菜名的加入不影响已有词汇，并且新菜名的训练过程中训练样本容易获得，如果训练需要大量样本，这就给系统的更新带来困难。DTW 方法是一种基于模板匹配的语音识别方法，它应用动态规划方法成功解决了语音信号的参数序列在进行序列比较时时长不等的难题，并在特定人语音识别和孤立词语音识别中得到了广泛应用。仿生模式识别[6]自从被提出来以后，已用于实物目标识别、人脸确认[7]与人脸识别[8]等的研究，并在与传统模式识别的比较中，显示出其在识别效果上的优越性。本文利用仿生模式识别基本原理研究一种在低训练样本数量的情况下有限词汇量固定词组识别的新方法。

2 仿生模式识别简介

传统的模式识别或模式分类，是模式识别长期发展过程中建立起来的经典方法，它从“划分”的概念出发，认为所有可用的信息都包含在训练集中，同类事物之间的关系无任何先验知识存在。其目标是如何对若干有限类样本在特征空间中进行最优分类划分，或一类样本与有限类已知样本的区分。

仿生模式识别是一种不同于传统模式识别的理论方法，它从“认识”的概念出发，认为两个同类事物之间至少存在一个渐变过程，在渐变过程中间的各事物都是同属于该类的，或者说特征空间中同类样本的全体是连续的。因而其目标是如何对特征空间中的同一类样本作最佳覆盖。关于仿生模式识别的详细叙述请参考文献[6]。

3 基于仿生模式识别的语音识别

仿生模式识别以“同类样本的全体在特征空间中是连续的”作为样本点分布的先验知识，即：设特征空间 R^n 中所有属于 A 类事物的全体为集合 A，若集合 A 中存在任意两个元素 x 与 y，则对 ε 为任意大于零的值时，必定存在集合 B，使得：

$$B=\left\{x_1,x_2,x_3,\cdots,x_n \middle| x_1=x,x_n=y,n\subset N,\right.$$
$$\left.\rho\left(x_m,x_m+1\right)<\varepsilon,\varepsilon>0,n-1\geqslant m\geqslant 1,m\subset N\right\},B\subset A$$

对应于学习过程，就是针对同类事物的训练样本在特征空间中的分布，选择一个或多个合适的封闭曲面，形成一个高维空间的连续的复杂几何形体[9]来合理覆盖训练样本。

多权值矢量神经元[10]在一定的计算函数下，能形成一个高维空间的封闭曲面。

一个多权值矢量神经元的通用表达式为：$Y=f\left[\Phi\left(W_1,W_2,\cdots,W_m,X\right)^{-\theta}\right]$，式中：$W_1,W_2,\cdots,W_m$ 为 m 个权值矢量；X 是输入矢量；Φ 为由多权值矢量神经元决定的计算函数（多个矢量输入，一个标量输出）；θ 为多权值神经元的激活阈值；f 为非线性转移函数。

设特征空间是 n 维实数空间 R^n，即 $X\in R^n$，矢量函数方程：

$$\Phi\left(W_1,W_2,\cdots,W_m,X\right)=\theta \quad (1)$$

可视为由 $W_1,W_2,\cdots,W_m$ 等 m 个权值矢量所决定的在特征空间 R^n 中 X 矢量的一种轨迹，此轨迹为 R^n 空间中的 $(n-1)$ 维超曲面（或超平面），它把 R^n 分成两个部分。如果使公式（1）是一个封闭的超曲面，则就在特征空间中形成了一个有限覆盖区域[11]。改变神经元权值，将得到具有不同形状的超曲面神经元。对应于多权值神经元网络的学习过程，就是针对不同类事物的训练样本在特征空间中的分布，选择合适的多个多权值神经元，他们的并在特征空间中表示为一个连通区域，即对于某类 A，则 $Y_A=\min\left(Y_{Aj}\right)_j^P=1$，其中

P 是覆盖 A 类全部训练样本所需的神经元的个数，通过网络训练决定，$Y_{Aj} = \left(f\left[\Phi\left(W_{Aj}, W_{Aj2}, \cdots W_{Ajm}, X\right] - \theta_{Aj}\right)$ 是这些神经元的输出。

对应于识别过程，则是判断被识别样本是否落在代表某类事物的多个神经元的超曲面围成的高维有限空间的并集中。设被识别样本为 X，则识别时的判别函数为：

$$R = F\left[\min\left(Y_A, Y_B, \cdots\right].$$

4　基于 HMM 的语音识别

20 世纪 80 年代初人们开始用 HMM（隐含马尔科夫模型）来描述语音信号后，该模型不断得到发展，成为目前语音识别的主流技术[12]。HMM 的算法是将语音看成是一连串特定状态，这种状态不能被直接观测到，而是以某种隐含的关系与语音的观测值（语音特征）相关联。这种隐含关系在 HMM 中通常以概率形式表现出来，模型的输出结果也以概率的形式给出。

HMM 由马尔科夫过程和概率输出函数集组成。马尔科夫过程由状态及状态间的转移概率组成。状态用 $S_l(l=1,2,\cdots N)$ 表示，N 为状态的个数。在时刻 n，模型所处的状态用 x_n 表示，并且有：$x_n \in \{S_1 \sim S_N\}, \forall n$。状态间的转移概率由矩阵 $A_{N\times N}$ 决定，其中 a_{ij} 表示模型 n 时刻在 S_i 状态下，则下一时刻 $(n+1)$ 转移到 S_j 状态的概率。模型在初始化时，有一个初始状态概率矢量 $\alpha = [\alpha_1, \alpha_2, \cdots, \alpha_N]$，其中 α_i 表示初始时刻，系统处于 S_i 状态的概率。对应于每一个状态都有一个相关的概率输出函数，用于估计观测值在该状态下的输出概率。N 个状态的概率输出函数集构成一个 N 维概率分布函数矢量 B，具有离散分布的概率分布函数矢量构成一个矩阵，而具有连续分布的概率密度函数矢量的每个元素为一个概率密度函数。因此，一个 HMM 的特性由其三个特征参数 α、A、B 来决定。

对应于模型的训练过程，就是根据已知的训练样本集，确定模型的三个特征参数 α、A、B，使得该参数下的模型产生训练样本集中的每个学习样本的概率平均值达到最大。对应于识别过程，就是已知模型的输出 Y 以及模型的三个特征参数 α、A、B，估计模型产生 Y 时最可能经历的状态序列 X，或称为最优状态序列搜索。

5　基于 DTW（Dynamic Time Warping）的语音识别

把待识别的语音模式称为测试模板 $T, T = T(a_1, a_2, \cdots, a_i, \cdots, a_I)$，把标准语音模式称为参考模板 $R, R = R(b_1, b_2, \cdots, b_j, \cdots, b_J)$，识别时，计算 T 与 R 之间的失真度。失真度可用两

者之间的欧几里得距离衡量，在属于相同类别时，距离小，失真度小；在属于不同类别时，距离大，失真度就大。然而，即使是同一个人说同一句话，说话人每次发声的持续时间都会不一样，这时，$I \neq J$，或者说时间序列模型在整个时间段内发生了非线性时间伸缩。DTW 方法为了克服语速的差异，用动态规划的方法，将两个模式特征序列进行匹配，即将T和R的帧号分别在坐标系的横轴和纵轴上标出，坐标上某点$D(i,j)$表示T的第i帧与R的第j帧的失真度。DTW 方法的目标就是要找出一条从起点$(1,1)$到终点(I,J)的最佳路径，使得在路径失真度总和最小，即总失真达到最小。另外，基于模板匹配的识别方法，识别的性能与特征模板的可靠性有很大关系。对于非特定人的语音识别，需要先对训练样本进行聚类[13,14]。

6 非特定人连续语音点菜系统的实验过程与结果

6.1 语音特征参数的提取方法

特证提取是语音识别的一个关键步骤，本文实验用MFCC（Mel 倒谱系数）作为语音的特征参数。

人耳对不同频率的语音具有不同的感知能力，人的听觉系统是一个特殊的非线性系统，它响应不同频率信号的灵敏度是不同的。为模拟人耳对不同频率语音的感知特性，人们提出了 Mel 频率的概念，MFCC 即为基于 Mel 频率的概念而提出的，由于它反映了人耳的听觉特征，因而具有很好的性能及其鲁棒性。实际提取过程中，还需对语音信号进行预处理。对语音的高频部分进行预加重来增加语音的高频分辨率；根据语音具有短时平稳的特点，对语音进行分帧操作以提取其短时特性。在本文的实验中，语音信号采用 22kHz，16 位精度进行采样，原始的一个语音信号经过端点检测、预加重后，分为 32 帧，每帧 16 个 MFCC 参数，映射成 512 维特征空间的一个样本点。

6.2 训练样本集与测试样本集

词汇表由 15 个汉语词组组成。

训练集A的发音人为来自不同地区的 3 名男性和 3 名女性，每人每个词组各发音 3 遍，每个词组 18 个样本，共 270 个样本用于训练。训练集B将发音人数增加到 5 名男性和 5 名女性，即每个词组 30 个样本，共 450 个样本用于训练。

测试集由不是训练集发音人的其他多人的发音共 697 个样本构成，其中 539 个样本属于词汇表中的词组，构成测试集A，应能正确认识，用以测试识别系统在一定拒识率下的错误识别率；其余的 158 个样本为词汇表以外的词组，构成测试集 B，应能正确拒识，用以测试它的错误识别率。

6.3 实验过程及结果

HMM 模型采用状态数 $N=5$ 的无跳转从左到右模型对每个词进行统计建模。高斯概率密度函数混合数 M 的多少对识别有很大的影响，混合数的个数较多，系统的性能就更好，但意味着需要训练的参数量增加，因而需要更多的训练数据。本文经实验比较，在选择 $M=6$ 时系统获得最优的性能。

多权值神经元网络的输入层包括 512 神经元，对应一个词组的 512 个特征值；隐层由三权值神经元构成，其神经元的数量和权值由训练过程决定；输出层包括 15 个神经元，每个神经元对应于一个要识别的语音。整个网络的输出矢量为 $O=[O_1,O_2,\cdots,O_{15}]$ 若当前输入矢量属于第 i 类，$O_i=1$，否则 $O_i=0$。若 $O=[O_1,O_2,\cdots,O_{15}]=0$，则认为当前输入矢量不属于已训练的任何类。

DTW 方法的模板通过 K 均值算法对训练样本进行聚类获得，每个词组对应一个特征模板。本文实验中 HMM 模型的训练及 DTW 的聚类用文献[15]的算法及部分程序。对于测试集 A，为比较三种方法的效果，实验中调整各自的判别函数阈值，使这三种方法在拒识率相同的情况下，比较他们误识率。对于测试集 B，则比较他们对未训练过的词汇的错误识别率。识别结果如表 1 所示。

表 1　BPR、HMM、DTW 三种方法在不同规模训练集下的识别结果

识别方法	训练集 A（270 个样本）			训练集 B（450 个样本）		
	测试集 A		测试集 B	测试集 A		测试集 B
	误识率	拒识率	误识率	误识率	拒识率	误识率
BPR（仿生模式识别）	3.40%	5%	13.92%	1.48%	5%	13.29%
HMM	13.36%	5%	95.57%	2.60%	5%	89.24%
DTW	6.68%	5%	93.67%	4.30%	5%	78.48%

7　结果讨论与结论

HMM 在本质上是一种统计的方法，因此需要大量的训练样本才能得到事物的统计特性，参加训练的样本越多，HMM 的性能越好。以上实验结果表明，在低训练样本数量的情况下，对于已训练词组的被识别样本，HMM 方法的误识率较高，随着训练样本数量

增加，其误识率下降。然而，事实上，大量的语音数据往往不容易获得，面临的问题更多是在低训练样本数量时，如何获得较高的识别率。DTW 方法在训练样本数量较少的情况下，能获得较高的识别率，但不论是 DTW 方法或是 HMM 方法，它们对于词汇表以外的词误识率都很高。

仿生模式识别方法在训练样本数量较少的情况下，就能获得很好的识别效果，而且对于未训练过的词组有较高的正确拒识率。这正是由于它是基于“认识”事物而不是基于“区分”事物为目的，它更接近于人类“认识”事物的特性，因而显示出其优越的效果。

参考文献

[1] L R Rabiner, A E Rosenberg, S E Levinson. Considerations in dynamic time warping algorithms for discrete word recognition[J]. IEEE Transactions on Acoustics, Speech and Signal Processing, December, 1978,26(6):575-582.

[2] Rabiner L, Juang B. An Introduction to Hidden Markov Models[M]. 1EEE Acoustics, Speech & Signal Processing Magzaine, JANUARY 1986.4-16.

[3] Gemello R, Albesano D, Mana F, Moisa L. Multi-source neural networks for speech recognition: a review of recent results[A]. IEEE-INNS-ENNS International Joint Conference on Neural Networks[C]. Italy: 2000.265-270.

[4] Lee K F. Automatic Speech Recognition: The Development of the SPHINX SYSTEM[M].Kluwer Academic Publishers, Boston, 1989.

[5] Duda R O. 模式分类(原书第 2 版)[M]. 李宏东，等，译. 北京：机械工业出版社, 2003.9.

[6] 王守觉. 仿生模式识别(拓扑模式识别)——一种模式识别新模型的理论与应用[J]. 电子学报, 2002, 30(10): 1417-1420. WANG Shou-jue. Bionic (Topological) pattern recognition-a new model of pattern recognition theory and its applications[J]. Acta Eleclronica Sinica, 2002,30(10):1417-1420.

[7] 王守觉，等. 基于仿生模式识别的多镜头人脸身份确认系统研究[J]. 电子学报, 2003, 31(1): 1-3. WANG Shou-jue, XU jian, WANG Xian-bao, QIN Hong. Multi-camera human-face personal identification system based on the biomimetic pattern recognition[J]. Acta Electronica Sinica,2003,31(1):1-3.

[8] 王守觉，等. 基于仿生模式识别与传统模式识别的人脸识别效果比较研究[J]. 电子学报, 2004, 32(7): 1057-1061. WANG Shou-jue. QU Yan-feng, LI Wei-jun, QIN Hong. Face recognition: biomimetic pattern recognition vs. traditional pattern recognition[J]. Acta Electronica sinica, 2004,32(7):1057-1061.

[9] 模式识别中的非超球面几何形体覆盖方法[P]. 中国专利申请文件：申请号 02124837.0.

[10] 多权值突触的神经元构造方法[P]. 中国专利申请文件：申请号 02122638.5.

[11] 王守觉，等. 人工神经网络的多维空间几何分析及其理论[J]. 电子学报, 2002, 30(1): 1-4.WANG Shou-jue, WANG Bai-nan. Analysis and theory of high-dimension space geometry for artificial neural networks[J]. Acta Eleclronica Sinica, 2002,30(1):1-4.

[12] L R Rabiner, B H Juang. Fundamental of Speech Recognition[M].Englewood Cliffs, NJ:Prentice-Hall, 1993.

[13] L R Rabiner, et al.Speaker-independent recognition of isolated words using clustering techniques[J]. IEEE Trans. Acoustics, Speech, and Signal Processing, 1979, ASSP-27(4): 336-349.

[14] 蔡莲红，等. 现代语音技术基础与应用[M]. 北京：清华大学出版社, 2003.243-244.

[15] 何强，何英. matlab 扩展编程[M]. 北京：清华大学出版社, 2002.

SOC Dynamic Power Management Using Artificial Neural Network*

Huaxiang Lu,Yan Lu, Zhifang Tang, Shoujue Wang
Neural Network Laboratory
Institute of semiconductors, Chinese Academy of Sciences Beijing, 100083, China
{luhx,luyan,tangzf,wangsj}@semi.ac.cn

Abstract

Dynamic Power Management (DPM) is a technique to reduce power consumption of electronic system by selectively shutting down idle components. In this article we try to introduce back propagation network and radial basis network into the research of the system-level power management policies. We proposed two PM policies—Back propagation Power Management (BPPM) and Radial Basis Function Power Management (RBFPM) which are based on Artificial Neural Networks (ANN). Our experiments show that the two power management policies greatly lowered the system-level power consumption and have higher performance than traditional Power Management(PM) techniques—BPPM is 1.09 - competitive and RBFPM is 1.08 -competitive vs.1.79、1.45、1.18-competitive separately for traditional timeout PM、adaptive predictive PM and stochastic PM.

Key words: Power Management、BP、RBF.

I. INTRODUCTION

When integrated circuits develop to the Very Deep Submicron (VDSM) level, SOC chips consisted of millions of gates which will work under the clock frequency of several hundreds

* 原载于：Proceedings of the 6th International Conference on Intelligent Systems Design and Applications(ISDA’06)，2006.

MHz and the power they needed may amount to tens even hundreds Watts. Power dissipation in a very large scale integration system is a primary design consideration. Thus, greater attention has to be paid to efficient power management techniques. The problem of power management for an embedded system is to reduce system level power dissipation by shutting off parts of the system when they are not being used and turning them back on when requests have to be serviced. The aim is to give high performance with the least power dissipation [1].

The PM approaches can be classified into two major classes. 1) Using heuristically nonlinear regression to predict workload and address the uncertainty in the optimization problem. 2) Using the controlled Markov process to describe optimal PM and applying stochastic control to realize the optimization of PM. Both of these two approaches are based on accurate model of chips and statistical characters of workloads. They attempt to fix on the PM policy in SOC designing stage, so there are drawbacks in their applicability due to the uncertainty of workloads and chip model.

Neural networks have emerged as an attractive technique for modeling various complex and nonlinear relationships. Neural networks possess the capability to learn arbitrary nonlinear mappings between input and output parameters. Neural network training is a self-organizing process designed to determine an appropriate set of connection weights that allow the activation of simple processing units to achieve a desired state of activation that mimics the relationship between a given set of samples. Due to the good characteristics of ANN we proposed two PM policies based on ANN's —BPPM and RBFPM.

II. PROBLEM STATEMENT AND DEFINITIONS

A. Modeling of Power Management

System-level power management saves power of subsystems (also called devices) and displays is the most widely adopted system-level power management on PCs [2]. Fig. 1 illustrates the concept of power management. When there are requests, the device is busy; otherwise, it is idle. Here, the device is idle between T_1 and T_4. When the device is idle, it can be shut down to enter a low-power sleeping state. In this illustration, the device is shut down at T_2 and woken up at T_4, when requests arrive again. Changing power states will take time;T_{sd} and T_{wu} are the shutdown and wake-up delays. Furthermore, wake up a sleeping device may take extra energy. In other words, power states transfer has power consumption. If there were no power consumption, power management would be trivial: Just shut down a device whenever it is idle. Unfortunately, there is delay and/or energy consumption. Consequently, a device should sleep only if the saved energy justifies the consumption [3]. The rules to determine whether to shut down a device are called policies. For simplicity, this article addresses only one device and one stream of requests. Because power management does not change requests, we are only concerned about the power consumption when a device is idle in either the working or sleeping state. We don't consider with the power consumption required to serve requests.

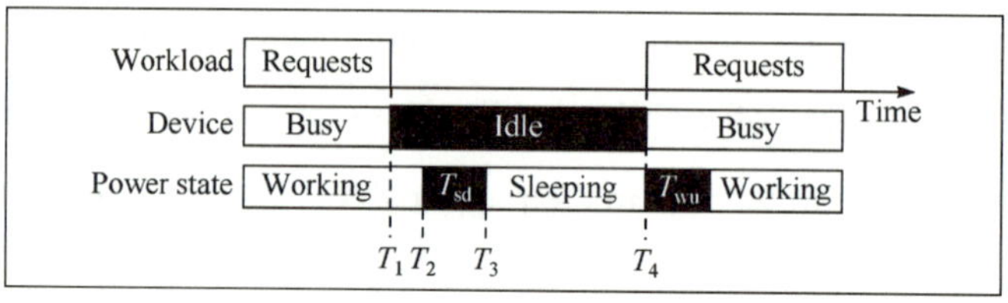

Fig.1. Power management from the workload, device, and power state points of view

In most practical instances, we can model a Power Manageable Components(PMC) by a finite-state representation called Power State Machine(PSM).States are the various modes of operation that span the tradeoff between performance and power. State transitions have a power and delay cost. In general, low-power states have lower performance and larger transition latency than states with higher power. This simple abstract model holds for many single-chip components like processors and memories as well as for devices such as disk drives, wireless network interfaces and displays, which are more heterogeneous and complex than a single chip. The PSM model of StrongARM SA-1100 is shown in Fig.2. States are marked with power dissipation and performance values, edges are marked with transition times. In our experiment, we adopt such a PSM.

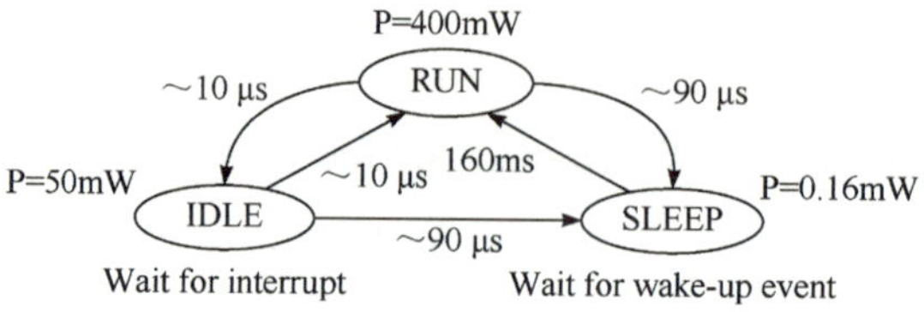

Fig.2. Power state machine for the StrongARM SA-1100

B. Traditional PM Methods

Three classes of power management policies have been proposed in the past [4] [5]: timeout, predictive, and stochastic policies. The fixed timeout policy shuts down the system after a fixed amount of idle time [6]. Adaptive timeout policies are more efficient because they change the timeout according to the previous history. In contrast with timeout policies, predictive techniques[7][8] do not wait for time to expire, but shut down the system as soon as it becomes idle if they predict that the idle time will be long enough to amortize the cost of shutting down. Some predictive techniques are based on extensive off-line analysis of usage traces. Adaptive prediction policies overcome this limitation by adopting an exponential average prediction scheme. Both timeout and predictive policies have been applied only to systems with a single sleep state. A stochastic approach was proposed in [9] where general systems and user requests were modeled as Markov chains. This approach provides a polynomial-time exact solution for the search of optimal power management policies under performance constraints. The main drawback of this approach is the assumption that the Markov model of the workload is stationary and known. This limitation is addressed in [10], where adaptive Markov policies are investigated.

C. Competitive Analysis

In this article we adopt the Oracle Power Manager (OPM) as the standard to evaluate the other PM policies. OPM adopts competitive analysis [11]. It is usually used as a standard to evaluate the other PM policies. For example, for the same trace of requirements μ, $P_{opm}(\sigma)$represents the minimum consumption when using OPM and $P_A(\sigma)$ represents the minimum consumption of PM policy A . If for all the input, $P_A(\sigma)$,$rP_{opm}(\sigma)$then the competitive rate of policy A is r . In this article if some policy's competitive rate is r , it means that the consumption of policy A is r times of the OPM's under the worst condition.

III. PM APPROACHES BASED NEURAL NETWORK

A. BPnet in Power Management (BPPM)

In our experiment, BPPM policy adopts the single-step prediction way: the network inputs m historic T_{idle} and outputs $T_{idle}(n+m+1)$ value. Here, $m=10, k=1$, and n is the present idle periods. The net has three layers and the output layer has ten neural cells. The corresponding ten historical T_{idle} are the input, the hidden layer has twenty neural cells. The output layer has one neural cell to output the next predictive idle period value $T_{idle}(n+m+1)$. The inputs are eight task streams generated by a random number generator which follow the normal probability distribution. Because the inputs are generated on online, the BPnet also adopts the online training. Moreover the network needs accumulating the historical idle periods as samples before finishing the training, the BPnet should work with the adaptive predictive algorithm [8].

For the first one hundred idle periods, apply the adaptive predictive algorithm to do the power management and at the same time use the same first one hundred idle periods to train the BPnet.

The idle period $T_{idle}(101)$、$T_{idle}(102)$...are the first one hundred idle periods predicted by the BP network. If the predictive idle period $T_{idle}>T_{be}$(T_{be} is short for Break-Even Time and it is the threshold value in Timeout PM policy. T_{be} is the minimum time that makes the system consumption saved in sleep state equal to the consumption restarting the system), then shut down the system at the beginning of the idle periods; if $T_{idle} < T_{be}$, keep the idle state of the devices waiting the next requirement. Evaluate the BPPM policy after every 500 idle periods, compare the consumption between BPPM and OPM. If the consumption of BPPM reach the class A of the OPM (the consumption of BPPM is not more than 1.15 times of the OPM's) or the BP network reach the upper limit of the training times, then the BP network is fixed.

Next, use the 101～600 idle periods to predict the idle period, the results using the trained BPnet are shown in the Fig.3. The blue broken lines represent the idle period's real value and the red real lines represent the idle period's predictive result. The average error of idle periods is

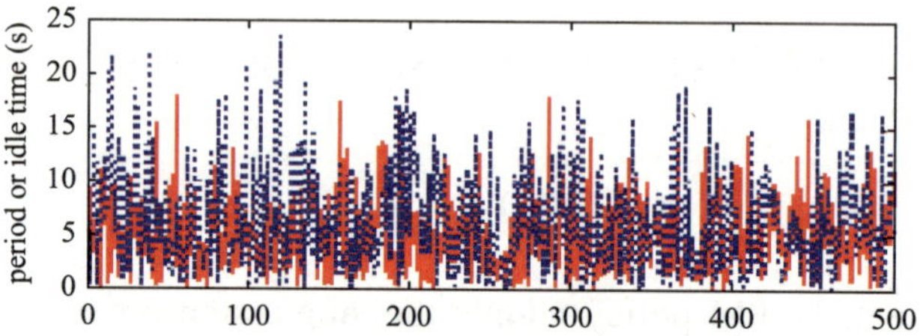

Fig.3. The predictive value and the real value of idle time by BPnet after the first training

1.3796s and correct shutdowns rate is 44.98%. We can find the predictive idle value is smaller than the real value.

Then use the 401～600 idle periods to train the network again, the predictive result of 601～1100 idle periods after the second training is shown in the Fig. 4. Compared with the first prediction, the second predictive idle periods average error is 1.0544s and the relative correct shutdowns rate is 41.58%.

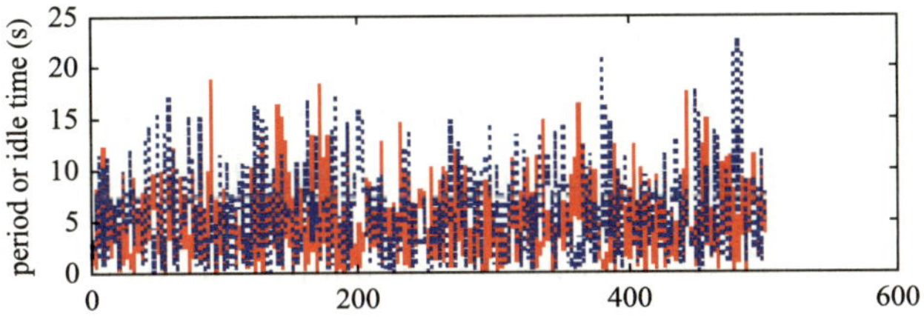

Fig.4. The predictive value and the real value of idle time by BPnet after the second training

Continue to train the BPnet with the 1001～1100 idle periods. The 1101～1600 idle periods' predictive result by the BPnet after the third training is shown in the Fig.5. Comparing with the first and second prediction, the idle period average error declines to 0.6878s and the correct shutdowns rate has improved to 43.26%.

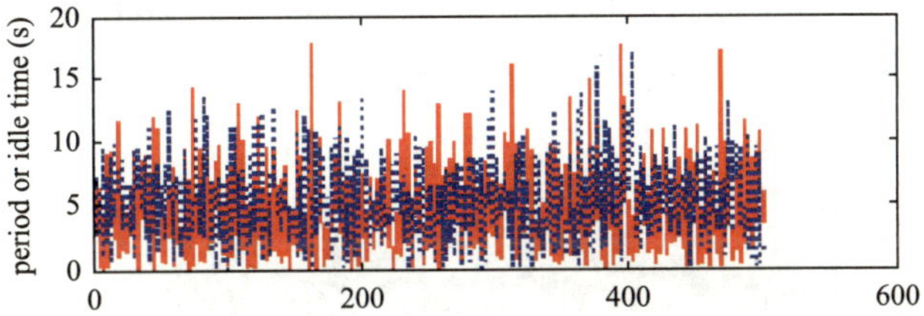

Fig.5. The predictive value and the real value of the idle time by BPnet after the third training

Apply the three times predictive results into the power management, we got the evaluations of the power consumption are all in A class (they are 1.0355、1.0600、1.0312 times of OPM's separately), the BPnet can be fixed.

B. RBF Algorithm in Power Management (RBFPM)

RBF [12] is a neural network learning algorithm which extends the input vectors or pretreats vectors into the high dimension space to solve some problems. Our lab explores the general artificial neural network computer CASSANN-II. It adopts the two weighted cell [13] model and can easily simulate the RBFnet and other artificial neural networks [14].

In the RBFPM experiment we use a two layers RBFnet, the RBFnet's input connects to the first layer cells, the net's output connects to the second layer linear cells by the weight. Construct the RBFnet by increasing a RBF cell each time in order to ensure that the sum of the error squares is less than the initial target error until the cells reaches the maximum number. In such a way we can avoid fixing on the hidden layer cells' number by experience. Repeating each iterative process make the input vector of which the error decrease the most to generate the RBF cell.

Use the single-step prediction method to predict the next idle period: input m historic $T_{idle}(n), T_{idle}(n+1), \cdots\cdots, T_{idle}(n+m)$, output $T_{idle}(n+m+1)$ and $m=10, k=1, n$ is the present idle period. Same with BPPM, RBFPM adopts the online training and use the same requests traces: At first, use the first 100 idle periods to predict by the traditional prediction policies. At the same time, apply the 100 periods to train the RBFnet as samples. The total training process of RBFnet is the same with BPnet. The total number of the RBFnet cells is 75 after the first training. The RBFnet predictive results using the 101～600 idle periods are shown in Fig.6. The blue broken lines represent the idle period's real value and the red real lines represent the predictive value, the idle period average error is $0.2992s$, the relative correct shutdowns rate is 47.10%.

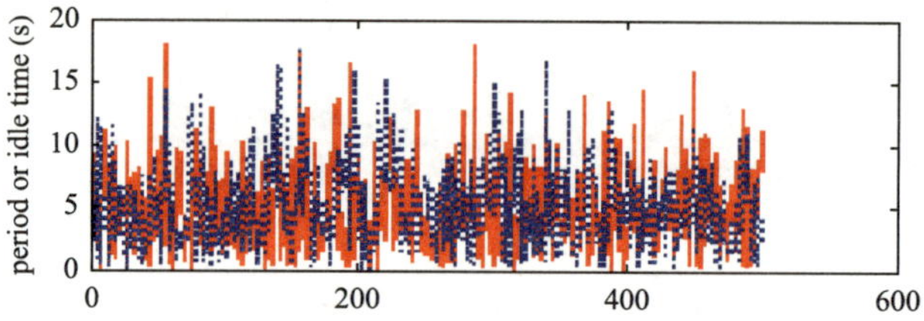

Fig.6. The predictive value and the real value of the idle time by RBFnet after the first training

Continue to train the RBFnet using the 401～600 idle periods, the total number of RBFnet cells is 175 in the second training. The predictive result of the 601～1100 idle periods using the RBFnet after the second training is shown in Fig.7. Compared with the first prediction, the average error increases to 0.3295s, the correct shutdowns rate declines to 40.80%.

Train the RBFnet again using the 1001～1100 idle periods, the total RBFnet cells number decreases to 75. The predictive result using the 1101～1600 idle periods is shown in Fig.8. Compared with the first two predictions the third prediction accuracy decreases. The average error is 0.4285s, but the correct shutdowns rate increases to 45.67%.

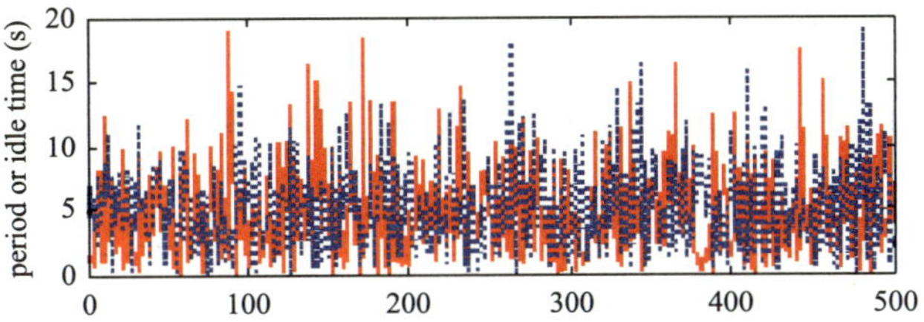

Fig.7. The predictive value and real value using RBFnet after the second training

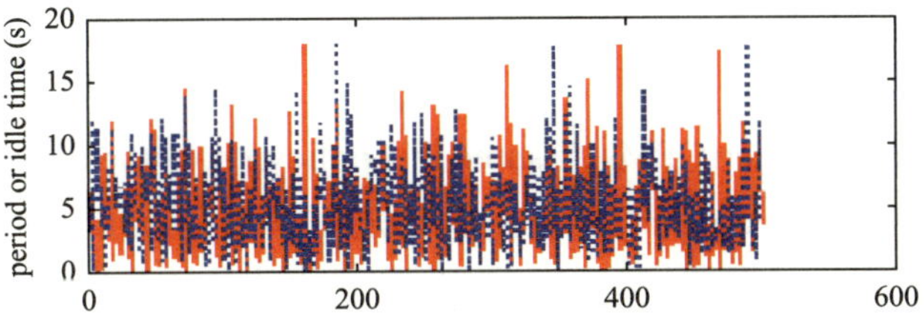

Fig.8. The predictive value and real value using RBFnet after the third training

After three times network training, apply such a network into power management, we get the consumption evaluation of class A. (They are 1.0611, 1.0536, 1.0302 times of the consumption of OPM policy), so the RBF network can be fixed.

Use the fixed RBFnet to predict the idle periods of any one request trace, the average error is 0.3308s, the correct shutdowns rate is 44.24%, and the consumption is 1.0830 times of OPM. The Fig. 9 show us the comparison of prediction (by using first 100 samples without RBFnet, by using the first、second 、third trained RBFnet and the fixed RBFnet separately) in details of power, number of shutdowns and correct shutdowns.

For the same 8 traces of requests, RBFnet's total average prediction error is 0.3308 s which is less than BPPM's 0.5035s . For the single trace requests, the RBFPM's average prediction error is 0.4285 s and the BPnet's is 1.0524s . The training time of RBFnet is far less than the BPnet.

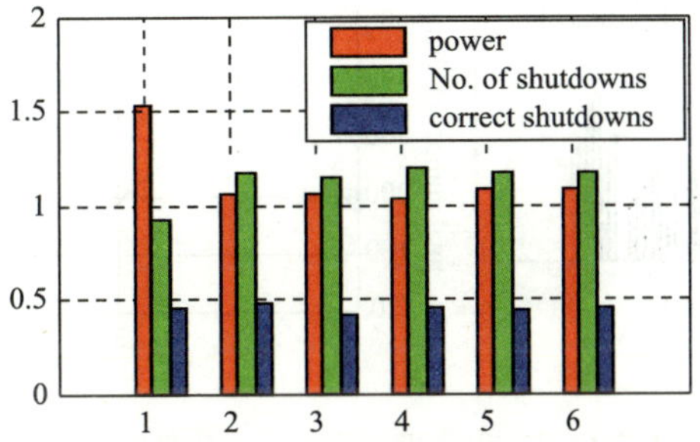

Fig.9. Comparison for each prediction result in our RBFnet experiment

IV.　EXPERIMENT ANALYSIS

Based on the PM experiment with BPnet and RBFnet, We take an IBM mobile disk system of which the consumption can be controlled to compare the traditional PM methods and the PM methods based on the artificial neural network. All the PM policies compared are as follows:

1) Oracle Power Manager(OPM):Assume this policy know the traces of the tasks and the relating responding time. If the next idle time is more than T_{be}, OPM will shut off the system, keep the system idle contrarily. So OPM make the best decision, other PM policies will take it as the standard;

2) Timeout Policy;

3) Predictive Policy;

4) Stochastic Policy based on Markov(short for Markov);

5) BPnet;

6) RBnet.

Use the same environment and same eight tasks traces, the Fig. 10 shows the total consumption and shutdowns comparison of the six PM policies. And the Table 1 shows us the Timeout, Markov, Predictive, BPnet and RBFnet PM's system consumption ratio to OPM's for the 8 traces of requests.

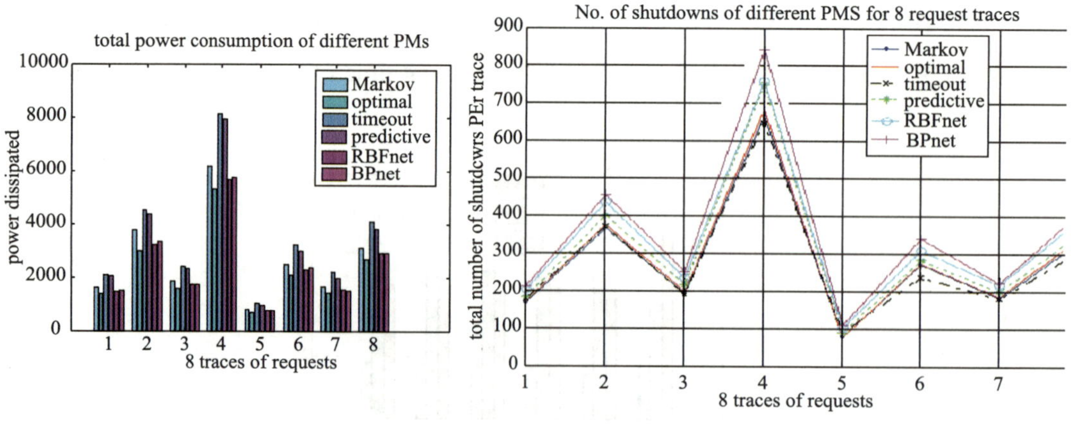

Fig.10.　Left: Total consumption comparison of the six different PM policies. Right: Total NO. of shutdowns comparison of the six different PM policies.

TABLE I THE RATIO OF SYSTEM CONSUMPTIONS TO OPM'S FOR EACH REQUEST TRACE

	Timeout	Markov	Predictive	Bonnet	RBFnet
Trace 1	1.8747	1.1721	1.4804	1.0501	1.0699
Trace 2	1.7650	1.2577	1.4600	1.0802	1.1104
Trace 3	1.7328	1.1668	1.4734	1.0938	1.1024
Trace 4	1.7708	1.1619	1.4911	1.0644	1.0782
Trace 5	1.6717	1.1515	1.4210	1.0954	1.0943
Trace 6	1.9688	1.1754	1.4230	1.0881	1.1177
Trace 7	1.7313	1.1644	1.3988	1.1000	1.0672
Trace 8	1.84801	1.1611	1.5239	1.0868	1.0908
average	1.7954	1.1764	1.4471	1.0941	1.0824

TABLE II SOME STATISTICAL DATUM FOR ALL THE 8 TACE OF REQUESTS..

	Timeout	Markov	Predictive	BPnet	RBFnet
ATC	1.7954	1.1635	1.3520	1.0915	1.0788
AST	1.0229	0.9740	1.0999	1.1672	1.1725
ACSR	97.76%	43.18%	43.40%	43.80%	45.29%

Here, ATC=Ratio of Average Total Consumption to OPM's, AST=Ratio of Average Shutdowns Times to OPM's, ACSR=Average Correct Shutdowns Rate.

From the Fig.10, Table land Table I and Table II we can find that because the OPM policy knows requests' all information in advance, it can make the best decision and the consumption is the least. The timeout policy are more accurate in predicting whether the idle periods are longer than T_{be} than other policies and the shutdowns are the least. However, timeout policy's consumption is also the most due to the consumption waiting for reaching the threshold. The Markov Policy has less consumption and shutdowns even than OPM, but in our experiment Markov policy is based on the accurate modeling of the system. The Morkov model concludes Service Requester state set(SR), Service Provider state set(SV),Power Manager function(PM) and Cost Manager(CM).SP and SR are only approximate estimation by experience, thereby the Morkov policy are not the very accurate method. Despite that the shutdowns of BPPM and RBFPM are a little more than the traditional PM policies, but the difference is so small and the correct shutdowns ratio is improved, the relative expense and the consumption are both decreased greatly, and the system capability is improved very much. The system consumption of BPPM and RBFPM are even less than Markov's. BPPM and RBFPM policies we proposed obviously have better performance than the traditional PM policies.

However, to determine the BPnet and RBFnet's structure is important. In RBF network if the hidden layer cells are inadequate, the accuracy can not be ensured; if there are too many hidden layer cells, the network may be weakened, and the network is easy to reach the partial minimum point.

Additionally, the system relay in the PM should be considered. After shutting off the system, it needs time to initialize again and then responds to the requirements, then the intervals between the idle periods change. The system delay is an important parameter. In this article we do not consider the system delay and we will research in it after.

V. CONCLUSIONS

In all, the traditional PM policies always rely on the exact modeling for the system model and the workload's statistics features. In most applications, neither the workloads nor the system inner structure can be modeled accurately. But the BPPM and RBFPM policies do not need any hypothesis of the workload requirements and they are attractive techniques for modeling various complex nonlinear relationships in the power management studying from the system historic idle periods. Our experiments show that the policies based on artificial neural networks is so effective that their performance exceeds the traditional ones.

ACKNOWLEDGMENT

This paper is supported by the National Nature Science Foundation of China (NO.60576033, NO 90207008).

REFERENCES

[1] Shrirang Yardi, Channakeshava, K., Hsiao, M.S., Martin, T.L., Ha, D.S.: A formal framework for modeling and analysis of system-level dynamic power management. Computer Design, 2005, Proceedings, 2005 International Conference, 2-5 Oct. 2005 Page(s):119-126.

[2] Ren, Z., Krogh, B.H., Marculescu, R.: Hierarchical adaptive dynamic power management. Computers, IEEE Transactions on, Volume 54, Issue 4, April 2005 Page(s):409 - 420.

[3] Mihic, K., Simunic, T., De Micheli, G.: Reliability and power management of integrated systems, Digital System Design, 2004. DSD 2004. Euromicro Symposium, 31 Aug.-3 Sept. 2004 Page(s):5 - 11.

[4] Yung-Hsiang Lu, De Micheli, G.: Comparing system level power management policies. Design & Test of Computers, IEEE, Volume 18, Issue 2, March-April 2001 Page(s):10 - 19.

[5] D.Ramanathan, S.Irani, R.K.Gupta: An analysis of system level power management algorithms and their effects on latency, IEEE Trans. Computer-Aided Design, vol.21.No.3,Mar 2002.

[6] Rong Zheng, Hou, J.C., Lui Sha: On time-out driven power management policies in wireless networks,

Global Telecommunications Conference, 2004. GLOBECOM '04. IEEE, Volume 6, 29 Nov.-3 Dec. 2004 Page(s):4097 - 4103.

[7] M. Srivastava, A. Chandrakasan. R.Brodersen : Predictive system shutdown and other architectural techniques for energy efficient programmable computation, IEEE Transactions on VUL Systems, vol. 4, no. 1, pp. 42-55,March 1996.

[8] C.-H. Hwang, A. Wu: A predictive system shutdown method for energy saving of event-Driven computation. Proceedings of the Int. 1 Conference on Computer Aided Design, pp. 28-32, 1997.

[9] Norman, G., Parker, D., Kwiatkowska, M., Shukla, S.K., Gupta, R.K.: Formal analysis and validation of continuous-time Markov chain based system level power management strategies. High-Level Design Validation and Test Workshop, 2002. Seventh IEEE International, 27-29 Oct. 2002 Page(s):45 - 50.

[10] Qu, Q., Pedram, M.: Stochastic modeling of a power-managed systemconstruction and optimization. Computer-Aided Design of Integrated Circuits and Systems, IEEE Transactions, Volume 20, Issue 10, Oct. 2001 Page(s): 1200 - 1217.

[11] Irani, S., Shukla, S., Gupta, R.: Competitive analysis of dynamic power management strategies for systems with multiple power saving states. Design. Automation and Test in Europe Conference and Exhibition, 2002. Proceedings,4-8 March 2002 Page(s):117-123.

[12] Guang-Bin Huang, Saratchandran, P., Sundararajan, N.: A generalized growing and pruning RBF (GGAP-RBF) neural network for function approximation. Neural Networks, IEEE Transactions, Volume 16, Issue 1, Jan. 2005 Page(s):57-67.

[13] Wang Shoujue, Shi Jingpu, Chen Chuan, Li Yujian: Direction-basisfunction neural networks. Neural Networks, 1999, International Joint Conference, Volume 2, 10-16 July 1999 Page(s):1251 - 1254.

[14] Wang Shoujue, etc.: Priority ordered neural networks with better similarity to human knowledge representation. Chinese Journal of Electronics, Vol.8, No.1, 1999 Page(s):1-4.

仿生模式识别在细菌基因组水平转移基因预测中的应用*

陈　阳**　王守觉

（中国科学院半导体研究所神经网络实验室　北京　100083）

摘　要

水平转移基因的预测对于生物进化过程的理解和物种之间遗传物质进行定性和定量的估计都有重要的意义。本文提出一种利用仿生模式识别原理来对细菌基因组水平转移基因进行预测的方法。仿生模式识别是基于同调连续性原理——特征空间中同类样本的连续性特性，强调用“认识”模式取代传统的模式“分类”与划分，它更接近于人类“认识”事物的特性。仿生模式识别理论已经成功应用于多镜头人脸身份确认、人脸识别、图像复原、语音识别等领域。我们采用超香肠神经元网络对水平转移基因进行识别，结果显示，仿生模式识别方法优于目前预测结果最好的八联核苷酸频率的打分算法，和基于支撑向量机的识别算法。特别是在对大肠杆菌（Escherichia coli K12）基因组，识别率分别提高了42.3%和30.5%。

关键词：仿生模式识别；水平转移基因；超香肠神经元；同调连续性；大肠杆菌

中图分类号：Q343.1,TP183　**文献标识码：**B　**文章编号：**1673-6273 (2008) 08-1518-04

Biomimetic Pattern Recognition for Prediction of Horizontal Gene Transfers in Bacteria Genomes*

CHEN Yang, WANG Shou-jue

(Laboratory of Neural Network, Institute of Semiconductors Chinese Academy of Sciences, Beijing, 100083, China)

---

* 原载于：现代生物医学进展，2008，8（8）：1518～1521. 国家自然科学基金资助项目（60474073），“863 计划”资助项目（2006AA01Z123）.

** 通讯作者.

Abstract

The prediction of horizontal gene transfers (HGT) has important meaning to understanding the evolution and estimating the inherit material between species. A novel approach based on biomimetic pattern recognition (BPR) was proposed to predict the horizontal gene transfers in bacterial genomes. Biomimetic pattern recognition is much closed to the function of human being, which is based on “cognition” instead of "classification". The basis of BPR is the principle of homology-continuity (PHC), which means the difference between two samples of the same class must be gradually changed. The aim of BPR is to find an optimal covering in the feature space, which emphasized the “similarity” among homologous group members, rather than “division” in traditional pattern recognition. The application, such as human-face identification, face recognition, image restoration, speech recognition, has been realized successfully based on BPR. A neuron model called hyper sausage neuron (HSN) as a kind of covering units in BPR was used. The performance of the approach was superior to that of gene scoring method of 8-nucleotide composition (W8) and the support vector machine (SVM). The results of experiments showed the hit ratio for Escherichia coli K12 had a high improvement of 42.3% compared with that of W8, and 30.5% improvement compared with that of SVM.

Key words: Biomimetic pattern recognition; Horizontal gene transfer; Hyper sausage neuron; Principle of homology-continuity

Chinese Library Classification(CLC): Q343.1,TP183 **Document code:** B

Article ID: 1673-6273 (2008) 08-1518-04

前　言

水平基因转移（horizontal gene transfer，HGT），又称侧向基因转移（lateral gene transfer，LGT），是指在差异生物个体之间，或单个细胞内部细胞器之间所进行的遗传物质的交流。差异生物个体可以是同种但含有不同的遗传信息的生物个体，也可以是远缘的，甚至没有亲缘关系的生物个体。随着人类及其他生物基因组测序工作相继完成，人们发现不同物种之间，甚至亲缘关系很远的生物之间基因组上有大量同源基因存在，进一步证实了水平基因转移的普遍性和远缘性。水平转移基因的预测对于生物进化过程中的理解和物种之间遗传物质进行定性和定量的估计都有重要的意义。而近年来发现，自然环境中存在大量具有转化活性的 DNA 分子以及能主动摄取外源 DNA 的感受态细胞，使得人们对环境中发生的水平基因转移有了新的认识。如果说自然环境微生物之间遗传物质的交流是一种正常的生态平衡系统，或者说是一种极其缓慢的优胜劣汰的进化过程，那么为了提高农业生产，甚至革新整个农业生产面貌，或治理环境污染，或其他方面的应用，人为地向环境中加入大量的人工构建的基因工程生物或其他的基因工程微生物，也许是一种加速进化的“人工进化”过程，这个过程的结果是喜是忧？还是二者兼有?目前仍是未解决的问题，也是颇具争议的问题。水平基因转移及其产生的生态效应的深入研究，将有助于对基因工程生物做出新的评价，使得基因工程技术及转基因生物的应用发挥更辉煌的作用。

现在识别水平转移基因的方法有很多种，比较典型的是利用不同物种基因之间异常高的 BLAST 命中来预测和通过构建系统发生进化树的方法来判别，然而这两种方法都需要当基因组数据足够多时才比较有效[11-12]。另外还有一类方法是基于基因序列特征的。这些方法都是基于这样一个假设：基因组的某个特征是这个基因组特有的，如果这个基因组中与这特有的特征是背离的话那就是水平转移基因。Tsirigos 等[5]提出一种基于八联核苷酸频率打分法（W8）来预测水平转移基因，这种方法对于不同的基因组可以自动设定阈值，并且比以往的算法命中率有很大的提高，而东南大学的吴建盛等[6]提出基于 SVM 的水平转移基因预测的命中率比 Tsirigos 等[5]提出的有一定的提高。本文中，我们将仿生模式识别（BPR）的方法应用到水平转移基因预测上，采用 L-tuple[1] 和 FCU 方法[4]来提取基因序列特征，用超香肠神经元网络进行识别，并将结果分别与 W8 方法[5]和 SVM 方法[6]的结果进行比较。

1 材料和方法

1.1 基因数据选取

由于在细菌基因组中已知的水平转移基因数据很少，所以我们采用人工的方法模拟在细菌组中插入水平转移基因。因为水平转移到细菌基因组中的事件是在自然界中客观存在的[5]，所以一般选用噬菌体基因或细菌基因作为给体基因。本文和 Tsirigos 等[5]一样，选取 27 种噬菌体基因组中共 1615 个基因作为给体基因数据集，而对象基因数据集我们选用大肠杆菌（Escherichia coli K12）、包氏螺旋体（Borrelia burgdorferi），以及蜡状芽苞杆菌（Bacillus cereus ZK）。这三种都是常见的病原性细菌，它们的基因组序列都来自 GenBank 数据库，登记号分别是 NC_000913，NC_001318 和 NC_006274。我们随机地从给体基因数据集中挑出给体基因插入到对象基因数据集中作为水平转移基因，选取给体基因数量是对象基因数量的 2%。

1.2 序列特征提取

我们采用以下 2 种方法来提取序列特征。

一种是基于统计碱基单词频率的 L-tuple 方法[1]提取序列特征。统计单词频率是提取序列特征最简单，也是最常用的方法。事实证明碱基单词频率这个特征能够很灵活地用来捕捉同一个生物体或者具有同源性的生物核酸序列上存在的结构模式。Karlin[14]和他的同行们对噬菌体，细菌和一些真核生物基因组的序列的不同碱基长度的单词频率进行了细致研究。Christine 等[15]人认为，单词越长，单词的频率特异性越强。现在简单介绍一下该方法，对于一个长度为 n 的基因序列，它是由字符集 $A=\{A,T,G,C\}$ 构成的字符序列，这个字符集的长度是 r=4。设 L-tuplc 代表一个由字符集 A 构成的长度为 L 的片段序列，满足 L<N。L-tuple 所有可能的值组成的 WL 集合可以描绘如下：

$$W_L=\{W_{L,},W_{L,2},W_{L,3},\cdots\cdots W_{L,K}\}$$

其中 K 满足下式：$K=r^L$，选择一个长度为 L 的窗口（长度为 L 指的是该窗口能容下的最多字符数）从序列的起始段开始以步长为 S 的速度向后滑动，直第（$n-L-S+1$）的位置为止（满足$n-L-S+1>0$）。依次对 W_L 中的元素出现频率进行统计。

$$P_L=\left(P_{L_L,1},P_{L,2},P_{L,3},\cdots\cdots P_{L,K}\right)$$

当然，L 越长，单词频率的特异性就越好，但是综合考虑算法的时间、空间复杂度，这里我们取 $L=3,S=1$。这样我们就可以得到一个 64 维的向量。

另一种是基于统计绝对密码子使用频率 FCU 方法[4]来提取序列特征，主要是由于它既包含了基因密码子使用偏性的信息，也包含了基因所编码蛋白质的氨基酸组成信息。绝对密码子统计频率主要是统计二联核苷酸的频率（FD），FD 的计算公式是

$$f_{i,j}=\frac{0_{i,j}}{n^j}$$

其中 $j=0,1,2,3$。当 $j=0$ 时统计连续二联核苷酸的频率，其实就是上面方法 $L=2$ 的情况。当 $j=1$ 时统计密码子前两个二连核苷酸的频率，当 $j=2$ 时，统计密码子后两个二连核苷酸的频率，当 $j=3$ 时统计是密码子第一个和第三个二连核苷酸的频率，这样我们同样可以得到一个 64 维的向量。

1.3 仿生模式识别简介

人类认识事物是一类类样本的认识过程，侧重于认识，只有在细小之处才重视区别。仿生模式识别（BPR）就是基于“认识”事物，而不是基于“区别”和划分的，这和人类

认识事物的机理类似。仿生模式识别是基于同调连续性原理——特征空间中同类样本的连续性特性，即两个同类事物之间必存在一个渐变过程，在这个渐变过程中间的各事物都是属于同一类的。因此，仿生模式识别是以一类样本在特征空间的分布的最佳覆盖作为目标，和传统的模式识别以不同样本在特征空间中的最佳划分作为主要目标完全是不一样的。仿生模式识别用的方法是“高维空间复杂几何形体覆盖识别方法”，是在特征空间中研究某类样本的分布状况而加以合理覆盖，从而来“认识”某类样本。如图 1 所示：图中三角形是要识别的样本，圆圈和十字形为与三角形不同类的两类样本，折线为传统 BP 网络模式识别的划分方式，大圆为 RBF 网络的划分方式，细长的椭圆形成的曲线代表仿生模式识别的“认识”方式。因而，仿生模式识别把分析特征空间训练样本点间的关系作为基点，而特征空间中样本分布的同调连续性规律为此提供了可能性[2]。仿生模式识别“认识事物”的实现过程就是利用多权值高阶神经元网络，建立高维空间封闭超曲面完成对”事物”的最佳覆盖的过程。表 1 详细比较了仿生模式识别与传统模式识别的差异。

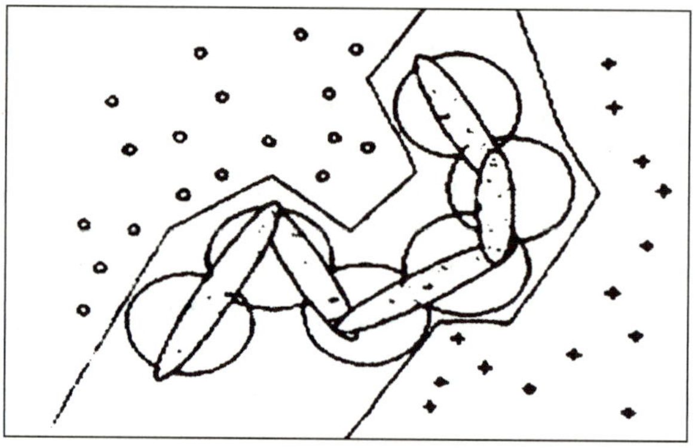

图 1　不同识别算法二维空间覆盖示意图[2]

表 1　仿生模式识别与传统模式识别的差异[17]

	传统模式识别 Traditional Pattern Recognition	仿生模式识别 BPR
基本出发点 Basic point	多类样本的最优分类 Optimal classification of many classes simultaneously	一类类样本的认识 Cognizing different classes of samples by connectively one by one
理论基础 Basic theory	所有可用的信息都包含在训练集中 All used information include by training samples	特征空间中同类样本的连续性规律 Principle of homology-continuity
数学工具 Mathematic tools	统计学 Statistics	拓扑学 Topology
分析方法 Analyzed method	代数、方程的理论推导（逻辑思维） Logic thinking	高维空间画法几何 High-dimensional space geometry

续表

	传统模式识别 Traditional Pattern Recognition	仿生模式识别 BPR
识别方法 Recognized method	划分 Classification	高维空间复杂几何形体覆盖 Complicated geometric coverage in high-dimensional space
实现途径 Arithmetic	支撑向量机、传统神经网络等 SVM,traditional neural networks	多权值高阶神经元网络、通用神经计算机 Muti-weights high-level neural networks, neurocomputer

1.4 超香肠神经元网络

在同类样本的各种拓扑关系中，一维的连续性是最简单的一种，也起着十分重要的作用，特别是对于高维空间中数量非常有限的样本点集。我们考虑这样一种高维几何形体，它是超球和空间中某个一维流形的拓扑乘积。直观上讲，这个高维几何形体可以看作是超球沿着某个一维流形所指定的轨迹滚动而经过的区域的总和。考虑实现方便，这个一维流形可以用一条由若干段首尾相连的折线段组成的链来近似。令某个超球的球心沿着其中一段线段滚动，可以得到一种类似于香肠的高维几何基本形状单元，如图 2 中的所示，我们称其为超香肠神经元（Hyper Sausage Neuron，简写为 HSN）[13,16]。将相邻的每两个神经元彼此连接，可以构成一条超香肠链，如图 2 所示，每一条超香肠链可以在特征空间中描述某一个类别的样本区域。

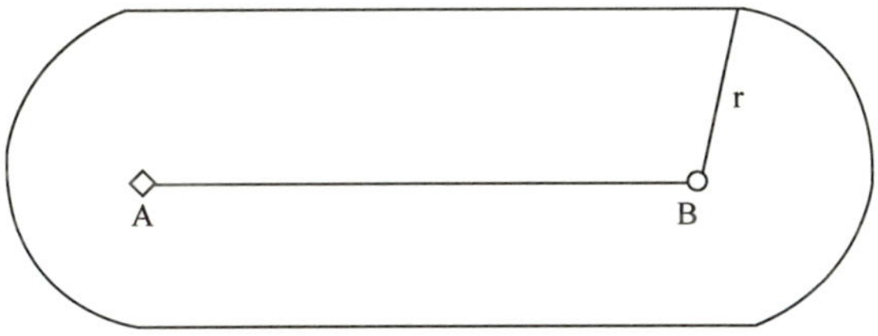

图 2　超香肠神经元二维空间示意图

该模型的描述方程如下：

$$f(x)=\operatorname{sgn}\left(2^{\frac{d^2(x,\overline{x_1x_2})}{r^2}}-0.5\right)$$

其中 r 为神经元半径，而点 X 到线段 X_1X_2 的距离的计算方法如下：

$$d^2\left(x,\overline{x_1x_2}\right)=\begin{cases}\|X-X_1\|^2, q(X,X_1,X_2)<0\\ \|X-X_1\|^2, q(X,X_1,X_2)>\|X_1-X_2\|\\ \|X-X_1\|^2-q^2(X,X_1,X_2), \text{otherwise}\end{cases}$$

$$q(X,X_1,X_2)=(X-X_1)\cdot\frac{(X_1-X_2)}{\|X_1-X_2\|}$$

1.5 网络构建

构建网络训练对象基因样本，采用 10 倍交叉验证法。具体步骤描述如下：

1）特征集合S_a、S_b，神经元集合S_{HSN}，初始情况下S_a为空，S_b包含了所有用于确定网络结构的样本特征向量，S_{HSN}为空；

2）从S_b任选一个特征向量放入S_a作为算法开始；

3）从S_a选择一个特征向量P_a，从S_b选择一个特征向量P_b，保证$\|P_a-P_b\|$最小，将P_b也加入S_a中；

4）重复 3 直至S_b为空，S_{HSN}即为网络结构。

其实该算法生成了一棵最小生成树。

1.6 算法性能评价标准

我们现在识别的水平转移基因是人为的插入细菌基因组的，而细菌基因组本身也是有自己的水平转移基因的。倘若算法合理的话，除了能预测人为插入的以外还应该能预测出细菌基因组原本的水平转移基因，但是对这部分我们没有办法判断它的识别准确率的。所以我们一般用命中率来衡量算法的好坏，也就是计算我们人为插入的基因能有几个能被算法识别出来。在本文我们对每个细菌基因组 100 次插入取平均值。

$$HT=\frac{1}{100}\sum_{i=1}^{100}HTi(G),G\text{ 代表某个细菌基因组}$$

2 实验结果

我们采用超香肠神经元网络训练对象基因样本，人工插入的基因序列作为测试样本，通过十倍交叉验证的结果如表 2 所示，其中网络的泛化性为 88%，HT1 是采用 L-tuple 提取序列特征的识别结果，HT2 是采用 FCU 方法提取序列特征的识别结果，并且和 Tsirigos 等[5]提出 W8 方法以及东南大学吴建盛等[6]提出的 SVM 方法作比较。如表所示，我们的方法无论是采用 L-tuple 提取序列特征，还是采用 FCU 方法，在对水平转移基因上都有很大的提高，特别是在对大肠杆菌（Escherichia coli K12）命中率上我们比 Tsirigos 等[5]提出的方法提高了 42.3%，比东南大学吴建盛等[6]提出的 SVM 方法提高了 30.5%，其中 SVM 方法采用的也是 FCU 方法提取序列特征。

表 2 BPR, SVM 与 W8 在预测细菌组水平转移基因上的比较

Species	HT of W8	HT of SVM	HT1 of BPR	HT2 of BPR
Escherichia coli K12	37.5%	49.3%	72.8%	79.8%
Bacillus cereus ZK	54.1%	57.1%	76.4%	83.0%
Borrelia burgdorferi	75.8%	76.7%	89.7%	94.9%

东南大学吴建盛等还采用分链预测，即前导链和后滞链上的基因区分来进行预测，分别采用支撑向量分类机（C-SVC），和 one-class 支撑向量机方法。和其结果比较如表 3 所示，可见在同样采用 FCU 方法提取序列特征前提下我们的方法一样优于这种分链预测的方法。

表 3 BPR 与 SVM 分链方法在预测细菌组水平转移基因上的比较

Species	HT of C-SVC	HT of one-class	HT2 of BPR
Escherichia coli K12	51.9%	48.2%	79.8%
Bacillus cereus ZK	64.0%	56.2%	83.0%
Borrelia burgdorferi	85.2%	94.2%	94.9%

3 仿生模式识别算法预测 HGT 的实际检验

目前，已经证实的在粪肠球菌（Enterococcus faecalis）基因组存在着通过水平转移得到的耐万古霉素（Vancomycin-resistance）相关基因，一共有 7 条。这些基因在 NCBI 数据库“locus-tag”为 EF2293-EF2299，在粪肠球菌基因组中的位置分别为 2212353-2212961，2212967-2213995，2213988-2214959，2214956-2215783，2215801-221607，2216783-2218126，2218126-2218788。我们把这 7 条基因当作测试样本，用粪肠球菌基因组中剩余的基因做训练样本构建网络，结果我们把这 7 条基因全部都识别出来了，进一步证实了仿生模式识别在水平转移基因预测上的有效性。

4 结　论

仿生模式识别是基于同调连续性原理的，在基因组中的基因序列有着本身固有的特征，这些特征映射到高维空间是满足同调连续性，而基于序列特征预测水平转移基因就是找到背离整个基因组特征的基因，因此我们采用基于仿生模式识别方法对细菌组水平转移基因预测能取得不错的效果。本文只是阐述了仿生模式识别在细菌组水平转移基因上的初步应用，相信随着进一步的研究，此方法能在基因识别其他领域有更加广泛的应用。

参考文献

[1] Vinga S, Almeida J. Alignment-free sequence comparison-a review[J]. Bioinformation, 2003, 19(4): 513-523.

[2] 王守觉. 仿生模式识别——一种模式识别新模型的理论与应用[J]. 电子学报, 2002, 30(10): 1471-1420. Wang Shou-jue.Biomimetic pattern recognition—A new model of pattern recognition theory and its applications [J].J Electr, 2002, 30(10):1471-1420(in Chinese).

[3] 貉睿. 基于高维仿生信息学的生物序列分析方法研究[D]. 北京: 中国科学院半导体研究所, 2007. Mo Rui. Research on biological sequence analysis based on high dimensional imagery geometry[D]. Beijing: Institute of Semiconductors Chinese Academy of Sciences, 2007.

[4] Weng Jian-hong, Sun Xiao, Lu Zu-hong. Support vector machine for prediction of meiotic recombination hotspots and coldspots in Saccharomyces cerevisiae[J]. J Southeast Univ (Engl Ed), 22(1):112-116.

[5] Tsirigos A, Rigoutsos I. A new computational method for the detection of horizontal gene transfer events[J]. Nucleic Acids Res, 2005, 33(3): 922-933.

[6] 吴建盛, 谢建明, 周童, 等. 基于支撑向量机的细菌基因组水平转移基因预测[J]. 生物化学与生物进展, 2007, 34(7): 724-731. Wu Jian-sheng, Xie Jian-ming, Zhou Tong, et al. Support vector machine for prediction of horizontal gene transfers in bacteria genomes[J]. Progr Biochem Biophys, 2007,34(7):724-731 (in Chinese).

[7] 刘江江, 陈吕军, 温东辉, 等. 水平基因转移应用于污染治理的研究进展[J]. 北京大学学报, 2006, 42(4): 555-560. Liu Jiang-jiang, Chen Lu-jun, Wen Dong-hui, et al. Research progress of horizontal gene transfer applied in pollution treatment[J]. Acta Sci Nat Univ Pekinensis, 2006,42(4):555-560.

[8] 张宇镭. 基于频率分布特征的生物核酸序列的定量分析[D]. 上海: 上海交通大学, 2006. Zhang Yu-lei. Quantitative analysis of biology sequences based on their frequency profiles[D]. Shanghai: Shanghai Jiao Tong University, 2006.

[9] 顾珉. 基于序列统计特征的水平转移基因搜索[D]. 南京: 东南大学, 2006. Gu min.The detection of horizontal gene transfer based on the statistical feature of genome sequence [D]. Nanjing: Southeast University, 2006.

[10] 来疆亮. 模式识别中高维空间点分布几何分析方法的研究[D]. 北京: 中国科学院半导体研究所, 2005. Lai jiang-liang. Research on geometry analysis of dots in high-dimensional space for pattern recognition[D]. Beijing: Institute of Semiconductors Chinese Academy of Sciences, 2005.

[11] Syvanen M. Horizontal gene transfer: evidence and possible consequences[J]. Annu Rev Genet, 1994, 28: 237-261.

[12] Koonin EV, Makarova KS, Aravind L. Horizontal gene transfer in prokaryotes: quantification and classification[J]. Annu Rev Microbiol, 2001, 55: 709-742.

[13] Wang Shou-jue. Biomimetic pattern recognition[J]. Neural Networks Society (INNS, ENNS, JNNS) News letter, 2003,1(1):3-5.

[14] Karlin S, Cardon LR. Computational DNA sequence analysis[J]. Annu Rev Microbiol, 1994,48:619-654.

[15] Dufraigne C, Fertil B, Lespinats S, et al. Detection and characterization of horizontal transfers in prokaryotes using genomic signature[J]. Nucleic Acids Res, 2005,33(1): e6.

[16] Wang Shou-jue, Zhao Xing-tao. Biomimetic pattern recognition theory and its applications[J]. Chin J Electr, 2004,13(3):373-377.

[17] 王守觉, 曲延锋, 李卫军, 等. 基于仿生模式识别与传统模式识别的人脸识别效果比较研究[J]. 电子学报, 2004, 32(7): 1057-1061. Wang Shou-jue, Qu Yan-feng, Li Wei-jun, et al. Face recognition : biomimetic pattern recognition vs. traditional pattern recognition [J], Chin J Electr, 2004, 32(7): 1057-1061 (in Chinese).

基于仿生形象思维方法的图像检索算法*

王守觉[1,2]，孙华[1]，柳培忠[2]，廖英豪[2]，丁兴号[2]，郭东辉[2]
（1. 中国科学院半导体研究所，北京 100083；
2. 厦门大学信息科学与技术学院，福建厦门 361000）

摘　要

在人类对图像的理解过程中，认知结果是由人脑形象思维活动得到的。模仿人脑从形象思维角度，本文提出了一种图像特征提取方法，设计了一种图像检索算法。把每幅图像都映射为高维特征矢量（每个矢量都被看作是高维特征空间中的一个点），计算高维特征空间中点与点的距离判别函数即可得到图像之间的关系。与其他检索算法比较，实验结果表明该方法在检索效率和检索速度具有优越性。

关键词： 图像检索；形象思维；特征提取；特征空间

中图分类号： TP391.4　**文献标识码：** A　**文章编号：** 0372-2112 (2010) 05-0993-05

An Image Retrieval Algorithm Based on Biomimetic Imaginal Thinking

WANG Shou-jue[1,2], SUN Hua[1],LIU Pei-zhong[2], LIAO Ying-hao[2],
DING Xing-hao[2],GUO Dong-hui[2]

(1. Institute of Semiconductors,CAS, Beijing 100083,China;
2. Information Science and Technology College, Xiamen University, Fujian, Xiamen 361000,China)

Abstract

In the process of human beings knowing or understanding an image, they get the cognition

* 原载于：电子学报，2010，38（5）：993～997. 国家自然科学基金委主任基金（No.60753001）；国家 863 高技术研究发展计划项目基金（No.2006AA01Z123）.

result from their imaginal thinking actions. Simulating the human brain and viewing from the imaginal thinking, a method of image feature extraction and an algorithm of image retrieval were proposed. After mapping each image to a high-dimensional vector (each vector can be seen as a point in the high-dimensional feature space),calculating the distance function of a pair of points can indicate the relation of two images. The experimental results show that this image retrieval algorithm acts better than other algorithms in retrieval efficiency and speed.

Key words: image retrieval; imaginal thinking; feature extraction; feature space

1 引　言

图像检索[1]是近年信息科学领域重要研究的热点，根据研究对象的不同形成多种检索技术：基于文本、基于内容和基于语义的图像检索。基于文本的图像检索采用的方法是人工标注图像并用标注进行检索，其最大的优点：速度快；一旦标注完整且适当，会产生很好的检索结果，目前互联网的图像检索基本采用这种方式。同时也存在缺点：当前数码设备繁多，可产生大量的图像，所以人工标注工作量太大[2]。

为克服基于文本的图像检索存在的问题，提出了基于内容的图像检索技术（Content-Based Image Retrieval，CBIR）[2]，其研究内容主要是基于视觉特征的提取，基本方法是从图像中自动提取若干低层视觉特征（如颜色、纹理、形状、轮廓等），通过比较这些特征的相似度来获得检索结果。如经典的系统有 Virage[3]、VisualSEEK[4]、QBIC[5]等，这类方法在某些应用场合得到很好的效果，但仅仅从底层特征反映查询者的意图容易产生语义上的歧义，如检索的内容是含有红色的球时，得到的结果可能是太阳、球、圆形等，为避免类似情况产生，需要检索系统融合图像高层语义功能。

基于语义的图像检索是在图像检索研究中引入了更多的交叉领域学科，其原因在于图像的高层语义和低层特征之间没有直接联系，存在巨大的“语义鸿沟”，系统要获取图像的高层语义是非常困难的。因此为建立图像从低层特征到高层语义的映射，基于语义的图像检索融合了模式识别、人工智能等多个知识领域[6]，从而弥补这个“鸿沟”，主要的技术手段有[7~9]：

（1）相关反馈：按照最初的查询条件，系统返回给用户查询结果，用户选择几个最符合查询意图的返回结果称为正反馈，反之为负反馈。反馈信息送入系统更新查询条件，搜索更符合查询者的意图。

（2）图像分割：图像的特征包括全局特征和局部特征。可依据不同的算法进行图像分割，划分出不同的分割区域，增加局部特征的信息量，实现弥补语义鸿沟。

（3）建立复杂的非线性分类模型：Li[10]等提出的图像自动语义索引系统（Automatic Linguistic Indexing of Pictures，ALIP），该系统使用二维多分辨率马尔可夫模型捕获给定语义类别的图像特征之间和内部空间的依赖关系，该系统对图像检索技术有深远的影响；采用支持向量机（Support Vector Machine，SVM）[11]技术来弥补语义鸿沟。这些方法有效地解决语义鸿沟的问题，但是也存在一些不足：

（1）低层特征的提取后原有数据的信息量急剧下降。

（2）目前图像分割算法不成熟，影响语义的提取。

（3）目前的语义映射机制存在很大的不足，其原理是基于先验知识或人类已知的知识进行训练，需要人机交互。

（4）基于语义的图像检索技术需要建立能表示现实世界的语义模型是很困难的。

总而言之，现有的图像检索技术是从逻辑思维的方法来解决形象思维的问题，以定理、推论等手段的逻辑思维方法[1]，很难反映图像检索认知过程的本质性，而形象思维方法是人的一种本质思维方式，通过人的各种感官来认识图像的信息，因此形象思维的问题通过形象思维的方法来解决是具有优势的[16]。随着各个领域对多媒体检索的需要，特别是跨媒体检索技术的日渐要求，这些传统的基于逻辑思维方法的检索技术难以从根本上解决现有算法检索效率低的问题。因此本文提出了基于形象思维方法的图像检索算法，结合高维空间仿生信息学[12]的几何分析方法来提取图像的特征空间，形成一种关于图像检索的新思想和新方法。

2 仿生形象几何分析图像检索算法

仿生形象思维方法应用于信息科学领域以来，成功地应用于模式识别领域的技术研究，并提出了一种新的理论——仿生模式识别理论[13]，根据仿生模式识别理论研究成果[13~15]，可以看到对于实物识别、人脸识别等方面的实际应用方面，其效果都远优于国际上近年发展的 SVM 技术，为图像复原和清晰化新技术、高维信息大比例压缩新技术等提供很好的解决方法。总之相对于用逻辑思维方法来解决信息科学领域问题，以形象思维方法研究为基础的方法，是目前解决图像处理、语音识别等形象思维问题的有效方法。

本文图像检索算法的理论基础是基于分析了人们对图片视觉反应的以下几个特点发展而得的：

（1）图片宏观观看时大粒度的模糊概念；当人们从远处观看一张图片后慢慢走近时，图片的细节人们并没有看清，但却先能看到是什么类型的照片，是风景照还是人物照等，因而宏观观看分类，重点在大粒度信息。

（2）图片分块参数排序的位置不变性概念；当人们宏观观看一张图片时，图片上的山、水、房屋、树木等细节，如果把它们在水平方向做互相调换位置，则这个图片对人们的总体观感的变化不大，也就是说在仿生分类检索下应该检索距离是很近的。这一用分块参数排序解决位置不变性的方法作者称为“Order-based Block Features Method（OBFM）”，将在以后的论文介绍与讨论。

（3）人们在宏观观看一张图片时图片横竖不对称的概念；当人们在宏观观看一张图片时，如果把它从反面看，则变化的感觉与反过面来的旋转轴的方向有关，旋转轴为横向或纵向的效果是不对称的。

从人们对图片视觉以上三个特点出发，按照仿生信息学的原理实现了图像信息检索的新算法，并设计一种能识别图像的特征编码，如依据本文的算法可将像素为 640×480 的图像文件用 576Byte 的特征数据表示（程序放在 ftp://59.77.36.71/ImageRetrievalAlgorithm，用户名：eda，密码：eda401）。在使用本程序把样本图像和待检索图像库中的图像分别压缩为多个 576Byte 的数据后，每幅图像都是 576 维特征空间中的一个点，计算两点之间的判别函数距离就可以得到两幅图像的远近关系。

在分析高维度的特征空间中点与点之间和子空间之间的运算时，用高维空间仿生信息学[12]的几何分析方法和数学概念将便于清楚地分析的问题，使运算过程简单。故以下算法多使用高维空间仿生信息学的数学符号和定义[12]。

主要步骤如下：

第一步：图像分块。

一个 $m \times n$ 的原图像数组的矩阵形式为：

$$\begin{bmatrix} a_{11} & a_{12} & \cdots & a_{1n} \\ a_{21} & a_{22} & \cdots & a_{2n} \\ \vdots & \vdots & & \vdots \\ a_{m1} & a_{m2} & \cdots & a_{mn} \end{bmatrix}$$

在高维仿生信息学中即为 $m \times n$ 维空间中的一个点，用数学符号 $A_{(m\times n)}$ 来表示。

将原图像分块，成 $M \times N$ 个子块。则图像子块形式为：

$$\begin{bmatrix} B_{11} & B_{12} & \cdots & B_{1N} \\ B_{21} & B_{22} & \cdots & B_{2_N} \\ \vdots & \vdots & & \vdots \\ B_{M1} & B_{M2} & \cdots & B_{MN} \end{bmatrix}$$

其中，

$$\boldsymbol{B}_1 = \begin{bmatrix} a_{11} & a_{12} & \cdots & a_{1k} \\ a_{21} & a_{22} & \cdots & a_{2k} \\ \vdots & \vdots & & \vdots \\ a_{h1} & a_{h2} & \cdots & a_{hk} \end{bmatrix}$$

即每一图像子块在高维仿生信息学中即为 $h \times k$ 维空间中的一个点，故原图像转化为 $h \times k$ 维空间中的 $M \times N$ 个点，表示为 $\boldsymbol{B}_i^{(h\times k)},(i=1,2,\cdots,M\times N)$。

第二步：子块的特征提取。

对 $h \times k$ 维空间中的点 $\boldsymbol{B}_i^{(h\times k)},(i=1,2,\cdots,M\times N)$，用形象思维方法和高维空间几何分析方法[12]进行几何映射即特征提取，找到一个维数为 u 的特征空间记为 $R^u = p_1, p_2, p_3 \cdots p_{M\times N}$，使得 u 维特征空间中的 p_1，$p_2, p_3 \cdots p_{M\times N}$ 能与原图像信息融合，$u < (h \times k)$。

第三步：特征空间中点的排序。

根据“图片分块参数排序的位置不变性概念”，把 u 维特征空间中的 $p_1, p_2, p_3 \cdots p_{M\times N}$ 各点在水平方向按照特定规则排序。得到了 u 维特征空间中新的点序列 $q_1, q_2, q_3 \cdots q_{M\times N}$。

第四步：将此序列按照水平到垂直的顺序合成 v 字节的特征数据。至此完成了对一幅图像的特征提取，将其映射为 v 维特征空间中一个点（对于 640×480 的图像 $v = 576$）。

运算公式如下：

$$\boldsymbol{Q}^v = \bigcup_{j=1}^{M} \bigcup_{i=1}^{N} q_{ji}$$

第五步：图像匹配是图像检索的一个关键步骤，其基本思想是判断一个样本图像与图像库中图像的距离。高维空间仿生信息学中，每幅图像的 v 维特征数据都是 v 维特征空间中的一个点。判别样本图像和图像库中的图像之间距离就是分析 v 维特征空间中的点与点的关系。本文用函数 θ 来计算样本图像与图像库中每一幅图像的相似距离。因而图片类似判别函数：

$$T = \xi\left[\theta(\boldsymbol{Q}_1, \boldsymbol{Q}_2), S\right]$$

式中：

（1）$\boldsymbol{Q}_1, \boldsymbol{Q}_2$ 为样本图像和要判别的图像的 v 维特征向量。

（2）S 为阈值，可根据实验设定：

$$T = \begin{cases} 1, & 当\ \theta(\boldsymbol{Q}_1, \boldsymbol{Q}_2) < S \\ 0, & 其他 \end{cases}$$

$T=1$ 时样本图像和要判别的图像为类似图像，反之则不是。

（3）函数 θ 的计算公式为：

$$\theta = \prod_{i=1}^{v} \frac{\max\left(Q_{1,i}, Q_{2,i}\right)}{\min\left(Q_{1,i}, Q_{2,i}\right)}$$

3　实验与结果分析

3.1　实验环境

硬件环境：CPU 频率 INTEL PENTIUM 1.7GHz+内存容量 1G；软件环境：操作系统为 WIN XP，开发工具为 VC++2008 和 OpenCV workspace net. 2005；实验使用的 COREL 图像数据库约 900 幅彩色图像，包恐龙、云、汽车、风景图、大象、房屋、花等 10 类。

3.2　相似图像检索结果分析

相似图像检索是衡量检索算法的检索结果是否符合人们直接意图的一个重要手段，本实验用纹理和色彩较为相似的云类型图像做比较，用三种算法 HSV 算法（图 1）、传

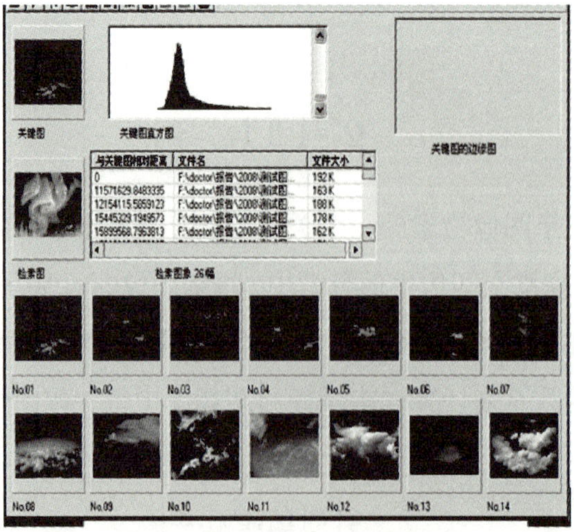

图 1　HSV 算法检索结果

统图像分割算法（图 2）、仿生形象思维方法算法（图 3）。依据结果可知，本文算法可实现被检索图像库与样本图像按相似程度的远近排序，可见本文算法适合于做图像检索。

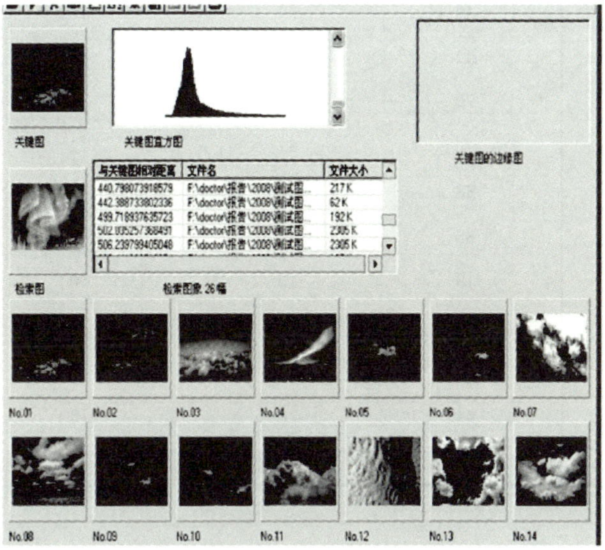

图 2　传统图像分割算法检索结果

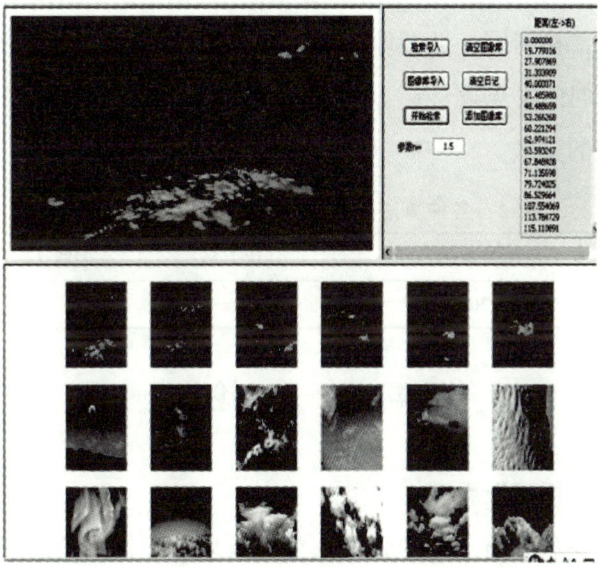

图 3　仿生形象思维方法算法检索结果

3.3　查准率分析

用传统的图像分割算法、ALIP 算法和 HSV 算法[8]计算他们的查准率与用本文方法检索结果对比（见表 1）显而易见，本文提出的算法总体上优于其他算法。

表 1 各种算法检索结果查准率比较（单位：%）

图片类型 \ 算法	HSV 算法	ALIP 算法	传统分割算法	本文算法
马	40	34	18	56
大象	42	44	14	48
花	70	90	14	75
食物	6	32	12	42
风景图	38	4	12	36
恐龙	88	22	14	90
汽车	18	10	60	50
人	36	16	18	40
房屋	28	18	44	52
大海	44	20	10	32
综合查准率	41	29	21.6	52.1

3.4 检索速度分析

本文算法、图像分割算法、ALIP 算法和 HSV 算法等多种算法的检索速度作比较，分析不同算法的速度。检索同一批图像文件（共 26 张，每张图片大小至少为 640×480）计算不同算法的检索时间（见表 2）。从实验结果得出基于形象思维方法的方法在检索速度方面高于其他比较的算法。

表 2 各种算法的检索速度比较（单位：s）

算法	HSV 算法	ALIP 算法	图像分割算法	本文算法
时间	20	8	10	5

4 结　论

由上述实验结果分析可以看到：

（1）基于仿生形象思维方法的检索算法整体效果优于作比较的图像检索算法，说明基于形象思维方法的图像检索算法是可行的。

（2）基于仿生形象思维方法的检索算法提出了对图像进行特征编码的方法，可以广泛应用嵌入式系统、特定领域的图像检索系统等。

（3）基于仿生形象思维方法的检索算法的速度快于作比较的算法，当图像特征编码生成后其速度则更快。

综上所述，由于仿生形象思维方法的图像检索更接近人类搜索图像信息的本质特征，使得检索结果有很好的提高。随着多媒体数据的日益庞大，对跨媒体的检索技术已经成为当今一个非常重要的研究热点，但用传统思维方法来解决跨媒体检索的问题显得无能为力，特别是在跨媒体的特征提取和基于认知角度的搜索引擎的建立。本文已经实现仿生形象思维方法在图像检索技术上的有益尝试，经过仿生对形象思维方法应用的进一步研究，将新的研究成果应用于跨媒体检索技术中，促进检索技术跨越式的发展。

致谢：与本文比较的算法程序（图 1、图 2）由云南师大现代教育中心制作，在此表示感谢。

参考文献

[1] R Datta, J Li, J Z Wang, Content-based image retrieval-approaches and trends of the new age[A]·In Proceedings of the Seventh International Workshop on Multimedia Information Retrieval[C].Singapore, 2005.253-262.

[2] 黄祥林, 沈兰荪. 基于内容的图像检索技术研究[J]. 电子学报, 2002, 30(07): 1065-1071. Huang Xiang-lin, Shen Lan-sun· Research on content-based image retrieval techniques [J]. Acta Electronica Sinica, 2002, 30(07):1065-1071.(in Chinese)

[3] GuptaA, JainR. Visual information retrieval [J]. Communications of the ACM, 1997,40(5):71-79.

[4] J Smith, S Chang · VisualSEEk: a fully automated content-based image query system [C]. In ACM Multimedia, Boston, Massachussetts, 1996.87-98.

[5] Flickner M,Sawhney H, Niblack W, et al . Query by imageand video content: the QBIC system[J]. Computer, 1995,28(9):23-32.

[6] 李志欣, 施智平, 等. 图像检索中语义映射方法综述[J]. 计算机辅助设计与图形学学报, 2008, 20(8): 1085-1096. Li Zhixin, Shi Zhiping A survey of semantic mapping in image retrieval [J] Journal of Computer-Aided Design & Computer Graphics, 2008,20(8):1085-1096.(in Chinese)

[7] WeiJiang, GuihuaEr. Similarity-based online feature selectionin content-based image retrieval [J]. IEEE Transactions on Image Processing, 2006,15(3):702-712.

[8] 杨红颖, 等. 一种基于 HSV 空间的彩色边缘图像检索方法[J]. 中国图象图形学报, 2008,13(10): 2035-2038. Yang Hong-ying, et al. Content based image retrieval using color edge histogram in HSV color space [J]. Journal of Image and Graphics, 2008,13(13): 2035-2038.(in Chinese)

[9] Deng, Y N. An efficient color representation for image retrieval [J]. IEEE Transactions on Image Processing, 2001,10(1):140-147.

[10] Li, J Wang, J Z. Real-time computerized annotation of pictures [A]. In Proceedings of the ACM International Conference on Multimedia[C]. October 23-27,2006, Santa Barbara, California, USA, 2006.911-920.

[11] R Min. H D Cheng. Image retrieval based on relevance feedback using fuzzy support vector machines [A]·In Proceedings of the 10th Joint Conference on Information Sciences [C].Salt Lake City, Utah, USA, 2007. 1009-1015.

[12] 王守觉, 来疆亮. 多维空间仿生信息学入门[M]. 北京: 国防工业出版社, 2008.1.

[13] 王守觉. 仿生模式识别(拓扑模式识别)——一种模式识别新模型的理论与应用[J]. 电子学报, 2002,30(10):1417-1420. Wang Shou-jue Bionic (topological) pattern recognition—a new model of pattern recognition theory and its applications [J].Acta Electronica Sinica, 2002, 30(10): 1417-1420.(in Chinese)

[14] 王守觉, 王柏南. 人工神经网络的多维空间几何及其理论[J]. 电子学报, 2002, 1(30): 1-4. Wang Shou-jue, Wang Bai-nan. Analysis and theory of high dimensional space geometry for artificial neural networks [J]. Acta Electronica Sinica, 2002, 1(30):1-4.(in Chinese)

[15] Wang Shoujue,Lai Jiangliang. High dimensional imagery geometry and it's applications[J]. Chinese Journal of Electronics, 2006,15(4):761-767.

[16] GEVERS, T, SMEULDERS, A. Pictoseek: Combining color and shape invariant features for image retrieval [J]. Image Process, 2000,9(1):102-119.

图像变形计算方法及其应用*

王守觉[1,2]，梁先扬[1)**]
1)（中国科学院半导体研究所神经网络实验室 北京 100083）
2)（中国科学院苏州纳米技术与纳米仿生研究所
高维仿生信息学及其应用实验室 苏州 215123）
（young8857@semi.ac.cn）

摘 要

为了通过几何变形和颜色混合插值来实现 2 幅图像之间的过渡，采用自定义的三角形坐标系，提出一种图像变形计算方法。首先给出了三角形坐标系的定义，阐述并证明了其关于几何变换的一些定理，使得拓扑变形易于实现，可应用在图像变形技术中；然后描述了基于三角形坐标系的图像变形算法。通过一组人脸表情的合成与移植和另一组变脸技术应用的例子，证明了文中方法的有效性。

关键词： 三角形坐标系；图像变形；几何变换；拓扑变形

中图法分类号： TP391

Calculation Method of Image Morphing and its Applications

Wang Shoujue[1,2)], Liang Xianyang[1)**]
1)(Laboratory of Artificial Neural Networks, Institute of Semiconductors, Chinese Academy of Sciences, Beijing 100083)
2)(Laboratory of High Dimensional Biomimetic Informatics and its Applications, Suzhou Institute of Nano-Tech and Nano-Bionics, Chinese Academy of Sciences, Suzhou 215123)

Abstract

To transform one image into another fluidly by geometric deformation and color blending,

---

* 原载于：计算机辅助设计与图形学学报，2011，23（8）：1304～1310. 国家自然科学基金（90920013）.

** 通讯作者.

the paper proposes a calculation method of image morphing based on a self-defined coordinate system called triangle coordinate system.First, the definition of the triangle coordinate system is given, and some theorems that make topological deformation easy and can be applied in image morphing are discussed.Then the details of image morphing algorithm are presented. As the applications, two experiments are given. One is facial expression synthesis and transplantation, the other is face-changing. And the results are satisfying.

Key words: triangle coordinate system; image morphing; geometric transformation; topological deformation

在电影中经常出现这样的场景：一幅画面逐渐地、流畅地变为另外一幅，其中用到了图像变形技术。图像变形技术是在计算机图形学和数字图像处理的基础上发展而来的，它主要通过提取 2 幅图像相对应的几何特征，然后利用几何变换将它们的特征进行融合，并将它们的颜色进行混合插值，从而产生它们之间的过渡图像帧，最终实现从一幅图像自然地渐变为另一幅图像[1]。利用图像变形技术可以产生很多特效，这被广泛应用于电影、电视和广告媒体中。

早在 1990 年，Wolberg[2]就提出了一种基于网格的变形方法。Beier 等[3]在 1992 年提出了基于特征线对的变形方法，并将它应用于人脸图像变形中。Ruprecht 等[4]在 1995 年提出了离散特征点的人脸变形算法；同时，Lee 等提出了多极自由形状变形方法[5]，并在 1996 年提出了能量最小化方法[6]。宋德军等[7]提出了基于 B 样条曲面的变形方法。国栋等[8]提出了基于神经网络的变形方法。潘建江等[9]提出了局部约束的变形技术。李旭东等[10]提出了非对称径向基函数与稳定边界变形算法。此外，还有基于径向基函数[11]、基于移动最小二乘法[12]和基于特征线对[13]的变形方法。

与上述方法不同，本文提出一种新的基于三角形坐标系的变形方法：通过在图像对上标定一些对应特征点来建立一个映射关系函数，并以这些特征点为原点建立三角形坐标系；然后通过把一幅图像的特征点逐渐移动到另一幅图像对应特征点的位置，且保持图像像素点的三角形坐标值不变，反算出像素点的新的笛卡尔坐标；再通过像素点位置和颜色的插值[14]来产生一系列过渡图像帧。该方法具有速度快、直观的特点。

1　三角形坐标系

习惯上通常是利用笛卡尔坐标系来描述一个点的位置。本文提出一种新的坐标系——三角形坐标系。在这种坐标系中拓扑变形很容易实现，因而可以将它应用于图像变形技术。

定义 1. 三角形坐标系。在笛卡尔坐标系中，有一个点 P 在 $\triangle ABC$ 的内部或者边上，分别记点 P, A, B 和 C 的笛卡尔坐标为 $(P_x,P_y),(A_x,A_y),(B_x,B_y)$ 和 (C_x,C_y)。则在 $\triangle ABC$ 的三角形坐标系中，点 P 的坐标为

$$\begin{cases} x_a = x_b = 0, |P_x - C_x| + |P_y - C_y| = 0 \\ \begin{cases} x_a = \dfrac{k_3}{1-k_1}, \\ x_b = \dfrac{1-k_3}{1-k_1}, \end{cases} |P_x - C_x| + |P_y - C_y| \neq 0 \end{cases} \tag{1}$$

其中，

$$k_2 = (A_x - B_x)(C_y - P_y) - (A_y - B_y)(C_x - P_x)$$

$$k_1 = \frac{(A_x - B_x)(B_x - P_x) - (A_y - B_x)(B_x - P_x)}{k_2}$$

$$k_3 = \frac{(P_x - B_x)(C_y - P_x) - (P_x - B_x)(C_x - P_x)}{k_2}$$

在三角形坐标系中，三角形的 3 个顶点为坐标系原点。根据定义 1 可以得到如下定理。

定理 1. 逆变换，三角形坐标系转换为笛卡尔坐标系。假定三角形坐标系的原点为 A,B 和 C，它们的笛卡尔坐标分别为 $(A_x,A_y),(B_x,B_y)$ 和 (C_x,C_y)。点 P 在 $\triangle ABC$ 中的三角形坐标为 (x_a,x_b)，那么点 P 的笛卡尔坐标

$$\begin{cases} P_x = (1-x_a-x_b)C_x + x_a A_x + x_b B_x \\ P_y = (1-x_a-x_b)C_y + x_a A_y + x_b B_y \end{cases} \tag{2}$$

记

$$\boldsymbol{P} = \begin{pmatrix} P_x \\ P_y \end{pmatrix},$$

$$\boldsymbol{O} = \begin{pmatrix} A_x & B_x & C_x \\ A_y & B_y & C_y \end{pmatrix},$$

$$\boldsymbol{W} = \begin{pmatrix} x_a & x_b & 1 - x_a - x_b \end{pmatrix}^{\mathrm{T}},$$

则式（2）可以表示为

$$\boldsymbol{P} = \boldsymbol{OW} \tag{3}$$

证明。若 $x_a = x_b = 0$，则 $\left|P_x - C_x\right| + \left|P_y - C_y\right| = 0$，式（2）成立。否则有

$$\begin{aligned}
&\boldsymbol{P}_x = (1 - x_a - x_b)C_x + x_a A_x + x_b B_x \Leftrightarrow \\
&p_x = \left(1 - \frac{k_3}{1-k_1} - \frac{1-k_3}{1-k_1}\right)C_x + \frac{k_3}{1-k_1}A_x + \frac{1-k_3}{1-k_1}B_x \Leftrightarrow \\
&k_1(P_x - C_x) + k_3(A_x - B_x) = P_x - B_x \Leftrightarrow \\
&k_2(P_x - B_x) = [(A_x - B_x)(B_y - P_y) - (A_y - B_y)\cdot \\
&(B_x - P_x)](P_x - C_x) + [(P_x - B_x)(C_y - P_y) - \\
&(P_y - B_y)(C_x - P_x)](A_x - B_x) \Leftrightarrow \\
&k_2(P_x - B_x) = -(A_y - B_y)(B_x - P_x)(P_x - C_x) + \\
&(P_x - B_x)(C_y - P_y)(A_x - B_x) \Leftrightarrow \\
&k_2 = (A_x - B_x)(C_y - P_y) - (A_y - B_y)(C_x - P_x).
\end{aligned}$$

最后一个等式正是定义 1 所给出的，所以 $P_x = (1 - x_a - x_b)C_x + x_a A_x + x_b B_x$ 成立。同理可得 $P_y = (1 - x_a - x_b)C_y + x_a A_y + x_b B_y$ 成立。所以定理成立。证毕。

由式（3）可知，若某一点 P 的三角形坐标为 (x_a, x_b)，则 $(x_a, x_b, 1 - x_a - x_b)$ 为该点的规范重心坐标。因此，在几何意义上三角形坐标与重心坐标没有本质区别，即将顶点 A, B, C 分别赋上质量是 $x_a, x_b, 1 - x_a - x_b$ 的物体，则这 3 个质点的重心位置恰好在点 $P(x_a, x_b)$ 处。但是，在二维空间中描述一个点的位置只需 2 个坐标值，因此重心坐标系的 3 个坐标值存在信息的冗余，而三角形坐标系更为简洁，将它应用于图像处理中计算更方便。本文首先将二维图像串行化表示，以 (x_1, x_2, R, G, B) 来表示一个像素点，其中 (R, G, B) 代表颜色分量，(x_1, x_2) 在笛卡尔坐标系中代表 (x, y)，在三角形坐标系中则代表 (x_a, x_b)，这样，像素点在笛卡尔坐标系和三角形坐标系中可使用相同的数据结构表示，使其在不同坐标系之间的转换更为方便。

定理 2. 从一个三角形坐标系转换为另一个三角形坐标系。假定在 $\triangle ABC$ 的三角形坐标系中，点 P 的三角形坐标为 (x_a, x_b)；在 $\triangle A'B'C'$ 的三角形坐标系中，点 P, A, B, C 的三角形坐标分别为 $(x_{a'}, x_{b'}), (A_{a'}, A_{b'}), (B_{a'}, B_{b'})$ 和 $(C_{a'}, C_{b'})$。则点 P 在 2 个三角形坐标系中的坐标有如下关系

$$\begin{cases} x_{a'} = x_a A_{a'} + x_b B_{a'} + (1 - x_a - x_b) C_{a'} \\ x_{b'} = x_a A_{b'} + x_b B_{b'} + (1 - x_a - x_b) C_{b'} \end{cases}$$

证明。记

$$\boldsymbol{P}=\begin{pmatrix}P_x\\P_y\end{pmatrix},$$

$$\boldsymbol{O}=\begin{pmatrix}A_x & B_x & C_x\\A_y & B_y & C_y\end{pmatrix},$$

$$\boldsymbol{O}'=\begin{pmatrix}A'_x & B'_x & C'_x\\A'_y & B'_y & C'_y\end{pmatrix},$$

$$\boldsymbol{W}=(x_a \quad x_b \quad 1-x_a-x_b))^{\mathrm{T}},$$

$$\boldsymbol{W}'=(x'_a \quad x'_b \quad 1-x'_a-x'_b))^{\mathrm{T}},$$

$$\boldsymbol{W}_A=(A'_a \quad A'_b \quad 1-A'_a-A'_b))^{\mathrm{T}},$$

$$\boldsymbol{W}_B=(B'_a \quad B'_b \quad 1-B'_a-B'_b))^{\mathrm{T}},$$

$$\boldsymbol{W}_C=(C'_a \quad C'_b \quad 1-C'_a-C'_b))^{\mathrm{T}}.$$

根据式（3）可得

$$\begin{aligned}\boldsymbol{P}=\boldsymbol{OW}&=\begin{pmatrix}A_x & B_x & C_x\\A_y & B_y & C_y\end{pmatrix}\boldsymbol{W}\\&=\left(\boldsymbol{O}'\boldsymbol{W}_A \quad \boldsymbol{O}'\boldsymbol{W}_B\,\boldsymbol{O}'\boldsymbol{W}_C\right)\boldsymbol{W}\\&=\boldsymbol{O}'\left(\boldsymbol{W}_A \quad \boldsymbol{W}_B \quad \boldsymbol{W}_C\right)\boldsymbol{W};\end{aligned}$$

同时 $\boldsymbol{P}=\boldsymbol{O}'\boldsymbol{W}'$。因此 $\boldsymbol{O}'\boldsymbol{W}'=\boldsymbol{O}'\left(\boldsymbol{W}_A \quad \boldsymbol{W}_B \quad \boldsymbol{W}_C\right)\boldsymbol{W}$。所以 $\boldsymbol{W}'=(\boldsymbol{W}_A \quad \boldsymbol{W}_B \quad \boldsymbol{W}_C)\boldsymbol{W}$，

$$\begin{pmatrix}x'_a\\x'_b\\1-x'_a-x'_b\end{pmatrix}=$$

$$\begin{pmatrix}A'_a & B'_a & C'_a\\A'_b & B'_b & C'_b\\1-A'_a-A'_b & 1-B'_a-B'_b & 1-C'_a-C'_b\end{pmatrix}\begin{pmatrix}x_a\\x_b\\1-x_a-x_b\end{pmatrix},$$

所以

$$\begin{cases}x_{a'}=x_aA_{a'}+x_bB_{a'}+\left(1-x_a-x_b\right)C_{a'}\\x_{b'}=x_aA_{b'}+x_bB_{b'}+\left(1-x_a-x_b\right)C_{b'}\end{cases}.$$

定理成立。证毕。

在三角形坐标系中，通过改变三角形坐标的原点位置，而保持坐标系中的点的坐标值不变，反算其新的笛卡尔坐标来实现拓扑变形。下面是三角形坐标系在几何变换中的一些性质。

定理 3. 平移、旋转、放缩不变性。在三角形坐标系中，一个点的位置随着坐标系原点而平移、旋转和放缩。

证明。假定三角形坐标系原点的笛卡尔坐标为$\left(A_x,A_y\right),\left(B_x,B_y\right)$和$\left(C_x,C_y\right)$，点$P$是任意一点，其三角形坐标为$\left(x_a,x_b\right)$，而笛卡尔坐标为$\left(P_x,P_y\right)$。

1）将三角形坐标系原点平移，记平移向量为$\boldsymbol{V}=\left(d_x\quad d_y\right)^{\mathrm{T}}$，根据式(3)，点$P$的新的笛卡尔坐标为

$$\boldsymbol{P}'=\boldsymbol{O}'\boldsymbol{W}=\begin{pmatrix}A_x+d_x & B_x+d_x & C_x+d_x\\ A_y+d_y & B_y+d_y & C_y+d_y\end{pmatrix}\boldsymbol{W}$$

$$=\left(\begin{pmatrix}A_x & B_x & C_x\\ A_y & B_y & C_y\end{pmatrix}+\begin{pmatrix}d_x & d_x & d_x\\ d_y & d_y & d_y\end{pmatrix}\right)\boldsymbol{W}$$

$$=\begin{pmatrix}A_x & B_x & C_x\\ A_y & B_y & C_y\end{pmatrix}\boldsymbol{W}+\begin{pmatrix}d_x & d_x & d_x\\ d_y & d_y & d_y\end{pmatrix}。$$

$$(x_a\quad x_b\quad 1-x_a-x_b)^{\mathrm{T}}=$$

$$\boldsymbol{OW}+(d_x\quad d_y)^{\mathrm{T}}=\boldsymbol{P}+\boldsymbol{V}.$$

2）将三角形坐标系原点绕笛卡尔坐标系原点旋转一个角度θ，记旋转矩阵为$\boldsymbol{R}=\begin{pmatrix}\cos\theta & -\sin\theta\\ \sin\theta & \cos\theta\end{pmatrix}$，根据式（3），点$P$的新的笛卡尔坐标为

$$\boldsymbol{P}'=\boldsymbol{O}'\boldsymbol{W}=\boldsymbol{ROW}=\boldsymbol{RP}.$$

3）将三角形坐标系原点的笛卡尔坐标放缩k倍，根据式（3），点P的新的笛卡尔坐标为

$$\boldsymbol{P}'=\boldsymbol{O}'\boldsymbol{W}=k\boldsymbol{OW}=k\boldsymbol{P}.$$

综上可知定理成立。证毕。

定理 4. 在三角形坐标系中，一条线段随着坐标系原点而拓扑变形之后仍然是线段。

证明。如图 1 所示，线段DF在$\triangle ABC$中，点E在DF上。假设将点A移动到点A'，分别记点D，E,F的新位置为D',E',F'，则只需证明点E'在线段$D'F'$上。

分别记上述点的笛卡尔坐标为$\left(A_x,A_y\right),\left(B_x,B_y\right),\left(C_x,C_y\right),\left(D_x,D_y\right),\left(E_x,E_y\right),\left(F_x,F_y\right),\left(A'_x,A'_y\right),\left(D'_x,D'_y\right),\left(E'_x,E'_y\right)$和$\left(F'_x,F'_y\right)$。令$A'_x=A_x+d_x,A'_y=A_y+d_y$，其中$(d_x,d_y)$为点$A$移动的向量。则根据式（2）有

$$\begin{cases}P'_x=\left(1-x_a-x_b\right)C_x+x_aA'_x+x_bB_x\\ =\left(1-x_a-x_b\right)C_x+x_a\left(A_x+d_x\right)+x_bB_x\\ =P_x+x_ad_x\\ P'_y=\left(1-x_a-x_b\right)C_y+x_aA'_x+x_bB_y\\ =\left(1-x_a-x_b\right)C_y+x_a\left(A_y+d_y\right)+x_bB_y\\ =P_y+x_ad_y\end{cases}$$

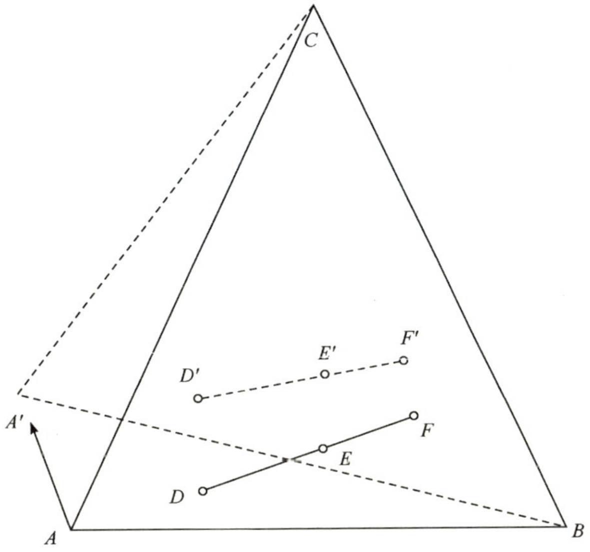

图 1　线段的拓扑变形

所以

$$\boldsymbol{D'E'}=\left(E'_x-D'_x,E'_y-D'_y\right)=\left(E_x-D_x+d_x\cdot\left(x_{Ea}-x_{Da}\right),E_y-D_y+d_y\left(x_{Ea}-x_{Da}\right)\right),$$

$$\boldsymbol{E'F'}=\left(F_x-E_x+d_x\left(x_{Fa}-x_{Ea}\right),F_y-E_y+d_y(x_{Ea}-x_{Ea})\right).$$

又根据式（1）有

$$\begin{aligned}x_a&=\frac{k_3}{1-k_1}\\&=\frac{(P_x-B_x)(C_y-P_y)-(P_y-B_y)(C_x-P_x)}{\left[(A_x-B_x)(C_y-P_y)-(A_y-B_y)(C_x-P_x)\right]-\left[(A_x-B_x)(B_y-P_y)-(A_y-B_y)(B_x-P_x)\right]}\\&=\frac{(P_x-B_x)(C_y-P_y)-(P_y-B_y)(C_x-P_x)}{(A_x-B_x)(C_y-B_y)-(A_y-B_y)(C_x-B_x)},\end{aligned}$$

所以

$$\begin{aligned}x_{Ea}-x_{Da}&=\frac{\left[(E_x-B_x)(C_y-E_y)-(E_y-B_y)(C_x-E_x)\right]-\left[(D_x-B_x)(C_y-D_y)-(D_y-B_y)(C_x-D_x)\right]}{(A_x-B_x)(C_y-B_y)-(A_y-B_y)(C_x-B_x)}\\&=\frac{(E_x-D_x)(C_y-B_y)-(E_y-D_y)(C_x-B_x)}{(A_x-B_x)(C_y-B_y)-(A_y-B_y)(C_x-B_x)}.\end{aligned}$$

同理可得

$$x_{Fa}-x_{Ea}=\frac{(F_x-E_x)(C_y-B_y)-(F_y-E_y)(C_x-B_x)}{(A_x-B_x)(C_y-B_y)-(A_y-B_y)(C_x-B_x)}.\tag{4}$$

由于点 E 在线段 DF 上，可以记 $\boldsymbol{EF}=k\boldsymbol{DE}$，其中 k 为系数，因此有

$$F_x-E_x=k\left(E_x-D_x\right),F_y-E_y=k\left(E_y-D_y\right).$$

代入式（4）得 $x_{Fa}-x_{Ea}=k\left(x_{Ea}-x_{Da}\right)$。所以

$$\boldsymbol{E}'\boldsymbol{F}'=\left(F_x-E_x+d_x\left(x_{Fa}-x_{Ea}\right),F_y-E_y+d_y\left(x_{Fa}-x_{Ea}\right)\right)=\left(k\left(E_x-D_x\right)+kd_x\left(x_{Ea}-x_{Da}\right),k\left(E_y-D_y\right)+kd_y\left(x_{Ea}-x_{Da}\right)\right)=k\boldsymbol{D}'\boldsymbol{E}'.$$

所以点 E' 在线段 $D'F'$ 上。对于移动点 B 和点 C 的情况，证明过程类似，略。证毕。

图 2 显示了对于椭圆的拓扑变形的相似情况，由于篇幅所限，证明略。

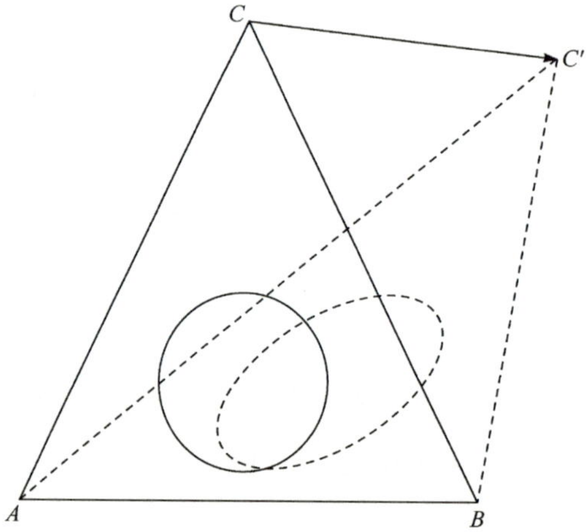

图 2　椭圆的拓扑变形

定理 5.　拓扑变形的连续性。几何图形在相邻 2 个三角形的坐标系中的拓扑变形是连续的。

证明。在单个三角形坐标系内连续性是显然的，这里只证明在 2 个三角形公共边上的情况。如图 3 所示，点 P 在线段 AB 上，记 $\dfrac{|AP|}{|PB|}=\lambda$。移动点 B 到点 B'，在 $\triangle AB'C_1$ 的坐标系中计算出点 P 的新位置为 P_1'，在 $\triangle AB'C_2$ 的坐标系中计算出点 P 的新位置为 P_2'。只需证明 P_1' 与 P_2' 重合。

根据定义 1，在 $\triangle ABC_1$ 的三角形坐标系中

$$k_1=\frac{\left(A_x-B_x\right)\left(B_y-P_y\right)-\left(A_y-B_y\right)\left(B_x-P_x\right)}{k_2}$$

$$=\frac{\left(A_x-B_x\right)\left(B_y-\dfrac{A_y+\lambda B_y}{1+\lambda}\right)-\left(A_y-B_y\right)\left(B_x-\dfrac{A_x+\lambda B_x}{1+\lambda}\right)}{k_2}$$

$$=\frac{\left(A_x-B_x\right)\left(B_y-A_y\right)-\left(A_y-B_y\right)\left(B_x-A_x\right)}{k_2\left(1+\lambda\right)}=0,$$

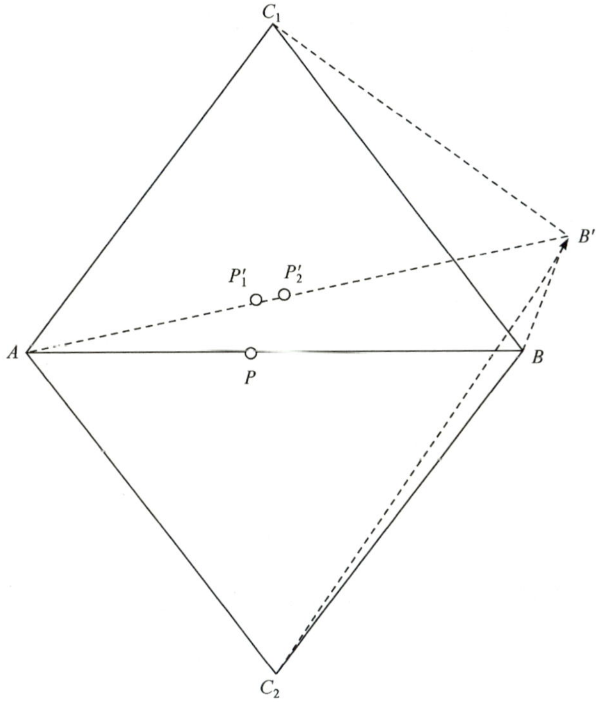

图 3　拓扑变形的连续性

$$k_3=\frac{(P_x-B_x)(C_{1y}-P_y)-(P_y-B_y)(C_{1x}-P_x)}{k_2}$$

$$=\frac{\left(\frac{A_x+\lambda B_x}{1+\lambda}-B_x\right)(C_{1_y}-P_y)-\left(\frac{A_y+\lambda B_y}{1+\lambda}-B_y\right)(C_{1_x}-P_x)}{k_2}$$

$$=\frac{(A_x-B_x)(C_{1y}-P_y)-(A_y-B_y)(C_{1x}-P_x)}{k_2(1+\lambda)}=\frac{1}{1+\lambda'}$$

所以 $x_{1a}=\frac{k_3}{1-k_1}=\frac{1}{1+\lambda}, x_{1b}=\frac{1-k_3}{1-k_1}=\frac{\lambda}{1+\lambda}$。

类似地，在$\triangle ABC_2$的三角形坐标系中，$x_{2a}=\frac{k_3}{1-k_1}=\frac{1}{1+\lambda}, x_{2b}=\frac{1-k_3}{1-k_1}=\frac{\lambda}{1+\lambda}$。根据式（2），

$$\begin{cases}P_{1x}'=(1-x_{1a}-x_{1b})C_{1x}+x_{1a}A_x+x_{1b}B_x'=\frac{A_x+\lambda B_x'}{1+\lambda}\\ P_{1y}'=(1-x_{1a}-x_{1b})C_{1y}+x_{1a}A_y+x_{1b}B_y'=\frac{A_y+\lambda B_y'}{1+\lambda}\end{cases}$$

$$\begin{cases}P_{2x}'=(1-x_{2a}-x_{2b})C_{2x}+x_{2a}A_x+x_{2b}B_x'=\frac{A_x+\lambda B_x'}{1+\lambda}\\ P_{2y}'=(1-x_{2a}-x_{2b})C_{2y}+x_{2a}A_y+x_{2b}B_y'=\frac{A_y+\lambda B_y'}{1+\lambda}\end{cases}$$

所以 $P'_{1x} = P'_{2x}, P'_{1y} = P'_{2y}$。所以点 P'_1 与点 P'_2 重合，定理成立。证毕。

2　图像变形算法

图像变形算法步骤如下：

Step1.标出原始图像的特征点作为源特征点集。标出目标图像的特征点，或者直观地移动源特征点集获得目标特征点集。分别记源特征点集和目标特征点集为 $S = \{S(i)|_i = 1,2,\cdots,n\}$ 和 $D = \{D(i)|\ i = 1,2,\cdots,n\}$，其中 n 为特征点数，$S(i)$ 对应的特征点为 $D(i)$。

Step2.以 S 作为顶点，按以下 2 步自动产生三角形网格：

Step2.1.对于点集中的任意一点，把它跟集合中其他点相连，如果新连接的线段与已有的线段相交，则删除之；

Step2.2.对于点集中的任意一点，遍历点集，找出同时与它相连的所有点对，如果它与点对所组成的三角形内部没有其他点，则加入三角形集合 T_S。

由于 S 和 D 中的点是一一对应的，将 S 三角化之后，若 S 中的三点 $S(i),S(j)$ 和 $S(k)$ 所组成的三角形在 T_S 中，则 $D(i),D(j)$ 和 $D(k)$ 三点所组成的三角形在与 D 对应的三角形集合 T_D 中，反之亦然。由此很容易根据 T_S 得到 T_D，并保证二者之间的一致性。

Step3.计算由 S 移动到 D 的向量集合 $\boldsymbol{V} = \{V(i)|i = 1,2,...,n\}$，

$$\begin{cases} V_x(i) = \left(D_x(i) - S_x(i)\right) \\ V_y(i) = \left(D_y(i) - S_y(i)\right) \end{cases}, i = 1,2,\cdots,n .$$

Step4.对于原始图像的每一个像素点，根据 S 组成的三角形网格计算它的三角形坐标。

Step5.记 $C_t = \{C_t(i)|\ i = 1,2,\cdots,n\}, 0 \leqslant t \leqslant 1$ 为 t 时刻的特征点集合，

$$\begin{cases} C_{tx}(i) = S_x(i) + t \cdot V_x(i) \\ C_{jy}(i) = S_y(i) + t \cdot V_y(i) \end{cases}, i = 1,2,\cdots,n .$$

对于原始图像的每一个像素点，根据 C_t 组成的三角形网格及 Step4 得到的三角形坐标来反算它的笛卡尔坐标，再进行颜色混合和插值，得到 t 时刻对应的图像帧。

Step5 中对 2 个三角网格进行顶点的线性插值可能会导致中间帧三角形的自交现象，为避免这个现象，在标定对应特征点集合 S 和 D 时要求满足以下顺序性约束：若 $S(i),S(j),S(k)$ 所组成的三角形在 T_S 中，则要求 $S(i),S(j),S(k)$ 与 $D(i),D(j)$，$D(k)$ 同为顺时针或逆时针分布。在具体实现上不要求一次标定即满足以上约束，初次标定时只需粗

略估计，待三角化之后再对 S 和 D 中的点的位置进行微调，同时保持点与点的连接关系不变。

3 实验及讨论

实验 1. 人脸表情合成及移植

实验中标出人脸的 12 个特征点，它们与图像矩形区域的 4 个顶点组成了源特征点集合。直观地手动移动源特征点集合产生目标特征点集合，并由此计算出目标图像，这样就合成了新的人脸表情。在另一幅人脸图像上标出相应的特征点，并自动地把前面的移动向量叠加上去，就得到了另一个人的新的表情，这样就实现了表情的移植。实验所用图片来源于 ORL 人脸库。图 4 所示为其中一对图像的三角化结果。图 5 所示为微笑表情合成与移植的结果。

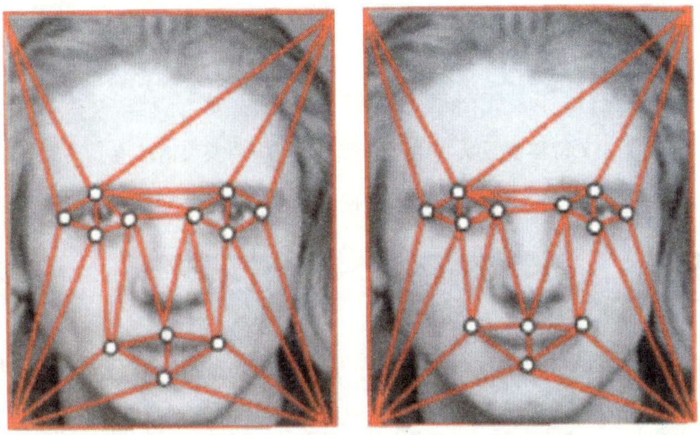

a 原始图像　　b 目标图像

图 4　人脸表情合成与移植 1

图 6 所示为喜、怒、哀 3 种表情的合成与移植结果，每排图像从左到右依次为原始图像、高兴表情、发怒表情和悲哀表情。可以看到，由于不同的人面部特征有所差异，移植的表情没有合成的表情那么自然。

实验 2. 变脸

1）首先在 Lena 和 Mona Lisa 的人脸图像上标出对应的特征点，然后按照第 2 节所述的图像变形算法计算出中间过渡图像帧，这样就实现了从 Lena 到 Mona Lisa 的人脸图像渐变，如图 7 所示。

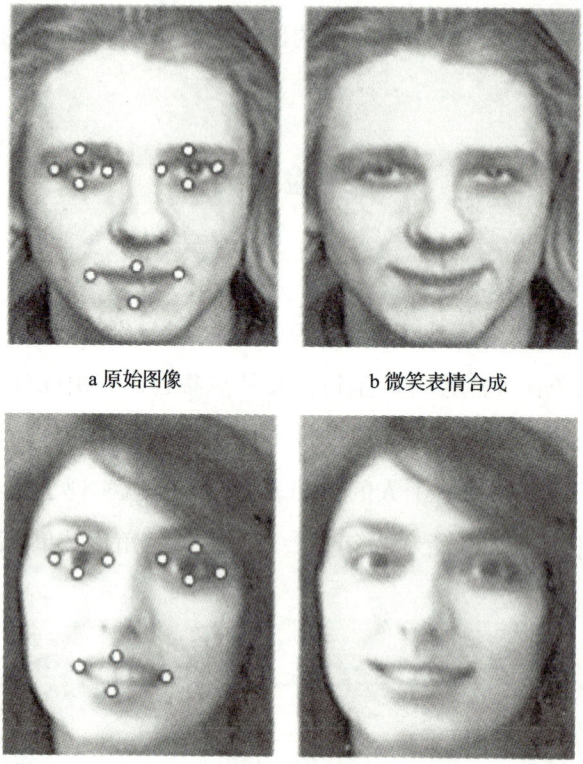

a 原始图像　　b 微笑表情合成

c 待移植图像　　d 微笑表情移植

图 5　人脸表情合成与移植 2

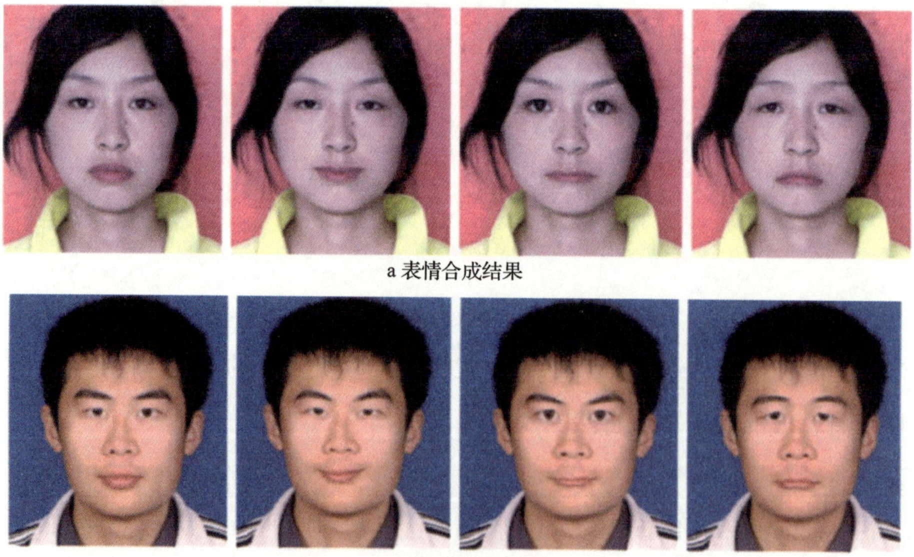

a 表情合成结果

b a进行移植的结果

图 6　喜、怒、哀表情的合成与移植

2）选取 3 张人脸图片，性别为两女一男。按照实验 1 的方法实现了从女性人脸变成男性人脸，然后再变成另一个女性人脸，如图 8 所示。根据这个实验可以合成虚拟的人脸，只需选取多张人脸，将他们的信息进行融合。

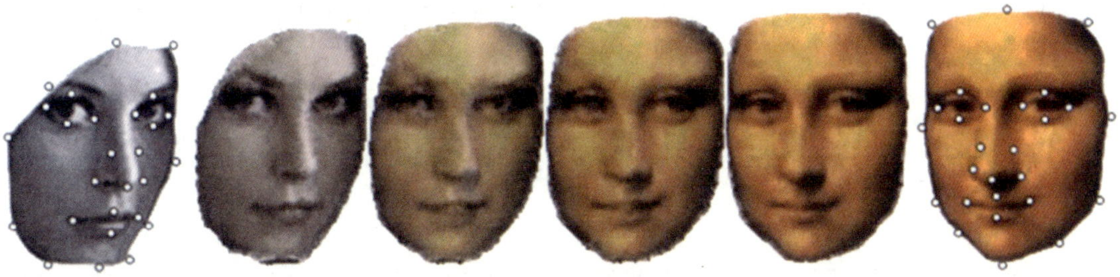

a 原始图像　b t=0.2　c t=0.4　d t=0.6　e t=0.8　f 目标图像

图 7　从 Lena 变成 Mona Lisa

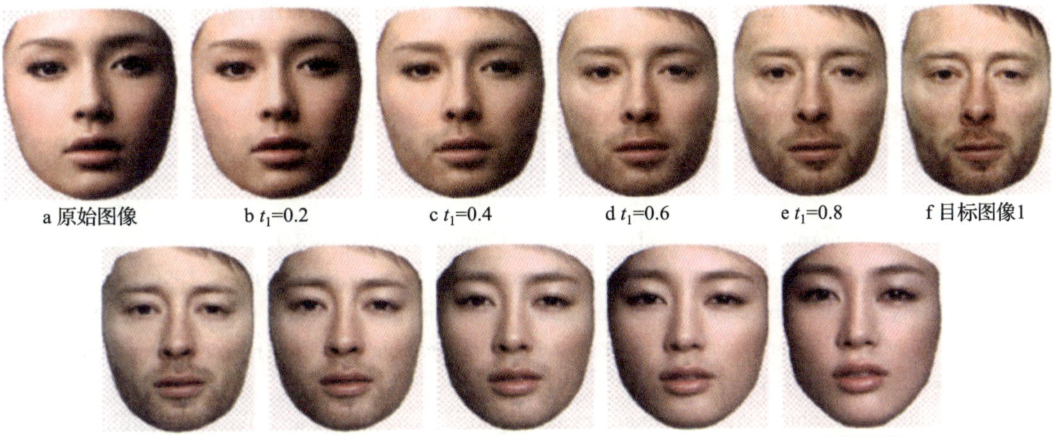

a 原始图像　b t_1=0.2　c t_1=0.4　d t_1=0.6　e t_1=0.8　f 目标图像1

g t_2=0.2　h t_2=0.4　i t_2=0.6　j t_2=0.8　k 目标图像2

图 8　多个人脸变形

3）选取一张熊猫和一张人脸的图片，按照本文算法计算出从熊猫变人脸的过渡图像帧，如图 9 所示。从中间的图像还可以得到人脸化妆成熊猫的有趣效果。

a 原始图像　b t=0.2　c t=0.4　d t=0.6　e t=0.8　f 目标图像

图 9　从熊猫变成人脸

在实验 1 中只对单张图片进行几何变形得到目标图像；而在实验 2 中，图像变形包括几何变形和颜色叠加。其中，几何变形是基于三角形坐标系实现的，它是一种拓扑变形。

相对于现有的方法，文献[7]由于涉及非线性方程组的求解，有可能收敛较慢；而文献[8，10]需要进行矩阵奇异值分解，文献[9，10]需要进行矩阵求逆运算，文献[11]需要用到径向基函数插值，这些都在一定程度上增加了计算复杂度；文献[3]的方法若要达到较好的变形效果需选择较多的特征，这样会增加计算复杂度，若减少特征，则变形效果下降较快。本文方法所涉及的公式完全是简单的四则运算，因而对于每一次运算基本上可以达到实时的效果。

4　总结与展望

本文定义的三角形坐标系应用在图像变形中有很多优点，它对于拓扑变形的连续性使得本文方法能够实现从一幅图像自然流畅地渐变为另一幅。最后通过 2 组实验证明了本文提出的图像变形方法的有效性。但本文方法还需要手动标出图像的特征点，如何能自动地提取图像特征是另一个更为复杂的问题；此外，三角形坐标系的其他未知的性质及其应用也有待进一步研究。

参考文献

[1] Wolberg G. Image morphing: a survey [J]. The Visual Computer, 1998, 14(8/9): 360-372.

[2] Wolberg G. Digital image warping [M]. Los Alamitos: IEEE Computer Society Press, 1990.

[3] Beier T, Neely S. Feature-based image metamorphosis [J]. Computer Graphics, 1992, 26(2): 35-42.

[4] Ruprecht D, Müller H. Image warping with scattered data interpolation [J]. IEEE Computer Graphics and Applications, 1995, 15(2): 37-43.

[5] Lee S Y, Chwa K Y, Shin S Y, *et al*. Image metamorphosis using snakes and free form deformations [C] //Computer Graphics Proceedings, Annual Conference Series, ACM SIGGRAPH. New York: ACM Press, 1995: 439-448.

[6] Lee S Y, Chwa K Y, Hahn J, *et al*. Image morphing using deformation techniques [J]. Visualization and Computer Animation, 1996, 7(1): 3-23.

[7] Song Dejun, Wang Yunfeng, Zhu Xinxiong. Morphing method based on B-spline surface [J]. Journal of Computer-Aided Design & Computer Graphics, 1997, 9(6): 527-531 (in Chinese)(宋德军, 王云峰, 朱心雄. 基于 B 样条曲面的图像变形技术[J]. 计算机辅助设计与图形学学报, 1997, 9(6): 527-531).

[8] Guo Dong, Cheng Qiansheng, Ding Yangang, *et al*. Some experiments on the neural network based image morphing [J]. Journal of Computer-Aided Design & Computer Graphics. 2000, 12(6): 455-458 (in Chinese)(国栋, 程乾生, 丁言岗, 等. 一种基于神经网络的图像变形实验[J]. 计算机辅助设计与图形学学报, 2000, 12(6): 455-458).

[9] Pan Jianjiang, Zheng Jianmin, Yang Xunnian Locally constrained deformation for digital images [J]. Journal of Computer-Aided Design & Computer Graphics, 2002, 14(5): 385-388+393 (in Chinese)(潘建江, 郑建民, 杨勋年. 图像的局部约束变形技术[J]. 计算机辅助设计与图形学学报, 2002, 14(5): 385-388+393).

[10] Li Xudong, Zhang Zhenyue. Boundary stabilized image morphing with asymmetrical radial basis functions [J]. Journal of Computer-Aided Design & Computer Graphics, 2004, 16(6): 747-752 (in Chinese)(李旭东, 张振跃. 非对称径向基函数与稳定边界图像变形算法[J]. 计算机辅助设计与图形学学报, 2004, 16(6): 747-752).

[11] Nie Xuan, Zhao Rongchun, Zhang Xiaoyan, *et al*. An improved radial basis function based method for image warping [J]. Computer Science, 2005, 32(4): 102-103 (in Chinese)(聂烜, 赵荣椿, 张晓燕, 等. 一种改进的基于径向基函数图像变形方法[J]. 计算机科学, 2005, 32(4): 102-103).

[12] Hua Shungang, Liu Ting. Study on image deformation based on moving least squares [J]. Journal of Computer Applications, 2009, 29(1): 71-73 (in Chinese)(华顺刚, 刘婷. 利用移动最小二乘法实现图像变形[J]. 计算机应用, 2009, 29(1): 71-73).

[13] Lin Yongxing, Fan Yuxian, Bian Jing. Improvement of line pairs feature-based image morphing [J]. Journal of Zhejiang Sci-Tech University, 2010, 27(1): 98-102 (in Chinese)(林永兴, 范玉仙, 边境. 一种改进的基于特征线对的图像变形方法[J]. 浙江理工大学学报, 2010, 27(1): 98-102).

[14] Gonzalez R C. Woods R E. Digital image processing [M]. 2nd ed. Beijing: Publishing House of Electronics Industry, 2003: 50-51 (in Chinese)(Gonzalez R C. Woods R E. 数字图像处理[M]. 阮秋琦, 阮宇智, 译. 2 版. 北京: 电子工业出版社, 2003: 50-51).

基于四面体坐标系的三维变形方法及应用*

王守觉[1,2]，张晓盟[1,3]**，肖泉[1]，梁先扬[4]
[1]（中国科学院苏州纳米技术与纳米仿生研究所高维仿生信息学及其应用实验室 苏州 215123）
[2]（中国科学院半导体研究所神经网络实验室 北京 100083）
[3]（中国科学院大学 北京 100049）
[4]（深圳市凯智汇科技有限公司 深圳 518000）
（xiaomengzhang2010@sinano.ac.cn）

摘 要

为了直观、精确地控制模型的形变，提出一种基于自定义四面体坐标系的三维变形计算方法。首先从几何上给出四面体坐标系的定义，阐述并证明了其关于几何变换的一些性质，使得拓扑变形易于实现，并可应用在三维变形技术中；然后描述了基于四面体坐标系的 2 种三维变形算法：嵌入式变形与基于特征的精确变形算法。通过多个变形实例结果证明，该方法能够有效地实现物体的变形以及物体间的渐变。

关键词：四面体坐标系；几何变换；三维变形；三维渐变；计算机动画

中图法分类号：TP391

Method and Applications of 3D Deformation Based on Tetrahedron Coordinate System

Wang Shoujue[1,2], Zhang Xiaomeng[1,3]**, Xiao Quan[1], Liang Xianyang[4]
[1](Laboratory of High Dimensional Biomimetic Informatics and its Applications, Suzhou Institute of Nano-Tech and Nano-Bionics, Chinese Academy of Sciences, Suzhou 215123)

---

* 原载于：计算机辅助设计与图形学学报，2015，27（3）：469～477. 国家自然科学基金（90920013）.
** 通讯作者.

[2](Laboratory of Artificial Neural Networks, Institute of Semiconductors,
Chinese Academy of Sciences, Beijing 100083)
[3](University of Chinese Academy of Sciences, Beijing 100049)
[4](Shenzhen Kaizhihui Technology Co., Ltd, Shenzhen 518000)

Abstract

In order to control the deformation of model directly and accurately, a method based on self-defined tetrahedron coordinate system is proposed for 3D deformation. Firstly, the definition of the tetrahedron coordinate system is given, and some theorems are discussed, which can be applied in 3D deformation and 3D morphing and make topological transformation easy. Secondly, the details of two 3D deformation algorithms are presented: embedded deformation and precise deformation based on features. The experimental results obtained show that the proposed method is effective for 3D deformation and 3D morphing.

Key words: tetrahedron coordinate system; geometric transformation; 3D deformation; 3D morphing; computer animation

在计算机图形学中，由于三维变形技术[1]能丰富角色动画、产生奇特的视觉效果，因此被广泛应用于三维造型、计算机动画及特效制作中。三维变形技术大致可分为基于物理的变形与基于几何的变形 2 大类。其中，基于物理的变形技术[2]依照物理性质模拟真实物体的形变过程，变形效果逼真自然，但计算量和存储量大；基于几何的变形技术将物体抽象成空间的几何体，利用数字几何处理方法实现物体变形，具有简单易行、计算量小、便于控制的特点，在变形准确度要求不严格的情况下有着广泛的应用。

Sederberg 等[3]提出的自由变形（free-form deformation，FFD）技术是几何变形方法的典型代表，并在 20 多年内得到了很大的发展[4-5]，其突出的特点是通过改变物体所在的参数空间达到变形的目的。由于 FFD 技术与模型的几何表达形式无关，因此它可以用来编辑任何形式的模型；但其也存在一些局限性，如计算量大、网格调整比较困难等。此外，FFD 技术是一种间接变形法，不易实现对物体的精确变形控制。基于广义重心坐标系[6-8]的变形技术是在 FFD 技术基础上发展起来的，如文献[9]所述，将物体中的每个点表示为其嵌入的封闭粗糙网格（cage）上所有顶点的加权和，始终保持权值不变，编辑 cage 的形状带动物体变形。相比 FFD 技术，该方法在编辑灵活性和时间计算效率上都有改进，但仍难实现模型表面的局部细节编辑与精确变形控制。微分坐标技术[10]能对表面细节丰富的三维模型进行高质量的形变处理。它将变形归结为一个能量优化问题，通过求解一系列常系数线性方程组或通过非线性优化来拟合改变的微分坐标，从而重建出最终的变形结果；但是，由于需要迭代求解最优化问题，其时间复杂度比较高。

为了避免复杂的方程求解运算，且直观、准确地控制物体变形，本文在三角形坐标系[11]的基础上做进一步推广，提出了一种基于四面体坐标系的三维拓扑变形方法：首先为物体设立中心点，标定特征点；然后以这些特征点和中心点为顶点建立四面体坐标系，最后通过移动特征点的位置带动物体发生形变。该方法具有速度快、直观的特点。

1　四面体坐标系

相对于全局坐标系，局部坐标系能更直接地描述物体内各点的相对位置关系，更有利于拓扑变形的实现[12]。三角形坐标系就是一种二维空间的局部坐标系，并已有效地应用在二维图像变形中。本文在阐明三角形坐标系几何意义的基础上，推广得到三维空间的局部坐标系——四面体坐标系。

1.1　三角形坐标系

如图 1 所示，点 P 位于 ΔABC 的内部或者边上，点 E 为向量 $\boldsymbol{CP}$ 与 $\boldsymbol{AB}$ 的交点。若令 $k_1=-\dfrac{|\boldsymbol{PE}|}{|\boldsymbol{PC}|}$, $k_2=\dfrac{|\boldsymbol{BE}|}{|\boldsymbol{BA}|}$, $\boldsymbol{P}=\begin{pmatrix}P_x & P_y\end{pmatrix}$, $\boldsymbol{A}=\begin{pmatrix}A_x & A_y\end{pmatrix}$, $\boldsymbol{B}=\begin{pmatrix}B_x & B_y\end{pmatrix}$, $\boldsymbol{C}=\begin{pmatrix}C_x & C_y\end{pmatrix}$, 则有

$$k_1(\boldsymbol{C}-\boldsymbol{P})+\boldsymbol{P}=k_2(\boldsymbol{A}-\boldsymbol{B})+\boldsymbol{B} \tag{1}$$

成立。

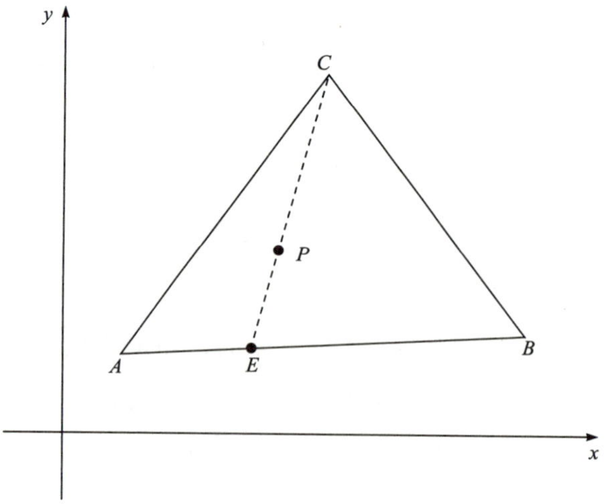

图 1　三角形坐标系

将式（1）转换为方程组形式为

$$\begin{cases} k_1(C_x - P_x) - k_2(A_x - B_x) = B_x - P_x \\ k_1(C_y - P_y) - k_2(A_y - B_y) = B_y - P_y \end{cases};$$

求解该方程组得

$$k_1 = \frac{(A_x - B_x)(B_y - P_y) - (A_y - B_y)(B_x - P_x)}{(A_x - B_x)(C_y - P_y) - (A_y - B_y)(C_x - P_x)},$$

$$k_2 = \frac{(P_x - B_x)(C_y - P_y) - (P_y - B_y)(C_x - P_x)}{(A_x - B_x)(C_y - P_y) - (A_y - B_y)(C_x - P_x)}.$$

记（x_a, x_b）是点 P 的二角坐标，定义为

$$\begin{cases} x_a = x_b = 0, & |P_x - C_x| + |P_y - C_y| = 0 \\ x_a = \dfrac{k_2}{1-k_1}, x_b = \dfrac{1-k_2}{1-k_1}, & |P_x - C_x| + |P_y - C_y| \neq 0 \end{cases} \tag{2}$$

同理，整理式（1），可得到从三角坐标到笛卡尔坐标的逆变换为

$$\begin{aligned} \boldsymbol{P} &= \frac{k_2}{1-k_1}\boldsymbol{A} + \frac{1-k_2}{1-k_1}\boldsymbol{B} + \frac{-k_1}{1-k_1}\boldsymbol{C} \\ &= \frac{k_2}{1-k_1}\boldsymbol{A} + \frac{1-k_2}{1-k_1}\boldsymbol{B} + \left(1 - \frac{k_2}{1-k_1} - \frac{1-k_2}{1-k_1}\right)\boldsymbol{C} \end{aligned} \tag{3}$$

将式（2）中关于 x_a, x_b 的定义代入式（3），可得

$$\boldsymbol{P} = x_a\boldsymbol{A} + x_b\boldsymbol{B} + (1 - x_a - x_b)\boldsymbol{C} \tag{4}$$

将式（4）转换为方程组后即为

$$\begin{cases} P_x = x_a A_x + x_b B_x + (1 - x_a - x_b) C_x \\ P_y = x_a A_y + x_b B_y + (1 - x_a - x_b) C_y \end{cases} \tag{5}$$

对照式（2）（5）与文献[11]三角形坐标系的定义与逆变换的公式发现结果完全一致。因此，三角形中任意一点的三角坐标实质上是一组有向线段比 k_1 和 k_2。需要指出的是，当点 P 与点 C 重合时，k_1 和 k_2 失去意义；直接令其三角坐标值为 $x_a = 0$，$x_b = 0$，使得 $\boldsymbol{P} = \boldsymbol{C}$.

1.2 四面体坐标系

从三角形坐标系变形基于线段比例不变的思想出发，进一步可推出针对三维数据拓扑变形的四面体坐标系。

如图 2 所示，点 P 是四面体 $ABCD$ 内部或面上一点，点 E 为向量 $\boldsymbol{CP}$ 与底面 ΔABD

的交点，点 F 为向量 $\boldsymbol{DE}$ 与 $\boldsymbol{AB}$ 的交点，令 $k_1=-\dfrac{|\boldsymbol{PE}|}{|\boldsymbol{PC}|}$，$(x_a,x_b)$ 为点 E 在 ΔABD 中的三角坐标，结合式（1）（4）则有

$$k_1(\boldsymbol{C}-\boldsymbol{P})+\boldsymbol{P}=x_a\boldsymbol{A}+x_b\boldsymbol{B}+(1-x_a-x_b)\boldsymbol{D} \tag{6}$$

成立；其中 $\boldsymbol{P},\boldsymbol{A},\boldsymbol{B},\boldsymbol{C},\boldsymbol{D}$ 分别是点 P,A,B,C,D 三维坐标的向量表示。

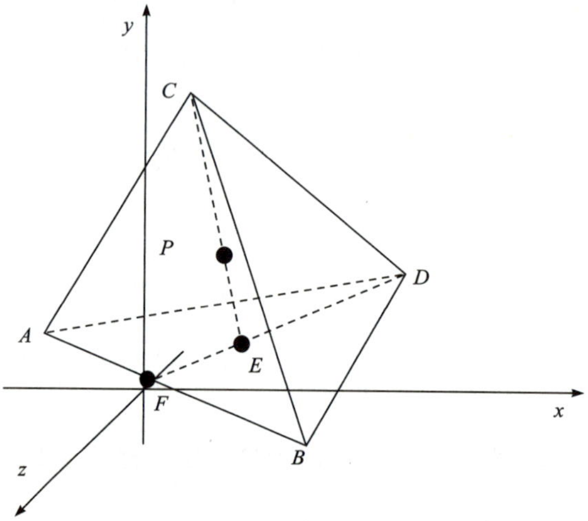

图 2　四面体坐标系 *ABCD*

将式（6）整理后可转换为方程组形式如

$$\begin{cases}k_1(C_x-P_x)-x_a(A_x-D_x)-x_b(B_x-D_x)=D_x-P_x\\ k_1(C_y-P_y)-x_a(A_y-D_y)-x_b(B_y-D_y)=D_y-P_y\\ k_1(C_z-P_z)-x_a(A_z-D_z)-x_b(B_z-D_z)=D_z-P_z\end{cases}$$

解此方程组即可求得 k_1,x_a,x_b 的值，由于表达式繁复，此处不具体列出。记 $P_{\mathrm{T}}(P_a,P_b,P_d)$ 是点 P 的四面体坐标，具体定义为

$$\begin{cases}P_a=P_b=P_d=0, & |P_x-C_x|+|P_y-C_y|+|P_z-C_z|=0\\ P_a=\dfrac{x_a}{1-k_1},P_b=\dfrac{x_b}{1-k_1},P_d=\dfrac{1-x_a-x_b}{1-k_1}, & |P_x-C_x|+|P_y-C_y|+|P_z-C_z|\neq 0\end{cases} \tag{7}$$

同理，整理式（6）可得到四面体坐标到笛卡尔坐标的逆变换

$$\begin{aligned}\boldsymbol{P}&=\frac{x_a}{1-k_1}\boldsymbol{A}+\frac{x_b}{1-k_1}\boldsymbol{B}+\frac{1-x_a-x_b}{1-k_1}\boldsymbol{D}+\frac{-k_1}{1-k_1}\boldsymbol{C}\\ &=\frac{x_a}{1-k_1}\boldsymbol{A}+\frac{x_b}{1-k_1}\boldsymbol{B}+\frac{1-x_a-x_b}{1-k_1}\boldsymbol{D}+\\ &\quad\left(1-\frac{x_a}{1-k_1}-\frac{x_b}{1-k_1}-\frac{1-x_a-x_b}{1-k_1}\right)\boldsymbol{C}.\end{aligned}$$

结合式（7）的定义可得

$$\boldsymbol{P}=P_a\boldsymbol{A}+P_b\boldsymbol{B}+P_d\boldsymbol{D}+\left(1-P_a-P_b-P_d\right)\boldsymbol{C};$$

将其转换为方程组后为

$$\begin{cases}P_x=P_aA_x+P_bB_x+P_dD_x+\left(1-P_a-P_b-P_d\right)C_x\\P_y=P_aA_y+P_bB_y+P_dD_y+\left(1-P_a-P_b-P_d\right)C_y\\P_z=P_aA_z+P_bB_z+P_dD_z+\left(1-P_a-P_b-P_d\right)C_z\end{cases} \tag{8}$$

由式（7）知，四面体坐标 $P_{\mathrm{T}}\left(P_a,P_b,P_d\right)$ 是在点 E 的三角形坐标 $\left(x_a,x_b\right)$ 与 k_1 的基础上定义的。据 1.1 节可知，本节中按式（2）定义的点 E 的三角形坐标 $\left(x_a,x_b\right)$ 的实质是 2 个有向线段比 $k_2=-\dfrac{|\boldsymbol{EF}|}{|\boldsymbol{ED}|}$ 与 $k_3=\dfrac{|\boldsymbol{BF}|}{|\boldsymbol{BA}|}$，而 $k_1=-\dfrac{|\boldsymbol{PE}|}{|\boldsymbol{PC}|}$ 在本节被定义为有向线段比。因此，保持四面体中点的四面体坐标值 $P_{\mathrm{T}}\left(P_a,P_b,P_d\right)$ 不变，实质是保持 3 个有向线段的比例 k_1,k_2,k_3 不变，即四面体坐标的几何意义所在。当点 P 与点 C 重合时，k_1,x_a,x_b 失去意义，直接令其四面体坐标值 $P_a=0,P_b=0,P_d=0$，使得 $\boldsymbol{P}=\boldsymbol{C}$。

2 四面体坐标系的性质

本节中对四面体坐标系性质的阐述与证明均是以四面体坐标系 $ABCD$ 为例说明的。记四面体的 4 个顶点为该四面体坐标系的原点，四面体本身为四面体坐标系的核。一些向量、矩阵符号的统一说明如下：

$$\boldsymbol{P}=(P_x\quad P_y\quad P_z\quad 1),\quad \boldsymbol{A}=(A_x\quad A_y\quad A_z\quad 1),$$
$$\boldsymbol{B}=(B_x\quad B_y\quad B_z\quad 1),\quad \boldsymbol{C}=(C_x\quad C_y\quad C_z\quad 1),$$
$$\boldsymbol{D}=(D_x\quad D_y\quad D_z\quad 1),\quad \boldsymbol{P}_{\mathrm{T}}=(P_a\quad P_b\quad P_d\quad 1),$$

$$\boldsymbol{O}=\begin{pmatrix}A_x-C_x & A_y-C_y & A_z-C_z & 0\\B_x-C_x & B_y-C_y & B_z-C_z & 0\\D_x-C_x & D_y-C_y & D_z-C_z & 0\\C_x & C_y & C_z & 1\end{pmatrix},$$

$$\boldsymbol{O}'=\begin{pmatrix}A'_x-C'_x & A'_y-C'_y & A'_z-C'_z & 0\\B'_x-C'_x & B'_y-C'_y & B'_z-C'_z & 0\\D'_x-C'_x & D'_y-C'_x & D'_z-C'_z & 0\\C'_x & C'_y & C'_z & 1\end{pmatrix}.$$

2.1 四面体坐标与规范重心坐标

只要证明点的四面体坐标 $P_{\mathrm{T}}\left(P_a,P_b,P_d\right)$ 取值均在[0,1]区间，即可说明四面体坐标可写成规范重心坐标。但从式（7）很难直观地发现其取值范围与几何意义。下面利用点的四面体坐标与笛卡尔坐标可逆关系，通过式（8）反求 P_a,P_b,P_d 。可得

$$\begin{cases} P_a &= \dfrac{V_{PBCD}}{V_{ABCD}} \\ P_b &= \dfrac{V_{PDAC}}{V_{ABCD}} \\ P_d &= \dfrac{V_{PABC}}{V_{ABCD}} \end{cases} \tag{9}$$

其中，$V_{PBCD},V_{PDAC},V_{PABC},V_{ABCD}$ 分别表示四面体 $PBCD,PDAC,PABC$ 与 $A\ B\ C\ D$ 的体积；并以 $V_{ABCD}=1/6\boldsymbol{CA}\cdot(\boldsymbol{CD}\times\boldsymbol{CB})$ 为例给出四面体的体积计算公式。P_a,P_b,P_d 是点 P 分四面体 $A\ B\ C\ D$ 后得到的小四面体与总四面体的体积比，它们的取值均在[0，1]区间，所以 $\left(P_a,P_b,P_d,1-P_a-P_b-P_d\right)$ 就是点 P 的规范重心坐标。相对于规范重心坐标，四面体坐标系有几个优点：1）四面体坐标选取 3 个值，去除坐标间的线性约束关系，形式更简洁；2）笛卡尔坐标 (x,y,z) 与四面体坐标 $\left(P_a,P_b,P_d\right)$ 形式相同，有利于用矩阵清楚地表示四面体坐标系与笛卡尔坐标系间的各种变换关系；3）在利用四面体坐标系实现三维变形的过程中，笛卡尔坐标与四面体坐标相对应，便于数据存储和编程。

2.2　基于单个四面体坐标系的变换是仿射变换

证明。式（8）可用矩阵表示为

$$\boldsymbol{P}=\boldsymbol{P}_{\mathrm{T}}\boldsymbol{O} \tag{10}$$

记 $\boldsymbol{O}^{-1}$ 为 $\boldsymbol{O}$ 逆矩阵，则式（10）逆变换为

$$\boldsymbol{P}_{\mathrm{T}}=\boldsymbol{P}\boldsymbol{O}^{-1} \tag{11}$$

当四面体坐标系原点发生移动，四面体 $A\ B\ C\ D$ 变为四面体 $A'B'C'D'$ ，对应的矩阵 $\boldsymbol{O}$ 变为 O'，点 P 的笛卡尔坐标也就随之改变，记为 $P'\left(P_x',P_y',P_z'\right)$，用矩阵表示为

$$\boldsymbol{P}'=\boldsymbol{P}_{\mathrm{T}}\boldsymbol{O}' \tag{12}$$

此处 $\boldsymbol{P}'=\left(P_x'\quad P_y'\quad P_z'\quad 1\right)$。

综合式（10）～（12）整理可得

$$\boldsymbol{P}'=\boldsymbol{P}_{\mathrm{T}}\boldsymbol{O}'=\boldsymbol{P}\left(\boldsymbol{O}^{-1}\boldsymbol{O}'\right) \tag{13}$$

式（10）（12）均表明，四面体坐标与笛卡尔坐标之间存在仿射变换[13]。根据仿射变换的性质，仿射变换的逆与仿射变换的乘积都是仿射变换，因此式（13）表示仿射变换，

即可证。证毕。

2.3 三维几何变换不变性

定理 1. 四面体坐标系中的点随着坐标系原点的几何变换而做同样的变换。几何变换包含旋转、缩放、平移等单独变换以及组合变换。

证明。假定四面体坐标系的核为四面体 $A\ B\ C\ D$，经过变换矩阵 $\boldsymbol{M}$，四面体坐标系的核变为 $A'B'C'D'$，其系数矩阵变换可表示为 $\boldsymbol{O}'=\boldsymbol{OM}$，因此可将式（13）可写成 $\boldsymbol{P}'=\boldsymbol{P}\left(\boldsymbol{O}^{-1}\boldsymbol{O}'\right)=\boldsymbol{P}\left(\boldsymbol{O}^{-1}\boldsymbol{O}\right)\boldsymbol{M}=\boldsymbol{PM}$。证毕。

2.4 不动点定理

定理 2. 在四面体坐标系中，若只移动四面体的一个顶点，那么该顶点所对的底面上的点保持不动。

证明。假定四面体坐标系的核为四面体 $A\ B\ C\ D$，若将其中一个顶点移动，设其移动向量 $\boldsymbol{T}=\begin{pmatrix}T_x & T_y & T_z & 0\end{pmatrix}^{\mathrm{T}}$，则系数矩阵 $\boldsymbol{O}'=\boldsymbol{O}+\boldsymbol{H}_{\mathrm{T}}$, $\boldsymbol{H}_{\mathrm{T}}$ 视具体移动的顶点而定。式（13）可表示为

$$\boldsymbol{P}'=\boldsymbol{PO}^{-1}\left(\boldsymbol{O}+\boldsymbol{H}_{\mathrm{T}}\right)=\boldsymbol{P}+\boldsymbol{P}_{\mathrm{T}}\boldsymbol{H}_{\mathrm{T}}$$

1）若移动的是顶点 A，则有 $\boldsymbol{H}_{\mathrm{T}}=\begin{pmatrix}\boldsymbol{T} & \boldsymbol{0} & \boldsymbol{0} & \boldsymbol{0}\end{pmatrix}^{\mathrm{T}}$，而底面 ΔBCD 上点的四面体坐标 $P_a=\dfrac{V_{PBCD}}{V_{ABCD}}=0$，$\boldsymbol{P}_{\mathrm{T}}=\begin{pmatrix}0 & P_b & P_d & 1\end{pmatrix}$；因此有 $\boldsymbol{P}_{\mathrm{T}}\boldsymbol{H}_{\mathrm{T}}=\boldsymbol{0},\boldsymbol{P}'=\boldsymbol{P}+\boldsymbol{P}_{\mathrm{T}}\boldsymbol{H}_{\mathrm{T}}=\boldsymbol{P}$。同理，对点 B 和 D 此式也成立。

2）当移动的顶点为点 C，则 $\boldsymbol{H}_{\mathrm{T}}=(-\boldsymbol{T}\ -\boldsymbol{T}\ -\boldsymbol{T}\ \boldsymbol{T})^{\mathrm{T}}$，对于 ΔABD 中任意点 P，其四面体坐标满足 $P_a+P_b+P_d=1$；同样计算可得 $\boldsymbol{P}_{\mathrm{T}}\boldsymbol{H}_{\mathrm{T}}=\boldsymbol{0},\boldsymbol{P}'=\boldsymbol{P}+\boldsymbol{P}_{\mathrm{T}}\boldsymbol{H}_{\mathrm{T}}=\boldsymbol{P}$。证毕。

2.5 拓扑变形的连续性

定理 3. 三维形体在相邻 2 个四面体坐标系中的拓扑变形是连续的。

由 2.2 仿射变换性质可知，单个四面体坐标系中的物体变形必然是连续的。因此，只要考虑 2 个四面体在公共面处变形的连续性就可以证明拓扑连续性，即只需证明对于公共面内任一点在经过 2 个四面体核移动后，仍为同一点即可。

如图 3 所示，四面体 $A\ B\ C\ D$ 与 A_1BCD 存在公共面 ΔBCD。依据 2.4 不动点定理，公共面内任一点 P 的位置只与 ΔBCD 的 3 个顶点位置相关，当 2 个四面体坐标系的核发生移动后，点 P 的新位置 P' 被 $\Delta B'C'D'$ 唯一确定，因此有 $P_1'=P_2'$，即可证。

拓扑变形连续性的证明，为实现基于多个四面体坐标系（四面体坐标系网格）的物体连续变形提供了理论依据。四面体坐标系网格应满足如下条件：1）相邻四面体之间存在公共面；2）任意四面体间无交叉、无重叠；3）所有四面体坐标系能完全划分物体所在的空间，不留孔洞。

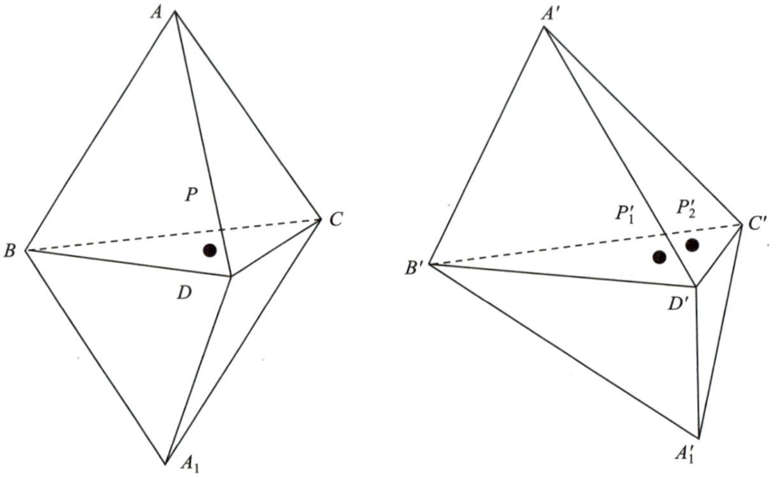

图 3　拓扑变形连续性

3　三维变形算法

第 2 节中阐明的四面体坐标系一些性质，保证了四面体坐标系可应用在三维物体变形中。具体三维变形算法如下：

算法 1. 嵌入式变形算法

Step1. 构建包络物体待变形部分的粗糙网格，可利用 NetGen[14]等网格划分工具将其划分成四面体，生成的初始四面体坐标系网格记为 $M_{\mathrm{s}}=\{T_{\mathrm{s}}(i)|\ i=1,2,\cdots,n\}$。

Step2. 数据分割。将物体中待变形的所有点划分到 M_{s} 的不同四面体坐标系核 $T_{\mathrm{s}}(i)$ 中。

Step3. 利用式（9）计算 $T_{\mathrm{s}}(i)(i=1,2,\cdots,n)$ 中每个点在 $T_{\mathrm{s}}(i)$ 中的四面体坐标值。

Step4. 在不改变原网格拓扑结构的基础上，移动四面体网格的网格点位置，得到变形后的四面体坐标系网格 $M_{\mathrm{D}}=\{T_{\mathrm{D}}(i)|\ i=1,2,\cdots,n\}$。

Step5. 利用 Step3 的结果，利用式（12）计算出 $T_{\mathrm{s}}(i)$ $(i=1,2,\cdots,n)$ 中每个点在对应新核 $T_{\mathrm{D}}(i)$ 中的新笛卡尔坐标值，得到变形后的物体。

基于算法 1 的嵌入式变形，能使物体发生大幅度的变形，但不易实现基于局部特征的精确变形。为此，本文提出基于特征的精确变形算法。

算法 2. 基于特征的精确变形算法

Step1. 在待变形物体表面标注初始特征点集 $F_s = \{P_s(j)| \ j=1,2,\cdots,m\}$。

Step2. 合理连接所有特征点形成覆盖物体待变形表面的三角网格。

Step3. 构建四面体坐标系网格。依据三角网格的形状，选择中心点 O，使所有三角形与 O 连接成的四面体间无交叉、无重叠。再如图 4 所示，保持中心点不变，把四面体网格等比例放大 k 倍，以生成包含整个待变形的曲面局域的 $M_s = \{T_s(i)| \ i=1,2,\cdots,n\}$。

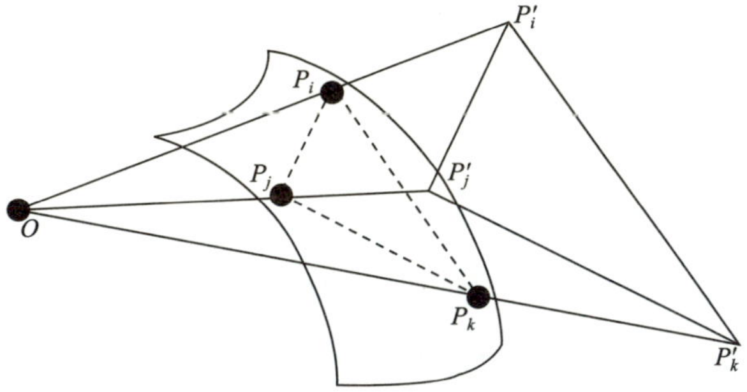

图 4 单个四面体的等比例放大示意图

Step4. 数据分割与四面体坐标计算。与算法 1 中 Step2 和 Step3 相同。

Step5. 特征变形。根据变形需要，拖动曲面上初始特征点 $P_s(j)(j=1,2,\cdots,m)$ 的位置到新的位置 $P_D(j)(j=1,2,\cdots,m)$，再将其放大 k 倍后得到新的四面体坐标系网格 $M_D = \{T_D(i)| \ i=1,2,\cdots,n\}$。

Step6. 计算得到变形后物体，同算法 1 的 Step5。

为便于用户操作，每当挪动一个特征点，就采用算法 2 的 Step5 对只包含该特征点的四面体坐标系计算一次得到形变结果，其计算量小，也便于控制和调节。同时，针对物体表面局部特征的细致变形，提供一种设置曲面三角网格的简单方法：以图 5 所示为例，首先，编辑平面三角形网格使得平面网格形状能表达待变形区域表面的特征；再将平面三角网格垂直映射到待变形的曲面上，得到初始特征点集与曲面上的三角网格。

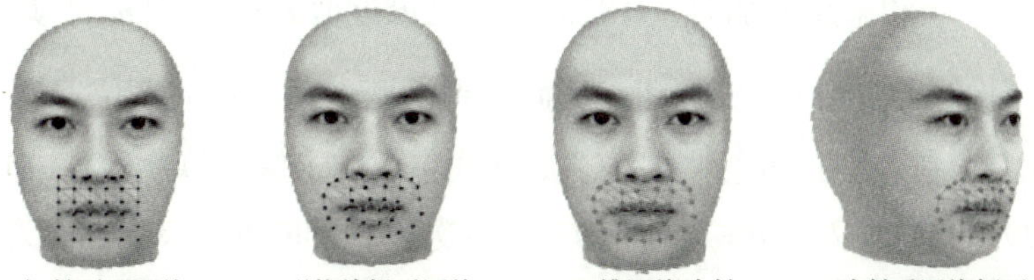

a 初始平面网格　b 形状编辑后网格　c 三维网格映射　d 映射后网格侧面

图 5 嘴部平面网格的编辑及三维映射

4　实验与讨论

实验环境是一台 Inter（R）Core（TM）2 Quad CPU Q8300 2.5 GHz，3.49GB 内存的 PC 机，在 Microsoft Visual Studio 2008 平台上，基于 C++语言与 OpenGL 实现本文算法，其程序运行环境是 Windows XP。

实验 1. 三维物体变形

图 6 所示对点云模型球的变形是算法 1 在三维变形中的应用实例。首先，通过中心对齐将图 6a 中的模型嵌入图 6b 所示的足球烯网格内；再按图 6c 的标示法划分网格生成球状四面体坐标系网格。具体过程如下：将足球烯网格上的所有五、六边形以各自的几何中心为公共点划分为多个三角形，再将这些三角形顶点分别与足球烯网格中心相连成四面体网格；最后，利用算法 1 实现物体的变形，变形效果如图 6d 所示：从左往右依次为将网格中的所有五边形中心点沿径向放大 1.4 倍、1.2 倍、0.8 倍的效果图，以及与将网格中的所有六边形中心点沿径向放大 1.3 倍、0.8 倍从不同角度观察到的效果图。

利用图 5 展示的局部特征网格编辑法，基于算法 2，通过编辑曲面上三角网格的形状逐步实现对人面部的嘴、眼睛与鼻子的实时精确变形，变形结果如图 7 所示，上下两行分别表示模型的正面与斜侧面视图。

可以看出，算法 1 与算法 2 在三维变形中取得了较好的实验效果。下面将结合图 6 与图 7 的实验效果，从算法的时间复杂度与能否精确控制变形 2 个方面对引文中提到的几种算法进行对比讨论。

表 1 给出各算法在模型各点的参数坐标已知的情况下一次变形的时间复杂度[15]比较，表中微分坐标技术、FFD 技术、广义重心坐标法的变形公式分别由文献[10,3,6]直接给出，不同公式间的变量无对应关系。微分坐标技术利用最小二乘原理求解得到模型上所有点的新坐标，当约束点增加时，其时间复杂度可近似表示为 $O\left(n^3\right)$。其余 3 个算法的变形公式均是对控制点进行加权求和，从而得到模型中一个点的新位置。三者在单个点的时间复杂度上存在差别：若忽略加法与二项式系数的求解运算次数，FFD 技术求解一个点需要用到大约 $(l+1)(l+(m+1)(m+(n+1)n))$ 次乘法，时间复杂度近似为 $O\left(n^4\right)$；广义重心坐标法用到乘法次数由 cage 的顶点数 n 确定，时间复杂度近似为 $O(n)$；四面体坐标

系法需 4 次乘法，时间复杂度 $O(1)$。因此，相比其他算法，本文算法在时间复杂度上更具优势。

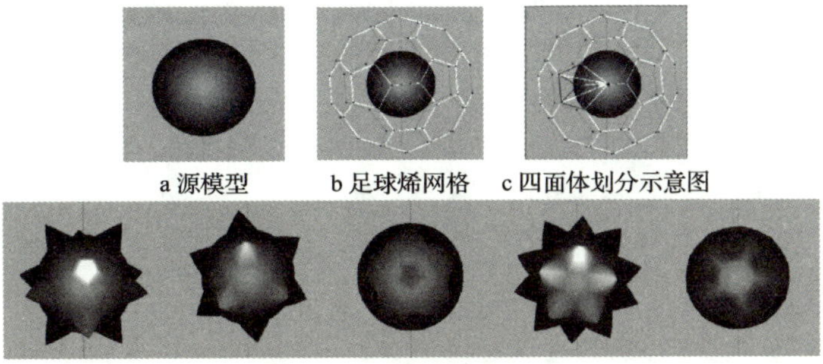

a 源模型　b 足球烯网格　c 四面体划分示意图

d 三维变形效果图

图 6　球的三维变形

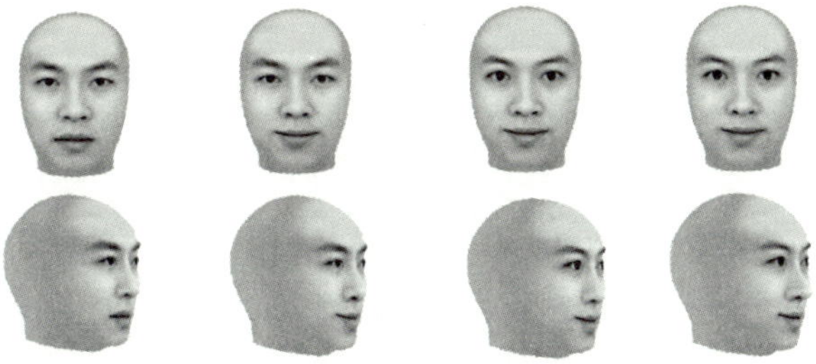

a 源模型　b 嘴巴调节　c 眼睛调节　d 鼻子调节

图 7　局部特征调节变形

表 1　算法时间复杂度比较

算法	变形公式	时间复杂度
微分坐标技术	$X=\left(\boldsymbol{A}^{\mathrm{T}}\boldsymbol{A}\right)^{-1}\boldsymbol{A}^{\mathrm{T}}b$	++++
FFD 技术	$X_{fd}=\sum_{i=0}^{l}\binom{l}{i}(1-s)^{l-i}s^{i}\cdot\left[\sum_{j=0}^{n}\binom{m}{j}(1-t)^{m-j}t^{j}\left[\sum_{k=0}^{n}\binom{n}{k}(1-u)^{n-k}u^{k}\boldsymbol{P}_{ijk}\right]\right]$	+++++
广义重心坐标法	$\boldsymbol{F}(v)=\sum_{i=1}^{n}\lambda i(v)\boldsymbol{f}_{i}$	++
本文算法	$\boldsymbol{P}=P_{a}\boldsymbol{A}+P_{b}\boldsymbol{B}+P_{d}\boldsymbol{D}+\left(1-P_{a}-P_{b}-P_{d}\right)\boldsymbol{C}$	+

用图 5 所示的方法，将对复杂的三维四面体网格的编辑转换为直观地对曲面三角网格的编辑，通过对三角网格上特征点位置的精确控制实现细致变形。本文算法的有效性在图 7 的人面部特征调节中得以说明。图 8 展示了不同算法对同一模型进行鼻尖定点拖

动变形的效果，从中可看出，只有微分坐标技术与本文算法可以准确地将模型中的点拖动到指定位置。与微分坐标技术相比，本文算法在鼻子发生变形的同时，能够保持模型的其他特征区域不发生较大变形，如额头、嘴唇、下巴等区域，因此其具有更精确的特点，适合局部精细变形。

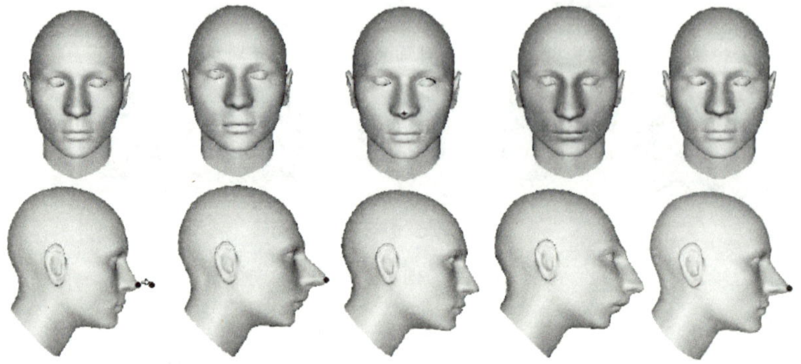

图 8　局部特征调节变形效果比较

与微分坐标技术、FFD 技术、广义重心坐标法相比，本文算法具有低的时间复杂度与精确的变形控制。与基于方程求解的微分坐标技术相比，本文算法优势也在于直观操控性；与 FFD 技术与广义重心坐标法相比，本文算法 2 的优势在于用户可精确地控制变形过程。

实验 2.　三维物体渐变

三维渐变是将一个物体模型光滑过渡为另一个不同模型的技术。由于在此过程中源物体模型逐渐发生变形，因此可视三维渐变是三维变形的一种特殊情况。图 9～10 展示了将四面体坐标系网格应用在三维渐变中的实验结果；其中，图 9 中上下两行分别是鱼渐变到球在不同时刻的侧视图与斜俯视图，图 10a～10i 显示了人头渐变在不同时刻的由源模型到目标模型的变形效果。

图 9 与图 10 源模型都是网格模型，其共同特点是在渐变中保持源网格模型的网格拓扑结构不变，只改变网格模型的顶点几何坐标与法向量。图 9 从不同角度展示了在保持纹理映射不变时鱼到球的渐变。图 10 通过眼睛、鼻子、嘴巴、脖子等特征对应，基于算法 2 用特征点精确控制变形的基本思想，实现了人头间的光滑渐变。与本文算法不同，文献[16]给出一种建立人头模型间对应关系的方法，它需要首先根据源模型与目标模型的特点建立具有同一拓扑结构的粗糙网格，再分别对其进行多分辨率细化网格操作，生成与标准模型拓扑结构相同的最终网格。此方法在优化初始模型网格的同时，精

图 9 鱼到球的渐变

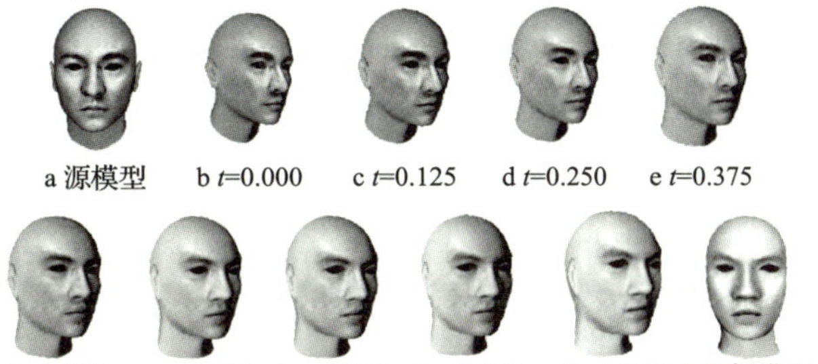

图 10 人头间的渐变

确地解决了模型间的点对应问题。与之相比，本文算法优势在于不需要对输入模型进行重新网格化，在对应一致化要求不严格的情况下可直接建立模型间对应关系。且与目前以处理封闭网格模型为主的渐变算法相比，基于四面体坐标系的渐变算法既能处理源模型为非零亏格的网格模型（眼睛、脖子部分均为空洞），也能处理点云模型，具有更好的通用性。

5 总结与展望

本文从给出三角形坐标系的几何意义出发，类推得到四面体坐标系的定义和几何意义，通过阐述证明四面体坐标系在拓扑变形中的性质，提出了基于四面体坐标系的 2 个算法：三维嵌入变形算法与针对局部特征表面的精确三维变形算法，并在实验中得到满意的变形效果。基于四面体坐标系的变形算法从拓扑变形的角度出发，不需要复杂的代数运算与方程求解，操作直观、计算简便，在易于精确控制变形过程的同时可以利用并行计算提高时效性，而且不局限于模型的表示方式、应用范围广。但本文算法在四面体坐标系网格的构建上取决于主观的设定，如何能自动识别三维物体特征并构建合适的四面体坐标系网格等问题有待进一步研究。

致谢

在实现图 8 对比实验时，得到华南理工大学李桂清教授和路慧娜同学的帮助，在此表示感谢！

参考文献

[1] Jin Xiaogang, Bao Hujun, Peng Qunsheng. A surrey of computer animation[J]. Journal of Software, 1997, 8(4): 241-251 (in Chinese)(金小刚，鲍虎军，彭群生．计算机动画技术综述[J]．软件学报，1997,8(4): 241-251).

[2] Nealen A, Müller M, Keiser R, et al. Physically based deformable models in computer graphics[J]. Computer Graphics Forum, 2006, 25(4): 809-836.

[3] Sederberg T W, Parry S R. Free-form deformation of solid geometric models[C]/Proceedings of the 13th Annual Conference on Computer Graphics and Interactive Techniques. New York: ACM Press, 1986:151-160.

[4] Xu Gang, Wang Guozhao, Chen Xiaodiao. Free-form deformation and its application[J]. Journal of Computer Research and Development, 2010, 47(2): 344-352(in Chinese)(徐岗，汪国昭，陈小雕．自由变形技术及其应用[J]．计算机研究与发展, 2010, 47(2): 344-352).

[5] Gain J, Bechmann D. A survey of spatial deformation from a user-centered perspective[J]. ACM Transactions on Graphics , 2008, 27(4): Article No. 107.

[6] Hormann K, Floater M S. Mean value coordinates for arbitrary planar polygons[J]. ACM Transactions on Graphics, 2006, 25(4): 1424-1441.

[7] Joshi P, Meyer M, DeRose T, et al. Harmonic coordinates for character articulation[J]. ACM Transactions on Graphics, 2007, 26(3): Article No. 71.

[8] Lipman Y, Levin D, Cohen-Or D. Green coordinates[J]. ACM Transactions on Graphics, 2008, 27(3): Article No. 78.

[9] Li Lin, Li Guiqing, Huang Liwei. Generation of equidistance cages[J]. Journal of Computer-Aided Design & Computer Graphics, 2011, 23(6): 956-963 (in Chinese)(李琳，李桂清，黄力慰．等距 cage 生成[J]．计算机辅助设计与图形学学报, 2011, 23(6): 956-963).

[10] Sorkine O, Cohen-Or D, Lipman Y, et al. Laplacian surface editing[C]/Proceedings of the Eurographics/ ACM SIGGRAPH Symposium on Geometry Processing. New York: ACM Press, 2004: 175-184.

[11] Wang Shoujue, Liang Xianyang. Calculation method of image morphing and its applications[J]. Journal of Computer-Aided Design & Computer Graphics, 2011, 23(8): 1304-1310 (in Chinese)(王守觉，梁先扬．图像变形计算方法及其应用[J]．计算机辅助设计与图形学学报, 2011, 23(8): 1304-1310).

[12] Wang Shoujue, Lai Jiangliang. First step to multi-dimensional space biomimetic informatics[M] . Beijing: National Defense Industry Press, 2008: 33-95(in Chinese)(王守觉，来疆亮．多维空间仿生信息学入门[M]．北京：国防工业出版社, 2008: 33-95).

[13] Goldman R. An integrated introduction to computer graphics and geometric modeling[M]. Beijing: Tsinghua University Press, 2011: 36-179 (in Chinese)(Goldman R.计算机图形学与几何造型导论[M]．邓建松，等译．北京：清华大学出版社, 2011: 36-179).

[14] Schöberl J. NetGen an advancing front 2D/3D-mesh generator based on abstract rules[J]. Computing and Visualization in Science, 1997, 1(1): 41-52.

[15] Zheng Zonghan, Zheng Xiaoming. Algorithm design techniques and analysis[M]. Beijing: Tsinghua University Press, 2005: 6-28 (in Chinese)(郑宗汉，郑晓明．算法设计与分析[M]．北京：清华大学出版社, 2005: 6-28).

[16] Liu Y J, Yuen M M F. Geometry-optimized virtual human head and its applications[J]. Computers & Graphics, 2008, 32(6): 624-631.

利用多级量化局部纹理特征的图像跟踪算法*

王守觉[1,2)]，蒋寓文[1,2)**]，谭乐怡[2,3)]
1)（中国科学院半导体研究所神经网络实验室 北京 100083）
2)（中国科学院苏州纳米技术与纳米仿生研究所高维仿生信息学及其应用实验室 苏州 215123）
3)（同济大学电子信息与工程学院计算机系 上海 200092）
（ywjiang2009@sinano.ac.cn）

摘 要

针对传统的基于纹理特征的跟踪算法采用统计直方图描述目标，表达不够精确且计算量较大的问题，提出一种基于多级量化的局部纹理特征的点对点的图像跟踪算法。首先定义了一种高维纹理特征，其对单个的点具有较强的描述能力；随后通过矢量运算进行点对点匹配，根据匹配得出的点集的空间位置，利用均值漂移矢量实现初步定位；最后通过连续缩放窗口比例，同时使用颜色信息验证候选窗口与原始窗口的相似度，确定目标的位置和尺度。实验结果表明，该算法在场景复杂、噪声较大的环境中仍能准确地搜索到目标；在目标尺度变化时也具有较强的鲁棒性。

关键词：图像跟踪；纹理描述子；高维仿生信息学；均值漂移

中图法分类号：TP391.4

Object Tracking Algorithm Using Multi-scale Local Texture Features

Wang Shoujue[1,2)],Jiang Yuwen[1,2)**], Tan Leyi[2,3)]
1)(Laboratory of Artificial Neural Networks, Institute of Semiconductors, Chinese Academy of Sciences, Beijing 100083)

---

* 原载于：计算机辅助设计与图形学学报，2015，27（2）：208～216. 国家自然科学基金（90920013）.
** 通讯作者.

2)(Laboratory of High Dimensional Biomimetic Informatics and its Applications, Suzhou Institute of Nano-Tech and Nano-Biotics, Chinese Academy of Sciences, Suzhou 215123)
3)(Department of Computer Science, College of Electronics and Information Engineering, Tongji University, Shanghai 200092)

Abstract

To solve the problem of inaccuracy and large calculation of traditional histogram-based tracker, this paper proposes a local feature-based tracking algorithm using multi-scale texture descriptor for each point. A high-dimensional texture descriptor with discriminative power is defined. Vector operation is applied to points matching and primary mapping is implemented through mean-shift according to the position of spatial point set. Subsequently, the location and scale of the object is determined by verifying the similarity between candidates and original target according to color information while the window is zooming. The results show the robustness of this algorithm against clutter, noise and change in target scale.

Key words: object tracking; texture descriptor; high dimensional biomimetic informatics; mean-shift

图像跟踪主要是通过图像处理技术在图像中搜索运动目标的位置，并对目标检测定位过而实现跟踪的技术，它在实际中有着非常广泛的应用前景，包括安全监控、军事应用、医疗诊断、智能导航以及人机交互等。

典型的视频跟踪技术[1]主要有基于轮廓的算法、基于特征的算法[2]、基于区域统计的算法和基于模型匹配的算法。目前应用最广泛的是利用加权颜色直方图作为搜索特征的 mean-shift 算法，它是一种基于区域统计的算法，具有计算简便、实时性强的优点。但颜色直方图对光照变化、噪声都很敏感，当背景中存在颜色比较相似的物体时容易出现跟踪错误而导致算法失效。对此，研究人员提出用 Kalman 滤波[3]、粒子滤波[4]等与 mean-shift 进行融合，通过预测目标位置来提高算法的鲁棒性。但是这些算法均使用单一的颜色信息，不能很好地解决相似颜色的干扰问题。

相比颜色特征，纹理特征[5]不依赖于物体的色彩和亮度，对光照变化的鲁棒性更强。如将其应用到视频跟踪中，则需要比使用颜色信息多一个步骤——生成合适的纹理描述子。已有的 Gabor 小波模型、灰度共生矩阵等纹理模型都因太过复杂而无法满足图像跟踪的实时性要求。Ojala 等[6]提出的局部二值模式（local binary patterns，LBP）是一种很容易融入直方图框架的纹理特征，它既可以独立应用于图像跟踪[7]，也可与其他特征，如颜色信息等相结合[8]。Nikisins[9]将 LBP 算法进行扩展，生成多尺度、局部邻域加权的 MSLBP（multi-scale local binary patterns）纹理模式，进一步增强了算子的表达能力和稳定性，MSLBP 被 Zhu 等[10]成功地应用于人脸识别等领域。LBP 描述子及其各种扩展模式的缺点是它经常会产生过长的统计直方图，增加计算量；如果对其降维，虽能减少 LBP 模式的种类，相应地减少直方图区间数，但这种处理方式会牺牲 LBP 描述子的精确度。此外，LBP 模式对平滑区域的表征也欠佳。

1 特 征 提 取

LBP 是一种较常使用的纹理特征，它通过比较中心像素与其邻域内像素灰度值的大小，并使用二进制模式表示的比较结果来描述图像纹理。与 LBP 相比，本文提出的纹理特征包含更多的信息量，对目标具备更强的表达能力。主要表现在如下方面：1）LBP 仅取一个环形邻域的像素与中心点进行比较分析，没有过多考虑中心点本身的信息；本文特征同时包含了数个大小不同的环形邻域上像素的信息，并赋予它们不同的权值，中心点具有最高权值，这样的描述在实际中更为有效。2）LBP 仅仅将纹理信息二值化，本文将纹理特征量化成数个不同级别的取值，表达更为精确。3）本文将位置邻近的不同像素点的纹理特征进行联合，使特征向量产生了点对点匹配的能力。

1.1 提取中心点的局部特征

以感兴趣的计算点为中心，每隔 $\frac{2\pi}{k}$ 角度向外延伸出一个方向，顺时针依次编号 $1\sim k$。沿每个方向自中心点向外等间距取 M 个采样点，间距为 1 像素。定义符号 $P_{m,k}^{n}$，$P_{m,k}^{n}$ 代表选定常数 k 的第 n 个方向上的第 m 个采样点的灰度，对于不在网格上的点采用双线性插值获得其灰度值。图 1 所示为不同 k 和 M 取值下的采样点分布，其中方形为中心点，小圆点为采样点。

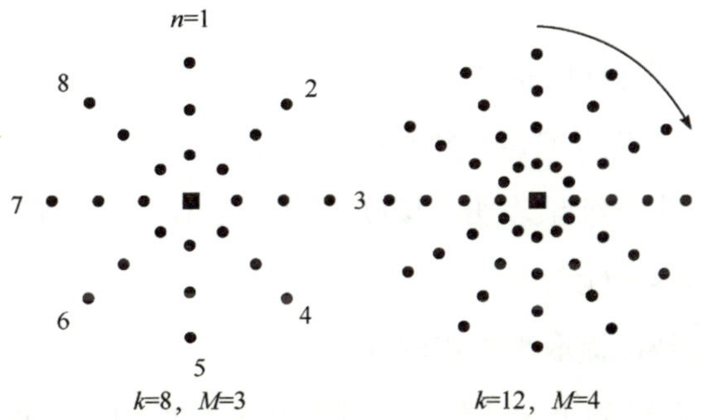

图 1 采样点分布示意

确定采样点分布后，带权累加每一个方向上中心点和所有采样点的灰度值。离中心越近的采样点其参数在特征描述过程中更有效，因而采用距离加权使越靠近中心的像素点信息贡献越大，求其总和

$$P_k^n = \sum_{m=0}^{M}(C_{\text{st}} - m)P_{m,k}^n, C_{\text{st}} > M \tag{1}$$

其中常数 C_{st} 决定了距离对权重的影响力大小。在图像处理中，距离中心点的加权一般采用高斯函数来生成权值，而此处为了计算简便采用一次函数，本文中取 $C_{\text{st}} = 2M + 1$。

接着将记录着灰度信息的 P_k^n 归一化成纹理信息，同时降低噪声和局部光照变化的影响。具体方法如下：由式（1）得到一个中心点周围所有方向上的 P_k^n 值后，按 k 个 P_k^n 的值由小到大进行排序，P_k^n 对应的序号记为 S_n。此外，在排序时设定阈值 T，

$$S_i > S_j, \text{ if } E\left(\frac{P_k^i}{T}\right) > E\left(\frac{P_k^j}{T}\right) \tag{2}$$

其中，$E(x)$ 为向下取整函数。可以看到，T 的存在使得该特征对噪声有一定容差。式（2）中，最小的 S_n 值为 1，最大的可能取值为 k。按照 P_k^n 的排列顺序用 S_n 对其进行编码，构成一个 k 维向量 $\boldsymbol{S} = (S_1, S_1, \cdots, S_k)$。

1.2　实现特征的旋转不变性

如果将每一项 S_n 分量看作是 k 进制数的一位，并赋予二项式系数 k^n，便可使整个 $\boldsymbol{S}$ 向量序列成为一个 k 进制数

$$S_{\text{sum}} = \sum_{n=1}^{k} S_n \cdot k^n \tag{3}$$

把 S_{sum} 按位循环右移 k 次，取其中最小的 S_{sum} 值所对应的特征向量 $\boldsymbol{S}_{\min}$ 作为描述中心点的向量。例如，$\boldsymbol{S} = (4,1,6,3,5,2)$，则对应的 $\boldsymbol{S}_{\min} = (1,6,3,5,2,4)$。

1.3　构建联合向量

为了进一步增强局部特征的描述能力，在中心点周围取一个 5×5 像素的邻域，邻域内每个像素点都生成一个 $\boldsymbol{S}_{\min}$ 向量。将这些向量串联排列，组成 $25k$ 维的联合向量，共同描述中心点的特征。实验结果表明，该联合向量比单个的向量能够进一步增强匹配的稳定性，体现了更好的容错能力。

综上所述，本文的特征提取算法步骤如下：

Step1. 自中心点向外延伸出 k 个方向，相邻的每 2 个方向之间夹角相等。带权累加每

个方向上 M 个等分采样点的灰度值，对这些加权和按大小排序，所得序号组成 k 维向量 $\boldsymbol{S}$ 。

Step2. 将向量 $\boldsymbol{S}$ 按位循环右移，找到使式（3）取值最小的排列向量 $\boldsymbol{S}_{\min}$ 。

Step3. 在中心点周围取 5×5 像素的邻域，计算邻域内每个点的 $\boldsymbol{S}_{\min}$ ，将它们串联成一个联合向量，该联合向量即本文所定义的局部特征。

2 与 MSLBP 算法的对比分析

本文特征和 MSLBP 同属于描述图像局部纹理的特征，并且在特征提取过程中，采样点的位置分布非常相似，因此将这两者做出比较和区分是非常有必要的。

2.1 MSLBP 算法

为了提高原始 LBP 描述子的稳定性，并使其具有更强的描述能力，部分学者通过多个不同尺度的邻域计算对原始 LBP 描述子进行扩展，提出了 MSLBP 模式[9]。设原始 LBP 描述子的环形邻域半径为 R ，其上均匀分布着 P 个采样点，则 MSLBP 的提取过程如下：为每一个像素设置 n_R 个不同的 R 值，$R=\left\{R_1,R_2,\cdots,R_{n_R}\right\}$ ，分别在这 n_R 个邻域中计算像素的不同 LBP 值，再将这 n_R 个 LBP 值进行联合。图 2[10]所示为当 $P=8,\ n_R=3,\ R=\{1,2,3\}$ 情况下 MSLBP 的邻域采样点分布。

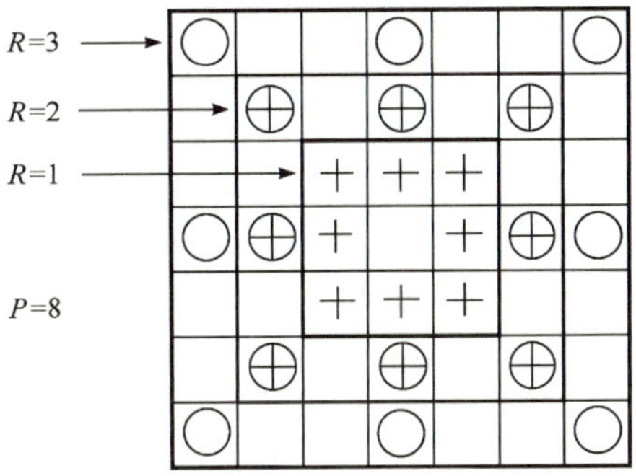

图 2 MSLBP 采样邻域

Zhu 等[10]在得到所有像素点在 n_R 个尺度下对应的不同 LBP 值之后，分别统计这 n_R 个尺度下目标区域的 LBP 统计直方图 $H_i^{(R)}=\sum_{x,y}I\left\{f_i^{(R)}(x,y)=i\right\},i=0,\cdots,n-1$ ；其中 x,y 为像素点的横纵坐标，$I\{\cdot\}$ 为 if 函数，$f_t^{(R)}(x,y)$ 代表邻域半径为 R 时像素点 (x,y) 的 LBP 值，$n=2^P$ 。随后，按照 $H^{\text{MSLBP}}=\sum_{i=1}^{n_R}H^{(i)}$ 将不同尺度下的统计直方图进行合并，H^{MSLBP} 即最终的 MSLBP 统计直方图，代表着该区域的纹理特征。

2.2 本文算法与 MSLBP 的差异

1）本文特征与 MSLBP 特征有着不同的几何意义：MSLBP 比较的是中心点和环形邻域上像素点的灰度值大小，而本文特征比较的是自中心点向外发散的不同方向上的像素点彼此之间的灰度值大小，这是对图像纹理的一种新的划分方式，与 LBP 及其各种扩展形式存在着区别。

2）在取值上，MSLBP 的每一位依然采用 LBP 的 0 和 1 二值模式，同时通过多尺度运算来提高其描述能力；而本文特征的每一位可能有 k 个不同取值，k 的大小可调节，通过多级量化来提高描述能力，采取了与 MSLBP 不同的思路。需要说明的是，Tan 等[11]将 LBP 描述子扩展到局部三值模式（local ternary patterns，LTP），但目前尚未出现更进一步的尝试。

3）在对噪声的处理方面，由于 MSLBP 直接比较独立像素点的灰度值大小，其受突变噪声的影响较大，故在使用时需要加入额外的降噪步骤，例如文献[10]对目标图像进行高斯滤波预处理；本文特征在计算 P_k^n 时的求和过程、在排序时的阈值 T 设定均在一定程度上抑制了噪声，不需要额外的滤波步骤。

4）在算法应用中，MSLBP 特征主要用于生成统计直方图，通过对区域的描述来进行物体识别或跟踪；而本文的目的是进行点对点的匹配，因而将相邻点的特征进行联立，利用联合向量间的欧氏距离判断像素点的相似程度，在算法的设计上做出了不同的尝试。实验 1 分别利用本文算法和 MSLBP 进行了初步的点匹配实验。

实验 1. 本文特征和 MSLBP 特征在点对点匹配中的表现。该实验选取了一段视频里的 2 帧截图，中间相隔 14 帧，如图 3 所示，左图的 7 个点为手动随意选取，右图显示了对应的搜寻结果。本文特征提取时各参数的取值为 $k=8, M=4, C_{st}=9$，匹配准则为特征向量间的欧氏距离；MSLBP 各参数取值为 $P=8, R=\{1,2,3\}$，点特征的形式构造为将 3 个尺度下的 LBP 值串联形成的 24 维向量，匹配准则同为该向量间的欧氏距离。图 3a 中，尽管车辆已经位移了一段距离，尺度和背景都发生了改变，匹配的结果还是准确的。图 3b 中，匹配正确的点用圆点标出，错误的点用“+”记号标出。可以看出，MSLBP 虽然提

a 本文特征

b MSLBP

图 3　2 帧视频截图中部分点的匹配结果

高了 LBP 描述子的信息量，但在点匹配中的表现仍不够稳定，还是更适用于描述图像的区域统计特征；而本文构造的特征已经初步具备了点对点匹配的能力。

3 跟踪算法

3.1 Mean-shift 算法

本文所涉及的 mean-shift 算法是依据 Fukunaga 等[12]提出的基本形式，利用目标点集中每个点的空间坐标，迭代搜索点最密集的区域。

点集 $\{\boldsymbol{x}_i\}_{i=1,2,\cdots,n}$ 是 d 维空间 $\mathbb{R}^d$ 中的 n 个采样点，假设每个采样点的权重相等，即 $w(\boldsymbol{x}_i)=\dfrac{1}{n}$，在核函数 $K_{\mathrm{E}}(\boldsymbol{x})$ 和正定的带宽矩阵 $H=h^2I$ 作用下，mean-shift 向量定义为

$$\boldsymbol{M}_{h,G}(\boldsymbol{x})\equiv\frac{\sum_{i=1}^{n}\boldsymbol{x}_i g\left(\left\|\frac{\boldsymbol{x}-\boldsymbol{x}_i}{h}\right\|^2\right)}{\sum_{i=1}^{n}g\left(\left\|\frac{\boldsymbol{x}-\boldsymbol{x}_i}{h}\right\|^2\right)}-x \tag{4}$$

其中 $g(\boldsymbol{x})=-k_{\mathrm{e}}'(\boldsymbol{x})$，$k_{\mathrm{e}}\left(\|\boldsymbol{x}\|^2\right)=K_E(\boldsymbol{x})$。如果满足 $g(\boldsymbol{x})=\begin{cases}1, & \|\boldsymbol{x}\|<1\\ 0, & \|\boldsymbol{x}\|>1\end{cases}$，则式（4）可以简化为

$$\boldsymbol{M}_h(\boldsymbol{x})\equiv\frac{1}{K}\sum_{\boldsymbol{x}_i\in S_h}(\boldsymbol{x}_i-\boldsymbol{x}) \tag{5}$$

其中，S_h 是限定的区域；K 表示在所有的 $\boldsymbol{x}_i$ 中有 K 个点落入 S_h 区域。设定阈值 ε（一般 ε 的取值为 1 像素，但考虑到程序运算过程中对整型数的处理问题，为了防止迭代算法收敛到目标真实位置附近的错误点上，此处 ε 取浮点数 0.1），本文的迭代过程如下：

Step1. 在候选点集中，以上一帧的目标位置 $\boldsymbol{x}$ 为中心，若上一帧目标距离较远，不在候选点集中，则在点集中任选一点 $\boldsymbol{x}$ 为中心；并以预设的目标大小作为 S_h。

Step2. 根据式（5）计算 $\boldsymbol{M}_h(\boldsymbol{x})$。

Step3. 如果向量 $\boldsymbol{M}_h(\boldsymbol{x})$ 的模小于阈值 ε，则 $\boldsymbol{M}_h(\boldsymbol{x})+\boldsymbol{x}$ 为目标中心位置，迭代结束。

Step4. 将 $\boldsymbol{M}_h(\boldsymbol{x})+\boldsymbol{x}$ 作为中心，转 Step2。

3.2 跟踪过程

跟踪算法主要分为利用特征向量进行的点对点匹配、对目标位置和尺度的确定、原始目标更新过程 3 个步骤，具体步骤如下：

Step1. 确定跟踪目标，计算目标区域中每个点的特征向量。以特征向量间的欧氏距离为标准，在跟踪图像内寻找最近邻匹配点。为了降低计算量采用邻近搜索，仅在原始计算点附近的一定范围内（在第 4 节实验 3～5 中，结合所使用视频的分辨率，该范围定为半径 20 像素以内）搜索匹配点。

Step2. 对于在 Step1 中得到的目标点集，用原始目标的大小作为窗宽，采用基本 mean-shift 寻找点密度最高的区域，将其作为候选的跟踪目标。

Step3. 将目标窗口中心固定，窗宽分别做±5% 的调整，得到 2 个判定窗口。如果夹在目标窗口与 95%窗口之间的点数占点集总点数的比例小于阈值 T_1，则认为目标正处于缩小过程中；如果夹在目标窗口与 105%窗口之间的点数占点集总点数的比例大于阈值 T_2，则认为目标处于放大过程中。本文中 $T_1 = T_2 = 0.075$ 。

Step4. 根据目标正在放大还是缩小，将原始区域的尺度在 $\pm\alpha(0 < \alpha < 20\%)$ 范围内修正，得到 4 个等比例缩放新窗宽，以修正过的窗宽再次作 mean-shift 处理得到对应的候选目标。计算各个候选目标的颜色直方图，用 Bhattacharyya 系数衡量它们和第一帧中原始目标的相似度，以对应 Bhattacharyya 系数最大的窗口作为最终的目标区域。Bhattacharyya 系数的定义为 $\rho(y) \equiv \rho[\boldsymbol{p}(y), \boldsymbol{q}] = \sum_{u=1}^{v} \sqrt{\boldsymbol{p}_u(y)\boldsymbol{q}_u}$ ；其中，$\boldsymbol{p}(y)$ 代表中心位置在 y 处的候选目标颜色直方图，$\boldsymbol{q}$ 代表原始目标的颜色直方图，$\boldsymbol{p}$ 和 $\boldsymbol{q}$ 是 2 个 v 维向量。

Step5. 将 Step2 中得到的最佳目标更新为新的目标，对下一帧图像进行追踪。

3.3　计算复杂度分析

1）特征提取

在整个跟踪算法中，首先分析特征提取步骤的算法效率。假设目标区域总点数为 N，则本文算法提取特征所需要的时间复杂度为 $O(NkM)$；

在采用 LBP 特征的跟踪算法中，特征提取的时间复杂度为 $O(NP)$，小于本文算法的时间复杂度。若使用的是 MSLBP 特征，则时间复杂度为 $O(NPn_R)$，与本文算法的时间复杂度处于同一量级。

2）Mean-shift 迭代过程

Comaniciu 等[3]将 mean-shift 的时间开销表示为

$$C_o = N_{it}\left(c_H + Nc_s\right) \tag{6}$$

其中，N_{it} 为平均迭代次数，c_H 为直方图相关计算时间，c_s 为一次加法、一次开方和一次除法的时间；随后，他们假设直方图的区间数 m_H 和目标区域总点数 N 是同一量级的，于是将式（6）的 2 项合并，用 $C_o = N_{it}Nc_s$ 来估计时间开销。

值得注意的是，Comaniciu 等[3]使用的目标特征是颜色统计直方图，通常区间数取 16，而 LBP 模式通常的取值有 $2^P = 2^8 = 256$ 种可能，意味着直方图区间数达到 256，即便采用精简过的 uniform LBP 模式[6]，直方图也有 59 个区间。较多的区间数虽然不影响时间复杂度的表达式，但是对实际计算量有着一定的影响，因此有必要对式（6）的 $N_{it}c_H$ 项进行分析。该项主要包括计算目标区域和候选区域的直方图相似度，以及计算迭代过程中每一点的权值 ω_i 的时间花销，可以写作 $N_{it}c_H = N_{it}m_Hc_s$。这部分计算量与直方图的区间数 m_H 成线性关系，会随着 m_H 的增大出现成倍增长。

本文算法不计算区域统计直方图，直接通过匹配点的位置坐标进行 mean-shift 迭代，时间开销估计为 $C = N_{it}Nc_A$。其中，N_{it} 为平均迭代次数（与基于 LBP 统计直方图的算法迭代次数相同，一般不超过 4 次，因而使用同一个符号表示），c_A 仅为一次加法的时间，小于式（6）中的 c_s，并且没有 $N_{it}c_H$ 项，因此在 mean-shift 迭代步骤中，本文算法的计算量小于 LBP 算法。

3）点对点匹配过程

本文算法比 LBP 算法多一步点对点的匹配，这也是本文算法主要的时间开销，其时间复杂度为 $O(NN_s)$；其中 N 为参加运算的目标区域总点数，N_s 为参与搜索的候选点数。可以采取如下方式减少该部分的计算量：

a. 编程时将串行代码分解，分配给 CPU 的不同内核采用多线程处理。因为不同像素点寻找自己对应匹配点的过程是相互独立的，故多线程并行计算能够大幅度提高运算效率；

b. 减少目标区域参与运算的像素点。例如使用均匀网格撒点来间隔采样，或是运用角点检测选取少数特征明显的运算点，通过减小 N 的值来减少计算量。

本文在处理视频时将图像分辨率缩小，目标像素数较少，可以实现实时跟踪，尚未采取上述改进措施。这 2 种减少计算量的方式将在今后的实验中得到实现。

3.4 相关参数选取

在本文算法中，对局部特征的性能影响较大的参数是 k 和 M。k 值越大，该纹理结构越精细，信息含量越大，但同时受图像中高频噪声的干扰也将越大；M 决定了能够对该局部特征贡献信息的采样点的范围，由于希望特征具有局部不变性，M 不宜过分扩大。同时，描述子的信息量与算法的运行效率是一对矛盾，k 和 M 的取值越大，该算法的时间代价也就越大，因此在应用时需要综合权衡。

此外，阈值T的取值与M和C_{st}有关。第 2 节中已经设定$C_{st}=2M+1$，由此可以计算得到P_k^n可能出现的最大取值为$P_{k\max}^n=\dfrac{255(3M+2)(M+1)}{2}$，于是本文设定$T=\dfrac{1}{20}P_{k\max}^n$。下面通过实验确定$k$和$M$的取值。

实验 2. $k=\{6,7,8,9,10\},M=\{2,3,4\}$时的算法表现。测试视频与实验 3 采用的视频相同（详见第 4 节），实验中统计了在k和M不同的取值组合下所有视频帧中目标中心跟踪误差的平均值，实验结果如图 4 所示。

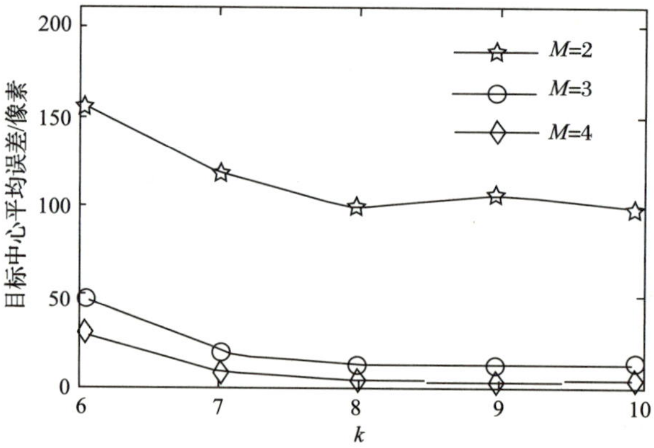

图 4　不同k,M取值下的平均跟踪误差

综合以上数据可以看出，在$k=8,M=4$时算法可以达到比较满意的结果。

4　实验结果与分析

实验均在 Visual Studio 2008 环境下实现，处理器为 Core 2.30 GHz ，实验 3、4 的跟踪对象分别为道路交通中的一辆卡车和足球比赛中的一个球员，视频分辨率归一化到 400×200 像素。实验 5 跟踪了单张人脸，视频分辨率缩小到 360×288 像素。本文算法各变量的取值与第 3 节相同。实验 3、4 的对照算法选取了文献[3]第 6.2 节的基于传统颜色模型的 Kalman 滤波 mean-shift（参数设置与原文相同），与基于 LBP 模型的 mean-shift（LBP 直方图的生成步骤及参数选取与文献[7]相同，确定目标位置的 mean-shift 算法与文献[3]相同），选取这 2 种算法是因为前者是目前最为流行的算法，后者和本文算法一样使用了纹理特征。在实验 5 中，加入了基于 Haar 特征的 CAMSHIFT 跟踪算法[13]（参数设置与原文相同）作为对比，因为 Haar 特征也属于纹理特征，且该算法较新。

实验 3. 卡车视频跟踪。视频为乘坐公共汽车时用手机拍摄，跟踪目标为横穿马路的一辆卡车。实验的目的在于测试亮度变化、复杂背景、移动摄像头以及目标尺度变换下的跟踪效果。图 5 所示为第 1，19，50，67 帧的跟踪结果。

从图 5 可以看出，道路背景复杂，对目标的干扰较为严重，目标车辆有明显的尺度变化。由于车辆整体亮度发生改变，经历了一个由暗变亮的过程，因此图 5a 中基于颜色直方图的算法在前几帧就丢失了目标，错误地收敛到车辆初始位置附近灰暗的树木。图 5b 中，使用 LBP 模式的算法未能及时地适应目标尺度变化，Bhattacharyya 系数陷入局部极大值，因而在序列后期的跟踪效果也不理想。本文算法的跟踪结果更为准确。

a 基于传统颜色模型 Kalman mea-shift

b 基于LBP模型

c 本文算法

图 5　卡车视频序列跟踪结果

实验 4. 足球赛视频跟踪。视频来自一段乌拉圭对决阿根廷的比赛录像，录制过程中混入了较多高斯噪声，目标分辨率较低，该实验用于考查跟踪算法的抗噪性能。图 6 所示为第 1，84，151，215 帧的跟踪结果。

从图 6 中可以看出，球场属于比较光滑的背景，目标球员也几乎没有尺度缩放.不利于跟踪的因素如下：1）视频中存在大量高斯噪声；2）视角太远致使目标微小、边缘模糊、分辨率低。图 6a 中，基于颜色模型的算法在最初几帧就丢失了目标；图 6b 中的 LBP 算法在低分辨率高噪声的情况下表现优于图 6a，但因为场上相似的球员太多也发生了错误的跟踪；从图 6c 中可以看出，由于本文算法使用的特征集合对目标的描述更为全面，因而得到了更为准确和稳定的跟踪效果。图 7 所示为 3 种算法的跟踪误差。

表 1 统计了实验 3,4 中 3 种算法处理每帧图像的平均时间，可以看出，基于传统颜色模型的 Kalman mean-shift 算法耗时最短，然而在现实生活的各种复杂场景下该算法的精度是不够的；LBP 的长区间确实使其计算效率低于颜色模型的 mean-shift 算法；本文

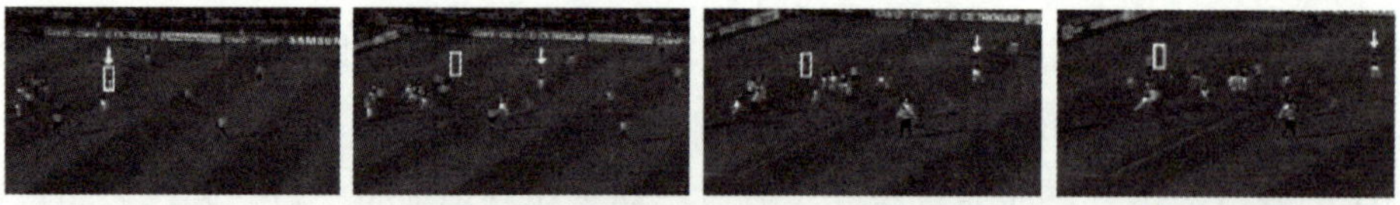

a 基于传统颜色模型 Kalman mean-shift

b 基于 LBP 模型的mean-shift

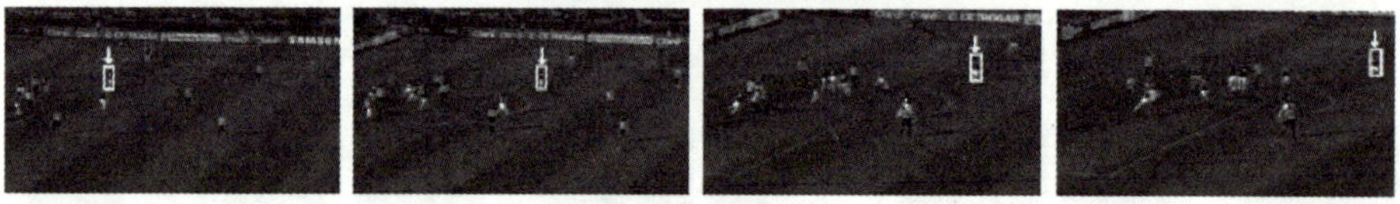

c 本文算法

注：跟踪结果；目标真实位置

图 6　足球赛视频序列跟踪结果

算法准确度最高，但在算法效率方面仍需要如下改进：在实验 4 中目标尺度较小，本文算法和基于 LBP 的 mean-shift 算法在时间消耗上基本一样，但在实验 3 中目标区域像素点较多，本文算法效率低于 LBP 算法。

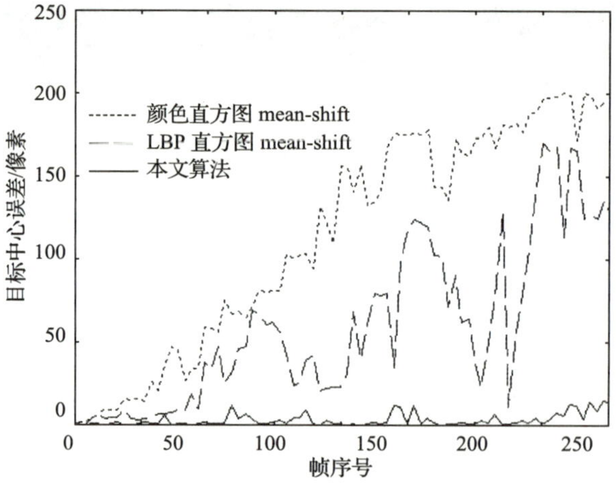

图 7　足球赛视频的目标中心跟踪误差

表 1　处理单帧图像的平均时间　（ms）

视频序列	颜色直方图 mean-shift	LBP 直方图 mean-shift	本文算法
卡车	4.5	10.8	34.1
足球赛	2.8	8.7	9.6

实验 5. 单张人脸视频序列跟踪。Haar 特征较多用于跟踪人脸，本文从 AVSS 2007

提供的数据库*中选择了该测试视频。实验的目的是测试弱光环境以及光照变化条件下跟踪算法的适应能力，图 8 所示为第 1，133，294，498 帧的跟踪结果。

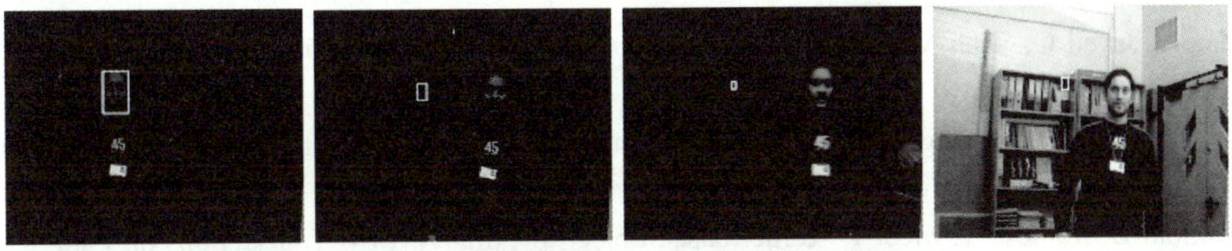

a 颜色模型 Kalman mean-shift

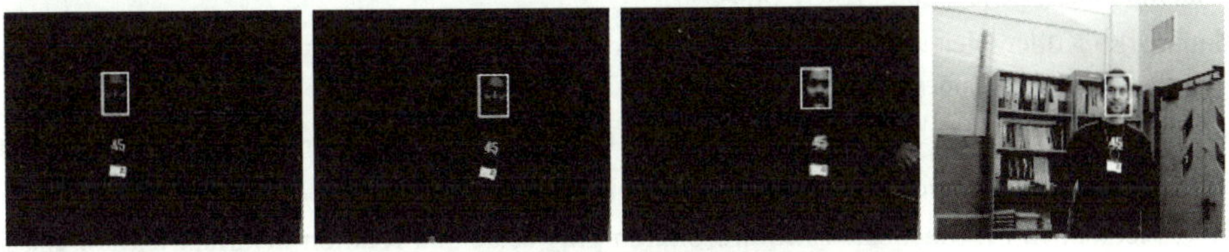

b Haar 特征 CAMSHIFT

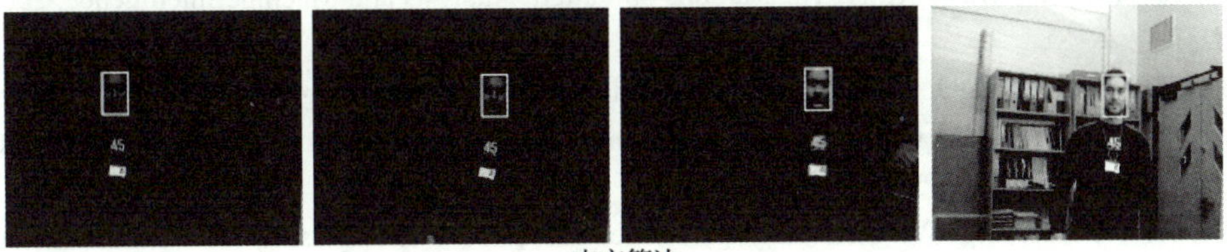

c 本文算法

图 8　人脸视频序列跟踪结果

由图 8a 可以看出，基于传统颜色模型的 Kalman mean-shift 算法在暗淡的光线下很快就丢失了目标，错误地认为书架上有着相似颜色分布的书脊是要跟踪的目标，亮灯后，算法又收敛到书架内的阴影中；在图 8b，8c 中，Haar 算法和本文算法都显示出了良好的鲁棒性。在第 290 帧前后，目标的左右快速移动造成了运动模糊（如第 294 帧所示），但后 2 种算法没有受到明显的干扰，目标仍然被有效地锁定。

5 结　　语

纹理特征由于具有光照不变性，可以取代颜色特征被应用于图像跟踪。本文针对传统算法的不足，提出一种包含了更多信息、描述能力更强的局部纹理特征；随后制定了相应的匹配算法，并根据所有匹配点的分布统计来估计目标的位置，有效地避免了统计直方图的运算，更重要的是在跟踪精确度上有所提升；最后结合颜色信息进行二次验证，对目标的尺度和最终的位置进行确认。实验结果表明，本文算法在目标形变、相似背景

* http://www.eecs.qmul.ac.uk/~andrea/avss2007_d.html

干扰、噪声等复杂因素的影响下具有较强鲁棒性。

参考文献

[1] Yilmaz A, Javed O, Shah M. Object tracking: a survey[J]. ACM Computing Surveys,2006,38(4): Article No.13.

[2] Lowe D G. Distinctive image features from scale-invariant keypoints[J]. International Journal of Computer Vision, 2004,60(2):91-110.

[3] Comaniciu D, Ramesh V, Meer P. Kernel-based object tracking[J].IEEE Transactions on Pattern Analysis and Machine Intelligence, 2003,25(5): 564-577.

[4] Nummiaro K, Koller-Meier E, van Gool L. An adaptive color-based particle filter[J]. Image and vision Computing, 2003,21(1):99-110.

[5] Manjunath B S, Ohm J R, Vasudevan V V, et al. Color and texture descriptors[J].IEEE Transactions on Circuits and Systems for Video Technology, 2001,11(6):703-715.

[6] Ojala T, Pietikainen M, Maenpaa T.Multiresolution gray-scale and rotation invariant texture classification with local binary patterns[J].IEEE Transactions on Pattern Analysis and Machine Intelligence, 2002,24(7): 971-987.

[7] Ye J H, Liu Z G, Zhang J.A face tracking algorithm based on LBP histograms and particle filtering[C]// Proceedings of the 6th International Conference on Natural Computation. Los Alamitos: IEEE Computer Society Press, 2010:3550-3553.

[8] Li Guanbin, Wu Hefeng. Weighted fragments-based meanshift tracking using color-texture histogram[J]. Journal of Computer-Aided Design & Computer Graphics, 2011,23(12): 2059-2066(in Chinese)(李冠彬，吴贺丰. 基于颜色纹理直方图的带权分块均值漂移目标跟踪算法[J]. 计算机辅助设计与图形学学报，2011, 23(12): 2059-2066).

[9] Nikisins O. Weighted multi-scale local binary pattern histograms for face recognition[C]//Proceedings of International Conference on Applied Mathematics and Computational Methods. Madison: WSEAS Press, 2013:76-81.

[10] Zhu C, Bichot C E, Chen L M. Multi-scale color local binary patterns for visual object classes recognition[C]// Proceedings of the 20th International Conference on Pattern Recognition. Los Alamitos: IEEE Computer Society Press, 2010: 3065-3068.

[11] Tan X Y, Triggs B. Enhanced local texture feature sets for face recognition under difficult lighting conditions[J].IEEE Transactions on Image Processing, 2010,19(6):1635-1650.

[12] Fukunaga K, Hostetler L. The estimation of the gradient of a density function, with applications in pattern recognition[J]. IEEE Transactions on Information Theory, 1975,21(1):32-40.

[13] Lee L K, An S Y, Oh S Y. Efficient face detection and tracking with extended CAMSHIFT and Haar-like features[C]// Proceedings of International Conference on Mechatronics and Automation. Los Alamitos: IEEE Computer Society Press, 2011:507-513.

Appendix

附　录

王守觉先生年表

1925 年

6 月 27 日，出生在上海虹口天通庵，原名王守平，1942 年后改为现名王守觉。父亲王季同，母亲管尚孝。

王季同（1875～1948 年），又名季锴，字孟晋，号小徐，为王颂蔚和谢长达夫妇次子。

王季同先娶元和县贡生管申季长女管尚德为妻，1906 年管尚德因难产去世，续娶管申季六女管尚孝（1887～1969 年），他们共生有子女 12 人，未成年夭折和因病早逝 5 人，长成者 7 人。

1927 年

王季同受聘中央研究院筹备委员。

1928 年

王季同任中央研究院工程研究所专任研究员。

1930 年

入上海巨鹿路采福里小学就读。

1934 年

王季同从中央研究院工程研究所退休。

随父母由上海迁回苏州十全街。

转入苏州相王弄彭氏小学读四年级，后在这里完成了比较完整的小学教育。

岁末，祖母王谢长达逝世。

1936 年

进入苏州东吴大学附中读初中。

1937 年

在东吴大学附中读完初一。

7 月，日本侵华战争全面爆发。

11 月，战火直逼苏州，随年迈的双亲及小哥哥王守元一起开始逃难。

1938 年

王家经长沙到湘潭暂住约 3 个月，后经广州到香港，又转道越南海防等地于年中到达昆明。

1939 年

年初，进入昆明天南中学读初三下学期。

初中毕业，升入高中。

因病住院，辍学。

1940 年

休学，干过许多工作：在昆明郊区自家建的茅屋旁边养猪；修理旧钟表；手工制作门锁出售；在修建机场的工地做测量员。

自学高中课程。

1941 年

入昆明裕庆建筑公司当练习生。

1942 年

考取西南联合大学、国立西康技艺专科学校（西昌农业高等专科学校前身）和同济大学。

10 月，入西南联大电讯专业专修科学习。

11 月，离开西南联大，到四川南溪县李庄，入同济大学工学院电机系弱电专业学习。

改名为王守觉。

1945 年

1 月，入伍，在四川泸县青年军 203 师受训，后分配到通讯营当报务员及机务员。

1946 年

回到已迁回上海的同济大学继续学业。

1947 年

到中央广播事业管理处上海广播电台实习。

1948 年

在同济大学获得国民政府教育部颁发的中正奖学金。

7 月 2 日与吴棣炜结婚。

年底，经姐夫陆学善介绍，进入当时在上海的北平研究院镭学研究所实习。该所结晶学及 X 光部分当时刚改组为北平研究院物理研究所结晶学研究室（但当时人们还习惯地称为镭学研究所）。

父亲王季同逝世。

1949 年

1 月 21 日，长子王义菽出生。

5 月，上海解放。

7 月，同济大学毕业，作为应届毕业生入北平研究院物理研究所结晶学研究室，做助理员。

从事氧化亚铜整流器应用研究。

1950 年

应聘上海新成电器厂任工程师。

5 月 15 日，长女王巽军出生。

1952 年

4 月 21 日，次子王义平出生。

在上海新成电器厂承接的衡阳火车站信号系统改造工程中，负责设计并指导建成了其自动闭塞系统。

1953 年

调入第一机械部第二设计分局动力科做描图员。

1954 年

在第一机械部第二设计分局动力科电讯组任主任设计师。

1955 年

在第一机械部第二设计分局动力科电讯组任组长。

开始在《电世界》杂志发表了介绍新型电气设备的文章，包括：“木工加工中的几种动手工具”、“高频链形电锯”、“电铇”、“高频感应加热设备”、“电磁探伤器”、“X 光及其设备”、“电钟常识”、“交流电钟”、“直流电钟的原理及构造”等。

1956 年

3 月，被上海市人民委员会、上海市工会联合会评为“上海市一九五五年工业建筑业交通运输业商业劳动模范”。

4 月，获得中华人民共和国第一、三机械工业部，中国第一机械工会全国委员会颁发的奖状：“奖给王守觉，积极学习政治文化技术，为建设祖国现代化的机械工业而奋斗”。

4 月 30 日至 5 月 10 日作为代表参加在北京举行的全国先进生产者代表

会议。

调入中国科学院应用物理研究所，定高级工程师职称；开始参与了我国第一支锗合金晶体管的研制。

1957年

10月，被派往苏联科学院，在列宁格勒列别捷夫研究所等机构学习和参加研究工作。

1958年

3月，从苏联回国。

9月，主持研制成功了截止频率超过200MHz的我国第一只锗合金扩散高频晶体管，其截止频率比当时国内研制的锗合金晶体管提高了100倍以上，频率由2MHz提到200MHz。该型晶体管小批量试制后，用于我国第一台晶体管化高速计算机——109乙型计算机。

1959年

1月18日，三子王义申出生。

领导技术人员在109厂指导锗合金扩散高频晶体管生产。

12月，109厂完成109乙型计算机所需器件生产任务，共提供了12个品种14万5千余只锗晶体管。

1960年

年初，研制出我国第一支硅平面型低反向电流二极管。

9月6日，经国家科委批准，中国科学院半导体研究所在物理所半导体研究室和109厂的基础上正式成立。

获悉美国科学家发明硅平面器件与固体电路的信息，立即组织开展研究。

1961年

4月，任命为中国科学院半导体研究所二室即器件研究室主任。

终止硅台面管的研制工作，集中研究室力量开展对硅平面工艺的探索。

承担国防部门亟需的 5 种硅平面器件的研制任务。

11～12 月，随中国对外文化联络委员会副主任楚图南为团长的中国文化代表团访问日本，代表团成员中的科技界代表还有国家科委副主任张有萱。

1962 年

4 月，在《物理学报》上发表“关于晶体管最高振荡频率有关因素的测量分析”。

以第二作者身份 Ван-Шоу-цзюе（王守觉）在苏联科学院学术月刊 *Радиоте́хника и электро́ника*（《无线电技术和电子学》）发表论文“N 型负阻三极管”（*Триоды с N-образной характеристикой*），这是他在苏联时的研究工作总结。

1963 年

11 月 29 日～12 月 4 日，中国电子学会半导体器件专业委员会召开第一次全国半导体器件专业学术会议，王守觉和器件研究室的主要科研人员在会上发表了他们的硅平面工艺和硅平面型晶体管的研究论文。该次会议文集中收录了他们的 5 篇论文：王守觉的“晶体管最高振荡频率随 rbCe 变化中的跳跃现象的理论和初脉冲性能测量中的应用”，孙惠民的“硅扩散平面型高频晶体管设计步分析”和“利用隧道二极管与晶体管的脉冲整形线路及其在晶体管中的几个问题”，卢纪的“硅的平面型 n-p-n 高频晶体管基区杂质的扩散技术”和“制备硅平面型晶体管过程中二氧化硅掩蔽层的生长”等。

年底，硅平面晶体管转入生产。当时，我国正在自行设计研制第一台晶体管大型通用数字电子计算机——109 丙机，该机由中国科学院计算技术研究所设计，半导体研究所下属的 109 厂承担了该机用各种晶体管的生产任务，王守觉领导的科研人员为 109 厂的生产提供技术支持。

1964 年

4 月，5 种硅平面器件通过了鉴定验收，并在国家科委、国家计委、国家经委、国防科委、国防工办联合组织的全国新产品展览会上，被评为全国工业新产品一等奖。

6月，在《物理学报》上发表“关于晶体管饱和区直流特性的研究”一文。

7月，开始固体电路——后来统称为集成电路的研究工作。

11 月，研制成功我国第一块硅固体电路（我国第一块集成电路），这是第三代电子计算机普遍采用的一种阻容耦合门电路，它是制作在硅片上的由 6 个晶体管、7 个电阻和 6 个电容共 19 个元件组成的电子线路，电路封装到比西瓜子还小的管壳里，集成规模超过国际上第一块集成电路，与当时的主流商用集成电路相当，并验证了技术可靠性。

参加由第四机械工业部（1982 年后改为电子工业部）组织的中国电子代表团访问日本一个月。

1965 年

年初，研制出 3 种性能基本符合使用要求的超小型集成电路第一批样品。

3 月 29 日，硅高速开关管、硅高灵敏开关器件、硅高频晶体管和硅放大用晶体管通过院级鉴定。

4 月 8 日，4 种器件的鉴定会举行。另有一种硅高频功率管（200MHz，0.5W）上交样管，开始试用。

5 种硅平面器件研制技术以“微小型扩散平面管制造工艺”的名称，获国家科委首次颁发的创造发明一等奖。

集成电路的研究成果受到国家科委高度重视，拨款 100 万元人民币在半导体研究所内盖起了实验楼（后来称“固体楼”）。遗憾的是，国家对集成电路技术的投入只持续了 1 年，1966 年“文化大革命”开始后被迫中断。

为了解决集成电路制造过程中掩模图形由人工绘制，随着集成度的提高越来越困难的问题，首先提出了用拼图发生方式来直接发生复杂图形的掩模版思路，并同时和他的助手杨柳林一起，将一台大型显微镜改装成可以把图形库里的多个基本图形直接用传感光拼合方法产生复杂图形的图形拼合产生设备——图形发生器（EDA 自动制版技术的原型）。

实验室蒸馏苯时发生火灾，救火被烧伤，住院。

1966 年

年初，成功试制了一块小规模集成电路的掩模版。

“文化大革命”爆发，很快成为半导体研究所的第三号被打倒对象，停职劳动。

集成电路和图形发生器研究被迫中断，研究设备被拆除。

1967 年

7 月，109 厂完成了为 109 丙计算机研制所有硅晶体管的生产任务。

109 丙计算机通过国家鉴定，在第二机械工业部有关单位中使用至 80 年代初。

1969 年

停职劳动结束，停职期间曾打扫卫生、烧锅炉、搬运等。

被安排在制版组做具体工艺工作。

看到国外首篇有关图形发生器的论文，当即要求军管领导恢复此项研究工作。

母亲管尚孝去世。

1970 年

国外同行发表有关用拼图的方法产生版图的图形发生器的论文，证实他们 1966 年初见成效的制版途径的正确性，提出重新开展图形发生器和自动制版技术研究的建议，得到军管人员的支持。主持组成研究小组，原助手杨柳林、庄文君等人调入。

1971 年

改造成功了第一台能自动制版的积木式图形发生器。

1973 年

研制成功自动制版的积木式图形发生器。

领导全组人员投入了计算机硬件和自动制版软件（EDA 软件）的研制

工作。

作为第四机械工业部组织的代表团成员，到法国参加巴黎博览会。

1974年

研制成功了大规模集成电路自动制版技术（EDA），并提出了从总体分析进行布线的计算机损益分析的新颖计算方法。

8月，在两次制版交流会和常州自动制版专业会议上作了介绍。并为清华大学制作了1024位移位寄存器，成为国内第一套自动制版的大规模集成电路板，并以此制作出了电路。

1975年

在《物理学报》上发表论文“积木式图形发生器及其图形发生方式”。

1977年

在深入分析国际上高速的ECL、EFL电路的基础上，创新开展多元逻辑电路（DYL）研究工作。多元逻辑“与”、“或”门在实验室内试制成功，每级门的延迟时间小于1ns，比在当时工艺条件下最高速度的门电路速度提高3倍以上，在此基础上研制了全多元逻辑电路的实验计算机（其中使用了中、大规模集成的多元逻辑电路），证明了多元逻辑电路的实用性。

1978年

3月，提职为研究员。

为表彰在我国科学技术工作中做出重大贡献者，全国科学大会召开。授予中国科学院半导体研究所8项奖项，其中“大规模集成电路自动制版技术（二室、金工厂）”获得科学大会奖。

在国际上最先发表了“一种新的高速集成逻辑电路——多元逻辑电路（DYL）”一文。这是在国际上最早提出并实现的逻辑电子连续变化的集成电路，它的逻辑功能与国外在80年代发表的模糊逻辑电路相同，比日本最早发表的集成模糊逻辑电路论文早两年。后因此获国家发明奖三等奖及中国科学院一、二等奖等共 5 项。

参与研制的“晶体管-晶体管逻辑集成电路”获得中国科学院的重大科技成果奖。

作为由第四机械工业部组织的中国电子代表团成员到美国访问近一个月。期间，大哥王守竞专程从波士顿到华盛顿，他们在中国驻美联络处会面。

1979 年

为了进一步验证 DYL 这种新结构电路的先进性与实用性，发展了一套中、大规模集成的多元逻辑电路。

12 月 17～20 日“多元逻辑电路”通过鉴定并获“中国科学院重大科技成果”一等奖。该电路的研制成功，为我国高速双极型中大规模集成电路的发展开辟了一条可能的新途径。

当选为北京电子学会第二届理事会副理事长，后连任第三、四、五届理事会副理事长。

1980 年

年初，在《电子学报》合作发表“多元逻辑电路 12 位高速进位发生器”一文。

4 月，主持项目“一种新的高速集成逻辑电路——多元逻辑电路（DYL）”研究成果获得中国科学院科技成果一等奖。

11 月，当选为中国科学院技术科学部学部委员（院士）。

当选为北京市科协第二届常务委员，后当选第三、四、五届常务委员。

先后 3 次到法国，执行中国科学院微电子中心引进集成电路制作软件合同。

1981 年

作为中国科学院代表团副团长赴巴基斯坦参加国际物理学夏季讲习班。

1982年

与桂林市电子工业公司合作，应用 DYL 电路研制成功了我国第一台全部应用国产集成电路的大型电子智能游艺机（游戏机）。当时生产了 4 台，受到用户欢迎，对我国大型电子游艺机工业的起步起到了奠基作用。

4 月 1 日，北京日报刊发“王守觉等研制成三用电话和电子智能游戏机”一文，报道了他与助手们研制成功的一种三用电话，同时研制成功一台全部用国产元件装配的大型电子智能游戏机。

1983年

5 月，在《电子学报》上合作发表论文“极高速多元逻辑电路（DYL）线性‘与或’门的研究”。

主持项目“多元逻辑 DYL 电路时代分式小型三用电话系统”获 1983 年中国科学院重大科技成果奖二等奖，授奖项目编号 148 号。

12 月，任中国科学院半导体研究所所长。

1984年

春天，随国务院副总理方毅任团长的中国代表团访问日本，该代表团中有科技界代表 3 人，另外两人是金属学及材料科学家师昌绪和生物化学家曹天钦。回国后，方毅副总理题写条幅“明月松间照，清泉石上流”。

入选中美两国科学院杰出学者互访计划（Distinguished Scholar Exchange Programme），到美国讲学 3 个月，曾在美国南加州大学、斯坦福大学、西西那提大学等多所大学作学术报告。

11 月，作为中国科学院半导体研究所大洋电子新技术开发公司代表与吉林碳素厂签署“石墨化炉高温检测控制技术研制”项目协议。

当选为《电子学报》副主编，1994 年后接任《电子学报》主编。

1985年

11 月，任中国科学院半导体研究所所长到届。

1986 年

1 月，在《电子学报》上合作发表论文“一种无隔离区的 DYL MOS 混合集成新电路”。发表了“连续逻辑为电子线路与系统提供的新手段”等一系列理论研究结果。

1 月，到解放军通讯工程学院讲授连续逻辑器件原理及应用。

11 月，“多元电路万能函数发生器”获中国科学院科学技术进步奖三等奖。

1987 年

5 月，在《电子学报》上合作发表论文“多元逻辑 12 位×12 位超高速乘法器”。

在《传感器技术》上合作发表论文“新型半导体传感器和材料的发展趋势”。

5 月 15 日同济大学校友总会理事会及各校友分会负责人联席会议讨论通过，增补为同济大学校友会理事。

1987 年 6 月，王守觉、张学鹏等申请了“一种多值与准模拟信息动态存储器”发明专利，1989 年 11 月获得授权，专利号为 ZL87104416.1。

1988 年

1 月，在《半导体情报》上合作发表论文“集成电路的昨天、今天和明天——纪念晶体管发明四十周年”。

4 月，“大规模集成电路自动布图设计系统”获得国家科委颁发的国家科学成果奖。

1989 年

当选为中国电子学会第四届理事会（1989～1992 年）副理事长，后连任其第五届理事会（1992～1996 年）、第六届理事会（1996～2002 年）副理事长，担任公共关系部主任。

1990 年

1 月，主持 DYL 高速乘法器鉴定会。

用 5μm 的落后工艺制备的、以中规模集成电路连接成的 DYL 12×12 位高速数码乘法器，其乘法运算时间不到 11ns，比 1990 年国际最高水平的 12×12 位乘法器产品的速度（21ns）高出近一倍。

作为我国大型电子智能游艺机的奠基人而受到中国游艺机游乐园协会的表彰。

预见到人工神经网络是解决机器缺乏形象思维能力问题的学科方向，创建“半导体神经网络与高速电路实验室”，开展并致力于神经网络模式识别等机器形象思维的基础理论与实际应用基础研究。

1991 年

提出倡议，并得到国防科工委有关主管部门的支持，在该部门的组织与管理下，中国科学院半导体研究所与电子部第 47 所共同承担起了预研任务。半导体研究所以王守觉为首的预研组，负责全部线路与版图的研究和设计，47 所承担电路芯片的工程研制。DYL 高速线性门被作为基本单元用于线路与版图设计之中。

承担了“八五”科技攻关课题“人工神经网络的硬件化实现”。其代表性成果是一台小型神经计算机——“预言神一号”（型号 CASSANDRA-I），1995 年研制成功。

9 月，受聘杭州大学兼职教授。

10 月，“多元逻辑高速数码乘法器电路”获得机械电子工业部颁发的“七五”科技攻关重大成果奖。

1992 年

10 月，主持项目“多元逻辑高速数码乘法器电路”研究成果获得中国科学院科学技术进步奖二等奖。

专著《微电子技术》由上海科学技术出版社出版。

11 月，前往深圳、珠海参加学术活动。

1993年

主持的“七五”国家重点科技攻关项目66-5-17专题子项目“多元逻辑高速数码乘法器电路”通过鉴定。

10月，参加第八届中国电子学会学术年会。

1994年

4月，作为专家组成员，参加电子工业部组织的西安电子科技大学“211”工程预审会。

12月，参加在成都举行的砷化镓重点实验室评估会。

参加神经网络与计算机智能全国学术会议。

1995年

3月13日，在中国科学院军工办公室和电子部军工预研局联合主持下，召开了由中国科学院半导体研究所和电子部47所共同承担的“八五”国防科技预研“DYL多元逻辑八位高速视频D/A转换器”项目鉴定会。

4月10日，《人民日报》刊登了一篇题为“一个新构想的命运”的文章，报道王守觉的事迹。

5月，在《电子学报》上发表论文“一种通用神经网络处理机设计及其VLSI集成化讨论”。

11月，《计算机世界》报刊登“预言神出世——我国第一台神经计算机研制成功”一文。

1996年

1月，《解放日报》刊登文章“神经计算机：电脑+人脑”，访王守觉院士。

2月，在《中国科学报》上发表文章“神经计算机——真正的‘电脑’”。

4月，主持项目“数模混合小型神经计算机”首创了网络模型灵活可变的小型神经计算机，被电子工业部科技与质量监督司、中国电子学报评为“95‘电子十大科技成果’”。

10月，主持项目“神经网络的硬件化实现——数模混合小型神经计算机预言神一号”获国家计委、国家科委、财政部颁发的国家“八五”科技攻关重大成果奖，为以后成功研制神经计算机系列奠定了基础。同年 12 月，“神经网络的硬件化实现”获得电子工业部颁发的电子行业国家“八五”科技攻关重大成果奖。

10 月，评为国家“八五”科技攻关先进个人。

11 月，项目“DYL 多元逻辑八位高速视频 D／A 转换器”获中国科学院科学技术进步奖二等奖。

12 月，“一种电路新结构新原理——多远逻辑（DYL）及其实用化”获得由国家科委颁发的国家技术发明奖三等奖，证书号为 01-3-001-01。在“八五”国防科技预研项目中被成功应用。通过电子部有关单位密切配合，使我国八位高速 D/A 转换器的速度提高 2 倍。在我国当时实际生产工艺条件下，使产品 D/A 转换时间由 80ns 缩短至 4ns，各个参数都达到并部分超过当时国际先进产品的水平。

12 月，中国科学院半导体研究所“神经网络的硬件化实现”入选电子工业部的电子行业国家“八五”科技攻关重大成果。

1997 年

3 月，承担国家重点（攻关）计划项目“0.1～0.35μm 集成电路关键技术研究”，负责其中“半导体神经网络技术及其应用研究”课题，起止时间为：1997 年 3 月～2000 年 12 月。

以“预研神”系列神经计算机为研究平台，开展神经网络模型与算法研究，提出了模式识别用的前向掩蔽模型（sequential learning ahead masking model，SLAM）神经网络新模型，比原来的网络提高了两个数量级。

1998 年

先后提出通用前馈网络（general feed-forward networks，GFFN）、优先度排序神经元网络（priority ordered neural networks，PONN），并应用于模式识别。

1998 年 3 月，石寅、李世祖、朱荣华、王守觉等申请了“一种高速模拟开关”发明专利，2002 年 5 月获得授权，专利号为 ZL98100485.7。

1998 年 4 月，石寅、李世祖、朱荣华、王守觉等申请了“一种高速、高精度模/数（A/D）转换器”发明专利，专利号为 ZL98101537.9。

1999 年

6 月，主持完成国家自然科学基金重点项目“半导体工业生产优化问题的人工神经网络模型、算法与应用”。发表论文“通用神经网络硬件中神经元基本数学模型的讨论”，提出了通用神经网络硬件中神经元的基本数学模型。

11 月 23～12 月 2 日，赴香港参加学术研讨会。

2000 年

4 月，浙江工业大学投入 600 万元经费，成立了软件开发环境重点实验室和智能信息系统研究所。王守觉受聘担任智能信息系统研究所所长。

12 月 27 日，中国科学院主持召开了国家“九五”科技攻关“半导体神经网络技术及其应用”专题 “高精度双权值突触神经元计算机 CASSANN-II”成果鉴定会，对研究成果给予高度肯定。

12 月 27 日，中国科学院主持召开了国家“九五”科技攻关“半导体神经网络技术及其应用”专题“高速二值 Hopfield 网络神经计算机”成果鉴定会，对研究成果给予高度肯定。

2001 年

主持国家自然科学基金项目“半导体神经网络硬件系统集成化设计方法学研究”，起止时间为：2001 年 1 月～2003 年 12 月。

项目“半导体神经网络技术及其应用”获得由北京市人民政府颁发的 2001 年北京市科技进步奖一等奖。同时被评为“九五”国家重点科技攻关计划优秀科技成果奖，王守觉获得先进个人奖。

获得何梁何利科技奖。

2002年

2002年10月，王守觉、赵星涛、王志海等申请了“非划分的仿生模式识别方法”发明专利，2006年1月获得授权，专利号为ZL02145891.X。

10月29日，参加浙江工业大学举办的中国人工智能学会神经网络与计算智能专业委员会会议，任指导委员会主任。

提出一种新的模式识别理论——仿生模式识别，是仿生信息学发展的重要一步。发表了仿生模式识别第一篇论文，荣获第一届中国科协期刊优秀学术论文奖，在获奖论文中电子学方面只有这一篇。还获得中国科协第三届优秀论文奖。

获得台湾潘文渊文教基金杰出科研奖。

2003年

7月，参加2003年国际神经网络联席会议（2003 International Joint Conference on Neural Networks）。

7月18日，China Daily刊登文章“Breathtaking discovery on artificial intelligence”，介绍模式识别系统的研究。

7月25日，在《科技日报》刊登文章“王守觉：发展信息科学的一个新方向”，介绍高维空间点分布方法首先应用于模式识别问题。

10月，论文“仿生模式识别（拓扑模式识别）——一种模式识别新模型的理论与应用”，荣获第一届中国科协期刊优秀学术论文奖，中国科协颁发获奖证书。

10月，被中国科学院半导体研究所聘为知识创新试点“半导体人工神经网络及模糊逻辑高速数模混合电路的研究”重大项目负责人，同时聘任的项目负责人还有石寅，起止时间为：2003年10月～2005年12月。

11月，在广州举行中国人工智能学会2003学术大会暨可拓学创立20年庆祝大会，作特邀报告“仿生模式识别”。

12月，参加中国电子协会第十三届全国半导体集成电路硅材料学术会议。

2004年

2月，被中国计算机学会聘为《计算机辅助设计与图形学学报》顾问，任期2年。

2月，被聘为北京城市学院人工智能研究所学术委员会名誉主任。

3月，受总参谋部聘请参加军队院校百名院士讲坛活动。

2004年5月，王守觉、李卫军、赵顾良、孙华等申请了“模式识别专用神经网络计算机系统”发明专利，2007年8月获得授权，专利号为ZL200410037965.4。

7月，在《电子学报》上合作发表论文“基于仿生模式识别与传统模式识别的人脸识别效果比较研究”。

主持中国科学院半导体研究所知识创新工程资助项目“神经网络与形象思维的研究”，起止时间为：2004年7月～2005年6月。

11月，王守觉、李卫军、陈旭等在《半导体学报》上发表论文“单节拍浮点运算神经元的组合逻辑设计”。

2005年

主持国家自然科学基金面上项目“神经计算机与神经计算方法在生物信息学中的应用”，起止时间为：2005年1月～2007年12月。

4月，被聘为《半导体科学与技术丛书》名誉顾问。

6月，中国科学院半导体研究所和神经网络与形象思维实验室联合出版了《王守觉院士近十年在信息科学领域发表的论文集（1995～2005）》。

6月16～18日，参加深圳举行的2005年中国模糊逻辑与计算智能联合学术会议（FLCI 2005）暨中国计算机学会多值逻辑与模糊逻辑专业委员会第10届学术年会、中国人工智能学会神经网络与计算智能专业委员会第2届学术年会，担任大会名誉主席。

7月，时任中国科学院院长路甬祥给王守觉写信，对王守觉十年创新工作给予了肯定。

2005年8月，王守觉、李新宇等申请了“一种汽车防撞预警方法及其装置”发明专利，2008年5月获得授权，专利号为ZL200510090640.7。

9 月，中国科学院半导体研究所出版《王守觉院士与仿生模式识别及计算信息几何学方法论文选集》。

9 月 28 日，13 位院士汇聚上海同济大学迎宾馆对以王守觉为学术带头人的科研团队十多年来的科研工作成果进行了评价。评价意见认为：“该项工作是我国在信息科学方面，在神经网络、模式识别、人工智能等方面，具有系统性和原创性的优异成果”。院士们指出，这是跨学科领域具有自主知识产权的重要科研工作，建议领导及科技工作者予以大力支持。这 13 位院士是：刘盛刚、李衍达、陈星弼、陈国良、韩祯祥、张履谦、李三立、许居衍、李同保、方家熊、梁骏吾、陈良惠、汪槱生。

10 月，在《电子学报》上合作发表论文“一种基于高维空间覆盖动态搜索方法的非特定人连续数字语音识别的研究”。

10 月，在《电子学报》上合作发表论文“为连续语音识别用的单词音节神经网络建模的研究”。

由浙江工业大学智能信息系统研究所编的《王守觉院士近五年工作中有关论文与成果》出版，对其 2000～2005 年工作成果进行了汇总。

12 月，被中国电子学会续聘为《电子学报》主编。

受厦门大学聘请，担任信息科学与技术学院教授，并兼任现代电路与系统技术研究所名誉所长，聘期 3 年。

2006 年

1 月 14 日，到厦门大学作学术报告。

1 月，聘为西南交通大学 110 周年校庆纪念活动筹备委员会委员。

2 月，王守觉、王柏南等论文“人工神经网络的多维空间几何分析及其理论”被评为第三届中国科协期刊优秀学术论文，中国科协颁发获奖证书。

5 月，第三届神经网络国际会议 ISNN 2006 在成都召开，王守觉作为顾问委员会委员参加。

6 月 27 日，中国科学院半导体研究所举办王守觉院士寿诞 80 周年暨从事科研工作 56 周年座谈会。

9 月，出席心灵与机器 2006 北京会议并作报告。

10 月，出席第十届中国机器学习会议。

12 月 12 日，到杭州电子科技大学作学术报告。

12 月，申请“彩色图像处理方法”发明专利，专利号为 CN200610164898.1。

年内，有 8 个国际会议的会议邀请王守觉作大会报告，说明国际学者开始关注高维空间仿生信息学研究领域。

清华大学、北京大学、中国科学院半导体研究所联合出版英文论文集《Chinese Journal of Electronics》。

2007 年

2 月，在《电子学报》上合作发表论文“彩色图像特征空间变换的新算法及其应用”。

2007 年 6 月，王守觉、貊睿等申请了“一种生物病毒的计算机自动分类方法”发明专利，2010 年 5 月获得授权，专利号为 ZL200710100246.6。

8 月 14 日，受聘成为海尔数字化家电国家重点实验室学术委员会主任。

10 月 24 日，应邀到嘉兴学院讲学。

11 月 2 日，作客成都电子科技大学讲坛，做了“信息科学的一个新方向——高维仿生信息学”讲座。

2008 年

1 月，国防工业出版社出版《多维空间仿生信息学入门》一书。

2008 年 3 月，吴丽丽、王守觉等申请了“一种基于仿生模式识别的声纹识别方法”发明专利，2011 年 3 月获得授权，专利号为 ZL200810102199.3。

7 月 21～25 日，参加全国第 15 届计算机辅助设计与图形学学术会议（CADCG2008），作大会报告“人工与自然结合，全面拓宽智能化思路”。

2008 年 12 月，王守觉、戴雷、李卫军等申请了“一种无约束手掌图像采集装置”发明专利，2012 年 7 月获得授权，专利号为 ZL200810240939.X。

12 月，被中国计算机学会聘请为学术顾问。

12 月 13～17 日，参加在苏州举行的 2008 年人工智能与安全国际会议（2008 International Conference on Computational Intelligence and Security，CIS 2008）。

2009 年

研制成功神经计算机 CASSANN-IV，频率达 300MHz。

2009 年 6 月，王守觉、孙华等申请了“镜面反射狭缝光栅立体画制作方法”发明专利，2013 年 2 月获得授权，专利号为 ZL200910148381.7。

2009 年 6 月，王守觉、孙华等申请了“一种实用的银行卡附加数据绑定卡号的加密方法”发明专利，2012 年 8 月获得授权，专利号为 ZL200910148383.6。

带领研究团队进入中国科学院苏州纳米技术与纳米仿生研究所（简称中科院苏州纳米所），创建高维仿生信息学及其应用实验室，致力于面向图像处理、图像生成及模式识别等应用领域，基于高维仿生信息学理论开展拥有自主知识产权的高性能算法和技术研究。

参加福建省“院士专家海西行”活动。

2010 年

1 月 28 日，参加在成都举行的陈星弼院士 80 寿辰庆贺活动以及庆祝陈星弼院士从教 57 周年暨 80 寿辰院士学术报告会，作大会报告。

5 月，在《电子学报》上合作发表论文“基于仿生形象思维方法的图像检索算法”。

2010 年 12 月，梁先扬、王守觉等申请了“综合利用正面与侧面图像的人脸识别的方法”发明专利，2012 年 7 月获得授权，专利号为 ZL201010598999.6。

2011 年

2011 年 5 月，孙华、王守觉、蒋寓文等申请了“生成脸部虚拟图像的方法与装置”发明专利，2012 年 9 月获得授权，专利号为 ZL201110119786.5。

8 月，合作在《计算机辅助设计与图形学学报》上发表论文“图像变形计算方法及其应用”。

王守觉、刘扬阳、来疆亮、刘星星合著的《仿生模式识别与多权值神经元》一书由国防工业出版社出版。

2012 年

4 月，获得中国电子学会 50 周年荣誉奖。

2013 年

6 月 9 日，中国科学院半导体研究所、中国科学院微电子研究所、中国科学院苏州纳米技术与纳米仿生研究所、江苏省纳米产业技术创新战略联盟、西安电子科技大学等单位在苏州联合举办王守觉院士创新学术思想座谈研讨会暨 90 大寿庆典活动。

9 月，移居苏州东山镇。受聘东山莫厘中学校外辅导员，并在莫厘中学设立王守觉希望奖学金。

10 月，参加浙江工业大学 60 年校庆活动。

2016 年

6 月 3 日，王守觉因病在苏州逝世，享年 91 岁。

王守觉先生主要论著列表

（一）学术论文

[1] 王守觉. 关于晶体管最高振荡频率有关因素的测量分析[J]. 物理学报, 1962, (04): 194-206.

[2] 王守觉. 关于晶体管饱和区直流特性的研究[J]. 物理学报, 1964, (06): 550-567.

[3] 王守觉, 孙祥义, 王润梅. 一种新的高速集成逻辑电路——多元逻辑电路(DYL)[J]. 电子学报, 1978, (02): 43-51.

[4] 王守觉, 魏书铭, 郑洁. 多元逻辑电路 12 位高速进位发生器[J]. 电子学报, 1980, (01): 1-8.

[5] 王守觉, 李致洁, 刘训春, 朱荣华, 卢希尧. 极高速多元逻辑电路(DYL)线性“与或”门的研究[J]. 电子学报, 1983, (05): 9-16.

[6] 庄文君, 王守觉. 平面上布线的一种总体分析方法[J]. 电子学报, 1985, (02): 1-10.

[7] 王守觉, 夏永伟, 孔令坤, 李远镜, 何乃明. 一种无隔离区的 DYL MOS 混合集成新电路[J]. 电子学报, 1986, (01): 16-20.

[8] 王守觉. 连续逻辑为电子线路与系统提供的新手段[J]. 电子学报, 1986, (05): 1-11.

[9] 王守觉, 石寅, 朱荣华. 多元逻辑 12 位×12 位超高速乘法器[J]. 半导体学报, 1987, (05): 466-473, 563-564.

[10] 王守觉. 新型半导体传感器和材料的发展趋势[J]. 传感器技术, 1987, (Z1): 2-3.

[11] 王守觉, 冯宏娟. 集成电路的昨天、今天和明天——纪念晶体管发明四十周年[J]. 半导体情报, 1988, (01): 1-6.

[12] 石寅, 王守觉. DYL 确定零点失调模拟开关 D/A 转换器[J]. 电子学报, 1988, (05): 48-55.

[13] 夏永伟, 孔令坤, 张冬萱, 王守觉. 基于连续逻辑的模糊自动控制系统[J]. 电子学报, 1988, (01): 46-52.

[14] 王玉富, 王守觉. 连续逻辑“max”“min”门的线性度[J]. 电子学报, 1989, (02): 3-8.

[15] 王守觉, 张学鹏, 张奇. 神经网络中的模拟量存储方法[C]. //中国神经网络 1991 学术大会论文集. 南京: 中国电子学会, 1991: 357-362.

[16] 鲁华祥, 庄文君, 王守觉. 自由分层单 zone 通道三层布线[C]. //全国第六届 IC CAD 学术年会论文集. 北京: 中国电子学会半导体与集成技术学会, 1991: 179-182.

[17] 石寅, 翁思游, 王守觉. 一种新型 BiCMOS 电路的设计[C]. //中国第十届电路与系统学术年会论文集(第一卷). 杭州: 中国电子学会, 1992: 665-668.

[18] 冯宏娟, 王守觉. 直接修改控制规则的自调整模糊控制器[J]. 电子学报, 1992, (02): 10-16.

[19] 王守觉. 发展我国微电子产业应走自力更生之路[J]. 科技导报, 1992, (05): 39-41.

[20] 冯宏娟, 王守觉. 自寻优模糊集的模糊控制器算法[J]. 电子学报, 1993, (02): 34-39.

[21] 冯宏娟, 王守觉. 自寻优模糊集的自调整模糊控制器及通用模糊控制器的硬件实现[J]. 电子学报, 1993, (08): 82-85.

[22] 魏允, 王守觉, 王丽艳, 鲁华祥. 一种通用神经网络处理机设计及其 VLSI 集成化讨论[J]. 电子学报,

1995, (05): 7-11.

[23] Shoujue Wang, Yin Shi, Xunwei Wu, Ou Jin. The new super-high-speed digital circuit based on linear and-or gates[J]. Journal of Electronics (China), 1995, 12: 289-297.

[24] Shoujue Wang, Liyan Wang, Yongmei Chen, Huaxiang Lu. A study on artificial neurons with multi-threshold transfer functions[J]. Journal of Electronics (China), 1995, 4(2): 83-85.

[25] 王守觉, 吴训威, 石寅, 金瓯. 基于线性“与或”门的新型超高速数字电路[J]. 电子科学学刊, 1995, (4): 337-344.

[26] Shoujue Wang, Xunwei Wu, Hongjuan Feng. The high speed ternary logic gates based on the multiple β transistors[C]. //Proceedings of the 25th International Symposium on Multiple-Valued Logic. IEEE, 1995: 178-181.

[27] Zhou B, Chen Z, Wang S. An improved simulation model for power MOSFET[C]. //Proceedings of the 1995 IEEE Region 10 International Conference on Microelectronics and VLSI, 'Asia-Pacific Microelectronics 2000', 1995: 436-439.

[28] 王守觉. 神经计算机: 真正的电脑[J]. 科学, 1996(2): 45-46.

[29] 鲁华祥, 王守觉. 半导体人工神经网络的研究与发展[J]. 电子科技导报, 1996, (9): 10-12.

[30] 王守觉. 多值和多阈值神经元及其网络组合与应用[J]. 电子学报, 1996, (05): 1-6.

[31] 王守觉. 神经计算机——真正的电脑[J]. 今日电子, 1996, (06): 55-56.

[32] 周宝霞, 陈治明, 王守觉. 适合于 PSPICE 的一种精确的功率 MOSFET 等效电路[J]. 半导体学报, 1996, (04): 289-293.

[33] 王守觉, 鲁华祥, 陈向东, 曾玉娟. 人工神经网络硬件化途径与神经计算机研究[J]. 深圳大学学报, 1997, (01): 8-13.

[34] 陈志超, 薄建国, 马佐成, 庄文君, 王守觉. 超平面概略布线算法的研究[J]. 半导体学报, 1997, (02): 128-133.

[35] 周宝霞, 陈治明, 王守觉. 功率 MOSFET 反向特性的分析模拟[J]. 半导体学报, 1997, (01): 32-35.

[36] 王守觉, 陈向东, 曾玉娟, 王向东, 王成靖. 通用前馈网络及排序学习前向掩蔽模型在模式识别中的应用[J]. 电子学报, 1998, (08): 1-6.

[37] Yujuan Zeng, Xiangdong Wang, Shoujue Wang. An improved BP algorithm for pattern recognition[C]. //Proceedings of the 1998 4th International Conference on Signal Processing (Cat. No. 98TH8344). IEEE, 1998, 2: 1327-1330.

[38] Shizu Li, Yin Shi, Ronghua Zhu, Shoujue Wang. The design of cascaded resistors in a new analog switch two-step ADC architecture[C]. //Proceedings of the 1998 5th International Conference on Solid-State and Integrated Circuit Technology (Cat. No. 98EX105). IEEE, 1998: 397-400.

[39] Yin Shi, Shizu Li, Ronghua Zhu, Shoujue Wang. A new half-flash architecture for high speed video ADC[C]. //Proceedings of the 1998 5th International Conference on Solid-State and Integrated Circuit Technology (Cat. No. 98EX105). IEEE, 1998: 377-380.

[40] 鲁华祥, 王守觉. 开发半导体人工神经网络孕育新型智能计算机[J]. 世界电子元器件, 1999, (12): 38-40.

[41] Shoujue Wang, Huaxiang Lu, Xiangdong Chen, Yujian Li. Priority ordered architecture of neural networks [C]. //Proceedings of the 1999 International Joint Conference on Neural Networks (Cat. No. 99CH36339). IEEE, 1999, 2: 808-811.

[42] Shoujue Wang, Jingpu Shi, Chuan Chen, Yujian Li. Direction-Basis-Function neural networks[C].

//Proceedings of the 1999 International Joint Conference on Neural Networks (Cat. No. 99CH36339). IEEE, 1999, 2: 1251-1254.

[43] Yujin Luo, Shoujue Wang. The real time emulation of artificial neural network control system [C]. //Proceedings of the 1999 International Joint Conference on Neural Networks (Cat. No. 99CH36339). IEEE, 1999, 3: 2168-2171.

[44] Yongmei Chen, Xiangdong Wang, Shoujue Wang, Linchu Shi. A feedforward neural networks (FNN) used for semiconductor wafer fabrication parameters optimization [C]. //Proceedings of the 1999 International Joint Conference on Neural Networks (Cat. No. 99CH36339). IEEE, 1999, 6: 3922-3926.

[45] 王守觉. 人工神经网络与神经计算机及其实用化[J]. 测控技术, 1999, (08): 1-5.

[46] Shoujue Wang. Priority ordered neural networks with better similarity to human knowledge representation[J]. Chinese Journal of Electronics, 1999, 8(1): 1-4.

[47] 史静朴, 陈际, 陈向东, 陈川, 王守觉. 用神经计算机的说话人确认系统及其应用[J]. 电子学报, 1999, (10): 27-29.

[48] 王守觉, 李兆洲, 王柏南, 邓浩江. 用前馈神经网络进行带噪声信号的去噪声建模[J]. 电路与系统学报, 2000, (04): 21-26.

[49] 石林初, 王向东, 陈咏梅, 王守觉. 基于人工神经网络方法的 LSI 工艺优化实践[J]. 微电子技术, 2000, (05): 39-44.

[50] 王向东, 陈咏梅, 王守觉, 石林初. 基于神经网络方法的半导体生产工艺优化[J]. 半导体学报, 2000, (02): 192-196.

[51] Shoujue Wang, Yongmei Chen, Xiangdong Wang, Zhaozhou Li, Linchu Shi. Modeling and optimization of semiconductor manufacturing process with neural networks[J]. Chinese Journal of Electronics, 2000, 9(1): 1-5.

[52] 王守觉. 计算机能变得更聪明吗[J]. 杭州电子工业学院学报, 2000, (01): 1-5.

[53] 吴高巍, 王守觉. 提高电子系统设计自动化的一种方法[J]. 电子技术应用, 2000, (10): 27-30.

[54] 王守觉, 李兆洲, 陈向东, 王柏南. 通用神经网络硬件中神经元基本数学模型的讨论[J]. 电子学报, 2001, (05): 577-580.

[55] Yingang Wang, Zuocheng Ma, Huaxiang Lu, Shoujue Wang. Discussion on the methodology of neural network hardware design and implementation[C]. //Proceedings of the 2001 6th International Conference on Solid-State and Integrated Circuit Technology (Cat. No. 01EX443). IEEE, 2001, 1: 113-116.

[56] 王向东, 陈咏梅, 王守觉, 石林初. 基于神经网络的集成电路生产过程建模与优化[J]. 自动化学报, 2001, (03): 289-295.

[57] 李倩, 邓浩江, 王守觉. 一种可识别样本中共同抽象特征的神经网络[J]. 电子学报, 2001, (08): 1028-1031.

[58] 邢藏菊, 王守觉, 邓浩江, 罗予晋. 一种基于极值中值的新型滤波算法[J]. 中国图象图形学报, 2001, (06): 25-28.

[59] 邓浩江, 王守觉, 邢藏菊, 李倩. 基于聚类统计与文本无关的说话人识别研究[J]. 电路与系统学报, 2001, (03): 77-80.

[60] 罗予晋, 邢藏菊, 王守觉. 人工神经网络控制的实时仿真系统[J]. 电子学报, 2001, (08): 1061-1063.

[61] 王守觉, 覃鸿. 从长远看微电子技术未来新市场的发展方向在哪里[J]. 中国集成电路, 2002, (12): 5-7, 4.

[62] 王守觉. 仿生模式识别(拓扑模式识别)——一种模式识别新模型的理论与应用[J]. 电子学报, 2002, (10): 1417-1420.

[63] 王守觉, 王柏南. 人工神经网络的多维空间几何分析及其理论[J]. 电子学报, 2002, (01): 1-4.

[64] Wenming Cao, Hao Feng, Shoujue Wang. Approximation with direction basis function neural networks[C]. //Proceedings of the 2002 IEEE Region 10 Conference on Computers, Communications, Control and Power Engineering, TENCOM'02. IEEE, 2002, 3: 1290-1293.

[65] Wenming Cao, Hao Feng, Shoujue Wang. The implement and application of DBF neural networks[C]. //Proceedings of the 2002 6th International Conference on Signal Processing. IEEE, 2002, 1: 66-69.

[66] 邢藏菊, 曲延锋, 徐健, 王守觉. 一种用于抑制椒盐噪声的多窗口中值滤波器[J]. 电子与信息学报, 2002, (12): 1912-1916.

[67] 曲延锋, 国伟华, 王守觉. 一种基于 Padé 逼近对短时序列频率和品质因数的估计方法[J]. 电子与信息学报, 2002, (08): 1054-1059.

[68] 邢藏菊, 曲延锋, 王守觉. 静态灰度图像中的人脸快速检测[J]. 计算机辅助设计与图形学学报, 2002, (05): 401-403.

[69] 朱夏君, 王辛刚, 冯浩, 王守觉. 人脸识别中的眼睛定位[C]. //现代信息技术理论与应用. 2002: 683-686.

[70] Haojiang Deng, Limin Du, Shoujue Wang. Priority ordered BP neural network and the application for speaker identification[C]. //Proceedings of the 2002 IEEE Region 10 Conference on Computers, Communications, Control and Power Engineering, TENCOM'02. IEEE, 2002, 1: 671-674.

[71] Hao Feng, Shiming Yu, Xingang Wang, Shoujue Wang. System identification method with denoising and disturbance-rejecting capability[C]. //Proceedings of the 2002 IEEE Region 10 Conference on Computers, Communications, Control and Power Engineering, TENCOM'02. IEEE, 2002, 3: 1269-1272.

[72] Wenming Cao, Hao Feng, Dongmei Zhang, Shoujue Wang. An adaptive controller for a class of nonlinear system using direction basis function[C]. //Proceedings of the 2002 6th International Conference on Signal Processing. IEEE, 2002, 1: 54-57.

[73] Shoujue Wang, Xu Chen. Biomimetic (topological) pattern recognition—A new model of pattern recognition theory and its application[C]. //Proceedings of the 2003 International Joint Conference on Neural Networks. IEEE, 2003, 3: 2258-2262.

[74] 王守觉, 曹宇, 赵星涛. 仿生模式识别[C]. //中国人工智能学会第 10 届全国学术年会论文集. 2003: 1-5.

[75] 莫华毅, 王志海, 王守觉. 仿生模式识别在人脸识别中的应用[C]. //中国人工智能学会第 10 届全国学术年会论文集. 2003: 311-316.

[76] 唐志芳, 时海涛, 鲁华祥, 王守觉. 集成电路芯片系统级动态电源智能管理算法的研究[C]. //中国人工智能学会第 10 届全国学术年会论文集. 2003: 1330-1335.

[77] Shoujue Wang. A new development on ANN in China-Biomimetic pattern recognition and multi weight vector neurons[C]. //Proceedings of the 9th International Conference on Rough Sets, Fuzzy Sets, Data Mining, and Granular Computing, RSFDGrC 2003, Chongqing, China, May 26-29, 2003. Springer Berlin Heidelberg, 2003: 35-43.

[78] 王守觉, 徐健, 王宪保, 覃鸿. 基于仿生模式识别的多镜头人脸身份确认系统研究[J]. 电子学报, 2003, (01): 1-3.

[79] 王守觉. 从信息科学 50 年看我国高新技术产业发展战略问题[C]. //北京光学学会. 北京光机电技术与产业发展高级论坛论文集. 中国科学院半导体研究所, 2003: 13.

[80] 李玉鉴, 王守觉. 方向基函数神经网络及其逼近能力[J]. 北京工业大学学报, 2003, (03): 372-376.

[81] Wenming Cao, Hao Feng, Lu Fei, Shoujue Wang. Online adaptive fuzzy neural identification based on direction basis function[C]. //Proceedings of the 5th International Conference on Computational

Intelligence and Multimedia Applications, ICCIMA 2003. IEEE, 2003: 342-349.

[82] Jian Xu, Weijun Li, Qu Yanfeng, Hong Qin, Shoujue Wang. Architecture research and hardware implementation on simplified neural computing system for face identification[C]. //Proceedings of the 2003 International Joint Conference on Neural Networks. IEEE, 2003, 2: 948-952.

[83] 曲延锋, 徐健, 李卫军, 王守觉. 有效去除图像中脉冲噪声的新型滤波算法[J]. 计算机辅助设计与图形学学报, 2003, (04): 397-401.

[84] 余世明, 冯浩, 王守觉. 基于小波和最小绝对误差的去噪抗扰动辨识方法[J]. 电子学报, 2003, (02): 192-195.

[85] Harold H Szu, Charles C Hsu, Clifford Szu, Shoujue Wang. Live biometric authenticity check[C]. //Independent Component Analyses, Wavelets, and Neural Networks. SPIE, 2003, 5102: 69-76.

[86] Zhihai Wang, Huayi Mo, Huaxiang Lu, Shoujue Wang. A method of biomimetic pattern recognition for face recognition[C]. //Proceedings of the 2003 International Joint Conference on Neural Networks. IEEE, 2003, 3: 2216-2221.

[87] 高瑞华, 朱君波, 王守觉. 一种基于能频积实现连续语音端点检测的方法[J]. 计算技术与自动化, 2003, 22(4): 75-77.

[88] 朱君波, 高瑞华, 王守觉. 一种基于能量对称度参数的实时基音检测方法[J]. 声学与电子工程, 2003, (04): 9-10.

[89] 邓浩江, 王守觉, 杜利民. 优先度排序 RBF 神经网络在与文本无关说话人确认中的应用[J]. 电子与信息学报, 2003, (09): 1153-1159.

[90] Wenming Cao, Hao Feng, Lu Fei, Shoujue Wang. Fuzzy adaptive DBF neural identification and application for MIMO nonlinear system[C]. //Proceedings of the 2003 International Conference on Machine Learning and Cybernetics (Cat. No. 03EX693). IEEE, 2003, 4: 2355-2359.

[91] Wenming Cao, Hao Feng, Shoujue Wang. The application of Direction-Basis-Function neural networks for a stable recursive nonlinear identification technique[C]. //Proceedings of the International Conference on Neural Networks and Signal, 2003, 1: 160-163.

[92] 王守觉, 李卫军, 陈旭. 单节拍浮点运算神经元的组合逻辑设计[J]. 半导体学报, 2004, (11): 1505-1509.

[93] Shoujue Wang, Xingtao Zhao. Biomimetic pattern recognition theory and its applications[J]. Chinese Journal of Electronics, 2004, 13(3): 373-377.

[94] 王守觉, 曲延锋, 李卫军, 覃鸿. 基于仿生模式识别与传统模式识别的人脸识别效果比较研究[J]. 电子学报, 2004, 32(7): 1057-1061.

[95] 安冬, 王守觉. 基于仿生模式识别和 PCA/ICA 的 DOA 估计方法[J]. 电子学报, 2004, (09): 1448-1451.

[96] 安冬, 王守觉. 基于仿生模式识别的 DOA 估计方法[J]. 电子与信息学报, 2004, (09): 1468-1473.

[97] 王宪保, 曹文明, 冯浩, 王守觉. 一种基于多种神经元模型的神经网络构建方法[C]. //第十四届中国神经网络学术会议论文集, 2004: 6-9.

[98] Wenming Cao, Shoujue Wang. Study of adaptive equalizers based on two weighted neural networks[C]. //Proceedings of the 2004 4th International Conference on Computer and Information Technology, CIT'04. IEEE, 2004: 612-615.

[99] Wenming Cao, Wanfang Chai, Fei Lu, Hong Peng, Shoujue Wang. Adaptive equalizers based on two weighted neural networks[C]. //Proceedings of the 2004 7th International Conference on Signal Processing, ICSP'04. IEEE, 2004, 2: 1739-1742.

[100] 唐方坤, 王守觉. 模糊化在人脸识别中的作用研究[J]. 计算机工程与应用, 2004, 40(26): 56-58.

[101] 曲延锋, 李卫军, 徐健, 等. 复杂背景下多姿态人脸快速检测算法[J]. 计算机辅助设计与图形学学报, 2004, (01): 45-50.

[102] Wenming Cao, Fei Lu, Yangbo Gu, Hong Peng, Shoujue Wang. Study of human face recognition based on principal component analysis (PCA) and direction basis function neural networks[C]. //Proceedings of the 5th World Congress on Intelligent Control and Automation (Cat. No. 04EX788). IEEE, 2004, 5: 4195-4198.

[103] Weijun Li, Jian Xu, Shoujue Wang. A fast eye location algorithm based on geometric complexity[C]. //Proceedings of the 5th World Congress on Intelligent Control and Automation (Cat. No. 04EX788). IEEE, 2004, 5: 4105-4107.

[104] 王志海, 赵占强, 王守觉. 仿生模式识别在单镜头人脸识别中的应用[J]. 模式识别与人工智能, 2004, 17(01): 98-103.

[105] 郭继云, 王守觉, 苑海涛. 一种基于频能比的端点检测算法[J]. 计算机工程与应用, 2004, (31): 49-51.

[106] Wenming Cao, Hao Feng, Shoujue Wang. The application of DBF neural networks for object recognition[J]. Information Sciences, 2004, 160(1-4): 153-160.

[107] Mengdi Hu, Wenming Cao, Shoujue Wang. Determining of the delay time for a heating ventilating and air-conditioning plant using two weighted neural network approach[C]. //Proceedings of the Advances in Neural Networks-ISNN 2004, International Symposium on Neural Networks, Dalian, China, August 19-21, 2004, Part Ⅱ 1. Springer Berlin Heidelberg, 2004, 3174: 786-791.

[108] 王守觉. 创新思维是人类社会发展的源动力[J]. 科学中国人, 2005, (05): 26.

[109] Shoujue Wang, Yangyang Liu. Differences and commonalities between connectionism and symbolicism[C]. //International Symposium on Neural Networks. Springer Berlin Heidelberg, 2005: 34-38.

[110] Shoujue Wang, Xu Chen, Hong Qin, Weijun Li, Yi Bian. Double synaptic weight neuron theory and its application[C]. //Proceedings of the Advances in Natural Computation, 1st International Conference, ICNC 2005, Changsha, China, August 27-29, 2005, Part I 1. Springer Berlin Heidelberg, 2005: 264-272.

[111] Shoujue Wang, Jiangliang Lai. Geometrical learning, descriptive geometry, and biomimetic pattern recognition[J]. Neurocomputing, 2005, 67: 9-28.

[112] Shoujue Wang, Yangyang Liu. The structure and function of neurons with variable nonlinear transfer function[C]. //2005 International Conference on Neural Networks and Brain. IEEE, 2005, 1: 298-300.

[113] Shoujue Wang, Weijun Li, Xu Chen. A DSWN-based specific-purpose neural computing system[C]. //2005 International Conference on Neural Networks and Brain. IEEE, 2005, 3: 1490-1493.

[114] Shoujue Wang. Computational information geometry and its applications[C]. //2005 International Conference on Neural Networks and Brain. IEEE, 2005, 1: PL-63-PL-69.

[115] Shoujue Wang, Yu Cao, Yi Huang. A novel image restoration approach based on point location in high-dimensional space geometry[C]. //2005 International Conference on Neural Networks and Brain. IEEE, 2005, 1: 301-305.

[116] Hong Qin, Shoujue Wang, Hua Sun. Biomimetic pattern recognition for speaker-independent speech recognition[C]. //2005 International Conference on Neural Networks and Brain. IEEE, 2005, 2: 1290-1294.

[117] Guowei Yang, Jin Hu, Xuhui Gao, Shoujue Wang. The methods solving conflicts in artificial society[C]. //2005 International Conference on Neural Networks and Brain. IEEE, 2005, 3: 1438-1440.

[118] Guowei Yang, Kunjie Sui, Shoujue Wang, Jingjing Liu. A new technique of artificial life of the computer animation[C]. //2005 International Conference on Neural Networks and Brain. IEEE, 2005, 3: 1441-1444.

[119] Wenming Cao, Yihua Wan, Shoujue Wang. Greeting speech recognition based on semiconductor neurocomputer[C]. //2005 International Conference on Neural Networks and Brain. IEEE, 2005, 3: 1453-1458.

[120] Shoujue Wang, Jiangliang Lai. A more complex neuron in biomimetic pattern recognition[C]. //2005 International Conference on Neural Networks and Brain. IEEE, 2005, 3: 1487-1489.

[121] Shoujue Wang, Hua Sun. A face detection algorithm based on high dimensional space geometry[C]. //2005 International Conference on Neural Networks and Brain. IEEE, 2005, 3: 1482-1485.

[122] Shoujue Wang, Xingxing Liu, Wenming Cao. Face recognition based on PCA and multi-degree of freedom neurons[C]. //2005 International Conference on Neural Networks and Brain. IEEE, 2005, 3: 1494-1497.

[123] Shoujue Wang, Xu Chen, Weijun Li. Object-recognition with oblique observation directions based on biomimetic pattern recognition[C]. //2005 International Conference on Neural Networks and Brain. IEEE, 2005, 3: 1498-1502.

[124] Shoujue Wang, Guliang Zhao. An algorithm of analysis tools on points distribution in high dimension space: The distance of a point and an infinite sub-space[C]. //2005 International Conference on Neural Networks and Brain. IEEE, 2005, 3: 1503-1506.

[125] Guliang Zhao, Shoujue Wang. HyperSausage neural networks and its application in face recognition[C]. //2005 International Conference on Neural Networks and Brain. IEEE, 2005, 3: 1519-1522.

[126] Dewen Zhuang, Wenming Cao, Shoujue Wang. Speaker identification with little training data based on semiconductor neurocomputer[C]. //2005 International Conference on Neural Networks and Brain. IEEE, 2005, 3: 1523-1525.

[127] 王守觉, 潘晓霞, 徐春燕, 陈旭, 安冬, 曹文明. 一种基于高维空间覆盖动态搜索方法的非特定人连续数字语音识别的研究[J]. 电子学报, 2005, (10): 64-67.

[128] 覃鸿, 王守觉. 多权值神经元网络仿生模式识别方法在低训练样本数量非特定人语音识别中与HMM及DTW的比较研究[J]. 电子学报, 2005, (05): 957-960.

[129] 王守觉, 徐春燕, 潘晓霞, 安冬, 陈旭, 曹文明. 为连续语音识别用的单词音节神经网络建模的研究[J]. 电子学报, 2005, (10): 157-159.

[130] 杨国为, 王守觉. 分式线性神经网络及其非线性逼近能力[C]. //2005年中国智能自动化会议(ICAC), 2005: 6.

[131] 郭继云, 王守觉, 刘学刚. 一种改进的基于频能比的端点检测算法[J]. 计算机工程与应用, 2005, (29): 91-93, 103.

[132] 曹文明, 王洪唱, 王守觉. 基于多权值神经网络的问候语语音识别算法[C]. //2005 第一届中国分类技术与应用研讨会(CSCA), 2005: 189-194.

[133] Wenming Cao, Wanfang Chai, Shoujue Wang. Channel equalization based on two weights neural network[C]. //Proceedings of the Computational Intelligence and Security, International Conference, CIS 2005, Xi'an, China, December 15-19, 2005, Part Ⅱ. Springer Berlin Heidelberg, 2005: 1068-1073.

[134] Wenming Cao, Jianqing Li, Shoujue Wang. Continuous speech research based on HyperSausage Neuron[C]. //Proceedings of the Computational Intelligence and Security, International Conference, CIS 2005, Xi'an, China, December 15-19, 2005, Part Ⅱ. Springer Berlin Heidelberg, 2005: 1110-1115.

[135] Wenming Cao, Jianhui Hu, Gang Xiao, Shoujue Wang. Application of multi-weighted neuron for iris recognition[C]. //Proceedings of the Advances in Neural Networks-ISNN 2005, 2nd International Symposium on Neural Networks, Chongqing, China, May 30-June 1, 2005, Part II 2. Springer Berlin Heidelberg, 2005: 87-92.

[136] Wenming Cao, Xiaoxia Pan, Shoujue Wang. Continuous speech research based on two-weight neural network[C]. //Proceedings of the Advances in Neural Networks-ISNN 2005. 2nd International Symposium on Neural Networks, Chongqing, China, May 30-June 1, 2005, Part II 2. Springer Berlin Heidelberg, 2005: 345-350.

[137] Wenming Cao, Xiaoxia Pan, Shoujue Wang, Jing Hu. Digits speech recognition based on geometrical learning[C]. //Proceedings of the Advanced Data Mining and Applications, 1st International Conference, ADMA 2005, Wuhan, China, July 22-24, 2005, Springer Berlin Heidelberg, 2005: 415-422.

[138] 唐志芳, 时海涛, 鲁华祥, 王守觉. 系统级动态电源管理算法的研究[J]. 计算机工程与应用, 2005, (06): 190-193.

[139] Wenming Cao, Jianhui Hu, Gang Xiao, Shoujue Wang. Iris recognition algorithm based on point covering of high-dimensional space and neural network[C]. //Proceedings of the Machine Learning and Data Mining in Pattern Recognition, 4th International Conference, MLDM 2005, Leipzig, Germany, July 9-11, 2005. Springer Berlin Heidelberg, 2005: 305-313.

[140] 胡建慧, 曹文明, 肖刚, 王守觉. 基于多权值神经元的虹膜识别算法[C]. //2005 年中国模糊逻辑与计算智能联合学术会议论文集. 2005: 591-596.

[141] Wenming Cao, Shoujue Wang. Application of two synaptic weight neural networks for nonlinear control[C]. //Third International Conference on Information Technology and Applications (ICITA'05). IEEE, 2005, 2: 28-31.

[142] Shoujue Wang, Singsing Liu, Wenming Cao. Research on multi-degree-of-freedom neurons with weighted graphs[C]. //Proceedings of the Advances in Neural Networks-ISNN 2006, 3rd International Symposium on Neural Networks, Chengdu, China, May 28-June 1, 2006, Part I 3. Springer Berlin Heidelberg, 2006: 669-675.

[143] Shoujue Wang, Yi Huang, Yu Cao. Study on text-dependent speaker recognition based on biomimetic pattern recognition[C]. //International Symposium on Neural Networks. Springer Berlin Heidelberg, 2006: 158-164.

[144] Shoujue Wang, Yu Cao, Yi Huang. High-dimensional space geometrical informatics and its applications to image restoration[C]. //International Symposium on Neural Networks. Springer Berlin Heidelberg, 2006: 569-574.

[145] Huaxiang Lu, Yan Lu, Zhifang Tang, Shoujue Wang. SOC dynamic power management using artificial neural network[C]. //Proceedings of the Advances in Natural Computation, 2nd International Conference, ICNC 2006, Xi’an, China, September 24-28, 2006, Part I 2. Springer Berlin Heidelberg, 2006: 555-564.

[146] 王建华, 曹文明, 王守觉. 无宿主神经计算机系统的软硬件设计[C]. //2006 中国控制与决策学术年会论文集. 2006: 504-506, 510.

[147] 王守觉, 曹文明. 半导体神经计算机的硬件实现及其在连续语音识别中的应用[J]. 电子学报, 2006, (02): 267-271.

[148] 唐志芳, 时海涛, 鲁华祥, 王守觉. 基于 BP 神经网络的系统级电源管理算法[J]. 计算机工程, 2006,

(04): 214-216.

[149] 王守觉, 孙华. 一种基于矢量关系运算的人脸检测算法[J]. 微计算机信息, 2006, (28): 294-296.

[150] 王守觉, 沈孙园, 曹文明. 基于仿生模式识别的小词汇量连续型语音识别的研究[J]. 哈尔滨工程大学学报, 2006, 27(Z1): 1-5.

[151] 来疆亮, 王守觉. 最小球覆盖几何算法及其在模式识别中的应用[J]. 模式识别与人工智能, 2006, 19(02): 271-276.

[152] 杨国为, 涂序彦, 王守觉. 时变容错域的感知联想记忆模型及其实现算法[J]. 计算机学报, 2006, (03): 431-440.

[153] Shoujue Wang. Special issue on biomimetic pattern recognition-Preface[J]. Chinese Journal of Electronics, 2006, 15(4 A).

[154] Shoujue Wang, Xu Chen, Weijun Li. Discussion on the basic mathematical models of neurons-Double synaptic weight neuron in general-purpose neurocomputer, theory and application[J]. Chinese Journal of Electronics, 2006, 15(3): 373-377.

[155] Shoujue Wang, Hong Qin. A speaker-independent continuous speech recognition system using biomimetic pattern recognition[J]. Chinese Journal of Electronics, 2006, 15(3): 460-462.

[156] Shoujue Wang, Jiangliang Lai. High dimensional imagery geometry and it's applications[J]. Chinese Journal of Electronics, 2006, 15(4 A): 761-767.

[157] Shoujue Wang, Wenming Cao, Xiaoxia Pan. Information geometry theory of high-dimension space and application for speaker independent continuous digit speech recognition[J]. Chinese Journal of Electronics, 2006, 15(4 A): 768-784.

[158] Shoujue Wang, Yangyang Liu. An algorithm for removing facial makeup disturbances based on high dimensional imaginal geometry[J]. Chinese Journal of Electronics, 2006, 15(4A): 789-792.

[159] Shoujue Wang, Sunyuan Shen, Wenming Cao. Research on continuous speech recognition with small vocabulary based on biomimetic pattern recognition[J]. Chinese Journal of Electronics, 2006, 15(4A): 845-849.

[160] Wenming Cao, Ning Li, Singsing Liu, Shoujue Wang. Geometry property of multi-degree of freedom neurons[J]. Chinese Journal of Electronics, 2006, 15(4 A): 874-877.

[161] Shoujue Wang, Singsing Liu, Wenming Cao, Xiao Xiao. Cognitive models in biomimetic pattern cognition[J]. Chinese Journal of Electronics, 2006, 15(4A): 882-886.

[162] Shoujue Wang, Guliang Zhao, Fei Lu. A novel face recognition method based on HyperSausage neural networks[J]. Chinese Journal of Electronics, 2006, 15(4 A): 899-902.

[163] Wu Yan, Shi Ning, Shoujue Wang. Keyword spotting system based on biomimetic pattern recognition[J]. Chinese Journal of Electronics, 2006, 15(4A): 903-906.

[164] Shoujue Wang, Rui Mo, Wenming Cao. Phylogeny of SARS-CoV based on high-dimensional information geometry[J]. Chinese Journal of Electronics, 2006, 15(4A): 911-914.

[165] Hu Mengdi, Feng Hao, Wenming Cao, Shoujue Wang. Determining of the delay time for a heating ventilating and air-conditioning plant using multi-weights neurons approach[J]. Chinese Journal of Electronics, 2006, 15(4A): 915-917.

[166] Wenming Cao, Meifen Xie, Shoujue Wang. A novel image restoration algorithm based on high-dimensional space geometry[C]. //International Conference on Computational Science and its

Applications. Springer Berlin Heidelberg, 2006: 375-383.

[167] Guowei Yang, Yixin Lai, Shoujue Wang, Xuhui Gao. The design algorithm of an associative memory neural network[J]. Dynamics of Continuous Discrete and Impulsive Systems, Series A: Mathematical Analysis, 2006, 13: 561-564.

[168] Xuhui Gao, Guowei Yang, Shoujue Wang, Jin Hu. The image coding scheme based on neural network and SVM[J]. Dynamics of Continuous Discrete and Impulsive Systems, Series A: Mathematical Analysis, 2006, 13: 613-616.

[169] Jin Hu, Guowei Yang, Shoujue Wang, Xuhui Gao. Lossless data compression scheme based on neural network and SVM[J]. Dynamics of Continuous Discrete and Impulsive Systems, Series A: Mathematical Analysis, 2006, 13: 638-641.

[170] Guowei Yang, Ping Zhu, Shoujue Wang. A time-varying controllable fault-tolerant field associative memory model and its simulation[J]. Dynamics of Continuous Discrete and Impulsive Systems, Series B: Applications & Algorithms, 2006, 13: 459-461.

[171] Wenming Cao, Fei Lu, Shoujue Wang. Priority ordered direction basis function neural networks and the application for object recognition[C]. //2006 IEEE International Conference on Granular Computing. IEEE, 2006: 229-231.

[172] Wenming Cao, Tiancheng He, Shoujue Wang. Text-continuous speech recognition based on ICA and geometrical learning[C]. //2006 IEEE International Conference on Granular Computing. IEEE, 2006: 611-614.

[173] Guowei Yang, Xuyan Tu, Shoujue Wang. Block and parallel modelling of broad domain nonlinear continuous mapping based on NN[J]. Journal of Systems Engineering and Electronics, 2006, 17(3): 586-592.

[174] Guowei Yang, Rong Xing, Shoujue Wang. A hidden trouble theorem for model classing by BP algorithm[C]. //2006 6th World Congress on Intelligent Control and Automation. IEEE, 2006, 1: 2742-2745.

[175] Hao Feng, Wenming Cao, Shoujue Wang. Continuous speech recognition based on ICA and geometrical learning[C]. //Proceedings of the Advances in Machine Learning and Cybernetics, 4th International Conference, ICMLC 2005, Guangzhou, China, August 18-21, 2005, Revised Selected Papers. Springer Berlin Heidelberg, 2006: 974-983.

[176] 杨国为, 王守觉. 模式可拓识别及其神经网络模型[J]. 哈尔滨工业大学学报, 2006, (07): 1129-1132.

[177] 杨国为, 王守觉, 牛常胜. 一类前馈神经网络的分类能力[C]. //中国人工智能学会第 11 届全国学术年会论文集(上), 2005: 566-571.

[178] 王守觉, 谢美芬, 曹文明. 图像恢复的一种新方法[C]. //2006 中国控制与决策学术年会论文集, 2006: 241-244, 248.

[179] 肖潇, 曹文明, 王守觉. 多自由度神经元认知算法及其在人脸识别中的应用[C]. //2006 中国控制与决策学术年会论文集, 2006: 383-386.

[180] 曹文明, 叶虹, 徐春燕, 王守觉. 基于双权值神经网络的数字语音识别研究[C]. //2005 中国控制与决策学术年会论文集, 2005: 1415-1417, 1420.

[181] 朱君波, 朱夏君, 王守觉. PCA 在语音检测中的应用研究[J]. 模式识别与人工智能, 2006, 19(05): 629-633.

[182] 安冬, 王库, 王守觉. 高维空间点覆盖方法在物种计算机自动分类中的应用[J]. 电子学报, 2006, (02): 277-281.

[183] 曹文明, 王建华, 王守觉. 无宿主半导体专用神经计算机的结构设计[C]. //2007 年首届仪表、自动化与先进集成技术大会论文汇编, 2007: 538-541.

[184] 王守觉, 孙华, 莫华毅. 彩色图像特征空间变换的新算法及其应用[J]. 电子学报, 2007, (02): 193-196.

[185] 杨国为, 王守觉, 闫庆旭. 分式线性神经网络及其非线性逼近能力研究[J]. 计算机学报, 2007, (02): 189-199.

[186] 王宪保, 周德龙, 王守觉. 基于仿生模式识别的构造型神经网络分类方法[J]. 计算机学报, 2007, (12): 2109-2114.

[187] 朱世交, 杨磊, 王守觉. 前馈优先排序神经网络的构造算法及分析[J]. 计算机科学, 2007, 34(5): 171-174.

[188] 朱世交, 张南华, 王守觉. 优先排序覆盖神经网络原理及分析[J]. 计算机工程与应用, 2007, 43(14): 64-65, 83.

[189] 魏莱, 王守觉, 徐菲菲. 一种对奇异值不敏感的 ISOMAP[J]. 计算机应用, 2007, 27(8): 1959-1960, 1963.

[190] Wenming Cao, Shoujue Wang. Manifold covering theory in biomimetic pattern recognition[J]. Chinese Journal of Electronics, 2007, 16(4): 640-643.

[191] Shoujue Wang, Yu Cao, Yi Huang. Blind image restoration based on the theory of high-dimensional space geometry[J]. Chinese Journal of Electronics, 2007, 16(2): 252-256.

[192] Guowei Yang, Shoujue Wang, Qingxu Yan. A design method of associative memory model with expecting fault-tolerant field[C]. //Proceedings of the Advances in Neural Networks-ISNN 2007, 4th International Symposium on Neural Networks, ISNN 2007, Nanjing, China, June 3-7, 2007, Part III 4. Springer Berlin Heidelberg, 2007: 616-625.

[193] Wenming Cao, Singsing Liu, Shoujue Wang, Xuhui Gao. Structure approximate based on double weighted neural network [J]. Dynamics of Continuous Discrete and Impulsive Systems, Series B: Applications & Algorithms, 2007, 14: 18-22.

[194] Huaxiang Lu, Yan Lu, Zhifang Tang, Shoujue Wang. Dynamic power management approaches based on neural network [J]. Dynamics of Continuous Discrete and Impulsive Systems, Series B: Applications & Algorithms, 2007, 14: 334-340.

[195] Shoujue Wang, Lingfei Zhou. Cancer classification based on Direction-Basis-Function neural networks [J]. Dynamics of Continuous Discrete and Impulsive Systems, Series B: Applications & Algorithms, 2007, 14: 587-589.

[196] 王守觉, 周凌飞. 基因表达数据分析中的特征基因提取[J]. 微计算机信息, 2008, (09): 193-194.

[197] 陈阳, 王守觉. 仿生模式识别在细菌基因组水平转移基因预测中的应用[J]. 现代生物医学进展, 2008, (08): 1518-1521.

[198] 王守觉, 丁兴号, 廖英豪, 郭东辉. 一种新的仿生彩色图像增强方法[J]. 电子学报, 2008, (10): 1970-1973.

[199] 谭乐怡, 王守觉. 一种基于高维形象几何理论的彩色图像增强算法[J]. 计算机科学, 2008, 35(12): 214-215, 223.

[200] 杨国为, 王守觉, 刘扬阳. 仿生模式识别的两个关键技术问题研究[J]. 电子学报, 2008, 36(12): 2490-2492.

[201] Wenming Cao, Tiancheng He, Shoujue Wang. Bimimetic pattern recognition for multispectral image[C]. //2008 4th International Conference on Natural Computation. IEEE, 2008, 6: 17-21.

[202] Shoujue Wang, Xingxing Liu. Mathematical symbols and computing methods in high dimensional biomimetic informatics and their applications [J]. Chinese Journal of Electronics, 2008, 17(1): 1-7.

[203] Guowei Yang, Shoujue Wang, Xiaodong Zhuang. The associative memory model with expecting fault-

tolerant field on multi-value information space[C]. //2008 IEEE International Conference on Networking, Sensing and Control. IEEE, 2008: 184-189.

[204] 魏莱, 王守觉, 徐菲菲. 一种自适应邻域选择算法[J]. 模式识别与人工智能, 2008, 21 (03): 406-409.

[205] 魏莱, 王守觉, 徐菲菲. 基于带权多维尺度变换的奇异值挖掘[J]. 计算机科学, 2008, (01): 190-192.

[206] 莫华毅, 李卫军, 王守觉. 一种直观鲁棒的人脸定位方法[C]. //第六届全国信息获取与处理学术会议论文集, 2008: 432-434.

[207] Xianbao Wang, Chunyan Xu, Yong Chen, Xiaoxia Pan, Shoujue Wang. Geometry analysis and recognition research of speech signal[C]. //2008 IEEE Pacific-Asia Workshop on Computational Intelligence and Industrial Application. IEEE, 2008, 2: 250-253.

[208] Chunyan Xu, Xianbao Wang, Shoujue Wang. Research on Chinese digit speech recognition based on multi-weighted neural network[C]. //2008 IEEE Pacific-Asia Workshop on Computational Intelligence and Industrial Application. IEEE, 2008, 1: 400-403.

[209] Wenming Cao, Hao Feng, Lijun Ding, Jianhua Wang, Shoujue Wang. Neuron model and its realization for semiconductor neural computer[C]. //2009 International Conference on Artificial Intelligence and Computational Intelligence. IEEE, 2009, 2: 559-562.

[210] 杨国为, 王守觉. 判定一点是否属于高维复杂形体的算法及其应用[J]. 青岛大学学报(工程技术版), 2009, 24(01): 1-7, 24. DOI: 10. 13306/j. 1006-9798. 2009. 01. 011.

[211] Xuena Jiang, Yangyang Liu, Shoujue Wang. A novel geometric algorithm for blind image restoration based on high-dimensional space[C]. //2009 2nd International Congress on Image and Signal Processing. IEEE, 2009: 1-5.

[212] Hong Qin, Shoujue Wang, Huaxiang Lu, Xinliang Chen. Human-inspired order-based block feature in the HSI color space for image retrieval[C]. //2009 IEEE International Conference on Robotics and Biomimetics (ROBIO). IEEE, 2009: 1978-1982.

[213] 谭乐怡, 王守觉. 一种按基因重要度收敛的进化算法[J]. 小型微型计算机系统, 2009, 30 (09): 1796-1799.

[214] 肖泉, 丁兴号, 王守觉, 郭东辉, 廖英豪. 基于自适应超完备稀疏表示的图像去噪方法[J]. 仪器仪表学报, 2009, 30(09): 1886-1890.

[215] 丁兴号, 王鑫芯, 肖泉, 廖英豪, 郭东辉, 王守觉. 一种新的基于彩色双边滤波的彩色图像增强方法[J]. 中国体视学与图像分析, 2009, 14(02): 143-146.

[216] 孙树亮, 王守觉. 一种基于改进的极值中值滤波算法[J]. 计算机科学, 2009, 36(06): 165-166.

[217] 魏莱, 王守觉, 徐菲菲, 王睿智. 近邻边界 Fisher 判别分析[J]. 电子与信息学报, 2009, 31(03): 509-513.

[218] Shoujue Wang, Hong Qin. A study of order-based block color feature image retrieval compared with cumulative color histogram method[C]. //2009 6th International Conference on Fuzzy Systems and Knowledge Discovery. IEEE, 2009, 1: 81-84.

[219] 杨国为, 王守觉, 李卫军. 具有期望容错域的前向掩蔽联想记忆模型的设计方法[J]. 计算机学报, 2009, 32(01): 124-131.

[220] 郭婷婷, 邬文锦, 苏谦, 王守觉, 安冬. 近红外玉米品种鉴别系统预处理和波长选择方法[J]. 农业机械学报, 2009, 40(S1): 87-92.

[221] 金骥, 鲁华祥, 王守觉. 双权值网络在电源管理中的应用研究[J]. 微计算机信息, 2009, 25(01): 197-199.

[222] Lili Wu, Shoujue Wang. Study on closed-set speaker identification based on biomimetic pattern recognition[J]. Chinese Journal of Electronics, 2009, 18(2): 259-261.

[223] Qian Su, Dong An, Ku Wang, Shoujue Wang. An automatic classification method of metabolic cycle based on biomimetic pattern recognition[J]. Chinese Journal of Electronics, 2009, 18(2): 332-334.

[224] Qian Su, Dong An, Yafeng Zhai, Ku Wang, Shoujue Wang. A cancer recognition method based on DNA microarray[J]. Chinese Journal of Electronics, 2009, 18(3): 491-493.

[225] 王守觉, 孙华, 柳培忠, 廖英豪, 丁兴号, 郭东辉. 基于仿生形象思维方法的图像检索算法[J]. 电子学报, 2010, 38(05): 993-997.

[226] 王守觉. 院士寄语[J]. 高科技与产业化, 2010, (07): 1.

[227] 金小贤, 李卫军, 陈旭, 王守觉. 一种基于视觉特性的仿生图像增强算法[J]. 计算机辅助设计与图形学学报, 2010, 22(03): 534-537, 544.

[228] 肖泉, 丁兴号, 王守觉, 廖英豪, 郭东辉. 有效保持细节特征的图像椒盐噪声滤除方法[J]. 电子学报, 2010, 38(10): 2273-2278.

[229] 魏莱, 王守觉. 基于流形距离的半监督判别分析[J]. 软件学报, 2010, 21(10): 2445-2453.

[230] 肖潇, 王宪保, 王守觉. 基于边缘点特征的图像匹配方法研究[C]. //Intelligent Information Technology Application Association. Proceedings of the 2011 International Conference on Ecological Protection of Lakes-Wetlands-Watershed and Application of 3S Technology (EPLWW3S 2011 V2), 2011: 86-89.

[231] 肖泉, 丁兴号, 王守觉, 廖英豪, 郭东辉. 有效消除光晕现象和颜色保持的彩色图像增强算法[J]. 计算机辅助设计与图形学学报, 2010, 22(08): 1246-1252.

[232] 朱君波, 王守觉, 冯浩. 基于矢量运算的图像光照处理算法[J]. 计算机应用, 2010, 30(06): 1581-1583.

[233] 柳培忠, 王守觉. 适用于视觉媒体检索的视频镜头分割算法[J]. 计算机应用研究, 2010, 27(05): 1935-1937.

[234] Shuliang Sun, Shoujue Wang. Locality preserving projections algorithm based on improved iterative selforganize data analysis[C]. //2010 Chinese Conference on Pattern Recognition (CCPR). IEEE, 2010: 1-5.

[235] Dewen Zhuang, Shoujue Wang. Content-based image retrieval based on integrating region segmentation and relevance feedback[C]. //2010 International Conference on Multimedia Technology. IEEE, 2010: 1-3.

[236] 郭婷婷, 王守觉, 王红武, 胡海晓, 安冬, 邬文锦, 夏维, 翟亚锋. 实用化商品玉米籽粒的近红外光谱品种判别方法研究[J]. 光谱学与光谱分析, 2010, 30(09): 2372-2376.

[237] 邬文锦, 王红武, 陈绍江, 郭婷婷, 王守觉, 苏谦, 孙明, 安冬. 基于近红外光谱的商品玉米品种快速鉴别方法[J]. 光谱学与光谱分析, 2010, 30(05): 1248-1251.

[238] Yang Chen, Shoujue Wang. Comparing the performance of biomimetic pattern recognition with W8 and SVM on prediction of horizontal gene transfers in bacteria genomes[J]. Chinese Journal of Electronics, 2010, 19(1): 86-90.

[239] Shuliang Sun, Shoujue Wang. Relevance feedback algorithm based on memory support vector machines[C]. //2010 Chinese Conference on Pattern Recognition (CCPR). IEEE, 2010: 1-5.

[240] 陈旭, 李卫军, 王守觉. 硬限幅多阈值神经元在组合逻辑设计中的应用[J]. 电路与系统学报, 2011, 16(01): 121-124, 120.

[241] 王守觉, 梁先扬. 图像变形计算方法及其应用[J]. 计算机辅助设计与图形学学报, 2011, 23(08): 1304-1310.

[242] 李新宇, 刘扬阳, 蒋雪娜, 王守觉. 基于高维空间几何信息学的遥感图像去薄云算法[J]. 电子学报, 2011, 39(05): 1002-1006.

[243] 柳培忠, 王守觉. 利用多维空间同源连续性的图像检索[J]. 应用科学学报, 2011, 29(02): 153-158.

[244] 王宪保, 陆飞, 陈勇, 方路平, 王守觉. 仿生模式识别的算法实现与应用[J]. 浙江工业大学学报, 2011,

39(01): 71-74.

[245] Shoujue Wang, Xianyang Liang. A novel math method of image morphing[C]. //2011 3rd International Conference on Computer Research and Development. IEEE, 2011, 4: 125-128.

[246] 魏莱, 徐菲菲, 王守觉. 一种多权值神经元覆盖网络的构造方法[J]. 计算机学报, 2012, 35(05): 1031-1037.

[247] Xiao Xiao, Xianbao Wang, Sunyuan Shen, Shoujue Wang. A cognitive model in biomimetic pattern recognition and its applications[C]. //Proceedings of the Computer, Informatics, Cybernetics and Applications, CICA 2011. Springer Netherlands, 2012: 953-960.

[248] 肖潇, 王宪保, 王守觉. 一种边缘点特征图像配准算法[J]. 小型微型计算机系统, 2012, 33(11): 2535-2537.

[249] 肖潇, 王宪保, 庄德文, 王守觉. 基于均匀区域分割的图像检索研究[J]. 计算机科学, 2012, 39(06): 255-257, 292.

[250] Xiao Xiao, Dewen Zhuang, Shoujue Wang. Content-based image retrieval through region uniformly partition[J]. Key Engineering Materials, 2012, 500: 471-474.

[251] Zhongwei Zhang, Shoujue Wang. Multi-feature facial synthesis based on triangle coordinate system[C]. //Proceedings of 2012 2nd International Conference on Computer Science and Network Technology. IEEE, 2012: 141-145.

[252] 肖潇, 王宪保, 王守觉. 多自由度神经元模型的人脸识别算法研究[J]. 小型微型计算机系统, 2012, 33(12): 2693-2695.

[253] 杨国为, 王守觉, 卫成兵, 曹文谊. 基于同源的同类事物连通本性的模式分类神经网络模型[J]. 电子学报, 2013, 41(01): 52-55.

[254] 柳培忠, 王守觉. 同源连续性规律在视频镜头检测算法的应用[J]. 计算机应用与软件, 2013, 30(05): 29-32.

[255] 张众维, 肖泉, 王守觉. 三角形坐标系下的图像拓扑变形插值算法[J]. 计算机辅助设计与图形学学报, 2013, 25(11): 1701-1708.

[256] 谭乐怡, 王守觉. 基于双重超像素集的快速路径相似度图像分割算法[J]. 自动化学报, 2013, 39(10): 1653-1664.

[257] 谭乐怡, 王守觉. 基于多尺度分析和均值漂移的 Kway-Ncut 算法[J]. 模式识别与人工智能, 2013, 26(04): 328-336.

[258] 王守觉, 张众维, 肖泉. 仿生关节链球坐标系的建立及应用[J]. 计算机辅助设计与图形学学报, 2014, 26(02): 191-197.

[259] 柳培忠, 王守觉. 基于视觉仿生的图像目标分类算法[J]. 计算机工程与设计, 2014, 35(05): 1722-1726.

[260] 林剑楚, 肖泉, 王守觉. 基于二维拓扑结构的图像变形计算方法[J]. 计算机应用研究, 2015, 32(04): 1227-1230.

[261] Xian Yang, Quan Xiao, Shoujue Wang, Peizhong Liu. Real-time tracking via deformable structure regression learning[C]. //2014 22nd International Conference on Pattern Recognition. IEEE, 2014: 2179-2184.

[262] 王守觉, 张晓盟, 肖泉, 梁先扬. 基于四面体坐标系的三维变形方法及应用[J]. 计算机辅助设计与图形学学报, 2015, 27(03): 469-477.

[263] 王守觉, 蒋寓文, 谭乐怡. 利用多级量化局部纹理特征的图像跟踪算法[J]. 计算机辅助设计与图形学学报, 2015, 27(02): 208-216.

[264] 蒋寓文, 谭乐怡, 王守觉. 选择性背景优先的显著性检测模型[J]. 电子与信息学报, 2015, 37(01): 130-136.

[265] 林剑楚, 肖泉, 王守觉. 一种高保真人脸图像妆容移植方法[J]. 计算机应用与软件, 2015, 32(08): 187-

189, 210.

[266] Shoujue Wang, Yuwen Jiang , Leyi Tan. A point-to-point tracking algorithm based on the theory of floating pixels[J]. Chinese Journal of Electronics, 2016, 25(1): 1-5.

[267] 蒋泳森, 肖泉, 王守觉. 基于矢量方向特征的非参数动态背景建模[J]. 计算机科学, 2016, 43(03): 291-295.

[268] Xian Yang, Shoujue Wang. Data driven visual tracking via representation learning and online multi - class LPBoost learning[J]. IET Computer Vision, 2016, 10(1): 28-35.

[269] Xian Yang, Shoujue Wang. Fast deformable structure regression tracking[J]. IET Computer Vision, 2016, 10(2): 115-123.

[270] Lihua Han, Quan Xiao, Shoujue Wang. 3D face reconstruction from a single frontal face image by robust cascaded regression [C]. //2016 International Symposium on Computer, Consumer and Control (IS3C). IEEE, 2016: 841-845.

[271] Lihua Han, Quan Xiao, Shoujue Wang. 3D face reconstruction with global and local constraints in double spaces[C]. //2016 23rd International Conference on Mechatronics and Machine Vision in Practice (M2VIP). IEEE, 2016: 1-5.

[272] Fei Lu, Dewen Zhuang, Luping Fang, Shoujue Wang. Facial expression recognition based on direction basis function network[C]. //2016 Chinese Control and Decision Conference (CCDC). IEEE, 2016: 1849-1852.

[273] 陆飞, 王守觉. 三角形坐标系下人脸图像连续性研究[J]. 计算机辅助设计与图形学学报, 2017, 29(05): 821-828.

[274] 陆飞, 胡志峰, 方路平, 庄德文, 王守觉. 基于三角坐标系的人脸表情方向性研究[J]. 计算机辅助设计与图形学学报, 2017, 29(02): 262-268.

[275] 柳培忠, 洪铭, 黄德天, 骆炎民, 王守觉. 基于 ADASYN 与 AdaBoostSVM 相结合的不平衡分类算法[J]. 北京工业大学学报, 2017, 43(03): 368-375.

（二）学术著作

[276] 王守觉. 微电子技术[M]. 上海: 上海科学技术出版社, 1994.

[277] 王守觉. 王守觉院士与仿生模式识别及计算信息几何学方法论文选集[M]. 北京: 中国科学院半导体研究所, 2005.

[278] 王守觉. 王守觉院士近十年在信息科学领域发表的论文集[M]. 北京: 中国科学院半导体研究所, 2005.

[279] 王守觉. 王守觉院士近五年工作中有关论文与成果[M]. 杭州: 浙江工业大学, 2005.

[280] 王守觉. 多维空间仿生信息学入门[M]. 北京: 国防工业出版社, 2008.

[281] 王守觉, 刘扬阳, 来疆亮, 刘星星. 仿生模式识别与多权值神经元(Biomimetic Pattern Recognition and Multi-Weight Neuron)[M]. 北京: 国防工业出版社, 2012.

王守觉先生培养研究生名单

表 1　王守觉在中国科学院半导体研究所培养研究生名单

姓名	专业	导师	毕业时间	毕业论文题目	学位（备注）
魏希文	半导体	黄昆 王守觉	1964		研究生
林雨	微电子学	王守觉			研究生
夏永伟	微电子学	王守觉	1967		研究生
仇玉林	微电子学	王守觉	1967		研究生
石寅	微电子学	王守觉	1981	多元逻辑电路线性与或门 D/A 转换器	硕士
王玉富	微电子学	王守觉	1981		硕士
骆家贤	微电子学	王守觉	1981		硕士
吴克之	微电子学	王守觉	1981		硕士
吴锦中	微电子学	王守觉	1982		硕士
李亦奇	微电子学	王守觉 G.Papadopoulos			入学一年后赴希腊求学
周亦农	微电子学	王守觉	1985	AFT——实现信号实时傅里叶变换的一种新的方法和电路	硕士
石寅	微电子学	王守觉	1986	连续逻辑 12×12 位超高速码乘法器	博士
王玉富	微电子学	王守觉	1986	连续逻辑方法实现离散付立叶变换的初步研究	博士
张学鹏	微电子学	王守觉	1988	模拟量动态存储初探	硕士
鲁华祥	微电子学	王守觉	1988		硕士
任赛玉	微电子学	王守觉	1988	DYL 电路输出电压一致性分析及其有关基础工艺研究	硕士
冯宏娟	微电子学	王守觉	1989	自寻优模糊集的自调整模糊控制器及其硬件实现的研究	博士
韦方兴	微电子学	王守觉	1990	连续逻辑在时分式三用电话中的应用	硕士
李炳辉	半导体物理与半导体器件物理	王守觉 李志坚	1992	GaAs/Si 材料性质与器件性能的关系和 Si-VLSI 芯片光互连用发光器件的设计考虑	博士
李亦奇	半导体物理与半导体器件物理	王守觉 G.Papadopoulos	1992	时延估计研究及其在 SKIDS 项目中的应用	博士

续表

姓名	专业	导师	毕业时间	毕业论文题目	学位（备注）
翁思游	半导体物理与半导体器件物理	王守觉	1993	DYL 和 CMOS 电路兼容集成研究	硕士
鲁华祥	半导体物理与半导体器件物理	王守觉	1993	通道损益分析法三层通道区布线算法研究	博士
刘宇杰	半导体器件与微电子学	王守觉	1994	电磁屏蔽空间中控制手段的研究	硕士
陈志超	半导体器件与微电子学	王守觉	1994	超平面布线算法的研究	博士
蔡元明	半导体器件与微电子学	王守觉	1995	神经网络识别手写体数字预处理后样本空间凸集性研究	硕士
张晓刚	半导体器件与微电子学	王守觉	1995	前向神经网络研究及面向股市应用的多模混合模糊神经网络系统	硕士
陈咏梅	半导体器件与微电子学	王守觉	1995	前馈网络模式识别预处理方法评价及其在手写体数字识别中的应用	博士
傅鹏	半导体器件与微电子学	王守觉	1995	前向神经网络研究及面向股市应用的多模混合模糊神经网络系统	博士
陈起辉	半导体器件与微电子学	王守觉	1996	人工神经网络语音识别处理硬件化实现的研究	硕士
王丽艳	半导体器件与微电子学	王守觉	1996	一种高灵活性的通用的神经计算机结构及其神经计算方法	博士
陈向东	半导体器件与微电子学	王守觉	1997	人工神经网络在掩膜 ROM 测试方面的应用	硕士
周宝霞	半导体器件与微电子学	王守觉 陈治明	1997	功率 MOS 与 MOS 控制晶闸管的研究	博士
王成婧	半导体器件与微电子学	王守觉	1998	神经计算机实现电子虚拟任意波形发生器的研究	硕士
曾玉娟	半导体器件与微电子学	王守觉	1998	神经网络在模式识别应用中的模型与算法研究	博士
徐海峰	半导体器件与微电子学	王守觉	1999	神经计算机应用于语言操作软件的研究	硕士
梅冰峰	电路与系统	王守觉	1999	连接数字语音识别研究	硕士
王向东	半导体器件与微电子学	王守觉	1999	基于神经网络的集成电路芯片生产过程建模与优化	博士
陈川	半导体器件与微电子学	王守觉	1999	方向基函数神经网络模型与算法及其在模式识别中的应用	博士
李玉鉴	半导体器件与微电子学	王守觉	1999	方向基函数神经网络的结构、算法及其应用	博士

续表

姓名	专业	导师	毕业时间	毕业论文题目	学位（备注）
吴高巍	电路与系统	王守觉	2000	提高电子设计自动化程度的研究	硕士
王柏楠	电路与系统	王守觉	2000	人工神经网络的几何分析法与高维空间几何学的研究	硕士
李兆洲	微电子学与固体电子学	王守觉	2000	人工神经网络用于信号处理和系统建模的算法研究	博士
陈向东	微电子学与固体电子学	王守觉	2000	通用高阶神经元网络模型的构造及其应用研究	博士
邢藏菊	微电子学与固体电子学	王守觉	2001	人脸自动检测方法研究	博士
李倩	微电子学与固体电子学	王守觉	2001	多变量控制系统优化的人工神经网络方法研究	博士
罗予晋	微电子学与固体电子学	王守觉	2001	人工神经网络用于实时控制的研究	博士
邓浩江	微电子学与固体电子学	王守觉	2001	人工神经网络在与文本无关说话人识别中的应用研究	博士
曹宇	电路与系统	王守觉	2002	双权值人工神经网络用于数据拟合的研究	硕士
曲延锋	微电子学与固体电子学	王守觉	2003	复杂背景下人脸检测与仿生模式人脸识别的神经网络方法研究	博士
莫华毅	电路与系统	王守觉	2003	彩色图象中人脸检测方法的研究	硕士
徐健	微电子学与固体电子学	王守觉	2003	基于仿生模式识别的独立运转神经计算机软硬件设计及其应用研究	博士
冯浩	微电子学与固体电子学	王守觉	2004	多权值神经网络理论与应用	博士
郭继云	电路与系统	王守觉	2004	噪音环境中语音信号的端点检测和基于仿生模式识别的语音识别方法研究	硕士
王志海	电路与系统	王守觉	2004	仿生模式识别在人脸识别中的应用	硕士
李卫军	微电子学与固体电子学	王守觉	2004	基于仿生模式识别的实物识别专用神经计算机系统研究与设计	博士
赵星涛	微电子学与固体电子学	王守觉	2004	人工神经网络仿生模式识别的研究	博士
陈旭	微电子学与固体电子学	王守觉 鲁华祥	2005	斜视全方位实物识别硬件系统的研究	博士
安冬	微电子学与固体电子学	王守觉	2005	高维空间点覆盖方法的理论及应用	博士
来疆亮	微电子学与固体电子学	王守觉	2005	模式识别中高维空间点分布几何分析方法的研究	博士
李新宇	微电子学与固体电子学	王守觉	2006	仿生模式识别概念下基于元音发音特征的语音非语音检测研究	博士
杨国为	微电子学与固体电子学	王守觉	2006	人工脑的信息处理新神经网络模型研究	博士后
刘扬阳	微电子学与固体电子学	王守觉	2006	高维形象几何与仿生信息学的发展	博士后

续表

姓名	专业	导师	毕业时间	毕业论文题目	学位（备注）
曹文明	微电子学与固体电子学	王守觉	2006	基于几何代数的仿生模式识别理论与应用	博士后
周凌飞	微电子学与固体电子学	王守觉	2007	基因表达数据分析方法及其应用研究	硕士
貊睿	微电子学与固体电子学	王守觉	2007	基于高维仿生信息学的生物序列分析方法研究	博士
赵顾良	微电子学与固体电子学	王守觉	2007	仿生模式识别在掌形识别中的应用研究	博士
黄翼	微电子学与固体电子学	王守觉	2007	基于仿生模式识别的说话人识别研究	博士
曹瑜	微电子学与固体电子学	王守觉	2007	基于高维仿生信息学的图像清晰化研究	博士
金骥	电路与系统	王守觉	2008	核独立分量分析研究及在电能质量监测中的应用	硕士
莫华毅	微电子学与固体电子学	王守觉	2008	基于仿生学的人脸检测方法研究	博士
殷维栋	电路与系统	王守觉	2009	局部推进的机器学习理论与算法研究	硕士
吴丽丽	微电子学与固体电子学	王守觉	2009	基于高维仿生信息学的说话人识别研究	博士
戴雷	微电子学与固体电子学	王守觉	2009	基于仿生模式识别的手掌特征识别研究	博士
曾文蓉	电路与系统	王守觉	2009	乳腺癌细针穿刺诊断的无监督学习框架研究	硕士
李阳鹏	电路与系统	王守觉	2010	基于仿生模式识别的玉米种子近红外光谱特征分析方法	硕士
蒋雪娜	电路与系统	王守觉	2010	基于高维形象几何仿生信息学的遥感图像复原研究	硕士
郭婷婷	微电子学与固体电子学	王守觉	2010	基于仿生模式识别的玉米种子品种真实性近红外光谱鉴定方法研究	博士
覃鸿	微电子学与固体电子学	王守觉	2010	基于高维仿生信息学的图像处理技术与应用研究	博士
陈阳	微电子学与固体电子学	王守觉	2010	高维仿生信息处理技术及其应用研究	博士
王徽蓉	微电子学与固体电子学	王守觉	2010	仿生模式识别算法研究及玉米品种鉴别应用	博士
金小贤	微电子学与固体电子学	王守觉	2010	仿生人脸图像处理技术研究	博士
陈新亮	微电子学与固体电子学	王守觉	2010	基于高维形象几何分析的模式识别方法与应用研究	博士
梁先扬	微电子学与固体电子学	王守觉	2011	CG 动画自动化中关键科学问题研究——基于高维仿生信息学的人脸动画与角色动画	博士
孙华	微电子学与固体电子学	王守觉	2012	仿生人脸识别的图像去光照与检索系统模型研究	博士（在职）
李达	电子与通信工程	王守觉	2013	基于 CPU/GPU 异构并行的仿生图像清晰化处理	硕士

续表

姓名	专业	导师	毕业时间	毕业论文题目	学位（备注）
张众维	微电子学与固体电子学	王守觉	2013	人体姿态与运动的新坐标系算法的研究	博士
林剑楚	微电子学与固体电子学	王守觉	2014	图像拓扑变形算法研究及其应用	硕士
张晓盟	微电子学与固体电子学	王守觉	2014	高维形象几何仿生信息学在 3 维仿生变形中应用的理论与实践	博士
蒋寓文	微电子学与固体电子学	王守觉	2014	图像跟踪中一种点对点的算法研究	博士
蒋泳森	微电子学与固体电子学	王守觉	2015	基于矢量均值聚类的非参数背景建模与人脸特征点定位	硕士
杨现	微电子学与固体电子学	王守觉	2015	基于高维仿生信息学的视觉目标跟踪分析方法研究	博士
林剑楚	电路与系统	王守觉 李卫军	2019	基于近红外光谱的玉米单倍体籽粒鉴别中关键技术研究	博士

表 2　王守觉在中国科学院苏州纳米技术与纳米仿生研究所培养研究生名单

姓名	专业	导师	毕业时间	毕业论文题目	学位（备注）
李达	电子与通信工程	王守觉	2013	基于 CPU/GPU 异构并行的仿生图像清晰化处理	硕士
张晓盟	微电子学与固体电子学	王守觉	2014	高维形象几何仿生信息学在 3 维仿生变形中应用的理论与实践	博士
张月玲	微电子学与固体电子学	王守觉	2015	基于多三角坐标系的图像变形方法及其应用研究	硕士
蒋泳森	微电子学与固体电子学	王守觉	2015	动态背景建模与人脸检测	硕士
韩丽华	微电子学与固体电子学	王守觉	2017	三维人脸重建的联合空间学习方法研究	博士

表 3　王守觉在浙江工业大学培养研究生名单

姓名	专业	导师	毕业时间	毕业论文题目	学位（备注）
徐兆涵	控制理论和控制工程	王守觉	2003	人脸识别中寻找人脸结构对称性的方法	硕士
朱夏君	控制理论与控制工程	王守觉	2003	人脸识别的研究及眼睛定位算法	硕士
王宪保	控制理论与控制工程	王守觉	2003	基于仿生模式识别的人脸身份确认研究	硕士
高端华	控制理论与控制工程	王守觉 曹文明	2004	多种预处理方法在语音检测中应用效果的比较研究	硕士
朱君波	控制理论与控制工程	王守觉 曹文明	2004	PCA 在语音检测中的应用研究	硕士
潘晓霞	检测技术与自动化装置	王守觉 曹文明	2005	基于高维空间覆盖方法的非特定人连续数字语音识别的研究	硕士
徐春燕	检测技术与自动化装置	王守觉 曹文明	2005	非特定人连续语音识别的理论、分析和实验	硕士
王建华	检测技术与自动化装置	王守觉 曹文明	2006	脱机工作可训练的模式识别专用神经网络的软硬件设计	硕士
万以华	检测技术与自动化装置	王守觉 曹文明	2006	半导体神经计算机硬件实现研究及在全方位实物识别中的应用	硕士
沈孙园	控制理论与控制工程	王守觉 曹文明	2006	基于仿生模式识别的连续语音关键词识别的研究	硕士
肖潇	控制理论与控制工程	王守觉	2006	高维空间几何复杂体理论的研究及其在人脸识别中的应用	硕士
谢美芬	控制理论与控制工程	王守觉	2006	仿生模式识别中的高维空间几何点分布理论与应用的研究	硕士
庄德文	控制理论与控制工程	王守觉	2010	高维仿生信息几何理论与应用研究	博士
肖潇	控制理论与控制工程	王守觉	2012	高维仿生信息几何学研究及其在模式识别中的应用	博士
陆飞	控制理论与控制工程	王守觉	2016	基于浮点坐标系的图像处理方法及应用研究	博士

表 4　王守觉在同济大学培养研究生名单

姓名	专业	导师	毕业时间	毕业论文题目	学位（备注）
叶伊松	模式识别与智能系统	王守觉	2005	人脸识别中特征提取与识别方法的研究	硕士
宋金晶	模式识别与智能系统	王守觉 武研	2006	基于子空间几何特征分析的人脸识别方法研究	硕士
项恩宁	模式识别与智能系统	王守觉	2007	人脸表情识别中特征提取与识别方法的研究	硕士
李儒云	模式识别与智能系统	王守觉	2008	掌纹识别技术的研究与应用	硕士
冯钊	模式识别与智能系统	王守觉	2008	基于仿生模式识别的语种识别相关技术的研究	硕士
徐莉	模式识别与智能系统	王守觉	2008	人脸识别中化妆影响小区技术的研究	硕士
谷秧波	模式识别与智能系统	王守觉	2008	仿生模式识别高维空间点分布覆盖方法及其在人脸识别中的应用研究	博士
朱世交	模式识别与智能系统	王守觉	2008	优先排序神经网络理论及其应用研究	博士
魏莱	模式识别与智能系统	王守觉	2009	高维仿生信息几何学研究及其在人脸识别中的应用	博士
孙荣宗	模式识别与智能系统	王守觉	2010	文本层次化分类方法中若干关键技术的研究	硕士
董敏	模式识别与智能系统	王守觉	2010	基于生物仿生的图像内容检索系统	硕士
徐凯	模式识别与智能系统	王守觉	2011	运动想象脑电信号特征提取与识别算法的研究	硕士
葛彦斌	模式识别与智能系统	王守觉	2012	基于运动想象脑电信号的脑机接口系统的研究	硕士
任远芳	模式识别与智能系统	王守觉	2013	脑电信号分析及在脑-机接口中的应用	硕士
谭乐怡	模式识别与智能系统	王守觉	2014	高维仿生信息几何学理论及基于图论的图像分割算法研究	博士
赵锐	模式识别与智能系统	王守觉	2014	复杂背景下目标实时跟踪技术研究	博士

表 5　王守觉在厦门大学培养研究生名单

姓名	专业	导师	毕业时间	毕业论文题目	学位（备注）
肖泉	电路与系统	王守觉	2011	基于高维仿生信息学理论的彩色图像增强处理研究	博士
柳培忠	电路与系统	王守觉	2011	基于内容的视觉媒体检索关键技术研究	博士
翁祖峰	电路与系统	王守觉	2016	基于高维空间仿生信息学理论的虚拟三维头发建模与仿真研究	博士
郭顺	电路与系统	王守觉 郭东辉	2017	基因芯片表达数据分析及基因调控网络模型研究	博士

后　记

2025 年 6 月 27 日，值此中国科学院院士王守觉先生 100 华诞之际，中国科学院半导体研究所编辑出版《守心觉新：王守觉院士百年华诞记怀》一书，系统梳理王守觉院士 70 余年的科研历程，谨以本书表达对王守觉院士的敬仰之情。本书希望从多个方面、不同角度反映王守觉院士在半导体器件、集成电路和人工智能等领域辛勤耕耘、不断开拓，并取得开创性成果的奋斗历程。

本书的编写是一项复杂的工程，凝聚了许多人的共同心血。中国科学院原副院长，中国科学院半导体研究所原所长，中国科学院大学原校长、原党委书记李树深院士非常关心本书的编写并撰写了序言；中国科学院半导体研究所所长谭平恒、中国科学院半导体研究所党委书记冯仁国在百忙之中给予了大力支持，并提出了宝贵意见和建议；吴德馨院士、郝跃院士、深圳大学原校长谢维信教授、西安理工大学原校长陈治明教授，中国科学院半导体研究所二十世纪六七十年代研究人员石林初、庄文君、杨柳林、郑洁以及苏州纳米技术与纳米仿生研究所董军研究员等提供了感情真挚的回忆文章；中国科学院半导体研究所人工智能与高速电路实验室石寅、鲁华祥、李卫军、曹晓东、于丽娜、陈旭、董雪等相关人员都为本书的出版做了大量的工作；首都师范大学尹晓冬教授设计了目录大纲和文集框架，并提供了大量的图文资料；中国科学院半导体研究所党委办公室、综合办公室、期刊文献与信息化中心给予了大力帮助与支持。在此，表示衷心的感谢。

本书中的照片、论文、获奖情况、学生名单等均反映了王守觉院士几十年来的成绩。每一幅历史图片，都展示了王守觉院士的人生轨迹；每一份学术成果，都凝结着王守觉院士的心血与汗水；每一项荣誉，都体现了王守觉院士勇攀科技高峰的精神；每一位毕业学生，都寄托着王守觉院士真切的教诲和殷切的期望。

王守觉院士科研工作时间跨度长、研究领域广、成绩丰硕，本书资料的搜集还不够全面，难免存在疏漏，加之编者水平有限，编写会有不尽如人意之处，敬请读者见谅。

中国科学院半导体研究所

2025 年 6 月